Czasy secondhana

W serii ukazały się ostatnio:
Wojciech Górecki *Abchazja* (wyd. 2)
Bartek Sabela *Afronauci. Z Zambii na Księżyc*
Anna Pamuła *Polacos. Chajka płynie do Kostaryki*
Paweł Smoleński *Pochówek dla rezuna* (wyd. 3)
Cezary Łazarewicz *Tu mówi Polska. Reportaże z Pomorza*
Ilona Wiśniewska *Białe. Zimna wyspa Spitsbergen* (wyd. 2)
Filip Springer *Miedzianka. Historia znikania* (wyd. 4)
William Dalrymple *Dziewięć żywotów. Na tropie świętości we współczesnych Indiach* (wyd. 2)
Barbara Demick *Światu nie mamy czego zazdrościć. Zwyczajne losy mieszkańców Korei Północnej* (wyd. 2)
Jacek Hugo-Bader *Dzienniki kołymskie* (wyd. 2)
Ben Rawlence *Miasto cierni. Największy obóz dla uchodźców*
Dariusz Rosiak *Biało-czerwony. Tajemnica Sat-Okha*
Jean Hatzfeld *Więzy krwi*
Aleksandra Boćkowska *Księżyc z peweksu. O luksusie w PRL*
Barbara Seidler *Pamiętajcie, że byłem przeciw. Reportaże sądowe*
Ewa Winnicka *Był sobie chłopczyk*
Cezary Łazarewicz *Żeby nie było śladów. Sprawa Grzegorza Przemyka* (wyd. 3)
Paweł Smoleński *Syrop z piołunu. Wygnani w akcji „Wisła"*
Marcin Kącki *Poznań. Miasto grzechu*
Piotr Lipiński *Bierut. Kiedy partia była bogiem*
Tomasz Grzywaczewski *Granice marzeń. O państwach nieuznawanych*
Cezary Łazarewicz *Koronkowa robota. Sprawa Gorgonowej*
Zbigniew Rokita *Królowie strzelców. Piłka w cieniu imperium*
Swietłana Aleksijewicz *Czarnobylska modlitwa. Kronika przyszłości* (wyd. 4)
David I. Kertzer *Porwanie Edgarda Mortary. Skandal, który pogrążył Państwo Kościelne*
Rana Dasgupta *Delhi. Stolica ze złota i snu* (wyd. 2)
Karolina Bednarz *Kwiaty w pudełku. Japonia oczami kobiet*
Paweł Smoleński *Królowe Mogadiszu*
Rob Schmitz *Ulica Wiecznej Szczęśliwości. O czym marzy Szanghaj*
Marek Szymaniak *Urobieni. Reportaże o pracy*
Ola Synowiec *Dzieci Szóstego Słońca. W co wierzy Meksyk*
Jacek Hołub *Żeby umarło przede mną. Opowieści matek niepełnosprawnych dzieci*
Marcin Michalski, Maciej Wasielewski *81:1. Opowieści z Wysp Owczych* (wyd. 2)
Marta Madejska *Aleja Włókniarek*
Ilona Wiśniewska *Lud. Z grenlandzkiej wyspy*
Remigiusz Ryziński *Dziwniejsza historia*
Maria Hawranek, Szymon Opryszek *Wyhoduj sobie wolność. Reportaże z Urugwaju*
Marcelina Szumer-Brysz *Wróżąc z fusów. Reportaże z Turcji*
Mariusz Surosz *Pepiki. Dramatyczne stulecie Czechów*

W serii ukażą się m.in.:
Wojciech Górecki *Buran. Kirgiz wraca na koń*
Agnieszka Rybak, Anna Smółka *Wieża Eiffla nad Piną. Kresowe marzenia II RP*

Swietłana Aleksijewicz

Czasy secondhand

Koniec czerwonego człowieka

Przełożył Jerzy Czech

wydawnictwo czarne

Wołowiec 2018

Tytuł oryginału rosyjskiego *Время second-hand (конец красного человека)*
Projekt okładki Agnieszka Pasierska / Pracownia Papierówka
Projekt typograficzny Robert Oleś / d2d.pl
Fotografia na okładce © Burt Glinn / Magnum Photos / FORUM

Redakcja Magdalena Kędzierska-Zaporowska / d2d.pl
Korekta Hanna Antos / d2d.pl, Sandra Trela / d2d.pl
Redakcja techniczna Robert Oleś / d2d.pl
Skład pismami Warnock Pro i Futura Zuzanna Szatanik / d2d.pl

Książkę wydrukowano na papierze UPM Book Creamy 70 g/m², vol. 2,0

ISBN 978-83-8049-761-0

Ofiara i kat są jednakowo wstrętni, a lekcja obozu polega na tym, że jest to braterstwo w upadku.

David Rousset, *L'Univers concentrationnaire*
(Wszechświat koncentracyjny)

Zawsze musimy pamiętać, że za zwycięstwo zła w świecie odpowiedzialni są nie jego ślepi wykonawcy, ale przede wszystkim oświeceni duchowo słudzy dobra.

Fiodor Stiepun, *Bywszeje i niesbywszejesia*
(To, co było, i to, co się nie spełniło)

Notatki współuczestnika

Żegnamy się z epoką radziecką. Z naszym ówczesnym życiem. A ja staram się uczciwie wysłuchać wszystkich uczestników socjalistycznego dramatu...

Komunizm miał szalony plan – zmienić starego człowieka, starotestamentowego Adama. I to się udało... Może ta jedna jedyna rzecz mu się udała. Przez siedemdziesiąt z górą lat w laboratorium marksizmu-leninizmu wyhodowano odrębny gatunek – *homo sovieticus*. Jedni uważają go za postać tragiczną, inni u nas mówią o nim pogardliwie „sowek"*. Wydaje mi się, że znam tego człowieka, że jest mi bliski, że jestem jego sąsiadką, przeżyłam wiele lat tuż koło niego. Ten człowiek to ja. A także moi znajomi, przyjaciele, rodzice. Kilka lat jeździłam po całym byłym Związku Radzieckim, bo przecież *homini sovietici* to nie tylko Rosjanie, ale także Białorusini, Turkmeni, Ukraińcy, Kazachowie... Mieszkamy teraz w różnych państwach, mówimy różnymi językami, ale nie sposób nas z nikim pomylić. Od razu się nas poznaje! My wszyscy, z socjalizmu, podobni i zarazem niepodobni do reszty ludzkości, mamy własny słownik, własne wyobrażenia o tym, co dobre i złe, o bohaterach i męczennikach. W opowieściach, które zapisuję, nieustannie atakują mnie słowa:

* W oryginale *sowok* – słowo oznaczające „szufelkę", od czasów zaś pierestrojki także pogardliwe określenie zwolennika ustroju radzieckiego (wszystkie przypisy pochodzą od tłumacza).

„strzelać", „rozstrzelać", „zlikwidować", „wyeliminować", albo takie radzieckie warianty zniknięcia, jak „aresztowanie", „dziesięć lat bez prawa korespondencji", „emigracja". Ile może być warte życie ludzkie, kiedy w pamięci pozostaje fakt, że jeszcze niedawno ginęły miliony? Jesteśmy pełni przesądów i nienawiści. Wszystko bierze się z tego samego źródła, co Gułag i straszliwa wojna. Kolektywizacja, rozkułaczenie, deportacje narodów...

Taki był socjalizm, i takie było po prostu nasze życie. Mało o nim wówczas mówiliśmy. Teraz jednak, kiedy świat nieodwracalnie się zmienił, wszyscy się tamtym naszym życiem zainteresowali, i to niezależnie od tego, jakie było. A było po prostu nasze. Ze szczątków, z okruchów piszę, układam historię „domowego", „wewnętrznego" socjalizmu. Opisuję to, jak żył on w duszy człowieka. Zawsze pociąga mnie ta mała przestrzeń – człowiek... jeden człowiek. Tak naprawdę to w nim wszystko się dzieje.

Dlaczego w książce zamieściłam tak wiele opowieści samobójców zamiast relacji zwyczajnych ludzi radzieckich, mających zwyczajne życiorysy? Człowiek może przecież odebrać sobie życie, dlatego że się nieszczęśliwie zakochał, czy też z obawy przed starością, albo tak, z ciekawości, bo po prostu chce poznać tajemnicę śmierci... Szukałam tych, którzy na stałe przyrośli do idei, wchłonęli ją w siebie tak, że już nie dało się jej z nich wyrwać – państwo stało się ich całym światem, zastąpiło im wszystko, nawet własne życie. Nie potrafili opuścić wielkiej historii, pożegnać się z nią, być szczęśliwymi w inny sposób. Zanurzyć się... rozpłynąć w prywatnej egzystencji, jak to się dzieje teraz, kiedy małe awansowało do rangi wielkiego. Człowiek chce dzisiaj żyć zwyczajnie, bez wielkiej idei. Czegoś takiego nigdy w Rosji nie było, nie zna tego nawet rosyjska literatura. Właściwie to jesteśmy ludźmi wojny. Albo braliśmy w niej udział, albo się do niej szykowaliśmy. Nigdy nie żyliśmy inaczej. To dlatego mamy psychikę żołnierzy. W czasie pokoju też wszystko odbywało się zgodnie z wojskowym rytuałem. Dudniły werble, powiewał sztandar, serce wyrywało się z piersi... Człowiek nie dostrzegał tego, że jest niewolnikiem, kochał nawet tę swoją niewolę. I ja pamiętam, jak po szkole zbieraliśmy się całą klasą, żeby pojechać na ugory; gardziliśmy tymi, którzy odmawiali. Strasznie żałowaliśmy, że wszystko – i rewolucja, i wojna domowa – działo się bez nas. Gdy patrzę za siebie, zastanawiam się, czy to byliśmy naprawdę my? Naprawdę ja? Snułam wspomnienia razem ze swoimi bohaterami. Ktoś z nich powiedział: „Tylko człowiek radziecki może zrozumieć człowieka radzieckiego". Byliśmy ludźmi z jedną, komunistyczną pamięcią. Sąsiadami w pamięci.

Ojciec mi opowiadał, że sam uwierzył w komunizm po locie Gagarina. Jesteśmy pierwsi! Wszystko potrafimy! Tak właśnie z mamą nas wychowywali. Należałam do *oktiabriat* – zuchów, nosiłam odznakę z kędzierzawym chłopcem, byłam pionierką, komsomołką. Rozczarowanie przyszło później.

Po pierestrojce wszyscy czekali, żeby otwarto archiwa. No i otwarto je. Poznaliśmy wszyscy historię, którą przed nami ukrywano...

Musimy porwać za sobą dziewięćdziesiąt ze stu milionów mieszkańców Rosji Radzieckiej. Z pozostałymi nie można rozmawiać – należy ich zlikwidować. (Zinowjew, 1918).

Powiesić (koniecznie powiesić, tak żeby ludzie widzieli) co najmniej tysiąc zatwardziałych kułaków, bogaczy... zabrać im zboże, wyznaczyć zakładników... Zrobić tak, żeby na setki wiorst dookoła ludzie to widzieli i trzęśli się ze strachu... (Lenin, 1918).

– Moskwa dosłownie umiera z głodu [profesor Kuzniecow do Trockiego].

– To żaden głód. Kiedy Tytus oblegał Jerozolimę, żydowskie matki zjadały swoje dzieci. Jeśli przeze mnie wasze matki zaczną jeść dzieci, to będziecie mogli przyjść i powiedzieć: „Cierpimy głód". (Trocki, 1919).

Ludzie czytali gazety, tygodniki i milczeli. Spadło na nich coś przerażającego, coś, czego nie byli w stanie udźwignąć! Jak mają z tym żyć? Wielu przyjęło prawdę jak wroga. Tak samo wolność. „Nie znamy swojego kraju. Nie wiemy, co myśli większość ludzi, widzimy ich, spotykamy codziennie, ale o czym myślą, czego pragną – tego nie wiemy. Ośmielamy się jednak ich uczyć. Niedługo wszystkiego się dowiemy, a wtedy się przerazimy" – mówił jeden z moich znajomych, z którym często siadywaliśmy u mnie w kuchni. Kłóciłam się z nim. To było w roku dziewięćdziesiątym pierwszym... Szczęśliwe czasy! Wierzyliśmy, że jutro, dosłownie jutro zacznie się wolność. Zacznie się z niczego, z naszych pragnień.

„Byłem uczestnikiem wielkiej przegranej bitwy o rzeczywistą odnowę życia" – napisał Warłam Szałamow, człowiek, który przesiedział siedemnaście lat w stalinowskich łagrach. Przetrwała w nim tęsknota za ideałem... Ludzi radzieckich podzieliłabym na cztery pokolenia: stalinowskie, chruszczowowskie, breżniewowskie i gorbaczowowskie. Ja należę do tego ostatniego. Nam było łatwiej pogodzić się z krachem idei komunistycznych, bo nie żyliśmy w epoce, kiedy idea była młoda, silna, pełna utopijnych nadziei i miała w sobie jeszcze magię straceńczego romantyzmu. Dorośliśmy pod władzą kremlowskich starców. W jałowych, „wegetariańskich" czasach. Ogrom krwi przelanej za komunizmu został już zapomniany. Nadal panoszył się dawny patos, ale pozostała wiedza, że utopii nie należy wprowadzać w życie.

To było podczas pierwszej wojny czeczeńskiej... Na dworcu w Moskwie poznałam kobietę z okolic Tambowa. Jechała do Czeczenii, żeby zabrać syna z wojny: „Nie chcę, żeby umierał. I nie chcę, żeby zabijał". Państwo już nie miało władzy nad jej duszą. Była wolnym człowiekiem. Takich jednak nie znalazło się wielu. Liczniejsi byli ci, których wolność irytowała: „Kupiłem trzy gazety i w każdej mam inną prawdę. A jak poznać, która prawda jest prawdziwa? Dawniej przeczytało się rano »Prawdę« i wszystko człowiek wiedział. Wszystko rozumiał". Spod narkozy idei ludzie wychodzili powoli. Jeśli zaczynałam rozmowę o pokajaniu się, to w odpowiedzi słyszałam: „Za co miałbym się kajać?". Każdy czuł się ofiarą, a nie współuczestnikiem. Jeden mówił: „Ja też siedziałem", drugi: „Ja walczyłem", trzeci z kolei: „Odbudowywałem z gruzów własne miasto, w dzień i w nocy dźwigałem cegły". To było zupełnie zaskakujące: wszyscy upojeni wolnością, ale na nią niegotowi. Gdzież jest ta wolność? Wyłącznie w kuchni, gdzie z przyzwyczajenia nadal pomstowano na władzę. Na Jelcyna i Gorbaczowa. Na Jelcyna – za to, że zmienił Rosję. A na Gorbaczowa? Za to, że zmienił wszystko. Cały wiek dwudziesty. I teraz u nas będzie tak, jak gdzie indziej. Jak u wszystkich. Myśleliśmy, że tym razem się uda.

Rosja się zmieniała i nienawidziła samej siebie za to, że się zmienia. „Nieruchawy Mongoł" – pisał Marks o Rosji.

Cywilizacja radziecka... Spieszę się, by utrwalić jej ślady. Znajome twarze. Wypytuję nie o socjalizm, ale o miłość, zazdrość, dzieciństwo, starość. O muzykę, tańce, o fryzury. O tysiące szczegółów życia, które zniknęło. To jedyny sposób, żeby zapędzić katastrofę w ramy czegoś zwykłego i spróbować coś opowiedzieć. Czegoś się domyślić. Nie przestaję się dziwić temu, jak ciekawe jest zwykłe ludzkie życie. Nieskończona liczba ludzkich prawd... Historię interesują tylko fakty, emocje zostają za burtą. Z zasady nie mają wstępu do historii. A ja patrzę na świat oczami humanisty, nie historyka. Jestem zdziwiona człowiekiem...

Ojca już nie ma. Nie mogę więc dokończyć pewnej rozmowy z nim... Powiedział, że im umierać na wojnie było łatwiej niż tym niedoświadczonym chłopcom, którzy dzisiaj giną w Czeczenii. W latach czterdziestych z piekła trafili do piekła. Przed wojną ojciec studiował w mińskim instytucie dziennikarstwa. Wspominał, że kiedy wracali z wakacji, często nie zastawali już nikogo ze znanych wykładowców, wszyscy siedzieli w więzieniu. Nie rozumieli, co się dzieje, ale czuli się strasznie. Tak strasznie jak na wojnie.

Niewieleśmy mieli z ojcem szczerych rozmów. Chyba mnie oszczędzał. A czy ja oszczędzałam jego? Trudno mi na to odpowiedzieć... W stosunku do swoich rodziców byliśmy bezlitośni. Wydawało się nam, że wolność to bardzo prosta sprawa. Minęło trochę czasu i sami ugięliśmy się pod brzemieniem wolności, bo nikt nas jej nie uczył. Uczono nas jedynie, jak mamy za nią umierać.

No i mamy wreszcie tę wolność! Czy takiej właśnie oczekiwaliśmy? Byliśmy gotowi umrzeć za swoje ideały. Walczyć. A zaczęło się życie „jak u Czechowa". Bez historii. Upadły wszystkie wartości poza wartością życia. Życia w ogóle. Nowe marzenia: zbudować dom, kupić dobry samochód, posadzić agrest... Wolność okazała się rehabilitacją mieszczaństwa, zazwyczaj w Rosji prześladowanego. Wolnością Jej Królewskiej Mości Konsumpcji. Majestatu masy. Masy pragnień, instynktów – utajonego życia człowieka, o którym mieliśmy tylko przybliżone wyobrażenie. W ciągu całej historii nie żyliśmy, tylko starali się przeżyć. A teraz już wojenne doświadczenie nam się nie przyda, trzeba o nim zapomnieć. Tysiące nowych emocji, stanów, reakcji... Nagle wszystko dookoła całkiem się zmieniło: szyldy, przedmioty codziennego użytku, pieniądze, flaga... Sam człowiek też jest inny. Barwniejszy, bardziej odrębny... Monolit wysadzono w powietrze i życie rozpadło się na wysepki, atomy, komórki. Jak w słowniku Dahla* – *woluszka-razdoluszka*... wolność kojarzy się z *razdoljem*, przestrzenią. Wielkie zło zmieniło się w opowieść o zamierzchłych czasach, w kryminał polityczny. Nikt już nie mówił o idei, mówiono o kredytach, procentach, wekslach, nie zarabiano pieniędzy, ale je „robiono", „wygrywano". Czy długo tak będzie? „Z duszy Rosjanina nie da się wyplenić poczucia, że pieniądze są czymś grzesznym" – pisała Cwietajewa**.

* Władimir Dahl (1801–1872) – pisarz i językoznawca, autor czterotomowego słownika języka rosyjskiego.

** Ze szkicu wspomnieniowego Mariny Cwietajewej *Otiec i jego muziej*. Uwaga dotyczyła intencji, jakimi kierują się rosyjscy mecenasi sztuki.

Tymczasem wydaje się, że bohaterowie Ostrowskiego i Sałtykowa-Szczedrina* ożyli i spacerują po naszych ulicach.

Każdego, z kim się spotkałam, pytałam: „Co to znaczy wolność?". Rodzice i dzieci odpowiadali rozmaicie. Ci, którzy urodzili się w ZSRR, i ci, którzy urodzili się po jego upadku, nie mają wspólnych doświadczeń. Są ludźmi z innych planet.

Rodzice: wolność to brak strachu; trzy sierpniowe dni, kiedy pokonaliśmy pucz; człowiek, który wybiera w sklepie jeden ze stu gatunków kiełbasy, jest bardziej wolny niż ten, który wybiera z dziesięciu; wolność to znaczy nie być bitym, tyle że niebitych pokoleń się nie doczekamy – mieszkaniec Rosji nie rozumie wolności, musi mieć Kozaka z nahajką.

Dzieci: wolność to miłość; wewnętrzna wolność to wartość absolutna; człowiek nie boi się wtedy własnych pragnień; wolność to dużo pieniędzy, wtedy można mieć wszystko; wolność jest wtedy, gdy można żyć tak, żeby się nie zastanawiać nad wolnością; wolność to rzecz normalna.

Szukam języka. Człowiek używa wielu języków: jednym mówią rodzice do dziecka, drugim rozmawiają zakochani... Jeszcze inaczej porozumiewamy się sami ze sobą, prowadzimy wewnętrzne dialogi. Na ulicy, w pracy, w podróży – wszędzie słychać co innego, zmieniają się nie tylko słowa... Nawet poranna rozmowa różni się od wieczornej. A to, co w nocy odbywa się między dwojgiem ludzi, całkowicie znika z historii. Mamy do dyspozycji tylko historię dzienną.

Samobójstwo jest tematem nocnym; człowiek znajduje się na granicy bytu i niebytu. Snu. Chciałabym to zrozumieć, pytałam więc z natarczywością człowieka dziennego. Usłyszałam: „A nie boi się pani, że to się pani spodoba?".

* Aleksandr Ostrowski (1823–1886) – dramatopisarz, realistycznie ukazujący życie sfer kupieckich i ziemiańskich; Michaił Sałtykow-Szczedrin (1826–1889) – prozaik, autor zjadliwych satyr społecznych i politycznych.

*

Jedziemy przez Smoleńszczyznę. W pewnej wsi zatrzymujemy się koło sklepu. Jakież bliskie (sama wychowałam się na wsi), piękne i dobre twarze – i jakże nędzne, poniżające jest życie, które je otacza. Zaczęliśmy rozmawiać o życiu.

– Pyta pani o wolność? Proszę zajrzeć do sklepu – wódka jest, jaka pani chce: „Standard", „Gorbaczow", „Putinka", kiełbasy pełno, sera też, ryb. Banany leżą. Po co tu jeszcze wolność? Ta nam wystarczy.

– A ziemię wam dali?

– Kto by tam się z nią mordował? Chcesz, bracie, to bierz. U nas wziął taki jeden, Waśka Krutoj. Młodszy chłopak ma osiem lat, a już chodzi za pługiem razem z ojcem. Jak się do niego kto najmie do roboty, to człowiekowi ani pospać nie da, ani ukraść. Faszysta jeden!

U Dostojewskiego w *Legendzie o Wielkim Inkwizytorze* toczy się spór o wolność. O to, że droga wolności jest trudna, pełna cierpienia, tragiczna... „A po cóż takim kosztem poznawać to diabelskie dobro i zło?". Człowiek musi cały czas wybierać: wolność czy dobrobyt i wygodne życie, wolność i cierpienia czy szczęście bez wolności. Większość ludzi wybiera to drugie.

Wielki Inkwizytor mówi do Chrystusa, który wrócił na ziemię:

> Po co przyszedłeś nam przeszkadzać? Bo przyszedłeś nam przeszkadzać i sam o tym wiesz.
>
> Przez tak wielki dlań (człowieka) szacunek uczyniłeś tak, jakbyś przestał mu współczuć, bo też zbyt wiele odeń żądałeś... Gdybyś mniej go szanował, mniej też byś od niego żądał, to zaś bliższe byłoby miłości, ulżyłbyś bowiem jego brzemieniu. Słaby jest i podły... Cóż winna słaba dusza, że nie jest zdolna pomieścić tak strasznych darów?

Człowiek, pozostając wolnym, niczym nie trapi się tak ustawicznie i boleśnie, jak tym, by co prędzej komuś się pokłonić... i tym, na kogo by co prędzej scedować dar wolności wrodzony tej nieszczęsnej istocie...*

* * *

W latach dziewięćdziesiątych... Tak, byliśmy szczęśliwi, do tej naszej naiwności nie da się już powrócić. Wydawało nam się, że wybór został dokonany, że komunizm bezapelacyjnie przegrał. Tymczasem wszystko dopiero się zaczynało...

Minęło dwadzieścia lat... „Nie straszcie nas socjalizmem" – mówią dzieci do rodziców.

Z rozmowy ze znajomym wykładowcą uniwersytetu
Pod koniec lat dziewięćdziesiątych – mówił – studenci śmiali się, kiedy im wspominałem o Związku Radzieckim; byli przekonani, że przed nimi otwiera się nowa przyszłość. Teraz to wygląda inaczej... Dzisiejsi studenci już się dowiedzieli, już poczuli, co to znaczy kapitalizm – nierówność, ubóstwo, bezczelne bogactwo; zobaczyli, jak żyją ich rodzice, którzy nic nie dostali z rozgrabionego kraju. Są więc nastawieni radykalnie. Marzą o własnej rewolucji. Noszą czerwone tiszerty z portretami Lenina i Che Guevary.

W społeczeństwie pojawiło się zapotrzebowanie na Związek Radziecki. Na kult Stalina. Połowa młodych ludzi między dziewiętnastym a trzydziestym rokiem życia uważa Stalina za „największego polityka". Nowy kult Stalina w kraju, w którym wymordował on nie mniej ludzi niż Hitler?! Znowu w modzie jest wszystko, co radzieckie. Na przykład „radzieckie" kawiarnie o radzieckich nazwach, z radzieckimi daniami w karcie. Pojawiły się

* Fragmenty rozdziałów „Bunt" oraz „Wielki Inkwizytor" z *Braci Karamazow* Fiodora Dostojewskiego w przekładzie Adama Pomorskiego.

„radzieckie" cukierki i „radziecka" kiełbasa o zapachu i smaku znanych nam z dzieciństwa. No i oczywiście „radziecka" wódka. W telewizji dziesiątki audycji, a w internecie dziesiątki nostalgicznych „radzieckich" stron. Do stalinowskich obozów – na Sołówki, do Magadanu – można pojechać z wycieczką. Reklama obiecuje, że pełnię wrażeń osiągniemy dzięki łagrowej odzieży i kilofowi. Pokażą nam odrestaurowane baraki. A na koniec zorganizują wędkowanie...

Odradzają się stare idee: wielkiego imperium, żelaznej ręki, własnej, odrębnej drogi Rosji... Przywrócono hymn radziecki, istnieje komsomoł, tyle że nazywa się „Nasi"; jest i partia władzy, kopiująca partię komunistyczną. Prezydent ma władzę sekretarza generalnego. Absolutną. Funkcję marksizmu-leninizmu przejęło prawosławie...

Przed rewolucją 1917 roku Aleksandr Grin napisał: „A przyszłość jakoś przestała być na swoim miejscu". Minęło sto lat i znowu przyszłość nie jest na swoim miejscu. Dostały się nam czasy używane, czasy *secondhand.*

Barykada nie jest bezpiecznym miejscem dla artysty. To pułapka. Na barykadzie psuje się wzrok, zwężają się źrenice, świat traci barwy. Staje się czarno-biały. Człowieka już się stamtąd nie dostrzega, widzi się tylko czarny punkt – cel. Przez całe życie tkwiłam na barykadach, chciałabym więc już z nich zejść. Nauczyć się radości życia. Odzyskać wzrok. Tymczasem dziesiątki tysięcy ludzi znowu wychodzą na ulice. Chwytają się za ręce. Mają białe wstążki na kurtkach. Symbol odrodzenia. Światła. No więc jestem z nimi.

Spotkałam na ulicy chłopaków w tiszertach z sierpem i młotem oraz portretem Lenina. Czy wiedzą, co to jest komunizm?

Część pierwsza

Pociecha w apokalipsie

Z gwaru ulicznego i kuchennych rozmów (1991–2001)

O Wańce Głuptasie i Złotej Rybce

Co zrozumiałem? Zrozumiałem, że bohaterowie jednej epoki rzadko bywają bohaterami drugiej. Wyjątkiem jest Wańka Głuptas. A także Jemiela*. Czyli ulubieni bohaterowie bajek rosyjskich. Nasze bajki mówią o szczęśliwym trafie, o sprzyjającej bohaterowi fortunie. O jego czekaniu na cudowną pomoc, na to żeby pieczone gołąbki same wpadały mu do gąbki. Na to żeby móc się wylegiwać na piecu i wszystko mieć. Żeby piec sam wypiekał bliny, a Złota Rybka spełniała wszystkie życzenia. Chcę tego, chcę tamtego. Chcę ślicznej królewny! I chcę żyć w innym królestwie, tam gdzie są rzeki mlekiem i miodem płynące. Tak, oczywiście, jesteśmy marzycielami. Dusza trudzi się i cierpi, a tu sprawa, o którą chodziło, nie bardzo się posuwa, bo już sił do niej zaczyna brakować. Stoi w miejscu. Zagadka duszy rosyjskiej... Wszyscy usiłują ją rozwikłać... Czytają Dostojewskiego... Co też ci Rosjanie mają w duszy? A nic takiego, w duszy mamy tylko duszę. Lubimy sobie pogawędzić w kuchni, poczytać książkę. Najważniejszy u nas zawód to czytelnik. Albo widz. Mamy też poczucie własnej wyjątkowości, choć żadnych ku temu podstaw, jeśli nie liczyć ropy naftowej i gazu. Z jednej strony właśnie

* Jemiela – bohater bajki *Na szczupaka rozkazanie*, jedno z wcieleń postaci Wańki Głuptasa. Najmłodszy z trzech braci darował życie szczupakowi, a ten z wdzięczności pomógł młodzieńcowi zdobyć rękę carówny i zostać carem.

to przeszkadza nam wprowadzać zmiany w życie, a z drugiej – daje chyba poczucie sensu. Zawsze mamy wrażenie, że Rosja powinna stworzyć i pokazać światu coś niebywałego. Naród wybrany przez Boga. Odrębna droga Rosji... Mamy tu samych Obłomowów, którzy leżą na kanapie i czekają na cud. Brakuje za to Sztolców*. Przedsiębiorczy, zaradny Sztolc jest obiektem pogardy, bo wyciął ukochany zagajnik brzozowy, wiśniowy sad. Potem buduje fabrykę, robi pieniądze. Tacy są nam obcy...

* * *

Rosyjska kuchnia... Uboga kuchenka w „chruszczowcu" – od dziewięciu do dwunastu (szczęście!) metrów kwadratowych, za cienką ścianą toaleta. Typowy radziecki rozkład mieszkania. Na oknie rośnie cebula w słoikach po majonezie, w doniczce – aloes, środek na katar. Nasza kuchnia nie jest tylko miejscem, gdzie się przygotowuje posiłki, to także jadalnia, salon, gabinet i trybuna. Tu odbywają się zbiorowe seanse psychoterapeutyczne. W wieku XIX cała kultura rosyjska żyła w szlacheckich dworach, w XX zaś – w kuchniach. Pierestrojka także. Całe życie *szestidiesiatników*, czyli pokolenia lat sześćdziesiątych, było właśnie takie – kuchenne. Dzięki niech będą Chruszczowowi! To za jego czasów zrezygnowano z komunałek i wprowadzono oddzielne kuchnie, gdzie można było psioczyć na władzę, a co najważniejsze – nie bać się, bo w kuchni wszyscy byli swoi. Tam rodziły się idee, fantastyczne projekty. Opowiadano sobie dowcipy... Sypano nimi! Komunistą jest ten, kto czytał Marksa, antykomunistą zaś – ten, kto go zrozumiał... Wyrośliśmy w kuchniach, nasze dzieci także, razem z nami słuchały Galicza i Okudżawy. Puszczaliśmy sobie Wysockiego... Łapaliśmy BBC. Rozmowy o wszystkim: o tym, że wszystko jest do d..., o sensie życia i o powszechnym szczęściu. Pamiętam takie śmieszne zdarzenie... Zasiedzieliśmy się do północy, aż nasza dwunastoletnia córka zasnęła na małym

* Ilja Obłomow, Andriej Sztolc – bohaterowie powieści Iwana Gonczarowa *Obłomow*.

tapczanie. A my o coś zaczęliśmy się głośno kłócić. A ona wtedy zaspana jak nie krzyknie: „Dosyć już o tej polityce! Znowu ten Sacharow... Sołżenicyn... Stalin...”. (*Śmieje się*).

Niekończąca się herbata. Kawa. Wódka. W latach siedemdziesiątych piliśmy też rum kubański. Wszyscy byli zakochani w Fidelu! W rewolucji kubańskiej! Che w berecie. Gwiazdor z Hollywoodu. Niekończąca się gadanina. Obawy, że nas podsłuchują, na pewno podsłuchują. W środku rozmowy zawsze ktoś musiał popatrzeć z chichotem na żyrandol albo wyłącznik i powiedzieć: „Słyszycie, towarzyszu majorze?”. Niby-ryzyko... niby-zabawa... Czerpaliśmy nawet jakąś satysfakcję z tego zakłamanego życia. Otwarcie sprzeciwiała się niewielka garstka, więcej było kuchennych dysydentów. Takich, co pokazywali władzy figę w kieszeni...

* * *

Teraz wstyd być biednym, niewysportowanym... Pomyślą, że marnie ci się powodzi. A ja należę do pokolenia stróżów i palaczy. To był rodzaj emigracji wewnętrznej. Żyje człowiek i tego, co jest dookoła, nie dostrzega tak samo jak widoku za oknem. Skończyliśmy z żoną wydział filozoficzny Uniwersytetu Petersburskiego (wtedy Leningradzkiego), ona zatrudniła się jako dozorczyni, a ja – jako palacz w kotłowni. Pracuje się przez dobę, potem dwie spędza w domu. W tamtych latach inżynier zarabiał sto trzydzieści rubli, a ja w kotłowni – dziewięćdziesiąt, czyli godziłem się na to, że dostaję o czterdzieści mniej, ale za to mam całkowitą swobodę. Czytaliśmy książki, dużośmy czytali. Rozmawiali. Myśleliśmy, że tworzymy idee. Marzyliśmy o rewolucji, baliśmy się tylko, że jej nie dożyjemy. Żyliśmy w izolacji, nic nie wiedząc o tym, co dzieje się w świecie. Byliśmy *roślinami pokojowymi*. Jak się później okazało, fantazjowaliśmy tylko, wszystkośmy sobie uroili: i Zachód, i kapitalizm, i lud rosyjski. Żyliśmy mirażami. Takiej Rosji jak w książkach i w naszych kuchniach nigdy nie było. Istniała tylko w naszych głowach.

Podczas pierestrojki wszystko to się skończyło... Nadszedł kapitalizm... Dziewięćdziesiąt rubli stało się dziesięcioma dolarami.

Za tyle nie można było wyżyć. Wyszliśmy w końcu z kuchni na ulicę i od razu widać było, że nie mamy żadnych pomysłów, żeśmy po prostu cały ów czas przesiedzieli i przegadali. Nie wiadomo skąd wychynęli całkiem inni ludzie – młodzi faceci, którzy nosili malinowe marynarki i mieli złote pierścienie na palcach. A także całkiem nowe reguły gry: masz kasę – jesteś gość, nie masz – jesteś nikim. Kogo to obchodzi, że przeczytałeś całego Hegla? Słowo „humanista" brzmiało jak diagnoza. Jedyne, co taki potrafi, to trzymać w rękach tomik Mandelsztama. Dokonano nagle mnóstwa odkryć. Inteligencja zubożała do granic nieprzyzwoitości. W naszym parku w dni wolne krisznowcy ustawiali kuchnię polową i rozdawali zupę, a na drugie jakąś prostą potrawę. Ustawiała się taka długa kolejka schludnych staruszków, że aż się serce ściskało. Niektórzy z nich zasłaniali twarze. Myśmy w tym czasie mieli już dwoje małych dzieci. Najzwyczajniej w świecie głodowaliśmy. Zaczęliśmy więc z żoną handlować. Braliśmy w fabryce od czterech do sześciu skrzynek lodów i jechali na targ, gdzie było dużo ludzi. Lodówek nie mieliśmy, więc po kilku godzinach lody już się topiły. Rozdawaliśmy je głodnym dzieciom. Jakaż wtedy była radość! Sprzedawała żona, a ja to przynosiłem coś, to podwoziłem – robiłem cokolwiek, byle nie sprzedawać. Długo czułem się niekomfortowo.

Kiedyś często wspominałem nasze „kuchenne życie"... Jaka wtedy była miłość! Jakie kobiety! Te kobiety gardziły bogaczami. Nie można ich było kupić. A teraz nikt nie ma czasu na uczucia – wszyscy muszą zarabiać. Odkrycie pieniędzy było jak wybuch bomby jądrowej...

O tym, jak pokochaliśmy Gorbiego i jak przestaliśmy go kochać

Czasy Gorbaczowa... Tłumy ludzi z uszczęśliwionymi twarzami. „Wol-ność! Wol-ność!" Wszyscy tym oddychali. Gazety rozchwytywano. To był czas wielkich nadziei: jeszcze chwila, a znajdziemy się w raju. Poznamy to nieznane zwierzę – demokrację.

Biegaliśmy na wiece jak szaleni. Zaraz dowiemy się całej prawdy o Stalinie, o Gułagu, przeczytamy zakazane *Dzieci Arbatu*, przeczytamy inne dobre książki i zostaniemy demokratami! Jakże się myliliśmy! Ze wszystkich odbiorników słychać było tę prawdę... Prędzej, prędzej! Czytajcie! Słuchajcie! Nie wszyscy okazali się na to przygotowani... Większość ludzi nie żywiła wcale antyradzieckich nastrojów, chcieli tylko jednego – dobrze żyć. Żeby można było kupić dżinsy, wideo i szczyt marzeń – samochód! Wszyscy tęsknili do kolorowych ubrań, smacznego jedzenia. Kiedy przyniosłam do domu *Archipelag GUŁag* Sołżenicyna, mama była przerażona. „Jeśli zaraz mi nie odniesiesz tej książki, to wypędzę cię z domu". Babci przed wojną rozstrzelano męża, a ona mówiła: „Waśki mi nie żal. Słusznie go wsadzili. Za długi miał język". „Babciu – pytałam – dlaczego nic mi o tym nie opowiadałaś?". „Wolałam, żeby moje życie zdechło razem ze mną, niżbyście wy mieli ucierpieć". Tak żyli nasi rodzice i rodzice rodziców. Wszystko wyrównywał jeden walec. Pierestrojki nie zrobił lud, zrobił ją jeden człowiek. Gorbaczow. Gorbaczow i grupka inteligentów...

* * *

Gorbaczow to amerykański tajny agent... Mason... Zdradził komunizm. Komunistów – do zsypu, komsomolców – na śmietnisko! Nienawidzę Gorbaczowa za to, że ukradł mi ojczyznę. Paszport radziecki przechowuję jako najcenniejszą rzecz. Tak, staliśmy w kolejkach po zsiniałe kurczaki i zgniłe kartofle, ale to była nasza ojczyzna. Kochałem ją. To pani żyła w „Górnej Wolcie z rakietami"*, ja żyłem w wielkim kraju. Na Zachodzie bali się Rosji, zawsze była dla nich wrogiem, kością w gardle. Oni nie chcą silnej Rosji, z komunistami czy bez nich. Patrzą na nas jak na magazyn ropy, gazu, drewna i metali kolorowych. Naftę wymieniamy na majtki. Nasza cywilizacja obywała się

* Tak w latach osiemdziesiątych kanclerz Niemiec Helmut Schmidt nazwał ZSRR. Górna Wolta – państwo afrykańskie, obecnie nosi nazwę Burkina Faso.

bez ciuchów i klamotów. Cywilizacja radziecka! Komuś na tym zależało, żeby zniknęła. To operacja CIA. Amerykanie już nami rządzą. Dobrze za to zapłacili Gorbaczowowi... Prędzej czy później stanie przed sądem. Mam nadzieję, że ten Judasz dożyje dnia gniewu ludu. Z satysfakcją strzeliłbym mu w kark na poligonie butowskim*. (*Wali pięścią w stół*). Teraz jesteśmy szczęśliwi, tak? Mamy kiełbasę i banany. Tarzamy się w gównie i jemy wszystko, co obce. Zamiast ojczyzny mamy wielki supermarket. Jeśli to nazywa się wolnością, to ja wypraszam sobie taką wolność. Tfu! Ludzi wdeptali w ziemię, jesteśmy teraz niewolnikami. Niewolnikami! Za komunistów, jak mówił Lenin, państwem rządziła kucharka – robotnicy, dojarki, tkaczki, a teraz w parlamencie siedzą bandyci. Dolarowi milionerzy. Powinni siedzieć w kryminale, a nie w parlamencie. Nabrali nas z tą pierestrojką!

Urodziłem się w ZSRR i tam mi się podobało. Mój ojciec należał do partii, na „Prawdzie" uczył mnie czytać. W każde święto chodziliśmy na pochód. Ze łzami w oczach... Byłem pionierem, nosiłem czerwoną chustę. Przyszedł Gorbaczow, a ja nie zdążyłem wstąpić do Komsomołu, czego bardzo żałuję. Jestem sowek, tak? Moi rodzice to też sowki, dziadek i babcia też? Mój sowkowy dziadek zginął pod Moskwą w czterdziestym pierwszym, a moja sowkowa babcia była w partyzantce... Panowie liberałowie odpracowują swoje działki. Każą nam przeszłość uznać za czarną dziurę. Nienawidzę wszystkich: gorbaczowa, szewardnadzego, jakowlewa** – niech pani napisze małą literą, tak ich nienawidzę. Nie chcę do Ameryki, chcę do ZSRR...

* * *

* Poligon butowski pod Moskwą – miejsce masowych egzekucji; w latach 1937–1938 NKWD rozstrzelało tam ponad dwadzieścia tysięcy ludzi.

** Eduard Szewardnadze (ur. 1928) – minister spraw zagranicznych ZSRR za rządów Michaiła Gorbaczowa, w latach 1995–2003 prezydent Gruzji; Aleksandr Jakowlew (1923–2005) – sekretarz KC KPZR, jeden z głównych ideologów pierestrojki.

To były piękne, naiwne lata… Zaufaliśmy Gorbaczowowi, teraz już nikomu tak łatwo nie uwierzymy. Wielu Rosjan wracało z emigracji do ojczyzny… Był taki entuzjazm! Myśleliśmy, że zburzymy ten barak. Zbudujemy coś nowego. Skończyłam wydział filologiczny Uniwersytetu Moskiewskiego i dostałam posadę asystentki. Marzyłam o pracy naukowej. Bożyszczem tych lat był Awierincew, na jego wykłady schodziła się cała oświecona Moskwa. Spotykaliśmy się i podtrzymywaliśmy w sobie nawzajem iluzję, że wkrótce kraj będzie inny, i że o to walczymy. Kiedy się dowiedziałam, że koleżanka z roku wyjeżdża do Izraela, bardzo się zdziwiłam: „Nie żal ci teraz wyjeżdżać? U nas dopiero się zaczyna".

Im więcej mówiono i pisano: „Wolność! Wolność!", tym szybciej z półek znikały nie tylko ser i mięso, ale nawet sól i cukier. Puste sklepy. Było strasznie. Wszystko na kartki, jak w czasie wojny. Nas uratowała babcia, która codziennie biegała po mieście i realizowała te talony. Cały balkon był zastawiony proszkiem do prania, w sypialni stały torebki z cukrem i kaszą. Kiedy wydano talony na skarpetki, tato zapłakał, mówiąc, że to jest koniec ZSRR. Poczuł to… Pracował w biurze konstrukcyjnym w zakładach wojskowych, zajmował się rakietami i szalenie lubił to zajęcie. Miał dyplomy dwóch wyższych uczelni. Tymczasem zamiast rakiet zakłady zaczęły produkować pralki i odkurzacze. Tatę zwolniono. Oboje z mamą byli wielkimi entuzjastami pierestrojki – malowali plakaty, roznosili ulotki – i tego się doczekali… Nie chcieli wierzyć, że tak wygląda wolność. Nie mogli się z tym pogodzić. Na ulicach już skandowano: „Zabierajcie Gorbaczowa, Jelcyn to jest mądra głowa!". Noszono portrety Breżniewa z całą piersią w orderach, a Gorbaczowa – z całą w talonach. Zaczynało się panowanie Jelcyna – reformy Gajdara* i właśnie to znienawidzone przeze mnie „sprzedaj-kup"… Żeby przeżyć, jeździłam do Polski z workami żarówek i zabawek. Wagon był

* Jegor Gajdar (1956–2009) – ekonomista, jeden z głównych autorów rosyjskiej reformy gospodarczej, w latach 1991–1994 zajmował wysokie stanowiska rządowe, w tym fotel premiera.

pełen nauczycieli, inżynierów, lekarzy... Wszyscy z workami i torbami. Całą noc siedzieliśmy i omawiali *Doktora Żywago*... sztuki Szatrowa... Jak w moskiewskiej kuchni.

Wspominam swoich przyjaciół z uniwersytetu... Jesteśmy teraz wszystkim, tylko nie filologami – top menedżerami agencji reklamowych, bankowcami, komiwojażerami... Ja pracuję w agencji nieruchomości u pewnej pani, która przyjechała z prowincji; pracowała kiedyś w aparacie Komsomołu. Kto dzisiaj ma firmy? Kto wille na Cyprze i w Miami? Dawna nomenklatura partyjna. Tam trzeba szukać zaginionych pieniędzy partyjnych... A nasi liderzy... *szestidiesiatniki*, pokolenie lat sześćdziesiątych... Owszem, nawąchali się krwi na wojnie, ale byli naiwni jak dzieci... Powinniśmy byli dniami i nocami koczować na placach. Doprowadzić sprawę do końca i urządzić Norymbergę dla KPZR. Za szybko rozeszliśmy się do domów. Władzę przejęli handlarze i cinkciarze. I wbrew przewidywaniom Marksa po socjalizmie budujemy kapitalizm. (*Milknie*). Ale jestem szczęśliwa, że żyłam w tym czasie. Komunizm upadł! Koniec, już nie wróci. Żyjemy w innym świecie i patrzymy na niego innymi oczami. Nigdy nie zapomnę tamtych dni, kiedy zaczęliśmy oddychać swobodnie...

O tym, jak przyszła miłość, a pod oknami jeździły czołgi

Byłam zakochana, o niczym innym nie mogłam wtedy myśleć. Żyłam wyłącznie tym. A tutaj mama budzi mnie rano: „Czołgi pod oknami! Chyba jakiś przewrót!". Ja wymamrotałam zaspana: „Mamo, to są ćwiczenia". A gdzie tam! Pod oknami stały prawdziwe czołgi, nigdy nie widziałam ich tak blisko. W telewizji nadawano *Jezioro łabędzie*... Przybiegła przyjaciółka mamy, która bardzo się przejęła tym, że nie płaciła składek partyjnych. Mówiła, że w ich szkole stało popiersie Lenina, a ona wyniosła je do magazynu i nie wiedziała, co teraz ma z nim zrobić. Wszystko od razu wróciło na swoje miejsce: tego nie wolno i tamtego nie wolno. Spikerka odczytywała „Obwieszczenie o wprowadzeniu stanu wyjątkowego"... Przyjaciółka mamy przy każdym słowie wzdrygała się: „Boże święty! Boże!". Ojciec pluł na telewizor...

Zadzwoniłam do Olega...

– Jedziemy pod Biały Dom*?

– Jedziemy.

Przypięłam odznakę z Gorbaczowem. Naszykowałam sporo kanapek. W metrze ludzie byli małomówni, wszyscy spodziewali

* Biały Dom – potoczna nazwa ówczesnej siedziby Rady Najwyższej Rosyjskiej Federacyjnej Socjalistycznej Republiki Radzieckiej. Gmach ten odegrał zasadniczą rolę w wydarzeniach lat 1991 i 1993. Obecnie – Dom Rządu Federacji Rosyjskiej.

się nieszczęścia. Wszędzie czołgi... Czołgi... Na pancerzach nie siedzieli mordercy, ale wystraszeni chłopcy ze skruszonymi minami. Stare kobiety częstowały ich blinami i jajkami na twardo. Ulżyło mi, gdy koło Białego Domu zobaczyłam dziesiątki tysięcy ludzi! Wszyscy we wspaniałych nastrojach. Mieliśmy poczucie, że wszystko możemy. Skandowaliśmy: „Jelcyn, Jelcyn! Jelcyn!". Już tworzono oddziały samoobrony. Przyjmowano tylko młodych, starszym odmawiano, więc byli niezadowoleni. Jakiś staruszek się oburzał:

– Komuniści ukradli mi życie! Pozwólcie mi chociaż pięknie umrzeć!

– Dziadku, odejdźcie...

Teraz mówią, że chcieliśmy bronić kapitalizmu... Nieprawda! Ja broniłam socjalizmu, ale jakiegoś innego... nieradzieckiego... I obroniłam go! Tak mi się wydawało. Wszyscy tak myśleliśmy... Po trzech dniach czołgi wyjeżdżały z Moskwy, to już były dobre czołgi...

* * *

Siedzę w kuchni u swoich moskiewskich przyjaciół. Zebrało się tam spore towarzystwo: przyjaciele, krewni z prowincji. Przypomniało nam się, że nazajutrz będzie kolejna rocznica sierpniowego puczu.

– Jutro jest święto...

– A cóż tu mamy świętować? To tragedia. Naród przegrał.

– Przy dźwiękach muzyki Czajkowskiego grzebano Sowiety...

– Pierwsze co zrobiłam, to wzięłam pieniądze i pobiegłam do sklepu. Wiedziałam, że czymkolwiek się to wszystko skończy, ceny pójdą w górę.

– Ucieszyłem się, że zdejmą Gorbiego! Obrzydł już wszystkim ten gaduła.

– Rewolucja była tylko teatrem. Przedstawieniem dla ludu. Pamiętam zupełną obojętność wszystkich, z kimkolwiek bym rozmawiał. Wszyscy wyczekiwali.

– A ja zadzwoniłem do pracy i poszedłem robić rewolucję.

Wygrzebałem z bufetu wszystkie noże, które były w domu. Wiedziałem, że to wojna... że potrzebna jest broń...

– Ja byłem za komunizmem! U nas w rodzinie wszyscy należeli do partii. Mama śpiewała nam pieśni rewolucyjne zamiast kołysanek. Wnukom też teraz śpiewa. „Zwariowałaś?" – pytam. A ona na to: „Przecież nie znam innych piosenek". Dziadek też był bolszewikiem... i babka...

– Powiedzcie jeszcze, że komunizm to piękna bajka. A rodzice mego ojca zginęli w łagrach Mordowii.

– Poszliśmy pod Biały Dom razem z rodzicami. Tato powiedział: „Chodźmy. Bo inaczej to nigdy nie będzie ani kiełbasy, ani dobrych książek". Wyrywaliśmy z bruku kamienie i budowali barykady.

– Teraz ludzie ochłonęli, więc stosunek do komunistów się zmienia. Można go nie ukrywać... Pracowałem w komitecie dzielnicowym Komsomołu. Pierwszego dnia zabrałem do domu wszystkie legitymacje komsomolskie, czyste blankiety i odznaki. Schowałem je w piwnicy, potem nie miałem gdzie trzymać kartofli. Nie wiedziałem, do czego mi to potrzebne, ale wyobraziłem sobie, że przyjdą opieczętować lokal i wszystko to zniszczą, a to były drogie dla mnie symbole.

– Mogło się zdarzyć, że poszlibyśmy zabijać się nawzajem... Dzięki Bogu do tego nie doszło!

– Nasza córka leżała w klinice położniczej. Przyszłam do niej, a ona pyta: „Mamo, czy będzie rewolucja? Wojna domowa?".

– A ja skończyłem uczelnię wojskową. Służyłem w Moskwie. Gdyby kazano nam kogoś aresztować, to na pewno byśmy taki rozkaz wykonali. I niejeden zrobiłby to z entuzjazmem. Bo sytuacji w kraju mieliśmy już dość. Przedtem wszystko było jasne i proste, wszystko jak należy. Był porządek. Wojskowi lubią tak żyć. Ludzie w ogóle tak lubią żyć.

– Boję się wolności. Przyjdzie pijak i podpali mi daczę.

– Jakież tam, koledzy, idee? Życie jest krótkie, wypijmy sobie!

* * *

19 sierpnia 2001 roku – dziesiąta rocznica puczu. Jestem w stolicy Syberii, Irkucku. Robię kilka błyskawicznych wywiadów na ulicach.

Pytanie:

– Co by się stało, gdyby zwyciężył Państwowy Komitet Stanu Wyjątkowego*?

Odpowiedzi:

– Ocalilibyśmy wielki kraj...

– Popatrzcie na Chiny, gdzie rządzą komuniści. Chiny stały się drugą gospodarką w świecie...

– Gorbaczowa i Jelcyna postawiono by przed sądem jako zdrajców ojczyzny.

– Zalaliby kraj krwią... I zapełniliby ludźmi obozy koncentracyjne.

– Socjalizm by ocalał. Nie byłoby wśród nas podziału na biednych i bogatych.

– Nie byłoby żadnej wojny w Czeczenii.

– Nikt by nie śmiał mówić, że Hitlera pokonali Amerykanie.

– Ja sam stałem pod Białym Domem. I czuję, że zostałem oszukany.

– Co by było, gdyby pucz zwyciężył? Przecież zwyciężył! Pomnik Dzierżyńskiego zwalono, ale Łubianka została. Budujemy kapitalizm pod przewodnictwem KGB.

– Moje życie by się nie zmieniło...

* PKSW – samozwańczy organ na czele z wiceprezydentem Giennadijem Janajewem, 19 sierpnia 1991 roku aresztował prezydenta Gorbaczowa i objął władzę w ZSRR. Wobec stanowczej postawy mieszkańców stolicy, którzy pod przewodnictwem prezydenta Federacji Rosyjskiej Borisa Jelcyna otoczyli barykadami Biały Dom, tzw. pucz moskiewski trzeciego dnia się załamał i wbrew planom organizatorów przyspieszył koniec ustroju oraz rozpad Związku Radzieckiego.

O tym, jak przedmioty zrównały się z ideami i słowami

Świat rozleciał się na dziesiątki różnokolorowych kawałków. Jakże chcieliśmy, żeby szara radziecka egzystencja czym prędzej zmieniła się w słodkie obrazki z filmów amerykańskich! O tym, jak staliśmy pod Białym Domem, już mało kto wspominał... Tamte trzy dni wstrząsnęły światem, ale nie nami... Dwa tysiące ludzi wiecuje, a reszta przejeżdża obok i patrzy na nich jak na idiotów. Dużo piliśmy. U nas zawsze dużo się pije, ale wtedy piliśmy wyjątkowo dużo. Społeczeństwo zamarło – w którą stronę pójdziemy? Czy nastanie kapitalizm, czy też porządny socjalizm? Kapitaliści są tłuści, straszni – to nam wmówiono w dzieciństwie... (*Śmieje się*).

Kraj pokrył się siecią banków i straganów. Pojawiły się całkiem inne towary. Nie toporne buciska i sukienki godne staruszek, ale to, o czym zawsze marzyliśmy: dżinsy, kożuszki, elegancka bielizna damska, serwisy obiadowe... Wszystko takie śliczne, kolorowe. Nasze radzieckie wyroby były szare, surowe, zupełnie jakby produkowali je dla wojska. Biblioteki i teatry opustoszały. Pełno ludzi było za to na bazarach i w sklepach komercyjnych. Wszyscy natychmiast zapragnęli być szczęśliwi. Jak dzieci odkryliśmy nowy świat... Wkrótce jednak przestaliśmy omdlewać z zachwytu, wchodząc do supermarketu... Znajomy zajął się biznesem. Opowiadał, że kiedy pierwszy raz przywiózł tysiąc puszek kawy rozpuszczalnej, to rozkupiono je w ciągu paru dni; kiedy kupił sto odkurzaczy – też momentalnie rozsprzedał. Ludzie brali wszystko: kurtki, swetry, najróżniejsze drobiazgi! Przebierali się, zmieniali obuwie. Kupowali nowy sprzęt i meble. Remontowali dacze... Zapragnęli mieć ładne ogrodzenia i dachy... Czasem z przyjaciółmi zaczynamy wspominać, a wtedy pękamy ze śmiechu... Dzikusy! Ludzie byli zupełnymi dziadami. Wszystkiego musieli się uczyć... W czasach radzieckich wolno było mieć mnóstwo książek, ale nie drogi samochód czy dom. No więc uczyliśmy się ładnie ubierać, smacznie gotować, rankiem pić soki i jogurty... Przedtem gardziłam pieniędzmi, bo po prostu nie wiedziałam, co to jest. W naszej rodzinie nie mówiło się o takich rzeczach. Mówić o pieniądzach to wstyd. Można powiedzieć, że wyrośliśmy w kraju bez pieniędzy. Tak jak wszyscy dostawałam swoje sto dwadzieścia rubli i to mi wystarczało. Pieniądze przyszły z pierestrojką. Z Gajdarem. Prawdziwe pieniądze. Zamiast: „Nasza przyszłość to komunizm" wszędzie wisiały transparenty „Kupujcie! Kupujcie!". Kto chciał, mógł podróżować. Zobaczyć Paryż... Albo Hiszpanię... Fiestę... Walkę byków... Czytałam o tym u Hemingwaya, czytałam i wiedziałam, że nigdy tego nie zobaczę. Książki zastępowały nam życie... Skończyły się nasze nocne czuwania w kuchniach i zaczęło się zarabianie, dorabianie. Pieniądze stały się synonimem wolności. Wszystkich opanowała chęć posiadania. Najsilniejsi i najbardziej agresywni zaczęli robić interesy. Zapomnieliśmy o Leninie i Stalinie. Tak uchroniliśmy się od wojny domowej, bo znowu mielibyśmy „białych" i „czerwonych". „Naszych" i „nie naszych". Zamiast krwi – przedmioty... Życie! Wybraliśmy piękne życie. Nikt nie chciał pięknie umierać, wszyscy chcieli pięknie żyć. Inna rzecz, że słodkich pierniczków nie starczyło dla wszystkich...

* * *

Epoka radziecka... Słowo miało status sakralny, magiczną moc. Tak więc siłą bezwładu w inteligenckich kuchniach rozmawiano jeszcze o Pasternaku, gotowano zupę, nie wypuszczając z rąk Astafjewa i Bykowa, ale życie cały czas udowadniało, że to się już nie liczy. Że słowa nic nie znaczą. W roku dziewięćdziesiątym pierwszym... Odwieźliśmy mamę do szpitala z ciężkim zapaleniem płuc, wróciła stamtąd jako bohaterka. Przez cały czas opowiadała ludziom o Stalinie, o zabójstwie Kirowa, o Bucharinie... Gotowi byli jej słuchać dniem i nocą. Ludzie chcieli wówczas, żeby im otwarto oczy. Niedawno mama znowu trafiła do szpitala, ale tym razem aż do końca pobytu milczała. Minęło zaledwie pięć lat, a rzeczywistość już inaczej rozdzieliła role. Bohaterką tym razem była żona biznesmena... Ona i jej opowieści sprawiły, że wszyscy zaniemówili... Jaki ma dom – trzysta metrów kwadratowych! Ile służby: kucharka, niania, kierowca, ogrodnik... Wypoczywa z mężem na Zachodzie... Tak, oczywiście, muzea, ale butiki... Butiki! Jeden pierścionek waży tyle karatów, a inny... A wisiorki... złote klipsy... Publiczność zachwycona! O Gułagu albo czymś podobnym – ani słowa. Było i już, nie ma o czym gadać. Kto by się tam teraz kłócił ze starymi?

Z przyzwyczajenia zaglądałam do antykwariatu – spokojnie stał tam sobie komplet dwustu tomów „Biblioteki Literatury Światowej" i „Biblioteka Przygód" – ta sama pomarańczowa seria, za którą szalałam. Patrzyłam na grzbiety książek i długo wdychałam ich zapach. Były tam istne góry książek! Inteligenci wyprzedawali biblioteki. Oczywiście, wielu zubożało, ale nie dlatego pozbywano się książek z domu, nie tylko z braku pieniędzy. Chodziło o to, że książki ludzi rozczarowały. To rozczarowanie było całkowite. Pytanie: „Co teraz czytasz?" brzmiało już nieprzyzwoicie. Zbyt wiele zmieniło się w życiu, a książki o tym nie mówiły. Rosyjskie powieści nie uczą, jak osiągnąć sukces. Jak zostać bogatym... Obłomow leży na kanapie, a bohaterowie Czechowa cały czas piją herbatę i utyskują na życie... (*Milknie*). Chińczycy powiadają: „Nie daj Boże żyć w epoce przemian". Mało kto z nas pozostał taki, jaki był. Przyzwoici ludzie gdzieś się pochowali. Wszędzie tylko łokcie i zęby...

* * *

Jeśli mowa o latach dziewięćdziesiątych... Nie powiedziałbym, że to były piękne czasy, raczej ohydne. W umysłach nastąpił zwrot o sto osiemdziesiąt stopni... Niejeden nie wytrzymał i oszalał, szpitale dla wariatów były przepełnione. Odwiedziłem w jednym z nich przyjaciela. Ktoś krzyczał: „Jestem Stalin! Jestem Stalin!", drugi: „Jestem Bieriezowski*! Jestem Bieriezowski!". Cały oddział był pełen stalinów i bieriezowskich. Na ulicach ciągle strzelano. Zginęło mnóstwo ludzi. Codziennie dochodziło do rozpraw. Wyrwać coś dla siebie. Zdążyć, póki inni tego nie zrobią. Jednego zrujnowali, drugiego przymknęli. Z pałacu – do lochu. A z drugiej strony jak fajnie – wszystko widzisz na własne oczy...

W bankach stały kolejki tych, którzy chcieli założyć biznes: otworzyć piekarnię, sprzedawać sprzęt elektroniczny... Też stałem w tej kolejce. Dziwiłem się, jak wielu nas jest. Jakaś kobieta w berecie zrobionym na drutach, chłopak w sportowej kurtce, tęgi chłop o wyglądzie byłego więźnia... Przez siedemdziesiąt lat z górą pouczano nas, że pieniądze szczęścia nie dają, że wszystko, co najlepsze w życiu, człowiek dostaje za darmo. Na przykład miłość. Ale wystarczyło powiedzieć z trybuny: „handlujcie, bogaćcie się", żeby wszyscy o tym zapomnieli. W kąt poszły wszystkie radzieckie książki. Ci ludzie wcale nie przypominali tych, z którymi siedziałem do rana i brzdąkałem na gitarze. Od biedy potrafiłem zagrać trzy akordy. Jedyne, co tych nowych łączyło z „kuchennymi" ludźmi, było to, że im też obrzydły czerwone sztandary i cały ten rytuał: zebrania Komsomołu, zajęcia polityczne... Socjalizm miał ludzi za durniów...

Bardzo dobrze wiem, czym są marzenia. Przez całe dzieciństwo prosiłem o rower, ale nikt mi go nie kupił. W domu była bieda. Zostałem *farcowszczikiem***, w szkole handlowałem

* Boris Bieriezowski (1946–2013) – przedsiębiorca i polityk, odgrywał wielką rolę w czasach rządów Jelcyna, od 2000 roku na emigracji w Wielkiej Brytanii, zmarł w niejasnych okolicznościach.

** Farcowszczik (prawdopodobnie od zniekształconego angielskiego *for sale* – na sprzedaż) – potoczna nazwa kogoś, kto nielegalnie kupuje od cudzoziemców atrakcyjne towary i odsprzedaje je z zyskiem.

dżinsami, na wyższej uczelni – mundurami radzieckimi i różnymi odznakami. Cudzoziemcy to kupowali. Zwyczajna sprawa. W radzieckich czasach można było za to dostać od trzech do pięciu lat. Ojciec biegał za mną z pasem i krzyczał: „Spekulant! Po to walczyłem pod Moskwą, żeby mi takie gówno w domu wyrosło!". To, co wczoraj było przestępstwem, dzisiaj było biznesem. W jednym miejscu kupiłem gwoździe, w drugim fleki, zapakowałem w foliową torbę i sprzedałem jako nowy towar. Przyniosłem pieniądze do domu. Nakupiłem różnych rzeczy, pełną lodówkę. Rodzice myśleli, że zaraz przyjdzie milicja i mnie aresztuje. (*Śmieje się*). Sprzedawałem sprzęt gospodarstwa domowego. Szybkowary, garnki do gotowania na parze... Wracałem samochodem z Niemiec z całą przyczepą towaru. Wszystko schodziło... W moim gabinecie stało pudło po komputerze, pełne pieniędzy... Myślałem wtedy, że to tylko pieniądze. Bierze się z tego pudła, bierze i ciągle jest z czego brać. Już chyba wszystko kupiłem: mieszkanie, brykę, rolexa... Pamiętam tamto upojenie. Człowiek może spełnić wszystkie swoje marzenia, skrywane fantazje. Wiele się o sobie dowiedziałem: po pierwsze, że nie mam gustu, a po drugie, że jestem zakompleksiony. Nie potrafię obracać pieniędzmi. Nie wiedziałem, że duże pieniądze nie powinny leżeć, muszą pracować. Pieniądze są taką samą próbą dla człowieka jak władza czy miłość... Marzyłem... I pojechałem do Monako. W kasynie w Monte Carlo przegrałem wielką sumę, mnóstwo kasy. Nosiło mnie... Byłem niewolnikiem swojego pudła. Są tam jeszcze pieniądze czy nie ma? Ile ich jest? Powinno być ich coraz więcej. Przestało mnie interesować to, co przedtem. Polityka... Wiece... Umarł Sacharow. Poszedłem go pożegnać. Setki tysięcy ludzi... Wszyscy płakali, ja też. Niedawno przeczytałem w gazecie, że umarł wielki *jurodiwy** Rosji. Pomyślałem,

* Jurodiwy – szaleniec Boży, charakterystyczny dla dawnej Rosji wzór świętości. Taki „nawiedzony" mógł bezkarnie powiedzieć prawdę w oczy nawet carowi. W nowszych czasach mianem tym zaczęto określać różnego rodzaju ekscentryków, którzy pozwalali sobie w stosunku do władzy na więcej niż reszta współobywateli.

że umarł w porę. Kiedy Sołżenicyn przyjechał z Ameryki, obstąpiliśmy go wszyscy. Ale ani on nas nie rozumiał, ani my jego. Był cudzoziemcem. Wrócił do Rosji, a tu za oknami Chicago...

Kim byłbym, gdyby nie pierestrojka? Pracownikiem inżynieryjno-technicznym z nędzną pensją... (*Śmieje się*). A teraz mam własną klinikę okulistyczną. Kilkaset osób ze swoimi rodzinami, dziadkami, babciami jest ode mnie zależnych. Pani grzebie we własnej duszy, snuje refleksje, a ja tego problemu nie mam. Pracuję dniem i nocą. Kupiłem najnowsze wyposażenie, chirurgów wysłałem na staż do Francji. Ale nie jestem altruistą, mam spore dochody. Do wszystkiego doszedłem sam... A miałem w kieszeni tylko trzysta dolarów... Zaczynałem interesy z takimi partnerami, że gdyby weszli tu do pokoju, toby pani zemdlała. Prawdziwi goryle! Wzrok dziki... Teraz ich już nie ma, wyginęli jak dinozaury. Chodziłem w kamizelce kuloodpornej, strzelano do mnie. Nie przejmuję się tym, że ktoś jc gorszą kiełbasę niż ja. Wszyscy przecież chcieliście, żeby był kapitalizm. Marzyliście o nim! To teraz nie krzyczcie, że was oszukali...

O tym, że wyrośliśmy pośród katów i ofiar

Wracamy wieczorem z kina. W kałuży krwi leży mężczyzna. Na plecach, w płaszczu widać dziurę od kuli. Koło niego stoi milicjant. Wtedy po raz pierwszy widziałem zabitego człowieka. Wkrótce się do tego przyzwyczaiłem. Nasz dom jest duży, ma dwadzieścia klatek schodowych. Co rano na podwórzu znajdowano trupa. Już się na ten widok nie wzdrygaliśmy. Zaczął się prawdziwy kapitalizm. Krwawy. Spodziewałem się, że będę wstrząśnięty, a nie byłem. Po Stalinie inaczej traktujemy rozlew krwi... Pamiętamy, jak swoi zabijali swoich... I masowe mordy ludzi, którzy nie wiedzieli, za co ich zabijają... To zostało, to wciąż jest obecne w naszym życiu. Wyrośliśmy pośród katów i ofiar... Dla nas życie razem jest normalne. Nie ma granicy między stanem pokoju a stanem wojny. Wojna jest zawsze. Kiedy włączy się telewizor, to wszyscy gadają jak kryminaliści – i politycy, i biznesmeni, i prezydent: „zblatowany", „przewał", „ustawka"... Czym jest dla nich ludzkie życie? Splunąć i rozdeptać. Jak w łagrze...

* * *

Dlaczego nie osądzono Stalina? Odpowiem pani... Żeby go potępić, trzeba byłoby też potępić krewnych i znajomych. Swoich najbliższych. Opowiem o swojej rodzinie... Tatę zabrali w trzydziestym siódmym roku, dzięki Bogu wrócił, dziesięć lat jednak odsiedział. Wrócił i bardzo chciał żyć... Sam się dziwił, że po wszystkim, co przeszedł, miał jeszcze ochotę żyć... Tak wcale nie było ze wszystkimi, wcale nie... Moje pokolenie rosło z ojcami, którzy wrócili albo z obozów, albo z wojny. Jedyną rzeczą, o której nam mogli opowiedzieć, była przemoc. Śmierć. Rzadko się śmiali, przeważnie milczeli. I pili... Pili... Żeby w końcu całkiem się rozpić. Był jeszcze drugi scenariusz – ci, których nie przymknięto, bali się, że ich przymkną. I to wszystko trwało nie miesiąc czy dwa, ale całe lata! A taki, którego nie przymknęli, zaczynał się zastanawiać, dlaczego wszystkich wsadzili, a jego nie. Czy coś robi inaczej? Co właściwie? Każdego mogli aresztować, ale mogli go też skierować do pracy w NKWD... Partia prosi, partia każe. Wybór nieprzyjemny, ale wielu musiało go dokonać... A teraz o katach... To nie były potwory, zwyczajni ludzie... Na naszego tatę doniósł sąsiad, wujek Jura. Poszło o głupstwo, jak mówiła mama. Miałem siedem lat. Wujek Jura brał na ryby swoje dzieci i mnie, pozwalał się przejechać na koniu. Naprawiał nam płot... Jak pani widzi, wyłania się z tego całkiem inny portret kata – zwyczajny człowiek, nawet porządny... Normalny... Tatę aresztowano, a po kilku miesiącach zabrano jego brata. Za Jelcyna udostępniono mi nawet jego akta – leżało tam kilka donosów, jeden napisała ciocia Ola... Kuzynka... Ładna, wesoła kobieta... Ładnie śpiewała... Była już stara, kiedy ją zapytałem: „Ciociu Olu, opowiedz o trzydziestym siódmym roku...". „To był najszczęśliwszy rok w moim życiu. Byłam zakochana" – odpowiedziała... Brat taty już nigdy nie wrócił. Umarł w więzieniu czy w łagrze – nie wiadomo. Nie było to dla mnie łatwe, ale mimo wszystko zapytałem o to, co mnie dręczyło: „Ciociu Olu, dlaczego to zrobiłaś?". „A czy kto widział uczciwego człowieka w czasach Stalina?". (*Milczy*). Był jeszcze wujek Pawieł, który służył w wojskach NKWD na Syberii... Wie pani, zło w chemicznie czystej postaci nie istnieje... To nie tylko Stalin i Beria... To także wujek Jura i ładna ciocia Ola...

* * *

Pierwszy maja. Tego dnia komuniści przechodzą ulicami Moskwy w wielotysięcznym pochodzie. Stolica znowu jest „czerwona" – czerwone flagi, czerwone baloniki, czerwone koszulki z sierpem i młotem. Ludzie niosą portrety Lenina i Stalina. Portretów Stalina jest więcej. Plakaty: „Do diabła z waszym kapitalizmem!", „Czerwony sztandar na Kreml!". Zwykła Moskwa stoi na chodnikach, „czerwona" toczy się po jezdni jak lawina. Między nimi cały czas trwają pyskówki, miejscami dochodzi do bójek. Policja nie jest w stanie rozdzielić tych dwóch stolic. A ja nie nadążam z zapisywaniem wszystkiego, co słyszę...

– Pochowajcie Lenina, i to bez honorów.

– Lokaje Ameryki! Za ile sprzedaliście kraj?

– Oj, ludzie, ale z was durnie...

– Jelcyn i jego banda wszystko nam ukradli. Pijcie! Bogaćcie się! Kiedyś to się skończy...

– Boją się ludziom powiedzieć, że budujemy kapitalizm? Wszyscy gotowi są chwycić za broń, nawet moja mama, gospodyni domowa.

– Z bagnetem można zrobić wszystko, tylko nie można na nim siedzieć.

– A ja bym tych cholernych burżujów rozjeżdżał czołgami!

– Komunizm wymyślił Marks! Żyd!...

– Uratować mógłby nas tylko jeden człowiek – towarzysz Stalin. Wystarczy, żeby przyszedł na dwa dni... Rozstrzelałby ich wszystkich i mógłby sobie iść, położyć się z powrotem.

– No i chwała Bogu! Wszystkim świętym się pokłonię.

– Stalinowskie zasrańce! Krew jeszcze nie zakrzepła na waszych rękach. Carską rodzinę za coście zamordowali? Nawet nad dziećmi nie mieliście litości.

– Nie ma wielkiej Rosji bez wielkiego Stalina.

– Ludziom do głów nasrali...

– Jestem prostym człowiekiem. Stalin nie tykał prostych ludzi. W naszej rodzinie nikt nie ucierpiał – sami robotnicy. Spadały głowy naczelników, ale prosty człowiek żył sobie spokojnie.

– Czerwona bezpieka! Niedługo powiecie, że nie było żadnych obozów, tylko pionierskie. A mój dziadek był stróżem.

– A mój – geometrą.

– Maszynistą...

Przed dworcem Białoruskim zaczął się wiec. Tłum to głośno bił brawo, to krzyczał: „Hurra! Niech żyje!". Cały plac zaśpiewał pieśń na melodię Warszawianki 1905 roku: *„Zrzucimy wnet liberalne kajdany i obalimy zbrodniczy ten rząd". W końcu demonstranci zwinęli czerwone flagi, po czym jedni podążyli do metra, inni ustawili się w kolejki przy kioskach z pasztecikami i piwem. Zaczęła się zabawa ludowa, ludzie puścili się w pląsy. Stara kobieta w czerwonej chuście kręciła się i przytupywała wokół harmonisty: „Przy dużej choince zatańczymy w koło, bo w naszej ojczyźnie żyje się wesoło. Tańczymy z radości, wesoło śpiewamy, Stalinowi słowa piosenki oddamy". Tuż koło metra dogoniły mnie dźwięki pijackiej czastuszki: „Odpierdol się wszystko złe, a przypierdol dobre".*

**O tym, co powinniśmy wybrać:
wielką historię czy banalne życie?**

Koło kiosku z piwem zawsze jest gwar. Ludzie są rozmaici. Spotkać tu można profesora, robociarza, studenta, bezdomnego... Piją i filozofują. Wszyscy o tym samym – o losach Rosji. O komunizmie.

– Lubię sobie wypić. Dlaczego piję? Bo moje życie mi się nie podoba. Za pomocą alkoholu zrobię wariackie salto i przeniosę się gdzie indziej. Tam, gdzie wszystko będzie ładne i dobre.

– Dla mnie pytanie jest bardziej konkretne: w jakim kraju chcę żyć – w wielkim czy w normalnym?

– Kochałem imperium... Po jego upadku życie przestało mnie interesować. Nudno jest.

– Wielka idea potrzebuje krwi. Dzisiaj nikt nie chce umierać byle gdzie. Na jakiejś tam wojnie. Jak w tej piosence: „Wszędzie forsa, forsa, forsa, bez tej forsy trudno żyć..."*. A skoro się pan upiera, że jednak mamy cel, to niech pan powie: jaki? Każdemu po mercedesie i na wczasy do Miami?

– Rosjanin musi w coś wierzyć... Wierzyć w coś świetlanego, wzniosłego. W naszej podświadomości tkwią imperium i komunizm. Bliższe jest nam to, co bohaterskie.

– Socjalizm zmuszał człowieka do życia w historii... do obecności przy czymś wielkim...

– Kurna! Myśmy tacy uduchowieni, tacy wyjątkowi.

– Nie mieliśmy demokracji. Jacy tam z nas demokraci?

– Ostatnie wielkie wydarzenie w naszym życiu to pierestrojka.

– Rosja może być tylko wielka, albo jej wcale nie będzie. Potrzebujemy silnej armii.

– A po ch.. mi wielki kraj? Chcę żyć w małym, takim jak Dania. Bez broni jądrowej, bez nafty i gazu. Żeby nikt mnie nie tłukł rewolwerem po głowie. Może dopiero wtedy nauczymy się myć chodniki szamponem...

– Komunizm to zadanie ponad siły człowieka... U nas tak jest zawsze: to konstytucji się nam zachce, to znowu jesiotra z chrzanem...

– Jakże zazdroszczę ludziom, którzy mieli ideę! Bo teraz żyjemy bez idei. A ja chcę wielkiej Rosji! Nie pamiętam jej, ale wiem, że była.

– To był wielki kraj z kolejkami po papier toaletowy... Dobrze pamiętam, jak śmierdziało w radzieckich stołówkach i sklepach.

– Rosja ocali świat! I sama w ten sposób się ocali!

– Mój ojciec dożył dziewięćdziesiątki. Mówił, że nic dobrego go w życiu nie spotkało poza wojną. I to jest wszystko, co potrafimy.

– Bóg to nieskończoność, która jest w nas... Stworzeni jesteśmy na jego obraz i podobieństwo...

* Piosenka z folkloru odeskiego.

O wszystkim...

Byłam radziecka w dziewięćdziesięciu procentach... Nie rozumiałam tego, co się działo. Pamiętam, jak Gajdar mówił w telewizji: „Uczcie się handlować", „Rynek nas uratuje", „Kupiłeś na jednej ulicy butelkę wody mineralnej i sprzedałeś na drugiej – na tym polega biznes"... Ludzie słuchali tego z niedowierzaniem. Wracałam do domu. Zamykałam drzwi i płakałam. Mama dostała wylewu, tak ją to wszystko wystraszyło. Może i chcieli zrobić coś dobrego, ale zabrakło im współczucia w stosunku do własnego narodu. Nigdy nie zapomnę staruszków proszących o jałmużnę; stali w rzędach wzdłuż drogi. Sprane czapki, pocerowane marynareczki... Czy szłam do pracy, czy wracałam, zawsze bałam się podnieść wzrok... Pracowałam w fabryce kosmetyków. Zamiast pieniędzy dawali nam perfumy...

* * *

Do naszej klasy chodziła biedna dziewczynka, jej rodzice zginęli w wypadku samochodowym. Została sama z babcią. Cały rok chodziła w jednej i tej samej sukience. Ale nikt się nad nią nie litował. Jakoś szybko bieda stała się czymś wstydliwym...

* * *

Nie żałuję lat dziewięćdziesiątych... Burzliwe, jasne lata. Ja, która kiedyś nie interesowałam się polityką i nie czytałam gazet, wysunęłam swoją kandydaturę na zjazd. Kim byli liderzy pierestrojki? Pisarzami, artystami... Poetami... Na Pierwszym Zjeździe Delegatów Ludowych ZSRR* można było zbierać autografy. Mój mąż był ekonomistą, dostawał wtedy szału. „Co – pytał – potrafią poeci? Przepalać słowem serca ludzi** i tyle. No dobrze, zrobicie rewolucję. A potem? Co będzie potem? Jak zbudujecie demokrację? Kto to będzie robił? Z góry wiadomo, co z tego wyjdzie". Śmiał się ze mnie. Rozwiedliśmy się z tego powodu... Okazało się, że miał rację...

* * *

Zrobiło się strasznie, więc ludzie ruszyli do świątyń. Kiedy wierzyłem w komunizm, nie potrzebowałem cerkwi. Moja żona chodzi tam ze mną, dlatego że w cerkwi ojczulek mówi do niej: „Gołąbeczko"...

* * *

Mój ojciec był uczciwym komunistą. Nie obwiniam komunistów, tylko komunizm. Do tej pory nie wiem, jak mam traktować Gorbaczowa... I Jelcyna... Kolejki i puste sklepy idą w zapomnienie szybciej niż czerwony sztandar nad Reichstagiem.

* * *

Zwyciężyliśmy. Ale kogo? I po co? W telewizji na jednym kanale dają film, w którym czerwoni biją białych, a na drugim dzielni biali biją czerwonych. Schizofrenia!

* I Zjazd Delegatów Ludowych ZSRR (25 maja – 9 czerwca 1989) dokonał zmian w konstytucji radzieckiej, określił politykę wewnętrzną i zagraniczną oraz wybrał najwyższe władze kraju. Zjazd wzbudził olbrzymie zainteresowanie obywateli, którzy po raz pierwszy od kilkudziesięciu lat mogli wybierać spośród kilku kandydatów.

** Cytat z wiersza Aleksandra Puszkina *Prorok* w przekładzie Juliana Tuwima.

* * *

Bez przerwy mówimy o cierpieniu... To jest nasza droga poznania. Ludzie Zachodu wydają się nam naiwni, bo nie cierpią tak jak my, mają lekarstwo na każdy pryszczyk. A myśmy siedzieli w łagrach, w czasie wojny zasłaliśmy ziemię trupami, gołymi rękami uprzątaliśmy paliwo jądrowe w Czarnobylu... Jesteśmy tacy otrzaskani, zahartowani. Mamy własny język... Język cierpienia...

Próbowałem zagadnąć o to swoich studentów... Śmiali mi się w twarz: „My nie chcemy cierpieć. Dla nas życie to coś innego". Nic jeszcze nie zrozumieliśmy z niedawnego świata, a żyjemy w nowym. Cała cywilizacja leży na śmietniku...

Dziesięć historii w czerwonym wnętrzu

O pięknie dyktatury i o tajemnicy motyla w cemencie

Jelena Jurjewna S. – trzeci sekretarz komitetu dzielnicowego partii, 49 lat

Czekały na mnie we dwójkę: sama Jelena Jurjewna, z którą umówiłam się na spotkanie, i jej moskiewska przyjaciółka Anna Iljiniczna M., która przyjechała do niej w odwiedziny. I od razu włączyła się do rozmowy: „Od dłuższego czasu chcę, żeby ktoś mi wytłumaczył, co się z nami dzieje". Ich opowieści nie miały żadnych wspólnych punktów poza znanymi nazwiskami: Gorbaczow, Jelcyn... Ale każda miała swojego Gorbaczowa i swojego Jelcyna. I swoje lata dziewięćdziesiąte.

Jelena Jurjewna

Czyżby już trzeba było opowiadać o socjalizmie? Komu? Wszyscy go jeszcze pamiętają. Daję słowo, jestem zdziwiona, że pani do mnie przyszła. Jestem komunistką, z nomenklatury... Nas teraz nie dopuszcza się do głosu, zatyka się nam usta. Lenin to dziś bandyta, Stalin... A my wszyscy jesteśmy zbrodniarzami, chociaż sama nie mam kropli krwi na rękach. Nosimy na sobie piętno, wszyscy...

Może za pięćdziesiąt albo sto lat o tamtym naszym życiu, które nazywano „socjalizmem", zacznie się pisać obiektywnie. Bez łez i przekleństw. Będą tę epokę odkopywać jak starożytną Troję. Do niedawna w ogóle nic dobrego nie można było powiedzieć o socjalizmie. Na Zachodzie po upadku Związku Radzieckiego zrozumiano, że idee marksistowskie się nie skończyły, że trzeba je rozwijać. A nie modlić się do nich. Marks nie był tam bałwanem jak u nas. Świętym! Najpierw go ubóstwialiśmy, a potem wyklęli. Wszystkośmy przekreślili. Nauka też przysporzyła ludzkości niezliczonych nieszczęść. No to likwidujmy uczonych! Przeklnijmy ojców bomby atomowej albo jeszcze lepiej – zacznijmy od tych, którzy wynaleźli proch. Od nich... Czyż nie mam racji? (*Nie zdążyłam jej odpowiedzieć*). To dobrze... Dobrze, że wyjechała pani z Moskwy. I przyjechała, rzec można, do Rosji. Kiedy chodzi się po Moskwie, to się wydaje, że i u nas jest Europa – luksusowe samochody, restauracje... Lśnią złote kopuły! Niech pani posłucha, o czym ludzie rozmawiają u nas, na prowincji... Rosja to nie Moskwa, Rosja to Samara, Togliatti, Czelabińsk... czy jakiś Zadupińsk... Czego o Rosji można się dowiedzieć w moskiewskich kuchniach? Na imprezach? Ple ple ple... Moskwa to stolica jakiegoś innego państwa, nie tego, które leży za stołeczną obwodnicą. Raj dla turystów. Moskwie niech pani nie wierzy...

Przyjeżdżają do nas i od razu: A to ci, sowki! Nawet według norm rosyjskich ludzie żyją tu bardzo biednie. Klną na bogatych, źli są na wszystkich. Przeklinają państwo. Uważają, że zostali oszukani, nikt im nie mówił, że przyjdzie kapitalizm, myśleli, że mamy tylko naprawić socjalizm. Tamto życie, które wszyscy znali, radzieckie. Tych, którzy zdzierali gardła na wiecach: „Jelcyn! Jelcyn!", ograbiono. Bez nich rozdzielono fabryki i kombinaty. A także ropę i gaz – wszystko co, jak to się mówi, dane jest od Boga. Dopiero teraz to zrozumieli. A przecież w dziewięćdziesiątym pierwszym roku rewolucję poszli robić wszyscy. Na barykadach. Chcieli wolności, a co dostali? Jelcynowską... bandycką rewolucję... Za socjalistyczne przekonania omal nie zabito syna mojej przyjaciółki. Słowo „komunista" było wyzwiskiem. Koledzy z podwórka o mało chłopaka nie zabili. Siedzieli w altance z gitarami i rozmawiali: „Niedługo – mówili – pójdziemy wszyscy na komunistów, będziemy ich wieszać na latarniach". Miszka Słucer, którego tato pracował u nas w komitecie dzielnicowym, był oczytany, więc zacytował im Chestertona: „Człowiek bez utopii jest o wiele straszniejszy niż człowiek bez nosa…". A tamci go za to – butami, obcasami… „Ty Żydu! A kto robił rewolucję w siedemnastym roku?!". Pamiętam ten błysk w oczach ludzi na początku pierestrojki i nigdy go nie zapomnę. Gotowi byli linczować komunistów, wysyłać na Sybir… W koszach na śmieci poniewierały się książki Majakowskiego, Gorkiego… Dzieła Lenina oddawano na makulaturę. A ja zbierałam… Tak! Właśnie tak! Niczego się nie wypieram! Niczego się nie wstydzę! Nie zmieniłam barw i nie przemalowałam się z czerwonej na szarą. Są tacy ludzie, którzy jak przyjdą „czerwoni", to witają ich z entuzjazmem, a potem z równym entuzjazmem witają przyjście „białych". Salta robili niesamowite – wczoraj komunista, dzisiaj ultrademokrata. Przed moimi oczami „uczciwi" komuniści zmieniali się w wierzących prawosławnych albo w liberałów. A ja kocham słowo „towarzysz" i nigdy nie przestanę go kochać. To dobre słowo! Sowek! Niech się pani ugryzie w język! Człowiek radziecki był zawsze dobrym człowiekiem, gotów był pojechać na pustynię czy za Ural wyłącznie dla idei, nie za dolary. Nie za obce zielone papierki. Dnieproges*, bitwa stalingradzka, loty w kosmos – wszystko to zrobił człowiek radziecki. Wielki Sowek! Ja do tej pory z radością piszę litery Z-S-R-R. To właśnie był mój kraj. Teraz nie mieszkam w swoim kraju, mieszkam w obcym.

Urodziłam się jako człowiek radziecki… Nasza babcia nie wierzyła w Boga, wierzyła w komunizm. A nasz tato oczekiwał powrotu socjalizmu aż do śmierci. Już runął mur berliński, upadł Związek Radziecki, a on mimo to czekał. Na zawsze pokłócił się ze swoim najlepszym przyjacielem, kiedy tamten na czerwoną flagę powiedział „szmata". Na naszą czerwoną flagę! Tato był na wojnie fińskiej i nie zrozumiał nigdy, o co walczyli, ale skoro trzeba było iść, to poszedł. Milczano o tej wojnie, nie nazywano jej wojną, ale kampanią fińską. Ale tato nam opowiadał… Po cichu. W domu. Rzadko, ale wspominał. Kiedy wypił… Ta wojna toczyła

* Dnieproges – Dnieprowska Elektrownia Wodna, sztandarowa inwestycja radziecka z lat 1927–1932; powstały w wyniku budowy zbiornik zatopił progi skalne i rozwiązał problem żeglugi na Dnieprze.

się w zimowej scenerii: las i śniegu na metr wysoko. Finowie walczyli na nartach, w białych płaszczach, pojawiali się niespodziewanie, jak anioły. Tak właśnie mówił tato: „jak anioły"... Potrafili w ciągu nocy wyciąć w pień placówkę, całą kompanię. Nieżywi... W tych wspomnieniach taty nieżywi zawsze leżeli w kałużach krwi, ze śpiącego człowieka wypływa bardzo dużo krwi. Było jej tyle, że przesączała się przez ten wysoki na metr śnieg. Po wojnie tato nie był w stanie zarżnąć nawet kury. Nawet królika. Kiedy widział jakieś zabite zwierzę i poczuł świeży zapach krwi, nie mógł się uspokoić. Bał się wielkich drzew o gęstych koronach, na takich właśnie chowali się fińscy strzelcy wyborowi, których nazywano „kukułkami". (*Milczy*). Chciałabym dodać... Od siebie... Po zwycięstwie nasze miasteczko tonęło w kwiatach, to było jakieś szaleństwo. Najważniejszy kwiat to georginia, jej bulwy trzeba było chronić w zimie, żeby nie zamarzły. Boże uchowaj! Opatulano je, układano, jakby to były niemowlęta. Kwiaty rosły przy domach, za domami, przy studniach i wzdłuż parkanów. Po strachu bardzo chce się żyć, cieszyć się. A potem kwiaty zniknęły, teraz już tego nie ma. A ja pamiętam... Teraz mi się przypomniało... (*Milczy*). Tato... walczył ledwie pół roku i trafił do niewoli. Jak to się stało? Nacierali, biegnąc po zamarzłej tafli jeziora, a nieprzyjacielska artyleria biła w lód. Mało komu udało się dopłynąć do brzegu, a ci, którzy dopłynęli, byli bez sił i bez broni. Półnadzy. Finowie podawali im wtedy ręce. Ratowali. Jedni chwytali te ręce, a inni... Wielu było takich, którzy nie przyjmowali pomocy od wroga. Tak ich uczono. A tato chwycił czyjąś dłoń i wyciągnęli go. Dobrze pamiętam jego zdziwienie: „Dali mi wypić sznapsa, żebym się rozgrzał. Dali suche ubranie. Śmiali się i klepali po plecach: „Żyjesz, Iwan!". Tato nigdy przedtem nie widział wrogów z bliska. Nie rozumiał, z czego się cieszą...

Kampania fińska zakończyła się w czterdziestym roku... Radzieckich jeńców wymieniono na Finów, którzy siedzieli u nas w niewoli. Szli kolumnami naprzeciw sobie. Kiedy Finowie zrównali się ze swoimi, zaczęto ich obejmować, ściskać im ręce... Naszych powitano inaczej, jak wrogów. „Braciszkowie!

Kochani!" – rzucili się jeńcy ku swoim. „Stać! Jeden krok, a strzelamy!" Kolumnę otoczyli żołnierze z owczarkami i zaprowadzili jeńców do specjalnie przygotowanych baraków. Wokół baraków był drut kolczasty. Zaczęły się przesłuchania…

– Jak się dostałeś do niewoli? – zapytał śledczy tatę.

– Finowie wyciągnęli mnie z jeziora.

– Jesteś zdrajcą! Ratowałeś swoją skórę, a nie ojczyznę.

Tato też uważał, że jest winien. Tak ich uczono… Nie było żadnego sądu. Wyprowadzono wszystkich na plac i odczytano rozkaz: sześć lat obozu za zdradę ojczyzny. Wysłano ich do Workuty. Tam budowali kolej w wiecznej zmarzlinie. Mój Boże! Rok czterdziesty pierwszy… Niemcy już pod Moskwą… A więźniom nawet nie powiedziano, że wybuchła wojna, żeby się nie cieszyli – byli przecież wrogami. Już cała Białoruś dostała się pod okupację. Padł Smoleńsk. Kiedy więźniowie dowiedzieli się o tym, od razu zapragnęli iść na wojnę, pisali listy do komendanta obozu… Do Stalina… Dostawali odpowiedź: wy, dranie, macie pracować dla zwycięstwa na tyłach, na froncie zdrajców nie potrzebujemy. A oni… Tato… Słyszałam to od taty… Wszyscy płakali… (*Milknie*). To z nim pani powinna się była spotkać… Taty już nie ma. Obóz skrócił mu życie. Pierestrojka też. Nic rozumiał, co się dzieje. Z krajem, z partią. Nasz tato… W obozie przez sześć lat zapomniał, jak wygląda jabłko czy główka kapusty… Co to jest prześcieradło i poduszka… Trzy razy na dzień dawano im bałandę – obozową lurę i jeden bochen chleba na dwadzieścia pięć osób. Spali z polanem pod głową, zamiast materaca mieli deski na podłodze. Nasz tato… był dziwny, nie taki jak inni… Nie potrafił uderzyć konia czy krowy, kopnąć psa. Zawsze mi go było żal. A inni mężczyźni śmiali się z niego: „Co z ciebie za chłop? Jesteś baba!". Mama płakała, że on… no, że nie jest taki jak wszyscy. Bierze do rąk główkę kapusty i przygląda się… Pomidor… Początkowo w ogóle nic nie mówił, niczym się z nami nie dzielił. Przemówił po dziesięciu latach. Nie wcześniej… tak… W obozie przez pewien czas woził trupy. W ciągu dnia nazbierało się ich od dziesięciu do piętnastu. Żywi wracali do baraków pieszo, a martwi – saniami. Kazano im zdejmować odzież z umarłych, więc ci leżeli na saniach goli, jak *tuszkanczyki**. Mówię takimi słowami, jakich używał tato... Plączę się... Bo uczucia... Tak się denerwuję... Przez pierwsze dwa lata nikt z nich w obozie nie wierzył, że przeżyje; o domu wspominali skazani na pięć–sześć lat, ci z wyrokami od dziesięciu do piętnastu milczeli. Nikogo nie wspominali, ani żon, ani dzieci. Ani rodziców. „Jak zaczniesz wspominać, to nie przeżyjesz" – tak mówił tato. A myśmy czekali na niego... „Tato wróci... i mnie nie pozna...". „Nasz tatuś...". Tak chciałam ciągle powtarzać to słowo. I tato wrócił. Babcia zobaczyła przy furtce człowieka w wojskowym płaszczu. „Kogo szukasz, żołnierzyku?". „Mamo, nie poznałaś mnie?". Babcia natychmiast zemdlała. Tak do nas wrócił... Cały przemarznięty, nigdy potem nie mógł rozgrzać rąk ani nóg. Mama? Mówiła, że tato wrócił z łagru jako dobry człowiek, ale ona bardzo się bała... Straszyli ją, że ludzie stamtąd wracają źli. A nasz tato chciał cieszyć się życiem. Na wszystko miał powiedzenie: „Bądź odważny – najgorsze jeszcze przed tobą".

Zapomniałam... Zapomniałam, gdzie to się działo... w jakim miejscu? W obozie przejściowym chyba? Więźniowie chodzili na czworakach po wielkim dziedzińcu i jedli trawę. Dystroficy, pelagrycy. Przy tacie nie wolno się było na nic skarżyć, bo wiedział, że człowiek potrzebuje trzech rzeczy, żeby przeżyć – chleba, cebuli i mydła. Trzech rzeczy... Tylko trzech... Tych ludzi już nie ma, nie ma naszych rodziców... Jeśli jacyś zostali, to powinno się ich pokazywać w muzeum, za szkłem, żeby nikt nie dotykał rękami. Ileż oni przeszli! Kiedy tatę zrehabilitowano, wypłacono mu dwumiesięczny żołd za wszystkie cierpienia. Ale w naszym domu długo wisiał wielki portret Stalina. Bardzo długo... Dobrze to pamiętam... Tato nie żywił do nikogo żalu, uważał, że takie były czasy. Surowe. Budowano silny kraj. Zbudowano go i pokonano Hitlera! Tak właśnie mówił tato...

* *Tuszkanczik* – alaktaga (*Allactaga*); drobny gryzoń z rodziny skoczkowatych.

Rosłam na poważną dziewczynkę, prawdziwą pionierkę. Teraz ludziom się wydaje, że dawniej do organizacji zapędzano siłą. Nikt nas nigdzie nie zapędzał. Wszystkie dzieci marzyły o tym, żeby być pionierami. Wszędzie chodzić razem. Z werblem i fanfarą. Śpiewać pieśni pionierskie: „Kraj kochany, kraj kochany, gdzie jest taki inny kraj?"*, albo: „Dziś orzeł jest wodzem, miliony ma orląt, i cały kraj dumny jest z nas..."**. Na naszej rodzinie mimo wszystko pozostało piętno, że tato siedział. Mama bała się, że nie przyjmą mnie do pionierów albo przyjmą, ale nie od razu. A ja chciałam być ze wszystkimi. Koniecznie... „Powiedz, co wolisz: słońce czy księżyc?" – pytali mnie chłopcy w klasie. Musiałam się mieć na baczności. „Księżyc". „Dobrze! Musimy zwyciężyć!". A jakbym odpowiedziała: „słońce", toby krzyczeli: „Zwyciężą Japońce! Źle!". Wyśmieją, będą się drażnić. Przysięgaliśmy zawsze tak: „Słowo pioniera" albo „Przysięgam na Lenina". Największa przysięga – „słowo stalinowskie". Rodzice wiedzieli, że jeśli dam „słowo stalinowskie", to nie oszukuję. Mój Boże! Wspominam nie Stalina, ale nasze życie... Zapisałam się do kółka muzycznego i uczyłam się grać na akordeonie. Mamie dali medal przodownika pracy. Nie wszystko było wtedy takie okropne... Nie żyliśmy wcale jak w koszarach... W obozie razem z tatą siedziało sporo wykształconych więźniów. Nigdy już później nie spotkał takich ciekawych ludzi. Niektórzy z nich pisali wiersze. Takim częściej udawało się przetrwać obóz. Tak samo kapłanom, bo się modlili. Tato chciał więc, żeby wszystkie jego dzieci skończyły szkoły wyższe. Marzył o tym. I wszyscy – było nas czworo – skończyliśmy wyższe uczelnie. Ale nauczył nas także chodzić za pługiem i kosić trawę. Potrafię wrzucić siano na wóz, ułożyć stóg. „Wszystko może się przydać" – twierdził tato. Miał rację.

Mam ochotę teraz wspominać... Chcę zrozumieć to, co przeżyłam. Nie tylko własne życie, ale i nasze... radzieckie... Nie

* *Nasz kraj* (mel. Dmitrij Kabalewski, sł. Anton Priszelec) – piosenka z 1950 roku.

** *Orlonok* („Orlątko", mel. Wiktor Biełyj, sł. Jakow Szwedow) – pieśń z 1936 roku.

zachwycam się własnym narodem. Ani komunistami, ani naszymi komunistycznymi liderami. Zwłaszcza dzisiaj. Wszyscy skarleli, zmieszczanieli, wszyscy chcieliby dobrze, wygodnie żyć. Konsumować i konsumować. Garnąć do siebie! To nie są już dawni komuniści. To są komuniści o rocznych dochodach idących w setki tysięcy dolarów. Milionerzy! Mieszkanie w Londynie... pałac na Cyprze... Jacy z nich komuniści? Na czym polega ich wiara? Jak się ich spyta, to patrzą jak na głupiego. „Niech pani nam tu nie opowiada radzieckich bajek. Tego nie potrzebujemy". Zburzyli taki kraj! Wyprzedali po dumpingowych cenach. Naszą ojczyznę... Po to, żeby jeden z drugim mógł wymyślać na Marksa i rozbijać się po Zachodzie. Nastały czasy tak samo straszne jak za Stalina... Wiem, co mówię! Napisze to pani? Nie wierzę... (*Najwyraźniej nie wierzy*). Nie ma komitetów rejonowych, obwodowych. Rozstaliśmy się z władzą radziecką. A cośmy dostali? Ring bokserski, dżunglę... Złodzieje u władzy... Grabili – kto szybciej, placek do podziału był duży. Mój Boże! Czubajs*, kierownik pierestrojki... jeździ teraz z wykładami po całym świecie. Chwali się, że w innych krajach kapitalizm powstawał przez stulecia, a u nas – w trzy lata. Działali metodą chirurgiczną... A jeżeli ktoś się nakradł, to też bardzo dobrze, może już jego wnuki będą porządnymi ludźmi. Brrr! I to mają być demokraci... (*Milknie*). Przymierzali amerykańskie garnitury, słuchali wujka Sama. A te garnitury im nie pasują. Źle na nich leżą. Tak jest! Nie po wolność pobiegli, ale po dżinsy... do supermarketów... Sprzedali się za kolorowe opakowania... Teraz w naszych sklepach jest mnóstwo wszystkiego. Obfitość towarów. Ale góry kiełbas nie dają szczęścia. Jakaż to chluba? Nasz naród był wielki! A zrobili z niego handlarzy i spekulantów... sklepikarzy i menedżerów...

Przyszedł Gorbaczow... Zaczęto mówić o przywróceniu leninowskich zasad. Panował ogólny zapał. Ożywienie. Ludzie

* Anatolij Czubajs (ur. 1955) – działacz polityczny i gospodarczy, jeden z autorów reform lat dziewięćdziesiątych.

wyraźnie oczekiwali zmian. W swoim czasie zaufali Andropowowi... No, owszem, kagiebista... Jak by to pani wytłumaczyć? Już nikt się nie bał KPZR. Pod budką z piwem mogli naubliżać partii, a KGB – nigdy w życiu... No co też pani! To tkwiło w pamięci... Wiedzieli, że stalową ręką, rozpalonym żelazem, jeżową rękawicą ci chłopcy zaprowadzą porządek. Nie chcę powtarzać banałów, ale to Dżyngis-chan zepsuł nam geny... I pańszczyzna... Przywykliśmy do tego, że ludzi trzeba bić, bez bicia się nie poradzi. Andropow od tego zaczął – od przykręcania śruby. Wszyscy się rozgadali: w czasie pracy chodzili do kina, do łaźni, biegali do sklepów. Popijali herbatkę. Milicja zaczęła robić obławy, naloty. Sprawdzali dokumenty, łapali bumelantów na ulicach, w kawiarniach, w sklepach i zgłaszali do zakładu pracy. Wlepiali mandaty, wyrzucali z roboty. Andropow jednak był ciężko chory. Szybko umarł. Myśmy ich chowali, chowali. Breżniew, Andropow, Czernienko... Najpopularniejszy dowcip sprzed ery Gorbaczowa: „Nadajemy komunikat Agencji TASS: Państwo na pewno będą się śmiali, ale umarł kolejny sekretarz generalny KC KPZR...". Cha cha cha... Ludzie w swoich kuchniach się śmiali, a my w swoich. Na tym skrawku swobody. Ta gadanina w kuchni... (*Śmieje się*). Doskonale pamiętam, jak w czasie rozmów w kuchni włączano głośno telewizor lub radio. To była odrębna dziedzina wiedzy. Jedni drugich uczyli, co zrobić, żeby kagiebiści, którzy podsłuchują rozmowy telefoniczne, nic nie słyszeli: kręci się tarczą – tamte telefony miały dziurki na cyfry – wstawia w jedną z dziurek ołówek i zatrzymuje... Można było i palcem, ale palec szybko się męczy... Panią na pewno też uczyli? Pamięta pani? Jak ktoś chciał powiedzieć coś w tajemnicy, to odchodził od telefonu, mówił do słuchawki z dwóch–trzech metrów. Donosicielstwo, podsłuchy – to kwitło w całym społeczeństwie, od góry do dołu; myśmy w komitecie dzielnicowym też zgadywali, kto u nas kabluje. Jak się potem okazało, podejrzewałam niewinnego człowieka, a kabel był niejeden, było ich kilkoro. O nich bym nie pomyślała... Jedną z donosicielek była sprzątaczka. Przyjazna, dobra kobiecina. Nieszczęśliwa. Miała męża pijaka. Mój Boże! Przecież sam Gorbaczow... sekretarz generalny KC KPZR... W jednym z wywiadów powiedział, że w czasie poufnych narad w swoim gabinecie robił to samo – na cały regulator włączał radio albo telewizor. To był elementarz. Na poważne rozmowy zapraszał do siebie na daczę, za miasto. I tam... szli do lasu, spacerowali i rozmawiali. Ptaszki nie doniosą... Wszyscy czegoś się bali, bali się także ci, których się bano. Ja się bałam.

Ostatnie lata Związku Radzieckiego... Co z nich pamiętam? Poczucie wstydu mnie nie opuszczało. Za obwieszonego orderami i gwiazdami Breżniewa, i za to, że Kreml ludzie nazwali najbardziej komfortowym domem starców. Za puste półki. Wykonujemy i przekraczamy plany, a w sklepach nie ma nic. Gdzie się podziało mleko? Mięso? Do dzisiaj nie wiem, gdzie to wszystko się podziewało. Mleko kończyło się w godzinę po otwarciu sklepu. W porze obiadu sprzedawcy stali już za wymytą do czysta ladą. Na półkach – trzylitrowe butelki soku brzozowego i paczki soli, nie wiadomo dlaczego zawsze mokre. Kilka* w puszkach. I tyle wszystkiego! Jak rzucali kiełbasę, to ludzie błyskawicznie rozkupili. Parówki i pielmienie to był delikates. W komitecie dzielnicowym cały czas coś dzielono: dla tej fabryki – dziesięć lodówek i pięć kożuchów, tamtemu kołchozowi – dwa jugosłowiańskie komplety meblowe i dziesięć polskich torebek damskich. Dzielono garnki i... rajstopy... Takie społeczeństwo można było utrzymać w ryzach, tylko budząc strach. Tylko z czerezwyczajką – więcej strzelać i więcej zamykać. Ale socjalizm z Sołówkami i Biełomorkanałem już się skończył. Potrzebny był jakiś inny.

Pierestrojka... Był taki moment, kiedy ludzie znowu zaczęli do nas ciągnąć. Wstępować do partii. Wszyscy mieli duże oczekiwania. Wszyscy byli wówczas naiwni – lewicowi i prawicowi, komuniści i antykomuniści. Wszyscy byli romantykami. Dzisiaj się tego wstydzą, tej swojej naiwności. Modlą się za Sołżenicyna.

* Kilka (*Clupeonella cultriventris*) – ryba z rodziny śledziowatych.

Wielki starzec z Vermont! Nie tylko Sołżenicyn, wielu już rozumiało, że tak, jak żyjemy, dalej żyć nie sposób. Za daleko posunęliśmy się w kłamstwie. Komuniści – nie wiem, czy mi pani uwierzy – też to rozumieli. Przecież w partii było wielu mądrych i uczciwych ludzi. Szczerych. Sama takich znałam, trafiali się zwłaszcza na prowincji. Takich jak mój ojciec... Nie przyjęto go do partii, nacierpiał się przez nią, ale jej wierzył. Wierzył partii i krajowi. Każdy dzień zaczynał od świeżej „Prawdy", którą czytał od pierwszej do ostatniej strony. Komunistów bez legitymacji partyjnej było więcej niż partyjnych, wszyscy oni w duchu byli komunistami. (*Milknie*). Na wszystkich pochodach nieśliśmy transparent „Naród i partia to jedno!". Te słowa to nie żaden wymysł, to prawda. Nikogo nie agituję, opowiadam tylko, jak było. Wszyscy zdążyli już zapomnieć... Wielu wstępowało do partii uczciwie, nie tylko dla kariery czy też dla korzyści – jeśli jestem bezpartyjny i ukradnę, to pójdę siedzieć, a jak wstąpię do partii, to mnie tylko wyrzucą, ale nie zamkną. Oburza mnie, kiedy ktoś mówi z pogardą, z kpiną o marksizmie. Że do zsypu, na śmietnik! Bo to jest wielka nauka, przeżyje wszystkie prześladowania. To samo, jeśli chodzi o naszą radziecką klęskę. Dlatego że... Przyczyn jest wiele... Socjalizm to nie tylko łagry, donosy i żelazna kurtyna, ale także sprawiedliwy, jasny świat: ze wszystkimi się dzielić, litować się nad słabszymi, współczuć, nie garnąć wszystkiego dla siebie. Mówią do mnie, że nie można było kupić samochodu, ale też nikt inny samochodu nie miał. Nikt nie nosił ubrań od Versacego i nie kupował domu w Miami. Mój Boże! Przywódcy ZSRR żyli na poziomie średnio bogatych biznesmenów, do oligarchów im było daleko. Za mali byli. Nie zamawiali dla siebie jachtów ani prysznica z szampana. Też coś! W telewizji nadają reklamy miedzianych wanien, wartych tyle co dwupokojowe mieszkanie. Dla kogo to jest, niech mi pani powie? Pozłacane klamki... To ma być wolność? A mały, szary człowiek jest nikim, jest zerem. Na dnie życia. A wtedy mógł napisać do gazety, pójść i poskarżyć się do komitetu dzielnicowego – na szefa albo na złą obsługę... na niewiernego męża... Były i rzeczy głupie, temu nie przeczę, ale kto dzisiaj w ogóle słucha tego szarego człowieka? Komu jest potrzebny? Pamięta pani radzieckie nazwy ulic: Metalurgów, Entuzjastów... Fabryczna, Proletariacka... Ten szary człowiek był najważniejszy... Mówi pani, że to tylko deklaracja, pozory? A teraz nawet pozorów nie zachowują. Nie masz pieniędzy – idź precz! Już cię nie ma! Zmieniają nazwy ulic: Mieszczańska, Kupiecka, Szlachecka... Widziałam nawet kiełbasę „Książęcą", a wino „Generalskie". Kult sukcesu i pieniędzy. Przetrwa silniejszy, z mocnymi bicepsami. Ale nie każdy potrafi iść, depcząc ludzi, wyrywając ochłap mięsa drugiemu. Jedni mają taką naturę, że nie potrafią, a drudzy po prostu się brzydzą.

My dwie (*wskazuje głową przyjaciółkę*) oczywiście się kłócimy... Ona mnie przekonuje, że do prawdziwego socjalizmu potrzebni są idealni ludzie, a takich nie ma. Ta idea to brednie... bajki... Nasi ludzie już za nic nie zamienią swoich używanych zagranicznych samochodów i paszportów z wizą schengeńską na socjalizm radziecki. A ja wierzę w coś innego: ludzkość kroczy ku socjalizmowi. Ku sprawiedliwości. Nie ma innej drogi. Popatrzcie na Niemcy... Na Francję... Jest wariant szwedzki. A jakie zalety ma rosyjski kapitalizm? Pogardę dla „ludzików"... Dla tych, którzy nie mają miliona, nie mają mercedesa. Zamiast czerwonego sztandaru – Chrystus zmartwychwstał! I kult konsumpcji... Zasypiają z myślą nie o czymś wzniosłym, ale o tym, że czegoś dzisiaj nie kupili. Pani myśli, że kraj rozpadł się dlatego, że dowiedziano się prawdy o Gułagu? Tak myślą ci, którzy piszą książki. A człowiek... normalny człowiek nie żyje historią. Żyje prościej: zakochał się, ożenił, przyszły na świat dzieci. Zbudował dom. Kraj upadł przez brak damskich bucików i papieru toaletowego, przez brak pomarańcz. I tych cholernych dżinsów! Teraz nasze sklepy są podobne do muzeów. Do teatrów. A oni chcą mnie przekonać, że wszystko, czego człowiek potrzebuje, to fatałaszki od Versacego i Armaniego. Że to mu wystarcza. Że życie to są piramidy finansowe i weksle. Wolność to pieniądze, a pieniądze to wolność. A nasze życie nie jest warte nawet kopiejki. No, to już… Wie pani, nawet słów nie znajduję, żeby to nazwać… Szkoda mi moich małych wnuczek. Szkoda. Im takie rzeczy telewizja codziennie wbija do głowy. Nie godzę się na to. Byłam i jestem komunistką.

Dłuższa przerwa w rozmowie. Nieodzowna herbata, tym razem z konfiturą z wiśni, robioną według własnego przepisu gospodyni.

Rok osiemdziesiąty dziewiąty… W owym czasie byłam już trzecim sekretarzem komitetu dzielnicowego partii. Do pracy partyjnej wzięto mnie ze szkoły, uczyłam języka rosyjskiego i literatury. Moich ulubionych pisarzy – Tołstoja, Czechowa… Kiedy dostałam propozycję, przestraszyłam się. Taka odpowiedzialność! Ale nie wahałam się ani chwili, moje intencje były szczere – służyć partii. Tamtego lata przyjechałam do domu na urlop. Zazwyczaj nie noszę żadnych ozdób, ale wtedy kupiłam sobie jakieś tanie korale. Kiedy mama mnie zobaczyła, powiedziała: „Wyglądasz jak królowa". Była mną zachwycona… ale przecież nie koralami! Tato powiedział: „Nikt z nas nie będzie cię o nic prosił. Musisz być w porządku wobec ludzi". Rodzice byli dumni! Szczęśliwi! A ja… Ja… Co przeżywałam? Czy wierzyłam partii? Odpowiem szczerze – tak, wierzyłam. I nadal wierzę. Nie rozstanę się z legitymacją partyjną, cokolwiek by się działo. Czy wierzyłam w komunizm? Powiem uczciwie, nie będę kłamać: wierzyłam w możliwość sprawiedliwego urządzenia życia. Mówiłam już, że teraz też wierzę. Znudziło mi się słuchać opowieści o tym, jak to źle żyło się za socjalizmu. Dumna jestem z tamtych czasów! Nie mieliśmy eleganckiego życia, za to mieliśmy normalne. Była miłość, była przyjaźń… sukienki i pantofle… Słuchano chętnie pisarzy i aktorów, a teraz już nie. Miejsce poetów na stadionach zajęli wróżbici i energoterapeuci. Ludzie wierzą czarownikom, jak w Afryce. Nasze radzieckie życie było próbą alternatywnej cywilizacji, jeśli pani woli. A jeśli patetycznie, to… Władza ludu! Nie, nie mogę się uspokoić! Gdzie pani dzisiaj zobaczy dojarki, tokarzy albo maszynistów z metra? Nie ma ich ani w gazetach, ani w telewizji, ani na Kremlu, kiedy wręcza się ordery i medale. Nigdzie ich nie widać. Wszędzie są nowi bohaterowie: bankierzy i biznesmeni, modelki i dolarowe dziwki... Menedżerowie... Młodzi jeszcze są w stanie do tego się przystosować, a starsi umierają w milczeniu, za zamkniętymi drzwiami. Umierają w zapomnieniu i nędzy. Moja emerytura wynosi pięćdziesiąt dolarów... (*Śmieje się*). Czytałam, że Gorbaczow też ma pięćdziesiąt dolarów... Mówią o nas: „Komuniści mieszkali w pałacach, jedli kawior łyżkami. Zbudowali komunizm dla siebie". Mój Boże! Oprowadzałam panią po swoim „pałacu" – zwykłe dwupokojowe mieszkanie, pięćdziesiąt siedem metrów. Niczego nie schowałam: ani radzieckich kryształów, ani złota...

A specjalne lecznice i przydziały specjalne, odrębne kolejki na mieszkania i rządowe dacze... sanatoria dla partyjnych?

– Mam powiedzieć? No, były... były... ale raczej tam... (*Podnosi rękę*). A ja zawsze – na dole, najniższy szczebel władzy. Na dole, wśród ludzi. Zawsze na widoku. Jeśli gdzieś nawet było... Nie będę się z panią spierać... Nie zaprzeczam! Czytałam, tak jak i pani, w gazetach okresu pierestrojki, że dzieci sekretarzy KC latały na polowania do Afryki. Skupowały brylanty... Mimo wszystko nie da się tego porównać z poziomem życia „nowych Ruskich". Z ich zamkami i jachtami. Proszę popatrzeć, co pobudowali wokół Moskwy. Pałace! Dwumetrowe mury, druty z prądem elektrycznym, wszędzie kamery. Uzbrojeni ochroniarze. Jak w obozie albo w tajnym obiekcie wojskowym. I kto tam mieszka – Bill Gates, geniusz komputerowy? A może Garri Kasparow, mistrz świata w szachach? Tak mieszkają zwycięzcy? Niby nie było wojny domowej, a zwycięzcy są. Tam właśnie, za murem. Przed kim się chowają? Przed ludźmi? Ludzie myśleli, że jak przepędzą komunistów, to zacznie się piękna epoka. Rajskie życie. Zamiast wolnych ludzi pojawili się ci z milionami i miliardami... Gangsterzy! Strzelają w biały dzień... Nawet u nas jednemu z biznesmenów rozwalili balkon. Nikogo się nie boją. Latają własnymi samolotami, mają tam pozłacane ubikacje i jeszcze się tym chwalą. Sama widziałam w telewizji... Jeden pokazywał zegarek, który kosztował tyle, ile nowy bombowiec.

A drugi – komórkę z brylantami. I nikt! Nikt nie zawoła na całą Rosję, że to wstyd. Że to ohyda. Kiedyś byli Uspienski i Korolenko. Szołochow pisał list do Stalina w obronie chłopów. Teraz chciałabym... Pani mnie tu wypytuje, a teraz ja panią chciałabym zapytać, gdzie jest nasza elita. Dlaczego codziennie w gazetach na każdy temat wypowiadają się Bieriezowski i Potanin*, a nie ma Okudżawy... Iskandera... Jak to się stało, żeście wszyscy oddali swoje miejsce? Swoją katedrę... I pierwsi pobiegli po odpadki ze stołu oligarchów. Na służbę. Inteligencja rosyjska kiedyś nie biegała i nie służyła. A teraz nie ma nikogo – nikt nic nie powie na temat ducha, poza popami. A gdzie ci od pierestrojki?

Komuniści mojego pokolenia mało wspólnego mieli z Pawką Korczaginem**. Z pierwszymi bolszewikami, którzy mieli teczki i rewolwery. Po tamtych zostało tylko wojenne słownictwo: „żołnierze partii", „front pracy", „bitwa o plony". Już nie czuliśmy się żołnierzami partii, byliśmy pracownikami partii. Urzędnikami. Wystrój był niezmieniony: w auli wisiał portret Lenina, w kącie stał czerwony sztandar. Obrzęd... rytuał... Ale żołnierze już nie byli potrzebni, potrzebowano wykonawców: „Dalej, do roboty!", a jak nie, to „Oddawaj legitymację!". Jak każą, to trzeba zrobić. Zameldować. Partia to nie sztab wojskowy, ale aparat. Machina. Biurokratyczna machina. Humanistów rzadko angażowano do pracy, partia im nie ufała jeszcze od czasów Lenina, który mówił o warstwie inteligenckiej, że to nie „mózg, ale gówno narodu". Takich jak ja, filologów, było mało. Kadry tworzono z inżynierów, zootechników, z tych, którzy do czynienia mieli z maszynami, mięsem i ziarnem, a nie z ludźmi. Kuźniami kadr partyjnych były uczelnie rolnicze. Potrzebne były dzieci robotników i chłopów. Z ludu. Dochodziło do śmiesznych sytuacji. Weterynarz na przykład mógł być przyjęty do pracy partyjnej, a lekarz internista już

* Władimir Potanin (ur. 1961) – przedsiębiorca, miliarder, właściciel m.in. holdingu Interros.

** Pawka Korczagin – radziecki wzorzec wychowawczy, bohater w dużym stopniu autobiograficznej powieści *Jak hartowała się stal* Nikołaja Ostrowskiego (1904–1936).

nie. Nie widziałam tam ani fizyków, ani liryków*. Co jeszcze? Subordynacja, jak w wojsku... Powolne pięcie się w górę, szczebel po szczeblu: lektor komitetu dzielnicowego, potem kierownik gabinetu... instruktor... Trzeci sekretarz... drugi sekretarz... W ciągu dziesięciu lat przeszłam wszystkie stopnie. To dzisiaj pomocniczy pracownicy naukowi i kierownicy laboratoriów rządzą krajem, a przewodniczący kołchozu albo elektryk zostają prezydentami. Zamiast kołchozu – od razu cały kraj! Coś takiego zdarza się tylko podczas rewolucji... (*Pyta – nie wiadomo, czy mnie, czy siebie samą*). Nie wiem, jak nazwać to, co się stało w roku dziewięćdziesiątym pierwszym...

Rewolucja czy kontrrewolucja? Nikt nawet nie usiłuje tłumaczyć, w jakim kraju żyjemy. Jaką mamy ideę poza kiełbasą? Co budujemy... Idziemy naprzód – do zwycięstwa kapitalizmu. Tak? Sto lat wyklinano u nas kapitalizm: potwór... monstrum... A teraz pękamy z dumy, że u nas będzie tak jak u innych. Jeśli staniemy się tacy jak inni, to kogo będziemy interesować? Naród-bogonośca... Nadzieja całej postępowej ludzkości... (*ironicznie*). O kapitalizmie wszyscy mają takie same pojęcie, jak niedawno o komunizmie. Marzenia! Potępiają Marksa, oskarżają ideę... Idea – morderca! A ja oskarżam wykonawców. To co było u nas, to był nie komunizm, tylko stalinizm. A teraz nie ma ani socjalizmu, ani kapitalizmu. Ani modelu wschodniego, ani zachodniego. Ani imperium, ani republiki. Kręcimy się jak g.... w przeręblu. Ach, szkoda gadać... Stalin! Stalin! Grzebią go i grzebią... A pogrzebać jakoś się nie udaje. Nie wiem, jak w Moskwie, ale u nas ludzie często przyklejają jego portrety w samochodach, za przednią szybą. W autobusach. Lubią go zwłaszcza tirowcy. W mundurze generalissimusa... Lud! Lud! A co lud? Lud sam o sobie powiedział, że z niego tak jak z drewna – i sękate laski, i święte obrazki. Co z niego zrobisz, to będziesz miał... Nasze życie zatacza się od baraku do burdelu. Teraz wahadło jest pośrodku...

* *Fizycy-lirycy* – tytuł wiersza Borisa Słuckiego z roku 1959 stał się hasłem wywoławczym w ogólnokrajowej dyskusji o stosunkach między inteligencją techniczną a humanistami.

Połowa kraju czeka na nowego Stalina. Że przyjdzie i zrobi porządek... (*Znowu milknie*). U nas w komitecie oczywiście też wiele rozmawialiśmy o Stalinie. Taka partyjna mitologia. Przekazywano ją z pokolenia na pokolenie. Wszyscy lubili rozmowy o tym, jak żyli za Gospodarza... Porządki za Stalina były takie: na przykład kierownikom wydziałów KC roznoszono herbatę i kanapki, a lektorom – tylko herbatę. No i nagle wprowadzono stanowisko zastępcy kierownika wydziału. Co teraz? Postanowiono wydawać im herbatę bez kanapek, ale na białej serwetce. Już zostali wyróżnieni... dostali się na ucztę bogów, na Olimp. Teraz trzeba się dopchać do żłobu... Tak było i za Cezara, i za Piotra Pierwszego. I tak będzie zawsze. Niech się pani przyjrzy swoim demokratom... Objęli władzę i od razu biegiem... dokąd? Do korytka. Do rogu obfitości. Koryto wykończyło niejedną rewolucję. Na naszych oczach... Jelcyn walczył z przywilejami i mienił się demokratą, a teraz lubi, jak mówią o nim: „car Boris". Został „ojcem chrzestnym"...

Przeczytałam *Przeklęte dni* Bunina. (*Zdejmuje książkę z półki, wyjmuje zakładkę i czyta*). „Pamiętam starego robotnika przed bramą domu, gdzie przedtem były »Odiesskije Nowosti«, w pierwszym dniu instalowania się bolszewików. Raptem wyskoczyła z bramy wataha chłopców, każdy z plikiem dopiero co wydrukowanych »Izwestii« i z okrzykiem: »Na burżujów odeskich nałożono kontrybucję w wysokości 500 milionów!«. Robotnik zacharczał, zakrztusił się z wściekłości i złości: »Mało! Mało!«"*. Nic to pani nie przypomina? Bo mnie – tak... Przypomina... Lata Gorbaczowa, pierwsze bunty... Kiedy ludzie zaczęli wychodzić na place i żądać – raz chleba i wolności, raz wódki i papierosów... To było straszne! Wielu pracowników partyjnych miało wylewy i zawały. „Otoczeni przez wrogów", jak im wbijano do głów, żyli w „oblężonej twierdzy". Szykowali się do wojny światowej... Bali się przede wszystkim wojny nuklearnej, ale takiego zamętu się nie spodziewali. Czegoś takiego... Nie, nigdy...

* Iwan Bunin *Przeklęte dni*, w przekładzie Janiny Kornel.

Przyzwyczaili się do majowych i październikowych defilad, do plakatów: „Dzieło Lenina przetrwa wieki", „Partia kieruje". A tu nagle nie ma defilady, jest żywioł. Naród nie radziecki, ale jakiś inny, zupełnie nam nieznany. Plakaty też inne: „Komunistów pod sąd!", „Rozdepczemy komunistycznego gada!". Od razu przypomniał się Nowoczerkask… Informacja była utajniona, ale myśmy wiedzieli, że za Chruszczowa głodujący robotnicy wyszli na ulicę, że do nich strzelano… Tych, którzy przeżyli, powysyłano do łagrów i do dnia dzisiejszego ich bliscy nie wiedzą, gdzie przepadli… A tutaj… tutaj już pierestrojka… Nie można strzelać ani zamykać. Trzeba rozmawiać. A któż z nas potrafiłby wyjść do tłumu i przemówić? Zacząć dialog, agitować… Byliśmy aparatczykami, nie mówcami. Ja na przykład miałam wykłady, potępiałam kapitalistów i broniłam Murzynów w Ameryce. W gabinecie miałam pełne wydanie dzieł Lenina… pięćdziesiąt pięć tomów… Ale kto je naprawdę przeczytał? Na uczelniach przed egzaminami powtarzano sobie: „Religia to opium dla ludu" i „Wiara w jakiegokolwiek Bozię to nekrofilia".

Ogarnął nas paniczny strach… Lektorzy, instruktorzy, sekretarze komitetów dzielnicowych i obwodowych – wszyscy baliśmy się wyjeżdżać do fabryk, do robotników czy też do studentów w akademikach. Baliśmy się telefonów. A nuż zapytają o Sacharowa czy Bukowskiego… Co mamy wtedy odpowiedzieć? To są wrogowie władzy radzieckiej, czy już nie? Jak oceniać *Dzieci Arbatu* Rybakowa i sztuki Szatrowa? Żadnych dyrektyw z góry… Kiedyś wykonywało się polecenia, wprowadzało linię partii w życie. Teraz nauczyciele strajkują, żądają podwyżek, młody reżyser w jakimś fabrycznym klubie robi próby zakazanej sztuki… Mój Boże! W fabryce tektury robotnicy wywieźli dyrektora taczkami za bramę. Krzyczeli na całe gardło. Tłukli szyby. W nocy zarzucili stalową linę na pomnik Lenina i zwalili. Pokazywali mu figę. A partia zupełnie się pogubiła… Pamiętam to zagubienie… Siedzieliśmy w swoich gabinetach za spuszczonymi zasłonami. Przed wejściem do gmachu komitetu dniem i nocą wartował wzmocniony oddział milicji. Baliśmy się ludzi, a ludzie jeszcze z przyzwyczajenia bali się nas. Potem przestali... Na placu zbierały się tysiące ludzi... Zapamiętałam plakat: „Chcemy 1917 roku! Rewolucji!". Byłam wstrząśnięta. Stali z nim jacyś chłopcy z zawodówek... młodzież... Pisklęta! Kiedyś do komitetu weszli przedstawiciele protestujących: „Pokażcie swój sklep specjalny. Macie tam pełno wszystkiego, a nasze dzieci z głodu mdleją na lekcjach". Żadnych futer z norek ani kawioru w naszym bufecie nie znaleźli, ale i tak nie uwierzyli: „Oszukujecie prostych ludzi". Wszystko się ruszyło, wszystko zaczęło się chwiać. Gorbaczow był słaby. Lawirował. Rzekomo był za socjalizmem, ale... kapitalizmu też mu się zachciało... Myślał raczej o tym, żeby spodobać się na Zachodzie. W Ameryce. Tam go oklaskiwano: „Gorbi! Gorbi! Brawo Gorbi!". Zagadał pierestrojkę... (*Milknie*).

Socjalizm umierał na naszych oczach. Nadeszli ci... stalowi chłopcy.

Anna Iljiniczna

To działo się niedawno, ale w innej epoce... W innym kraju... Pozostała tam nasza naiwność, pozostał nasz romantyzm. Nasza ufność. Niejeden nie chce tego wspominać, bo to przykre. No cóż, przeżyliśmy wiele rozczarowań. Kto mówi, że nic się nie zmieniło? Nie wolno było przewieźć Biblii przez granicę. Zapomnieli o tym? Jeździłam do krewnych w Moskwie i jako prezent zawoziłam im mąkę i makaron. A oni byli szczęśliwi. O tym też zapomnieli? Nikt już nie stoi w kolejce po cukier i mydło. I nie ma talonów na płaszcze.

Gorbaczowa pokochałam od razu! Dzisiaj go przeklinają: „Zdrajca ZSRR!", „Gorbaczow sprzedał kraj za pizzę!". A ja pamiętam nasze zdumienie. Wstrząs! Wreszcie mamy normalnego przywódcę! Nie musimy się za niego wstydzić! Opowiadaliśmy sobie nawzajem, jak Gorbaczow w Leningradzie zatrzymał swój orszak i wyszedł do ludzi, a w jakiejś fabryce odmówił przyjęcia drogiego podarunku. W czasie tradycyjnego poczęstunku wypił tylko szklankę herbaty. Uśmiechał się. Przemawiał bez kartki. Był młody. Nikt z nas nie wierzył, że władza radziecka kiedyś się skończy i w sklepach pojawi się kiełbasa, i znikną kilometrowe kolejki po importowane biustonosze. Przywykliśmy, że wszystko dostaje się po znajomości: prenumeratę „Biblioteki Literatury Światowej", cukierki czekoladowe i enerdowskie dresy. Że trzeba przyjaźnić się z rzeźnikiem, żeby dostać kawałek mięsa. Władza radziecka wydawała się wieczna. Myśleliśmy, że starczy jej i dla dzieci, i dla wnuków. A ona sobie tymczasem upadła. Teraz jest jasne, że sam Gorbaczow się tego nie spodziewał, chciał coś zmienić, ale nie wiedział jak. Nikt nie był gotowy. Nikt! Nawet ci, którzy kruszyli ten mur. Jestem zwykłym technologiem. Nie bohaterką... nie... I nie komunistką... Dzięki swojemu mężowi, malarzowi, wcześnie trafiłam do środowiska cyganerii artystycznej. Poeci, malarze... Wśród nas nie było bohaterów, nikt nie był na tyle odważny, żeby zostać dysydentem, siedzieć w więzieniu albo psychuszce za swoje przekonania. Pokazywaliśmy „figę w kieszeni".

Siedzieliśmy w kuchniach, klęli władzę radziecką i opowiadali dowcipy. Czytaliśmy samizdat. Jeśli ktoś dostał nową książkę, to mógł odwiedzić przyjaciół o każdej porze – nawet o drugiej czy trzeciej w nocy, i tak byłby pożądanym gościem. Dobrze pamiętam to nocne życie w Moskwie... Osobliwe... Mieliśmy swoich własnych bohaterów... Swoich tchórzów i zdrajców... Swój własny zachwyt! Nie sposób tego wyjaśnić komuś niewtajemniczonemu. Przede wszystkim nie umiem wyjaśnić naszego zachwytu. I nie mogę wytłumaczyć czegoś innego... Właśnie tego naszego nocnego życia, które wcale nie przypominało tego dziennego. Ani trochę! Rano wszyscy szliśmy do pracy i stawali się zwyczajnymi ludźmi radzieckimi. Tak jak pozostali. Tyraliśmy na reżim. Albo jesteś konformistą, albo musisz zatrudnić się jako stróż, innego sposobu ocalenia nie było. Wracaliśmy z pracy do domu... I znowu piliśmy wódkę, w kuchniach słuchaliśmy zakazanego Wysockiego. Łapaliśmy przez trzaski zagłuszarek „Głos Ameryki". Do tej pory pamiętam te wspaniałe trzaski. Wdawaliśmy się w niekończące się romanse. Zakochiwaliśmy się, rozstawali. Wielu z nas przy tym czuło się sumieniem narodu, uważało, że ma prawo pouczać swój naród. A cośmy o nim wiedzieli? To, co przeczytaliśmy w *Notatkach myśliwego* Turgieniewa albo u pisarzy „wiejskiego nurtu". Rasputina... Biełowa... Ja nie rozumiałam nawet własnego ojca. Wołałam do niego: „Tato, jeśli nie oddasz legitymacji partyjnej, to nie będę z tobą rozmawiała!". Tato płakał.

Gorbaczow miał więcej władzy niż car. Miał nieograniczoną władzę. A on przyszedł i powiedział: „Nie sposób tak dalej żyć". To jego sławna wypowiedź. Wtedy kraj zmienił się w klub dyskusyjny. Spierano się w domu, w pracy, w tramwajach i autobusach. Przez różnice poglądów rozpadały się rodziny, dzieci się kłóciły z rodzicami. Pewna moja znajoma tak się pożarła z synem i synową o Lenina, że wypędziła ich na ulicę, mieszkali więc za miastem w nieogrzewanej daczy. Teatry opustoszały, wszyscy siedzieli w domu przed telewizorami. Nadawano bezpośrednie relacje z Pierwszego Zjazdu Delegatów Ludowych ZSRR. A długo jeszcze można by opowiadać, jakeśmy tych delegatów wybierali. Pierwsze wolne wybory! Prawdziwe! W naszym okręgu wysunięto dwie kandydatury: jakiegoś urzędnika partyjnego i młodego demokratę, wykładowcę uniwersytetu. Pamiętam do dzisiaj, jak się nazywał – Małyszew... Jura Małyszew. Niedawno przypadkowo się dowiedziałam, że zajmuje się agrobiznesem – handluje pomidorami i ogórkami. A wtedy był rewolucjonistą! Przemawiał i głosił takie rzeczy... wprost niesłychane! O literaturze marksistowsko-leninowskiej mówił, że jest małolitrażowa, że pachnie naftaliną... Żądał zniesienia szóstego artykułu konstytucji, a to był artykuł dotyczący kierowniczej roli KPZR. Kamień węgielny marksizmu-leninizmu. Słuchałam i nie mogłam sobie tego wyobrazić. Jakieś brednie! Kto się zgodzi?... Kto pozwoli to ruszyć? Wszystko się rozwali... Na tym się przecież wszystko trzyma... Aż tak wszyscy byliśmy zahipnotyzowani. Przez lata musiałam wyciskać z siebie człowieka radzieckiego, całe wiadra. (*Milknie*). Nasza drużyna... Zebrało się nas dwudziestu ochotników – po pracy obchodziliśmy mieszkania w swojej dzielnicy i agitowali. Rysowaliśmy plakaty: „Głosuj na Małyszewa!". I niech pani sobie wyobrazi, że zwyciężył! Z dużą przewagą. Nasze pierwsze zwycięstwo! Potem wszyscy upajaliśmy się bezpośrednimi transmisjami ze zjazdu – delegaci wypowiadali się jeszcze bardziej otwarcie niż my w kuchniach. Albo dwa metry od kuchni, ale nie dalej. Wszyscy sterczeli przy telewizorach jak narkomani. Nie mogliśmy się oderwać. Teraz Trawkin im pokaże! Pokazaaał! A Bołdyriew? Teraz on... Brawo!

Niedająca się opisać namiętność do gazet i czasopism, bardziej do periodyków niż do książek. Nakłady miesięczników literackich podskoczyły do milionów egzemplarzy. Rankiem w metrze codziennie powtarzał się ten sam widok: cały wagon siedzi i czyta. Stojący też czytają. Wymieniają się gazetami. Nieznajomi ludzie. Myśmy z mężem prenumerowali dwadzieścia tytułów, jedną pensję wydaliśmy w całości na prenumeratę. Z pracy biegłam czym prędzej do domu, żeby włożyć szlafrok i czytać. Moja mama, która niedawno zmarła, mówiła: „Umieram jak szczur na śmietniku". Jej kawalerka przypominała czytelnię: sterty gazet i tygodników na półkach, w szafie. Na podłodze i w przedpokoju. Drogocenny „Nowyj Mir" i „Znamia"... „Daugawa"... Wszędzie pudła z wycinkami z prasy. Wielkie pudła. Wywiozłam wszystko na daczę. Wyrzucić szkoda, a oddać – komu? Teraz to makulatura! Wszystko wielokrotnie czytane. Wiele podkreśleń – czerwonym, żółtym ołówkiem. Najważniejsze rzeczy – czerwonym. Leży tego u mnie chyba z pół tony. Wypełnia całą daczę.

Nasza wiara była szczera... naiwna... Uwierzyliśmy, że już zaraz... że już stoją na ulicy autobusy, które zawiozą nas do demokracji. Będziemy żyli w pięknych domach, a nie w szarych „chruszczowcach", zbudujemy autostrady zamiast wyboistych dróg i wszyscy będziemy dobrzy. Racjonalnych uzasadnień, że tak będzie, nikt nie szukał. Nie było ich. A po co? Wierzyliśmy sercem, a nie rozumem. I w lokalach wyborczych głosowaliśmy sercem. Nikt nam nie mówił, co należy robić: wolność i już. Jeśli ktoś siedzi w zamkniętej windzie, to marzy tylko o tym, żeby z niej wyjść. Miał szczęście: windę otwarto. Euforia! Nie myśli się wtedy o tym, co będzie się robić po wyjściu... Nareszcie oddycha się pełną piersią... Jest się szczęśliwym! Moja koleżanka wyszła za mąż za Francuza, który pracował w ambasadzie. Cały czas słyszał od niej: „Popatrz tylko, jaką my, Rosjanie, mamy energię!" i pytał: „Dobrze, tylko mi wytłumacz, co chcecie zrobić z tą energią?". Ani ona, ani ja nie wiedziałyśmy, co mu odpowiedzieć. Mówiłam tylko: „No, energia z nas bije i już". Widziałam wokół siebie żywych ludzi, żywe twarze. Jacy wszyscy w owym czasie byli piękni! Skąd ci ludzie się wzięli? Bo jeszcze wczoraj ich nie było!

W domu nie wyłączaliśmy telewizora... Dziennik oglądaliśmy co godzinę. Gdy wychodziłam na spacer z moim maleńkim synem, zawsze brałam ze sobą odbiornik. Ludzie mieli przy sobie radia, wyprowadzając psy. Śmiejemy się teraz z syna, że od kołyski jest obznajomiony z polityką. Jego jednak polityka nie interesuje. Słucha muzyki, uczy się języków. Chce zobaczyć świat. Jest inny. Nasze dzieci nie są do nas podobne. A do kogo są? Do swoich czasów. A my wtedy... Och! Dzisiaj Sobczak* przemawia na zjeździe... Wszyscy wszystko rzucają i biegną do telewizorów. Podobało mi się, że Sobczak miał na sobie jakąś ładną, welwetową chyba marynarkę, krawat zawiązany „po europejsku". Sacharow na trybunie... To znaczy, że socjalizm może mieć „ludzkie oblicze"? To właśnie ono... Dla mnie była to twarz akademika Lichaczowa, a nie generała Jaruzelskiego. Kiedy mówiłam „Gorbaczow", to mąż dodawał: „Gorbaczow i Raisa Maksimowna też". Pierwszy raz zobaczyliśmy żonę genseka, której nie musieliśmy się wstydzić. Ma ładną figurę, dobrze ubrana. Kochają się. Ktoś przyniósł nam polski tygodnik, w którym napisano, że Raisa jest szykowna! Jakże byliśmy dumni! Niekończące się mityngi... Ulice tonęły w ulotkach. Kończył się jeden wiec, a zaczynał następny. Wszyscy szli i szli, każdy myślał, że pójdzie i dozna jakiegoś objawienia. Że zaraz odpowiedni ludzie znajdą mu właściwe odpowiedzi. Czekało na

* Anatolij Sobczak (1937–2000) – jeden z czołowych działaczy pierestrojki, pierwszy mer Petersburga.

nas nieznane życie, które wszystkich nęciło. Wydawało się, że królestwo wolności jest tuż za progiem...

Żyło się jednak coraz gorzej. Wkrótce już nic nie można było dostać. Poza książkami. Tylko książki leżały na ladach...

Jelena Jurjewna

Dziewiętnastego sierpnia dziewięćdziesiątego pierwszego roku... Przyjeżdżam do komitetu. Na wszystkich piętrach, we wszystkich gabinetach słychać radio. Sekretarka przekazuje mi prośbę „pierwszego", żeby do niego przyjść. Wchodzę. U „pierwszego" telewizor włączony na cały regulator, a on sam siedzi ponury przy radiu i łapie to „Swobodę", to „Deutsche Welle", to BBC... Co się tylko da. Na biurku ma spis członków Państwowego Komitetu Stanu Wyjątkowego... PKSW... „Jeden Wariennikow – mówi do mnie – budzi szacunek. Mimo wszystko to generał wojsk liniowych. Walczył w Afganistanie". Wchodzi drugi sekretarz, kierownik działu organizacyjnego... Zaczynamy rozmawiać:

– Straszne! Poleje się krew. Utoniemy we krwi.

– Wszyscy nie utoną, tylko ci, którzy powinni.

– Dawno już pora ratować Związek Radziecki.

– Będą góry trupów.

– E, dosyć już tego, Gorbacz się doigrał. Wreszcie normalni ludzie, generałowie, dojdą do władzy. Skończy się ten burdel.

„Pierwszy" ogłosił, że poranna odprawa się nie odbędzie – cóż miałby ludziom powiedzieć? Nie nadeszły żadne dyrektywy. Przy nas zadzwonił na milicję. „Co u was słychać?" „Nic". Jeszcze pogadali o Gorbaczowie – że albo chory, albo aresztowany. Coraz bardziej skłonni byliśmy przyjąć trzeci wariant – że uciekł z rodziną do Ameryki. Bo dokąd miał uciec?

Tak właśnie cały dzień przesiedzieliśmy przy telewizorach i telefonach. Pełni strachu zastanawialiśmy się, kto tam na górze zwycięży. Czekaliśmy. Szczerze pani mówię, że czekaliśmy. Wszystko to trochę przypominało upadek Chruszczowa. Już naczytaliśmy się pamiętników... Rozmowy, ma się rozumieć, dotyczyły jednej sprawy... Jaka tam wolność? Dla naszego człowieka wolność to jak okulary dla małpy. Nikt nie wie, co z nią robić. Wszystkie te bazary, kioski... no, nie mieliśmy do nich serca. Przypomniałam sobie, jak parę dni wcześniej spotkałam swojego dawnego kierowcę. Taka historia... Chłopak zaraz po wojsku trafił do naszego komitetu. Miał jakąś niesamowitą protekcję. Był bardzo zadowolony. Ale kiedy zaczęły się zmiany i zezwolono na tworzenie ajencji, od razu się zwolnił. Zajął się biznesem. Z trudem go poznałam: ostrzyżony na zero, skórzana kurtka, dres. Domyśliłam się, że to taki ich mundur. Pochwalił się, że dziennie zarabia więcej niż u nas pierwszy sekretarz miesięcznie. Biznes bez ryzyka – dżinsy. Wynajęli z kolegą zwykłą pralnię i tam robili te „gotowane" dżinsy. Technologia jest prosta (bieda uczy rozumu): zwykłe, banalne dżinsy wrzucają do roztworu wybielacza albo wapna chlorowanego, dodają tam tłuczonej cegły. Parę godzin gotują – na spodniach powstają pasma, wzory, plamy... abstrakcjonizm! Suszą i naklejają metkę „Montana". Od razu mnie olśniło, że jeśli nic się nie zmieni, to oni, ci sprzedawcy dżinsów, będą wkrótce nami rządzić. Nepmani*! Jakkolwiek śmiesznie by to brzmiało, właśnie oni nakarmią wszystkich i ubiorą. Zrobią fabryki w piwnicach... Tak właśnie się stało. Tak! Teraz ten chłopak jest milionerem czy miliarderem (dla mnie milion czy miliard to suma jednakowo szalona), posłem do Dumy. Ma jeden dom na Wyspach Kanaryjskich, drugi w Londynie... Za cara w Londynie mieszkali Hercen i Ogariow, a teraz oni, nasi „nowi Ruscy"... Królowie dżinsów, mebli, czekolady... Nafty.

O dziewiątej wieczorem „pierwszy" jeszcze raz zebrał wszystkich u siebie. Raportował szef dzielnicowego KGB. Opowiadał o nastrojach wśród ludności. Według tego co mówił, ludzie popierają Państwowy Komitet Stanu Wyjątkowego. Nikt się nie oburza. Gorbaczow wszystkim obrzydł... Kartki na wszystko oprócz soli... Wódki nie ma... Chłopcy z KGB biegali po mieście i zapisywali rozmowy. Kłótnie w kolejkach:

* Nepman – przedsiębiorca epoki NEP-u, czyli Nowej Polityki Ekonomicznej, okresu 1921–1929, kiedy bolszewicy zmuszeni byli częściowo powrócić do zasad gospodarki rynkowej.

– Przewrót! Co będzie z krajem?

– A co ci się przewróciło? Łóżko jest na miejscu. Wódka też ta co przedtem.

– Skończyła się wolność.

– Aha! Wolność likwidacji kiełbasy.

– Niektórym się zachciało gumy do... żucia. Palić marlboro...

– Już dawno trzeba to było zrobić! Kraj na skraju przepaści!

– Judasz Gorbaczow! Chciał sprzedać kraj za dolary.

– Poleje się krew...

– A bez krwi u nas nie da rady...

– Żeby uratować kraj... partię... Potrzebne są dżinsy, ładna bielizna damska i kiełbasa, a nie czołgi.

– Słodkiego życia się zachciało? A gówno! Możecie o tym zapomnieć!

(*Milknie*).

Krótko mówiąc, ludzie czekali, tak jak my... Pod koniec dnia w bibliotece partyjnej już nie było kryminałów, wszystko rozpożyczyli. (*Śmieje się*). To nie kryminały wszyscy powinni byli czytać, tylko Lenina. Lenina i Marksa. Naszych apostołów.

Zapamiętałam konferencję prasową Komitetu... Janajewowi trzęsły się ręce. Stał i się tłumaczył: „Gorbaczow zasługuje na szacunek pod każdym względem... Jest moim przyjacielem...". Oczy ma rozbiegane... przerażone... Serce mi się ścisnęło. To nie byli ludzie, którzy mogliby... których oczekiwaliśmy... Pigmeje... Zwykli aparatczycy... Ratować kraj! Ratować komunizm! Ale nie było komu... Na ekranie: ulice Moskwy i morze ludzi. Morze! Ludzie pognali kolejkami podmiejskimi do Moskwy. Jelcyn na czołgu. Rozdaje ulotki... „Jelcyna! Jelcyna!" – skanduje tłum. Triumf! (*Nerwowo skubie skraj obrusa*). Ten obrus jest chiński... Cały świat jest pełen chińskich towarów. Chiny to kraj, w którym zwyciężył PKSW... A gdzie my jesteśmy? W Trzecim Świecie. Gdzie są ci, którzy wołali: „Jelcyn! Jelcyn!"? Myśleli, że będą żyli jak w Ameryce czy w Niemczech, a żyją jak w Kolumbii. Przegraliśmy... Przegraliśmy kraj... Nas, komunistów, było w owym czasie piętnaście milionów! Partia mogła... zdradzono ją... Na piętnaście milionów nie znalazł się żaden lider. Ani jeden! A po tamtej stronie lider był – Jelcyn! Wszystko sromotnie przegraliśmy! Pół kraju spodziewało się, że zwyciężymy. Już nie było jednego kraju. Były dwa.

Ci, którzy mienili się komunistami, nagle zaczęli wyznawać, że nienawidzili komunizmu od kołyski. Oddawali legitymacje... Jedni przynosili i zostawiali legitymacje w milczeniu, drudzy trzaskali drzwiami. Byli tacy, którzy legitymacje rzucali nocą pod budynkiem komitetu... Jak złodzieje. Pożegnaliby się choć uczciwie z komunizmem. A oni – potajemnie. Rano dozorcy chodzili i zbierali na podwórzu legitymacje partyjne, komsomolskie i nam przynosili. Przynosili w reklamówkach, wielkich workach plastikowych... Co z tym robić? Gdzie przekazywać? Nie ma poleceń. Żadnych sygnałów z góry. Martwa cisza. (*Zamyśla się*). Taki to był czas... Ludzie zaczęli wszystko zmieniać... Absolutnie wszystko. Wszyściuteńko. Jedni wyjeżdżali, zmieniali ojczyznę. Drudzy – przekonania i zasady. Pozostali zmieniali rzeczy w domu i to masowo. Stare radzieckie wyrzucali, kupowali wszystko importowane... *Czełnoki** od razu nazwozili wszystkiego: czajniki, telefony, meble, lodówki... Jakoś nagle wszystkiego zrobiło się pełno. „Mam pralkę Boscha", „Ja telewizor Siemensa". W każdej rozmowie musiały paść nazwy: „Panasonic", „Sony", „Philips"... Spotykam sąsiadkę: „To wstyd cieszyć się z niemieckiego młynka do kawy... Ale ja jestem szczęśliwa!". Ona przecież dopiero co... dopiero niedawno jeszcze... całą noc stała w kolejce po tom Achmatowej, teraz wariuje na punkcie młynka. Takiego głupstwa... Z legitymacją partyjną ludzie też się rozstawali jak z niepotrzebnym sprzętem. Aż trudno było uwierzyć... W ciągu kilku dni wszystko się zmieniło. Z pamiętników można się dowiedzieć, że Rosja carska zniknęła w ciągu trzech dni. Tak samo zniknął komunizm. W parę dni. To się nie mieściło w głowie... Byli co prawda i tacy, którzy chowali swoje czerwone

* *Czełnok* – przezwisko drobnych handlarzy przywożących towary z zagranicy.

książeczki, trzymali na wszelki wypadek. Niedawno w pewnej rodzinie pokazano mi trzymane na antresoli popiersie Lenina. Przechowują... Może się jeszcze przyda... Jak wrócą komuniści, to pierwsi przypną sobie czerwone wstążeczki. (*Długo nic nie mówi*). Na moim stole leżały setki oświadczeń o wystąpieniu z partii... Wszystko to w krótkim czasie uprzątnięto i wyniesiono ze śmieciami. Żeby zgniło na wysypisku. (*Szuka czegoś w teczkach na stole*). Ale parę kartek zachowałam... Kiedyś jakieś muzeum o nie poprosi. Będą tego szukali... (*Odczytuje*).

„...Byłam oddaną komsomołką... ze szczerym sercem wstąpiłam do partii. Teraz chcę oświadczyć, że partia nie ma już nade mną żadnej władzy...".

„...Epoka wprowadziła mnie w błąd... Wierzyłam w Wielką Rewolucję Październikową. Kiedy przeczytałam Sołżenicyna, zrozumiałam, że te »piękne ideały komunizmu« ociekają krwią. To oszustwo...".

„...To strach kazał mi wstąpić do partii... Leninowscy bolszewicy rozstrzelali mojego dziadka, a stalinowscy komuniści wykończyli mi rodziców w łagrach Mordowii...".

„...W imieniu swoim i swojego zmarłego męża oświadczam, że występuję z partii...".

To trzeba było przeżyć... I nie paść z przerażenia... W komitecie ustawiały się kolejki jak w sklepie. Kolejki chcących zwrócić legitymację partyjną. Docisnęła się do mnie prosta kobieta. Dojarka. Płakała. „Co mam robić? W gazetach piszą, że trzeba wyrzucać legitymacje partyjne". Tłumaczyła się, że ma trójkę dzieci i boi się o nie. Ktoś puścił plotkę, że członków partii będą sądzić. I zsyłać. Na Syberii już remontuje się stare baraki... Milicji dostarczono transport kajdanek... Ktoś widział, jak wyładowywano je z ciężarówek przykrytych brezentem. Straszne rzeczy, tak! Ale zapamiętałam też prawdziwych komunistów. Oddanych idei. Młodego nauczyciela... Na krótko przed PKSW przyjęli go do partii, ale nie zdążyli mu wręczyć legitymacji, więc poprosił: „Wkrótce tu was opieczętują. Proszę mi zaraz dać legitymację, bo nigdy jej nie dostanę". W takich chwilach ludzie bardzo dobitnie pokazywali, kim są. Przyszedł frontowiec... Cały w orderach bojowych. Ikonostas na piersi! Zwrócił legitymację, którą wręczono mu na wojnie, i powiedział: „Nie chcę być w jednej partii z tym zdrajcą Gorbaczowem!". Mocno... mocno pokazywali, kim są. I znajomi, i obcy. Nawet krewni. Kiedyś wołali na mój widok: „O, Jelena Jurjewna!", „Jak pani zdrowie, Jeleno Jurjewno?". A teraz jak zobaczą z daleka, to przechodzą na drugą stronę ulicy, żeby się nie witać. Dyrektor najlepszej szkoły w dzielnicy... Na krótko przed tamtymi wydarzeniami zrobiliśmy w tej szkole konferencję naukową na temat książek Breżniewa *Mała Ziemia* i *Odrodzenie*. Wówczas wygłosił wspaniały referat o kierowniczej roli partii w czasie Wielkiej Wojny Ojczyźnianej i osobiście towarzysza Breżniewa... Wręczyłam mu dyplom komitetu dzielnicowego. Wierny komunista! Leninowiec! Mój Boże... Nie minął nawet miesiąc... Spotkał mnie na ulicy i zaczął na mnie krzyczeć: „Skończyły się wasze czasy! Odpowiecie za wszystko! Przede wszystkim za Stalina!". Mnie zabrakło tchu z oburzenia... To mnie mówi? Mnie, której ojciec siedział w obozie... (*Mija kilka chwil, zanim się uspokoi*). Stalina nigdy nie lubiłam. Ojciec mu wybaczył, ja nie. Nie wybaczyłam... (*Milknie*). Rehabilitacja „politycznych" zaczęła się po dwudziestym zjeździe partii. Po referacie Chruszczowa... A to... To już było za Gorbaczowa... Mianowano mnie przewodniczącą komisji dzielnicowej do spraw rehabilitacji ofiar politycznych represji. Wiem, że najpierw proponowano to innym: naszemu prokuratorowi i drugiemu sekretarzowi naszego komitetu. Odmówili. Dlaczego? Może się bali? Ludzie u nas do tej pory boją się wszystkiego, co związane jest z KGB. A ja nie wahałam się ani chwili – tak, zgadzam się. Mój ojciec też był ofiarą. Czego miałabym się bać? Pierwszy raz zaprowadzono mnie do piwnic... Dziesiątki tysięcy teczek... Jedna „sprawa" liczy dwie strony, inna – cały tom. Tak jak w trzydziestym siódmym mieli plan, rozdzielnik, w kwestii „ujawnienia i wytępienia wrogów ludu", tak w latach osiemdziesiątych dzielnice i obwody dostawały z góry liczby osób do rehabilitacji. Plan trzeba było wykonać i przekroczyć. Stalinowski styl: narady, krytyki, nagany. Dawaj, dawaj... (*Kręci głową*). Po nocach siedziałam i czytałam, wertowałam te tomy. Powiem... powiem szczerze... Włosy stawały dęba... Brat donosił na brata, sąsiad na sąsiada... Pokłócili się o ogródek czy pokój w komunałce. Ktoś zaśpiewał na weselu czastuszkę: „Wszyscy dziś pękamy z dumy, Gruzin dał nam buty z gumy". I to wystarczało. System niszczył człowieka, ale i ludzie nie oszczędzali się wzajemnie. Człowiek był w stanie...

Zwyczajna komunałka... Mieszka tu razem pięć rodzin – dwadzieścia siedem osób. Jedna kuchnia i jedna ubikacja. Dwie sąsiadki się przyjaźnią, jedna ma pięcioletnią córkę, druga jest samotna. W komunałkach ludzie zwykle się obserwowali. Podsłuchiwali. Ci, którzy mieli dziesięciometrowy pokój, zazdrościli tym, którzy mieli dwudziestopięciometrowy. Życie... takie jest... No i w nocy przyjeżdża „czarny kruk"... Aresztują kobietę, która ma córeczkę. Zanim ją zabrali, zdążyła krzyknąć do przyjaciółki: „Weź moją córkę, jeśli nie wrócę, nie oddawaj do domu dziecka". Kobieta rzeczywiście zabrała dziecko. Przepisali na nią drugi pokój... Dziewczynka zaczęła mówić do niej „mamo", to była „mama Ania"... Minęło siedemnaście lat... Po siedemnastu latach wróciła prawdziwa mama. Całowała przyjaciółkę po rękach i po nogach. Bajki zazwyczaj kończą się w tym miejscu, ale w życiu finał był inny. Bez happy endu. Za Gorbaczowa, kiedy otwarto archiwa, byłą łagierniczkę spytano, czy chce zobaczyć swoją sprawę. Powiedziała, że chce. Wzięła swoją teczkę, otworzyła... Na wierzchu leżał donos... Znajomy charakter pisma... sąsiadki... To „mama Ania" doniosła... Pani coś z tego rozumie? Ja nie. Tamta kobieta też nie mogła zrozumieć... Wróciła do domu i się powiesiła. (*Milknie*). Jestem ateistką. Ale mam do Boga wiele pytań... Pamiętam... Wspominam słowa taty: „Łagier można przeżyć, ludzi – nie". Mawiał jeszcze: „Ty umrzesz dzisiaj, a ja jutro" – te słowa usłyszałam po raz pierwszy nie w łagrze, ale od naszego sąsiada. Od Karpuszy... Karpusza z rodzicami całe życie się kłócił, bo nasze kury chodziły po jego grządkach. Biegał pod naszymi oknami ze strzelbą myśliwską... (*Milknie*).

Dwudziestego trzeciego sierpnia... Aresztowano członków PKSW. Zastrzelił się minister spraw wewnętrznych Pugo... Przedtem zastrzelił żonę... Ludzie się cieszyli: „Pugo się zastrzelił!". Marszałek Achromiejew powiesił się w swoim kremlowskim gabinecie. Było jeszcze kilka dziwnych zgonów... Kierujący sprawami KC Nikołaj Kruczina wypadł z okna na czwartym piętrze... Samobójstwa czy zabójstwa? Do tej pory o tym mówią... (*Milknie*). Jak żyć? Jak wyjść na ulicę? Po prostu wyjść na ulicę i kogoś spotkać. Wtedy... Już od kilku lat byłam sama. Córka wyszła za mąż za oficera, wyjechała do Władywostoku. Mąż umarł na raka. Wieczorami wracałam do pustego mieszkania. Nie jestem słabym człowiekiem, ale miewałam różne myśli... straszne... Powiem szczerze... Tak, miewałam... (*Milknie*). Jeszcze przez jakiś czas chodziliśmy do pracy w komitecie. Zamykaliśmy się w swoich gabinetach. Oglądaliśmy dzienniki w telewizji. Czekaliśmy. Czekaliśmy. Mieliśmy jakąś nadzieję. Gdzie jest nasza partia? Nasza niezwyciężona partia Lenina! Świat runął... Telefon z jakiegoś kołchozu – chłopi z kosami i widłami, ze strzelbami myśliwskimi – co kto miał – zebrali się koło biura, żeby bronić władzy radzieckiej. „Pierwszy" rozkazał: „Odeślijcie ludzi do domów". Wystraszyliśmy się... wszyscyśmy się wystraszyli... A ludzie byli zdecydowani. Znam kilka takich przypadków. Ale myśmy się przestraszyli...

I wtedy... tego dnia zadzwoniono z komitetu wykonawczego dzielnicy: „Mamy rozkaz opieczętować państwa gabinety. Mają państwo dwie godziny na zabranie swoich rzeczy". (*Jest tak przejęta, że nie może mówić*). Dwie godziny... dwie... Gabinety opieczętowywała specjalna komisja... Demokraci! Jakiś ślusarz, młody dziennikarz, matka pięciorga dzieci... Już znałam ją z wieców. Z listów do komitetu... do naszej gazety... Mieszkała z dużą rodziną w baraku. Zawsze przemawiała i żądała mieszkania. Przeklinała komunistów. Zapamiętałam jej twarz... W takich chwilach triumfowała... Kiedy przyszli do „pierwszego", rzucił w nich krzesłem. U mnie w gabinecie jedna z członkiń komisji podeszła do okna i demonstracyjnie rozdarła zasłonę. Żebym jej nie zabrała do domu czy co? Mój Boże! Kazali mi otworzyć torebkę... Kilka lat później spotkałam na ulicy tę matkę piątki dzieci. Nawet teraz pamiętam, jak się nazywała – Galina Awdiej. Zapytałam ją: „Dostała pani mieszkanie?". A ona pogroziła pięścią w stronę budynku administracji obwodowej. „Ci łajdacy też mnie oszukali". Potem... Potem... co? Po wyjściu z gmachu komitetu zetknęliśmy się z tłumem. „Komunistów pod sąd! Teraz ich – na Sybir!", „Teraz tak wziąć karabiny maszynowe i serią po oknach". Odwracam się, a za moimi plecami dwaj podpici faceci... To oni... o tym karabinie... Odpowiadam: „Ale ja odpowiem ogniem". Obok stał milicjant i udawał, że nic nie słyszy. Znajomy milicjant.

Cały czas miałam wrażenie, że słyszę za plecami: uuuuu... Nie ja jedna tak się czułam... W szkole do córki naszego instruktora podeszły dwie koleżanki z klasy i mówią:

– Nie będziemy się z tobą kolegować. Twój tato pracował w komitecie partii.

– Mój tatuś jest dobry.

– Dobry tatuś nie mógł tam pracować. Wczoraj byłyśmy na wiecu...

Piąta klasa... dzieci... To już gawrosze, gotowe podawać naboje. „Pierwszy" dostał zawału. Umarł w karetce pogotowia, nie dowieźli go do szpitala. Myślałam, że tak jak zawsze będzie dużo wieńców, orkiestr, a tutaj nie było nic i nikogo. Za trumną szło kilkoro ludzi... Grupa towarzyszy... Jego żona kazała na pomniku wyryć sierp i młot oraz pierwsze słowa hymnu radzieckiego: „Niezłomny jest związek republik swobodnych...". Śmiali się z niej. Cały czas słyszałam ten szept: uuuu... Myślałam, że oszaleję... W sklepie obca kobieta mówi do mnie: „No co, komuchy, przesraliście kraj!". Prosto w twarz powiedziała.

Co nas ratowało? Ratowały telefony... Telefon od przyjaciółki: „Jeśli ześlą cię na Syberię, to nie bój się. Tam jest ładnie". (*Śmieje się*). Była tam z wycieczką. Spodobało jej się. Telefon od siostry ciotecznej z Kijowa.

– Przyjedź do nas. Dam ci klucze. Możesz schować się u nas na daczy. Nikt cię tam nie znajdzie.

– Nie jestem zbrodniarką. Nie będę się ukrywała.

Rodzice dzwonili codziennie:

– Co teraz robisz?

– Zaprawiam ogórki.

Całymi dniami zapełniałam słoiki i gotowałam. Nie czytałam gazet i nie oglądałam telewizji. Czytałam kryminały, kończyłam jedną książkę i zaczynałam następną. Telewizja mnie przerażała. Gazety też.

Długo nie mogłam dostać pracy... Wszyscy byli przekonani, że podzieliliśmy się pieniędzmi partii i każdy z nas ma kawałek rurociągu czy też przynajmniej małą stację benzynową. A ja nie mam ani stacji, ani sklepiku, ani kiosku. Nazywają je komkami. Komki, czełnoki... Wielkiego języka rosyjskiego nie można teraz poznać: wauczer*, korytarz walutowy... transza MFW... Rozmawiamy w obcym języku. Wróciłam do szkoły. Czytamy z uczniami ukochanego Tołstoja i Czechowa. A co z innymi? Różnie ułożyły się losy moich towarzyszy... Jeden z naszych instruktorów odebrał sobie życie... Kierownik gabinetu nabawił się rozstroju nerwowego, długo leżał w szpitalu. Inny został biznesmenem... Drugi sekretarz jest dyrektorem kina. A kolejny instruktor komitetu przyjął święcenia kapłańskie. Odbyłam z nim rozmowę. Ten człowiek zaczął nowe życie. Pozazdrościłam mu. Przypomniało mi się... Byłam w galerii malarstwa... Pamiętam, że na jednym z obrazów jest dużo światła, na moście stoi kobieta. Patrzy gdzieś w dal... mnóstwo światła... Nie umiałam odejść od tego obrazu. Ledwie odeszłam, zaraz wracałam, ciągnęło mnie do niego. Ja też mogłabym zacząć nowe życie. Nie wiem tylko jakie.

Anna Iljiniczna

Obudził mnie huk... Otworzyłam okno... Po Moskwie! Po stolicy jeżdżą czołgi i transportery. Radio! Prędko włączyłam radio. A w radiu nadawano odezwę do narodu radzieckiego:

* Popularna nazwa świadectw udziałowych w czasie powszechnej prywatyzacji majątku państwowego w latach 1992–1994.

„Nad Ojczyzną zawisło śmiertelne niebezpieczeństwo... Kraj pogrąża się w otchłani przemocy i bezprawia... Oczyścimy ulice z elementów przestępczych... Położymy kres zamętowi...". Nie wiedzieliśmy, czy Gorbaczow został zdymisjonowany z powodu stanu zdrowia, czy go aresztowano. Dzwonię do męża, który był na daczy. Mówię:

– W kraju trwa zamach stanu. Władza jest w rękach...

– Głupia! Odłóż słuchawkę, zaraz po ciebie przyjdą.

Włączam telewizor. Na wszystkich kanałach *Jezioro łabędzie*. A ja mam przed oczami całkiem inne kadry: Chile... Santiago... płonie pałac prezydencki... Głos Salvadora Allende... Zaczęły się telefony: w mieście pełno pojazdów wojskowych, czołgi stoją na placu Puszkina, na Teatralnym... Akurat była wtedy u nas teściowa i strasznie się przeraziła: „Nie wychodź na ulicę. Żyłam w dyktaturze i wiem, co to znaczy". A ja nie chcę żyć w dyktaturze!

Po obiedzie mąż wrócił z daczy. Siedzieliśmy w kuchni. Dużo paliliśmy. Baliśmy się podsłuchu... Przykryliśmy telefon poduszką... (*Śmieje się*). Naczytaliśmy się literatury dysydenckiej. Nasłuchali. Teraz się przydała... Dali nam trochę odetchnąć, a teraz znowu wieko się zatrzaśnie. Zapędzą nas z powrotem do klatki, wdepczą nas w asfalt... Będziemy jak motyle w cemencie... Wspominaliśmy niedawne wydarzenia na placu Tian'anmen. Albo jak saperkami rozpędzano demonstracje w Tbilisi. Szturm wieży telewizyjnej w Wilnie... „Myśmy czytali Szałamowa i Płatonowa – powiedział mąż – a tymczasem wybuchła wojna domowa. Dawniej spieraliśmy się w kuchniach, chodzili na wiece, a teraz będziemy do siebie strzelać". Nastrój był taki, jakby zbliżała się jakaś katastrofa... Nie wyłączaliśmy radia ani na chwilę, kręcili gałkami, ale wszędzie nadawano muzykę. I nagle – cud! Odezwało się Radio Rosji: „Odsunięto od władzy legalnie wybranego prezydenta... Dokonano cynicznej próby przewrotu...". Wtedy się dowiedzieliśmy, że tysiące ludzi wyszły już na ulicę. Gorbaczow w niebezpieczeństwie... Iść czy nie iść – nad tym się nawet nie zastanawialiśmy. Iść! Teściowa najpierw mnie powstrzymywała, mówiła: „Jesteś szalona, pomyśl o dziecku, gdzie ty się pchasz?". Milczałam. Kiedy jednak zobaczyła, że mimo wszystko zamierzamy pójść, powiedziała: „Jak jesteście tacy głupi, to weźcie roztwór sody, zmoczcie gazę i gdyby puszczali gaz, to przytknijcie ją do twarzy". Przygotowałam trzylitrowy słój tego roztworu i podarłam jedno prześcieradło. Wzięliśmy też ze sobą co tylko mieliśmy do jedzenia, wyciągnęłam z kredensu wszystkie konserwy.

Wielu ludzi szło do metra tak jak my... A inni stali w kolejce po lody... Kupowali kwiaty. Minęliśmy rozbawione towarzystwo: „Jeśli jutro przez te czołgi nie pójdę na koncert, to mają u mnie przechlapane". Z naprzeciwka biegnie mężczyzna w majtkach i z siatką, a w niej ma puste butelki. Zrównał się z nami: „Nie wiedzą państwo, którędy na ulicę Stroitielną?". Pokazałam mu gdzie ma skręcić w prawo, a potem iść prosto. Podziękował. Nic go nie obchodziło, chciał tylko oddać butelki. A co, czy w siedemnastym roku było inaczej? Jedni strzelali, drudzy tańczyli na balach. Lenin na samochodzie pancernym...

Jelena Jurjewna

To była farsa! Odegrali farsę! Gdyby zwyciężył PKSW, dzisiaj żylibyśmy w innym kraju. Gdyby Gorbaczow nie stchórzył... Nie wydawaliby pensji w oponach i lalkach. W szamponie. Jak fabryka robi gwoździe, to gwoździami. Jak mydło, to mydłem. Wszystkim mówię: popatrzcie na Chińczyków... mają własną drogę. Od nikogo nie zależą, nikogo nie naśladują. No i dzisiaj cały świat boi się Chińczyków... (*Znowu do mnie z uwagą*). Jestem pewna, że pani wykreśli moje słowa.

Obiecuję – będą dwie opowieści. Chcę zostać chłodnym historykiem, a nie historykiem z płonącą pochodnią. Niech czas osądzi. Czas jest sprawiedliwy, tyle że nie ten całkiem bliski, ale odległy. Czas, w którym nas już nie będzie. Nie będzie naszych namiętności.

Anna Iljiniczna

Można się z tych dni wyśmiewać, nazywać je operetką. Dziś modny jest wygłup. Ale wtedy to wszystko było na serio. Z honorem. Wszystko odbywało się naprawdę, i myśmy też byli prawdziwi. Nieuzbrojeni ludzie stali przed czołgami, gotowi na śmierć. Siedziałam na barykadzie i widziałam tych ludzi – zjechali się z całego kraju. Jakieś moskiewskie staruszki, ptaszyny boże, przynosiły kotlety, gorące ziemniaki zawinięte w ręczniki. Dokarmiały wszystkich... Czołgistów też częstowały. „Jedzcie, chłopcy – mówiły. – Tylko nie strzelajcie. Chyba nie będziecie?" Żołnierze nic z tego nie rozumieli. Kiedy otworzyli włazy i wyjrzeli z czołgów, zgłupieli. Cała Moskwa wyległa na ulice! Dziewczyny powłaziły do nich na czołgi, ściskały ich, całowały. Częstowały bułkami. Matki żołnierzy poległych w Afganistanie płakały. Mówiły: „Nasze dzieci zginęły na obcej ziemi, a wy co – przyjechaliście umierać na własnej?". Jakiś major... kiedy otoczyły go kobiety, nie wytrzymał nerwowo i zaczął krzyczeć: „Sam jestem ojcem! Nie będę strzelał! Przysięgam wam – nie będę! Nie pójdziemy przeciwko narodowi!". Było tam mnóstwo różnych sytuacji, śmiesznych i wzruszających do łez. Nagle w tłumie rozlegają się krzyki: „Czy ktoś ma walidol, bo tutaj człowiek źle się poczuł". Walidol znalazł się od razu. Stała kobieta z dzieckiem w wózku (musiałaby to widzieć moja teściowa!), wyjęła pieluszkę, żeby narysować na niej czerwony krzyż. Czym? „Kto ma szminkę?". Zaczęto jej rzucać szminki – i tanie, i od Lancôme'a... Od Diora... od Chanel... Nikt tego nie sfilmował, nie utrwalił szczegółów. Szkoda. Wielka szkoda. Kształt wydarzeń, ich piękno... pojawiają się później, te wszystkie sztandary i muzyka... wszystko potem zastyga w spiżu... A w życiu to jest pokawałkowane, brudne i sine: ludzie siedzieli całą noc przy ognisku, na gołej ziemi. Na gazetach i ulotkach. Głodni, źli. Klęli i popijali, ale nie było pijanych. Niektórzy przywozili kiełbasę, ser, chleb. Kawę. Mówiono, że to ajenci... biznesmeni... Widziałam nawet kilka puszek czerwonego kawioru. Kawior zniknął u kogoś w kieszeni. Papierosy też rozdawano bezpłatnie. Koło mnie siedział chłopak z więziennymi tatuażami. Tygrys! Rockersi, punki, studenci z gitarami... Profesorowie też. Wszyscy byli razem. Naród! To był mój naród! Spotkałam tam kolegów z instytutu, których nie widziałam od piętnastu lat, jeśli nie dłużej. Jeden mieszkał w Wołogdzie... drugi w Jarosławiu... Ale każdy wsiadł do pociągu i przyjechał do Moskwy! Bronić czegoś dla nas ważnego. Rano zabraliśmy ich do siebie. Umyliśmy się, zjedli śniadanie i poszli z powrotem. Przy wyjściu z metra każdemu już wręczano kamień albo kawałek żeliwnego pręta. „Brukowiec – broń proletariatu"* – śmialiśmy się. Budowaliśmy barykady. Przewracali trolejbusy, piłowali drzewa.

Trybuna już stała. Nad nią powieszono plakaty: „Juncie – nie!", „Lud nie jest błotem, nie wolno go deptać". Mówcy przemawiali przez megafon. I zwykli ludzie, i znani politycy zaczynali od całkiem parlamentarnych wyrażeń. Po paru minutach żadnemu już nie wystarczały zwyczajne słowa, więc zaczynali bluzgać. „My z tymi gnojami..." I dalej taki soczysty, rosyjski bluzg. „Skończyły się ich czasy..." Niezłomny jest związek przekleństw rosyjskich! Bluzgi jako hasło bojowe. Wszyscy to rozumieli, bo odpowiadało wielkości chwili. Chwile takiego porywu! Takiej siły! Brakowało starych słów, a nowe jeszcze nie powstały! Cały czas spodziewaliśmy się szturmu. Cisza, zwłaszcza w nocy, była niesamowita. Wszyscy w wielkim napięciu. Tysiące ludzi i cisza. Pamiętam zapach lanej do butelek benzyny. To był zapach wojny...

To stali dobrzy ludzie! Doskonali! Teraz dużo się pisze o wódce i narkotykach. Że niby jaka to rewolucja! Na barykady poszli pijacy i narkomani. Kłamstwo! Wszyscy naprawdę gotowi byli umrzeć. Wiedzieliśmy, że ta machina siedemdziesiąt lat mełła ludzi na proszek... Nikt nie sądził, że tak łatwo się zepsuje... Bez wielkiego przelewu krwi... Rozeszły się słuchy, że most jest zaminowany, że zaraz puszczą gaz. Ktoś ze studentów medycyny

* Nazwa słynnego pomnika, stojącego w moskiewskiej dzielnicy Priesnia, miejscu najzaciętszych starć podczas rewolucji 1905 roku.

tłumaczył, jak należy zachowywać się podczas ataku gazowego. Sytuacja zmieniała się co pół godziny. Straszna nowina: trzech chłopaków zginęło pod czołgiem... Ale nikt nie drgnął, nie odszedł z placu. To takie ważne dla naszego życia, cokolwiek by się później wydarzyło. Jakichkolwiek doznalibyśmy rozczarowań. To jednak... przeżyliśmy naprawdę... Tacy właśnie byliśmy! (*Płacze*). Rano nad placem: „Hurra! Hurra!". I znowu rzucanie mięsem... łzy... okrzyki... Z ust do ust podawano sobie wieści: Wojsko przeszło na stronę ludu, komandosi z „Alfy" odmówili udziału w szturmie. Czołgi wyjeżdżają ze stolicy. A kiedy ogłoszono, że puczystów aresztowano, ludzie rzucili się sobie w objęcia – takie to było szczęście! Wygraliśmy! Obroniliśmy swoją wolność. Razem daliśmy radę! To znaczy, że możemy! Brudni, przemoczeni od deszczu długo jeszcze nie chcieliśmy się rozejść do domów. Zapisywaliśmy swoje adresy. Przysięgaliśmy, że je zapamiętamy. Że się zaprzyjaźnimy. Milicjanci w metrze byli bardzo uprzejmi, nigdy ani przedtem, ani potem nie widziałam tak uprzejmych milicjantów.

Zwyciężyliśmy... Gorbaczow wrócił z Foros do całkiem innego kraju. Ludzie chodzili po mieście i uśmiechali się do siebie. Zwyciężyliśmy. To uczucie długo mnie nie opuszczało... Chodziłam i wspominałam... Przed oczami miałam sceny... Jak ktoś zawołał: „Czołgi! Czołgi jadą!". Wszyscy wzięli się za ręce i zrobili łańcuch. Była druga albo trzecia w nocy. Stojący koło mnie mężczyzna wyjął paczkę herbatników. „Chcecie?" – i wszyscy się częstują. Zaśmiewamy się nie wiadomo z jakiego powodu. Mamy ochotę na herbatniki, chcemy żyć! Ja... do dzisiaj... Jestem szczęśliwa, że tam byłam. Z mężem, z przyjaciółmi. Wtedy wszyscy byli bardzo szczerzy. Szkoda tamtych nas, że już tacy nie jesteśmy... Zwłaszcza dawniej było mi żal.

Żegnam się i pytam je, jak udało im się zachować przyjaźń, która trwa, jak się zdołałam zorientować, od lat studenckich.

– Mamy umowę, że nie poruszamy tych tematów. Nie przyczyniamy sobie wzajemnie bólu. Kiedyś – tak, kłóciłyśmy się, zrywałyśmy kontakt. Latami nie rozmawiałyśmy ze sobą. Ale to minęło.

– Teraz mówimy tylko o dzieciach i wnukach. Albo co u której rośnie na daczy.

– Kiedy się zbiorą nasi przyjaciele... Wówczas ani słowa o polityce. Każdy doszedł do tego własną drogą. Żyjemy razem: panowie i towarzysze. „Biali" i „czerwoni". Ale strzelać nikt nie ma ochoty. Dosyć już przelano krwi.

O braciach i siostrach, katach i ofiarach... a także o elektoracie

Aleksandr Porfirjewicz Szarpiło – emeryt, 63 lata

Z opowieści sąsiadki Mariny Tichonowny Isajczik

– Obcy ludzie, czego wy chcecie? Łażą i łażą. No... śmierć nie przychodzi bez powodu, jakiś powód zawsze musi być. Śmierć znajdzie powód.

Człowiek palił się na grządce ogórków... Zmoczył głowę acetonem i podpalił zapałką. Akurat siedziałam, miałam włączony telewizor i usłyszałam krzyki. Głos starego... znajomy... Chyba Saszki, i jeszcze jakiegoś młodego. Obok nas jest technikum, więc jakiś uczeń wychodził stamtąd i zobaczył, że człowiek się pali. Coś takiego! Pobiegł, zaczął go gasić, ale sam się poparzył. Kiedy przybiegłam, Saszka już leżał na ziemi i jęczał... Głowę miał żółtą... Obcy ludzie, no co was to... Co wam do cudzego nieszczęścia?

Wszyscy lubią patrzeć na śmierć. Ojoj! W ogóle... w ogóle... W naszej wsi, gdzie jako młoda dziewucha mieszkałam z rodzicami, był staruszek, który lubił przychodzić i patrzeć, jak ktoś umiera. Baby go karciły, wyganiały z chałupy: „Idź, ty diable!", a ten siedzi. Długo żył. Może to naprawdę był diabeł? Na co tu patrzeć? W którą stronę? Po śmierci nic nie ma. Umarł, zakopali i już. A żywy, choćby i nieszczęsny, chodzi po powietrzu, po ogrodzie. Duch to duch, reszta to ziemia. Ziemia i nic więcej. Jeden umiera jeszcze w kołysce, inny doczeka się siwych włosów. Szczęśliwi ludzie nie chcą umierać... i ci... ci, których kochają, też nie chcą. Wypraszają sobie. A gdzie oni są, ci szczęśliwi ludzie? W radiu kiedyś mówili, że po wojnie wszyscy będziemy szczęśliwi, i Chruszczow, to pamiętam, obiecywał... że niezadługo nastanie komunizm. Gorbaczow przysięgał, mówił tak składnie... Tak pięknie. Teraz Jelcyn się zaklina, grozi, że położy się na torach... A ja czekałam na to dobre życie i czekałam. Czekałam, jak byłam mała... I kiedy podrosłam – też... Teraz już jestem stara... Krótko mówiąc, wszyscy mnie oszukali, a życie jest jeszcze gorsze. Poczekaj, pocierp, poczekaj, pocierp. Pocierp, poczekaj... Mąż umarł. Wyszedł na ulicę, upadł i już... serce przestało bić. Cośmy przeżyli, tego ani metrem nie zmierzysz, ani nie zważysz na wadze. Ale żyję. Żyję. Dzieci się rozjechały: syn mieszka w Nowosybirsku, a córka została w Rydze z rodziną, teraz to za granicą. Na obczyźnie. Tam już po rosyjsku nie mówią.

W kącie u mnie wisi ikona, i pieska mam, żeby było z kim porozmawiać. Jedno polano to nawet w piecu się nie zapali, a ja się staram. Taaa... Dobrze, że Bóg dał człowiekowi i psa, i kota... i ptaka, i drzewo... Dał to wszystko, żeby człowiek cieszył się i życie mu się nie uprzykrzyło. A mnie jedna tylko rzecz się nie przykrzy – kiedy patrzę, jak żółknie pszenica. Nagłodowałam się w swoim życiu tak, że najbardziej lubię patrzeć, jak zboże dojrzewa, jak się kłosy kołyszą. Dla mnie to jak dla pani obraz w muzeum... Nawet teraz nie przepadam za białą bułką, najbardziej smakuje mi czarny chleb z solą i do tego posłodzona herbata. Poczekaj, pocierp... i znowu poczekaj, pocierp. Na wszelki ból mamy jedno lekarstwo – cierpliwość. Tak właśnie upłynęło moje życie. A nasz Saszka, nasz Porfirjewicz... Cierpiał, cierpiał, aż nie wytrzymał. Zmęczył się. To ciało w ziemi leżeć będzie, a dusza – odpowiadać za grzechy. (*Ociera łzy*). Oj tak! Jak człowiek żyje, to płacze... a jak odchodzi, to też płacze...

Znowu ludzie zaczęli wierzyć w Boga, bo przecie nie ma innej nadziei. A kiedyś w szkole nas uczyli, że Lenin to jeden Bóg, a Karol Marks – drugi. W cerkwiach trzymali ziarno, zwozili tam buraki. Tak było, dopóki wojna nie wybuchła. Ale wybuchła. Stalin otworzył cerkwie, żeby odprawiano modły za zwycięstwo oręża rosyjskiego, i zwrócił się do narodu: „Bracia i siostry… przyjaciele moi…”. A przedtem tośmy kim byli? Wrogami ludu… kułakami, podkułacznikami… U nas we wsi rozkułaczyli wszystkie mocne rodziny, jak kto miał w zagrodzie dwa konie i dwie krowy, to już był za kułaka. Wywozili ich na Sybir, zostawiali w środku tajgi… Baby dusiły dzieci, żeby się nie męczyły. Oj, było tam nieszczęścia, ludzkich łez… więcej niż wody na ziemi. A tu nagle Stalin prosi: „Bracia i siostry…”. Uwierzyliśmy mu. Wybaczyli. I pobili Hitlera! A Hitler przyszedł do nas… w żelaznej zbroi… Ale i takeśmy go rozbili! A teraz ja – to kto? Ktośmy są my wszyscy? Elektorat… Oglądam telewizję. Nie przegapię wiadomości… Teraz to jesteśmy elektorat. Mamy tylko iść i zagłosować jak trzeba, więcej nic. Jak raz byłam chora i nie poszłam na wybory, to sami przyjechali do mnie autem. Z czerwoną skrzynką. W takim dniu to sobie o nas przypominają… Taaak…

Jak żyjemy, tak umieramy… Ja nawet chodzę do cerkwi i krzyżyk noszę, a szczęścia jak nie miałam, tak nie mam. Nie dostałam szczęścia. I już się go nie doproszę. Chciałabym już prędko umrzeć… Szybciej wejść do królestwa niebieskiego, znudziło mi się już cierpliwe czekanie. Tak samo Saszka… Leży teraz na cmentarzu… Odpoczywa… (*Przeżegnała się*). Z muzyką go chowali, z płaczem. Wszyscy płakali. W taki dzień dużo się płacze. Żałuje. Ale kajać się nie warto. Kto nas usłyszy po śmierci? Co po nim zostało? Dwa pokoiki w baraku, jedna grządka, czerwone dyplomy i medal „Za Zwycięstwo we Współzawodnictwie Socjalistycznym”. Ja mam taki sam medal w szafie. Byłam i przodownicą, i deputowaną. Nie zawsze było co jeść, ale czerwonego dyplomu nie pożałowali. Zrobili zdjęcie. Nas tu w baraku mieszkają trzy rodziny. Jak się wprowadzaliśmy, byliśmy młodzi. Myśleliśmy, że to na rok czy dwa, a przeżyliśmy całe życie. Tu, w baraku, umrzemy. Jedno dwadzieścia, drugie trzydzieści lat… Czekaliśmy w kolejce po mieszkanie, czekali… Teraz przyszedł Gajdar i śmieje się, mówiąc: „Idźcie, kupujcie!”. A niby za co? Nasze pieniądze przepadły… Jedna reforma, druga… Oskubali nas! Taki kraj spuścili do kibla! Każda rodzina ma dwa pokoiki, szopę i działkę. Jesteśmy równi. Tyleśmy zapracowali! Tego się dorobili! Całe życie wierzyliśmy, że kiedyś będzie nam się dobrze żyło. Oszustwo! Wielkie oszustwo! A życie... lepiej już nie wspominać... Znosiliśmy wszystko, pracowali i cierpieli. A teraz już nie żyjemy, teraz spędzamy czas.

My z Saszką byliśmy z jednej wsi... Tutaj... pod Brześciem... Nieraz siadywaliśmy sobie z nim wieczorem na ławeczce i wspominaliśmy. O czym tu jeszcze gadać? Porządny był z niego człowiek. Nie pił, nie był pijusem... nieee... chociaż żył samotnie. Co ma robić samotny mężczyzna? Popił – pospał... Popił... A ja chodzę po podwórzu. Drepczę. Chodzę i sobie myślę: życie na ziemi to jeszcze nie koniec wszystkiego. Śmierć – to swoboda dla duszy... Gdzie jest teraz Saszka? Jeszcze na ostatek pomyślał o sąsiadach. Żeby im nie zaszkodzić. Bo to barak stary, tuż po wojnie budowany, drewno wyschnięte, zajęłoby się raz-dwa jak papier i spaliło. W jednej chwili! W sekundzie! Wszystko by się spaliło, tylko trawa by została... i piasek... Napisał list do dzieci: „Opiekujcie się wnukami. Żegnajcie" – i położył w widocznym miejscu. Poszedł do ogródka... na swoją grządkę...

Ojoj! W ogóle to... W ogóle to przyjechało pogotowie, położyli go na nosze, a on zaraz się zrywa, chce iść sam. Odprowadziłam go do samochodu. „Coś ty, Saszka, narobił!" „Zmęczyło mnie życie, zadzwoń do syna, niech przyjedzie do szpitala". Jeszcze ze mną porozmawiał... Marynarka nadpalona, ale ramię czyste, białe. Zostawił pięć tysięcy rubli... Kiedyś to były pieniądze! Wyjął z książeczki i położył na stół razem z listem. Oszczędzał całe życie. Przed pierestrojką za takie pieniądze można było kupić sobie wołgę. Najdroższą! A teraz? Starczyło na nowe buty i wieniec. I tyle! Leżał czarny na noszach... Na moich oczach zrobił się czarny... Lekarze zabrali też chłopaka, który go ratował, ściągał ze sznura moje mokre prześcieradła (akurat uprałam) i zarzucał na niego. Obcy chłopak... student... przechodził obok i zobaczył, że ktoś się pali! Siedzi na grządce zgarbiony i się pali. Kopci. I nic nie mówi. Tak nam potem opowiadał: „Pali się i nic nie mówi". Żywy człowiek... Rano jego syn zapukał do mnie. „Tato nie żyje". Leżał w trumnie... cała głowa spalona i ręce... Czarny... czarny... A ręce miał złote! Wszystko potrafił. Na stolarce się znał, i na murarce. Tu u każdego zostawił po sobie pamiątkę – u jednego stół, u drugiego półkę na książki... etażerkę... Do teraz mam przed oczyma, jak stoi i struga. Nieraz do nocy tak stał na dworze i strugał. Lubił drewno. Rozpoznawał je po zapachu, po wiórach. Powiadał, że każde drzewo pachnie po swojemu, a najmocniejszy zapach ma sosna. „Sosna pachnie jak dobra herbata, a klon ma wesoły zapach". Pracował do ostatniego dnia. Dobrze mówi przysłowie, że póki w ręku cep, póty w gębie chleb. Z emerytury teraz nijak się nie wyżyje. Ja sama najęłam się jako niańka, cudze dzieci chowam. Dadzą jakiś grosz, to kupię cukru i kiełbasy „dietetycznej". Bo co jest warta emerytura? Kupi się chleb i mleko, ale obuwia letniego już nie. Nie starczy. Starzy ludzie dawniej siadywali sobie na podwórzu. Na ławce. Plotkowali, nikt się niczym nie trapił. Teraz już przestali... Jeden zbiera po mieście puste butelki, drugi wystaje pod cerkwią i wyciąga rękę... Trzeci sprzedaje na przystanku pestki słonecznika albo papierosy. Talony na wódkę. U nas w dziale monopolowym zadeptali jakiegoś człowieka. Na śmierć. Wódka teraz kosztuje więcej niż ten... jak mu tam? Dolar amerykański. Za wódkę wszystko się u nas kupi. I monter przyjdzie, i elektryk. Inaczej się człowiek nie doczeka. W ogóle... w ogóle to... Przeleciało to życie. Tylko czasu człowiek nie kupi... za żadne pieniądze. Możesz się Panu Bogu wypłakiwać, ale sobie czasu nie wypłaczesz. Tak to jest urządzone.

A Saszka sam nie chciał żyć. Zrezygnował. Zwrócił bilet Panu Bogu... Oj, Boooże! Jeździ teraz milicja i jeździ. Wypytują... (*Wsłuchuje się*). Ooooo... Huczy pociąg... To do Moskwy. Brześć–Moskwa. Można się obejść bez zegarka. Wstaję, kiedy zawoła ten z Warszawy – szósta rano. A potem z Mińska i pierwszy z Moskwy... Rano i nocą wołają różnymi głosami. Czasem nasłuchuję przez całą noc. Na starość sen człowieka opuszcza... Z kim mam teraz gadać? Sama siedzę na ławce... Pocieszałam go: „Saszka, znajdź sobie dobrą kobietę. I ożeń się". „Liza wróci. Będę na nią czekał". Nie widziałam jej siedem lat, jak tylko od niego odeszła. Związała się z jakimś oficerem. Młoda była... o wiele młodsza od niego. Bardzo ją kochał. Tłukła głową o trumnę: „To ja Saszce złamałam życie". Ojoj! I w ogóle... Miłość to nie włos, tak łatwo się jej nie wyrwie. Węzłem też trudno ją związać. Czego potem płakać? Kto cię spod ziemi usłyszy... (*Milknie*). Oj, Boooże! Do czterdziestu lat człowiek może robić wszystko, grzeszyć też. Ale po czterdziestce musi się pokajać. Wtedy Bóg mu przebaczy.

(*Śmieje się*). Wszystko zapisujesz? No, zapisuj, zapisuj. Jeszcze ci powiem... Nieszczęść mam niejeden wór... (*Zadziera głowę*). Ooo... Przyleciały jaskółki... Będzie ciepło. Prawdę mówiąc, przychodził już raz do mnie jakiś korespondent... Wypytywał o wojnę... A ja ostatnią rzecz wyniosę z podwórza, byleby wojny nie było. Nie ma nic straszniejszego od wojny! Stoimy pod lufami niemieckich karabinów maszynowych, a nasze chałupy już trzeszczą od ognia. Palą się i ogrody. Ojoj! Codziennie z Saszką wspominaliśmy wojnę... Jego ojciec przepadł bez śladu, a brat zginął w partyzantce. Spędzili do Brześcia jeńców – chmara ludzi! Pędzili ich drogami jak konie, trzymali w zagrodach, a ci umierali i poniewierali się jak śmieci. Przez całe lato Saszka chodził z mamą i szukał swojego ojca... Szukali wśród martwych, szukali wśród żywych. Nikt już się nie bał śmierci, stała się czymś zwyczajnym. Przed wojną śpiewaliśmy: „Nasz krok miarowy rozlega się już od tajgi aż do brytyjskich mórz"*. Z dumą to śpiewaliśmy! Wiosną, jak się cieplej zrobiło... lody ruszyły... Cała rzeka za naszą wsią była pełna trupów, nagich, sczerniałych. Tylko pasy wojskowe się świeciły. Pasy z czerwonymi gwiazdkami. Nie ma morza bez wody, a wojny bez krwi. Bóg daje życie, a w czasie wojny każdy je może zabrać... (*Płacze*). Chodzę i chodzę po podwórzu. Drepczę. Ciągle mi się wydaje, że Saszka stoi za moimi plecami. I zaraz usłyszę jego głos. Oglądam się, a tu nikogo nie

* *Biełaja armija, czіornyj baron...* (mel. Samuił Pokrass, sł. Paweł Grigoriew) – pieśń z czasów wojny domowej. Jeśli nie podano nazwiska autora przekładu – przekład własny tłumacza.

ma. W ogóle... W ogóle... Coś ty, Saszka, narobił? Taką mękę wybrałeś! No, może tylko jedno: płonął na ziemi, to po śmierci już nie będzie. Już się dość namęczył. Gdzieś przecież zostają te wszystkie nasze łzy... Jak go tam powitają? Kaleki pełzają po ziemi, są i niemowy, i sparaliżowani. Nie nasze to wyroki... Nie nasza wola... (*Żegna się*).

Nigdy nie zapomnę wojny... Niemcy weszli do wsi... Młodzi, weseli. I taki huk był! Wjechali na wielgachnych ciężarówkach, a motocykle mieli na trzech kołach. A ja przedtem motocykla nie widziałam na oczy. W kołchozie były ciężarówki półtoratonowe, takie niskie, z drewnianymi burtami. A te – wielkie jak dom! Zobaczyłam ich konie, to nie koń, ale góra. Na szkole namalowali napis: „Armia Czerwona was zostawiła!". Zaczęły się niemieckie porządki... Mieszkało u nas wielu Żydów: Awram, Jankiel, Morduch... Zabrali ich i zawieźli do miasteczka. Mieli ze sobą poduszki, koce, ale wszystkich ich od razu zabili. Zwieźli z całego rejonu i w jeden dzień rozstrzelali. Wrzucili do dołu... Tysiące... tysiące... Ludzie opowiadali potem, że przez trzy doby krew na wierzch spod ziemi wypływała... Ziemia oddychała... była żywa... W tym miejscu jest teraz park. Miejsce wypoczynku. Nikt nie woła zza grobu. Nikt nie krzyknie... Taaak... Tak myślę. (*Płacze*).

Nie wiem, jak to się stało. Czy sami się przybłąkali, czy to ona znalazła ich w lesie? Nasza sąsiadka chowała w szopie dwóch chłopaczków żydowskich, bardzo ładnych. Jak aniołki! Wszystkich rozstrzelali, a ci uciekli. Schowali się... Jeden miał osiem, drugi dziesięć lat. A nasza mama nosiła im mleko... „Dzieci, ćsiii... – prosiła nas. – Nikomu ani słóweczka". A w tamtej rodzinie był stareńki dziadek, który pamiętał jeszcze poprzednią wojnę z Niemcami... Pierwszą... Ten dawał im jeść i płakał: „Oj, dziecinki, złapią was i będą męczyć. Gdybym mógł, tobym wolał sam was zabić". Takie słowa... A diabeł wszystko słyszy... (*Żegna się*). Przyjechali trzej Niemcy na czarnym motocyklu z wielkim czarnym psem. Ktoś doniósł... Zawsze znajdą się tacy ludzie, którzy mają czarną duszę. Żyją, jakby duszy nie mieli, bo serce mają tylko medyczne, a nie ludzkie. Nikogo im nie żal.

Chłopcy pobiegli w pole... w żyto... Niemcy puścili na nich psy... Ludzie zbierali ich potem po kawałku... po szmatce... Nie było czego grzebać i nikt nie wiedział, jak mieli na nazwisko. Sąsiadkę Niemcy przywiązali do motocykla, a ona biegła, póki jej serce nie pękło... (*Już nawet nie wyciera łez*). We wojnę to człowiek bał się człowieka. I swojego, i obcego. Powiesz coś w dzień, to ptak cię usłyszy, a jak w nocy – to mysz. Mama uczyła nas się modlić. Bez Boga to nawet robak człowieka połknie.

Na dziewiątego maja... w nasze święto... Wypijaliśmy z Saszką po szklaneczce... i płakali... Łzy ciężko przełykać... I w ogóle... w ogóle... On, jak miał dziesięć lat, to w rodzinie był i za ojca, i za brata. A ja, kiedy się skończyła wojna, miałam szesnaście lat. Poszłam pracować do cementowni. Trzeba było pomóc mamie. Dźwigałyśmy worki z cementem po pięćdziesiąt kilo, na ciężarówki ładowałyśmy piach, tłuczeń, osprzęt. A ja chciałam się uczyć... Bronowałyśmy i orały krową... Krowa ryczała przy takiej pracy... A cośmy jadły? Tłukłyśmy żołędzie, zbierały szyszki w lesie. Mimo to marzyłam... Przez całą wojnę marzyłam, że skończę szkołę i zostanę nauczycielką. Ostatni dzień wojny... Było cieplutko... Poszłyśmy z mamą w pole... Przygalopował na koniu milicjant: „Zwycięstwo! Niemcy podpisali kapitulację!". Pędził po polach i do wszystkich wołał: „Zwycięstwo! Zwycięstwo!". Ludzie biegli do wsi. Krzyczeli, płakali, klęli. Ale głównie płakali. Następnego dnia zaczęliśmy się zastanawiać, jak dalej żyć. W chałupach pusto, w szopach hula wiatr. Kubki zrobione z puszek po konserwach... Bo po niemieckich żołnierzach zostały puszki... Świece z łusek po nabojach. O soli w czasie wojny zapomnieliśmy, każdy był słaby – jak chodził, to nogi się pod nim uginały. Kiedy Niemcy się wycofywali, to zabrali nam świniaka, wyłapali ostatnie kury. A przedtem partyzanci nocą zabrali krowę... Krowy mama nie chciała oddać, to jeden z nich strzelił w górę. W dach. Włożyli do worka i maszynę do szycia, i sukienki mamy. Partyzanci to byli czy bandyci? Mieli broń... I w ogóle... w ogóle... Człowiek zawsze chce żyć, we wojnę też. We wojnę dowiesz się niejednego... Nie ma bestii gorszej niż człowiek. To człowiek człowieka zabija, a nie kula. Człowiek człowieka... Kochana ty moja!

Mama wezwała wróżkę... Ta jej wywróżyła, że wszystko będzie dobrze. Nie miałyśmy jak zapłacić jej za tę wróżbę. W końcu mama znalazła dwa buraki w piwnicy i się ucieszyła. Wróżka też. Pojechałam zdawać, tak jak marzyłam, do szkoły pedagogicznej. Trzeba było wypełnić ankietę... Napisałam wszystko i doszłam do pytania, czy ja albo ktoś z moich krewnych żył pod okupacją. Odpowiedziałam oczywiście, że tak, żyliśmy. Dyrektor szkoły wezwał mnie do gabinetu i mówi: „Dziewczyno, zabierz z powrotem dokumenty". To był frontowiec, nie miał jednej ręki. Z pustym rękawem. Tak się dowiedziałam, że my... że wszyscy, którzyśmy żyli pod okupacją, jesteśmy... niepewny element. Podejrzany. Już nikt do nas nie mówił: „Bracia i siostry"... Dopiero po czterdziestu latach znieśli te ankiety. Czterdzieści lat! Zanim je znieśli, moje życie się skończyło. „A kto nas pod Niemcami zostawił?" Dyrektor zamknął drzwi, żeby nikt nie słyszał. „Ciszej, dziecko, ciszej... Cicho... cicho..." Jak tu uniknąć losu? To jakby sierpem krajać wodę... A Saszka chciał iść do szkoły wojskowej... Napisał w ankiecie, że ich rodzina żyła pod okupacją, a ojciec zaginął bez wieści. Od razu go odsunęli... (*Milknie*). Nie szkodzi, że ja pani i o sobie mówię, że opisuję swoje życie? Myśmy wszyscy żyli jednakowo. Żeby mnie tylko nie przymknęli za tę rozmowę. Jest jeszcze władza radziecka, czy już całkiem się skończyła?

Przez nieszczęścia zapomniałam o tym, co dobre... Jak byliśmy młodzi i jakeśmy kochali. Jak bawiłam się na weselu Saszki... Kochał tę Lizkę, długo się do niej zalecał. Usychał z tęsknoty! Przywiózł z Mińska biały welon na wesele. Na rękach wnosił pannę młodą do baraku... To nasz stary obyczaj... Pan młody wnosi pannę młodą na rękach jak dziecko, żeby „domowy" duszek tego nie widział. Nie wyśledził. Domowy nie lubi obcych, przepędza ich. Bo on w domu jest gospodarzem, trzeba mu się przypodobać. Aaa... (*Macha ręką*). Teraz ludzie już w nic nie wierzą. Ani w domowego duszka, ani w komunizm. Żyją bez nijakiej wiary! No może jeszcze w miłość, w tę to wierzą... „Gorzko! Gorzko!" – krzyczeliśmy przy stole u Saszki. A jak się wtedy piło? Jedna butelka na cały stół, na dziesięć osób... Teraz na każdego stawiaj, człowieku, jedną butelkę. Teraz trzeba krowę sprzedać, żeby synowi albo córce sprawić wesele. A on kochał tę Lizkę... Ale sercem nikogo nie zwabisz, za uszy nie przyciągniesz. I w ogóle... w ogóle... Ganiała się jak kotka. Jak dzieci podrosły, to na dobre od niego odeszła. Nawet się nie obejrzała. Ja mu radziłam: „Saszka, znajdź sobie porządną kobitę. Zapijesz się". „Naleję sobie szklaneczkę. Obejrzę jazdę figurową i pójdę spać". Jak kto sam śpi, to i kołdra go nie grzeje. Samotnemu i w raju smutno. Pił, ale się nie upijał. Nie... nie pił jak inni. O! Tutaj u nas jeden sąsiad... ten to pił nawet wodę kolońską „Goździk", i lotion, i denaturat, i płyn do szyb... I co? I żyje! Teraz butelka wódki kosztuje tyle co dawniej palto. A zakąska? Pół kilo kiełbasy to połowa mojej emerytury. Pijcie wolność! Jedzcie wolność! Taki kraj oddali! Mocarstwo! Bez jednego strzału... Jednego nie rozumiem... czemu nas nikt nie pytał o zdanie? Przecież całe życie budowałam ten wielki kraj. Tak nam mówili. Obiecywali.

Ja i drzewa ścinałam, i dźwigałam podkłady... Jeździliśmy z mężem na Syberię. Na budowę komunistyczną. Pamiętam rzeki: Jenisej, Birusa, Mana... Budowaliśmy kolej Abakan–Tajszet. Wieźli nas tam w wagonach towarowych. Piętrowe pozbijane prycze, ani materaców, ani pościeli, a pod głowę – goła pięść. W podłodze – dziura... Do grubszej potrzeby – wiadro (odgradzaliśmy się prześcieradłem). Jak pociąg stanął w polu, to zbieraliśmy siano. To była nasza pościel! W wagonach nie mieliśmy światła. Ale przez całą drogę śpiewaliśmy pieśni komsomolskie! Zdzieraliśmy gardło. Jechaliśmy siedem dni... W końcu-śmy przyjechali! Głucha tajga, śniegu tyle, że człowieka z głową przykryje. Wkrótce pozapadaliśmy na szkorbut, każdy ząb się chwiał. Wszy nas oblazły. A norma była – ho ho! Mężczyźni, którzy umieli polować, chodzili na niedźwiedzia. Wtedy mieliśmy w kotłach mięso, a poza tym to kasza i kasza. Zapamiętałam, że do niedźwiedzia strzelać można tylko w oko. Mieszkaliśmy w barakach, i nic – ani prysznica, ani łaźni. Latem jeździliśmy do miasta i myli się w fontannie. (*Śmieje się*). Chcesz posłuchać, to ci jeszcze opowiem...

Zapomniałam opowiedzieć, jak wyszłam za mąż... Miałam osiemnaście lat. Wtedy już pracowałam w cegielni. Cementownię zamknęli, to poszłam do cegielni. Najpierw pracowałam przy glinie. W tamtych czasach ludzie sami kopali glinę łopatami... A myśmy rozładowywały ciężarówki i układały glinę na dziedzińcu równą warstwą, żeby „dojrzała". Pół roku później już przetaczałam załadowane wagoniki od prasy do pieca: tam z surowymi cegłami, a z powrotem – z wypalonymi, gorącymi. Cegły same wyjmowałyśmy z pieca... A jaki gorąc był! Przez jedną zmianę można było wyjąć od czterech do sześciu tysięcy cegieł. Do dwudziestu ton. Pracowały same kobiety, nawet dziewczęta... Byli i chłopcy, ale ci to przeważnie jeździli ciężarówkami. Kierowcy. Jeden zaczął się do mnie zalecać... Podchodził, śmiał się... i kładł rękę na barku... Kiedyś zapytał: „Pojedziesz ze mną?". „Pojadę". Nawet nie pytałam, dokąd. Tak zgłosiliśmy się na Syberię. Budować komunizm! (*Milknie*). A teraz... och! I w ogóle... w ogóle... Wszystko na darmo... na darmośmy się męczyli... Ciężko się z tym pogodzić i ciężko z tym żyć. Tyleśmy pracowali! Budowali. I wszystko rękami. Taki był czas – surowy! Pracowałam w cegielni... Raz zaspałam. Po wojnie każde spóźnienie do pracy... Kto się spóźnił o dziesięć minut – do kryminału. Uratował mnie brygadzista. „Powiesz, że cię wysłałem na wyrobisko..." Ale jakby ktoś doniósł, to i jego by przymknęli. Po pięćdziesiątym trzecim roku już nie karali za spóźnienie do pracy. Po śmierci Stalina ludzie zaczęli się uśmiechać, przedtem wszyscy byli ostrożni. Woleli bez uśmiechu.

Aa... co tam teraz wspominać? To jak zbierać gwoździe na pogorzelisku. Wszystko się spaliło! Całe nasze życie... wszystko, co nasze, przepadło... Budowaliśmy... budowali... Saszka jeździł orać na ugorach. Tak budował komunizm! Świetlaną przyszłość. Mówił, że spali zimą w pałatkach, bez śpiworów. Po prostu w ubraniach. Ręce sobie odmroził... Ale i tak był dumny!

„Biegnie droga w nieznane, na ziemie nieorane!"* Miał legitymację partyjną, ukochaną czerwoną książeczkę z Leninem. Deputowany i przodownik, tak jak ja. Życie minęło, przeleciało. Nie ma po nim śladu, próżno szukać... Wczoraj trzy godziny stałam w kolejce po mleko i dla mnie już zabrakło. Do domu przynieśli mi niemiecką paczkę z darami: kasza, czekolada, mydło... Zwycięzcom – od zwyciężonych. Nie chcę niemieckiej paczki. Nieee... nie wzięłam. (*Przeżegnała się*). Niemcy z psami... Na tych psach sierść aż się błyszczała... Szli po lesie, a my – na bagnach... Po szyję w wodzie. Baby, dzieci. I krowy stały razem z ludźmi. Milczą. Krowy milczały jak ludzie. Wszystko rozumiały. Nie chcę niemieckich cukierków ani herbatników! Gdzie są moje? Moja praca! Myśmy tak wierzyli! Wierzyli, że kiedyś będzie nam się dobrze żyło. Poczekaj, pocierp... Całe życie po koszarach, po hotelach robotniczych, po barakach.

No i co na to poradzisz? Tak właśnie będzie... Wszystko można przeżyć, oprócz śmierci. Śmierci... Saszka przetyrał trzydzieści lat w fabryce mebli. Chodził przygarbiony. Rok temu żegnali go, kiedy odchodził na emeryturę. Podarowali mu zegarek. Ale nie został bez pracy. Ludzie ciągle przychodzili z zamówieniami. Taaak... A mimo to nie był szczęśliwy. Smutny chodził, przestał się golić. Trzydzieści lat w jednym zakładzie to jak pół życia! To już był jego dom rodzinny. Nawet trumnę przywieźli mu z fabryki. Taką kosztowną! Cała się lśniła, a w środku z brokatu. Dzisiaj w takich chowają tylko bandytów i generałów. Wszyscy dotykali rękami, bo jeszcze takiej nie widzieli! Kiedy z baraku wynosili trumnę, posypali ziarno na próg. Tak trzeba, żeby żywym łatwiej było zostać. Taki nasz stary obyczaj... Postawili trumnę na podwórzu... Ktoś z krewnych poprosił: „Wybaczcie, dobrzy ludzie". Wszyscy im odpowiedzieli: „Bóg wybaczy". A co tu jest do wybaczania? Żyliśmy w zgodzie, jak w rodzinie. Jak ty nie masz, to ja ci dam, jak mnie zabraknie, to ty przyniesiesz.

* *Jedut nowosioły* (Jadą osadnicy, mel. Jewgienij Rodygin, sł. Nina Sołochina) – piosenka z roku 1962.

Lubiliśmy nasze święta. Budowaliśmy socjalizm, a teraz mówią w radiu, że się skończył. Ale my... myśmy zostali...

Stukają koła pociągu... stukają... Obcy ludzie, czego wy chcecie? No czego? Śmierć nigdy nie jest taka sama... Pierwszego syna urodziłam na Syberii, ale przyszedł dyfteryt – i już go nie było. Mimo to żyję. Wczoraj poszłam do Saszki na grób, posiedziałam z nim. Opowiedziałam, jak Lizka płakała. Jak tłukła głową o trumnę. Miłość nie liczy lat...

Cóż, pomrzemy... i wszystko będzie dobrze...

O szepcie i krzyku... i o zachwycie

Margarita Pogriebicka – lekarz, 57 lat

Moje święto... Siódmy listopada... Wielkie, jasne... Największe przeżycie mojego dzieciństwa to defilada wojskowa na placu Czerwonym...

Tato niesie mnie na barana, a do rączki mam przywiązany czerwony balonik. W niebie nad kolumnami unoszą się potężne portrety Lenina i Stalina... Marksa... girlandy i bukiety z czerwonych, niebieskich, żółtych baloników. Kolor czerwony. Ukochany, najukochańszy. Kolor rewolucji, kolor przelanej w jej imię krwi... Wielka Rewolucja Październikowa! To teraz mówią: przewrót wojskowy... spisek bolszewicki... katastrofa Rosji... Lenin to niemiecki agent, a rewolucję zrobili dezerterzy i pijani marynarze. Zatykam uszy, bo nie chcę tego słuchać! To ponad moje siły... Całe życie przeżyłam z wiarą, że jesteśmy najszczęśliwsi, bo urodziliśmy się w przepięknym, zupełnie wyjątkowym kraju. Nie ma takiego drugiego kraju! W stolicy jest plac Czerwony i tam, na Wieży Spasskiej, biją kuranty, według których cały świat reguluje zegarki. Tak mówił mi tato... i mama, i babcia... „Czerwień się na dzisiaj nada, bo jest siódmy listopada..."* Przedtem długo nie kładliśmy się spać, całą rodziną wycinaliśmy kwiaty z krepy, wycinaliśmy serca z kartonu. Malowali. Rano mama i babcia

* Samuił Marszak *Nojabr'* (Listopad) z cyklu krótkich wierszy dla dzieci *Krugłyj god* (Okrągły rok).

zostawały w domu; szykowały obiad świąteczny. Tego dnia zawsze przychodzili goście. Przynosili w siatce pudełko z tortem i wino... Nie było jeszcze celofanowych toreb... Babcia piekła swoje słynne paszteciki z kapustą i grzybami, a mama robiła sałatkę i obowiązkowo zimne nóżki w galarecie. A ja szłam z tatą!

Na ulicy było wielu ludzi, na płaszczach i marynarkach wszyscy mieli czerwone wstążeczki. Lśnią czerwone płachty, gra wojskowa orkiestra dęta. Na trybunie nasi przywódcy... I pieśń: „Stolica globu, kraju tyś stolica! Kremlowskie gwiazdy świecą nam od lat i granitowe piękno twe zachwyca, napawa dumą, Moskwo, cały świat..."*. Miałam ochotę cały czas wołać „Hurra!". Z megafonu dolatuje: „Niech żyją pracownicy Zakładów imienia Lichaczowa, nagrodzonych dwoma Orderami Lenina i Orderem Czerwonego Sztandaru! Niech żyją, towarzysze, hurra!". „Hurra! Hurra!" „Niech żyje nasz bohaterski Komsomoł... Partia komunistyczna... Nasi dzielni weterani..." „Hurra! Hurra!" To było piękne! Zachwycające! Ludzie płakali, radość nas wypełniała... Orkiestra dęta grała marsze i pieśni rewolucyjne: „Rozkaz wysłał go na zachód, ją – w przeciwną stronę śle. Wyruszali komsomolcy z Białą Gwardią zmagać się..."**. Znam na pamięć słowa wszystkich pieśni, żadnej nie zapomniałam, często je śpiewam. Sama dla siebie. (*Cicho podśpiewuje*). „Nieobjęta dla ludzkiego oka, piękna tak jak żaden w świecie kraj, moja ziemia wolna i szeroka, z tobą żyć, dla ciebie umrzeć daj!"***... Niedawno znalazłam w szafie stare płyty, zdjęłam z antresoli patefon i cały wieczór upłynął na wspomnieniach. Pieśni Dunajewskiego i Lebiediewa-Kumacza. Jakże je lubiliśmy! (*Milknie*). Nagle jestem wysoko. Tato właśnie podniósł mnie w górę... wyżej, jeszcze wyżej... Nadchodzi najważniejsza chwila – zaraz ukażą

* *Moskowskaja kołchoznaja* (Kołchozowa Moskwa, mel. Boris Mokrousow, sł. Gleb Akułow) – pieśń z roku 1938.

** *Proszczalnaja komsomolskaja* (Pożegnalna piosenka komsomolców, mel. Dmitrij i Daniił Pokrass, sł. Michaił Isakowskij) – pieśń z roku 1937.

*** *Pieśń o ojczyźnie* (mel. Isaak Dunajewski, sł. Wasilij Lebiediew-Kumacz, sł. polskie Lucjan Szenwald) – pieśń z filmu *Cyrk* (1936).

się i zadudnią na bruku potężne ciągniki, na nich rakiety w pokrowcach, czołgi i działa. Tato stara się przekrzyczeć ich huk: „Zapamiętaj to na całe życie!". A ja wiedziałam, że zapamiętam! A po drodze do domu wstąpimy do sklepu, gdzie kupi mi moją ulubioną lemoniadę „Buratino". W takim dniu mogłam dostać wszystko: gwizdki, lizaki – koguciki na patyku...

Kochałam także Moskwę w nocy... te światła... Kiedy już miałam osiemnaście lat – osiemnaście lat! – zakochałam się. Kiedy zrozumiałam, że jestem zakochana, pojechałam... w życiu by się pani nie domyśliła, dokąd! Pojechałam na plac Czerwony, pierwsze, czego zapragnęłam, to być w takiej chwili na placu Czerwonym. Mur kremlowski, czarne choinki w śniegu i park Aleksandrowski, cały w zaspach. Patrzyłam na to wszystko i wiedziałam, że będę szczęśliwa. Na pewno będę!

A niedawno byliśmy z mężem w Moskwie. I po raz pierwszy... Pierwszy raz nie poszliśmy z mężem na plac Czerwony. Nie pokłoniliśmy się. Pierwszy raz... (*Ma łzy w oczach*). Mój mąż jest Ormianinem, pobraliśmy się na studiach. On miał koc, ja składane łóżko – i z takim majątkiem zamieszkaliśmy razem. Po ukończeniu medycyny w Moskwie dostaliśmy przydział do Mińska. Wszystkie moje koleżanki się rozjechały: jedna do Mołdawii, druga na Ukrainę, trzecia do Irkucka. Te, które jechały do Irkucka, nazywałyśmy „dekabrystkami". Kraj jest wielki, niech każdy jedzie, dokąd chce! Nie było wtedy żadnych granic, wiz, celników. Mąż chciał wrócić do ojczyzny. Do Armenii. „Pojedziemy nad Sewan, zobaczysz Ararat. Spróbujesz prawdziwego ormiańskiego lawasza*" – obiecywał. Ale zaproponowali nam Mińsk. A my: „Dobra, jedziemy na Białoruś! Jedziemy!". Byliśmy przecież młodzi, człowiek ma wtedy przed sobą sporo czasu i wydaje mu się, że wystarczy go na wszystko. Przyjechaliśmy do Mińska i tu wszystko nam się spodobało. Jedzie się i jedzie – jeziora i lasy, partyzanckie lasy, bagna i puszcze, a wśród tych

* Lawasz – chleb niekwaszony, wypiekany w zagłębionym w ziemi piecu, zwanym *tondir*.

lasów z rzadka widać pola. Tutaj rosły nasze dzieci, ulubionymi ich daniami były draniki, placki kartoflane, i białoruska maczanka*. „Kartofelki gotowane, kartofle smażone..." Na drugim miejscu – ormiański hasz**... Ale co roku całą rodziną jeździliśmy do Moskwy. A jak! Bez tego nie potrafiłabym żyć, musiałam pospacerować po Moskwie. Pooddychać jej powietrzem. Czekałam... Zawsze niecierpliwie czekałam na te pierwsze minuty, kiedy pociąg wjeżdżał na dworzec Białoruski, słychać było marsz, a serce się rwało na dźwięk słów: „Towarzysze, nasz pociąg przybył do stolicy naszego państwa, miasta-bohatera – Moskwy!". „Najmilsze z miast, najdroższe z miast, w kremlowskim wieńcu świecisz z gwiazd. Ojczyzno ma, o Moskwo ma, niezwyciężona siła twa..."*** Wysiadało się z wagonu przy dźwiękach tej pieśni.

I co... Gdzie my jesteśmy? Powitało nas obce, nieznane miasto... Wiatr roznosił po ulicach brudne papiery, strzępy gazet... Pod nogami walały się puszki po piwie. Na dworcu... i w metrze... Wszędzie szare szeregi ludzi, każdy coś sprzedawał: bieliznę damską i prześcieradła, stare buty i zabawki dziecięce; papierosy można było kupować na sztuki. Jak w filmach o wojnie. Tylko tam widziałam coś takiego. Na jakichś podartych papierach, pudłach tekturowych, wprost na ziemi leżały kiełbasa, mięso, ryby. W jednym miejscu przykryte poszarpanym celofanem, a w innym – nie. A moskwianie to kupowali. Targowali się. Skarpety robione na drutach. Serwetki. Tu gwoździe, a obok jedzenie, odzież. Mowa ukraińska, białoruska, mołdawska... „Przyjechaliśmy z Winnicy..." „A my z Brześcia..." Mnóstwo żebraków... Skąd się ich tylu wzięło? Kalecy... Jak na starym radzieckim filmie... Tylko z tym mi się to kojarzyło. Jakbym była w kinie...

Na Starym Arbacie, moim ulubionym, zobaczyłam kramy – z matrioszkami, z samowarami, ikonami, zdjęciami cara i jego

* Maczanka – rodzaj gulaszu wieprzowego, w którym macza się placki kartoflane, bliny lub chleb.

** Hasz – gęsta zupa gotowana na kości wołowej.

*** *Moskwa* (mel. Dmitrij i Daniił Pokrass, sł. Wasilij Lebiediew-Kumacz, sł. pol. Leopold Lewin) – pieśń z roku 1937.

rodziny. Portrety białogwardyjskich generałów – Kołczaka, Denikina, i popiersie Lenina… Najróżniejsze matrioszki – „gorbimatrioszki" i „jelcynomatrioszki". Nie poznawałam swojej Moskwy. Cóż to za miasto? Na ustawionych na asfalcie cegłach siedział jakiś staruszek i grał na akordeonie. Miał ordery. Śpiewał pieśni z czasów wojny, a przed nim leżała czapka z monetami. Nasze ukochane piosenki… „Huczy piecyk i sypią się skry, kropla smoły opada jak łza… Przed oczami znów zjawiasz się ty, gdy w ziemiance harmonia mi gra"*. Zapragnęłam podejść do niego, ale już go otoczyli cudzoziemcy… zaczęli się fotografować. Coś krzyczeli do niego po włosku, po francusku i po niemiecku. Klepali po plecach. „Dawaj, dawaj!" Było im wesoło, byli zadowoleni. No a jakże! Tak się nas bali… a teraz… Proszę – kupa chłamu… Trach i nie ma imperium! Obok matrioszek i samowarów kupa czerwonych flag i proporców, legitymacje partyjne i komsomolskie. I radzieckie ordery bojowe! Ordery Lenina i Czerwonego Sztandaru. Medale! „Za Odwagę" i „Za Zasługi Bojowe". Dotykam ich… głaszczę… i… Nie wierzę! „Za Obronę Sewastopola" i „Za Obronę Kaukazu". Wszystko prawdziwe. Drogocenne. Radzieckie mundury i płaszcze wojskowe… Czapki z gwiazdkami… A ceny – w dolarach… „Ile?" – zapytał mąż i pokazał medal „Za Odwagę". „Po dwadzieścia dolarów. A zresztą… oddam i za patyka – tysiąc rubli". „A Order Lenina?" „Sto dolców". „A sumienie?!" Mąż gotów był zrobić awanturę. „Coś ty, nierówno masz pod sufitem? Skąd się urwałeś? To wszystko z epoki totalitaryzmu". Tak właśnie powiedział… To już, mówi, są tylko blaszki, ale cudzoziemcom się podobają, taka moda na radziecką symbolikę. Chodliwy towar. Zaczęłam krzyczeć… Zawołałam milicjanta… Krzyczałam: „Niech pan patrzy! Niech pan tylko patrzy… Aaa…". Milicjant potwierdził: „To rzeczywiście przedmioty z epoki totalitaryzmu… Ale ścigamy tylko za narkotyki i pornografię…". A legitymacja partyjna za dziesięć dolarów

* *W ziemiance* (mel. Konstantin Listow, sł. Aleksiej Surkow, sł. pol. Leon Pasternak) – popularna piosenka z czasów II wojny światowej.

to nie pornografia? Order Chwały... Albo czerwona flaga z portretem Lenina – za dolary? Miałam wrażenie, że stoimy wśród jakichś dekoracji. I że nas ktoś nabiera. Że przyjechaliśmy w jakieś niewłaściwe miejsce. Stałam i płakałam. Obok stali Włosi, przymierzali wojskowe szynele i czapki z czerwonymi gwiazdkami. „Karaszo! Karaszo!" *À la russe...*

Pierwszy raz do mauzoleum poszłam z mamą. Pamiętam, że padał deszcz – zimny, jesienny. Przestałyśmy w kolejce sześć godzin. Stopnie... półmrok... wieńce... Szept: „Przechodzić. Nie zatrzymywać się". Miałam oczy tak załzawione, że nic nie zobaczyłam. Ale Lenin... miałam wrażenie, że się świeci... Przekonywałam mamę, że nigdy nie umrę. „Dlaczego tak myślisz? – pytała mama. – Wszyscy umierają. Nawet Lenin..." Nawet Lenin... Nie wiem, jak mam o tym wszystkim opowiedzieć... A powinnam... chciałabym. Chciałabym rozmawiać... rozmawiać, ale nie wiem z kim. O czym? O tym, jak niesamowicie byliśmy szczęśliwi! Teraz jestem absolutnie przekonana, że tak było. Rośliśmy biedni i naiwni, ale nie mieliśmy o tym pojęcia, więc nikomu nie zazdrościliśmy. Do szkoły chodziliśmy z tanimi piórnikami i piórami za czterdzieści kopiejek. Latem chodziło się w tenisówkach, czyściło je proszkiem do zębów i wyglądały ładnie! Zimą w gumowych śniegowcach, mróz czuć było w nich przez podeszwy. Byliśmy jednak pełni radości! Wierzyliśmy, że jutro będzie lepiej niż dzisiaj, a pojutrze lepiej niż jutro. Mieliśmy przyszłość. I przeszłość. Wszystko mieliśmy!

Kochaliśmy, bezgranicznie kochaliśmy naszą Ojczyznę – najukochańszą! Pierwszy radziecki samochód – hurra! Radziecki robotnik analfabeta zgłębił tajemnicę stali nierdzewnej – zwycięstwo! O tym, że owa tajemnica od dawna była znana całemu światu, dowiedzieliśmy się później. Pierwsi przelecimy przez biegun i nauczymy się kierować zorzą polarną... Odwrócimy bieg gigantycznych rzek... Nawodnimy wieczne pustynie... Wiara! Wiara! Wiara! Coś większego niż rozum. Zamiast budzika budziły mnie dźwięki hymnu: „Niezłomny jest związek republik swobodnych, Ruś wielka na setki złączyła je lat...". W szkole dużo śpiewaliśmy... Pamiętam nasze pieśni... (*Śpiewa*). „Ojcowie o wolność uparcie walczyli, ku nowym, szczęśliwym szli dniom, a Lenin i Stalin marzenia spełnili, ojczysty budując nam dom"*. W domu wspominaliśmy... Gdy następnego ranka po przyjęciu do pionierów zagrali hymn, zerwałam się i stałam na łóżku, dopóki hymn się nie skończył. Przysięga pionierska: „Ja taka a taka, wstępując w szeregi... w obliczu swoich kolegów... uroczyście ślubuję kochać gorąco swoją ojczyznę...". W domu było święto, pachniało pasztecikami upieczonymi na moją cześć. Z czerwoną chustą się nie rozstawałam, prałam i prasowałam ją co rano, żeby nie było ani jednej fałdki. I nawet na uczelni wiązałam szalik na pionierski węzeł. Moja legitymacja komsomolska leży u mnie do dziś... Dodałam sobie rok, żeby prędzej wstąpić do Komsomołu. Kochałam ulicę, tam zawsze grało radio... Radio było naszym życiem, było dla nas wszystkim. Otwierało się okno i słuchało muzyki, takiej, że chciało się wstać i maszerować po mieszkaniu. Jak w kolumnie marszowej... Może i to było więzienie, ale ja w tym więzieniu czułam się lepiej. Tak byliśmy przyzwyczajeni... Do tej pory w kolejce stoimy blisko, jeden tuż za drugim, żeby być razem. Zauważyła pani? (*I znowu cicho śpiewa*). „Stalin – moc naszego to oręża, Stalin to młodości naszej zew! Za nim naród kroczy i zwycięża, jemu niesie swój radosny śpiew..."**

Właśnie – tak! Tak! Tak! Największe marzenie to umrzeć! Złożyć życie w ofierze. Przysięga komsomolska: „Gotowa jestem oddać życie, jeśli przyniosę pożytek swemu narodowi". I nie były to tylko słowa, nas tak naprawdę wychowywano. Jeśli ulicą maszerowała kolumna żołnierzy, to wszyscy się zatrzymywali... Po Zwycięstwie każdy żołnierz traktowany był jak ktoś wyjątkowy... W podaniu o przyjęcie do partii napisałam: „Zapoznałam się z Programem oraz Statutem i uznaję je za swoje. Gotowa jestem oddać wszystkie siły swojej Ojczyźnie, a jeśli będzie trzeba, to

* *Piesnia junych pionierow* (mel. Anatolij Lepin, sł. Siergiej Michałkow) – pieśń z roku 1946.

** *Piesnia o Stalinie* (mel. Matwiej Błanter, sł. Aleksiej Surkow) – pieśń z roku 1938.

nawet życie". (*Patrzy na mnie uważnie*). A co pani o mnie myśli? Idiotka, tak? Infantylna... Niektóre moje znajome... otwarcie się wyśmiewają. Mówią: emocjonalny socjalizm, papierowe ideały... Tak wyglądam w ich oczach. Tępota. Debilizm! Pani jest inżynierem ludzkich dusz. Chce mnie pani pocieszyć? U nas pisarz to więcej niż pisarz. To nauczyciel. Spowiednik. Tak było dawniej, teraz jest inaczej. W cerkwi podczas nabożeństwa stoi wielu ludzi. Głęboko wierzących jest niewielu, większość to cierpiący. Jak chociażby ja... dotknęła mnie trauma... Nie wierzę w zgodzie z doktryną, ale w zgodzie z sercem. Nie znam modlitw, ale się modlę... Nasz ksiądz to były oficer, ciągle czyta kazania o wojsku, o bombie atomowej. O wrogach Rosji i masońskich spiskach. A ja bym chciała innych słów, całkiem innych... Nie takich. Niestety wokół siebie słyszę tylko te... Jest mnóstwo nienawiści... Nie ma miejsca, gdzie by dusza mogła się schronić. Włączam telewizję, a tam to samo... Same przekleństwa... Wszyscy odżegnują się od tego, co było. Przeklinają. Mój ukochany reżyser Mark Zacharow, którego mniej już teraz lubię i któremu już nie wierzę tak jak kiedyś, spalił – pokazywali w telewizji – swoją legitymację partyjną... Na oczach ludzi. To przecież nie teatr! To życie! Moje życie. Czy tak z nim można? Z moim życiem... Nie chcę tych *shows*... (*Płacze*).

Nie nadążam... Jestem z tych, którzy nie nadążają... Z pociągu, który jechał do socjalizmu, wszyscy szybko przesiadają się do tego, który pędzi w stronę kapitalizmu. Ja się spóźniam... Śmieją się z „sowka", że bydło, że frajer. Ze mnie się śmieją... „Czerwoni" teraz to już tylko bestie, a „biali" – rycerze. Moje serce i umysł się czemuś takiemu sprzeciwiają, ja to odrzucam wręcz fizjologicznie. Nie dopuszczam do siebie. Nie potrafię, nie jestem zdolna... Gorbaczowa przyjęłam życzliwie, chociaż krytykowałam... Gorbaczow był... Teraz to już jasne, że tak jak my wszyscy, był marzycielem. Budował zamki na lodzie. Tak można powiedzieć. Ale na Jelcyna nie byłam przygotowana... Na reformy Gajdara. Jednego dnia przepadły pieniądze. Pieniądze... i całe nasze życie... Wszystko w jednej chwili straciło wartość.

Zamiast o świetlanej przyszłości zaczęto mówić: bogaćcie się, kochajcie pieniądze... Pokłońcie się temu cielcowi! Naród nie był na to przygotowany. Nikt o kapitalizmie nie marzył – przynajmniej o sobie mogę powiedzieć bez wahania, że nie marzyłam... Podobał mi się socjalizm. To były czasy Breżniewa... wegetariańskie... Poprzednie, ludożercze już się skończyły. Śpiewałam piosenki Pachmutowej: „Pod skrzydłem samolotu śpiewa zielone morze tajgi..."*. Chciałam serdecznie się przyjaźnić i budować „błękitne miasta". Marzyć! „I wiem – tu miasto będzie stać... powstanie miasto-ogród..."** Kochałam Majakowskiego. Wiersze patriotyczne, pieśni. Wtedy to było takie ważne. Tak wiele dla nas znaczyło. Nikt mnie nie przekona, że życie dane jest tylko po to, żeby dobrze zjeść i się wyspać. Ani że bohaterem jest ten, kto kupił coś w jednym mieście i sprzedał w innym o trzy kopiejki drożej. Teraz to nam się wciska... Wychodzi na to, że ci, którzy oddali życie za innych, za wielkie ideały, byli głupi, tak? Nie! Nie! Stałam wczoraj do kasy w sklepie... Starsza kobieta przede mną liczyła pieniądze i koniec końców kupiła sto gramów najtańszej kiełbasy, tak zwanej psiej... i dwa jajka. A ja ją znam. Całe życie pracowała jako nauczycielka...

Nie może mnie cieszyć takie nowe życie! Nie będzie mi w nim dobrze, nigdy nie będzie mi dobrze samej. W pojedynkę. A życie ściąga, ściąga mnie na tę glinę. Na ziemię. Moje dzieci będą już żyły według tych praw. Nie jestem im potrzebna, jestem dla nich śmieszna. Całe moje życie... Przeglądałam niedawno papiery i natknęłam się na swój młodzieńczy dziennik: pierwsza miłość, pierwszy pocałunek i całe stronice o tym, jak kocham Stalina i jestem gotowa umrzeć, żeby go zobaczyć. Notatki wariatki... Chciałam je wyrzucić i nie mogłam. Ze strachu schowałam. Byle tylko nikomu nie wpadły w ręce. Będą kpić, śmiać się. Nikomu

* *Gławnoje, riebiata, sierdcem nie stariet'* (Najważniejsze, chłopcy, by się serce nie starzało, mel. Aleksandra Pachmutowa, sł. Siergiej Griebiennikow i Nikołaj Dobronrawow) – piosenka z 1962 roku.

** Władimir Majakowski, *Opowiadanie o Kuznieckstroju i o ludziach Kuzniecka* w przekładzie Artura Sandauera.

nie pokazałam... (*Milknie*). Pamiętam wiele rzeczy, których nie da się wyjaśnić zdrowym rozsądkiem. Rzadki przypadek, tak! Każdy psychoterapeuta by się ucieszył... Prawda!? Miała pani szczęście, że na mnie natrafiła... (*Płacze, a równocześnie się śmieje*).

Niech pani zapyta... Powinna pani zapytać, jak to się dało połączyć: nasze szczęście i to, że po kogoś przychodzili w nocy, kogoś zabierali? Ktoś znikał, ktoś szlochał za drzwiami. Ja tego jakoś nie pamiętam. Nie pamiętam! Pamiętam za to, że wiosną kwitły bzy, pamiętam tłumy spacerujących ludzi, drewniane chodniki, które ogrzało słońce. Zapach słońca. Olśniewające parady gimnastyków, splecione z żywych ciał i kwiatów nazwiska na placu Czerwonym: Lenin – Stalin. Mamie też zadawałam to pytanie...

Co pamiętamy na temat Berii? Łubianki? Mama nic nie mówiła... Kiedyś raz wspomniała, jak latem razem z tatą wracali po urlopie z Krymu. Jechali przez Ukrainę. To były lata trzydzieste, kolektywizacja... Na Ukrainie panował wielki głód, po ukraińsku *hołodomor*. Miliony ludzi umarły... umierali całymi wsiami... Nie było komu ich grzebać... Ukraińców zabijali za to, że nie chcieli iść do kołchozów. Zabijali ich głodem. Teraz o tym wiem... Kiedyś mieli Sicz Zaporoską i lud pamiętał wolność... Tam ziemia jest taka, że jak się kołek wetknie, to drzewo wyrośnie. A oni umierali, zdychali jak bydło. Wszystko im zabrali, wywieźli do ostatniego ziarnka. Otoczyli wojskiem jak w obozie koncentracyjnym. Teraz już wiem... Przyjaźnię się w pracy z Ukrainką, a ona słyszała od swojej babci... Jak w ich wsi matka sama zarąbała siekierą jedno dziecko, żeby je ugotować i nakarmić pozostałe. Własne dziecko... To wszystko działo się naprawdę... Ludzie bali się wypuszczać dzieci poza płot. Bo tam je łapali jak koty czy psy. Wykopywali robaki w ogródkach i jedli. Kto mógł, czołgał się do miasta, do pociągów. Czekali, żeby ktoś rzucił im skórkę chleba... Żołnierze kopali ich, bili kolbami... Pociągi pędziły obok nich, z pełną szybkością. Konduktorzy zasłaniali szczelnie okna i nikt nikogo o nic nie pytał. Przyjeżdżali do Moskwy. Przywozili wino, owoce, pysznili się opalenizną i wspominali morze. (*Milknie*). Kochałam Stalina... Długo go kochałam. Nawet wtedy, kiedy zaczęto o nim pisać, że był mały, rudy, i miał uschniętą rękę. Że zastrzelił żonę. Zdetronizowali go. Wyrzucili z mauzoleum. A ja go i tak kochałam.

Długo jeszcze byłam taką małą stalinistką. Bardzo długo. Bardzo... Tak, tak było! Ja... my... i bez tamtego życia zostanę z pustymi rękami. Bez niczego... Będę nędzarką! Byłam dumna z naszego sąsiada, wujka Wani, że to bohater! Na wojnie stracił obie nogi. Jeździł po podwórzu na drewnianym wózku własnej roboty. Mówił na mnie „moja Margaritka", łatał wszystkim walonki i buty. Jak się upił, to śpiewał: „Drodzy bracia i siostry kochane... dzielniem walczył w wojenny ten czas..."*. Kilka dni po śmierci Stalina przychodzę do niego, a on: „No co, Margaritka, zdechł w końcu ten...". Tak mówił o moim Stalinie! Wyszarpnęłam mu z rąk walonki. „Jak pan śmie!? I to bohater? Z orderem?" Dwa dni się zastanawiałam – jestem pionierką, a to znaczy, że powinnam pójść do NKWD i opowiedzieć o wujku Wani. Złożyć donos. I to zupełnie poważnie... Tak! Jak Pawlik Morozow... Byłam w stanie donieść na własnego ojca... na matkę... Mogłam... Tak! Byłam gotowa! Wracam ze szkoły, a wujek Wania leży w bramie pijany. Przewrócił się ze swoim wózkiem i nie może wstać. Zrobiło mi się go żal.

I to ja... Ja siedziałam, przyciskając ucho do odbiornika, i słuchałam, jak co godzinę nadawano komunikat o stanie zdrowia towarzysza Stalina. I płakałam. Z całego serca. Tak było! Naprawdę. To były stalinowskie czasy, a my byliśmy stalinowskimi ludźmi... Moja mama pochodziła ze szlachty. Na kilka miesięcy przed rewolucją wyszła za mąż za oficera, który później walczył po stronie białych. W Odessie się rozstali – emigrował razem z resztkami rozbitych oddziałów Denikina, a ona nie chciała zostawić sparaliżowanej matki. Zabrało ją Czeka jako żonę białogwardzisty. Śledczy, który prowadził sprawę, zakochał się

* Typowa piosenka, śpiewana przez żebraków; autorstwo anonimowe.

w mamie. Jakoś ją ocalił... Ale zmusił, żeby za niego wyszła. Po służbie wracał do domu pijany i tłukł ją rewolwerem po głowie. Potem gdzieś zniknął. No i właśnie ta moja mama, uwielbiająca muzykę, znająca kilka języków, nieprzytomnie kochała Stalina. Groziła tacie, jeśli był z czegoś niezadowolony: „Pójdę do komitetu i powiem, jaki z ciebie komunista". A tato... Tato brał udział w rewolucji... W 1937 roku był represjonowany... Ale prędko go wypuścili, bo wstawił się za nim jakiś ważny bolszewik, który go znał osobiście. Dał poręczenie. Ale do partii go z powrotem nie przyjęto. To był cios, którego nie mógł przeżyć. W więzieniu wybili mu zęby, rozbili głowę. Mimo to się nie zmienił, pozostał komunistą. Proszę mi to wytłumaczyć... Myśli pani, że to byli głupcy? Naiwniacy? Nie, to byli mądrzy i wykształceni ludzie. Mama czytywała Szekspira i Goethego w oryginale, a tato skończył Akademię Rolniczą imienia Timiriaziewa. A Błok... Majakowski... Inessa Armand? Moje bożyszcza... Moje ideały... Z nimi wyrosłam... (*Zamyśla się*).

Kiedyś uczyłam się latać w aeroklubie. Jak sobie przypomnę, na czym lataliśmy, to się dziwię, że przeżyłam! Nie szybowce, ale jakieś machiny własnego wyrobu – drewniane, poszyte gazą. Ster – rączka i pedał. Ale za to kiedy człowiek leci, to widzi ptaki, ogląda ziemię z góry tak jak one. Czuje, że ma skrzydła! Niebo człowieka zmienia, wysokość go zmienia... Rozumie pani, co chcę powiedzieć? Mówię o tamtym naszym życiu... Nie szkoda mi siebie, ale tego wszystkiego, cośmy kochali...

Wszystko uczciwie opowiedziałam... i nie wiem nawet... Jakoś teraz wstydzę się to komuś opowiadać...

Gagarin poleciał w kosmos... Ludzie wyszli na ulice, śmiali się, ściskali, płakali. Obcy sobie ludzie. Robotnicy w kombinezonach, prosto z fabryk, medycy w białych czepkach, podrzucali je w górę: „Jesteśmy pierwsi! Nasz człowiek w kosmosie!". Tego nie można zapomnieć! Byliśmy oczarowani, zachłysnęliśmy się tym sukcesem. Do dzisiaj nie umiem spokojnie słuchać piosenki: „Nie przyśni się nam hałas kosmodromu, i nie ta straszna lodowata czerń, nam śni się trawa, trawa koło domu, zielona trawa w jasny, piękny dzień..."*. Rewolucja kubańska... Młody Castro... Wołałam: „Mamo! Tato! Zwyciężyli! *Viva Cuba*!". (*Śpiewa*). „Kubo, ojczyzno ma, wyspo czerwonej jutrzenki! Pieśń w nieobjęte przestworza gna, Kubo, ojczyzno ma!"** Do naszej szkoły przychodzili weterani z Hiszpanii... Razem śpiewaliśmy *Grenadę*: „Jam chatę porzucił i walczyć szedł po tom, że ziemię w Grenadzie ja oddać chcę chłopom..."***. Nad moim biurkiem wisiało zdjęcie Dolores Ibárruri. Tak... marzyliśmy o Grenadzie... potem o Kubie... Kilkadziesiąt lat później inni chłopcy dokładnie tak bajdurzyli o Afganistanie. Łatwo nas było oszukać. Ale i tak... Wszystko jedno! Nie zapomnę tego! Nie zapomnę, jak cała dziesiąta klasa wyjeżdżała na niezagospodarowane ziemie. Szli w kolumnie marszowej, z plecakami, z powiewającym sztandarem. Niektórzy na plecach nieśli gitary. „To są bohaterowie!" – myślałam. Wielu z nich potem wróciło chorych – nie pojechali na żadne ugory, ale budowali gdzieś kolej w tajdze, dźwigali ciężkie szyny po pas w lodowatej wodzie. Brakowało sprzętu... Jedli zgniłe kartofle, wszyscy zapadli na szkorbut. Ale ci chłopcy naprawdę tacy byli. I naprawdę istniała dziewczyna, która patrzyła na nich z zachwytem. To byłam ja! Moja pamięć... Nie oddam jej nikomu: ani komunistom, ani demokratom, ani brokerom. Należy do mnie! Tylko do mnie! Mogę się obyć bez wszystkiego – nie potrzebuję dużo pieniędzy, drogiej żywności, modnego ubrania... ani eleganckiego wozu... Myśmy swoim „żyguli" objechali cały Związek – widziałam Karelię... jezioro Sewan... i Pamir. To wszystko była moja ojczyzna. Moja Ojczyzna – ZSRR. Mogę się obyć bez wielu rzeczy. Nie mogę tylko bez tego, co było. (*Długo milczy. Tak długo, że muszę ją wyrwać z tego milczenia*).

* *Trawa u doma* (Trawa koło domu, mel. Władimir Migula, sł. Anatolij Popieriecznyj) – piosenka z 1982 roku, obecnie – oficjalny hymn kosmonautyki rosyjskiej.

** *Kuba – lubow' moja* (Kuba, moja miłość, mel. Aleksandra Pachmutowa, sł. Siergiej Griebiennikow i Nikołaj Dobronrawow) – piosenka z 1962 roku.

*** Michaił Swietłow, *Grenada* w przekładzie Juliana Tuwima. Do tego niezwykle popularnego wiersza napisało muzykę wielu kompozytorów.

Niech się pani nie obawia... Ze mną jest wszystko w porządku... Teraz już w porządku... Siedzę teraz w domu... Głaszczę kotka, robię na drutach. Taka prosta czynność, jak robienie na drutach, najlepiej pomaga... Co mnie utrzymało? Nie chciałam skończyć ze sobą... nie... Jako lekarz wszystko sobie wyobraziłam... szczegółowo... Śmierć to okropność, nigdy nie jest piękna. Widywałam wisielców... W ostatnich chwilach doznają orgazmu, albo moczą się, brudzą kałem. Gaz czyni człowieka sinym... fioletowym... Sama myśl o tym jest dla kobiety okropna. Nie mogłam mieć żadnych złudzeń co do pięknej śmierci. Ale... coś jednak człowieka opuściło, podbechtało, kazało się szarpnąć. Taki rozpaczliwy zryw... Jest oddech i rytm... i jest szarpnięcie... Potem trudno się powstrzymać. Pociągnąć za hamulec! Stop! Ale jakoś się powstrzymałam. Zostawiłam sznur od bielizny. Wybiegłam na ulicę. Zmokłam na deszczu, jakaż to radość po tym wszystkim zmoknąć na deszczu! Jaka przyjemność! (*Milknie*). Długo nie rozmawiałam... Osiem miesięcy leżałam z depresją. Oduczyłam się chodzenia. W końcu jednak wstałam. Znowu nauczyłam się chodzić. Jestem... Znowu stąpam po ziemi... Ale było ze mną źle... Przekłuli mnie jak balonik... O czym to chciałam... No, dosyć! Dosyć! (*Siedzi i płacze*). Dosyć...

Tysiąc dziewięćset dziewięćdziesiąty... W naszym mińskim trzypokojowym mieszkaniu mieszkało piętnaście osób i jeszcze niemowlę przy piersi. Najpierw przyjechali z Baku krewni męża – siostra z rodziną i kuzyni. Nie przyjechali w gości, przywieźli ze sobą słowo „wojna". Weszli do domu z krzykiem, ze zgaszonym wzrokiem... Jakoś tak jesienią czy zimą, było już zimno. Tak, przyjechali jesienią, bo w zimie już nas było więcej. Zimą z Tadżykistanu... Z Duszanbe przyjechała moja siostra ze swoją rodziną i teściami. Właśnie tak było... Tak... Spali gdzie się dało, latem nawet na balkonie. I... nie mówili, tylko krzyczeli... O tym, jak uciekali, a wojna ich dopędzała. Deptała im po piętach. A oni... wszyscy byli tacy jak ja... radzieccy... absolutnie radzieccy. Stuprocentowo! Byli z tego dumni. I nagle nic z tego nie ma. Nie ma i już! Budzą się rano, spoglądają przez okno i już są pod inną flagą. W innym kraju. Już są obcy.

Słuchałam. Słuchałam, jak opowiadali...

„No bo jakie to były czasy... Przyszedł Gorbaczow... I nagle pod oknami strzelanina. Boże! W stolicy... w Duszanbe... Wszyscy siedzieli przed telewizorem i bali się przegapić wiadomości. U nas w fabryce była załoga kobieca, przeważnie Rosjanki. Pytam: »Dziewczyny, co będzie?«. »Wojna się zaczyna, już Rosjan mordują«. Wkrótce w biały dzień został rozgrabiony jeden sklep, drugi..."

„W pierwszych miesiącach płakałam, potem przestałam płakać. Łzy wysychają szybko. Najbardziej bałam się mężczyzn, znajomych czy nieznajomych. Że zaciągną do domu, do samochodu... »Krasawyca! Dewuszka, poruchamy sze...« Córkę sąsiadów zgwałcili tadżyccy koledzy z klasy. Znaliśmy tych chłopców. Matka dziewczyny poszła do rodziców jednego z nich. »A po coś tutaj przyjechała? – nakrzyczeli na nią. – Wracaj do swojej Rosji. Zaraz was tu Ruskich w ogóle nie będzie. W samych gaciach będziecie zwiewali«..."

„Po cośmy tam pojechali? Dostaliśmy skierowanie z Komsomołu. Budowaliśmy elektrownię Nuriecką, hutę aluminium. Uczyłam się tadżyckiego: *czajchana*, *piała*, *aryk*, *arcza*, *czynara**... Mówili na nas »Szurawi«**. »Bracia Rosjanie«"

„...Śnią mi się różowe góry – całe w kwitnących migdałach. A budzę się cała we łzach..."

„W Baku... Mieszkaliśmy w ośmiopiętrowym domu. Rankiem wyprowadzono na dwór rodziny ormiańskie... Sąsiedzi otoczyli Ormian i każdy czymś ich uderzył. Mały chłopczyk, pięcioletni, podszedł i uderzył łopatką. A stara Azerbejdżanka pogłaskała go po głowie..."

„A nasi przyjaciele, chociaż też Azerbejdżanie, przechowali nas w piwnicy. Zasłonili jakimiś gratami, skrzyniami. Nocą przynosili jedzenie..."

* *Czajchana* – herbaciarnia, *piała* – filiżanka bez uszek, *aryk* – kanał nawadniający, *arcza* – wspólna nazwa odmian jałowca, *czynara* – platan.

** Szurawi (pers. *šûravî*) – radziecki.

„Rano biegnę do pracy, a na ulicy leżą trupy. Poniewierają się albo siedzą pod murem, zupełnie jak żywi ludzie. Jednego przykryli *dastarchanem*, po naszemu serwetą, a drugiego już nie. Nie zdążyli. Większość trupów leżała rozebrana... i mężczyźni, i kobiety... Tych, którzy siedzieli, nie odzierano z ubrania, bo już nie dało się ich wyprostować..."

„Dawniej myślałem, że Tadżycy są jak dzieci, nikogo nie skrzywdzą. Wystarczyło pół roku, a nawet mniej, żeby Duszanbe zmieniło się nie do poznania. Podobnie jak ludzie. Kostnice były przepełnione. Rano na asfalcie leżały grudki zakrzepłej krwi, leżały, dopóki się nie starły... Wyglądały jak mięsna galareta..."

„Całymi dniami chodzili koło naszego domu z plakatami: »Śmierć Ormianom! Śmierć!«. Mężczyźni i kobiety. Starzy i młodzi. Rozjuszony tłum, ani jednej ludzkiej twarzy. Gazety zapełnione ogłoszeniami: »Zamienię trzypokojowe mieszkanie w Baku na jakiekolwiek w dowolnym mieście w Rosji...«. Sprzedaliśmy swoje za trzysta dolarów. Tyle warta jest lodówka. Gdybyśmy nie sprzedali, mogliby nas zabić..."

„Myśmy za swoje kupili puchową kurtkę chińską dla mnie, a dla męża – ciepłe buty. Meble, naczynia, dywany – wszystko zostawiliśmy..."

„Siedzieliśmy bez światła i gazu, bez wody... Na rynku ceny niesamowite. Koło naszego domu otwarto kiosk. Sprzedawano tam kwiaty i wieńce żałobne. Tylko kwiaty i wieńce..."

„Nocą na ścianie sąsiedniego domu ktoś wymalował farbą: »Bój się, ruskie ścierwo! Nie pomogą ci twoi czołgiści«. Rosjan odwoływano z kierowniczych stanowisk, strzelano zza węgła... Miasto w krótkim czasie zrobiło się brudne jak *kiszłak**. Obce miasto. Nie radzieckie..."

„Zabijali za byle co... Bo się urodziłeś w innym miejscu, bo mówisz innym językiem. Bo się nie spodobałeś człowiekowi z automatem... A jak żyliśmy przedtem? W święta pierwszy toast był zawsze »za przyjaźń«. *Es kes sirum em* (po ormiańsku – kocham

* Kiszłak – wioska w Azji Środkowej.

cię). *Man sani sewiram* – to samo po azerbejdżańsku. Żyliśmy razem..."

„Prości ludzie... Nasi tadżyccy znajomi zamykali swoich synów na klucz, nie wypuszczali z domu, żeby ci nie nauczyli się... żeby ich nie zmuszono do zabijania..."

„Wyjeżdżamy... Wsiedliśmy już do pociągu, już bucha para spod kół. Ostatnie minuty. Ktoś puścił w koła serię z automatu. Żołnierze zrobili korytarz, zasłaniali nas. Gdyby nie oni, tobyśmy do wagonów nie dobiegli. Teraz ilekroć widzę w telewizji wojnę, od razu czuję ten zapach... Zapach palonego ludzkiego mięsa, przyprawiający o mdłości, słodkawy..."

Pół roku później mąż miał pierwszy zawał... Po roku – następny... Jego siostra – wylew. Po tym wszystkim traciłam rozum... A wie pani, jak tracą rozum włosy? Robią się szorstkie, jak żyłki. Włosy wariują pierwsze... No bo kto by to wytrzymał? Mała Karina... Za dnia normalne dziecko, a ledwie zacznie się ściemniać, to cała dygoce. Woła: „Mamo, nie odchodź! Jak zasnę, to ciebie i tatę zabiją!". Biegłam rankami do pracy z nadzieją, że samochód mnie przejedzie. Nigdy nie chodziłam do cerkwi, a teraz klęczałam godzinami i modliłam się: „Święta Bogurodzico! Czy słyszysz mnie?". Przestałam spać, nie mogłam jeść. Nie jestem politykiem, na polityce się nie znam. Jestem po prostu przerażona. O co jeszcze chce mnie pani pytać? Powiedziałam wszystko... Wszystko!

O samotnym czerwonym marszałku i trzech dniach zapomnianej rewolucji

Siergiej Fiodorowicz Achromiejew (1923–1991)

Marszałek Związku Radzieckiego, Bohater Związku Radzieckiego (1982). Szef Sztabu Sił Zbrojnych ZSRR (1984–1988). Laureat Nagrody Leninowskiej (1980). Od 1990 roku doradca wojskowy Prezydenta ZSRR.

Z wywiadów na placu Czerwonym (grudzień 1991 roku)
Byłam studentką...

Wszystko odbyło się bardzo szybko... Rewolucja skończyła się po trzech dniach. Telewizja w przeglądzie wiadomości podała, że członkowie PKSW zostali aresztowani. Minister spraw wewnętrznych Pugo zastrzelił się, marszałek Achromiejew się powiesił... W naszej rodzinie długo o tym mówiliśmy. Pamiętam, że tato powiedział: „To zbrodniarze wojenni. Powinien ich spotkać los niemieckich generałów Speera i Hessa*". Wszyscy oczekiwali Norymbergi...

Byliśmy młodzi... Rewolucja! Zaczęłam być dumna ze swojego kraju, kiedy ludzie wyszli na ulicę przeciw czołgom. Przedtem jeszcze były wydarzenia w Wilnie, Rydze i Tbilisi. W Wilnie Litwini obronili wieżę telewizyjną, wszystko to nam pokazywano na ekranie. A my co – jesteśmy bydłem? Na ulicę wyszli ludzie,

* Pomyłka. Chodziło zapewne o skazanych w Norymberdze Rudolfa Hessa (dożywocie) i Alberta Speera (dwadzieścia lat więzienia), którzy jednak nie byli generałami.

którzy przedtem nigdzie nie chodzili, tylko siedzieli w kuchniach i się oburzali. No i nagle wyszli... Wzięłyśmy z koleżanką parasolki – od deszczu i do walki. (*Śmieje się*). Byłam dumna z Jelcyna, kiedy stał na czołgu. Zrozumiałam wtedy, że to jest mój prezydent! Mój! Prawdziwy! Było tam mnóstwo młodzieży. Studentów. Wszyscy wychowaliśmy się na „Ogonioku" Korotycza, podziwialiśmy *szestidiesiatników*, ludzi lat sześćdziesiątych. Jak na wojnie... Jakiś męski głos błagalnym tonem wołał przez megafon: „Dziewczyny, odejdźcie stąd. Będzie strzelanina i dużo trupów". Kiedy obok mnie chłopak odesłał do domu ciężarną żonę, ona płakała. „A ty dlaczego zostajesz?" – pytała. „Bo tak trzeba".

Pominęłam jedną ważną rzecz... Jak ten dzień się zaczął... Rano się zbudziłam, bo mama głośno płakała. Szlochała. Pytała taty: „Co to jest stan wyjątkowy? Jak myślisz, co zrobili z Gorbaczowem?". A babcia biegała między telewizorem a radiem, które stało w kuchni. „Nikogo nie aresztowali? Nie rozstrzelali?" Babcia urodziła się w roku 1922, więc jak sięgnęła pamięcią, zawsze do kogoś strzelano i kogoś rozstrzeliwano. Wsadzano do więzienia. Tak upłynęło jej życie... Kiedy zabrakło babci, mama zdradziła nam rodzinną tajemnicę. Podniosła kurtynę... W pięćdziesiątym szóstym roku z obozu w Kazachstanie przywieziono jej ojca. Worek kości. Był taki chory, że ktoś musiał towarzyszyć mu w drodze. A one nikomu się nie przyznały, że to ojciec, że mąż... Bały się... Mówiły, że to jakiś daleki krewny, właściwie nikim dla nich nie jest. Pomieszkał z nimi kilka miesięcy, a potem go zabrali do szpitala. Tam się powiesił. Muszę... Teraz muszę jakoś z tym żyć, z tą wiedzą. Muszę to zrozumieć... (*Powtarza*). Jakoś z tym żyć... Babcia najbardziej lękała się nowego Stalina i wojny, całe życie spodziewała się aresztowania albo głodu. Hodowała na oknie cebulę w skrzynkach, kwasiła wielkie garnce kapusty. Kupowała na zapas cukier i olej. Antresole były u nas zastawione rozmaitymi kaszami, perłową i innymi. Zawsze mnie uczyła: „Siedź cicho! Nic nie mów!". Nie mów w szkole ani na uniwersytecie... Tak się chowałam, wśród takich ludzi. Nie mieliśmy za co kochać władzy radzieckiej. Wszyscy byliśmy za Jelcynem!

A matka mojej koleżanki nie chciała jej puścić. „Po moim trupie! Czy nie rozumiesz, że wszystko wróciło?!" Studiowałyśmy na Uniwersytecie Przyjaźni Między Narodami imienia Patrice'a Lumumby. Byli tam studenci z całego świata, wielu z nich przyjechało w przeświadczeniu, że ZSRR to kraj bałałajek i bomb atomowych. Było nam przykro. Chcieliśmy żyć w innym kraju...

Pracowałem w fabryce jako ślusarz...

O puczu dowiedziałem się w obwodzie woroneskim... Byłem w gościnie u cioci. Wszystkie te wrzaski o wielkości Rosji to kompletny zajob. Patrioci zakichani! Siedzą przed tym telepudłem. A wyjechaliby pięćdziesiąt kilometrów od Moskwy... Popatrzyliby na domy, na to, jak ludzie żyją. Jakie mają święta pijackie... We wsiach facetów już prawie nie ma. Powymierali. Świadomość na poziomie bydła rogatego – piją na umór. Piją, dopóki nie runą na ziemię. Wszystko, od lotionu ogórkowego po benzynę. Piją, potem się biją. W każdej rodzinie ktoś siedział w kiciu albo siedzi. Milicja nie daje sobie rady. Tylko baby się nie poddają, grzebią na swoich działkach. Jak paru chłopów zostało niepijących, to pojechali zarabiać do Moskwy. A jedynemu gospodarzowi (w tej wsi, do której jeżdżę) trzy razy puścili czerwonego kura, póki się nie zabrał i nie pojechał w cholerę. Co z oczu, to z serca! Nienawidzili w sposób naturalny, fizycznie wręcz...

W Moskwie czołgi, barykady. Na wsi specjalnie się nie przejęli. Nikt nie zawracał sobie tym głowy. Wszystkich najbardziej obchodziły stonka i tantniś, taki szkodnik kapusty. Ta stonka, bestia, jest żywotna... A chłopaki tylko gryźli pestki i mieli w głowach dziewuchy. Gdzie by tu wieczorem obalić flachę? Przeważnie jednak ludzie byli za PKSW. Tak zrozumiałem... Nie wszyscy byli komunistami, ale wszyscy opowiadali się za wielkim krajem. Bali się zmian, bo po wszystkich zmianach chłop zawsze zostawał z niczym. Pamiętam, jak nasz dziadek mówił: „Kiedyś żyło się chujowo, a potem to coraz gorzej". Przed wojną i po wojnie ludzie nie mieli dowodów. Wieśniakom dowodów nie wydawano, nie puszczano do miasta. Niewolnicy. Więźniowie.

Wrócili z wojny z orderami. Pół Europy podbili! Tylko żyli bez dokumentów.

W Moskwie dowiedziałem się, że wszyscy moi koledzy byli na barykadach. Brali udział w zamieszkach. (*Śmieje się*). I ja mogłem dostać medal...

Jestem inżynierem...

Kim był ten marszałek Achromiejew? Fanatykiem „sowka". Ja żyłem w „sowku" i wracać do niego nie mam ochoty. A on był fanatykiem, szczerze oddanym ideom komunizmu. To był mój wróg. Kiedy słuchałem jego przemówień, budziła się we mnie nienawiść. Wiedziałem, że ten człowiek będzie się bił do końca. Jego samobójstwo? No wiadomo, taki nietuzinkowy postępek musi budzić respekt. Śmierć należy traktować z powagą. Ale zadaję sobie też pytanie, co by było, gdyby to oni zwyciężyli. Niech pani zajrzy do pierwszego lepszego podręcznika... Żaden przewrót w historii nie obszedł się bez terroru, zawsze wszystko kończyło się rozlewem krwi. Wyrywaniem języków i wykłuwaniem oczu. Średniowieczem. Nie trzeba być historykiem...

Rano usłyszałem w telewizji o „niezdolności Gorbaczowa do kierowania krajem z powodu ciężkiej choroby"... Zobaczyłem czołgi pod oknami... Dzwonię do przyjaciół – wszyscy są za Jelcynem. A przeciwko juncie. Będziemy bronić Jelcyna! Otworzyłem lodówkę, wyjąłem kawałek sera i włożyłem do kieszeni... Na stole leżały obwarzanki, te też zabrałem. A broń? Coś trzeba ze sobą wziąć... Na stole leżał też kuchenny nóż. Potrzymałem go przez chwilę w ręku i odłożyłem na miejsce. (*Zamyśla się*). Ale gdyby... gdyby tamci zwyciężyli?

Dzisiaj pokazują w telewizji takie obrazki: maestro Rostropowicz przyleciał z Paryża i siedzi z automatem, dziewczyny częstują żołnierzy lodami... Bukiet kwiatów na czołgu... Obrazki w moich wspomnieniach są inne... Moskiewskie babcie rozdają żołnierzom kanapki i prowadzą do siebie do domu, żeby się załatwili. Wprowadzono dywizję pancerną do stolicy i nie dano ludziom ani suchego prowiantu, ani ustępów. Chłopaki wysuwają z włazów cienkie szyjki, a oczy mają wystraszone – o takie! Nic nie rozumieją. Na trzeci dzień siedzą już na pancerzu źli i głodni. Niewyspani. Kobiety otaczają ich kołem. „Synkowie, nie będziecie do nas strzelać?" Żołnierze milczą, a oficer nagle warczy: „Jak dadzą rozkaz, to będziemy". Żołnierzy jakby wicher zdmuchnął – pochowali się we włazach. Tak było! Moje obrazy z tymi pani obrazami się nie pokrywają… Stoimy, tworząc pierścień, i czekamy na atak. Rozchodzą się słuchy, że zaraz puszczą gaz, strzelcy wyborowi siedzą na dachach… Podchodzi do nas kobieta, ma na bluzie baretki od orderów: „Kogo bronicie? Kapitalistów?". „Co wy, babciu? My tu o wolność walczymy". „A ja walczyłam za władzę radziecką – za robotników i chłopów. A nie za kramiki i ajencje. Jakby mi dali dzisiaj automat…"

Wszystko wisiało na włosku. Pachniało krwią. Żadnego święta sobie nie przypominam…

Jestem patriotą…

Niech mi pani pozwoli się wypowiedzieć.

Podchodzi mężczyzna w rozpiętym kożuszku, z solidnym krzyżem na piersi.

Żyjemy w najhaniebniejszym okresie naszej historii. Jesteśmy pokoleniem tchórzy, zdrajców. Taki wyrok wydadzą na nas dzieci. „Nasi rodzice sprzedali wielki kraj za dżinsy, marlboro i gumę do żucia" – tak powiedzą. Nie potrafiliśmy obronić ZSRR – naszej Ojczyzny. To straszna zbrodnia. Sprzedaliśmy wszystko! Nigdy nie przywyknę do trójkolorowej rosyjskiej flagi, przed oczami zawsze będę miał czerwony sztandar. Sztandar wielkiego kraju! Wielkiego zwycięstwa! Co oni zrobili z nami, z ludźmi radzieckimi, żeśmy zamknęli oczy i pobiegli do tego pierdolonego kapitalistycznego raju? Kupili nas papierkami od cukierków, kioskami z kiełbasą, kolorowymi opakowaniami. Oślepili, zagadali. Wszystko wymieniliśmy na bryki i fatałaszki. I nie ma co opowiadać bajek, że to CIA rozwaliło Związek Radziecki, że intrygi Brzezińskiego… A dlaczego KGB nie rozwaliło Ameryki? To nie tępi bolszewicy przesrali ten kraj, nie zniszczyli go też cholerni inteligenci, żeby tłuc się po zagranicach i czytać *Archipelag GUŁag*... Nie ma co szukać żydomasońskich spisków. Wszystkośmy sami niszczyli. Własnymi rękami. Marzyliśmy, żeby otwarto u nas mcdonaldy z gorącymi hamburgerami i żeby każdy mógł sobie kupić mercedesa i plastikowe wideo. I żeby w kioskach sprzedawali filmy porno...

Rosji potrzebna jest silna ręka. Żelazna. Nadzorca z kijem. Stalin był wielki! Hurra! Hurra! Achromiejew mógł zostać naszym Pinochetem, generałem Jaruzelskim... To wielka strata...

Jestem komunistą...

Byłem za PKSW, a ściśle mówiąc, za ZSRR. Byłem gorącym zwolennikiem komitetu, bo podobało mi się to, że mieszkam w imperium. „Nieobjęta dla ludzkiego oka..." W 1989 roku posłali mnie na delegację do Wilna. Przed wyjazdem wezwał mnie do siebie naczelny inżynier fabryki, który już tam był, i uprzedził mnie: „Nie rozmawiaj z nimi po rosyjsku. Jak się odezwiesz w sklepie po rosyjsku, to ci nie sprzedadzą nawet zapałek. Nie zapomniałeś ojczystego ukraińskiego? To mów po ukraińsku". Nie uwierzyłem. Co za bzdury gada? A on: „Ostrożnie w stołówce, bo mogą cię otruć albo podsypać tłuczonego szkła. Dla nich jesteś okupantem, rozumiesz?". A ja mam w głowie przyjaźń między narodami, coś w ten deseń. Radzieckie braterstwo. Nie uwierzyłem, dopóki nie przyjechałem na dworzec w Wilnie. Wyszedłem na peron... Ledwie tylko usłyszano, że mówię po rosyjsku, dano mi do zrozumienia, że przyjechałem do obcego kraju. Byłem okupantem. Z brudnej, zacofanej Rosji. Ruski Iwan. Barbarzyńca.

No i nadeszło to „jezioro łabędzie"... Krótko mówiąc, o PKSW usłyszałem rankiem w sklepie. Pobiegłem do domu, włączyłem telewizor. Zabili Jelcyna czy nie? W czyich rękach jest wieża telewizyjna? Kto dowodzi armią? Zadzwonił znajomy: „No, teraz znowu te gnoje przykręcą śrubę. Znowu zrobią z nas śrubki i gwoździe". Mnie wtedy złość porwała: „A ja obiema rękami głosuję za. Jestem za Związkiem Radzieckim!". A on w jednej chwili obraca się o sto osiemdziesiąt stopni: „Koniec z tym przeklętym Miszką! Na Sybir go!". Rozumie pani? Trzeba było rozmawiać z ludźmi. Przekonywać. Obrabiać. Najpierw zdobyć Ostankino i przez całą dobę nadawać w telewizji komunikat: „Uratujemy kraj! Radziecka ojczyzna jest w niebezpieczeństwie!". Szybko się policzyć z sobczakami, afanasjewami* i resztą zdrajców. A lud był za tym!

Nie wierzę w samobójstwo Achromiejewa. Oficer liniowy nie powiesiłby się na szpagacie... Na sznurku z pudełka od tortu... Jak kryminalista. Tak się wieszają w celi – na siedząco i podkurczając nogi. W pojedynczej celi. To nie jest tradycja wojskowa. Oficerowie gardzą pętlą. To nie samobójstwo, tylko morderstwo. Zabili go ci, którzy zabili Związek Radziecki. Bali się go, bo Achromiejew miał duży autorytet w wojsku, mógł zorganizować opór. Naród nie był jeszcze zdezorientowany, podzielony jak teraz. Jeszcze wszyscy żyli jednakowo i czytali te same gazety. Nie tak jak teraz: jeden się skarży, bo zupa za cienka, drugi – bo brylant za mały.

A to... sam to widziałem... Młodzi chłopcy przystawili drabiny do gmachu KC KPZR na placu Starym, już nikt go nie ochraniał. Wysokie strażackie drabiny. Weźli na górę... Młotkami i przecinakami zaczęli zbijać złote litery KC... KPZR. A inni na dole je rozpiłowywali i rozdawali kawałki na pamiątkę. Rozbierali barykady. Drut kolczasty też poszedł na pamiątki.

Tak zapamiętałem upadek komunizmu...

Z akt śledztwa

24 sierpnia 1991 roku o godz. 21 minut 50 w gabinecie służbowym Nr 19a budynku 1 Moskiewskiego Kremla oficer dyżurny ochrony Korotiejew zastał trupa marszałka Związku Radzieckiego Siergieja Fiodorowicza Achromiejewa (r. ur. 1923), piastującego stanowisko doradcy Prezydenta ZSRR.

*Chodzi o czołowych działaczy okresu pierestrojki: Anatolija Sobczaka (patrz przypis na s.69) oraz historyka Jurija Afanasjewa (ur. 1934).

Trup znajdował się w pozycji siedzącej pod parapetem okna gabinetu. Plecami oparty był o drewnianą kratę osłaniającą kaloryfer centralnego ogrzewania. Trup był ubrany w mundur marszałka Związku Radzieckiego. Mundur nie miał żadnych uszkodzeń. Na szyi trupa znajdowała się sporządzona z syntetycznego szpagatu, podwójnie złożonego, ślizgająca się pętla, obejmująca cały obwód szyi. Górny jej koniec był przymocowany taśmą klejącą do klamki ramy okiennej. Żadnych obrażeń cielesnych u trupa, oprócz tych związanych z powieszeniem, nie stwierdzono...

Przy oględzinach zawartości biurka u góry, na widocznym miejscu, znaleziono pięć zapisanych kartek. Wszystkie kartki zapisane były ręcznie. Leżały złożone starannie w jednym pliku. Opis wykonano w tej kolejności, w jakiej zostały złożone...

Pierwszy z listów Achromiejew zaczyna od prośby o przekazanie go rodzinie, po czym informuje, że podjął decyzję o samobójstwie: „Zawsze najważniejszy dla mnie był obowiązek żołnierski i obywatelski. Wy byliście na drugim miejscu. Dopiero dzisiaj postawiłem na pierwszym obowiązek wobec Was. Proszę, żebyście te dni przeżyli mężnie. Wspierajcie się wzajemnie. Nie dawajcie moim wrogom powodu do złośliwej satysfakcji...".

Drugi list adresowany jest do marszałka Związku Radzieckiego Siergieja Sokołowa. Achromiejew prosi Sokołowa i generała armii Łobowa, żeby pomogli zorganizować pogrzeb i nie zostawiali rodziny samej w ciężkich dla niej dniach.

Trzeci list zawiera prośbę, żeby kremlowskiej stołówce zwrócić dług w wysokości pięćdziesięciu rubli.

Czwarty list nie ma adresu: „Nie potrafię żyć, kiedy ginie moja Ojczyzna i niszczone jest wszystko, co uważałem za sens życia. Lata, które przeżyłem, dają mi prawo, by sobie to życie odebrać. Walczyłem do końca".

Ostatni list leżał osobno. „Nie radzę sobie z przygotowaniem narzędzi samobójstwa. Pierwsza próba (9.40) była nieudana, linka się zerwała. Zbieram siły, żeby powtórzyć próbę..."

Ekspertyza grafologiczna wykazała, że wszystkie listy napisane zostały ręką Achromiejewa...

Młodsza córka Natalia, z której rodziną Achromiejew spędził ostatnią noc, opowiadała: „Jeszcze przed sierpniem niejednokrotnie pytaliśmy ojca, czy możliwy jest u nas zamach stanu. Wielu ludziom nie podobało się to, w co zmieniła się pierestrojka Gorbaczowa – jego paplanina, słabość, jednostronne ustępstwa w radziecko-amerykańskich rozmowach rozbrojeniowych, pogarszająca się sytuacja gospodarcza kraju. Ojciec nie lubił tych rozmów, był przekonany: „Żadnego zamachu stanu nie będzie. Gdyby armia zapragnęła dokonać zamachu, wystarczyłyby jej do tego dwie godziny. W Rosji jednak siłą nic się nie osiągnie. Zdjąć nieodpowiedniego szefa – to nie jest trudne. Ale co robić potem?".

23 sierpnia Achromiejew wrócił z pracy niezbyt późno. Rodzina jadła wspólnie kolację. Kupili dużego arbuza i długo siedzieli przy stole. Ojciec, według słów córki, był szczery. Przyznał, że spodziewa się aresztowania. Nikt na Kremlu do niego nie podchodzi i z nim nie rozmawia. „Rozumiem – mówił – będzie wam ciężko, teraz na naszą rodzinę spadnie tyle błota. Ale nie mogłem postąpić inaczej". Córka zapytała go: „Nie żałujesz, że przyleciałeś do Moskwy?". Achromiejew odrzekł: „Gdybym tego nie zrobił, przeklinałbym siebie do końca życia".

Przed snem Achromiejew obiecał wnuczce, że nazajutrz zaprowadzi ją do parku na huśtawki. Martwił się, kto pojedzie po żonę, która rano powinna przylecieć z Soczi. Prosił, żeby od razu powiadomiono go o jej przylocie. Zamówił dla niej samochód w kremlowskim garażu...

Córka zadzwoniła do ojca rano o 9.35. Głos miał zwyczajny. Znając charakter ojca, córka nie wierzy w samobójstwo...

Z ostatnich wypowiedzi
Przysięgałem Związkowi Socjalistycznych Republik Radzieckich i przez całe życie mu służyłem. Cóż więc teraz powinienem uczynić? Komu mam służyć? A zatem, dopóki żyję, dopóki oddycham, będę walczył za Związek Radziecki...

Program telewizyjny *Wzgląd*, 1990 rok

Wszystko teraz się oczernia... Odrzuca się wszystko, co działo się w kraju po rewolucji październikowej... Tak, był wtedy Stalin, był stalinizm. Tak, były wówczas represje, gwałt na narodzie, tego nie neguję. Wszystko to prawda. A jednak należy to zbadać obiektywnie i sprawiedliwie ocenić. Mnie na przykład nie ma co tego tłumaczyć, bo jestem właśnie stamtąd, z tamtych lat. Sam widziałem, jak ludzie pracowali, z jaką wiarą... Nie chodzi o to, żeby coś zatrzeć albo schować. Nie warto niczego chować, ukrywać. Wobec wszystkiego, co zaszło w kraju i o czym wszyscy już wiedzą, jakiż sens miałaby taka zabawa w chowanego? Ale wojnę z faszyzmem wygraliśmy, a nie przegrali. To jest nasze Zwycięstwo.

Pamiętam lata trzydzieste... Dorośli wtedy tacy jak ja. Dziesiątki milionów. Świadomie budowaliśmy socjalizm. Gotowi byliśmy do wszelkich ofiar. Nie zgadzam się, że przed wojną mieliśmy tylko stalinizm, jak pisze generał Wołkogonow. Jest antykomunistą. Dzisiaj jednak słowo „antykomunista" nie jest już u nas wyzwiskiem. Ja jestem komunistą, a on – antykomunistą. Ja jestem antykapitalistą, on – nie wiem kim: obrońcą kapitalizmu czy nie? Stwierdzam tu tylko fakty, nic więcej. I pozostaję w ideowym sporze z Wołkogonowem. Mnie się jednak nie tylko krytykuje, ale nawet otwarcie obrzuca wyzwiskami za to, że mówię o nim „dwulicowy"... A przecież do niedawna bronił ustroju radzieckiego i komunistycznych ideałów razem ze mną. A tu taka gwałtowna zmiana. Niech powie, dlaczego zdradził przysięgę wojskową...

Wielu utraciło dzisiaj wiarę. Za pierwszego z nich uważam Borisa Jelcyna. Prezydent Rosji był przecież sekretarzem KC KPZR, kandydatem na członka Biura Politycznego. A teraz otwarcie mówi, że nie wierzy w socjalizm ani w komunizm, uważa za niesłuszne wszystko, co robili komuniści. Został wojującym antykomunistą. Są i inni. Nie jest ich zresztą tak mało. Ale państwo zwracają się do mnie... Nie zgadzam się i to pryncypialnie... Widzę, że istnienie naszego kraju jest zagrożone, zagrożenie jest wyraźne. Teraz jest takie samo jak w roku czterdziestym pierwszym..."

N. Zienkowicz, *XX wiek. Wysszij gienieralitiet w gody potriasienij*, Moskwa 2005

W latach siedemdziesiątych ZSRR produkował dwadzieścia razy więcej czołgów niż USA.

Pytanie Gieorgija Szachnazarowa, pomocnika sekretarza generalnego KPZR Michaiła Gorbaczowa (lata osiemdziesiąte): „Po co mamy produkować tyle broni?".

Odpowiedź szefa Sztabu Generalnego Siergieja Achromiejewa: „Dlatego że za cenę olbrzymich ofiar zbudowaliśmy pierwszorzędne zakłady, nie gorsze, niż mają Amerykanie. I co, każe im pan zakończyć pracę i przestawić się na produkcję garnków?".

J. Gajdar, *Gibiel impierii, Rossijskaja Politiczeskaja Enciklopiedija*, Moskwa 2007

Dziewiątego dnia obrad Pierwszego Zjazdu Delegatów Ludowych ZSRR na sali pojawiły się ulotki, informujące, że Sacharow w wywiadzie dla jednej z gazet kanadyjskich oświadczył: „W czasie wojny afgańskiej naszych żołnierzy, którzy zostali okrążeni, rozstrzeliwano z radzieckich śmigłowców, żeby nie mogli się poddać"...

Na mównicy pojawia się pierwszy sekretarz komitetu miejskiego Komsomołu w Czerkasach, weteran wojny afgańskiej Siergiej Czerwonopiski; mówca nie ma nóg, inni pomagają mu dotrzeć do trybuny. Czerwonopiski odczytuje oświadczenie weteranów Afganistanu: „Pan Sacharow twierdzi, że są informacje o rozstrzeliwaniu radzieckich żołnierzy z radzieckich samolotów... Jesteśmy poważnie zaniepokojeni bezprecedensową nagonką środków masowego przekazu na Armię Radziecką. Jesteśmy dogłębnie oburzeni tą nieodpowiedzialną, prowokacyjną napaścią sławnego uczonego. Uważamy to za dokonany w złych intencjach atak na nasze wojsko, za poniżenie jego honoru i godności i kolejną próbę zerwania jedności wojska, narodu i partii... (*Owacje*). Na sali jest ponad osiemdziesiąt procent komunistów. Nikt jednak, w tym także towarzysz Gorbaczow w swoim referacie nie użył słowa »komunizm«. Wymienię więc dzisiaj trzy słowa, za które, jak sądzę, wszyscy musimy walczyć. Są nimi: Państwo, Ojczyzna, Komunizm...".

Oklaski. Wszyscy delegaci wstają – poza demokratami i metropolitą Aleksijem.

Nauczycielka z Uzbekistanu
Towarzyszu akademiku! Jednym swoim czynem przekreśliliście całą swoją działalność. Znieważyliście całą armię, wszystkich naszych poległych. Wyrażam więc pogardę dla was...

Marszałek Achromiejew
To, co powiedział akademik Sacharow, jest kłamstwem. Nigdy nic podobnego w Afganistanie się nie wydarzyło. Mówię to z całą odpowiedzialnością. Po pierwsze, przesłużyłem w Afganistanie dwa i pół roku, po drugie, będąc pierwszym zastępcą szefa, a potem szefem Sztabu Generalnego, codziennie zajmowałem się Afganistanem, znam więc każdą dyrektywę, każdy dzień działań bojowych. Nie było takich rzeczy!

W. Kolesow, *Pierestrojka, letopis', 1985–1991*

– Towarzyszu marszałku, co pan odczuwa, gdy uświadamia sobie, że tytuł Bohatera Związku Radzieckiego otrzymał za Afganistan? Akademik Sacharow ogłosił, że straty narodu afgańskiego wynoszą milion poległych...

– Sądzi pan, że jestem szczęśliwy, otrzymując Gwiazdę Bohatera? Wykonywałem rozkazy, ale tam była tylko krew... brud...

Nie pierwszy raz mówię, że dowództwo armii było przeciwne tej wojnie, przewidując, że zostaniemy zmuszeni do prowadzenia działań bojowych w trudnych, nieznanych warunkach. Przeciwko ZSRR zwrócą się wszyscy wschodni islamiści. Utracimy twarz wobec Zachodu. Ale powiedziano nam szorstko: „Od kiedy w tym kraju generałowie zaczęli się mieszać do polityki?". Przegraliśmy walkę o lud afgański... Nie ma w tym jednak winy naszego wojska...

Wywiad dla dziennika telewizyjnego, 1990 rok

Melduję o zakresie mojego udziału w przestępczych działaniach tak zwanego Państwowego Komitetu Stanu Wyjątkowego...

6 sierpnia b.r. zgodnie z Waszym poleceniem pojechałem na urlop do sanatorium wojskowego w Soczi, gdzie przebywałem do 19 sierpnia. Przed wyjazdem do sanatorium, a w sanatorium do ranka 19 sierpnia nic mi nie było wiadomo o przygotowywanym spisku. Nikt nawet w sposób aluzyjny nie mówił mi o jego organizacji i organizatorach, to znaczy, że w jego przygotowaniu i urzeczywistnieniu w żaden sposób nie uczestniczyłem. Rankiem 19 sierpnia, usłyszawszy w telewizji treść dokumentów wspomnianego Komitetu, samodzielnie podjąłem decyzję, że lecę do Moskwy. O ósmej wieczór spotkałem się z Giennadijem Janajewem. Powiedziałem mu, że zgadzam się z programem przedstawionym przez Komitet w jego „Odezwie do narodu", i zaproponowałem mu, że zacznę współpracę z nim jako doradca p.o. prezydenta ZSRR. Giennadij Janajew zgodził się z tym, ale powołując się na fakt, że jest zajęty, ustalił czas następnego spotkania mniej więcej na godzinę dwunastą dnia 20 sierpnia. Powiedział, że Komitet nie jest jeszcze w skoordynowany sposób powiadamiany o sytuacji, dobrze więc byłoby, gdybym się tym zajął...

Rano 20 sierpnia spotkałem się z Olegiem Bakłanowem, który otrzymał takie samo polecenie. Postanowiliśmy pracować nad tym wspólnie... Utworzyliśmy grupę roboczą złożoną z przedstawicieli poszczególnych resortów i zorganizowali zbieranie wiadomości oraz analizę sytuacji. Ta grupa robocza praktycznie przygotowała dwa raporty: przed dziewiątą wieczór 20 sierpnia oraz nad ranem 21 sierpnia; oba zostały rozpatrzone na posiedzeniu Komitetu.

Oprócz tego, 21 sierpnia pracowałem nad przygotowaniem referatu Giennadija Janajewa na Prezydium Rady Najwyższej ZSRR. Wieczorem 20 sierpnia i rankiem 21 sierpnia brałem udział w posiedzeniach Komitetu, ściśle mówiąc, w tej ich części, która była prowadzona w obecności zaproszonych osób. Tak wyglądały prace, w których brałem udział 20 i 21 sierpnia br. Poza tym 20 sierpnia około trzeciej po południu na prośbę Dmitrija Jazowa spotkałem się z nim w Ministerstwie Obrony. Minister powiedział, że sytuacja się komplikuje, i wyraził wątpliwości co do powodzenia całego przedsięwzięcia. Po dyskusji poprosił, żebym razem z nim poszedł do jego zastępcy generała Wasilija Aczałowa, który kierował pracami nad planem przejęcia budynku Rady Najwyższej RFSRR. Minister Jazow jedynie przez trzy minuty słuchał informacji W. Aczałowa o składzie wojsk i terminach działań. Ja nie zadawałem nikomu żadnych pytań...

Dlaczego z własnej inicjatywy przyjechałem do Moskwy – nikt mnie z Soczi nie wezwał – i zacząłem pracować w Komitecie? Przecież byłem pewien, że ta awantura skończy się porażką, a kiedy przyjechałem do Moskwy, jeszcze bardziej się co do tego upewniłem. Począwszy od 1990 roku, byłem bowiem przeświadczony, i zdania w tej sprawie do dzisiaj nie zmieniłem, że nasz kraj zmierza ku zgubie. Wkrótce ulegnie podziałowi. Szukałem sposobu, żeby głośno o tym powiedzieć. Brzmi to z pewnością nieprzekonująco i naiwnie, ale tak właśnie jest. Moja decyzja w najmniejszym stopniu nie wynikała z przyczyn materialnych...

List do Prezydenta ZSRR M.S. Gorbaczowa, 22 sierpnia 1991 roku

Drogi jest mi Gorbaczow, ale droższa – Ojczyzna! Niechaj w historii zostanie bodaj ślad, że przeciwko upadkowi takiego wielkiego państwa protestowano. A historia już oceni, kto miał rację, a kto ponosi winę...

Z notesu, sierpień 1991 roku

Z relacji N. (prosił, by nie ujawniać ani jego nazwiska, ani stanowiska w aparacie kremlowskim)
To był wyjątkowy świadek. Z najwyższego sanktuarium – z Kremla, głównej cytadeli komunizmu. Świadek tego życia, które było przed nami ukryte. Chronione, jak życie cesarzy chińskich. Ziemskich bogów. Długo namawiałam go na rozmowę.

Z naszych rozmów telefonicznych
Co historia ma z tym wspólnego? Chciałaby pani „przyprawionych" faktów, czegoś ostrego, z zapaszkiem? Do krwi, do mięsa wszyscy się zbiegną. Śmierć to dzisiaj towar. Wszystko na sprzedaż. Mieszczuch będzie zachwycony – wstrzyknie sobie adrenalinki... Nie co dzień przecież upada imperium. Nie co dzień daje taką plamę! Krwawą! I nie co dzień marszałek imperium popełnia samobójstwo... Wiesza się na kremlowskim kaloryferze...

Dlaczego odszedł? Bo odszedł jego kraj, odszedł więc razem z nim, tutaj już nie widział dla siebie miejsca. Bo... tak sądzę... już sobie wyobraził, jak to wszystko będzie wyglądało. Jak rozgromią socjalizm. Gadanina zakończy się krwią. Grabieżą. Jak zaczną zwalać pomniki. Jak radzieccy bogowie pójdą na złom. Do punktu skupu. Komunistom zaczną grozić Norymbergą... A sędziami kto będzie? Jedni komuniści sądziliby innych komunistów – ci, którzy wystąpili z partii w środę, sądziliby tych, którzy wystąpili w czwartek. Jak przemianują Leningrad... kolebkę rewolucji... Jak wejdzie w modę obrzucanie KPZR błotem, i jak wszyscy będą to robić. Jak zaczną chodzić po ulicach z plakatami: „KPZR kaput!", „Rządź, Borisie!". Wielotysięczne demonstracje... Jaki zachwyt na twarzach! Kraj ginął, a oni byli szczęśliwi. Burzyć! Rozwalać! Dla nas coś takiego to zawsze święto... Wielkie święto! Niechby tylko dali rozkaz: „Bierz ich!". Zaczęłyby się pogromy... „Żydów i komisarzy pod ścianę!" Ludzie na to czekali. Cieszyliby się. Urządziliby polowanie na staruszków – emerytów. Sam znajdowałem na ulicy ulotki z adresami pracowników KC na kierowniczych stanowiskach – nazwisko, numer domu i mieszkania – a ich portrety rozklejano wszędzie, gdzie się tylko dało. Żeby w razie czego rozpoznać. Partyjna nomenklatura uciekała ze swoich gabinetów z reklamówkami. Z siatkami. Wielu bało się nocować w domu, ukrywali się u krewnych. Mieliśmy informacje... Wiedzieliśmy, jak to się wszystko odbywało w Rumunii... Rozstrzelano Ceauşescu i jego żonę, wywozili hurtem i stawiali pod ścianą czekistów, elitę partyjną. Zakopywali w rowach... (*Długa pauza*). A on... był ideowym, romantycznym komunistą. Wierzył w „jaśniejące szczyty komunizmu". Wierzył całkiem dosłownie. W to, że komunizm nastał na zawsze. Osobliwe to dzisiaj wyznanie... idiotyczne... (*Pauza*). Nie aprobował tego, co się zaczynało. Widział, jak zaczęły się uwijać młode drapieżniki... pionierzy kapitalizmu... Nie z Marksem czy z Leninem w głowie, tylko z dolarem...

Cóż to za pucz, jeśli nikt nie strzela? Wojsko tchórzliwie uciekło z Moskwy. Po aresztowaniu członków PKSW Achromiejew spodziewał się, że wkrótce po niego przyjdą i wyprowadzą go w kajdankach. Ze wszystkich asystentów i doradców prezydenta on jedyny poparł „puczystów". Poparł ich otwarcie. Reszta się przyczaiła. Chciała przeczekać. Aparat biurokratyczny to machina o dużej zdolności manewrowania. Zasady? Biurokracja nie ma przekonań, zasad, całej tej mętnej metafizyki. Najważniejsze, żeby się utrzymać na stołku, żeby im nosili, tak jak dotąd, wypchane koperty. Biurokracja to nasze hobby. Jeszcze Lenin mawiał, że biurokracja jest gorsza od Denikina. Ceni się tylko jedno – osobiste oddanie. I nie zapominaj, kto jest twoim panem, z czyjej ręki jesz chleb. (*Pauza*). Nikt nie zna prawdy o PKSW. Wszyscy kłamią. Tak więc... no właśnie... W istocie rozegrano wielką grę, tyle że nie znamy jej inicjatorów ani wszystkich graczy. Rola Gorbaczowa nie jest jasna... Co powiedział dziennikarzom, kiedy wrócił z Foros? „Wszystkiego i tak wam nigdy nie powiem". No i nie powie! (*Pauza*). Może to jest jedna z przyczyn jego odejścia? (*Pauza*). Stutysięczne demonstracje... To działało mocno... Trudno było zachować normalny stan... Achromiejew nie bał się o siebie... Nie umiał się pogodzić z tym, że wkrótce wszystko zostanie zadeptane, zabetonowane: ustrój radziecki, wielka industrializacja... wielkie Zwycięstwo... W końcu okaże się, że ani Aurora nie strzelała, ani nie było szturmu na Pałac Zimowy...

Pomstują na czasy... Nasz czas jest podły. Pusty. Wszystko jest zawalone ciuchami i magnetowidami. Gdzie się podział wielki kraj? Jeśli zdarzy się coś złego, to nikogo dziś nie pokonamy. Gagarin też dziś nie poleci.

Całkiem niespodziewanie pod koniec jednej z naszych rozmów usłyszałam wreszcie: „Dobrze, niech pani przyjdzie". Spotkaliśmy się następnego dnia u niego w domu. Pomimo upału był w czarnym garniturze i pod krawatem. Taki kremlowski mundur.

A była pani u... (*Wymienia kilka znanych nazwisk*). A... (*pada jeszcze jedno, które od dawna wszyscy znali*). Oni twierdzą, że go zabito, ale ja w to nie wierzę. Chodzą słuchy o jakichś świadkach... o faktach... że tam szpagat nie taki, za cienki, że takim można tylko zadusić, że klucz tkwił w drzwiach na zewnątrz... Różne rzeczy mówią... Ludzie lubią plotkować o dworskich tajemnicach. Powiem pani co innego: świadkami też da się kierować. To nie są roboty. Kieruje nimi telewizja. Gazety. Przyjaciele... Korporacyjne interesy... Kto zna prawdę? Według mnie na prawdzie zależy tylko odpowiednio wykształconym ludziom: sędziom, uczonym, kapłanom. Wszyscy inni ulegają swoim własnym ambicjom, emocjom... (*Pauza*). Czytałem pani książki... Niepotrzebnie pani tak ufa ludziom, ludzkiej prawdzie... Historia jest ucieleśnieniem różnych idei. Nie ludzie ją piszą, ale czas. A ludzka prawda to kołek, na którym każdy wiesza swój kapelusz.

Trzeba zacząć od Gorbaczowa... Bez niego do tej pory żylibyśmy w ZSRR. Jelcyn nadal byłby pierwszym sekretarzem komitetu obwodowego w Swierdłowsku, Jegor Gajdar robiłby korekty artykułów na tematy gospodarcze w „Prawdzie" i po staremu wierzył w socjalizm... a Sobczak wykładałby na uniwersytecie w Leningradzie... (*Pauza*). Związek Radziecki mógł jeszcze długo trwać. Kolos na glinianych nogach? Kompletna bzdura! Byliśmy potęgą, supermocarstwem, dyktowaliśmy swoją wolę wielu krajom. Nawet Ameryka się nas bała. Że brakowało rajstop i dżinsów? By zwyciężyć w wojnie jądrowej, potrzebne są nie rajstopy, ale współczesne rakiety i bombowce. Mieliśmy je i to znakomite. Zwyciężylibyśmy w każdej wojnie. Rosyjski żołnierz nie boi się umierać. Pod tym względem jesteśmy Azjatami... (*Pauza*). Stalin stworzył państwo, którego nie można było zniszczyć „od dołu". Za to od góry było zagrożone, bezbronne. Nikt nie myślał, że burzyć zacznie się je właśnie od góry, że na drogę zdrady wkroczy najwyższe kierownictwo kraju. Renegaci! Gensek okazał się głównym rewolucjonistą, który zasiadł na Kremlu. Stamtąd łatwo było zburzyć państwo. Twarda dyscyplina i hierarchia partyjna zadziałały przeciwko niemu. W historii to wyjątkowy przypadek... Tak jakby cesarstwo rzymskie zaczął burzyć sam Cezar... Nie, Gorbaczow nie jest moralnym karłem, igraszką losu ani agentem CIA... Kim więc jest?

„Grabarz komunizmu" i „zdrajca Ojczyzny", „laureat Nobla" i „radziecki bankrut", „najważniejszy z *szestidiesiatników* i „najlepszy Niemiec", „prorok" i „Judaszek", „wielki reformator" i „wielki aktor", „wielki Gorbie" i „Gorbacz", „człowiek stulecia" i „Herostrates"... Wszystko o jednym i tym samym człowieku.

Achromiejew przygotowywał się do samobójstwa przez kilka dni: dwa listy przedśmiertne są datowane 22 sierpnia, jeden – 23, a ostatni – 24. A co tego dnia się wydarzyło? Właśnie dwudziestego czwartego sierpnia w radiu i telewizji nadano oświadczenie Gorbaczowa o ustąpieniu ze stanowiska sekretarza generalnego KC KPZR i jego apel o samorozwiązanie partii: „Należy podjąć trudną, ale uczciwą decyzję". Gensek odszedł bez walki. Nie zwrócił się do narodu i milionów komunistów... Zdradził. Zdradził wszystkich. Mogę się domyślać, co w owych chwilach przeżywał Achromiejew. Niewykluczone, a nawet całkiem prawdopodobne, że w drodze do pracy zobaczył, jak zdejmowano flagi z urzędów państwowych. Z wież Kremla. Jakich uczuć mógł doznawać? Taki komunista... weteran... Całe życie straciło dla niego sens... Nie umiem wyobrazić go sobie w naszym dzisiejszym życiu. Nieradzieckim. Siedzącego w prezydium pod rosyjską trójkolorową flagą. Nie pod portretem Lenina, ale pod orłem carskim. Achromiejew nie pasowałby do nowego wnętrza. To był radziecki marszałek... Rozumie pani... Radziecki! Tylko tak, a nie inaczej. Tylko tak...

Na Kremlu nie czuł się dobrze. „Biały kruk"... „Żołdak"... Nigdy się nie przyzwyczaił, mówił, że „naprawdę bezinteresowne koleżeństwo zdarza się tylko w wojsku". Całe... tak... całe swoje życie przeżył z armią. Z wojskowymi. Pół wieku. Mundur włożył, kiedy miał siedemnaście lat. To jest kawał czasu. Całe życie! Do kremlowskiego gabinetu przeniósł się po odwołaniu ze stanowiska szefa sztabu generalnego. Sam poprosił o dymisję. Z jednej strony uważał, że trzeba w porę odchodzić (ludzie naoglądali się dosyć trumien), ustępować miejsca młodym, a z drugiej – zaczęły się jego konflikty z Gorbaczowem. Ten nie lubił wojska, tak samo jak Chruszczow, który generałów i w ogóle wojskowych nie nazywał inaczej jak darmozjadami. Kraj mieliśmy wojenny, siedemdziesiąt procent gospodarki tak czy owak pracowało dla wojska. No i najlepsze umysły... fizycy, matematycy... Wszyscy pracowali przy produkcji czołgów i bomb. Ideologia też była wojskowa. A Gorbaczow był z gruntu cywilem. Poprzednich sekretarzy generalnych ukształtowała wojna, a jego – wydział filozofii Uniwersytetu Moskiewskiego. „Zamierzacie walczyć? – pytał wojskowych. – Bo ja nie. A generałów i admirałów w samej Moskwie jest więcej niż na całym świecie". Przedtem nikt tak z wojskowymi nie rozmawiał, byli najważniejszymi ludźmi. Nie minister gospodarki pierwszy meldował Biuru Politycznemu, ale minister obrony – ile wyprodukowano uzbrojenia, a nie magnetowidów. Dlatego magnetowid kosztował u nas tyle co mieszkanie. A tu nagle wszystko się zmienia. No i oczywiście wojskowi się zbuntowali. Potrzebujemy dużej i silnej armii, mamy olbrzymie terytorium, graniczymy z połową świata. Liczą się z nami, dopóki jesteśmy silni, a jak będziemy słabi, to żadne „myślenie po nowemu" nikogo w żadnej sprawie nie przekona. Właśnie Achromiejew wielokrotnie mu raportował...

To była najważniejsza różnica między nimi... O żadnych drobnych konfliktach teraz nie będę mówił. Z przemówień Gorbaczowa zniknęły znane każdemu człowiekowi radzieckiemu wyrażenia: „zakusy międzynarodowego imperializmu", „odpowiedź na atak", „macherzy zza oceanu"... Wszystko to wykreślał. Miał tylko „wrogów *głasnosti*" i „wrogów pierestrojki". U siebie w gabinecie rzucał mięsem (to umiał świetnie!), ubliżał im od „chujów". (*Pauza*). „Dyletant", „rosyjski Gandhi"... Nie są to najgorsze z określeń, krążących po kremlowskich korytarzach. „Stare żubry" oczywiście były zszokowane, czuły nieszczęście – sam utonie i wszystkich utopi. Dla Ameryki jesteśmy „imperium zła", grożą nam wyprawą krzyżową... „gwiezdnymi wojnami"... A nasz wódz naczelny przypomina raczej buddyjskiego mnicha: „świat jest jak wspólny dom", „zmiany bez przemocy i krwi", „wojna nie jest już przedłużeniem polityki" i tak dalej. Achromiejew długo walczył, ale się zmęczył. Początkowo myślał, że to, co mówi, nie dociera na górę w takiej postaci, jak powinno, że ktoś oszukuje kierownictwo, ale potem zrozumiał, że to zdrada. Podał się wówczas do dymisji. Gorbaczow przyjął rezygnację, ale zatrzymał go przy sobie. Mianował go doradcą wojskowym.

...Niebezpiecznie było ruszać tę konstrukcję. Stalinowską... radziecką... niech pani to nazywa, jak sobie chce... Nasze państwo zawsze funkcjonowało w trybie mobilizacyjnym. Od pierwszych dni. Nie było zaprogramowane na życie w pokoju. No i znowu... Myśli pani, że nie mogliśmy naprodukować modnych bucików damskich i ładnych biustonoszy? Plastikowych „wideo"? Raz-dwa. Ale mieliśmy inny cel... A ludzie? (*Pauza*). Ludzie chcą zwyczajnych rzeczy. Obfitości pierników. I cara! Gorbaczow nie chciał być carem. Wyrzekł się tego. A taki Jelcyn... Kiedy poczuł w 1993 roku, że fotel prezydencki pod nim się chwieje, nie stropił się, tylko wydał rozkaz strzelania do parlamentu. Komuniści w 1991 roku przelękli się strzelania... Gorbaczow oddał władzę bez rozlewu krwi... A Jelcyn strzelał z czołgów. Urządził rzeź. Właśnie tak... I dostał poparcie. Mentalnie, wręcz podświadomie, nasz kraj jest monarchią. Genetycznie. Wszyscy potrzebują cara.

Iwana Groźnego (na Zachodzie przezwano go „straszliwym”), który zalał rosyjskie miasta krwią i przegrał wojnę inflancką, wspominają ze strachem i zachwytem. Tak jak Piotra I i Stalina. Za to Aleksander II Wyzwoliciel, car, który darował Rosji wolność, został zabity... To Czesi mogą mieć Václava Havla, nam zaś potrzebny jest nie Sacharow, ale car. Car ojczulek. Dla nas gensek czy prezydent – tak czy owak jest carem. (*Długa pauza*).

Pokazuje mi swój notes z cytatami z dzieł klasyków marksizmu. Zapisuję sobie jeden cytat z Lenina: „Zgadzam się żyć w chlewie – byle była w nim władza radziecka”. Przyznaję się, że i ja nie czytałam Lenina.

...No, a to inna... inna dziedzina... Dla odprężenia... Rozmawiamy, jak to się mówi, w wąskim gronie, przy stoliku. Na Kremlu mieliśmy własnego kucharza. Wszyscy członkowie Politbiura zamawiali u niego śledziki, słoninę, czarny kawior, a Gorbaczow raczej domagał się różnych kasz. Sałatek. Prosił, żeby nie dawać mu czarnego kawioru: „Kawior pasuje do wódeczki, a ja nie piję”. Razem z Raisą Maksimowną przestrzegali różnych diet, robili sobie dni oczyszczania organizmu. Nie przypominał żadnego z poprzednich sekretarzy generalnych. Całkiem nie po radziecku czule kochał swoją żonę. Spacerowali, trzymając się za ręce. A na przykład taki Jelcyn od rana prosił o kieliszek i ogórek. Tak właśnie, po rosyjsku. (*Pauza*). Kreml to jest terrarium. Opowiem, tylko niech pani nie podaje mojego nazwiska, niech to będzie anonimowe... Jestem już na emeryturze... Jelcyn zebrał swoją drużynę i wymietli „gorbaczowowców”, w taki czy inny sposób ich pozwalniali. Dlatego właśnie siedzę tu z panią, bo jestem emerytem, a tak tobym milczał jak partyzant na torturach. Dyktafonu się nie boję, ale mi przeszkadza. Przyzwyczajenie, wie pani. Nas prześwietlano, tak jak rentgenem... (*Pauza*). Niby drobiazg, ale charakteryzuje człowieka... Achromiejew przeniósł się na Kreml i od razu zrzekł się kilkakrotnie podwyższonych poborów. Poprosił, by zostawiono mu tyle, ile miał: „Mnie to wystarczy”. Kto z nas jest Don Kichotem? I kto, proszę mi powiedzieć, uważa Don Kichota za normalnego? Kiedy KC KPZR i rząd wspólnie wydały rozporządzenie (zaczęła się walka z przywilejami) o obowiązkowym oddawaniu na rzecz państwa zagranicznych prezentów droższych niż pięćset rubli, on okazał się pierwszym i jednym z nielicznych, którzy się temu podporządkowali. Kremlowskie obyczaje... Służyć, zginać się, wiedzieć, na kogo należy donieść, a z kim w odpowiedniej chwili pochichotać. Z kim się przywitać, a komu lekko skinąć głową. Wszystko najpierw skalkulować... Gdzie dali pani gabinet? Obok prezydenta, na tym samym piętrze? Jeśli nie – nie jest pani człowiekiem... Tak... zwykłą płotką... Jakie ma pani u siebie telefony? Ma pani linię specjalną? A telefon z napisem „prezydent", żeby bezpośrednio łączyć się z „szefem"? Czy wydają pani samochód ze specjalnego garażu?...

...Czytam *Moje życie* Trockiego. Dobrze tam pokazana jest kuchnia rewolucji... Wszyscy teraz uczepili się Bucharina. Jego hasło: „Bogaćcie się, gromadźcie dobra" – akurat się nadało. Pojawiło się w samą porę. „Bucharczyk" (jak go ochrzcił Stalin) proponował „wrastać w socjalizm", Stalina nazywał Dżyngis-chanem. Ale też nie był postacią jednoznaczną... Gotów był jak wszyscy składać ludzi w ofierze Molochowi rewolucji światowej, bez względu na wszystko. Wychowywać ich za pomocą egzekucji. Stalin tego nie wymyślił... Wszystko to byli ludzie wojny – po rewolucji, po wojnie domowej. Po rozlewie krwi... (*Pauza*). U Lenina jest uwaga, że rewolucje przychodzą wtedy, gdy same tego chcą, a nie dlatego że ktoś pragnie rewolucji. No tak... właśnie... Pierestrojka, *głasnost'*. Wszystko wyślizgnęło się nam z rąk... Dlaczego? Na wyższych szczeblach władzy było wielu mądrych ludzi. Czytali Brzezińskiego... Ale wyobrażenia mieliśmy takie: podremontujemy, posmarujemy i pojedziemy dalej. Nie wiedzieliśmy, do jakiego stopnia naszym ludziom sprzykrzyło się wszystko, co radzieckie. Sami nie bardzo wierzyliśmy w „świetlaną przyszłość", ale wierzyliśmy, że lud wierzy... (*Pauza*). Nie... Nie, Achromiejewa nikt nie zabił... Odrzućmy teorie spiskowe... A samobójstwo to był jego ostatni argument. Odchodząc, mimo wszystko powiedział rzecz najważniejszą:

spadamy w przepaść. Był olbrzymi kraj, ten kraj wygrał straszną wojnę i ten kraj się wali. Chiny nie runęły. Ani Korea Północna, gdzie ludzie umierają z głodu. Nawet mała socjalistyczna Kuba się trzyma, a my znikamy. Nie podbito nas czołgami ani rakietami, zniszczono jednak to, co było w nas najsilniejsze. Naszego ducha. Zgnił system, zgniła partia. Być może właśnie dlatego... to też jedna z przyczyn jego odejścia...

...Urodził się na zapadłej wsi w Mordowii, wcześnie stracił rodziców. Poszedł na wojnę jako podchorąży szkoły marynarki wojennej. Poszedł jak ochotnik. Dzień Zwycięstwa witał w szpitalu – był całkiem wycieńczony, ważył trzydzieści osiem kilo. (*Pauza*). Zwyciężyła umęczona, chora armia. Wycieńczona, kaszląca. Cierpiąca na korzonki, na zapalenie stawów... chorująca na żołądek... Taką ją pamiętam... Byliśmy z tego samego pokolenia – ludzi wojny. (*Pauza*). Od podchorążego wspiął się na sam szczyt piramidy wojskowej. Władza radziecka dała mu wszystko: najwyższy stopień – marszałka, Gwiazdę Bohatera, Nagrodę Leninowską... Nie księciu krwi, ale chłopakowi ze zwykłej chłopskiej rodziny. Z zapadłej prowincji. Tysiącom takich jak on dała szansę. Biednym, małym ludziom... Dlatego kochał władzę radziecką.

Dzwonek do drzwi. Ktoś ze znajomych przychodzi w odwiedziny. Nad czymś długo debatują w przedpokoju. Kiedy N. wraca, widzę, że jest trochę rozstrojony i już tak chętnie się nie zwierza, ale potem na szczęście znowu nabiera ochoty.

Razem pracowaliśmy... prosiłem go, żeby włączył się do rozmowy... Odmówił, bo to jest tajemnica partyjna i nie można jej rozgłaszać. Po co dopuszczać do niej obcych? (*Pauza*). Nie byłem przyjacielem Achromiejewa, ale znałem go od wielu lat. Nikt nie poszedł na krzyż, żeby ratować kraj. Tylko on. A myśmy zaczęli się troszczyć o własne emerytury i przydziałowe dacze. Nie mogę tego przemilczeć...

Przed Gorbaczowem naszych przywódców ludzie widzieli tylko na trybunie mauzoleum: czapki z piżmaków i kamienne twarze. Dowcip: „Dlaczego poznikały czapki z piżmaków?". „Bo nomenklatura rozmnaża się szybciej niż piżmaki". (*Śmieje się*).

Nigdzie nie opowiadano tylu dowcipów co na Kremlu. Dowcipów politycznych... antyradzieckich... (*Pauza*). Pierestrojka... Dokładnie nic pamiętam, ale zdaje mi się, że po raz pierwszy słowo to usłyszałem za granicą od dziennikarzy. U nas mówiono częściej: „przyspieszenie" i „droga leninowska". A za granicą zaczął się boom gorbaczowowski, cały świat zapadł na „gorbimanię". Pierestrojką nazywano tam wszystko, co się u nas działo. Wszystkie zmiany. Jeśli ulicą jechał Gorbaczow ze świtą, tysiące ludzi stały wzdłuż drogi. Płacz, uśmiechy. To wszystko pamiętam... Pokochali nas! Zniknął strach przed KGB, a co najważniejsze, ogłoszono kres atomowego szaleństwa... I za to świat był nam wdzięczny. Przez dziesiątki lat wszyscy bali się wojny atomowej, nawet dzieci. Przywykliśmy patrzeć na siebie z okopów. Przez celownik... (*Pauza*). Na Zachodzie zaczęto się uczyć rosyjskiego... w restauracjach podawano dania rosyjskie: barszcz, pielmienie... (*Pauza*). Przepracowałem dziesięć lat w USA i w Kanadzie. Wróciłem do domu za rządów Gorbaczowa. Widziałem wielu szczerych, uczciwych ludzi, pragnących we wszystkim uczestniczyć. Widziałem takich ludzi... kiedy poleciał w kosmos Gagarin... Takie twarze... Gorbaczow miał wielu zwolenników, ale wśród nomenklatury było ich najmniej. W KC... w komitetach obwodowych... „Sekretarz z kurortu" – to dlatego, że do Moskwy wzięto go ze Stawropola, gdzie lubili odpoczywać sekretarze generalni i członkowie Politbiura. „Sekretarz mineralny" i „sokinsyn" – za kampanię antyalkoholową. Teczka z kompromitującymi dokumentami pęczniała: podczas pobytu w Londynie nie odwiedził grobu Marksa... Niesłychana rzecz! Wrócił z Kanady i wszystkim opowiadał, jak tam jest dobrze. I to dobre, i tamto... a u nas... No, wiadomo co u nas... Ktoś nie wytrzymał: „Michaile Siergiejewiczu, u nas za sto lat też tak będzie". „No, optymista z ciebie". Nawiasem mówiąc, do wszystkich mówił per „ty"... (*Pauza*). Przeczytałem artykuł pewnego „demokratycznego" publicysty, że pokolenie wojenne... to znaczy my... za długo trzymało się u władzy. Zwyciężyliśmy, odbudowali kraj i potem należało odejść, bo nie mieliśmy innych wyobrażeń na temat tego, jak się powinno żyć, poza wojennymi. Dlatego właśnie zostaliśmy tak daleko z tyłu za światem... (*Agresywnie*). „Chłopcy z Chicago"... „reformatorzy w różowych porteczkach"... Gdzie jest wielki kraj? Gdyby to była wojna, tobyśmy zwyciężyli. Gdyby wojna... (*Długo musi się uspokajać*).

...Ale im dalej, tym bardziej Gorbaczow przypominał kaznodzieję, a nie genseka. Został gwiazdą telewizji. Wkrótce wszystkim znudziło się słuchanie jego kazań: „z powrotem do Lenina"... „skok w rozwinięty socjalizm"... Pojawiało się pytanie: to w takim razie co u nas zbudowano? Socjalizm niedorozwinięty? Co mamy... (*Pauza*). Pamiętam, że za granicą widzieliśmy innego Gorbaczowa, mało wtedy przypominał tego, którego znaliśmy u siebie. Tam czuł się wolny. Żartował zręcznie, precyzyjnie formułował myśli. A w domu intrygował, lawirował. Dlatego wydawało się, że jest słaby. I gada byle co. Tymczasem słaby wcale nie był. Tchórzem też nie. Wszystko to nieprawda. To był zimny i doświadczony polityk. Skąd więc dwóch Gorbaczowów? Gdyby w domu był otwarty tak jak za granicą, toby go „starzy" w jednej chwili rozgryźli i zjedli. Jest jeszcze jedna przyczyna... On, tak myślę, dawno przestał być komunistą, już nie wierzył w komunizm... Potajemnie bądź podświadomie był socjaldemokratą. Szczególnie się z tym nie afiszował, ale wszyscy wiedzieli, że w młodości studiował na Uniwersytecie Moskiewskim razem z przywódcą Praskiej Wiosny Alexandrem Dubčekiem i jego doradcą Zdenkiem Mlynářem. Przyjaźnili się. Mlynář napisał w swoich wspomnieniach, że kiedy na uniwersytecie odczytano im na zamkniętym zebraniu partyjnym referat Chruszczowa z XX Zjazdu, doznali takiego wstrząsu, że przez całą noc włóczyli się po Moskwie. A rano na Wzgórzach Leninowskich, tak jak niegdyś Hercen i Ogariow*, przysięgli sobie, że przez całe życie

* W roku 1825 na wieść o wybuchu powstania dekabrystów Aleksandr Hercen (1812–1870) oraz Nikołaj Ogariow (1813–1877), późniejsi pisarze rewolucyjni, złożyli wspólnie przysięgę, że poświęcą życie walce o wolność. Działo się to podczas spaceru na Wzgórzach Worobiowych (w latach 1924–1991 – Wzgórza Leninowskie).

będą walczyć ze stalinizmem. (*Pauza*). Stamtąd wzięła się cała pierestrojka... Z chruszczowowskiej odwilży...

Poruszaliśmy już ten temat... Od Stalina do Breżniewa na czele państwa stali ludzie, którzy brali udział w wojnie. Przeżyli czas terroru. Ich psychika uformowała się w warunkach przemocy. Nieustannego strachu. Nie mogli też zapomnieć roku 1941... Sromotnego odwrotu Armii Radzieckiej aż pod Moskwę. Kiedy żołnierzy wysyłano do boju, mówiąc im, że broń zdobędą na wrogu. Nie liczono ludzi, liczono naboje. To było normalne... Ludzie z taką pamięcią siłą rzeczy wierzyli, że po to, by zwyciężyć wroga, należy bez końca robić czołgi i samoloty. Im więcej, tym lepiej. Broni na świecie nagromadzono tyle, że ZSRR i Ameryka mogły się tysiąc razy zniszczyć nawzajem. Ale broń wytwarzana była nadal. No i nadeszło nowe pokolenie... Cała ekipa Gorbaczowa to dzieci lat wojny... W ich świadomości na zawsze utrwaliła się radość z pokoju... Marszałek Żukow na białym koniu przyjmujący paradę zwycięstwa... To było już inne pokolenie... i inny świat... Tamto wcześniejsze nie ufało Zachodowi, widziało w nim wroga, a to chciało żyć jak na Zachodzie. Oczywiście „staruszków" Gorbaczow przerażał... Przerażały ich jego wypowiedzi o „budowie świata bez broni jądrowej". Oznaczało to dla nich: żegnaj powojenna doktryno „równowagi strachu"... O tym, że „w wojnie jądrowej nie może być zwycięzców", z czego wypływał wniosek, że zwijamy „obronę", redukujemy armię. Nowoczesne zakłady wojskowe zaczną chyba produkować garnki i sokowirówki... No bo jak inaczej? Doszło już do tego, że wyższa generalicja znajdowała się niemal w stanie wojny z kierownictwem politycznym. Z sekretarzem generalnym. Nie mogli mu wybaczyć utraty Bloku Wschodniego, naszej ucieczki z Europy. Zwłaszcza z NRD. Nawet kanclerz Kohl był zdziwiony brakiem wyrachowania Gorbaczowa – proponowali nam olbrzymie pieniądze za wyjście z Europy Wschodniej, ale on odmówił. Zdumiewała jego naiwność. Rosyjska prostota. Tak bardzo chciał, żeby go lubiano... żeby francuscy hipisi nosili tiszerty z jego portretem... O interesy kraju zabiegano nieudolnie, haniebnie je narażano. Armię wycofywano w lasy, w rosyjskie pola. Oficerowie i żołnierze mieszkali w pałatkach. W ziemiankach. Pierestrojka jak wojna. Wcale nie wyglądała na odrodzenie...

W radziecko-amerykańskich rozmowach rozbrojeniowych Amerykanie dostawali zawsze to, czego chcieli. Achromiejew opisuje w książce *Oczami marszałka i dyplomaty*, jak przebiegały debaty o rakietach „Oka" (na Zachodzie nazywano je SS-23). Rakieta była nowa, nikt inny takiej nie miał, więc strona amerykańska nalegała na jej zniszczenie. Warunki układu jednak jej nie obejmowały: likwidacji podlegały rakiety średniego zasięgu od 1000 do 5500 kilometrów i mniejsze – od 500 do 1000 kilometrów. Zasięg bojowy „Oki" wynosił 400 kilometrów. Radziecki sztab generalny proponował Amerykanom: cóż, zróbmy uczciwie – zabrońmy wszystkich rakiet w skali nie od 500, ale od 400 kilometrów. Wtedy jednak Amerykanie musieliby złożyć w ofierze swoje modernizowane rakiety „Lance-2" o zasięgu 450–470 kilometrów. Długa zakulisowa walka... W tajemnicy przed wojskowymi Gorbaczow osobiście podjął decyzję zniszczenia „Oki". Właśnie wtedy Achromiejew wypowiedział słynne zdanie: „Może powinniśmy od razu poprosić o azyl polityczny w Szwajcarii i nie wracać do domu". Nie umiał uczestniczyć w burzeniu tego, czemu poświęcił całe życie... (*Pauza*). Świat stał się jednobiegunowy, należy teraz do Ameryki. Myśmy zrobili się słabi, od razu wypchnięto nas na peryferie. Zmieniono w kraj pokonany, trzeciorzędny. Zwyciężyliśmy w II wojnie światowej, a przegraliśmy trzecią... (*Pauza*). On tego nie mógł znieść...

14 grudnia 1989 roku. Pogrzeb Sacharowa. Na ulicach Moskwy tysiące ludzi. Według danych milicji od siedemdziesięciu do stu tysięcy. Przy trumnie stoją Jelcyn, Sobczak, Starowojtowa... Amerykański ambasador Jack Matlock napisał w swoich wspomnieniach, że obecność tych ludzi na pogrzebie „symbolu rosyjskiej rewolucji", „najważniejszego dysydenta kraju" była dla niego czymś naturalnym, zdziwił się natomiast, kiedy „ujrzał stojącą trochę z boku samotną postać marszałka Achromiejewa". Za życia Sacharowa byli wrogami, nieubłaganymi przeciwnikami.

(*Pauza*). Achromiejew jednak przyszedł się pożegnać. Z Kremla nikogo poza nim tam nie było, ani ze Sztabu Generalnego...

Dali troszkę wolności i ze wszystkich stron wychynęła od razu gęba mieszczucha. Dla Achromiejewa, ascety i człowieka czystych rąk, to był cios. W samo serce. Nie mógł uwierzyć, że i u nas może zapanować kapitalizm. Chociaż ludzie są radzieccy, i nasza historia tak samo... (*Pauza*). Mam do tej pory przed oczyma kadry: jak po państwowej daczy, w której Achromiejew mieszkał z ośmioosobową rodziną, biega jasna blondynka i krzyczy: „Popatrzcie – dwie lodówki i dwa telewizory! Kim on jest, ten Achromiejew, żeby mieć dwa telewizory i dwie lodówki?". Dzisiaj nic nie mówią, nawet nie pisną... Chociaż wszystkie ówczesne rekordy co do liczby dacz, mieszkań, samochodów i innych przywilejów zostały dawno pobite. Luksusowe wozy, zachodnie meble w gabinetach, wczasy nie na Krymie, ale we Włoszech... My w gabinetach mieliśmy meble radzieckie i jeździliśmy radzieckimi samochodami. Nosiliśmy radzieckie ubrania i buty. Chruszczow pochodził z rodziny górniczej... Kosygin był z chłopów... Wszyscy, jak już mówiłem, byli ludźmi wojny. Doświadczenia życiowe, rzecz jasna, mieli ograniczone. Nie tylko naród, ale i przywódcy żyli za żelazną kurtyną. Wszyscy żyliśmy jak w akwarium... (*Pauza*). Poza tym... wprawdzie to tylko drobna sprawa, ale... Powojenna niełaska marszałka Żukowa związana była nie tylko z zazdrością Stalina o jego sławę, ale także z liczbą wywiezionych z Niemiec dywanów, mebli, strzelb myśliwskich, które przechowywał na daczy. Chociaż cały ten majątek zmieściłby się w dwóch autach. Bolszewikowi jednak nie wypada mieć tylu gratów... Jeśli porównać to z dzisiejszym bogactwem, to pusty śmiech człowieka ogarnia... (*Pauza*). Gorbaczow lubił luksus... W Foros zbudowano dla niego daczę... Marmury były z Włoch, płytki z Niemiec, piasek na plażę z Bułgarii... Żaden przywódca zachodni nie miał u siebie nic podobnego. Dacza Stalina na Krymie, jeśli porównać ją z tą Gorbaczowa, przypominała raczej hotel robotniczy. Zmieniali się sekretarze generalni, a jeszcze bardziej ich żony...

Kto bronił komunizmu? Nie profesorowie i nie sekretarze KC, ale wykładowczyni chemii z Leningradu Nina Andriejewa rzuciła się do obrony... Wiele hałasu narobił jej artykuł *Nie mogę zrezygnować z zasad*. Achromiejew też pisał... zabierał głos... Mówił mi: „Trzeba wydawać resztę". Wydzwaniali do niego, ubliżali od „zbrodniarzy wojennych" – to za Afganistan. Mało kto wiedział, że marszałek był przeciwny wojnie afgańskiej. I nie wywoził z Kabulu diamentów ani innych kamieni szlachetnych, obrazów z galerii narodowej jak inni dowódcy. Prasa nieustannie go atakowała... Za to, że przeszkadzał „nowym historykom", którzy musieli dowieść, że nic u nas nie było, że przeszłość jest pustynią. Nawet Zwycięstwa nie było. Tylko oddziały zaporowe i bataliony karne. Wojnę wygrali zekowie, to oni pod karabinami maszynowymi doszli do Berlina. Jakie Zwycięstwo? Zarzucili Europę trupami... (*Pauza*). Wojsko było poniżane i obrażane. Czyż takie wojsko mogło zwyciężyć w dziewięćdziesiątym pierwszym roku? (*Pauza*). I czy jego marszałek był w stanie to przeżyć?...

Pogrzeb Achromiejewa... Nad grobem stała rodzina i kilku przyjaciół. Nie było salwy honorowej. „Prawda" nie zaszczyciła nekrologiem byłego szefa Sztabu Generalnego czteromilionowej armii. Nowy minister obrony Szaposznikow (były minister Jazow siedział w więzieniu razem z innymi „puczystami") zajęty był, jak się zdaje, głównie tym, żeby przejąć mieszkanie Jazowa, z którego szybko wypędzono żonę tego ostatniego. Własne interesy... Powiem pani coś jeszcze... To ważne... Członków PKSW można oskarżyć o różne rzeczy, ale nie o to, że pilnowali swoich osobistych interesów. Że chodziło im o własną korzyść... (*Pauza*). W kremlowskich korytarzach o Achromiejewie szeptano, że postawił na złego konia. Urzędnicy przerzucali się do obozu Jelcyna... (*Upewnia się, o co pytam*). Pojęcie honoru? Proszę nie zadawać naiwnych pytań... Normalni ludzie wychodzą z mody... Nekrolog pojawił się natomiast w amerykańskim piśmie „Time". Napisał go admirał William Crowe, który w czasie rządów Reagana stał na czele komitetu szefów sztabów USA (odpowiada to właśnie naszemu szefowi Sztabu Generalnego). Wielokrotnie spotykali się podczas rozmów na tematy wojskowe. Crowe szanował więc Achromiejewa za jego wiarę, chociaż była mu obca. Wróg złożył hołd... (*Pauza*).

Tylko człowiek radziecki może zrozumieć człowieka radzieckiego. Komu innemu bym tego nie opowiadał...

Z życia po życiu

1 września w Moskwie na cmentarzu specjalnym Trojekurowo dla wysoko postawionych osób (filia moskiewskiego cmentarza Nowodziewiczego) został pochowany marszałek Związku Radzieckiego Siergiej Achromiejew.

W nocy z 1 na 2 września nieznani sprawcy rozkopali grób Achromiejewa i jego cmentarnego sąsiada generała-pułkownika Sriedniewa, pochowanego tydzień wcześniej. Śledczy przyjmują, że mogiłę Sriedniewa rozkopano najpierw, najwyraźniej przez pomyłkę... Rabusie zabrali marszałkowski mundur Achromiejewa ze złotymi galonami... i jego czapkę, którą zgodnie z wojskową tradycją przybito do trumny. A także liczne ordery i medale.

Śledczy z przekonaniem twierdzą, że grobu marszałka nie zbezczeszczono z powodów politycznych, ale komercyjnych. Mundury wyższych dowódców cieszą się bowiem wyjątkową popularnością wśród handlarzy. A już mundury marszałkowskie dosłownie wydzierają sobie z rąk...

„Kommiersant", 9 września 1991 roku

Z wywiadów na placu Czerwonym (grudzień 1997 roku)

Jestem konstruktorem...

Przed sierpniem dziewięćdziesiątego pierwszego roku żyliśmy w jednym kraju, a po sierpniu – w drugim. Przed sierpniem mój kraj nazywał się „Związkiem Radzieckim"...

Kim jestem? Jednym z tamtych idiotów, którzy bronili Jelcyna. Stałem pod Białym Domem i gotów byłem pchać się pod czołg. Ludzie wyszli na ulice uniesieni falą, porywem. Ale umrzeć gotowi byli za wolność, nie za kapitalizm. Uważam, że zostałem oszukany. Nie chcę kapitalizmu, który u nas wprowadzono...

który nam podsunięto... Nie chcę go w żadnej wersji – ani w amerykańskiej, ani w szwedzkiej. Nie robiłem rewolucji po to, żeby ktoś miał „kasę". Wołaliśmy „Rosja", zamiast wołać „ZSRR". Szkoda, że nas wtedy nie rozpędzili sikawkami i nie wytoczyli na plac paru karabinów maszynowych. Trzeba było aresztować paruset ludzi, reszta pochowałaby się po kątach. (*Pauza*). Gdzie są dzisiaj ci, którzy wzywali nas na plac: „Precz z kremlowską mafią!", „Jutro – wolność!"? Nie mamy im nic do powiedzenia. Zwiali na Zachód, teraz tam psioczą na socjalizm. Siedzą w laboratoriach w Chicago... A my – tutaj...

Rosja... Nogi sobie o nią wytarli. Każdy może jej dać po gębie. Zmienili ją w wysypisko znoszonych zachodnich łachów, przeterminowanych lekarstw. Chłamu! (*Klnie wulgarnie*). Zaplecze surowcowe, kurek z gazem... Władza radziecka? Nie była idealna, ale lepsza od tego, co jest teraz. Przyzwoitsza. W sumie socjalizm mi odpowiadał: nie było ani zanadto bogatych, ani biednych... Bezdomnych... Starzy ludzie mogli wyżyć ze swojej emerytury, nie zbierali butelek na ulicach. Ani odpadków. Nie zaglądali w oczy, nie stali z wyciągniętą ręką... Ilu ludzi zabiła pierestrojka, to warto byłoby jeszcze policzyć. (*Pauza*). Nasze dawne życie całkiem zniszczono, nie został z niego kamień na kamieniu. Wkrótce nie będę miał o czym rozmawiać z synem. „Tato, Pawlik Morozow to wyrodek, a Marat Kaziej* dziwak – mówi mój syn, kiedy wraca ze szkoły. – A ty mnie uczyłeś..." Uczyłem go tak, jak mnie samego uczyli. Dobrze go uczyłem. „To okropne radzieckie wychowanie..." Nauczyło mnie myśleć nie tylko o sobie, ale i o innych. O słabszych, o tych, którym źle się dzieje. Dla mnie bohaterem był Gastello**, a nie ci w malinowych marynarkach, przekonani, że bliższa koszula ciału, że „ważne to je, co je moje".

* Marat Kaziej (1929–1944) – nastoletni bohater partyzantki na Białorusi. Po śmierci matki, powieszonej przez Niemców, sam został zwiadowcą w oddziale. Otoczony przez wrogów, rozerwał się granatem.

** Nikołaj Gastello (1907–1941) – bohaterski lotnik, zestrzelony w pierwszych dniach wojny. Spadając, skierował płonący samolot na nieprzyjacielską kolumnę cystern z benzyną.

„Daj mi, tato, spokój ze swoim duchem... z tym humanistycznym badziewiem"... Gdzie go tak uczą? Ludzie są dzisiaj inni... kapitalistyczni... Rozumie pani? On to wszystko chłonie, a ma dwanaście lat. Ja już nie jestem dla niego autorytetem.

Dlaczego broniłem Jelcyna? Jedno jego przemówienie, że trzeba zabrać przywileje nomenklaturze, przysporzyło mu milionowych rzesz zwolenników. Gotów byłem wziąć automat i strzelać do komunistów. Przekonali mnie... Nie wiedzieliśmy, co chcą nam dać w zamian. Co się nam podtyka. To było gigantyczne oszustwo! Jelcyn wystąpił przeciw „czerwonym" i zapisał się do „białych". To katastrofa... Pytanie, czegośmy chcieli. Łagodnego socjalizmu... ludzkiego... A co mamy? Na ulicy okrutny kapitalizm. Strzelaninę. Porachunki. Decydują o tym, kto będzie straganiarzem, a kto fabrykantem. Na wierzch powyłazili bandyci... Cinkciarze i handlarze uliczni zdobyli władzę... Dokoła wrogowie i drapieżcy. Szakale! (*Pauza*). Nie mogę zapomnieć... nie mogę zapomnieć, jak staliśmy pod Białym Domem... Dla kogo wyciągaliśmy kasztany z ognia? (*Wulgarne przekleństwa*). Mój ojciec był prawdziwym komunistą. Autentycznym. Pracował jako organizator partyjny w wielkiej fabryce. Brał udział w wojnie. Mówię do niego: „Wolność! Będziemy normalnym... cywilizowanym krajem...". A on do mnie: „Twoje dzieci będą służyły u pana. Tego chciałbyś?". Byłem młody... i głupi... Śmiałem się z niego... Strasznie byliśmy wtedy naiwni. Nie wiem, dlaczego wszystko tak się skończyło. Nie wiem. Nie tak, jak chcieliśmy. W głowach mieliśmy co innego. Pierestrojka... w tym było coś wielkiego... (*Pauza*). Po roku zamknięto nasze biuro projektów, a my z żoną znaleźliśmy się na ulicy. Jak żyliśmy? Wynieśliśmy na rynek wszystkie cenne rzeczy. Kryształy, złoto radzieckie i to, co mieliśmy najcenniejszego – książki. Całymi tygodniami jedliśmy tylko tłuczone kartofle. Zająłem się „biznesem". Sprzedawałem na rynku *byczki,* czyli niedopałki. Litrowy słój takich petów... Trzylitrowy... Rodzice żony (wykładowcy z wyższej uczelni) zbierali je na ulicy, ja – sprzedawałem. A ludzie kupowali. I palili, ja sam takie paliłem! Żona sprzątała w biurach. Przez jakiś czas sprzedawaliśmy pielmienie u Tadżyka. Wszyscy drogo zapłaciliśmy za swoją naiwność. My wszyscy... Teraz razem z żoną hodujemy kury, ale ona stale płacze. Żeby tak można było wszystko cofnąć... I nie ma co ciskać we mnie butami... Bo tu nie chodzi o tęsknotę za szarą kiełbasą po dwa ruble dwadzieścia...

Jestem biznesmenem...

Przeklęci komuniści i bezpieka... Nienawidzę komunistów. Historia radziecka to NKWD, GUŁAG, SMIERSZ. Mdli mnie na widok czerwonego. Czerwonych goździków... Żona kupiła czerwoną bluzkę: „Coś ty, zwariowała!". Stalina porównuję do Hitlera. I żądam Norymbergi dla czerwonych sukinsynów. Wszystkim czerwonym psom – śmierć!

Wszędzie otaczają nas pięcioramienne gwiazdy. Na placach jak stały, tak stoją bolszewickie bałwany. Idę ulicą z synkiem, który mnie pyta: „Kto to jest?". A to jest pomnik Róży Ziemlaczki***, która we krwi utopiła Krym. Lubiła osobiście rozstrzeliwać młodych oficerów białogwardyjskich... A ja nie wiem, co mam dziecku odpowiedzieć...

Dopóki mumia sowieckiego faraona będzie leżała na ołtarzu na placu Czerwonym, będziemy cierpieć. Będziemy przeklęci...

Jestem cukiernikiem...

Mój mąż mógłby opowiedzieć... Gdzież on jest? (*Rozgląda się na wszystkie strony*). No bo ja – to co? Ja robię ciastka...

Rok dziewięćdziesiąty pierwszy? Ładni byliśmy wtedy... Piękni... Nie byliśmy tłumem. Widziałam, jak człowiek tańczył. Tańczył i wołał: „Junta – ch..e! Junta – ch..e!". (*Zasłania twarz rękami*). Oj, niech pani nie notuje. Ojoj! Jak to mówią, z piosenki słowa się nie wyrzuci, ale to słowo nie do druku. To był niemłody mężczyzna... Tańczył... Pokonaliśmy ich, więc się cieszyliśmy.

* Rozalia Ziemlaczka (właśc. Samojłowa, z domu Salkind, 1876–1947) – członkini kierownictwa partii bolszewików; w latach 1920–1921 kierowała na Krymie masowymi mordami na „wrogach klasowych" i jeńcach z białej armii barona Wrangla.

A tamci podobno mieli już listy proskrypcyjne. Jelcyn miał być rozstrzelany pierwszy... Niedawno wszystkich ich widziałam w telewizji, tę juntę... Starzy i głupi. A my wtedy przez trzy dni żyliśmy w rozpaczy. Czyżby to koniec? Strach fizyczny. Ten duch wolności... Wszyscy go poczuli... No i baliśmy się, że to stracimy... Gorbaczow, wielki człowiek, otworzył śluzy... Lubiano go, ale prędko wszystko zaczęło nas drażnić: jak mówi, co mówi, jego maniery, jego żona. (*Śmieje się*). „Poprzez Rosję pędzi trojka: Rajka, Miszka, pierestrojka". Weźmy Nainę Jelcyn... Ją ludzie bardziej lubią, bo zawsze jest za plecami męża. A Raisa koniecznie chciała stać obok niego, albo nawet przed nim. A u nas inaczej: albo jesteś sama carycą, a jak nie, to nie przeszkadzaj carowi.

Komunizm jest jak „suche prawo"* – pomysł dobry, tylko nie działa. Tak mówi mój mąż... Czerwoni święci... Tacy istnieli naprawdę... Weźmy na przykład Nikołaja Ostrowskiego... To był święty! Ale krwi upuścili nieźle. Rosja wyczerpała swoje limity na krew, na wojny i rewolucje... Nie jesteśmy ani na tyle szaleni, ani nie mamy sił na nowy przelew krwi. Ludzie dosyć się nacierpieli. Teraz chodzą po targach – wybierają firanki, tiul, tapety, rozmaite patelnie. Podoba się nam wszystko, co kolorowe, dlatego że przedtem wszystko było szare i brzydkie. Cieszymy się jak dzieci z pralki z siedemnastoma programami. Moich rodziców już nie ma: mamy od siedmiu, a taty od ośmiu lat, ale do tej pory używam zapałek, które mama nagromadziła, kasza też dotąd leży. I sól... Mama wszystko kupowała (wtedy się mówiło: „zdobywała") i odkładała na czarną godzinę... Teraz chodzimy po targach i sklepach jak po wystawach – wszystkiego jest zatrzęsienie. Chciałby człowiek zaszaleć, zrobić sobie święto. To taka psychoterapia... Wszyscy jesteśmy chorzy... (*Zamyśla się*).

* „Suche prawo" (*suchoj zakon*) – prohibicja, ustawa z 1985 roku znacznie ograniczająca produkcję i sprzedaż alkoholu, połączona z ogólnokrajową akcją trzeźwościową. Chociaż kampanię tę przygotowano wcześniej, naród łączył ją z Michaiłem Gorbaczowem i odbierał jako kolejną szykanę ze strony władzy. Wycofano się z niej po dwóch latach wskutek dużego spadku dochodów państwa i wzrostu nielegalnej produkcji alkoholu.

Ile trzeba się było namęczyć, żeby nagromadzić tyle zapałek. Nie przejdzie mi przez gardło pogardliwe określenie czegoś takiego mianem „mieszczaństwa". Konsumpcjonizmu. To leczenie... (*Milknie*). Im dalej od puczu, tym rzadziej się go wspomina. Zaczęliśmy się wstydzić. Nie ma już w nas poczucia zwycięstwa. Bo ja nie chciałam niszczyć państwa radzieckiego, a myśmy je zburzyli! Z radością! Przeżyłam w nim przecież połowę życia, tego nie sposób ot tak wymazać... Prawda? W mojej głowie wszystko urządzone jest po radziecku. Do czegoś innego trzeba się jeszcze doczołgać. Ludzie rzadko teraz wspominają to, co złe, czują za to dumę ze Zwycięstwa, czy też z tego, że pierwsi polecieliśmy w kosmos. A tego, że w sklepach były pustki, już nie pamiętają... Nie mogą już w to uwierzyć...

Od razu po puczu pojechałam na wieś... Nie wypuszczałam radia z rąk. Rano poszliśmy kopać grządki. Po pięciu, może dziesięciu minutach rzuciłam łopatę i wołam: „Dziadku, posłuchaj... Jelcyn przemawia...". Potem znowu: „Dziadku... chodź tutaj". Dziadek znosił to cierpliwie, w końcu nie wytrzymał. „Kop głębiej i nie słuchaj, co tam gadają. Naszym zbawieniem jest ziemia – ważne jest to, czy kartofle obrodzą, czy nie obrodzą". Dziadek był mądry. Wieczorem przyszedł sąsiad. Podrzuciłam im temat Stalina. Sąsiad mówi: „Był w porządku, tylko długo żył". Mój dziadek: „A ja tego drania przeżyłem". Ja zaś ciągle z tym radiem... Dygotałam z zachwytu. Największym nieszczęściem było dla mnie to, że delegaci szli na obiad. Przerwa w akcji.

...Co mam teraz? Co mi zostało? Mam olbrzymią bibliotekę i fonotekę – to wszystko! Moja mama, która jest doktorem chemii, też ma książki i rzadką kolekcję minerałów. Do jej mieszkania zakradł się złodziej... Nocą mama się budzi, a na środku pokoju (bo to kawalerka) stoi młody byczek. Otwiera szafę i wyrzuca stamtąd rzeczy. Ciska wszystko na podłogę i mówi: „Cholerni inteligenci... nawet przyzwoitego futra toto nie ma...". Potem trzasnął drzwiami i poszedł. Nie miał czego zabrać. Taka jest u nas inteligencja. Tego się dorobiliśmy. A dookoła ktoś buduje sobie wille, kupuje drogie samochody. Ja brylantu w życiu nie widziałam...

Życie w Rosji to literatura. Ale ja chcę tutaj żyć... razem z ludźmi radzieckimi... Oglądać radzieckie filmy. Co z tego, że kłamały, że robione były na zamówienie, ale je uwielbiam. (*Śmieje się*). Nie daj Boże, żeby mąż zobaczył mnie w telewizji...

Jestem oficerem...

Teraz ja... Proszę o głos. (*Młody chłopak – ma dwadzieścia pięć lat*). Niech pani zanotuje: jestem prawosławnym patriotą rosyjskim. Służę naszemu Bogu. Służę gorliwie, modlę się... Kto sprzedał Rosję? Żydzi. Kosmopolici. Przez parchów sam Pan Bóg wiele razy cierpiał.

Światowy spisek... Chodzi o spisek przeciw Rosji. Jest plan CIA... I nie chcę słuchać... Niech mi pani nie wmawia, że to fałszywka! Cicho! Plan dyrektora CIA Allena Dullesa... „Kiedy posiejemy chaos, niepostrzeżenie wymienimy ich wartości na fałszywe. W samej Rosji znajdziemy swoich zwolenników, swoich sojuszników... Z młodych ludzi zrobimy cyników, kosmopolitów, miłośników taniej rozrywki. Tak właśnie zrobimy..." Zrozumiano? Żydzi i Jankesi to nasi wrogowie. Tępe Amerykańce. Przemówienie prezydenta Clintona na zamkniętym posiedzeniu rządu amerykańskiego: „Osiągnęliśmy to, co zamierzał uczynić prezydent Truman za pomocą bomby atomowej... Bez rozlewu krwi zdołaliśmy z wojny o panowanie nad światem wyeliminować państwo stanowiące największą konkurencję dla Ameryki...". Dopókiż nieprzyjaciele nasi będą triumfować nad nami? Jezus powiedział: nie lękajcie się, bądźcie twardzi i mężni. Bóg zlituje się nad Rosją i poprzez cierpienia doprowadzi ją do wielkiej potęgi...

(*Nie jestem w stanie mu przerwać*).

W dziewięćdziesiątym pierwszym skończyłem szkołę wojskową, dostałem dwie gwiazdki. Młodszego lejtnanta. Byłem dumny i nie zdejmowałem munduru. Oficer radziecki! Obrońca Ojczyzny! A po klęsce PKSW jeździłem na służbę po cywilnemu, potem się przebierałem. No bo każdy dziadek mógłby podejść do mnie na przystanku i zapytać: „A czemuś ty, chłopcze, nie obronił ojczyzny? Ty sukinsynu! Przysięgałeś przecież". Oficerowie służyli o głodzie. Za oficerską pensję można było kupić kilo taniej kiełbasy. Zwolniłem się z wojska. Zdarzało mi się nocami ochraniać prostytutki. Teraz jestem ochroniarzem w firmie. Parchy! Wszystkie nieszczęścia są przez nich... A Rosjaninowi nie dają żyć. Ukrzyżowali Chrystusa... (*Podsuwa mi jakąś ulotkę*). Niech pani czyta... Ani milicja, ani armia nie obroni tych sobczaków, czubajsów... i niemcowów* przed słusznym gniewem ludu. „Chaim, słyszałeś, że niedługo ma być pogrom?" „Ja się nie boję. W dowodzie mam napisane »narodowość rosyjska«". „Ty, głupi, jak biją, to nie patrzą do dowodu, tylko na mordę". (*Żegna się*).

Na ziemi rosyjskiej mają być rosyjskie porządki! Nazwiska Achromiejewa, Makaszowa... i innych bohaterów są na naszych sztandarach! Bóg nas nie opuści...

Jestem studentem...

– Achromiejew? Kto to jest? Co za jeden?

– PKSW... rewolucja sierpniowa...

– Przykro mi... Nie orientuję się...

– Ile pan ma lat?

– Dziewiętnaście. Nie interesuję się polityką. Daleki jestem od tego *show*. Ale Stalin mi się podoba. To jest ciekawe. Niech pani porówna dzisiejszych przywódców z wodzem w żołnierskim szynelu. Na czyją korzyść wyjdzie porównanie? No właśnie... Wielka Rosja nie jest mi potrzebna. Nie włożę żołnierskich buciorów i nie powieszę sobie automatu na szyję. Nie chcę umierać! (*Milknie*). Marzenie Rosjanina: walizę w łapę i uciec w p.... z Rosji! Do Ameryki! Ale nie mam też zamiaru wyjeżdżać, żeby przez całe życie być kelnerem. Zastanawiam się.

* Boris Niemcow (ur. 1959) – w latach 1991–1997 gubernator obwodu niżnonowogrodzkiego, zajmował później stanowiska w rządzie Federacji Rosyjskiej. Obecnie jeden z przywódców opozycji antyputinowskiej.

O jałmużnie wspomnień i żądzy sensu

Igor Pogłazow – uczeń ósmej klasy, 14 lat

Z opowieści mamy

Mam wrażenie, że to zdrada... Że zdradzam własne uczucia, zdradzam nasze życie. Nasze słowa... Zostały wypowiedziane tylko do któregoś z nas, a ja wpuszczam kogoś obcego do naszego świata. Czy to dobry, czy zły człowiek – to już nie jest takie ważne. Zrozumie mnie, czy też nie... Pamiętam, jak na targu kobieta sprzedająca jabłka opowiadała wszystkim, jak pochowała syna. Wówczas przysięgłam sobie, że ja taka nigdy nie będę. Z mężem w ogóle milczymy na ten temat, płaczemy, ale każde z osobna, żeby drugie nie widziało. Wystarczy jedno słowo, żebym zaczęła wyć. Przez pierwszy rok w ogóle nie mogłam ucichnąć: „Dlaczego?!". Dlaczego to zrobił? Wolę myśleć... Pocieszam się, że nie zamierzał od nas odejść, chciał spróbować... zajrzeć... Młodych ludzi nurtuje pytanie, co tam jest... Szczególnie chłopców... Po śmierci syna czytałam jego zeszyty, wiersze. Wertowałam jak agent śledczy. (*Płacze*). Na tydzień przed tamtą niedzielą stałam przed lustrem, rozczesywałam włosy... Podszedł do mnie, objął. Staliśmy we dwoje, patrzyli w lustro i uśmiechali się. „Igorku – mocniej wtuliłam się w jego ramiona – jakiś ty ładny. Ładny dlatego, że narodziłeś się z miłości. Z wielkiej miłości". Uścisnął mnie jeszcze mocniej: „Mamo, jak zwykle jesteś nie do podrobienia". Wzdrygam się na myśl, czy wtedy, przed lustrem, już o tym myślał, czy też nie... Może już myślał?

Miłość... Dziwnie się czuję, wypowiadając to słowo. Przypominając sobie, że istnieje miłość. A kiedyś myślałam, że miłość jest większa niż śmierć... że jest silniejsza nad wszystko... Swojego męża poznałam w dziesiątej klasie. Chłopcy z sąsiedniej szkoły przyszli do nas na tańce. Naszego pierwszego wieczoru nie pamiętam, bo nie widziałam Walika – tak ma na imię mój mąż. On zaś, choć mnie dostrzegł, nie podszedł do mnie. Nie widział nawet mojej twarzy, tylko sylwetkę. I tak jakby usłyszał jakiś głos, mówiący: „To twoja przyszła żona". Tak mi potem opowiadał... (*Uśmiecha się*). A może to sobie zmyślił? Lubi przecież fantazjować. Ale zawsze działo się z nami coś cudownego, to coś stale mi towarzyszyło. Byłam wesoła, szaleńczo wesoła, nieposkromiona – taka właśnie. Kochałam męża, ale lubiłam flirtować z innymi mężczyznami. Taka gra: ty idziesz, a na ciebie patrzą, i podoba ci się to, że patrzą, może nawet troszkę zakochani. „I dlaczego tak dużo jest mnie?" – często śpiewałam ten refren piosenki mojej ulubionej Mai Kristallińskiej. Pędziłam przez życie, a teraz żałuję, że nie wszystko zapamiętałam, nigdy już taka radosna nie będę. Żeby kochać, trzeba wiele sił, a ja teraz jestem inna. Stałam się zwyczajna. (*Milknie*). Czasem chciałoby się... a najczęściej przykro jest wspominać tę dawną siebie...

Igorek ma trzy, może cztery lata... Kąpię go. „Mamo, ja cię kocham tak jak Pseslicną Klólewnę". Z tym „r" długo wojowaliśmy... (*Uśmiecha się*). Czymś takim można żyć, teraz właśnie tym żyję. Jałmużną wspomnień, zbieram wszystkie okruchy... Uczę w szkole rosyjskiego i literatury ojczystej. Zwykły domowy obrazek: ja nad książkami, on w szafce kuchennej. Zanim powyciąga stamtąd rondle, patelnie, łyżki, widelce, ja już zdążę się przygotować do jutrzejszych lekcji.

Igor podrósł. Siedzę i piszę, a on też siedzi przy swoim stoliku i pisze. Wcześnie nauczył się czytać. I pisać. Kiedy miał trzy lata, uczyliśmy się na pamięć Michaiła Swietłowa: „Kachowka się broni, karabin do skroni... leć kulo gorąca, ach, leć!"**. Tutaj trzeba

* *Kachowka* (mel. Isaak Dunajewski, sł. Michaił Swietłow) – pieśń z roku 1936.

się zatrzymać i opowiedzieć bardziej szczegółowo... Chciałam, żeby rósł mężny, silny, więc wybierałam mu wiersze o wojnie, o bohaterach. O Ojczyźnie. I pewnego razu osłupiałam, kiedy moja mama powiedziała: „Wiera, dosyć tych wojennych wierszy. On bawi się tylko w wojnę". „Wszyscy chłopcy lubią się bawić w wojnę". „Tak, ale Igor lubi, żeby do niego strzelali, a on wtedy upada. I umiera! Upada z taką ochotą, z takim upojeniem, że mnie to przeraża. Krzyczy do innych chłopców: »Wy strzelacie, a ja padam«. Nigdy na odwrót". (*Po długiej przerwie*). Dlaczego nie posłuchałam mamy?

Kupowałam mu militarne zabawki: czołg, ołowiane żołnierzyki, karabin snajperski... Przecież to chłopiec, powinien zostać wojownikiem. Instrukcja do karabinu snajperskiego: „Strzelec wyborowy powinien zabijać spokojnie i z rozwagą... Najpierw musi dobrze »zaznajomić się« z celem...". Z jakiegoś powodu uważano takie rzeczy za coś normalnego, nikogo nie dziwiły. Dlaczego? Wszyscy mieliśmy wojenną psychikę. „Jeśli jutro na bój..."* Nie umiem tego inaczej wyjaśnić. Nie mam innego wytłumaczenia... Teraz już rzadziej daje się dzieciom w prezencie szabelki... pistoleciki... pif-paf! A my... Pamiętam, jaka byłam zdziwiona, kiedy ktoś z nauczycieli w szkole opowiedział, że chyba w Szwecji zakazano sprzedaży zabawek militarnych. To jak wychować mężczyznę? Obrońcę ojczyzny? (*Łamiącym się głosem*). „Naprzód! Dotrzymaj kroku śmierci, poeto, giermku biedny!"** Z jakiegokolwiek powodu się zbieramy, zawsze po paru minutach zaczynamy mówić o wojnie. Często śpiewaliśmy piosenki z czasów wojny. Czy gdzieś na świecie są jeszcze tacy ludzie jak my? Polacy żyli w socjalizmie, Czesi, Rumuni też, ale mimo wszystko są inni... (*Milknie*). Nie wiem teraz, jak dalej żyć. Czego się chwycić? No czego...

Zaczyna mówić szeptem. Ale ja mam wrażenie, że krzyczy.

...Zamykam oczy i widzę, jak leży w trumnie... Przecież byliśmy szczęśliwi... Dlaczego uznał, że w śmierci jest tyle piękna?...

* *Jeśli jutro na bój* (*Jesli zawtra wojna*, mel. Daniił i Dmitrij Pokrass, sł. Wasilij Lebiediew-Kumacz, przekład Leon Pasternak) – pieśń z 1938 roku.

** Aleksandr Wwiedienski, *Elegia* w przekładzie Ziemowita Fedeckiego.

...Przyjaciółka zaprowadziła mnie do krawcowej: „Powinnaś uszyć sobie nową sukienkę. Kiedy mam depresję, to szyję sobie nową sukienkę...".

...We śnie ktoś głaszcze mnie po głowie... W pierwszym roku uciekałam z domu do parku, tam krzyczałam, aż się ptaki zrywały, przerażone...

Ma dziesięć lat, nie, pewnie jedenaście... Z dwiema teczkami ledwie dobrnęłam do domu. Po całym dniu w szkole. Wchodzę. Obaj na kanapie: jeden z gazetą, drugi z książką. W mieszkaniu bałagan, diabli wiedzą co! Góra niepomytych naczyń! Witają mnie z zachwytem! Biorę do rąk miotłę. Barykadują się krzesłami.

– Wyłaźcie!

– Nigdy!

– Grajcie w marynarza: któremu pierwszemu mam wsypać?

– Dziewczynko Maminko, nie złość się. – Igorek wyłazi pierwszy, jest już równy wzrostem ojcu.

„Dziewczynka Maminka" była moim domowym przezwiskiem. To on je wymyślił... Latem zwykle jeździliśmy na południe, „do palm, które żyją najbliżej słońca". (*Radośnie*). Przypominają się słowa... nasze słowa... Grzaliśmy jego chore zatoki. Potem aż do marca z trudem wychodziliśmy z długów, musieliśmy sobie wielu rzeczy odmawiać. Na pierwsze jedliśmy pielmienie, na drugie – pielmienie i do herbaty też pielmienie. (*Milknie*). Przypomina mi się jakiś kolorowy plakat... Rozgrzany Gurzuf. I morze, kamienie i piasek, białe od fal i słońca... Pozostało wiele fotografii, teraz chowam je przed sobą. Boję się, od razu we mnie coś wybucha... Od razu wybuch! Kiedyś pojechaliśmy bez niego. W połowie drogi zawróciliśmy. Wpadamy do domu. „Igorku! Jedziesz z nami. Bez ciebie nie potrafimy!" Z krzykiem „Hurra!" wiesza mi się na szyi. (*Po długiej przerwie*). Bez niego nie potrafimy...

Dlaczego nie powstrzymała go nasza miłość? Kiedyś wierzyłam, że miłość potrafi wszystko. Znowu ja... znowu...

To się stało... już go z nami nie ma... Długo trwałam w stanie odrętwienia. „Wiera" – woła mąż. Ja nie słyszę. „Wiera, już go z nami nie ma..." Nie słyszę. I nagle dostaję ataku histerii! Jak się nie wydrę, jak nie zacznę tupać – na swoją mamę, ukochaną mamę: „Ty łamago jedna, tołstojówko! Wychowałaś dziwolągi, takie jak ty sama! Cośmy przez całe życie od ciebie słyszeli? Trzeba żyć dla innych, dla wzniosłego celu... Rzucić się pod czołg, spłonąć w samolocie za Ojczyznę. Gromy rewolucji... bohaterska śmierć... Dla ciebie śmierć była zawsze piękniejsza od życia. Wyrośliśmy na dziwadła, na monstra. Igorka też tak wychowałam. To ty jesteś wszystkiemu winna! Ty!". Mama się najeżyła i zrobiła się nagle bardzo malutka. Maleńka staruszka. Poczułam ukłucie w sercu. Po raz pierwszy od wielu dni poczułam ból, przedtem mi w trolejbusie ktoś postawił na stopach ciężką walizę – a ja nic nie poczułam. W nocy spuchły mi wszystkie palce, i dopiero wtedy przypomniałam sobie tę walizę. (*Przez łzy*). Muszę tu przerwać i opowiedzieć o swojej mamie... Moja mama jest z pokolenia przedwojennej inteligencji. Z tych, którzy mieli łzy w oczach, kiedy grano *Międzynarodówkę*. Przeżyła wojnę i zawsze pamiętała, jak żołnierz radziecki zatknął czerwoną flagę na Reichstagu: „Nasz kraj zwyciężył w takiej wojnie!". Dziesięć... dwadzieścia... czterdzieści lat... powtarzała nam to jak zaklęcie. Jak modlitwę... To była jej modlitwa... „Nie mieliśmy nic, ale byliśmy szczęśliwi" – co do tego mama miała absolutną pewność. Nie było sensu się z nią spierać. Lwa Tołstoja – „zwierciadło rewolucji rosyjskiej" kochała za *Wojnę i pokój*, ale także za to, że chociaż hrabia, to wszystko chciał rozdać biednym, żeby zbawić duszę. Taka była nie tylko mama, ale wszyscy jej przyjaciele – pierwsi inteligenci radzieccy, wychowani na Czernyszewskim, Dobrolubowie, Niekrasowie... na marksizmie... Czy mogę sobie wyobrazić, że mama siedzi i wyszywa na tamborku albo jakoś specjalnie upiększa nasz dom? Fajansowe wazoniki, słoniki i tak dalej... Co też pani! To byłaby strata czasu. Mieszczaństwo! Najważniejsza dla nich była praca duchowa... książki... Jedno ubranie można było nosić dwadzieścia lat, dwa palta wystarczały na całe życie, którego jednak nie wyobrażali sobie bez Puszkina czy też kompletu dzieł Gorkiego. Wiedzieli, że są uczestnikami wielkiego planu, i że ten wielki plan istnieje... Tak właśnie żyli...

W centrum miasta jest stary cmentarz. Wiele drzew. Krzewy bzu. Ludzie tam spacerują jak po ogrodzie botanicznym. Mało starych ludzi, a młodzi śmieją się, całują. Włączą magnetofon... Wraca kiedyś późno:

– Gdzie byłeś?

– Chodziłem na cmentarz.

– Co ci przyszło do głowy, żeby akurat na cmentarz?

– Tam jest ciekawie. Patrzy się w oczy ludziom, których już nie ma.

...Otwieram drzwi do jego pokoju... Stał wyprostowany na gzymsie, a u nas ten gzyms jest niepewny, nierówny. Piąte piętro! Zamarłam. Nie można krzyknąć, jak w dzieciństwie, kiedy wdrapywał się na najcieńszą gałąź drzewa albo na wysoki stary mur zrujnowanej cerkwi: „Jeśli poczujesz, że się nie utrzymasz, staraj się spaść na mnie". Nie krzyknęłam, nie zapłakałam, żeby go nie przestraszyć. Wycofałam się przy ścianie. Po pięciu minutach, które wydały mi się wiecznością, znowu wchodzę – już zeskoczył z gzymsu i chodzi po pokoju. W jednej chwili rzuciłam się na niego. Całowałam go, tłukłam i trzęsłam nim.

– Po co? Powiedz mi po co?!

– Nie wiem. Spróbowałem.

...Któregoś ranka koło sąsiedniej bramy zobaczyłam wieńce żałobne. Ktoś umarł. No cóż, jak umarł, to umarł. Wróciłam z pracy i dowiaduję się od ojca, że syn tam poszedł. Pytam:

– Po co? Przecież to obcy dla nas ludzie.

– To była młoda dziewczyna. Leżała i była taka ładna. A ja myślałem, że śmierć jest straszna.

(*Milknie*). Krążył tak... ciągnęło go gdzieś poza tę granicę... (*Milknie*). Ale tamte drzwi są zamknięte... Nie mamy tam dostępu.

Położył mi głowę na kolanach i pytał: „Mamo, jaki byłem, kiedy byłem mały?". A ja zaczęłam opowiadać... Jak czekał pod drzwiami na Dziadka Mroza. Pytał, którym autobusem jedzie się za siódmą górę i siódmą rzekę. Kiedy na wsi zobaczył piec rosyjski, to czekał całą noc, kiedy ten ruszy z miejsca i pojedzie. Był bardzo ufny...

Pamiętam, że na ulicy już był śnieg... A on przybiegł do mnie i zawołał:

– Mamo! Dzisiaj się całowałem!

– Całowałeś się?!

– Tak. Miałem dzisiaj pierwszą randkę.

– I nic mi nie powiedziałeś?

– Nie zdążyłem. Powiedziałem Dimce i Andriejowi, i poszliśmy we trójkę.

– A czy na randki chodzi się we trójkę?

– No tak, sam jakoś się nie zdecydowałem.

– No i jak to było na randce we trójkę?

– Bardzo dobrze. Chodziliśmy z nią pod rękę dookoła górki i całowaliśmy się. A Dimka i Andriej stali na straży.

O Boże!

– Mamo, a czy uczeń piątej klasy może się ożenić z dziewczyną z dziewiątej? Jeżeli oczywiście to jest miłość...

...A to... to... (*Długo płacze*). Nie mogę o tym...

...Nasz ulubiony miesiąc – sierpień. Jedziemy za miasto i przyglądamy się pajęczynie. Śmiejemy się, śmiejemy... śmiejemy. (*Milknie*). Dlaczego ciągle płaczę? Mieliśmy całe czternaście lat... (*Płacze*).

Krzątam się w kuchni. Okno otwarte. Słyszę, jak rozmawia z ojcem na balkonie. Igor:

– Tato, co to znaczy „cud"? Chyba zrozumiałem. Posłuchaj... Żyli sobie babcia z dziadkiem, mieli kurkę Jarzębatkę. Zniosła kurka złote jajko, aż się dziadek zdumiał... Długo tłukł jajeczko, tłukł, rozbić go nie umiał. Tłukła babcia, tłukła, rozbić nie umiała, tylko mała myszka, co tam harcowała, ogonkiem machnęła, jajeczko strąciła i całkiem rozbiła. Płacze dziadek, babcia płacze...

– Z punktu widzenia logiki to nie ma w ogóle sensu. Najpierw chcieli rozbić i nie mogli, a jak się rozbiło, to płaczą! Ale od wielu lat, co ja mówię... nie lat – od wieków dzieci słuchają tej bajki jak wiersza.

– Tato, a ja myślałem, że wszystko można zgłębić rozumem.

– Wielu rzeczy nie można zgłębić rozumem. Na przykład miłości.

– I śmierci.

Wiersze pisał od dziecka... Na biurku, w kieszeniach, pod kanapą znajdowałam zapisane kartki. Gubił je, wyrzucał, zapominał o nich. Czasem nawet nie mogłam uwierzyć, że są jego:

– To naprawdę ty napisałeś?

– A co takiego?

Czytam: „Chodzą w gości do siebie ludzie, odwiedzają się także zwierzęta...".

– Eee, to stare. Już zapomniałem.

– A ten wiersz?

– Jaki?

Czytam: „Tylko ta biedna gałązka, kroplami gwiazd nakrapiana...". Kiedy miał dwanaście lat, napisał, że chciałby umrzeć. Że ma dwa pragnienia – kochać i umrzeć. „Nas oboje, mnie i ciebie, błękit wód połączył ślubem..." Jeszcze?! Proszę: „Nie jestem wasz, obłoki srebrne, nie jestem wasz, błękitne śniegi...". Przecież mi czytał te wiersze. Czytał! Ale w młodości często pisze się o śmierci...

W naszym domu wiersze słychać było ciągle, tak jak zwykłą mowę. Majakowski, Swietłow... Mój ukochany Siemion Gudzenko:

Gdy na śmierć idą – idą z pieśnią,
a przedtem, przedtem
    można płakać.
Ze wszystkich w boju najstraszniejszą
Jest chwila, nim się zacznie atak*.

Zauważyła pani? No przecież to oczywiste... Niepotrzebnie pytam. Wszyscyśmy się na tym wychowali... Sztuka kocha śmierć, a nasza to już wyjątkowo. Kult ofiary i śmierci mamy we krwi. Żyć tak, żeby tętnica pękła. „Ech, ty nasz narodzie

* Siemion Gudzenko, *Przed atakiem* w przekładzie Mieczysława Jastruna.

rosyjski! Nie lubisz umierać zwyczajną śmiercią!"* – pisał Gogol. Wysocki też śpiewał: „Nad przepaścią, nad otchłanią...". Nad przepaścią! Sztuka lubi śmierć, ale przecież są także francuskie komedie. Dlaczego u nas prawie nie ma komedii? „Naprzód za Ojczyznę!", „Ojczyzna albo śmierć!". Uczyłam swoich uczniów: przyświecając innym, sam się spalam. Uczyłam o Danko**, który wyrwał z piersi płonące serce i oświetlał ludziom drogę. Nie mówiliśmy o życiu... o nim mówiliśmy mało... Bohater! Bohater! Bohater! Życie składało się z bohaterów, ofiar i katów... Innych ludzi nie było. (*Krzyczy, płacze*). Dla mnie teraz pójście do szkoły jest torturą. Dzieci czekają, chcą słów i uczuć... Co mam powiedzieć... Co ja mogę im powiedzieć?

Wszystko było... i było właśnie tak... Był późny wieczór, leżałam już w łóżku i czytałam *Mistrza i Małgorzatę* (wtedy jeszcze uważana była za powieść „dysydencką", dostałam ją przepisaną na maszynie). Czytam już ostatnie strony... Pamięta pani, tam, gdzie Małgorzata prosi, żeby dać spokój Mistrzowi, a Woland, duch Szatana, mówi: „W górach nie należy krzyczeć, on tak czy owak nawykł do lawin i nie zwróci na nie uwagi. Nie musisz się za nim wstawiać, Małgorzato, albowiem ujął się już za nim ten, z kim tak pragnął rozmawiać..."***. Jakaś niepojęta siła rzuciła mnie do drugiego pokoju, do kanapy, na której spał syn. Uklękłam i szeptałam jak modlitwę: „Igorku, nie rób tego. Kochany mój, nie rób tego. Nie rób!". Zaczęłam robić to, czego, odkąd podrósł, już mi nie wolno było robić: całować jego ręce, nogi. Otworzył oczy. „Mamo, co ty?" Zaraz oprzytomniałam: „Zsunęła ci się kołdra, poprawiłam ci". Zasnął. A ja... Co się stało ze mną, tego nie rozumiem. Kiedy był wesoły, to mnie przezywał: „Podskoczka-płomyczka". Leciutko biegłam przez życie.

Zbliżały się jego urodziny... w Nowy Rok... Ktoś z przyjaciół obiecał zdobyć dla nas butelkę szampana, wtedy niewiele można

* Nikołaj Gogol, *Martwe dusze* w przekładzie Władysława Broniewskiego.
** Danko – postać z opowieści Maksima Gorkiego *Stara Izergil*.
*** Michaił Bułhakow, *Mistrz i Małgorzata* w przekładzie Ireny Lewandowskiej i Witolda Dąbrowskiego.

było dostać w sklepach, wszystko się zdobywało. Po znajomości. Przez znajomych, znajomych znajomych. Zdobywało się wędzoną kiełbasę, cukierki czekoladowe... Załatwić kilo mandarynek na Nowy Rok to był wielki sukces! Mandarynka nie była zwyczajnym owocem, ale czymś zupełnie egzotycznym, jedynie Nowy Rok pachniał mandarynkami. Delikatesy na stół noworoczny gromadzono miesiącami. Tym razem schowałam puszkę wątróbek z dorsza i kawałek jesiotra. Wszystko potem podaliśmy na stypie... (*Milknie*). Nie, nie chcę kończyć swojej opowieści tak szybko. Mieliśmy całe czternaście lat. Czternaście bez dziesięciu dni...

Kiedyś sprzątałam górne półki w szafie i znalazłam tam paczkę z listami. Kiedy leżałam na oddziale położniczym, codziennie z mężem pisaliśmy do siebie listy, krótkie liściki, czasem nawet kilka razy dziennie. Czytałam, śmiałam się... Igor miał już siedem lat... Nie mógł zrozumieć, że jego jeszcze nie było, gdy ja i ojciec byliśmy. A właściwie to już był, myśmy w listach cały czas o nim mówili: właśnie dziecko się przekręciło, kopnęło mnie... rusza się... „To kiedyś umarłem, a potem znowu do was przyszedłem, tak?" Zamarłam, słysząc takie pytanie. Ale dzieci czasem tak mówią... jak filozofowie albo poeci... Powinnam była notować, co mówi... „Mamo, dziadzio umarł... To znaczy, że go zakopali, a teraz urośnie..."

W siódmej klasie pojawiła się przy nim dziewczyna... Zakochał się na serio. „Nie ożenisz mi się z pierwszą miłością ani ze sprzedawczynią!" – groziłam. Już zaczynałam przyzwyczajać się do myśli, że będę musiała go z kimś dzielić. Szykowałam się. Moja przyjaciółka, która też ma syna, byli z Igorem w jednym wieku, przyznała mi się, że choć nie zna jeszcze swojej synowej, już jej nienawidzi. Tak bardzo kocha syna. Nie może sobie nawet wyobrazić, że kiedyś trzeba będzie oddać go innej kobiecie. A co byłoby u nas? Co byłoby ze mną? Nie wiem... Szaleńczo, szaleńczo go kochałam... Dzień mógł być nie wiem jaki trudny, ale kiedy wchodziłam do domu, to od razu widziałam światło. Nie jakieś, tylko światło miłości.

Miałam dwa straszne sny. Pierwszy – że razem z nim się topimy. On przecież dobrze pływał, więc kiedyś zaryzykowałam i wypłynęłam razem z nim daleko w morze. Zawracam i czuję, że nie starczy mi sił. Złapałam go i zaciskam uchwyt. On krzyczy: „Puść!". „Nie mogę!". Wczepiłam się w niego i ciągnę go na dno. Mimo wszystko oderwał się i zaczął mnie popychać w stronę brzegu. Podtrzymywał i popychał. W końcu jakoś dobrnęliśmy. We śnie wszystko to się powtórzyło, ale go nie puszczałam. Ani nie toniemy, ani nie wypływamy. I taką walkę toczymy w wodzie... Drugi sen – zaczyna się deszcz, ale ja czuję, że to nie deszcz, ale ziemia się sypie. Piach. Zaczyna padać śnieg, ale ja już po szeleście słyszę, że to nie śnieg, ale ziemia. Łopata stuka tak jak serce, szur-szur, szur-szur...

Woda... woda go fascynowała... Kochał jezioro, strumień, studnie. A przede wszystkim morze. Napisał wiele wierszy o wodzie. „Tylko cicha gwiazda zbladła jak woda. Ciemność". I jeszcze: „I woda płynie sama... Cisza". (*Pauza*). Nie jeździmy teraz nad morze.

Ostatni rok... Często zbieraliśmy się wszyscy przy kolacji. Rozmawialiśmy oczywiście o książkach. Czytali razem samizdat... *Doktora Żywago*, wiersze Mandelsztama... Pamiętam, jak spieraliśmy się o to, kto jest poetą. Jaki jest los poety w Rosji? Zdanie Igora: „Poeta powinien wcześnie umrzeć, inaczej nie będzie poetą. Stary poeta jest po prostu śmieszny". Właśnie... to też przeoczyłam... Nie przywiązywałam do tego wagi... Z nich zazwyczaj, jak z worka bożonarodzeniowego, sypało się, a sypało. Prawie każdy poeta rosyjski napisał wiersz o Ojczyźnie. Wiele ich umiem na pamięć. Czytałam ukochanego Lermontowa: „Miłością, jakże dziwną, kocham ojczyznę moją"*. I Jesienina: „A ja kocham cię, ojczyzno moja słodka..."**. Byłam szczęśliwa, kiedy kupiłam listy Błoka... Cały tomik! Jego list do matki po przyjeździe z zagranicy... pisał, że Ojczyzna pokazała mu zaraz swój świński ryj i swoje

* Michaił Lermontow, *Ojczyzna* w przekładzie Mieczysława Jastruna.
** Siergiej Jesienin, *Ruś* w przekładzie Tadeusza Mongirda.

boskie oblicze... Akcent oczywiście kładłam na boskie... (*Do pokoju wchodzi mąż. Obejmuje ją i siada obok*). Co jeszcze? Igor pojechał do Moskwy na grób Wysockiego. Ostrzygł się na zero i zrobił się bardzo podobny do Majakowskiego. (*Pyta męża*). Pamiętasz? Jak na niego krzyczałam? Bo przecież miał takie wspaniałe włosy...

Ostatnie lato... Opalony. Wielki, silny. Ludzie brali go za osiemnastolatka. Na wakacje pojechaliśmy do Tallina. Był tam drugi raz, wszędzie mnie prowadził, po różnych zaułkach. Przez trzy dni wydaliśmy masę pieniędzy. Nocowaliśmy w jakimś akademiku. Wracamy z nocnego spaceru po mieście – wzięliśmy się za ręce, śmiejemy się, otwieramy drzwi. Podchodzimy do portierki, a ta nie chce nas wpuścić: „Po jedenastej nie wolno wchodzić z mężczyzną". Wtedy ja Igorowi mówię na ucho: „Idź na górę, ja zaraz przyjdę". Poszedł, a ja szeptem: „Jak pani nie wstyd! To przecież mój syn!". Tak było radośnie... tak dobrze! Nagle tam, w nocy... Zdjął mnie strach. Lęk, że go więcej nie zobaczę. Strach przed czymś nowym. Jeszcze nic się nie stało.

Ostatni miesiąc... Umarł wtedy mój brat. W rodzinie mamy niewielu mężczyzn, wzięłam więc Igora ze sobą, żeby mi pomógł. Gdybym wiedziała... Przecież patrzył, patrzył na śmierć... „Igor, przestaw kwiaty. Przynieś krzesła. Idź, kup chleba". Ta zwyczajność zajęć, tuż obok śmierci, jest niebezpieczna... Śmierć można pomylić z życiem. Teraz już to wiem... Przyjechał autobus. Wszyscy krewni wsiedli, a mojego syna nie ma. „Igor, gdzie jesteś? Chodź tutaj". Wchodzi, a tu wszystkie miejsca zajęte. Ciągle jakieś znaki... Czy to było na skutek wstrząsu, czy... Autobus ruszył, i brat na moment otworzył oczy. To zła wróżba – w rodzinie będzie jeszcze jedna śmierć. Od razu pomyśleliśmy o naszej mamie, bo chorowała na serce. Kiedy trumnę opuszczano do ziemi, coś tam wpadło... Też niedobry omen...

Ostatni dzień... Ranek. Myję się i czuję, że stoi w drzwiach, trzymając się obiema rękami za futrynę, i patrzy, patrzy na mnie. Patrzy. „Co ci jest? Siadaj do lekcji. Prędko wrócę". Bez słowa odwrócił się i poszedł do swojego pokoju. Po pracy spotkałam się z przyjaciółką. Zrobiła mi dla niego na drutach modny pulower, to był mój prezent urodzinowy. Przyniosłam go do domu, a mąż jeszcze na mnie nakrzyczał: „Czy nie rozumiesz, że dla niego jeszcze za wcześnie na noszenie takich eleganckich rzeczy?". Na obiad podałam jego ulubione kotlety drobiowe. Zazwyczaj prosił o dokładkę, a wtedy podziobał trochę i zostawił. „Coś się stało w szkole?". Nie odpowiedział. Wtedy zaczęłam płakać, łzy zaczęły mi lecieć jak grad. Pierwszy raz od wielu lat tak głośno płakałam, nawet na pogrzebie brata tak nie było. Wtedy się przestraszył. Przestraszył się tak, że zaczęłam nagle go pocieszać:

– Przymierz pulower.

Włożył go.

– Podoba ci się?

– Bardzo.

Po pewnym czasie zajrzałam do jego pokoju – leżał i czytał. W drugim pokoju ojciec pisał na maszynie. Bolała mnie głowa, usnęłam. Podczas pożaru ludzie śpią mocniej niż zazwyczaj... Zostawiłam go... Czytał Puszkina... Timka, nasz piesek, leżał w przedpokoju. Nie zaszczekał, nie zaskomlał. Nie pamiętam, ile czasu minęło, nim otworzyłam oczy. Koło mnie siedział mąż.

– Gdzie jest Igor? – spytałam.

– Zamknął się w toalecie. Pewnie mruczy sobie wiersze.

Dziki, niemy strach mnie poderwał. Podbiegam, stukam, walę do drzwi. Kopię, tłukę rękami. Cisza. Wołam, krzyczę, błagam. Cisza. Mąż szuka młotka, siekiery. Wyłamuje drzwi... W starych portkach, w swetrze, domowych kapciach... Na jakimś pasku... Złapałam, uniosłam. Miękki, ciepły. Zaczęliśmy robić mu sztuczne oddychanie. Wezwaliśmy pogotowie...

Jak mogłam spać? Dlaczego Timka nie poczuł? Psy są takie czujne, słyszą dziesiątki razy lepiej niż my. Dlaczego... Siedziałam i patrzyłam w jeden punkt. Zrobili mi zastrzyk, a ja gdzieś się zapadłam. Rano mnie zbudzili: „Wiera, wstawaj. Potem sobie nie wybaczysz". „No, teraz ci wleję za takie żarty" – pomyślałam. I wtedy do mnie dotarło, że nie ma komu wlać.

Leży w trumnie... Ma na sobie ten sweter, który mu dałam na urodziny...

Nie od razu zaczęłam krzyczeć... Po kilku miesiącach... Ale nie wylewałam łez. Krzyczeć krzyczałam, ale nie płakałam. Zapłakałam dopiero wtedy, gdy wypiłam szklankę wódki. Zaczęłam pić, żeby płakać... czepiać się ludzi... U jednych naszych znajomych przesiedzieliśmy, nie wychodząc z mieszkania, dwa dni. Teraz rozumiem, jak im było ciężko, jak ich męczyliśmy. Uciekaliśmy z domu... Kiedy złamało się krzesło, na którym zazwyczaj siedział, nie tknęłam go – krzesło stało więc dalej, bo może on nie chciałby, żebym wyrzuciła jego ulubiony mebel. Drzwi do jego pokoju ani ja, ani mąż nie mogliśmy otworzyć. Dwa razy usiłowaliśmy zmienić mieszkanie, już mieliśmy przygotowane dokumenty, zrobiliśmy ludziom nadzieję, mamy spakowane rzeczy. No i... nie mogłam wyjść z mieszkania, wydawało mi się, że on gdzieś tutaj jest, tylko po prostu go nie widzę... ale gdzieś jest... Chodziłam po sklepach, wybierałam dla niego rzeczy: o, spodnie... To jego kolor, i ta koszula. Którejś wiosny... już nie pamiętam... Przychodzę do domu, mówię do męża: „Wiesz, dzisiaj spodobałam się pewnemu mężczyźnie. Chciał się ze mną umówić". A mąż odpowiada: „Jakże się cieszę, Wierusiu. Wracasz...". Byłam mu niezmiernie wdzięczna za te słowa. Tutaj chciałabym o nim opowiedzieć... Jest fizykiem – nasi przyjaciele żartowali: „Wy to macie szczęście, fizyk i liryk do spółki". Kochałam... Dlaczego „kochałam", a nie „kocham"? Bo siebie nowej, tej która przeżyła, jeszcze nie znam. Boję się... Nie jestem gotowa... Nie zdołam już być szczęśliwa...

W nocy leżę z otwartymi oczami. Dzwonek. Wyraźnie słyszę dzwonek do drzwi. Rano opowiadam mężowi. Mąż: „Nic nie słyszałem". W nocy znowu słyszę dzwonek. Nie śpię, patrzę na męża, który też się obudził.

– Słyszałeś?

– Słyszałem.

Oboje mamy wrażenie, że nie jesteśmy sami w pokoju. I Timka biega dookoła łóżka, zatacza kręgi, jakby biegł po czyimś tropie. Gdzieś się zapadam, w jakieś ciepło. I śni mi się coś takiego... Nie wiem skąd, ale wychodzi do mnie Igor w tamtym swetrze, w którym go pochowaliśmy. „Mamo, wzywasz mnie, ale nie rozumiesz, jak trudno mi przyjść do ciebie. Przestań płakać". Dotykam go, a on taki miękki.

– Dobrze ci było w domu? – pytam.

– Bardzo.

– A tam?

Nie zdążył odpowiedzieć, zniknął. Od tamtej nocy przestałam płakać. Zaczął mi się śnić jako mały chłopiec, tylko mały. A ja czekam na niego dużego, żeby z nim porozmawiać...

To nie był sen. Tylko zamknęłam oczy... Drzwi do pokoju otwarły się na oścież, a on wszedł na moment – był dorosły, taki, jakiego nigdy nie widziałam. Miał taką twarz, że zrozumiałam: to, co się tutaj dzieje, jest mu już obojętne. Nasze rozmowy o nim, wspomnienia. Jest już bardzo daleko od nas. A ja nie chcę, żeby nasz związek się rozpadł. Nie chcę... Długo myślałam... i postanowiłam urodzić... Nie powinnam była, to już za późno, lekarze się bali, ale urodziłam. Urodziłam dziewczynkę. Tak ją traktujemy, jakby to była nie nasza dziewczynka, ale córeczka Igora. Boję się ją tak kochać, jak kochałam jego... I nawet nie potrafię jej tak kochać. No, jestem szalona! Oszalałam! Dużo płaczę, chodzę i chodzę na cmentarz. Córeczka zawsze idzie ze mną, a ja nie przestaję myśleć o śmierci. Tak nie wolno. Mąż uważa, że powinniśmy wyjechać. Do innego kraju. Żeby wszystko zmienić: krajobraz, ludzi, alfabet. Przyjaciele zapraszają nas do Izraela. Często dzwonią do nas: „Co was tam trzyma?". (*Prawie krzyczy*). Co? Co?

Dręczy mnie pewna straszna myśl: a może on sam opowiedziałby pani całkiem inną historię? Całkiem inną...

Z rozmów z przyjaciółmi

„Na tym znakomitym kleju wszystko się trzymało".

Byliśmy wtedy całkiem młodzi... Wiek młodzieńczy to taki straszny czas... nie wiem, kto wymyślił, że jest piękny. Jesteś niezgrabna, niedorzeczna, ze wszystkiego się wyłamujesz, z każdej strony jesteś bezbronna. A dla rodziców jeszcze mała, ustawiają cię. Cały czas jesteś pod jakimś kloszem i nikt do ciebie nie może się przebić. Poczucie... dobrze pamiętam to poczucie... Jak w szpitalu, kiedy leżałam w boksie za szkłem. Z jakąś infekcją. Rodzice udają (tak uważasz), że chcą być z tobą, a naprawdę żyją w zupełnie innym świecie. Są gdzieś daleko, niby obok, ale tak naprawdę daleko... Nie domyślają się, do jakiego stopnia ich dzieci wszystko traktują serio. Pierwsza miłość to coś strasznego. Śmiertelne niebezpieczeństwo. Moja przyjaciółka myślała, że Igor zabił się z miłości do niej. E tam! Dziewczyńskie wymysły... Zakochane w nim były u nas wszystkie dziewczęta. Ooo! Bardzo przystojny, przy tym zachowywał się tak, jakby był starszy od nas wszystkich, ale czuliśmy, że jest bardzo samotny. Pisał wiersze. A poeta powinien być przemarznięty i samotny. Zginąć w pojedynku. Wszyscyśmy mieli mnóstwo takich młodzieńczych bzdur w głowach.

To były lata radzieckie, komunistyczne... Wychowywano nas na Leninie, na płomiennych rewolucjonistach, bardzo płomiennych... Nie uważaliśmy rewolucji za pomyłkę czy zbrodnię, ale też nikt specjalnie się marksistowsko-leninowską gadaniną nie przejmował. Rewolucja była już abstrakcją... Najlepiej pamiętam święta i oczekiwanie na te święta. To akurat pamiętam bardzo wyraźnie. Na ulicach mnóstwo ludzi. Słychać było jakieś słowa z głośników. Jedni wierzyli tym słowom bez zastrzeżeń, drudzy tylko częściowo, a trzeci – wcale nie wierzyli. Chyba jednak wszyscy byli szczęśliwi. Dużo słuchało się muzyki. Mama była młoda i ładna. Wszystko razem... wszystko to razem wspominam jako szczęście... Tamte zapachy, tamte dźwięki... Stukot klawiszy maszyny, poranne okrzyki mleczarek, które przyjechały ze wsi: „Mleko! Mleko!". Lodówki nie wszyscy jeszcze mieli, i butelki z mlekiem trzymano na balkonach. Siatki z kurami dyndały na lufcikach. A między podwójne ramy okien wkładano watę z cekinami dla ozdoby i jabłka antonówki. Kocie zapachy z piwnic... A niezrównana szmaciano-chlorowa woń stołówki radzieckiej? Wszystko to razem niby nie było ze sobą związane, ale teraz u mnie zlało się w jedno wspomnienie. Jedno wrażenie. Wolność ma inne zapachy... i obrazy... Wszystko jest inne... Z pierwszego wyjazdu za granicę, to już za Gorbaczowa, mój chłopak wrócił ze słowami: „Wolność pachnie dobrym sosem". Sama świetnie pamiętam pierwszy supermarket, który zobaczyłam w Berlinie – sto gatunków kiełbasy i sto gatunków sera. To było niepojęte. Po pierestrojce czekało nas mnóstwo odkryć, wiele nowych emocji i nowych myśli. Jeszcze ich nie opisano, jeszcze nie ulokowano w historii. Nie mamy na nie wzorów... Mówię tak pośpiesznie... Przeskakuję z jednej epoki do drugiej... Wielki świat otworzył się dla nas później. Wtedy o nim tylko marzyliśmy... o tym, czego nie ma, czego by się pragnęło... Dobrze było marzyć o świecie, którego nie znaliśmy. Marzyliśmy... Żyli natomiast życiem radzieckim, w którym funkcjonowały jedne reguły gry i wszyscy się do nich stosowali. Ktoś stoi na trybunie. Kłamie, a wszyscy klaszczą, chociaż wiedzą, że kłamie, a on też wie, że oni to wiedzą. A jednak mówi to wszystko i cieszy się z oklasków. Nie mieliśmy wątpliwości, że i my będziemy tak żyli i że trzeba szukać azylu. Moja mama słuchała zakazanego Galicza... Ja też słuchałam Galicza...

Przypomniało mi się jeszcze, że kiedy chcieliśmy pojechać do Moskwy na pogrzeb Wysockiego, milicja wyganiała nas z kolei podmiejskiej... A myśmy się darli: „Ratujcie nasze dusze! Wołamy, wciąż się dusząc..."*. „Nie doniosło. Przeniosło. Przeniosło. Artyleria – do swoich – ostro"**. Awantura! Dyrektorka kazała nam przyjść do szkoły z rodzicami. Ze mną przyszła mama, która zachowywała się świetnie... (*Zamyśla się*). Mieszkaliśmy w kuchni... Cały kraj tak mieszkał... Siedzimy u kogoś, pijemy wino, słuchamy piosenek, rozmawiamy o wierszach. Otwarta puszka konserw, pokrajany czarny chleb. Wszyscy czują się dobrze. Mieliśmy własne rytuały: kajaki, namioty i wędrówki. Piosenki przy ognisku. Były wspólne znaki, po których rozpoznawaliśmy się

* *Ratujcie nasze dusze* – piosenka Władimira Wysockiego.

** *Artyleria bije do swoich* – piosenka Anatolija Agranowskiego do napisanego w roku 1956 wiersza Aleksandra Mieżyrowa w przekładzie Witolda Dąbrowskiego.

nawzajem. Mieliśmy własną modę, własne kawały. Dawno nie ma tych tajnych kuchennych stowarzyszeń. Nie ma tamtej naszej przyjaźni, o której myśleliśmy, że będzie trwała wiecznie... Tak... nastawieni byliśmy na wieczność... Nie było nic ważniejszego niż przyjaźń. Na tym znakomitym kleju wszystko się trzymało...

W istocie nikt z nas nie żył w ZSRR, każdy żył w swoim kółku. Kółko turystów, kółko alpinistów... Po lekcjach zbieraliśmy się w siedzibie administracji, gdzie przydzielono nam pokój. Organizowaliśmy teatr, grałam w nim. Było też kółko literackie. Pamiętam, jak Igor czytał tam swoje wiersze, wyraźnie naśladował Majakowskiego i miał nieodparty urok. Dostał ksywkę „Student". Przychodzili do nas dorośli poeci i otwarcie z nami rozmawiali. Od nich dowiedzieliśmy się o wydarzeniach w Pradze. O wojnie w Afganistanie. Co... co jeszcze? Uczyliśmy się grać na gitarze. To już obowiązkowo! W tamtych latach gitara należała do przedmiotów codziennego użytku. Na klęczkach mogliśmy słuchać piosenek ulubionych autorów. Poeci zbierali pełne stadiony widzów. Pilnowała ich milicja konna. Słowo było zarazem czynem. Wstać na zebraniu i powiedzieć prawdę to właśnie był czyn, bo to było niebezpieczne. Wyjść na plac... To taki napęd, taki zastrzyk adrenaliny, taka ulga. Wszystko można wyrazić słowem... Dzisiaj to brzmi niewiarygodnie, dzisiaj trzeba coś zrobić, a nie powiedzieć. Mówić można absolutnie wszystko, ale słowo nie ma już żadnej władzy. Chcieliby wierzyć, ale nie mogą. Wszyscy gwiżdżą na wszystko, a przyszłość dla nich to gówno. Z nami było inaczej... Ooo! Wiersze, wiersze... słowa, słowa...

(*Śmieje się*). W dziesiątej klasie miałam romans. Chłopak mieszkał w Moskwie. Przyjechałam do niego tylko na trzy dni. Rano na dworcu odebraliśmy od jego przyjaciół powielaczowe wydanie wspomnień Nadieżdy Mandelsztam; wtedy wszyscy się nimi zaczytywali. A następnego dnia o czwartej rano trzeba było książkę oddać. Przynieść do przejeżdżającego pociągu. Przez całą dobę nie odrywaliśmy się od lektury, tylko raz pobiegli po mleko i długą bułkę. Zapomnieliśmy o wszystkim, nawet się nie całowaliśmy, tylko podawali sobie kartki. Wszystko to było w jakiejś malignie, w gorączce... z samej tylko świadomości, że się tę książkę ma w rękach... że się ją czyta... następnego dnia nad ranem biegliśmy przez puste miasto na dworzec. Komunikacja miejska jeszcze nie jeździła. Dobrze pamiętam miasto w nocy – jak idziemy, a ja mam książkę w torebce. Nieśliśmy jak jakąś tajną broń... Tak, wierzyliśmy, że słowo wstrząśnie światem.

Czasy Gorbaczowa... Wolność i kupony. Talony... kupony... Na wszystko – od chleba i kaszy po skarpetki. Staliśmy w kolejkach po pięć, sześć godzin... Ale stało się z książką, której przedtem nie można było kupić, i wiedzieliśmy, że wieczorem obejrzymy film, dotąd zakazany – przeleżał na półce dziesięć lat. Super! Albo cały dzień miało się w głowie, że o dziesiątej wieczór będzie program *Wzglad* (Spojrzenie)... Prowadzący Aleksandr Lubimow i Władisław Listjew zostali bohaterami narodowymi. Dowiadywaliśmy się prawdy... że był nie tylko Gagarin, ale także Beria... Mnie, idiotce, wystarczyłaby pewnie wolność słowa, bo jak się wkrótce okazało, byłam dziewczyną radziecką – wszystko, co radzieckie, tkwiło w nas mocniej, niż się nam wydawało. Byle mi tylko dali poczytać Dowłatowa i Wiktora Niekrasowa, pozwolili słuchać Galicza. To by mi wystarczyło. Nie marzyłam nawet o tym, żeby pojechać do Paryża, przejść się po Montmartrze... albo zobaczyć Sagradę Famílię w Barcelonie... Dajcie nam tylko poczytać i porozmawiać. Poczytać! Nasza Oleńka zachorowała, miała ledwie cztery miesiące, gdy dostała ciężkiego zapalenia oskrzeli. Wariowałam ze strachu. Zabrano mnie z nią do szpitala. Nie mogłam jej położyć nawet na chwilę, bo uspokajała się tylko na moich rękach. Tylko tak. Chodziłam z nią po korytarzach i chodziłam. Jeśli zasnęła na pół godziny, to, jak pani myśli, co robiłam? Chociaż byłam niewyspana, zmordowana... Co? Zawsze miałam pod ręką *Archipelag GUŁag* – od razu go otwierałam. Na jednym ręku umiera dziecko, a w drugim trzymam Sołżenicyna. Książki zastąpiły nam życie. To był nasz świat.

Potem coś się stało... Zeszliśmy na ziemię. Nagle zniknęło to poczucie szczęścia, ta euforia. Całkowicie. Zrozumiałam, że ten nowy świat nie jest mój, nie jest dla mnie. Potrzebuje jakichś nowych ludzi. Słabych trzeba walić po łbie! Dół stał się górą, w sumie kolejna rewolucja... Ale ta rewolucja miała całkiem ziemskie cele: dla każdego willa i samochód. Czy dla człowieka to jednak nie jest zbyt mało? Ulice były pełne jakichś „karków" w dresach. Wilków! Zadeptali wszystkich. Moja mama była mistrzynią w szwalni. Szybko, bardzo szybko zakład zamknięto... Mama siedziała w domu i szyła majtki. Wszystkie jej przyjaciółki też to robiły, do którejkolwiek by się wstąpiło. Mieszkaliśmy w domu, który zakład zbudował dla swoich robotników. Wszyscy szyli majtki i biustonosze. Kostiumy kąpielowe. Masowo ze wszystkich starych rzeczy... swoich własnych... ale prosili też znajomych, żeby odcinali metki, najlepiej z importu, i przyszywali do tych kostiumów. Potem kobiety zbierały się w grupy i jechały z workami po Rosji. Mówiło się wtedy, że: „jedziemy na majtkówkę". Ja w tamtym czasie pisałam doktorat. (*Wesoło*). Pamiętam... Komedia... W uniwersyteckiej bibliotece i w gabinecie dziekana stały beczki z kiszonymi ogórkami i pomidorami, z kapustą i grzybami. Te przetwory sprzedawano, a pieniędzmi płacono potem pensje wykładowcom. Kiedy indziej cały wydział był zawalony pomarańczami. Albo leżało pełno paczek męskich koszul... Wielka inteligencja rosyjska radziła sobie, jak umiała. Przypominano sobie stare przepisy, to, co się jadło w czasie wojny... W odległych kątach parków, na nasypach kolejowych sadzono kartofle... Jeść tygodniami same kartofle – to jest głód czy nie? Albo samą kiszoną kapustę? Do końca życia nabrałam do niej obrzydzenia. Nauczyliśmy się robić czipsy z obierzyn kartoflanych, przekazywaliśmy sobie ten cudowny przepis: wrzucić łupiny do wrzącego oleju słonecznikowego i dać jak najwięcej soli. Mleka nie było, ale sprzedawano lody, więc kaszkę mannę gotowano na lodach. Czy dzisiaj bym to jadła?

Najpierw skończyła się nasza przyjaźń... Każdy miał odtąd jakieś sprawy, przecież trzeba było zarabiać. Kiedyś się wydawało, że pieniądze nie mają nad nami żadnej władzy... A tu nagle wszyscy docenili urok zielonych papierków – to jednak nie to, co radzieckie ruble, nie „krojony papier". Książkowe dziewczyny, książkowi chłopcy jak rośliny pokojowe... Okazało się, że jesteśmy nieprzystosowani do nowego życia, na które tak czekaliśmy. Czekaliśmy jednak na coś innego, nie na to. Przeczytaliśmy wagon romantycznych książek, a życie dało nam po karku i popędziło kopniakami w inną stronę. Zamiast Wysockiego – Kirkorow. Muzyka pop! I to wyjaśnia wszystko... Niedawno zebraliśmy się w kuchni, co już bardzo rzadko się nam zdarza, i zaczęliśmy się spierać, czy Wysocki zaśpiewałby dla Abramowicza. Zdania były podzielone. Więcej było tych, którzy są pewni, że oczywiście zaśpiewałby. Pytanie tylko za ile...

Igor? W mojej pamięci pozostał jako ten „podobny do Majakowskiego". Piękny i samotny. (*Milknie*). Czy coś pani wyjaśniłam? Czy mi się udało...

„...bazar stał się naszym uniwersytetem"

Minęło wiele lat... Do tej pory zastanawiam się, dlaczego... Dlaczego to zrobił? Przyjaźniliśmy się, ale decyzję podjął sam... tylko on... No bo co można powiedzieć komuś, kto stoi na dachu? Co? We wczesnej młodości sam myślałem o samobójstwie, ale dlaczego – sam nie wiem. Kochałem mamę, tatę, brata... w domu wszystko było w porządku... Ale zawsze dokądś człowieka nosi. Gdzieś tam, coś tam jest... Co? Coś... Tam... Tam jest cały świat, bardziej żywy, ważniejszy niż ten, w którym się żyje; tam dzieje się coś ważnego. I tam można dotknąć jakiejś tajemnicy, w inny sposób się jej nie zgłębi, racjonalnie tego zrobić nie można. Taką ma się ochotę... Spróbować wejść na gzyms, zeskoczyć z balkonu... Ale nie myśli się o śmierci, człowiek pragnie tylko się unieść, wzlecieć... Wydaje mu się, że wzleci... Działa jak we śnie, w omdleniu... Kiedy wraca do przytomności, wspomina jakieś światło, jakiś dźwięk... i uczucie, że w tamtym stanie było dobrze, o wiele lepiej niż tutaj...

Nasze towarzystwo... Był z nami jeszcze Loszka... Niedawno przedawkował i umarł. Wadim zniknął w latach dziewięćdziesiątych. Zajął się handlem książkami. Zaczęło się jak żart, szalony pomysł... A ledwie pojawiły się pieniądze – od razu napadł na niego „rekiet" – chłopcy ze spluwami. To płacił okup, to uciekał przed nimi – spał w lesie, na drzewach. W tamtych latach już nie bili, woleli zabijać. Gdzie zniknął? Nie ma po nim śladu... Do tej pory milicja nic nie znalazła... Gdzieś go zakopali. Arkadij poleciał do Ameryki. „Lepiej mi będzie w Nowym Jorku pod mostem". Tylko ja i Iliusza zostaliśmy... Iliusza ożenił się z wielkiej miłości. Żona znosiła jego dziwactwa, dopóki była moda na poetów i artystów, ale potem modni zaczęli być brokerzy i księgowi. Wtedy odeszła. A on zaczął cierpieć na depresję, ledwie wyszedł na ulicę, od razu miał atak paniki. Trząsł się ze strachu. Siedzi w domu. Mieszka z rodzicami, takie duże dziecko. Pisze wiersze – krzyk duszy... A w młodości słuchaliśmy tych samych kaset i czytali te same książki... radzieckie. Jeździliśmy na takich samych rowerach... W tamtym życiu wszystko było proste: jedna para butów na wszystkie pory roku, jedna kurtka, jedne spodnie. Wychowywano nas jak młodych wojowników w dawnej Sparcie. Jeśli Ojczyzna każe, możemy nawet siąść na jeża.

Jakieś wojskowe święto... Nasze przedszkole zaprowadzono pod pomnik bohaterskiego pioniera Marata Kazieja. „Dzieci – powiedziała wychowawczyni. – To był młody bohater, rozerwał się granatem i zabił wielu hitlerowców. Kiedy dorośniecie, powinniście być tacy jak on". Też mamy się rozerwać granatem? Sam tego nie pamiętam, tylko z opowieści mamy... W nocy bardzo płakałem, że muszę umrzeć i będę gdzieś leżał sam, bez mamy i taty... No a skoro płaczę, to nie jestem żadnym bohaterem... Potem zachorowałem.

Kiedy chodziłem do szkoły, marzyłem, żeby trafić do oddziału, który pełni wartę przy Grobie Nieznanego Żołnierza w centrum miasta. Brano tam najlepszych uczniów. Szyto im płaszcze wojskowe, czapki uszanki i wojskowe rękawice. To nie była żadna pańszczyzna do odrobienia – dostać się tam było wielkim zaszczytem. Słuchaliśmy zachodniej muzyki, uganialiśmy się za dżinsami, które się wtedy u nas pojawiły... Taki symbol XX wieku, jak automat Kałasznikowa... Moje pierwsze dżinsy z metką

„Montana” – to był szpan! A w nocy śniło mi się, że rzucam się z granatem na wroga…

Umarła babcia, dziadek przeniósł się do nas. Był kadrowym oficerem, podpułkownikiem. Miał wiele orderów i medali, cały czas do niego lgnąłem.

– Dziadku, a za co dostałeś ten order?

– Za obronę Odessy.

– A jakiego czynu dokonałeś?

– Broniłem Odessy.

I tyle. Wtedy obrażałem się na niego.

– Dziadku, opowiedz mi o czymś wzniosłym, szlachetnym.

– To nie do mnie, idź z tym do biblioteki, pożycz książkę i poczytaj.

Miałem fajnego dziadka, po prostu magnetycznie się przyciągaliśmy. Umarł w kwietniu, a chciał dożyć Dnia Zwycięstwa.

Kiedy miałem szesnaście lat, zwykłą koleją rzeczy wezwali mnie do komisji uzupełnień i spytali, do jakich wojsk bym chciał. Oświadczyłem, że skończę szkołę i zgłoszę się na ochotnika do Afganistanu. „Głupiś” – powiedział oficer. Ale ja się długo przygotowywałem: skakałem ze spadochronem, uczyłem się rozkładać i składać automat… Byliśmy ostatnimi pionierami Związku Radzieckiego. Bądź gotowy!

Pewien chłopiec z naszej klasy wyjechał do Izraela… Zwołano zebranie całej szkoły, przekonywano go. „Jeśli twoi rodzice chcą wyjechać, to niech jadą, ale my mamy świetne domy dziecka, skończysz tam szkołę i zostaniesz w ZSRR”. Dla nas był zdrajcą. Wyrzucono go z Komsomołu. Następnego dnia cała klasa jechała do kołchozu na wykopki, on też przyszedł, ale wyprosili go z autobusu. Na apelu dyrektorka szkoły zapowiedziała wszystkim, że kto spróbuje z nim korespondować, będzie miał trudności z ukończeniem szkoły. Kiedy wyjechał, wszyscy zaczęliśmy do niego pisać…

W czasach pierestrojki… Ci sami nauczyciele powiedzieli nam: „Zapomnijcie wszystko, czegośmy was dotąd uczyli, i czytajcie gazety”. Uczyliśmy się z gazet. Egzamin końcowy z historii w ogóle zniesiono, nie musieliśmy wkuwać żadnych zjazdów KPZR. Na ostatniej manifestacji z okazji rocznicy rewolucji październikowej rozdano nam jeszcze plakaty i portrety przywódców, ale myśmy traktowali to już jak Brazylijczycy karnawał.

Pamiętam, jak ludzie chodzili po pustych sklepach z workami radzieckich pieniędzy...

Dostałem się na uniwersytet... Czubajs w owym czasie propagował wauczery, mówił, że jeden wauczer to tyle co dwie wołgi, a teraz – kosztuje dwie kopiejki. To był ten czas rozpędu! Rozdawałem ulotki w metrze... Wszyscy marzyli o nowym życiu... Marzyli... Marzyli, że na straganach pojawi się mnóstwo kiełbasy, ale po radzieckich cenach, a członkowie Biura Politycznego będą stali do niej w kolejkach razem z innymi. Kiełbasa jako punkt odniesienia. Żywimy egzystencjalną miłość do kiełbasy... Zmierzch bogów! Fabryki – robotnikom! Ziemia – chłopom! Rzeki – bobrom! Barłogi – niedźwiedziom! Pochody na ulicach i transmisja Zjazdu Delegatów Ludowych przewyższały popularnością meksykańskie seriale... Skończyłem drugi rok studiów... A potem rzuciłem uniwersytet. Szkoda mi było rodziców, bo powiedziano im otwarcie: „Jesteście żałosnymi sowkami, wasze życie na nic się nie zdało, to wy jesteście winni wszystkiemu, począwszy od biblijnego potopu, teraz nikt was nie potrzebuje". Całe życie harować, a w rezultacie – nic. Wszystko to ich podłamało, zburzyło ich świat. W końcu nigdy nie stanęli na nogi, nie wyrobili się na zakręcie. Młodszy brat po lekcjach mył samochody, sprzedawał w metrze gumę do żucia i różne gówna, zarabiając więcej od naszego ojca... A ojciec był uczonym. Docentem! Należał do radzieckiej elity! W sklepach komercyjnych pojawiła się kiełbasa, wszyscy pobiegli ją oglądać. Zobaczyli ceny! Tak kapitalizm wkroczył w nasze życie...

Ja zostałem ładowaczem. To było szczęście! Jak rozładowaliśmy z kolegą całego tira z cukrem, to dostawaliśmy pieniądze i po jednym worku każdy. A co oznaczał w latach dziewięćdziesiątych worek cukru? To był majątek! Pieniądze! Pieniądze! Początek kapitalizmu... W ciągu jednego dnia człowiek mógł zostać milionerem albo dostać kulkę w łeb. Dzisiaj, kiedy to wspominają, straszą, że mogła wybuchnąć wojna domowa... Staliśmy nad przepaścią! Ja tego nie odczułem. Pamiętam, że ulice opustoszały, na barykadach nikogo nie było. Gazety przestano prenumerować i czytać. Faceci na podwórzu najpierw klęli na Gorbaczowa, a potem na Jelcyna za to, że wódka podrożała. Świętokradztwo! Wszystkich porwał dziki, niewytłumaczalny zapał. W powietrzu unosił się zapach pieniędzy. Dużych pieniędzy. I absolutna wolność – ani partii, ani rządu. Wszyscy chcieli robić „szmal", a ci, którzy nie umieli go robić, zazdrościli tym, którzy umieli. Jedni sprzedawali, inni kupowali... Jedni ochraniali, inni wymuszali tak zwaną ochronę... Zarobiłem pierwszą „kasę"... Poszedłem z kumplami do restauracji. Zamówiliśmy martini i wódkę Royal – wtedy to było coś! Mieliśmy po prostu ochotę potrzymać kieliszek w ręku. Poszpanować. Zapaliliśmy marlboro. Wszystko tak, jak wyczytaliśmy u Remarque'a. Długo żyliśmy według obrazków. Nowe sklepy, restauracje... jak dekoracje z cudzego życia...

Sprzedawałem smażone parówki. Robiłem niesamowitą kasę...

Woziłem wódkę do Turkmenistanu... Tydzień przesiedzieliśmy z kolegą w zamkniętym wagonie towarowym. Mieliśmy w pogotowiu siekiery. No i łom. Gdyby się dowiedzieli, co wieziemy, toby nas zabili! A tam załadowaliśmy do wagonu ręczniki frotté...

Sprzedawałem zabawki dla dzieci... Kiedyś odebrali ode mnie całą partię i zapłacili tirem z napojami gazowanymi, które wymieniłem na ciężarówkę pestek słonecznika; w zamian za ziarna dostałem olej, który częściowo sprzedałem, a częściowo wymieniłem na patelnie teflonowe i żelazka...

Teraz handluję kwiatami... Nauczyłem się „solić" róże... Do tekturowego pudełka sypie się prażoną sól – warstwa o grubości przynajmniej centymetra – wkłada się tam na wpół rozwinięte kwiaty i z wierzchu jeszcze raz posypuje solą. Potem się to przykrywa i wkłada do wielkiej torby plastikowej. Trzeba ją mocno zawiązać. Po miesiącu... nawet po roku można wyjąć i obmyć wodą… Może pani przyjść każdego dnia, o każdej porze. Proszę, tu jest wizytówka…

Bazar stał się naszym uniwersytetem… Uniwersytetem to może za dużo powiedziane, ale podstawówką życia na pewno. Ludzie przychodzili tutaj jak do muzeum. Jak do biblioteki. Chłopcy i dziewczęta chodzili wzdłuż straganów jak zombi, z wyrazem obłędu na twarzach… Parka zatrzymuje się przy chińskich depilatorach… I ona tłumaczy mu, jak ważna jest depilacja: „Przecież chciałbyś tego, prawda? Chciałbyś, żebym była jak…". Nie pamiętam nazwiska aktorki, powiedzmy, że Marina Vlady albo Catherine Deneuve. Miliony jakichś nowych pudełeczek, słoiczków. Ludzie przynosili je do domu jak relikwie, a kiedy zużyła się zawartość, to nie wyrzucali, tylko stawiali je na honorowym miejscu na półce czy też w serwantce za szkłem. Pierwsze kolorowe magazyny czytali jak klasykę, pełni szczerej wiary, że za tą okładką, tą skórką, znajdą piękne życie. Do pierwszego McDonalda stały kilometrowe kolejki… Telewizja robiła reportaże. Dorośli, kulturalni ludzie zabierali stamtąd serwetki i torebki papierowe, żeby je przechować. Potem z dumą pokazywali gościom.

Mój dobry znajomy… Żona zapieprza w dwóch miejscach, bo on jest na to zbyt dumny. „Jestem poetą. Nie pójdę sprzedawać garnków. Gardzę tym". Kiedyś obaj, tak jak wszyscy, chodziliśmy i krzyczeli: „Demokracja! Demokracja!", i nie mieliśmy pojęcia, co potem nastąpi. Nikt nie zamierzał sprzedawać garnków. A teraz… Teraz nie ma wyboru: albo żywisz rodzinę, albo trzymasz się idei sowka. Albo – albo. Nie ma innego wariantu… Piszesz wiersze, brzdąkasz na gitarze, klepią cię po plecach: „No, dalej! Graj!", a w kieszeni masz pusto. A ci, którzy wyjechali z kraju? Za granicą sprzedają garnki, rozwożą pizzę albo kleją pudełka w fabryce… Tam nikt się tego nie wstydzi.

Czy pani mnie zrozumiała? Mówiłem o Igorze… O naszym straconym pokoleniu… Spędziliśmy dzieciństwo w komunizmie, ale żyć nam przyszło w kapitalizmie. A gitary – nienawidzę! Mogę pani podarować.

O innej biblii i innych wierzących

Wasilij Pietrowicz N. – członek partii komunistycznej od 1922 roku, lat 87

No tak... chciałem... lekarze mnie stamtąd cofnęli... Czy na pewno wiedzą, skąd cofają? Oczywiście jestem ateistą, ale na starość już nie tak przekonanym. Człowiek znalazł się sam na sam z tym... z myślą, że trzeba odejść... nie wiadomo dokąd... No tak... Inne spojrzenie... taak... Na ziemię... na piach... Nie mogę spokojnie patrzeć na zwykły piasek. Dawno już jestem stary. Siedzę z kotem przy oknie. (*Trzyma na kolanach kota. Głaszcze go*). Włączymy telewizor...

No i oczywiście... Nigdy nie myślałem, że dożyję czasów, kiedy zaczną stawiać pomniki białym generałom. Jacy przedtem byli bohaterowie? Czerwoni dowódcy... Frunze, Szczors... A teraz – Denikin, Kołczak... Chociaż żyją jeszcze ci, którzy pamiętają, jak kołczakowcy wieszali nas na latarniach. „Biali" zwyciężyli? Na to wychodzi... A ja walczyłem, walczyłem, walczyłem. O co? Budowałem, budowałem... Co? Gdybym był pisarzem, sam zabrałbym się do pisania wspomnień. Niedawno słuchałem w radiu audycji o swojej fabryce. Byłem jej pierwszym dyrektorem. Mówiono o mnie tak, jakby mnie już nie było, jakbym umarł. A ja przecież żyję... Nie mogli sobie wyobrazić, że jestem jeszcze tutaj... Tak! No tak... (*Śmiejemy się we troje. Jego wnuk siedzi z nami i przysłuchuje się rozmowie*). Czuję się jak zapomniany eksponat w muzealnym magazynie. Zakurzona skorupa. Było wielkie imperium – od morza do morza, od obszarów podbiegunowych do subtropików. No i gdzie się podziało? Pokonano je bez bomby... bez Hiroszimy... Zwyciężyła Jej Cesarska Mość Kiełbasa! Zwyciężyło dobre żarcie! Mercedes Benz. Niczego więcej człowiekowi nie trzeba, tylko chleba i igrzysk! Reszta jest zbędna... To największe z odkryć XX wieku. Odpowiedź wszystkim wielkim humanistom. I marzycielom kremlowskim. A my, moje pokolenie, myśmy mieli wielkie plany. Marzyliśmy o rewolucji światowej: „Niech burżujów strach oblata, rozdmuchamy pożar świata"*. Na zgliszczach starego zbudujemy nowy świat, uczynimy wszystkich szczęśliwymi. Wydawało się nam, że to jest możliwe, naprawdę w to wierzyłem! Zupełnie szczerze! (*Zanosi się kaszlem*). Ta astma mnie wykańcza. Niech pani poczeka... (*Pauza*). Właśnie dożyłem, doczekałem się przyszłości, o której marzyliśmy. Umieraliśmy dla niej, zabijali. Krwi było wiele... i własnej, i cudzej... „Idź i umieraj nienagannie; tylko ta sprawa nie zaginie, za którą krew serdeczna płynie..." „To serce kochać nie będzie umiało, które już nie potrafi nienawidzić..."** (*Ze zdziwieniem*). Pamiętam... Nie zapomniałem! Skleroza jeszcze wszystkiego nie wytrawiła. Coś jeszcze w pamięci zostało. Tych wierszy uczyliśmy się na lekcjach wychowania politycznego... Ileż to lat minęło? Strach powiedzieć...

Czym jestem wstrząśnięty? Czym przybity? Tym, że zdeptano ideę! Komunizm poddano anatemie! Wszystko rozleciało się w kawałki! Jestem starcem. Krwawym maniakiem, seryjnym mordercą... Na to wychodzi, prawda? Zbyt długo żyję, nie należy tak długo żyć. Nie wolno... nie... nie wolno... Długie życie jest niebezpieczne. Mój czas skończył się wcześniej niż życie. Trzeba umierać, kiedy kończy się nasza epoka. Jak moi towarzysze... Ginęli wcześnie, kiedy mieli trzydzieści czy nawet dwadzieścia lat... Umierali szczęśliwi... Pełni wiary! Z rewolucją w sercu, jak wtedy mówiono. Zazdroszczę im. Pani nie zrozumie, ale ja im

* Aleksandr Błok, *Dwunastu* w przekładzie Seweryna Pollaka.
** Wiersze Nikołaja Niekrasowa *Poeta i obywatel* oraz
*** Zamilknij, Muzo pomsty i żałoby... w przekładzie Leopolda Lewina.

zazdroszczę... „Zginął nasz dzielny mały dobosz..."* Pięknie zginął! Za wielką sprawę! (*Zamyśla się*). Cały czas żyłem tuż obok śmierci, ale mało o niej myślałem. A tego lata zawieźli mnie na daczę. Patrzyłem i patrzyłem na ziemię... Jest żywa...

Śmierć i morderstwo – to chyba nie to samo? Pan żył pośród morderstw.

(*Z rozdrażnieniem*). Za takie pytania zostałaby pani łagrowym śmieciem. Na Północ albo pod ścianę – wybór nie był duży. Za moich czasów nie stawiano takich pytań. Nie zadawaliśmy ich! My wyobrażaliśmy sobie sprawiedliwe życie, bez biednych i bogatych. Umieraliśmy za rewolucję, umierali jako idealiści... ludzie bezinteresowni... Moich przyjaciół nie ma od dawna, zostałem sam. Nie mam z kim rozmawiać... Nocami rozmawiam z umarłymi... A pani? Pani nie zna naszych uczuć ani nawet słów: dostawy obowiązkowe, oddział aprowizacyjny, komitet biedoty... defetysta, *liszeniec*, *powtornik***... Dzisiaj to dla pani sanskryt! Egipskie hieroglify! Starość to przede wszystkim samotność. Ostatni znajomy staruszek z sąsiedniej klatki schodowej umarł pięć lat temu, a może nawet jeszcze dawniej, może już siedem... Wokół są sami nieznajomi ludzie. Przychodzą z muzeum, z archiwum... z encyklopedii... Jestem leksykonem... żywym archiwum... A rozmówców nie mam... Z kim chciałbym rozmawiać? Mógłbym z Łazarem Kaganowiczem... Mało nas już zostało, a tych którzy nie są zupełnymi sklerotykami – jeszcze mniej. Kaganowicz jest starszy ode mnie, ma już dziewięćdziesiątkę. Czytałem w gazetach... (*Śmieje się*). W gazetach piszą, że staruszkowie na podwórzu nie chcą grać z nim w domino.

* *Maleńkij barabanszczik* (Mały dobosz) – przeróbka niemieckiej piosenki *Der kleine Trompeter* o Fritzu Weinecku, członku młodzieżówki KPD, zastrzelonym w 1925 roku przez policję. Słowa rosyjskie napisał Michaił Swietłow.

** *Liszeniec* (od ros. *liszyt'* – pozbawić) – w Rosji bolszewickiej człowiek należący do kategorii ludności pozbawionej praw politycznych, co nierzadko oznaczało śmierć głodową. *Powtornik* – więzień polityczny, który odsiedział wyrok i ponownie trafił do łagru. Dotyczy to lat 1949–1953; akcja ta spowodowana była zapotrzebowaniem na siłę roboczą.

Ani w karty. Przeganiają go: „Ludojad!". A on płacze, tak mu jest przykro. Kiedyś był żelaznym narkomem*. Podpisywał listy do rozstrzelania, posłał na śmierć dziesiątki tysięcy ludzi. Trzydzieści lat towarzyszył Stalinowi. A na starość nie ma z kim zagrać w karcięta... w domino... Zwykli robociarze nim gardzą... (*Dalej mówi cicho. Nie mogę go zrozumieć. Wyławiam tylko kilka słów*). Straszne... strasznie jest długo żyć.

Nie jestem historykiem ani nawet humanistą. Co prawda przez pewien czas byłem dyrektorem teatru, naszego miejskiego teatru. Na jakikolwiek odcinek posłała mnie partia, tam pracowałem. Byłem oddany partii. Mało pamiętam życie, pamiętam tylko pracę. Kraj był placem budowy... kuźnią... Piecem hutniczym! Dzisiaj tak się nie pracuje. Sypiałem po trzy godziny na dobę. Trzy godziny. Odstawaliśmy od przodujących państw o pięćdziesiąt czy nawet sto lat. O cały wiek. Plan Stalina – dogonić tamtych w ciągu piętnastu–dwudziestu lat. Sławny stalinowski skok. A myśmy wierzyli, że ich dogonimy. Wierzyli. Nasze hasła: „Rewolucyjnymi marzeniami uderzymy w industrialny chaos!", „Bolszewicy muszą opanować technikę!", „Dogonimy kapitalistów!". Nie mieszkałem w domu, mieszkałem w fabryce, na budowie. No tak... O drugiej... czy o trzeciej w nocy mógł zadzwonić telefon. Stalin nie spał, późno się kładł, i w związku z tym myśmy też nie spali. Kadry kierownicze. Od góry do dołu. Mam na koncie dwa ordery i trzy zawały. Byłem dyrektorem fabryki opon, szefem kombinatu budowlanego, skąd przerzucono mnie do zakładów mięsnych. Kierowałem archiwum partyjnym. Po trzecim zawale zrobili mnie dyrektorem teatru... Nasza epoka... moja... To wielkie czasy! Nikt nie żył dla siebie. Dlatego tak mi przykro... Robiła ze mną wywiad pewna miła panienka. Zaczęła mnie „oświecać", w jakich strasznych czasach żyliśmy. Ona to wyczytała z książek, a ja znam to wszystko z doświadczenia. Sam jestem rodem

* Narkom (skrót od ros. *narodnyj komissar*) – minister w rządzie bolszewickim.

stamtąd. Z tamtych lat. A ona mi opowiada: „Byliście niewolnikami. Niewolnikami Stalina". Smarkula! Nie byłem żadnym niewolnikiem! Nie byłem! Owszem, teraz sam tonę w wątpliwościach... Ale niewolnikiem nie byłem... Ludzie mają mętlik w głowie. Wszystko się pomieszało: Kołczak i Czapajew, Denikin i Frunze... Lenin i car... Biało-czerwona sałatka. Bigos. Stepują na grobach! To była wielka epoka! Już nigdy nie będziemy żyli w takim silnym i wielkim kraju. Płakałem, kiedy rozleciał się Związek Radziecki... Od razu nas wyklęto. Oszkalowano. Zwyciężył mieszczuch. Robak. Wesz.

Moją Ojczyzną jest Październik. Lenin... socjalizm... Kochałem rewolucję! Partia to coś mi najdroższego. Siedemdziesiąt lat byłem w partii. Legitymacja to moja biblia. (*Zaczyna deklamować*):

Przeszłości ślad dłoń nasza zmiata,
Przed ciosem niechaj tyran drży!
Ruszamy z posad bryłę świata,
Dziś niczym – jutro wszystkim my!

Pragnęliśmy zbudować Królestwo Boże na ziemi. Piękne, ale niedające się zrealizować marzenie, bo człowiek nie jest jeszcze na to przygotowany. Nie jest doskonały. No tak... Ale począwszy od Pugaczowa i dekabrystów, aż do Lenina, wszyscy marzyli o równości i braterstwie. Bez idei sprawiedliwości inna będzie Rosja i inni będą w niej ludzie. To będzie całkiem inny kraj. Jeszcze się komunizmu nie wyrzekliśmy. Próżne nadzieje. Świat też go się nie wyrzekł. Człowiek zawsze będzie marzył o Mieście Słońca. Jeszcze chodził w skórze, jeszcze mieszkał w jaskini, a już pragnął sprawiedliwości. Niech pani sobie przypomni radzieckie pieśni i filmy... Jakie tam są marzenia! Jaka wiara... Bo mercedes to nie jest marzenie...

Wnuk milczał w ciągu całej rozmowy. Na moje pytania odpowiedział tylko kilkoma dowcipami.

Z dowcipów opowiedzianych przez wnuka
Rok trzydziesty siódmy... W celi siedzą dwaj starzy bolszewicy. Jeden mówi: „Nie, my już nie doczekamy się komunizmu, ale nasze dzieci...". A drugi: „Biedne te dzieci".

Jestem stary... już dawno... Ale starość to też ciekawa rzecz. Rozumie się, że człowiek to zwierzę... dużo wychodzi z niego zwierzęcości... To jest taki czas, jak mówiła Faina Raniewska, że świece na urodzinowym torcie kosztują więcej niż sam tort, a połowa moczu idzie do analizy. (*Śmieje się*). Nic nas przed starością nie uchroni – ani ordery, ani medale... Niiic... Szumi lodówka, bije zegar. Nic więcej się nie dzieje. (*Wnuk w kuchni szykuje herbatę. Zaczęliśmy o nim rozmawiać*). Dzieci teraz... Komputery im tylko w głowie... W dziewiątej klasie wnuk, ten najmłodszy, powiedział mi: „O Iwanie Groźnym mogę czytać, a o Stalinie nie chcę. Obrzydł mi ten twój Stalin!". Nic o nim nie wiedzą, a już im obrzydł. Nie chcą i koniec! Wszyscy przeklinają rok siedemnasty. „Idioci! – mówią o nas. – Po co robili tę rewolucję?" A ja mam w pamięci... Pamiętam ludzi o płonących oczach. Płonęły też nasze serca! Nikt mi nie wierzy! Ale nie zwariowałem... Pamiętam... taaak... Ci ludzie nie chcieli nic dla siebie, nie stawiali tak jak teraz własnego „ja" na pierwszym miejscu. Garnek kapuśniaku, domek, ogródek... Dla nich najważniejsze było „my". My! My! Odwiedza mnie czasem przyjaciel mego syna, profesor uniwersytetu. Jeździ za granicę z wykładami. Kłócimy się obaj tak, aż zachrypniemy. Ja do niego o Tuchaczewskim, a on na to: czerwony komandarm gazował tambowskich chłopów i wieszał marynarzy w Kronsztadzie. Najpierw mówi: „Wystrzelaliście szlachtę i popów w siedemnastym roku, a w trzydziestym siódmym was samych wystrzelali...". Dobrali się już nawet do Lenina. A ja Lenina nie oddam nikomu! Umrę z Leninem w sercu! Zaraz... Niech pani poczeka... (*Silny kaszel. Kaszle tak, że nie mogę zrozumieć kolejnych słów*). Dawniej budowano flotę, podbijano kosmos, a teraz – wille, jachty... Mówiąc szczerze, często nie myślę o niczym. Czy dobrze działają jelita? – to jest istotne rano. Tak się kończy życie.

Mieliśmy po osiemnaście, dwadzieścia lat... O czym rozmawialiśmy? Mówiliśmy o rewolucji i o miłości. Byliśmy fanatykami rewolucji. Długo jednak spieraliśmy się o popularną w owym czasie książkę Aleksandry Kołłontaj *Miłość pszczół robotnic*. Autorka broniła wolnej miłości, to znaczy miłości bez wszystkich zbędnych obciążeń... czegoś, co byłoby „jak wypicie szklanki wody"... Bez wzdychania i bez kwiatów, bez zazdrości i łez. Miłość z pocałunkami i miłosnymi bilecikami uważaliśmy za burżuazyjny przesąd. Prawdziwy rewolucjonista powinien był to wszystko w sobie przezwyciężyć. Robiliśmy nawet specjalne zebrania na ten temat. Nasze zdania były podzielone: jedni opowiadali się za wolną miłością, ale „z czeremchą", a inni – „bez czeremchy"*. Ja byłem za tym, żeby było „z czeremchą", choćby nawet z pocałunkami. Tak! No tak... (*Śmieje się*). Akurat w tym czasie zakochałem się, zalecałem do swojej przyszłej żony. Jak to wyglądało? Czytaliśmy wspólnie Gorkiego: „Burza ciągnie! Burza bliska... Pingwin głupi i tchórzliwy w skałach tłuste cielsko chowa..."**. Że to było naiwne? Tak, ale zarazem piękne. Do diabła, piękne było! (*Śmieje się młodzieńczym śmiechem. Teraz widzę, jaki to przystojny mężczyzna, nawet dzisiaj*). Tańce, zwykłe tańce, uważaliśmy za zwyczaj mieszczański. Wytaczaliśmy procesy przeciwko tańcom i karali tych komsomolców, którzy tańczyli albo przynosili kwiaty swoim dziewczynom. Przez pewien czas byłem nawet przewodniczącym takiego sądu. Te moje „marksistowskie" przekonania sprawiły, że nigdy nie nauczyłem się tańczyć. Potem się biłem w piersi. Nigdy nie umiałem zatańczyć z ładną kobietą. Niedźwiedź! Urządzaliśmy komsomolskie śluby. Bez świec, bez koron. Bez popów. Zamiast ikon – portrety Lenina i Marksa. Moja narzeczona miała długie włosy, więc przed ślubem je ścięła. Urodę mieliśmy w pogardzie. No jasne, że nie mieliśmy racji. To już było, jak to się mówi, przegięcie...

* Aluzja do opowiadania *Bez czeremchy* Pantielejmona Romanowa (1884–1938), które wzbudziło ożywioną dyskusję na temat miłości i seksu w społeczeństwie radzieckim.

** Maksim Gorki, *Pieśń o zwiastunie burzy* w przekładzie Juliana Tuwima.

(*Znowu kaszle. Macha ręką, żebym nie wyłączała dyktafonu*). Nie szkodzi, nie szkodzi, nie mam na kiedy odłożyć... Wkrótce rozłożę się na fosfor, potas i tak dalej. Od kogo pani dowie się prawdy? Zostały tylko archiwa. Papiery. No tak... Pracowałem w archiwum i wiem, że papiery kłamią gorzej od ludzi.

O czym to ja? Aha, o miłości... o mojej pierwszej żonie... Kiedy urodził się nam syn, nazwaliśmy go *Oktiabr'* – Październik. Na cześć dziesiątej rocznicy Wielkiego Października. Chciałem mieć jeszcze córkę. „Jeśli chcesz ze mną mieć następne dziecko, to znaczy, że mnie kochasz" – śmiała się żona. „A jak nazwiemy naszą dziewczynkę?" Mnie się podobało imię Lublena, to był skrót od „*Lublu Lenina*" – kocham Lenina. Żona wypisała na kartce swoje ulubione imiona kobiece: Marksana, Stalina, Engelsina... Iskra... Takie były wtedy najmodniejsze. Kartka leżała i leżała na stole...

Pierwszego bolszewika zobaczyłem w swojej wsi... Młody student w żołnierskim płaszczu. Przemawiał na placu przed cerkwią: „Teraz jedni chodzą w butach, a inni w łapciach. A kiedy nastanie władza bolszewicka, wszyscy będą jednakowi". Chłopi wołali: „Jakże to tak?". „A tak, że nadejdzie piękny czas, kiedy wasze żony będą nosić jedwabne sukienki i pantofle na obcasach. Nie będzie bogatych ani biednych. Wszyscy będą mieli dobrze". Moja mama włoży jedwabną suknię, siostra pantofelki na obcasach. Ja pójdę się uczyć... Wszyscy ludzie zaczną żyć jak bracia, wszyscy będą równi. Jak nie pokochać takiego marzenia! Bolszewikom uwierzyli ludzie biedni, tacy, co nic nie mieli. Młodzież poszła za bolszewikami. Chodziliśmy po ulicach i wołali: „Precz z dzwonami, przetopimy je na traktory!". O Bogu wiedzieliśmy jedno: że go nie ma. Śmialiśmy się z popów, w domu rąbaliśmy ikony. Zamiast procesji urządzaliśmy pochody z czerwonymi flagami... (*Zatrzymał się*). To chyba już mówiłem? Skleroza... jestem stary... już dawno... No tak... Marksizm stał się naszą religią. Byłem szczęśliwy, że żyję w tym samym czasie co Lenin. Zbieraliśmy się i śpiewali *Międzynarodówkę*. Kiedy miałem piętnaście czy szesnaście lat, już byłem komsomolcem. Komunistą.

Żołnierzem rewolucji. (*Milknie*). Nie boję się śmierci... w moim wieku... Tylko mi przykro... Przykro z jednej przyczyny: ktoś będzie musiał się męczyć z moim ciałem. Tyle zachodu! Wszedłem kiedyś do cerkwi. Porozmawiałem z ojczulkiem. Ojczulek: „Trzeba się wyspowiadać". Jestem stary... A czy jest Bóg, czy go nie ma – wkrótce i tak się dowiem. (*Śmieje się*).

Na wpół głodni, na wpół nadzy... Ale na czyny społeczne w soboty chodziliśmy przez okrągły rok, także zimą. Mróz! Moja żona miała lekkie paletko, była w ciąży. Ładujemy węgiel na stacji, drwa, wozimy taczkami. Nieznajoma dziewczyna, która pracowała obok nas, mówi do żony:

– Ten twój płaszczyk taki lekki. Nie masz czegoś cieplejszego?

– Nie mam...

– Wiesz, ja mam dwa. Miałam jeden dobry płaszcz, a teraz dostałam nowy z Czerwonego Krzyża. Daj mi swój adres, to ci wieczorem przyniosę.

Wieczorem rzeczywiście przyniosła, i to nowe, a nie swoje stare. Nie znała nas, wystarczyło jej to, że należeliśmy do partii, tak jak ona. Byliśmy jak bracia i siostry. W naszym domu mieszkała niewidoma od dziecka dziewczyna, która płakała, jeśli jej nie zabierano na te czyny. Może niewiele pomogła, ale pośpiewała z nami pieśni. Rewolucyjne!

Moi towarzysze leżą pod kamiennymi płytami... Na płytach są wyryte napisy: „Członek partii bolszewików od tysiąc dziewięćset dwudziestego... dwudziestego czwartego... dwudziestego siódmego roku...". Nawet po śmierci było ważne, jakiej jest się wiary. Partyjnych chowano osobno, trumnę przykrywano czerwonym sztandarem. Pamiętam dzień śmierci Lenina... Jak to? Lenin umarł? Niemożliwe! Przecież to święty... (*Prosi wnuka, by zdjął z półki małe popiersia Lenina. Ze spiżu, żeliwa i fajansu*). No, zebrała się kolekcja. Wszystko to prezenty. A wczoraj... Przez radio słyszałem, że pomnikowi Lenina w centrum miasta odpiłowano w nocy rękę. Na złom... za kopiejki... Lenin był ikoną. Bogiem! A teraz to metal kolorowy. Sprzedają go i kupują na kilogramy... A ja jeszcze żyję... Wyklinają komunizm! Socjalizm też do luftu! Mówią mi: „Któż to dzisiaj bierze marksizm poważnie? Jego miejsce jest w podręcznikach historii". A kto z was mógłby powiedzieć, że czytał późnego Lenina? Że zna całego Marksa? Jest Marks wczesny i Marks z ostatnich lat życia... To, na czym dzisiaj psy wieszają jako na socjalizmie, nie ma żadnego związku z ideą socjalizmu. Idea nie jest winna. (*Kaszel sprawia, że znowu źle go słyszę*). Ludzie utracili swoją historię, zostali bez wiary... O cokolwiek się spyta – pustka w oczach. Szefowie nauczyli się żegnać, a świeczkę jak szklankę z wódką trzymają w prawej ręce. Wyciągnęli z naftaliny dwugłowego orła... Sztandary i ikony... (*Nagle mówi całkiem wyraźnie*). Moje ostatnie życzenie jest takie, żeby pani napisała prawdę. Ale moją prawdę, a nie swoją. Żeby mój głos został zachowany...

(*Pokazuje swoje zdjęcia. Od czasu do czasu komentuje*).

Zaprowadzili mnie do dowódcy.

– Ile masz lat? – zapytał dowódca.

– Siedemnaście – odpowiedziałem.

Skłamałem, bo nie miałem nawet szesnastu. W taki sposób zostałem czerwonoarmistą. Wydali nam owijacze i czerwone gwiazdy na czapki. Nie było budionówek, ale czerwone gwiazdy – tak. No bo co to za Armia Czerwona bez czerwonych gwiazdek? Dali karabiny. Poczuliśmy się wtedy obrońcami rewolucji. Dookoła głód i epidemie. Tyfus brzuszny i plamisty... A myśmy byli szczęśliwi...

Z rozwalonego domu obszarnika ktoś wyciągnął pianino... Pianino stało w sadzie, mokło na deszczu. Pastuchy pędziły tam obok krowy i grały na nim kijami. Dwór ktoś spalił po pijanemu. Ludzie wszystko rozgrabili. Ale na co chłopu pianino?

...Wysadziliśmy cerkiew... Do tej pory w uszach mam krzyk starych kobiet: „Dzieci, nie róbcie tego!". Błagały nas. Obejmowały za nogi. Cerkiew stała tam od dwustu lat. Wymodlone miejsce, jak to u nas mówią. Zamiast cerkwi zbudowano miejskie toalety. Księżom kazano tam sprzątać. Czyścić gówna. Teraz, no jasne... Teraz rozumiem... Ale wtedy nas to bawiło...

W polu leżeli nasi towarzysze... Na czole i na piersi wycięto im gwiazdy. Czerwone... Brzuchy rozprute, nasypali im do nich ziemi – chcieliście ziemi, to macie! Co wtedy czuliśmy? Śmierć albo zwycięstwo! Możemy umrzeć, ale przynajmniej wiemy, za co umieramy.

Nad rzeką zobaczyliśmy pokłutych bagnetami białych oficerów. Poczernieli na słońcu „jaśnie wielmożni". Z brzuchów wystawały naramienniki... Powpychali im naramienniki do brzucha... Nie żałowałem ich! Martwych widziałem już tylu, ilu żywych...

Dzisiaj chyba wszystkich żal: i białych, i czerwonych. Przynajmniej mnie...

Pani jest żal... Żal? (*Wydało mi się, że na tym nasza rozmowa może się skończyć*). No tak... oczywiście... „Ogólnoludzkie wartości"... „abstrakcyjny humanizm". Oglądam telewizję, czytam gazety. Dla nas słowo „miłosierdzie" pasowało do popów. Bij białą gadzinę! Zaprowadzimy rewolucyjny porządek! Hasło pierwszych lat rewolucji: żelazną dłonią zapędzimy ludzkość do szczęścia! Skoro partia mówi, to ja wierzę partii! Wierzę.

Miasto Orsk koło Orenburga. Dniami i nocami jeżdżą towarowe składy z rodzinami kułaków. Na Syberię. A my ochraniamy stację. Otwieram jeden wagon. W kącie wisi na pasku półnagi mężczyzna. Matka kołysze na rękach niemowlę, a starszy chłopczyk siedzi obok. Rękami zjada własne gówno, jak kaszę. „Zamykaj! – krzyczy na mnie komisarz. – To kułacka swołocz! Nie nadają się do nowego życia!" Przyszłość... musi być przecież piękna... Potem będzie pięknie... No, wierzyłem w to! (*Prawie krzyczy*). Wierzyliśmy w jakieś piękne życie. Utopia... To była utopia... A wy? Macie własną utopię – rynek. Rynkowy raj. Rynek uczyni wszystkich szczęśliwymi! A to chimera! Po ulicach chodzą gangsterzy w malinowych marynarkach, mają złote łańcuchy do pępka. To karykatura kapitalizmu, zupełnie jak na obrazkach w radzieckim „Krokodylu". Parodia! Zamiast dyktatury proletariatu – prawo dżungli: gryź tego, kto jest słabszy od ciebie, a kłaniaj się temu, kto silniejszy. Najstarsze prawo na ziemi...

(*Atak kaszlu. Potem odpoczywa*). Mój syn nosił budionówkę z czerwoną gwiazdką... Kiedyś to był najlepszy prezent urodzinowy. Od dawna nie chodzę do sklepów. Czy można tam kupić budionówkę? Noszono je długo, jeszcze za Chruszczowa. Jaka jest teraz moda? (*Próbuje się uśmiechnąć*). Nie jestem na bieżąco... No jasne, jestem antykiem... Mój jedyny syn umarł... Kończę życie z synową i wnukami. Syn był historykiem i ideowym komunistą. A wnuki? (*Z drwiną*). Wnuki czytają Dalajlamę. Zamiast *Kapitału* mają *Mahabharatę*. Kabałę... Teraz wszyscy wierzą w najróżniejsze rzeczy. No tak... Teraz tak jest... Człowiek zawsze pragnie w coś wierzyć. W Boga albo w postęp techniczny. W chemię, w polimery, w kosmiczny rozum. Teraz – w rynek. No dobrze, najemy się, a co dalej? Wchodzę do pokoju do swoich wnuków, a tam wszystko zagraniczne: koszule, dżinsy, książki, muzyka, nawet szczoteczka do zębów nie jest naszej produkcji. Na półkach stoją puste puszki po pepsi-coli... Papuasi! Chodzą do supermarketów jak do muzeum. Świętować urodziny w „Makdonaldzie" – to jest „super"! „Dziadku, byliśmy w Pizza Hut!". To ich mekka! Pytają mnie: „Naprawdę wierzyłeś w komunizm? A dlaczego nie w ufoludki?". Ja wyznawałem hasło: „Pokój chatom, wojna pałacom", a oni chcą zostać milionerami. Odwiedzają ich przyjaciele. Słyszę rozmowy: „Wolę żyć w słabym kraju, ale z jogurtem i dobrym piwem", „Komunizm to męty!", „Przyszłość Rosji to monarchia. Boże, chroń cara!". Puszczają piosenki: „Jeszcze przyjdzie nasz czas, poruczniku Golicyn, komisarze czerwoni będą z pyszna się mieć..."*. A ja żyję... Jeszcze tutaj jestem... naprawdę... Przecież nie zwariowałem... (*Patrzy na wnuka. Ten nic nie mówi*). W sklepach pełno kiełbasy, ale nie ma szczęśliwych ludzi. Nie widzę takich, którzy by mieli płonące oczy.

* *Poruczik Golicyn* – anonimowy romans, rzekomo białogwardyjski z czasów wojny domowej, najprawdopodobniej napisany w latach sześćdziesiątych XX wieku.

Z dowcipów opowiedzianych przez wnuka
Seans spirytystyczny. Rozmawiają profesor i stary bolszewik. Profesor: „Idea komunizmu była od początku obarczona błędem. Pamięta pan pieśń: »Nasz parowozie, naprzód leć, przystankiem jest Komuna«"*. Stary bolszewik: „Oczywiście pamiętam. A gdzie ten błąd?". Profesor: „Parowozy nie latają".

Najpierw aresztowali moją żonę... Poszła do teatru i nie wróciła do domu. Przychodzę z pracy, a syn z kotem śpią na dywaniku w przedpokoju. Synek czekał na mamę, czekał, aż w końcu zasnął. Żona pracowała w fabryce obuwniczej. Czerwona inżynier. „Dzieje się coś niepojętego – mówiła. – Aresztowano wszystkich moich przyjaciół. To jakaś zdrada..." Odpowiedziałem: „Nas jednak nie aresztowali, bo przecież ani ja, ani ty nic nie zrobiliśmy". Byłem tego absolutnie pewien... naprawdę!

Na początku byłem leninowcem, a potem stalinowcem. Wierzyłem we wszystko, co mówił i robił Stalin. Tak... Największy, genialny wódz wszystkich epok i narodów. Nawet kiedy Bucharina, Tuchaczewskiego i Blüchera ogłoszono wrogami ludu, wierzyłem mu. Zbawcza myśl... głupia... Myślałem, że w kierownictwie znaleźli się zdrajcy, którzy oszukują Stalina. Ale partia się w końcu zorientuje. No i w końcu... aresztowano mi żonę, uczciwą i oddaną bojowniczkę partii.

Po trzech dniach przyszli po mnie... Przede wszystkim obwąchali piec – czy nie pachnie dymem, czy czego nie spaliłem. Było ich trzech. Jeden chodził i wybierał sobie rzeczy: „To już nie będzie wam potrzebne". Zdjął zegar ze ściany. Byłem zdumiony... Nie spodziewałem się... A równocześnie było w tym coś ludzkiego, coś, co budziło nadzieję. Właśnie obrzydliwe zachowanie tych ludzi... Taak... Bo oznaczało, że oni mają jakieś uczucia... Rewizja trwała od drugiej w nocy do rana. W domu miałem bardzo dużo książek, każdą z nich przekartkowali. Obszukali

* *Nasz parowoz* (Nasz parowóz, autor – nieznany) – pieśń komsomolska z 1922 roku.

ubrania. Rozpruli poduszki... Miałem aż nadto czasu, żeby się zastanowić. Przypominałem sobie... gorączkowo... Wtedy wsadzali już masowo. Codziennie kogoś zabierali. Atmosfera była straszna. Zabrali człowieka, a wszyscy dookoła milczą. Wypytywanie o cokolwiek nie miałoby sensu. Podczas pierwszego przesłuchania śledczy powiedział mi: „Wasza wina polega już na tym choćby, że nie złożyliście doniesienia na żonę". Ale to już w więzieniu... Wtedy wszystko przebiegłem w pamięci. Wszystko... Przypomniałem sobie tylko jedną rzecz... Ostatnią miejską konferencję partyjną... Kiedy odczytano pozdrowienia dla towarzysza Stalina, wstała wówczas cała sala. Huragan owacji: „Niech żyje towarzysz Stalin, źródło i siła naszych zwycięstw!", „Niech żyje Stalin!", „Chwała wodzowi!". Piętnaście minut... pół godziny... Wszyscy patrzą na siebie, ale nikt nie siada pierwszy. Wszyscy stoją. Nie wiem, czemu usiadłem. Machinalnie. Podeszło do mnie dwóch cywilów. „Dlaczego siedzicie, towarzyszu?" Zerwałem się! Zerwałem się jak oparzony. Podczas przerwy cały czas się rozglądałem. Myślałem, że zaraz podejdą i mnie aresztują... (*Pauza*).

Nad ranem rewizja się skończyła. Padło polecenie: „Zbierajcie się". Niania zbudziła syna... Zanim wyszedłem, zdążyłem szepnąć synowi: „Nikomu nie mów o tacie i mamie". Dzięki temu przeżył. (*Przysuwa dyktafon bliżej siebie*). Niech pani nagrywa, póki jeszcze żyję. „J.ż." – „jeszcze żyję" – tak piszę na kartkach z życzeniami. Co prawda, nie mam już ich do kogo wysyłać... Często mnie pytają: „Dlaczego wszyscyście milczeli?". „Takie były czasy". Uważałem, że winni są zdrajcy – Jagoda, Jeżow – ale nie partia. Łatwo sądzić innych po pięćdziesięciu latach. Nabijać się ze starych durniów... W tamtych czasach szedłem razem z innymi, a teraz ich już nie ma...

Miesiąc przesiedziałem w pojedynczej celi. Taka kamienna trumna – wokół głowy jest szerzej, a w nogach – trochę węziej. Oswoiłem kruka, który przylatywał do mojego okna, karmiłem go kaszą perłową z zupy. Od tamtego czasu kruk jest moim ulubionym ptakiem. Na wojnie, kiedy... Już po bitwie... Cisza.

Rannych zabrano, leżeli tylko zabici. Wtedy przylatują kruki, innych ptaków nie było, tylko one.

Na przesłuchanie wezwano mnie po dwóch tygodniach. Czy wiedziałem, że żona ma siostrę za granicą? „Moja żona jest uczciwą komunistką". Na biurku śledczego leżał donos, podpisany – nie mogłem uwierzyć! – przez naszego sąsiada. Poznałem charakter pisma. Podpis. Można powiedzieć, że mojego towarzysza broni, z wojny domowej. Wojskowy, miał wysoką rangę... Trochę nawet podkochiwał się w mojej żonie, aż byłem o nią zazdrosny. No tak... zazdrosny... Żonę kochałem mocno... swoją pierwszą żonę... Śledczy szczegółowo podawał mi treść naszych rozmów. Zrozumiałem, że się nie pomyliłem... Tak, to sąsiad... Wszystkie rozmowy toczyły się w jego obecności... A z moją żoną to było tak: pochodziła spod Mińska, Białorusinka. Po pokoju brzeskim część ziem białoruskich znalazła się w granicach Polski. Tam zostali jej rodzice i siostra. Rodzice wkrótce zmarli, a siostra napisała do nas, że woli już trafić na Sybir, byle nie mieszkać w Polsce. Wolała Związek Radziecki. Na Zachodzie komunizm był wówczas popularny. Na całym świecie zresztą. Wielu w niego wierzyło. Nie tylko prości ludzie, ale i elita Zachodu. Pisarze: Aragon, Barbusse... Rewolucja październikowa była „opium dla intelektualistów". Gdzieś to czytałem... sporo teraz czytam... (*Przerwa*). Moja żona była „wrogiem". To znaczy, że potrzebna była jeszcze „działalność kontrrewolucyjna"... Chcieli sfabrykować jakąś „organizację", podziemie terrorystyczne... „Z kim wasza żona się spotykała? Komu przekazywała plany?" Jakie plany!? Wszystkiemu zaprzeczałem. Bili mnie. Deptali po mnie buciorami. A wszystko to byli swoi ludzie. Ja miałem legitymację partyjną, tamci też. I moja żona miała legitymację.

Wspólna cela... Pięćdziesiąt osób w jednej. Za potrzebą wyprowadzano dwa razy dziennie. A przez resztę dnia i nocy? Jak to wytłumaczyć damie? Przy wejściu stała olbrzymia kadź... (*Ze złością*). Niech pani spróbuje usiąść i wysrać się przy ludziach! Do jedzenia dostawaliśmy śledzie, tyle że nie dawali nam pić... Pięćdziesięciu ludzi... Szpiedzy angielscy... japońscy...

Stary chłop, niepiśmienny... Tego zamknęli za pożar w stajni. Student siedział za dowcip... Na ścianie wisi portret Stalina. Lektor czyta referat o Stalinie. Chór śpiewa pieśń o Stalinie. Aktor deklamuje wiersz o Stalinie. Co to jest? Wieczór z okazji setnej rocznicy urodzin Puszkina. (*Ja się śmieję, on – wcale nie*). Student dostał dziesięć lat obozu bez prawa korespondencji*. Siedział też kierowca, aresztowany za to, że był podobny do Stalina. No, rzeczywiście był podobny. Kierownik pralni, bezpartyjny fryzjer, szlifierz... Większość więźniów to byli prości ludzie. Siedział jednak i uczony, specjalista od folkloru. W nocy opowiadał nam bajki... bajki dla dzieci... A wszyscy słuchali. Na folklorystę doniosła jego własna matka... Stara bolszewiczka. Tylko raz przekazała mu papierosy przed etapem. Taaak... Siedział stary eserowiec, ten otwarcie się cieszył. „Jak jestem szczęśliwy, że i wy komuniści, siedzicie tu tak samo jak ja i tak samo nic nie rozumiecie". Kontrrewolucjonista! Myślałem wtedy, że już nie ma władzy radzieckiej. I Stalina też nie ma.

Z dowcipów opowiedzianych przez wnuka
Dworzec kolejowy... Setki ludzi. Człowiek w skórzanej kurtce rozpaczliwie kogoś szuka. Znalazł! Podchodzi do kogoś innego w skórzanej kurtce:

– Towarzyszu, jesteście partyjny czy bezpartyjny?
– Partyjny
– To powiedzcie mi, gdzie tu jest ubikacja.

Wszystko mi zabrali: pasek, szalik, sznurowadła, ale i tak byłem w stanie odebrać sobie życie. Miałem zresztą takie myśli. No tak... miałem... Powiesić się na spodniach albo gumce od majtek. Bili mnie w brzuch workiem z piaskiem. Wszystko ze mnie wyłaziło, jak z robaka. Wieszali mnie na hakach. Średniowiecze! Wylewało się ze mnie, już nie kontrolowałem własnego organizmu. Ze wszystkiego się lało... Wytrzymać ten ból... Wstyd! Lepiej już

* Taka formuła w zasadzie zawsze oznaczała zakamuflowany wyrok śmierci.

umrzeć... (*Robi przerwę*). Spotkałem w więzieniu starego towarzysza... Nikołaj Wierchowcew, w partii od tysiąc dziewięćset dwudziestego czwartego roku. Uczył na kursach dla robotników. Wszyscy znajomi... w bliskim kręgu... Ktoś czytał na głos „Prawdę", a tam podali informację, że Biuro Komitetu Centralnego omawiało problem zapładniania klaczy. Wtedy Wierchowcew zażartował, że widocznie KC nie ma nic innego do roboty jak zapładniać klacze. To powiedział w dzień, a już w nocy zabrano go z celi. Przytrzaskiwali mu dłonie drzwiami, połamali palce jak ołówki. Trzymali całymi dniami w masce gazowej. (*Milknie*). Nie mam pojęcia, jak dzisiaj o tym opowiadać... Takie barbarzyństwo. To poniżające, jest się kawałkiem mięsa, leży się we własnym moczu... Wierchowcew trafił na śledczego sadystę. Bo nie wszyscy tam byli sadystami... Góra narzucała im limit, plan wykrywania wrogów – miesięczny i roczny. No więc zmieniali się, pili herbatę, dzwonili do domu, flirtowali z pielęgniarkami, które wzywano, kiedy torturowany więzień tracił przytomność. Oni mieli dyżury... zmiany... A tu człowiekowi łamano całe życie. Tak to wyglądało... Śledczy, który prowadził moją sprawę, był przedtem dyrektorem szkoły. Przekonywał mnie:

– Naiwny z was człowiek. Kropniemy was i sporządzimy protokół, że to przy próbie ucieczki. Wiecie, co Gorki powiedział: „Jeśli wróg się nie poddaje, to należy go zlikwidować".

– Nie jestem wrogiem.

– Zrozumcie, że dla nas groźny nie jest tylko ten, kto się pokajał, który się złamał.

Dyskutowaliśmy na ten temat... Drugi śledczy był zawodowym oficerem. Czuło się, że nie ma ochoty wypisywać tych wszystkich papierów. Bo oni cały czas coś pisali. Kiedyś dał mi papierosa. Ludzie siedzieli tam długo. Miesiącami. Między katami a ofiarami tworzyły się ludzkie... no nie, ludzkimi trudno je nazwać, ale mimo wszystko jakieś stosunki. Ale jedno nie wykluczało drugiego... „Podpiszcie". Czytam protokół. „Nie mówiłem czegoś takiego". Biją. Biją gorliwie. Wszystkich ich potem rozstrzelali. Wysłali do łagrów.

To było rano... Otwiera się cela. Pada komenda: „Do wyjścia!". Jestem w samej koszuli. Chcę się ubrać. „Nie!" Prowadzą mnie do jakiejś piwnicy... Tam już czeka śledczy z protokołem... „Podpisujecie czy nie?" Odmawiam. „To pod ścianę!" Bach! – strzał ponad głową... „No jak – podpiszecie?" Bach! I tak trzy razy. Prowadzili mnie z powrotem jakimś labiryntem... Okazało się, że w więzieniu mają tyle piwnic! Nawet nie podejrzewałem. Prowadzili zawsze tak, żeby więzień nic nie zobaczył. I nikogo nie rozpoznał. Jeśli ktoś szedł z naprzeciwka, konwojent dawał rozkaz: „Gębą do ściany!". Ale ja już nabrałem doświadczenia. Podpatrywałem. W ten sposób spotkałem się ze swoim szefem z kursów dla czerwonych dowódców. I z byłym profesorem ze szkoły partyjnej... (*Milknie*). Z Wierchowcewem rozmawialiśmy szczerze: „Zbrodniarze! Gubią władzę radziecką. Odpowiedzą za to". Kilkakrotnie przesłuchiwała go kobieta. „Kiedy mnie torturują, ona robi się piękna. Masz pojęcie? Wtedy jest piękna". Taki wrażliwy człowiek. To on mi powiedział, że Stalin we wczesnej młodości pisał wiersze... (*Zamyka oczy*). Teraz czasem budzę się zlany zimnym potem – przecież mnie też mogli skierować do pracy w NKWD. A ja bym poszedł. Miałem przecież w kieszeni legitymację partyjną. Czerwoną książeczkę.

Dzwonek do drzwi. Przyjechała pielęgniarka. Mierzy ciśnienie. Robi zastrzyk. Przez ten cały czas ciągniemy rozmowę, chociaż z przerwami.

Kiedyś przyszło mi na myśl, że socjalizm nie rozwiązuje problemu śmierci. Starości. Metafizycznego sensu życia. Omija ten problem. I tylko religia ma na to odpowiedź. Taak... W trzydziestym siódmym roku za takie rozmowy to by mnie...

Czytała pani książkę *Człowiek ryba* Aleksandra Bielajewa? Tam genialny uczony chciał uszczęśliwić syna i zmienił go w morskie stworzenie. Ale synowi wkrótce smutno się zrobiło, że jest samotny w oceanie. Zapragnął być jak wszyscy – żyć na ziemi, pokochać zwykłą dziewczynę. Tyle że to już niemożliwe. No i syn zginął. A ojcu wydawało się, że zgłębił tajemnicę... Że jest Bogiem! To odpowiedź wszystkim wielkim utopistom!

...Idea była piękna! Tylko co zrobi pani z człowiekiem? Człowiek nie zmienił się od czasów starożytnego Rzymu...

(*Po wyjściu pielęgniarki zasłania oczy*).

Niech pani poczeka... Mimo wszystko dokończę... Na godzinę jeszcze wystarczy mi siły. Idźmy dalej... W więzieniu przesiedziałem bez mała rok. Już szykowałem się do procesu. Do etapu. Dziwiłem się – czemuż tak przeciągają moją sprawę? Myślę, że w tym nie było żadnej logiki. Mieli tysiące spraw... Chaos... Po roku wezwał mnie nowy śledczy... Moją sprawę oddano do ponownego rozpatrzenia... Puścili mnie wolno, wycofali wszystkie oskarżenia. To znaczy, że nastąpiła pomyłka. Partia mi wierzy! Stalin był wielkim reżyserem... Akurat w tym czasie usunął „krwawego karła" narkoma Jeżowa. Postawili go przed sądem. Rozstrzelali. Zaczęły się rehabilitacje. Ludzie odetchnęli: do Stalina dotarła prawda... A to była tylko chwila wytchnienia przed nowym rozlewem krwi... Zabawa! Ale wszyscy uwierzyli. Ja też. Żegnam się z Wierchowcewem... A on pokazuje mi złamane palce: „Siedzę tu już dziewiętnaście miesięcy i siedem dni. Nikt mnie stąd nie wypuści. Nie odważą się". Nikołaj Wierchowcew... w partii od tysiąc dziewięćset dwudziestego czwartego roku... rozstrzelany w czterdziestym pierwszym, kiedy Niemcy zbliżali się do miasta. Enkawudziści rozstrzelali wszystkich więźniów, których nie zdążyli wywieźć. Wypuścili kryminalistów, a wszystkich „politycznych" zlikwidowali jako zdrajców. Niemcy weszli do miasta i otwarli bramy więzienia – leżała w nim góra trupów. I dopóki trupy nie zaczęły się rozkładać, mieszkańców miasta pędzono do więzienia, żeby się napatrzyli na władzę radziecką.

Syna znalazłem u obcych ludzi, niania wywiozła go na wieś. Jąkał się, bał się ciemności. Zamieszkaliśmy razem. Usiłowałem się dowiedzieć czegoś o żonie. I równocześnie starałem się, żeby przywrócono mi członkostwo partii. Żeby oddano mi legitymację. Nowy Rok... W domu ubrana choinka. Czekamy z synem na gości. Dzwonek do drzwi. Otwieram. Na progu widzę źle ubraną kobietę.

– Przyszłam przekazać panu pozdrowienia od żony.

– Żyje!

– Rok temu żyła. Przez jakiś czas pracowałyśmy razem w chlewie. Kradłyśmy świniom zmarznięte kartofle i dzięki temuśmy nie zdechły. Czy nadal żyje, tego nie wiem.

Zaraz sobie poszła. Nie zatrzymywałem jej... Mieli do mnie przyjść goście... (*Milknie*). Bicie kurantów na Kremlu. Otwieramy szampana. Pierwszy toast – „za Stalina!". Taaak...

Rok czterdziesty pierwszy...

Wszyscy płakali... A ja krzyczałem ze szczęścia – wojna! Pójdę na wojnę! Tego to już mi nie zabronią. Wezmą do wojska. Zacząłem prosić, żeby mnie wysłano na front. Długo mnie nie chcieli przyjąć. Miałem znajomego komendanta komisji uzupełnień.

– Nie mogę – mówił. – Mam tu instrukcję, żeby „wrogów" nie brać.

– Niby kto jest tym wrogiem? Ja?

– Twoja żona odbywa karę w obozie z artykułu pięćdziesiątego ósmego. Działalność kontrrewolucyjna...

Padł Kijów... Walki toczyły się pod Stalingradem... Zazdrościłem każdemu w mundurze, bo bronił Ojczyzny! Dziewczęta szły na wojnę... A ja? Piszę list do komitetu dzielnicowego partii: rozstrzelajcie mnie albo pozwólcie iść na wojnę! Po dwóch dniach dostałem powołanie – za dwadzieścia cztery godziny mam się stawić w punkcie zbiorczym. Wojna była dla mnie wybawieniem... Jedyną szansą, żeby odzyskać dobre imię. Cieszyłem się.

Rewolucję pamiętam dobrze. A wszystko potem, wybaczy pani, już gorzej. Nawet z wojny mniej pamiętam, chociaż jest bliższa w czasie. Pamiętam, że nic się nie zmieniało. Tylko broń. Pod koniec wojny mieliśmy inną – nie szable i karabiny, ale „katiusze". A życie w wojsku? Mogliśmy latami jeść zupę z kaszy jęczmiennej i jaglanej, miesiącami nosić brudną bieliznę. Nie myć się. Spać na gołej ziemi. Gdybyśmy zresztą byli inni, czy byśmy wtedy zwyciężyli?

Ruszyliśmy do ataku... Tamci do nas z cekaemów! Wszyscy padamy na ziemię. A do tego jeszcze granatnik się włączył i rozrywa ludzi w strzępy. Koło mnie upadł komisarz: „Czego leżysz, kontro? Naprzód! Inaczej kula w łeb!".

Pod Kurskiem spotkałem swojego śledczego. Byłego dyrektora szkoły... Pomyślałem: „No, draniu, teraz dostałeś się w moje ręce. Kropnę cię po cichu, kiedy nas rzucą do ataku". Tak było... No tak... Chciałem. Nie zdążyłem. Raz nawet z nim rozmawiałem. „Ojczyznę mamy jedną" – tak wtedy mówił. To był śmiały człowiek. Bohater. Zginął pod Królewcem. Co mogę na to powiedzieć... Powiem tyle... Pomyślałem, że Bóg to za mnie zrobił... Nie będę kłamał...

Na wojnie byłem dwukrotnie ranny. Wróciłem do domu z trzema orderami i medalami. Wezwali mnie do komitetu dzielnicowego. „Niestety, nie możemy wam zwrócić żony. Wasza żona nie żyje. Ale honor wam zwracamy..." Oddali mi legitymację partyjną. A ja byłem szczęśliwy! Szczęśliwy...

(*Mówię mu, że nigdy tego nie zrozumiem. Wybucha*).

Nas nie można sądzić według reguł logiki. Buchalterzy! Zrozumcie to! Można nas sądzić tylko według praw religii. Wiary! Jeszcze będziecie nam zazdrościć! Co wy macie wielkiego? Nic poza komfortem. Wszystko dla żołądka, dwunastnicy... Napchać kałdun i obstawić się zabaweczkami... A ja... Moje pokolenie... Wszystko, co macie, to myśmy zbudowali. Fabryki, zapory wodne, elektrownie... A gdzie są wasze? Hitlera też myśmy pobili. Po wojnie... Kiedy komuś urodziło się dziecko, to była radość! Nie taka radość jak przed wojną. Inna. Mogłem nawet zapłakać... (*Zamyka oczy. Zmęczył się*). Wierzyliśmy... A teraz wydano na nas wyrok: „Wierzyliście w utopię"... Wierzyliśmy! Moja ulubiona powieść to *Co robić?* Czernyszewskiego... Teraz jej już nie czytają. Bo nudna. Znają tylko tytuł – odwieczny rosyjski problem: co robić? Dla nas to był katechizm. Podręcznik rewolucji. Całymi stronicami uczyliśmy się go na pamięć. Czwarty sen Wiery Pawłowny... (*Recytuje jak wiersz*). „Domy z kryształu i aluminium... Kryształowe pałace! Cytrynowe i pomarańczowe sady w środku miasta. Starców prawie nie ma, ludzie starzeją się bardzo późno, bo życie jest piękne. Wszystko wykonują maszyny, a ludzie tylko jeżdżą i kierują maszynami... Maszyny żną zboże, wiążą w snopy... Łany zbóż są gęste, zboże obrodziło. Kwiaty wielkie jak drzewa. Wszyscy są szczęśliwi. Radośni. Chodzą pięknie ubrani – mężczyźni i kobiety. Ich życie jest wolne, poświęcone pracy i rozkoszy. Wszyscy mają dużo miejsca, a pracy jest pod dostatkiem. Czy to rzeczywiście my? Czy to naprawdę nasza ziemia? I wszyscy tak będą żyli? Przyszłość jest jasna i piękna..." O... (*Kiwnięcie głową w stronę wnuka*). Podśmiewa się... Jestem dla niego przygłupem. Tak właśnie żyjemy.

*U Dostojewskiego jest odpowiedź Czernyszewskiemu: Budujcie, budujcie swój kryształowy pałac, a ja wezmę i cisnę w niego kamieniem... I nie dlatego, że jestem głodny i mieszkam w piwnicy, ale tak zwyczajnie – z własnej woli...**.

(*Rozzłościł się*). Pani myśli, że komunizm, tę zarazę, jak piszą dzisiaj w gazetach, przywieziono nam z Niemiec w zaplombowanym wagonie? Co za bzdura! To lud powstał. Tego „złotego wieku", o którym dzisiaj nagle zaczęto opowiadać, wcale za cara nie było. To bajki! I to, że Ameryce wysyłaliśmy zboże i że decydowaliśmy o losach Europy. Prawdą jest to, że żołnierz rosyjski umierał za wszystkich... A żyliśmy... U nas w rodzinie na pięcioro dzieci była tylko jedna para butów. Jedliśmy kartofle z chlebem, a zimą – bez chleba. Same kartofle... A pani pyta, skąd się wzięli komuniści...

Tyle pamiętam... A po co? No po co, pytam się? Co mam teraz z tym zrobić? Kochaliśmy przyszłość. Ludzi przyszłości. Spieraliśmy się, kiedy ta przyszłość nadejdzie. Za sto lat – na pewno. Ale to nam wydawało się zbyt dalekie... (*Robi przerwę*).

(*Wyłączam dyktafon*).

Bez dyktafonu... Dobrze... Muszę to komuś opowiedzieć...

Miałem piętnaście lat. Do naszej wsi przyjechali czerwonoarmiści. Na koniach. Byli pijani. Oddział aprowizacyjny. Spali do wieczora, potem zebrali wszystkich komsomolców. Przemówił

*Polemika z Czernyszewskim zawarta jest *w Notatkach z podziemia*, ale przytaczane słowa tam nie padają.

dowódca. „Armia Czerwona cierpi głód. Lenin cierpi głód. A kułacy chowają zboże. Palą". Wiedziałem, że rodzony brat mamy, wujek Siemion, zawiózł do lasu worki z ziarnem i zakopał. A ja byłem komsomolcem. Składałem przysięgę. W nocy przyszedłem do oddziału i zaprowadziłem ich do tego miejsca w lesie. Załadowali cały wóz. Dowódca uścisnął mi rękę. „Szybko dorośnij, bratku". Rano zbudziłem się, słysząc krzyk mamy: „Chałupa Siemiona się pali!". Wujka Siemiona znaleźli potem w lesie... Krasnoarmiejcy porąbali go szablami na kawałki... Miałem piętnaście lat. Armia Czerwona cierpiała głód... Lenin... Bałem się wyjść na ulicę. Siedziałem w domu i płakałem. Mama wszystkiego się domyśliła. W nocy dała mi do ręki torbę, mówiąc: „Uciekaj, synku! I niech ci Bóg przebaczy, nieszczęsnemu". (*Zasłania oczy dłonią. Ale i tak widzę, że płacze*).

Chcę umrzeć jako komunista. Ostatnim moim życzeniem...

W latach dziewięćdziesiątych opublikowałam tylko część tej rozmowy. Mój bohater dał komuś opowieść do przeczytania, chciał się kogoś poradzić, a tamten go przekonał, że publikacja w całości „rzuci cień na partię". A on tego obawiał się najbardziej. Po jego śmierci znaleziono testament: swojego dużego trzypokojowego mieszkania w centrum miasta nie zapisuje wnukom, ale przeznacza je „na potrzeby ukochanej partii komunistycznej, której wszystko zawdzięcza". Pisano nawet o tym w miejskiej popołudniówce. Takiej decyzji nikt już nie zrozumiał. Wszyscy śmiali się z szalonego staruszka. I nikt nie postawił pomnika na jego grobie.

Teraz postanowiłam opublikować opowieść w całości. To wszystko należy już bardziej do epoki niż do jednego człowieka.

O okrucieństwie płomieni i o zbawieniu na wysokości

Timerian Zinatow – frontowiec, lat 77

Z gazet komunistycznych

Timerian Chabułowicz Zinatow – jeden z bohaterskich obrońców twierdzy w Brześciu, która pierwsza przyjęła na siebie uderzenie wojsk hitlerowskich rano 22 czerwca 1941 roku.

Narodowość – Tatar. Przed wojną uczył się w szkole pułkowej (42. pułk piechoty 44. dywizji piechoty). W pierwszych dniach obrony twierdzy został ranny. Dostał się do niewoli. Dwukrotnie uciekał z obozu, za drugim razem mu się udało. Zakończył wojnę na froncie, tak jak ją zaczął – jako szeregowiec. Za obronę Brześcia dostał Order Wojny Ojczyźnianej II stopnia. Po wojnie zjeździł cały kraj, pracował na budowach Dalekiej Północy, budował Magistralę Bajkalsko-Amurską (BAM), a kiedy przeszedł na emeryturę, pozostał na Syberii, w Ust'-Kucie.

Chociaż z Ust'-Kutu do Brześcia jest wiele tysięcy kilometrów, Timerian Zinatow co roku przyjeżdżał do Brześcia, przywoził torty pracownikom muzeum. Wszyscy go znali. Dlaczego tak często odwiedzał twierdzę? Bo dopiero w twierdzy czuł się bezpiecznie, tak samo jak jego koledzy z wojska, z którymi się tu spotykał. Tutaj nikt nigdy nie miał wątpliwości, że byli prawdziwymi, a nie wymyślonymi bohaterami. W twierdzy nikt nie ośmieliłby się rzucić im w twarz: „Gdybyście nie zwyciężyli, żylibyśmy dzisiaj w Europie i pili bawarskie piwo". Tacy pseudopierestrojkarze! Powinni wiedzieć, że gdyby ich dziadkowie nie zwyciężyli, stalibyśmy się krajem świniopasów i pokojówek. Hitler pisał, że słowiańskie dzieci należy uczyć liczyć tylko do stu...

Po raz ostatni Zinatow przyjechał do Brześcia we wrześniu 1992 roku. Wszystko było jak zwykle: spotkał się z towarzyszami broni, chodził po twierdzy. Oczywiście zauważył, że potok odwiedzających wyraźnie się zmniejszył. Nastały czasy, kiedy modne stało się oczernianie naszej radzieckiej przeszłości i jej bohaterów...

Nadszedł czas odjazdu... W piątek pożegnał się ze wszystkimi, powiedział, że w sobotę jedzie do domu. Nikt nie przypuszczał, że tym razem przyjechał do twierdzy, by pozostać w niej na zawsze.

Kiedy w poniedziałek pracownicy muzeum przyszli do pracy, zadzwonił telefon z prokuratury komunikacyjnej: obrońca twierdzy w Brześciu, który przeżył walki w krwawym kotle 1941 roku, rzucił się pod pociąg...

Ktoś potem przypomniał sobie schludnego staruszka z walizką, stojącego dłuższy czas na peronie. Znaleziono przy nim siedem tysięcy rubli, które przywiózł ze sobą z domu na własny pogrzeb, i przedśmiertną kartkę z przekleństwami pod adresem rządów Jelcyna i Gajdara – za całe to poniżające i nędzne życie, jakie mu zafundowali. I za zdradę Wielkiego Zwycięstwa. Prosił, żeby pochowano go w twierdzy.

Z notatki przedśmiertnej

...Gdybym wtedy, podczas wojny, umarł z ran, wiedziałbym, że zginąłem za Ojczyznę. A teraz ginę przez to pieskie życie. Niech tak napiszą na moim grobie... Nie myślcie, że jestem wariatem...

...Wolę umrzeć, stojąc, niż na kolanach prosić o nędzny zasiłek po to, by przedłużyć swoją starość i doczekać śmierci z wyciągniętą ręką! Tak więc, szanowni państwo, nie potępiajcie mnie zbyt surowo i wczujcie się w moją sytuację. Zostawiam pieniądze i jeśli mi ich nikt nie ukradnie, to mam nadzieję, że dość tego będzie na pochówek... Trumny nie potrzebuję... Wystarczy to ubranie, które mam na sobie, tylko nie zapomnijcie do kieszeni włożyć mi legitymacji obrońcy twierdzy brzeskiej – dla naszych potomków. Byliśmy bohaterami, a umieramy w nędzy! Bądźcie zdrowi i nie martwcie się o jednego Tatara, który protestuje sam, za wszystkich. Umieram, ale się nie poddaję. Żegnaj, Ojczyzno!

Po wojnie w podziemiach twierdzy brzeskiej natrafiono na wydrapany bagnetem na murze napis: „Umieram, ale się nie poddaję. Żegnaj, Ojczyzno! 22.VII.41". Na mocy decyzji KC KPZR ten napis stał się symbolem męstwa narodu radzieckiego i wierności sprawie partii. Żyjący obrońcy twierdzy brzeskiej zapewniali, że autorem tego napisu jest kursant szkoły pułkowej Tatar Timerian Zinatow, bezpartyjny, ale ideologom komunistycznym bardziej pasowało, żeby wyszła spod ręki poległego Nieznanego Żołnierza.

Władze miejskie Brześcia wzięły na siebie koszty pogrzebu. Opłata za pochówek bohatera została ujęta w rubryce „Utrzymanie obiektów publicznych"...

„KPRF. Sistiemnyj wzglad", nr 5

Dlaczego stary żołnierz Timerian Zinatow rzucił się pod pociąg? Odpowiem nie od razu... Zacznę od listu do „Prawdy", który napisał Wiktor Jakowlewicz Jakowlew ze stacji Leningradzka Kraju Krasnojarskiego. Uczestnik Wielkiej Wojny Ojczyźnianej, obrońca Moskwy w roku 1941 i uczestnik moskiewskiej defilady na cześć 55-lecia Zwycięstwa. Napisać do redakcji kazało mu poczucie wielkiej krzywdy...

Niedawno obaj z przyjacielem (to były pułkownik i też weteran wojenny) przyjechali do Moskwy. Włożyli z tej okazji odświętne garnitury z baretkami orderów. Po całym dniu stołecznych hałasów byli zmęczeni, kiedy więc dotarli na dworzec Leningradzki, chcieli posiedzieć, zanim nadjedzie pociąg. Wolnych miejsc zabrakło, więc weszli do pustawej sali, gdzie były fotele i bufet. Od razu podbiegła do nich dziewczyna, która roznosiła po sali napoje, i ordynarnie pokazała im drzwi: „Panom tu nie wolno, tu jest sala dla biznesu!". Dalej będzie cytat z listu: „Ja jej z punktu odpowiedziałem: »To znaczy tylko dla złodziei i spekulantów, a my nie możemy? Jak kiedyś w Ameryce: czarnym i psom wstęp wzbroniony«. Nie mieliśmy o czym rozmawiać, wszystko było jasne. Zawróciliśmy i wyszli. Zdążyłem jednak zauważyć, jak kilku tych tak zwanych biznesmenów, a mówiąc prościej – żulików, rechotało tam, żarło, chlało... Zapomniano już, że myśmy tu przelewali krew... Wszystko nam zabrały te dranie czubajsy, wekselbergi, grefy*... Pieniądze, godność... I przeszłość, i teraźniejszość... Wszystko! A teraz biorą w kamasze naszych wnuków, żeby bronili ich miliardów. Chciałbym więc zapytać, o co walczyliśmy. Siedzieliśmy w okopach – jesienią po kolana w wodzie, zimą, w srogie mrozy – po kolana w śniegu; miesiącami nie zdejmowaliśmy mundurów i nie spali po ludzku. Tak było pod Kalininem, pod Jachromą, pod Moskwą... Tam nie dzieliliśmy się na bogatych i biednych...".

Można oczywiście powiedzieć, że weteran nie ma racji – nie wszyscy biznesmeni to „złodzieje i spekulanci". Spróbujmy jednak spojrzeć jego oczami na nasz postkomunistyczny kraj... Na pychę tych nowych królów życia, na ich pogardę w stosunku do „ludzi dnia wczorajszego", którzy, jak piszą w kolorowych magazynach, roztaczają „zapach ubóstwa". Tak według autorów pachną uroczyste akademie na część Zwycięstwa, na które raz w roku zaprasza się weteranów i podczas których wygłasza się na ich cześć obłudne mowy pochwalne. W rzeczywistości nikt ich już dzisiaj nie potrzebuje. Naiwne są ich myśli o sprawiedliwości. I ich przywiązanie do radzieckich zasad życia...

Na początku swojej prezydentury Jelcyn przysięgał, że położy się na szynach, jeśli dopuści do obniżenia poziomu życia narodu. Że poziom ten się obniżył, to mało powiedziane, bo on runął, rzec można, w przepaść. A Jelcyn na szynach się nie położył. Za to jesienią 1992 roku na znak protestu położył się na szynach stary żołnierz Timerian Zinatow...

Strona internetowa „Prawdy", 1997 rok

* Wiktor Wekselberg (ur. 1957) – biznesmen, jeden z najbogatszych ludzi w Rosji; Gierman Gref (Herrmann Gräf, ur. 1964) – działacz polityczny i biznesmen związany z prezydentem Putinem.

Za stołem żałobnym

Zgodnie z naszym obyczajem: nieżywi do ziemi, a żywi – do stołu.

Zebrało się wielu ludzi, niektórzy przyjechali z Moskwy, z Kijowa, Smoleńska... Wszyscy z orderami i medalami, jak w Dzień Zwycięstwa. O śmierci rozmawiano jak o życiu.

– Za naszego poległego towarzysza! Gorzki łyk. (*Wszyscy wstają*).

– Niech mu ziemia lekką będzie...

– Ech, ten Timerian... Timerian Chabułowicz... Czuł się skrzywdzony. My wszyscy czujemy się bardzo skrzywdzeni. Przywykliśmy do socjalizmu. Do radzieckiej ojczyzny ZSRR. A żyjemy teraz w różnych krajach, w innym ustroju. Pod innymi flagami. Nie pod naszą zwycięską czerwoną... Uciekłem na wojnę, kiedy miałem siedemnaście lat...

– Nasze wnuki przegrałyby Wielką Wojnę Ojczyźnianą. Nie mają idei, nie mają wielkiego marzenia.

– Czytają inne książki i oglądają inne filmy.

– Opowiada się im, a dla nich to już jak bajka... Pytają, dlaczego żołnierze ginęli, ratując sztandar pułku. Przecież można było uszyć nowy... Walczyliśmy, zabijali... Ale za kogo? Za Stalina? Za ciebie, bałwanie!

– Trzeba było się poddać, wylizać buty Szwabowi...

– Kiedy przynieśli zawiadomienie o śmierci ojca, od razu poprosiłem o skierowanie na front.

– Rozkradają naszą radziecką Ojczyznę... Sprzedają... Gdybyśmy wiedzieli, że tak się to skończy, tobyśmy się może zastanowili...

– Mama umarła w czasie wojny, a tato jeszcze wcześniej, na gruźlicę. Kiedy skończyłam piętnaście lat, poszłam do pracy. W fabryce dawano pół bochenka chleba na dzień i nic więcej, a w chlebie klej, celuloza... Kiedyś zemdlałam z głodu, potem drugi raz... Poszłam do komisji uzupełnień. „Nie pozwólcie mi umrzeć. Wyślijcie mnie na wojnę". Zgodzili się. Ci, którzy jechali na front, i ci którzy ich odprowadzali, mieli szaleństwo w oczach! Zebrał się cały wagon dziewczyn. Śpiewałyśmy: „Dziewczyny, skąd tu na Uralu wojna się nagle wzięła? Dziewczyny, wszystkie płaczcie z żalu, bo młodość przeminęła"*. Na stacjach kwitły bzy... Jedne dziewczęta się śmiały, inne płakały...

– Wszyscy byliśmy za pierestrojką. Za Gorbaczowem. Ale nie za tym, co z tego wyszło...

– Gorbacz to agent...

– Nie rozumiałem tego, co mówi Gorbaczow... Jakieś niezrozumiałe słowa, nigdy przedtem ich nie słyszałem... Jakiż to cukierek nam obiecał! Ale podobało mi się, jak mówił... Tylko że okazał się słaby, oddał walizkę nuklearną bez walki. Naszą partię komunistyczną...

– Człowiekowi w Rosji potrzebna jest taka idea, od której mróz idzie po skórze i mrówki chodzą po plecach.

– Byliśmy wielkim krajem...

– Za naszą Ojczyznę! Za Zwycięstwo! Do dna! (*Stukają się*).

– Teraz na pomnikach są gwiazdy... A ja pamiętam, jak grzebaliśmy naszych chłopaków... Doły przysypywaliśmy czym się dało, nie tylko piachem, i od razu rozkaz: naprzód marsz! Biegliśmy dalej. Nowa walka. I znowu – pełny dół. Cofaliśmy się i nacierali od jednego dołu do drugiego. Jak przywieźli posiłki, to po paru dniach wszystko to były trupy. Zostawało kilku ludzi. Mieli szczęście! Pod koniec czterdziestego trzeciego roku już nauczyliśmy się walczyć. Walczyliśmy mądrzej. Mniej ludzi już wtedy ginęło... Wtedy znalazłem przyjaciół...

– Całą wojnę na pierwszej linii i ani jednego draśnięcia, nic! A jestem ateistą. Doszedłem do Berlina... Zobaczyłem legowisko bestii...

– Do walki szliśmy z jednym karabinem na czterech. Jak pierwszy zginie, to drugi chwyta za karabin, jak zginie ten drugi, to przejmuje następny... A Niemcy mieli nowiuteńkie automaty.

– Na początku Niemcy zadzierali nosa. Bo już pokonali Europę. Weszli do Paryża. Z ZSRR zamierzali skończyć w dwa miesiące.

* Piosenka nieznanego autora z lat ostatniej wojny.

Jeśli byli ranni i dostawali się do niewoli, to pluli w twarz naszym siostrom. Zrywali bandaże. Krzyczeli: „*Heil Hitler!*". A pod koniec wojny już: „Ruski, nie strzelaj! *Hitler kaputt*!".

– Najbardziej bałem się umrzeć w niesławie. Jeśli ktoś stchórzył, uciekł, to dowódca rozstrzeliwał na miejscu... To była normalna praktyka...

– No, jak by to powiedzieć... Wychowywano nas po stalinowsku: walczyć będziemy na terytorium nieprzyjacielskim... „Nasz krok miarowy rozlega się już od tajgi aż do brytyjskich mórz..." Nie będzie litości dla wroga! Pierwsze dni wojny... Wspominam je jak jeden nieustanny koszmar... Zostaliśmy okrążeni...

Wszyscy pytali tylko o jedno: co się dzieje, gdzie jest Stalin? Na niebie nie widzieliśmy żadnych naszych samolotów... Zakopaliśmy swoje partyjne i komsomolskie legitymacje i błąkali się po leśnych drogach... Dobra, wystarczy tego... Nie warto o tym pisać... (*Odsuwa od siebie dyktafon*). Niemcy agitowali, ich megafony działały przez całą dobę: „Ruski Iwan, poddaj się! Armia niemiecka gwarantuje ci życie i chleb". Gotów byłem się zastrzelić. A jeżeli nie ma czym? Bo nie było czym. Nie miałem naboi... Takie żołnierzyki... Wszyscy mieliśmy po osiemnaście, dziewiętnaście lat... Dowódcy wieszali się masowo. Jeden na pasie, drugi... W najróżniejszy sposób... Wisieli na sosnach... Koniec świata, taka jego mać!

– Ojczyzna albo śmierć!

– Stalin miał plan: zesłać na Sybir rodziny tych, co się poddali. Trzy i pół miliona jeńców! Wszystkich się nie ześle! Wąsaty ludojad!

– Przeklęty rok czterdziesty pierwszy...

– Gadaj, co chcesz... Teraz wolno...

– Nie jestem przyzwyczajony...

– Nawet na wojnie baliśmy się rozmawiać nazbyt szczerze. Przed wojną zamykali ludzi... W czasie wojny też... Moja matka pracowała w kombinacie piekarniczym. Podczas kontroli znaleźli u niej okruszyny chleba na rękawiczkach, a to już był dowód na szkodnictwo. Dali jej dziesięć lat. Ja na wojnie, ojciec na wojnie, braciszek i siostrzyczka zostali z babcią i prosili ją: „Babciu, nie umieraj, póki tato i Saszka (to ja) nie wrócą z wojny". Ojciec zaginął bez wieści.

– Jacy z nas bohaterowie? Nigdy nas nie traktowano jako bohaterów. Oboje z żoną wychowywaliśmy dzieci w baraku, potem dali nam komunałkę. Teraz dostajemy grosze... Płakać się chce z taką emeryturą... W telewizji pokazują nam, jak się żyje Niemcom. Dobrze się żyje! Ci, co przegrali, mają się sto razy lepiej niż zwycięzcy.

– Nawet Bóg nie ma pojęcia, co to znaczy być szarym człowiekiem.

– Byłem, jestem i pozostanę komunistą! Bez Stalina i bez partii nie wygralibyśmy wojny. Demokracja, psia jej mać! Boję się przypiąć wojenne odznaczenia. „Ej ty, dziadu, gdzie służyłeś? Na wojnie czy ochraniałeś łagier?" Takie rzeczy słyszę od młodych. Piją piwo i nabijają się.

– Niechby pomniki wielkiego Stalina, naszego wodza, wróciły na stare miejsca. Bo chowają je gdzieś z tyłu, jak śmiecie.

– To postaw u siebie, na daczy...

– Chcą na nowo napisać wojnę. Czekają, aż wszyscy pozdychamy.

– Teraz każdy z nas jest „sowietus debilus"...

– Rosję uratowało to, że jest wielka... Ural... Syberia...

– Najstraszniejsze to poderwać się do ataku. Pierwsze dziesięć minut... pięć minut... Ci, którzy pierwsi się zrywali, nie mieli szans na przeżycie. Kula znajdzie drogę. Komuniści, naprzód!

– Za potęgę wojskową naszej Ojczyzny! (*Stukają się*).

– Mówiąc krótko, nikt nie lubi zabijać. To przykre. Ale w końcu się człowiek przyzwyczaja... Uczy...

– Pod Stalingradem wstąpiłem do partii. W podaniu napisałem: „Chcę być w pierwszych szeregach obrońców Ojczyzny... Nie pożałuję młodego życia...". W piechocie rzadko dawali odznaczenia. Mam tylko medal „Za odwagę".

– Wojenne rany dały znać o sobie... Jestem inwalidą, ale na razie jakoś się trzymam.

– Pamiętam, jak wzięliśmy do niewoli dwóch własowców… Jeden mówi: „Mściłem się za ojca…”. Rozstrzelało go NKWD. Drugi: „Nie chciałem zdechnąć w niemieckim obozie”. Młode chłopaki, tak jak my, nasi rówieśnicy. Jak już się pogadało z kimś, popatrzyło mu w oczy… trudno potem takiego zabić… Następnego dnia wszystkich nas przesłuchiwali w wydziale specjalnym: „Dlaczego rozmawialiście ze zdrajcami? Dlaczego ich od razu nie rozstrzelaliście?”. Zacząłem się tłumaczyć… A „pełnomocny” kładzie nagana na biurku. „Ty sk…….., jeszcze się stawiasz?! Jak mi jeszcze raz piśniesz, to…” Nikt nie litował się nad własowcami. Czołgiści przywiązywali ich do czołgów, włączali silnik i ruszali w różne strony… Rozrywali na kawałki… Zdrajcy! Czy na pewno wszyscy byli zdrajcami?

– Bezpieczniaków baliśmy się bardziej niż Niemców. Nawet generałowie się bali…

– Strach… Przez całą wojnę żyliśmy w strachu…

– Ale gdyby nie Stalin… Bez jego „żelaznej ręki” Rosja by nie przetrwała…

– Nie walczyłem za Stalina, tylko za Ojczyznę. Przysięgam na swoje dzieci i wnuki: ani razu nie słyszałem, żeby ktoś krzyczał „Za Stalina!”.

– Bez żołnierza wojny się nie wygra.

– Taka mać…

– Bać się trzeba tylko Boga. On jest sędzią.

– Jeśli jest…

Chór niezgranych głosów

A nam zwycięstwa jeszcze tylko trzeba!
O cenę się targować nie zamierza nikt.

Historia mężczyzny

Całe życie na baczność! Nie śmiałem pisnąć. Teraz opowiem…

W dzieciństwie, odkąd tylko pamiętam, bałem się stracić tatę… Ojców zabierali nocą, a wtedy znikali na zawsze. Tak przepadł wujek Feliks, rodzony brat mojej mamy… Był muzykiem. Wzięli go za głupstwo, błahostkę... W sklepie głośno powiedział do żony: „Już dwadzieścia lat władzy radzieckiej, a nie można dostać porządnych spodni". Teraz piszą, że wszyscy byli przeciw... A ja pani powiem, że ludzie byli za tymi aresztami. Choćby nasza mama... Jej brat siedział, a ona mówiła: „Z naszym Feliksem to była pomyłka. Oni się zorientują. Ale do więzienia trzeba zamykać, bo tyle drańscwa jest dookoła". Ludzie to popierali... Wojna! Później bałem się ją wspominać... Własną wojnę... Chciałem wstąpić do partii, ale mnie nie przyjęli. „Jaki z ciebie komunista, skoro byłeś w getcie?" Milczałem... Milczałem... W naszym partyzanckim oddziale była Rozoczka, ładna żydowska dziewczyna, woziła ze sobą książki. Miała szesnaście lat. Wszyscy dowódcy po kolei z nią sypiali... „Ma tam jeszcze dziecięce włoski... Cha, cha". Rozoczka zaszła w ciążę... Wtedy zaprowadzili ją w głąb lasu i tam zastrzelili jak psa. Dzieci się rodziły, to oczywiste, las pełen tęgich chłopów. Praktyka była taka, że jak się urodziło dziecko, to od razu oddawano je na wieś. Do chutoru. A kto by wziął żydowskie dziecko? Żydzi nie mieli prawa mieć dzieci. Wracam po wykonaniu zadania i pytam: „Gdzie Rozoczka?". „A co ci do tego? Nie ma tej, znajdą inną". Setki Żydów, którzy uciekli z getta, błąkało się po lasach. Chłopi ich łapali, wydawali Niemcom za pud mąki, za kilo cukru. Niech pani napisze... Długo milczałem... Żyd przez całe życie czegoś się boi. W którąkolwiek stronę poleciałby kamień, to w Żyda zawsze trafi.

Nie zdążyliśmy uciec z płonącego Mińska, bo mieliśmy babcię... Babcia widziała Niemców w 1918 roku i przekonywała wszystkich, że to kulturalny naród i spokojnych ludzi nie ruszą. W ich domu kwaterował oficer niemiecki, co wieczór grał na pianinie. Mama zaczęła się wahać: uciekać – nie uciekać? Oczywiście przez to pianino... Przez to zmarnowaliśmy sporo czasu. Do miasta wjechali niemieccy motocykliści. Jacyś ludzie w haftowanych koszulach witali ich chlebem i solą. Radośnie. Było wielu ludzi, którzy myśleli, że skoro przyszli Niemcy, to zacznie się normalne życie. Wielu nienawidziło Stalina i przestało to ukrywać. W pierwszych dniach wojny było tyle rzeczy nowych i niepojętych...

Słowo „parch” usłyszałem w pierwszych dniach wojny... Nasi sąsiedzi zaczęli tłuc nam w drzwi i wołać: „Koniec z wami, parchy! Odpowiecie za Chrystusa!”. Byłem radzieckim uczniem. Skończyłem piątą klasę, miałem dwanaście lat. Nie rozumiałem, o czym mówią. I dlaczego? Nawet teraz tego nie rozumiem... Nasza rodzina była mieszana: ojciec Żyd, mama Rosjanka. Obchodziliśmy Wielkanoc, ale w szczególny sposób: mama dla kamuflażu mówiła, że to urodziny dobrego człowieka. Wtedy piekła pieróg. A na Pesach (kiedy Bóg ocalił Żydów) ojciec przynosił od babci macę. Ale czasy były takie, żeśmy się z tym absolutnie nie afiszowali... Trzeba było cicho siedzieć...

Mama przyszyła nam wszystkim żółte gwiazdy... Przez kilka dni nikt nie mógł wyjść z domu. Wstydziliśmy się... Jestem już stary, ale pamiętam, jak było nam wstyd... Wszędzie w mieście wisiały ogłoszenia: „Likwidujcie komisarzy i Żydów”, „Uwolnijcie Rosję od władzy żydobolszewików”. Jedną taką ulotkę położyli nam pod drzwiami... Wkrótce rozeszły się słuchy, że amerykańscy Żydzi zbierają złoto, żeby wykupić wszystkich swoich rodaków i przewieźć do Ameryki. Niemcy lubią porządek i nie lubią Żydów, dlatego będziemy musieli przetrwać wojnę w getcie... Ludzie szukali sensu w tym, co się dzieje... jakiejś logiki. Człowiek chciałby zrozumieć nawet piekło. Pamiętam... Dobrze pamiętam, jak nas przesiedlili do getta. Tysiące Żydów szły przez miasto... z dziećmi, z poduszkami... Ja zabrałem, chociaż to śmieszne, swoją kolekcję motyli. Ale to dopiero dzisiaj wydaje mi się śmieszne... Mińszczanie wylegli na ulicę: jedni patrzyli na nas z ciekawością, drudzy ze złośliwą satysfakcją, a niektórzy stali zapłakani. Niespecjalnie się wtedy rozglądałem, bałem się zobaczyć kogoś ze znajomych rówieśników. Wstydziłem się... Pamiętam to nieustanne poczucie wstydu...

Mama zdjęła obrączkę ślubną, zawinęła w chustkę do nosa i powiedziała, dokąd mam iść. W nocy przelazłem pod drutami kolczastymi... W umówionym miejscu czekała na mnie jakaś kobieta. Dałem jej obrączkę, a ona nasypała mi mąki. Rano zobaczyliśmy, że zamiast mąki dała mi kredę. Bielidło. Tak przepadła mamina obrączka. Innych cennych rzeczy nie mieliśmy... Zaczęliśmy puchnąć z głodu... Koło getta dyżurowali chłopi z dużymi workami. Dniem i nocą. Czekali na kolejny pogrom. Kiedy wieziono Żydów na rozstrzelanie, wpuszczano ich, żeby grabili opuszczone domy. Policaje szukali drogich rzeczy, a chłopi wkładali do worków wszystko, co znaleźli. „Wam już nic nie jest potrzebne" – mówili do nas.

Któregoś dnia getto ucichło, jak przed pogromem. Chociaż nie padł ani jeden strzał. Tamtego dnia nie strzelali... Samochody... Wiele samochodów... Z samochodów wysiadały dzieci w ładnych ubrankach i bucikach, kobiety w białych fartuszkach, mężczyźni z drogimi walizkami. Eleganckie były te walizki! Wszyscy mówili po niemiecku. Konwojenci i ochrona byli zdezorientowani, zwłaszcza policaje. Nie krzyczeli, nikogo nie bili pałkami, nie spuszczali warczących psów ze smyczy. Spektakl... teatr... To przypominało przedstawienie w teatrze... Tego dnia dowiedzieliśmy się, że przywieziono Żydów z Zachodu. Zaczęto ich nazywać hamburskimi Żydami, bo większość ich stamtąd przyjechała. Byli zdyscyplinowani, posłuszni. Nie usiłowali oszukać, przechytrzyć strażników, nie chowali się po zakamarkach... Byli skazani... Na nas patrzyli z góry. Byliśmy biedni, źle ubrani. Byliśmy inni... Nie mówiliśmy po niemiecku...

Wszystkich rozstrzelano. Dziesiątki tysięcy hamburskich Żydów...

Ten dzień... Wszystko jak przez mgłę... Jak nas wypędzono z domu? Jak wieziono? Pamiętam wielkie pole pod lasem... Wybrali silnych mężczyzn i kazali im kopać dwa doły. Głębokie. A myśmy stali i czekali. Najpierw powrzucali do jednego dołu małe dzieci i zaczęli zakopywać... Rodzice nie płakali i nie prosili. Było cicho. Zapyta pani, dlaczego... Zastanawiałem się nad tym... Jeśli napadnie nas wilk, to przecież nie będziemy go prosić, błagać, żeby nam darował życie. Albo dzik... Niemcy zaglądali do dołu i śmiali się, rzucali tam cukierki. Policaje byli zalani w pestkę... mieli pełne kieszenie zegarków... Zakopali dzieci. Stoimy – mama, tato, ja i siostrzyczka. Nadeszła nasza kolej... Niemiec, który dowodził, zorientował się, że mama jest Rosjanką, i pokazał ręką, że może iść. Tato zawołał do mamy: „Uciekaj!". A mama chwyciła się taty i mnie. „Zostanę z wami". Wszyscy ją odpychaliśmy... Prosiliśmy, żeby uciekła... Mama pierwsza skoczyła w dół...

To wszystko, co pamiętam... Ocknąłem się, kiedy ktoś mocno uderzył mnie w nogę. Czymś ostrym. Poczułem taki ból, że krzyknąłem. Usłyszałem szept: „A tu jeden jeszcze żyje". Chłopi z łopatami grzebali w dole i ściągali z zabitych buty... zresztą wszystko, co się dało zdjąć... Pomogli mi wydostać się na wierzch. Usiadłem na skraju dołu i czekałem... Czekałem... Padał deszcz. A ziemia była taka ciepła. Odkrajali mi kawałek chleba. Powiedzieli: „Uciekaj, Żydku. Może się uratujesz".

Wieś była pusta... Ani żywej duszy, a domy całe. Chciało mi się jeść, ale nie miałem kogo poprosić. Chodziłem sam. Na drodze poniewierały się to jakiś gumowy śniegowiec, to kalosz, chusta... Za cerkwią zobaczyłem spalonych ludzi. Czarne trupy. Czuć było benzyną i palonym ciałem... Uciekłem z powrotem do lasu. Żywiłem się grzybami i jagodami. Kiedyś spotkałem staruszka, który robił zapasy drewna. Dał mi dwa jajka. „Do wsi – uprzedził mnie – nie zaglądaj. Chłopi cię zwiążą i odstawią do komendantury. Niedawno schwytali dwie Żydóweczki".

Gdy kiedyś zasnąłem, zbudził mnie wystrzał nad głową. Zerwałem się. „Niemcy?" A to na koniach siedziały młode chłopaki. Partyzanci! Pośmiali się, a potem zaczęli kłócić:

– Po co nam Żyd? Lepiej go...

– Niech dowódca zdecyduje.

Zaprowadzili mnie do oddziału, wsadzili do osobnej ziemianki. Postawili wartownika... Wezwali na przesłuchanie:

– Jak się znalazłeś na terenie kontrolowanym przez nasz oddział? Kto cię przysłał?

– Nikt mnie nie przysłał. Wygrzebałem się z dołu rozstrzelanych.

– A możeś ty szpieg?

Dali mi dwa razy po pysku i wrzucili z powrotem do ziemianki. Pod wieczór wepchnęli tam jeszcze dwóch młodych mężczyzn w porządnych skórzanych kurtkach. Od nich się dowiedziałem, że Żydzi bez broni nie są przyjmowani do oddziału. Jeśli ktoś nie ma broni, to niech przyniesie złoto. Jakiś złoty przedmiot. Ci mieli ze sobą złoty zegarek i papierośnicę – nawet mi pokazali – i żądali widzenia z dowódcą. Wkrótce ich zabrano, a ja już nigdy ich nie spotkałem. A złotą papierośnicę widziałem potem u naszego dowódcy, skórzaną kurtkę też... Mnie uratował znajomy taty, wujek Jasza. Był szewcem, a partyzanci cenili szewców tak jak lekarzy. Zacząłem mu pomagać...

Pierwsza rada wujka Jaszy brzmiała: „Zmień nazwisko". Nazywam się Friedman... Zmieniłem na Łomiejko... Druga rada: „Cicho siedź. Bo dostaniesz kulkę w plecy. O Żyda nikt się nie upomni". Tak właśnie było... Wojna to bagno – łatwo wleźć i trudno wyleźć. Inne powiedzonko żydowskie: „Kiedy wieje silny wiatr, najwyżej wzlatują śmieci". Hitlerowska propaganda zaraziła wszystkich, wśród partyzantów dominował nastrój antysemicki. Nas, Żydów, było w oddziale jedenastu... Potem pięciu... Specjalnie przy nas zaczynali rozmowy: „Eee, jacy tam z was wojacy? Was jak owce prowadzą na ubój...", „Tchórzliwe parchy...". A ja siedziałem cicho. Miałem przyjaciela, dzielnego chłopaka... Dawida Grinberga... Ten wdawał się z nimi w dyskusje. No to strzelili mu w plecy. Wiem, kto to zrobił. Dzisiaj chodzi z orderami, odstawia bohatera! Dwóch Żydów zabito za to, że na warcie rzekomo zasnęli... Kolejnego – bo miał nowe parabellum... Pozazdrościli mu... Dokąd miałem uciekać? Do getta? Chciałem bronić Ojczyzny... Pomścić swoich bliskich. A Ojczyzna? Partyzanccy dowódcy mieli tajne instrukcje z Moskwy, by nie dowierzać Żydom, nie brać do oddziałów, likwidować. Uważano nas za zdrajców. Dopiero teraz, dzięki pierestrojce o tym wiemy.

Szkoda człowieka... A jak umierają konie? Koń się nie chowa tak jak inne zwierzęta – pies, kot, nawet krowa – te uciekają, a koń stoi i czeka, aż go zabiją. To przykry widok... Na filmach kawalerzyści pędzą, pokrzykując i wymachując szablami. Bzdura! Czysty wymysł! W naszym oddziale byli przez jakiś czas kawalerzyści, ale szybko ich rozformowano. Konie nie mogą pędzić przez zaspy, tym bardziej galopować, w zaspach grzęzną, a Niemcy mieli motocykle dwu- czy trzykołowe, w zimie przyczepiali do nich płozy. Jeździli na nich i śmiejąc się, strzelali i do koni, i do jeźdźców. Ale ładne konie czasem oszczędzali, widocznie i wśród nich było wielu chłopaków ze wsi.

Dostaliśmy rozkaz, żeby spalić chałupę policaja... Razem z rodziną... Rodzina była duża: żona, trójka dzieci, dziadek, babka. W nocy otoczyliśmy ich, drzwi zabili gwoździami... Oblaliśmy benzyną i podpalili... Tamci krzyczeli, zawodzili. Chłopiec wyłazi przez okno. Jeden z naszych chciał go zastrzelić, a drugi nie pozwolił. Wrzucili go z powrotem do środka. Miałem czternaście lat... Nic nie rozumiem... Wszystko, co mogłem, to zapamiętać. Teraz o tym opowiadam... Nie lubię słowa „bohater"... Na wojnie nie ma bohaterów... Jeśli człowiek wziął broń do ręki, to już nie będzie dobry. Nie uda mu się to.

Pamiętam blokadę... Niemcy postanowili oczyścić tyły i rzucili dywizję SS przeciwko partyzantom. Przywiesili latarki do spadochronów i zrzucali je dniem i nocą. Po takim bombardowaniu nastąpił ostrzał z granatników. Oddział wycofywał się niedużymi grupami, rannych zabieraliśmy, ale zatykali im usta, a koniom nakładali specjalne kagańce. Zostawialiśmy wszystko, rzucali bydło, a ono biegło za ludźmi. Krowy, owce... Trzeba było do nich strzelać... Niemcy podchodzili blisko, tak blisko, że już słychać było ich głosy: *„O, Mutter, o Mutter"*... Zapach papierosów... Każdy z nas chował ostatnią kulę... Ale umrzeć zawsze człowiek zdąży. Nocą... zostało nas trzech z grupy osłaniającej... Rozpruliśmy brzuchy zabitym koniom, usunęli stamtąd wszystko i sami wleźli do środka. Przesiedzieliśmy tak dwie doby, nasłuchując, jak Niemcy chodzą to w jedną, to w drugą stronę. Czasem strzelają. W końcu zapadła zupełna cisza. Wówczas wyleźliśmy cali we krwi, we flakach... i łajnie... Półprzytomni. Była noc... świecił księżyc...

Powiem pani, że ptaki też nam pomagały... Kiedy sroka usłyszy kogoś obcego, to na pewno zaskrzeczy. Da sygnał. Do nas były przyzwyczajone, Niemcy pachnieli inaczej – mieli wodę kolońską, mydło, papierosy, płaszcze wojskowe z doskonałego materiału... i wypastowane buty... A my – tytoń własnej produkcji, owijacze, łapcie z wołowej skóry, przywiązane rzemykami do nóg. Tamci mieli wełnianą bieliznę... A my rozbieraliśmy zabitych do majtek! Psy gryzły ich twarze, ręce. Nawet zwierzęta wciągnęliśmy w wojnę.

Upłynął szmat czasu... pół wieku... Ale jej nie zapomniałem... tej kobiety... Miała dwoje dzieci. Malutkich. Schowała w piwnicy rannego partyzanta. Ktoś doniósł... Powieszono całą rodzinę pośrodku wsi. Najpierw dzieci... Jak ona krzyczała! Ludzie tak nie krzyczą, tak krzyczą zwierzęta... Czy człowiek powinien aż tak się poświęcać? Nie wiem. (*Milknie*). Teraz piszą o wojnie ci, którzy na niej nie byli. Nie czytam tego... Proszę się nie obrażać, ale nie czytam...

Wyzwolono Mińsk... Dla mnie wojna się skończyła, do wojska mnie nie wzięli, byłem za młody. Miałem piętnaście lat. Gdzie miałem mieszkać? Do naszego mieszkania wprowadzili się obcy ludzie. Wypędzali mnie: „Ty parchu...". Nie chcieli nic oddać – ani mieszkania, ani rzeczy. Przyzwyczaili się do myśli, że Żydzi nigdy nie wrócą...

Chór niezgranych głosów

Huczy piecyk i sypią się skry,
Kropla smoły opada jak łza...
Przed oczami znów zjawiasz się – ty,
Gdy w ziemiance harmonia mi gra.

– Po wojnie ludzie już byli inni. Ja sam wróciłem do domu wściekły.

– Stalin nie lubił naszego pokolenia. Nienawidził go. Za to, że posmakowaliśmy wolności. Wojna to była dla nas wolność! Byliśmy na Zachodzie, zobaczyliśmy, jak tam ludzie żyją. W drodze do pracy, kiedy mijałem pomnik Stalina, to zawsze oblewał mnie zimny pot. A może on wie, o czym myślę?

– Z powrotem! Do obory! – powiedzieli nam. A myśmy poszli.

– Demokrady! Zniszczyli wszystko... Teraz tarzamy się w gównie...

– Wszystko zapomniałam... miłość też zapomniałam... Ale wojnę pamiętam...

– Dwa lata w partyzantce. W lesie. Po wojnie przez siedem lat, osiem... W ogóle nie mogłam patrzeć na mężczyzn. Napatrzyłam się! Czułam taką apatię. Kiedyś pojechałyśmy z siostrą do sanatorium. Do niej się zalecali, chodziła na tańce, ja nie. Wolałam mieć spokój. Za mąż wyszłam późno. Męża miałam młodszego o pięć lat. Gładki jak dziewczyna.

– Poszłam na wojnę, bo wierzyłam we wszystko, co pisze „Prawda". Strzelałam. Miałam wielkie pragnienie, by zabijać! Zabijać! Chciałam to wszystko zapomnieć, ale nie mogłam, a teraz samo się zapomina. Pamiętam jedno: że śmierć na wojnie pachnie inaczej... Zapach morderstwa jest szczególny... Jak trupów leży niewiele, a tym bardziej jak jeden, wtedy zaczyna się myśleć, kto to był... Skąd pochodził? Przecież ktoś na niego czeka...

– Pod Warszawą... Stara Polka przyniosła mi ubranie męża: „Zdejmij z siebie wszystko. Upiorę ci. Dlaczego jesteście tacy brudni i chudzi? Jakim cudem zwyciężyliście?". Jak zwyciężyliśmy?

– Ej ty... Lepiej bez liryki...

– To prawda, zwyciężyliśmy. Ale nasze wielkie zwycięstwo nie sprawiło, że nasz kraj stał się wielki.

– Umrę jako komunista... Pierestrojka to operacja CIA, żeby zniszczyć ZSRR.

– Co pozostało w pamięci? Najbardziej przykre było to, że Niemcy nami gardzili. Tym jak żyliśmy, naszym codziennym życiem... Hitler nazwał Słowian królikami... Niemcy przyjechali do naszej wsi. Była wiosna. Następnego dnia zaczęli sadzić klomb i budować latrynę. Starsi ludzie do dzisiaj wspominają, jak Niemcy sadzili kwiaty... Gdy w Niemczech wchodziliśmy do domu, w szafach było mnóstwo dobrych ubrań, bielizny, cacek. Góry naczyń. A przed wojną nam mówili, że Niemcy cierpią biedę w kapitalizmie. Myśmy patrzyli i nic nie mówili. Niechby który spróbował pochwalić niemiecką zapalniczkę albo rower. Od razu beknie za „propagandę antyradziecką” z artykułu pięćdziesiątego ósmego. W końcu pozwolili nam wysyłać do domu paczki: generałom – do pięćdziesięciu kilo, oficerom – do dziesięciu, żołnierzom – do pięciu. Poczta była zasypana paczkami. Matka pisała: „Nie trzeba paczek. Przez te twoje paczki nas zabiją”. Ja im posyłałem zapalniczki, zegarki, kupon jedwabiu... Wielkie cukierki czekoladowe... A u nas w domu myśleli, że to mydło...

– Wśród Niemek między dziesiątym a osiemdziesiątym rokiem życia nie było takiej, której by nie przerżnęli! Wszystko, co się tam w czterdziestym szóstym roku urodziło, to „ruscy ludzie”.

– Wojna wszystko zamaże... No i zamazała...

– Mamy to zwycięstwo! Zwycięstwo! Przez całą wojnę ludzie sobie roili, jak to dobrze będzie po wojnie. Parę dni świętowaliśmy. A potem zachciało się nam coś zjeść, coś na siebie włożyć. Zachciało się żyć. A tu nic nie było. Wszyscy chodzili w niemieckich mundurach. I dorośli, i dzieci. Szyliśmy, nicowali. Chleb był na kartki, kolejki kilometrowe. W powietrzu wisiała złość. Mogli człowieka zabić nawet bez powodu.

– Pamiętam dudnienie przez cały dzień... Inwalidzi jeździli na własnoręcznie wykonanych platformach z kółkami. A na jezdni – kocie łby. Mieszkali w piwnicach, suterenach. Pili, leżeli w rowach. Żebrali. Ordery wymieniali za wódkę. Podjedzie taki do kolejki i prosi: „Dajcie kupić chleba”. A w kolejce stoją same zmęczone kobiety. Mówiły: „Ty przeżyłeś. A mój leży w grobie”. Przeganiały ich. Jak się trochę życie polepszyło, to inwalidami w ogóle zaczęto gardzić. Nikt nie chciał wspominać wojny. Wszyscy już byli zajęci swoimi sprawami. W ciągu jednego dnia usunięto ich z miasta. Milicjanci wyłapywali ich i wrzucali na ciężarówki jak prosiaki. Przekleństwa... krzyki... pisk...

– A w naszym mieście był Dom Inwalidów. Młodzi ludzie bez rąk, bez nóg. Wszyscy z orderami. Oficjalnie pozwolili ich pozabierać do domów... Baby stęskniły się za męskimi pieszczotami i rzuciły się, żeby tych chłopaków zabrać. Jedna wiezie na taczkach, druga na wózku dziecięcym... Chciały poczuć w domu zapach mężczyzny, powiesić męską koszulę na sznurku na podwórzu. Ale prędko odwiozły ich z powrotem... To nie zabawka ani kino. Spróbuj pokochać taki ogryzek mężczyzny. Taki ktoś jest zły, ma poczucie krzywdy, bo wie, że został zdradzony.

– Ten Dzień Zwycięstwa...

Historia kobiety

A ja opowiem o swojej miłości... Niemcy przyjechali do naszej wsi wielkimi ciężarówkami, widać było tylko błyszczące w górze hełmy. Młodzi, weseli. Szczypali dziewuchy. Początkowo za wszystko płacili: za kurę, za jajka. Kiedy to opowiadam, nikt mi nie wierzy. A to szczera prawda! Płacili niemieckimi markami... Co mnie wtedy obchodziła wojna? Ja przeżywałam miłość! Myślałam tylko o jednym: kiedy go zobaczę? A on przychodził do mnie, siadał na ławce i patrzył na mnie, patrzył... Uśmiechał się.

– Czemu się tak uśmiechasz?

– A nic, tak...

Przed wojną chodziliśmy razem do szkoły. Jego ojciec umarł na gruźlicę, dziadka rozkułaczono i zesłano z rodziną na Syberię. Wspominał, jak mama przebierała go małego „za dziewczynkę" i uczyła, że jeśli po nich przyjdą, to ma uciec na stację, wsiąść do pociągu i wyjechać. Miał na imię Iwan... A on do mnie: „Lubeczko moja...". Tylko tak... Nie świeciła nam szczęśliwa gwiazda. Przyszli Niemcy, a wkrótce wrócił jego dziadek, oczywiście bardzo rozeźlony. Sam. Pochował w obcych stronach całą rodzinę. Opowiadał, jak ich wieźli syberyjskimi rzekami. Wyładowali w mrocznej tajdze. Dali jedną piłę i siekierę na dwadzieścia czy trzydzieści osób. Potem jedli liście... gryźli korę... Dziadek nienawidził komunistów... Lenina i Stalina! Od pierwszej chwili zaczął się mścić. Pokazywał Niemcom, kto był w partii... Ten... i ten też... Wszystkich ich potem dokądś zabierali... Długo nie rozumiałam tej wojny...

Kiedyś pławiliśmy razem konia w rzece. Świeciło słońce! Suszyliśmy razem siano, i tak mi ono pachniało! Nic o tym wszystkim nie wiedziałam, przedtem nigdy tego nie czułam. Bez miłości byłam prostą dziewczyną, taką zwyczajną... póki nie pokochałam. Miałam proroczy sen... Nasza rzeczka nie była duża, a jednak tonęłam w niej, wciągał mnie nurt, byłam już pod wodą... Nie wiedziałam, co się dzieje, czułam tylko, że ktoś mnie podnosi, wypycha do góry... Nie wiadomo czemu nie miałam na sobie ubrania. Płynęłam do brzegu. Była noc i nagle zrobiło się rano. Na brzegu stoją ludzie, cała nasza wieś. A ja wychodzę z wody naga... zupełnie naga...

W jednym z domów mieli patefon. Zbierali się tam młodzi. Tańczyli. Wróżyło się, kim będzie ten wybrany, wróżyło z Psałterza, z żywicy... z fasoli... Po żywicę dziewczyna miała sama pójść do lasu i znaleźć starą sosnę, młode drzewo się nie nadaje, nie ma pamięci. Nie ma siły. Wszystko prawda... Ja nawet dzisiaj w to wierzę... A fasolę rozkładało się kupkami i liczyło: para – nie para. Miałam osiemnaście lat... W książkach oczywiście o tym nie piszą, że za Niemców żyło się nam lepiej niż za Sowietów. Niemcy otworzyli cerkwie. Rozwiązali kołchozy i rozdali ziemię – po dwa hektary na każdego i po jednym koniku na dwóch gospodarzy. Ustanowili twardy podatek: jesienią mamy oddać ziarno, groch, kartofle i po jednym świniaku z gospodarstwa. Oddawaliśmy, i jeszcze nam zostawało. Wszyscy byli zadowoleni. A za Sowietów tośmy klepali biedę. Brygadzista stawiał w zeszycie „pałki" – roboczodniówki. A jesienią za te roboczodniówki dostawało się... figę! A tu mamy i mięso, i masło. Inne życie! Ludzie się cieszyli, że są wolni. Nastały niemieckie porządki... Jak nie nakarmiłeś konia, to dostaniesz nahajką. Nie zamiotłeś obejścia... Pamiętam, co ludzie mówili: że skoro przywykliśmy do komunistów, to przywykniemy i do Niemców. Nauczymy się żyć po niemiecku. Tak było... Wszystko tkwi w mojej pamięci... Nocą wszyscy się bali „leśnych", którzy przychodzili nieproszeni. Kiedyś przyszli i do nas. Jeden miał siekierę, drugi widły. Mówią: „Dawaj, matka, słoninę. Daj samogonu. I nie rób dużo hałasu". Opowiadam pani tak, jak było w życiu, a nie jak piszą w książkach. Partyzantów na początku nie lubiano...

Dzień wesela był już wyznaczony... Po dożynkach. Kiedy skończyły się roboty w polu, a baby przystroiły kwiatami ostatni snopek... (*Milknie*). Pamięć słabnie, ale dusza wszystko pamięta... Po obiedzie zaczął padać deszcz. Wszyscy uciekają z pola, a mama wraca. Z płaczem. „Boże! Boże! Twój Iwan zapisał się do policji".

– Będziesz żoną policaja.

– Niee chceeę!

Obie z mamą płaczemy. Wieczorem przychodzi Iwan, usiadł i nie podnosi oczu.

– Iwanku, mój kochany, czemuś o nas nie pomyślał?

– Lubko... Lubeczko moja...

To dziadek mu kazał. Stary diabeł! Groził mu: „Jak się nie zapiszesz do policji, to wyślą cię do Niemiec. Nie zobaczysz swojej Lubki! Zapomnij o niej!". Dziadek marzył... Chciał, żeby jego synową została Niemka... Niemcy kręcili filmy o Niemczech, jak tam dobrze się żyje. I wielu chłopaków, wiele dziewcząt uwierzyło. Wyjeżdżali. Przed wyjazdem urządzali zabawy. Przygrywała orkiestra dęta. Do pociągu dziewczyny wsiadały w pantofelkach... (*Wyjmuje tabletki z torebki*). Marnie ze mną... Lekarze mówią, że medycyna jest bezsilna... Że wkrótce umrę... (*Milknie*). Chcę, żeby moja miłość została. Nie będzie mnie, ale niech ludzie o niej czytają...

Dookoła wojna, a my byliśmy szczęśliwi. Przeżyliśmy rok jak mąż z żoną. Byłam w ciąży. Stacja kolejowa była całkiem blisko naszej wsi. Najpierw jechały na front pociągi niemieckie. Wszyscy żołnierze młodzi, weseli. Wyśpiewywali. Jak mnie widzieli, to wołali: „*Mädchen! Kleines Mädchen*!". Śmiali się. Tymczasem młodych zaczęło być coraz mniej, a starych coraz więcej. Tamci wszyscy byli weseli, a ci nowi jadą smutni. Nie cieszą się. Armia radziecka zwycięża.

– Iwan – pytam go – co z nami będzie?

– Sumienie mam czyste. Nigdy do nikogo nie strzeliłem.

(*Milknie*). Moje dzieci w ogóle o tym nie wiedzą, nie przyznałam się im. Może w końcu, przed śmiercią... Jedno pani powiem: miłość to trucizna...

O dwa domy od nas mieszkał chłopak, któremu też się podobałam, zawsze prosił mnie do tańca.

– Odprowadzę cię.

– Mam już takiego, co mnie odprowadza.

A przystojny był... Poszedł do lasu. Do partyzantów. Ci, którzy go widzieli, mówili, że nosi czapkę kubankę z czerwoną wstęgą. W nocy słyszę pukanie do drzwi.

– Kto tam?

– Partyzanci.

Wchodzi ten chłopak i jeszcze jeden, starszy. Mój zalotnik zaczyna:

– Jak ci się żyje, policajko? Dawno chciałem cię odwiedzić. A mężuś gdzie?

– Skąd mam wiedzieć? Dzisiaj nie przyjechał. Pewnie został w garnizonie. Wtedy on łaps mnie za rękę i popycha na ścianę: ty szwabska lalo... ty lafiryndo... i rzuca przekleństwami, i na „k", i na „ch"...

– Wolałaś niemieckiego sługusa, kułackie nasienie, a ze mną to cnotkę z siebie robiłaś. – I już prawie wyciąga pistolet zza pazuchy.

Mama padła przed nimi na kolana i woła: „Strzelajcie, chłopcy, strzelajcie. Byłam przyjaciółką waszych matek. Niech i one potem popłaczą". Jakoś te słowa mamy na nich podziałały. Pogadali między sobą i poszli. (*Milknie*). Miłość to sama gorycz...

Front zbliżał się coraz bardziej. Już nocami słychać było kanonadę. Kiedyś w nocy przyszli goście.

– Kto tam?

– Partyzanci. Wchodzi mój zalotnik... a z nim jeszcze jeden... Zalotnik pokazuje mi pistolet.

– Z tego właśnie pistoletu zabiłem twego męża.

– Nieprawda! Nieprawda!

– Teraz już nie masz męża.

Myślałam, że go zabiję... że... że mu oczy wydrapię... (*Milknie*). A rano przywieźli mojego Iwana... Saniami... na płaszczu... Oczy miał zamknięte, twarz dziecinną. Przecież nikogo nie zabił...

Wierzyłam mu! Teraz też wierzę! Tarzałam się po podłodze, wyłam. Mama się bała, że mi się rozum pomąci i dziecko urodzi się martwe albo nienormalne. Pobiegła do znachorki, do babki Stasi. „Wiem o twoim nieszczęściu – powiedziała do mamy – ale tu nic nie poradzę. Niech córka prosi Boga". I nauczyła ją, jak mam prosić... Kiedy Iwana powiozą, żeby go pogrzebać, miałam pójść nie za trumną, jak wszyscy ludzie, tylko przed nią. Do samego cmentarza. A to będzie droga przez całą wieś... Pod koniec wojny już wielu mężczyzn poszło do lasu, do partyzantki. W każdej chałupie ktoś zginął. (*Płacze*). No więc szłam przed trumną policaja... Ja na czele, a mama z tyłu. Wszyscy ludzie powychodzili z chat, stali przy furtkach, ale nikt złego słowa nie powiedział. Patrzyli i płakali.

Wróciły Sowiety... Ten chłopak znowu do mnie przyszedł... Przyjechał na koniu. Mówi:

– Już się tobą interesują.

– Kto?

– Jak to kto? Organy.

– A mnie wszystko jedno, gdzie znajdę śmierć. Niech mnie pognają i na Sybir.

– Co z ciebie za matka? Masz dziecko.

– Wiesz, czyje...

– A ja cię nawet taką wezmę.

No i wyszłam za niego. Za mordercę swojego męża. Urodziłam mu dziewczynkę... (*Płacze*). Dzieci kochał jednakowo: i mojego syna, i swoją córkę. Nic złego nie powiem. Ale ja... ja... miałam siniaki... krwawe sińce. W nocy mnie bił, a rano klękał, błagał o wybaczenie. Spalała go jakaś namiętność... Był zazdrosny o zmarłego... Gdy rano wszyscy ludzie jeszcze spali, ja już wstawałam. Musiałam wcześnie wstać, żeby się nie obudził... nie objął... W nocy w żadnym oknie już się nie świeci, a ja jeszcze w kuchni. Moje garnki błyszczały. Czekam, kiedy zaśnie. Przeżyliśmy razem piętnaście lat, aż w końcu ciężko zachorował. Jednej jesieni wystarczyło, żeby umarł. (*Płacze*). Nie jestem winna, śmierci mu nie życzyłam... Nadeszła ta chwila...

ostatnia... Leży twarzą do ściany i nagle odwraca się do mnie: „Czy kochałaś mnie?". Nic nie odpowiedziałam. On zaśmiał się jak wtedy w nocy, gdy mi pokazał pistolet... „A ja ciebie jedną kochałem przez całe życie. Tak kochałem, że chciałem zabić, kiedy dowiedziałem się, że umrę. Prosiłem Jaszkę (to nasz sąsiad, wyprawiał skórki zwierzęce), żeby dał mi trucizny. Nie mogę tego znieść. Umrę, a ty będziesz jeszcze kogoś miała. Jesteś ładna".

Leżał w trumnie... i jakby się śmiał... Bałam się do niego podejść. A trzeba było pocałować.

Chór

Ogromny, powstań, kraju,
Wróg stoi już u bram...
Z faszystów podłą zgrają
Bój toczyć przyszło nam.
Jak morskie wrą odmęty,
Tak ludu kipi gniew.
Już wojny, wojny świętej
Dokoła słychać zew*.

– Wychodzimy z poczuciem krzywdy...

– Powiedziałam córkom: kiedy umrę, niech będzie tylko muzyka, a ludzie niech milczą.

– Po wojnie jeńcy niemieccy dźwigali kamienie. Odbudowywali miasto. Byli głodni. Prosili o chleb. A ja nie mogłam dać im ani kawałka. Czasem wspominam właśnie tę chwilę... tę... Dziwne, ale takie rzeczy zostają w pamięci...

Na stole stały kwiaty i wielki portret Timeriana Zinatowa. Cały czas miałam wrażenie, że w tym chórze słychać też jego głos, że i on jest z nami.

* *Swiaszczennaja wojna* (Święta wojna, mel. Aleksandr Aleksandrow, sł. Wasilij Lebiediew-Kumacz) – pieśń napisana w 1941 roku, tuż po napaści Niemiec na ZSRR.

Z opowieści żony Zinatowa
Mało co mogę sobie przypomnieć... Dom, rodzina... nigdy go nie interesowały. Nic tylko twierdza i twierdza. Nie przestawał myśleć o wojnie... Uczył dzieci, że Lenin był dobry, że budujemy komunizm. Przyszedł kiedyś z pracy, miał gazetkę w ręku. Mówił: „Pojedziemy na wielką budowę. Ojczyzna wzywa". Nasze dzieci były jeszcze malutkie. Pojedziemy i już. Ojczyzna każe... No tośmy z nim trafili na BAM... na budowę komunizmu... Budowaliśmy! I wierzyli, że wszystko jeszcze przed nami! Bardzo ufaliśmy władzy radzieckiej. Z całej duszy. Teraz się zestarzeliśmy. *Głasnost'*, pierestrojka... Siedzimy i słuchamy radia. Komunizmu już nie ma... Gdzie się podział tamten komunizm? Komunistów też nie ma... Trudno pojąć, co się dzieje na górze... Gajdar całkiem nas puścił z torbami... Ludzie chodzą bezdomni... Ktoś ukradnie coś w fabryce albo w kołchozie... Ktoś inny oszuka... Tak jakoś żyją... A mój... żył w obłokach, zawsze gdzieś wysoko... Córka pracuje w aptece, przyniosła kiedyś deficytowe lekarstwa, żeby sprzedać i zarobić trochę grosza. Jak on się o tym mógł dowiedzieć? Coś wywąchał? „Hańba! Co za hańba!" – krzyczał. Chciał ją wypędzić z domu. W żaden sposób nie mogłam go uspokoić. Inni weterani korzystają z przywilejów... Przecież im przysługują... „Idź – prosiłam. – Może i tobie coś dadzą". A on się zaczął drzeć: „Walczyłem za Ojczyznę, nie za przywileje". Leży w nocy z otwartymi oczami i milczy. Jak się odezwę, to nie odpowiada. Przestał z nami rozmawiać. Mocno przeżywał. Nie chodziło mu o nas, o rodzinę, tylko o wszystkich. O kraj. Taki był. Namęczyłam się z nim... Przyznaję się uczciwie – pani, jako kobiecie, nie jako pisarce... Nie rozumiałam go...

Wykopał kartofle, ubrał się w najlepsze ubranie i pojechał do swojej twierdzy. Niechby chociaż karteczkę nam jaką zostawił. Napisał do państwa, do obcych ludzi. A do nas nic... Ani słowa...

O słodyczy cierpienia i o istocie rosyjskiego ducha

Historia pewnej miłości

Olga Karimowa, muzyk, lat 49

Nie... nie, to niemożliwe... Dla mnie to niemożliwe. Myślałam, że kiedyś... komuś... opowiem, ale nie teraz... Nie teraz. Zabroniłam sobie tego, wszystko zamurowałam, otynkowałam. Tak... wszystko przykryłam sarkofagiem... Nie ma już tam pożaru, ale jakaś reakcja zachodzi. Tworzą się jakieś kryształy. Boję się tego dotknąć. Boję...

Pierwsza miłość... Czy można tak to nazwać? Mój pierwszy mąż... To była piękna historia. Starał się o mnie dwa lata. Bardzo chciałam wyjść za niego, bo musiałam go mieć na wyłączność, tak żeby nigdzie się nie podział. Żeby cały był mój! Nawet nie wiem, do czego cały on był mi aż tak potrzebny. Nigdy się nie rozstawać, cały czas go widzieć, robić mu o coś awantury i pieprzyć się, pieprzyć, bez końca się pieprzyć. Był pierwszym mężczyzną w moim życiu. Pierwszy raz to w ogóle była... taka... no... ciekawość po prostu – jak to w ogóle jest? Jeszcze raz – to... i w ogóle... jakaś technika... No, ciało... ciało, ciało... ciało i nic więcej! I tak to się ciągnęło przez pół roku. A dla niego, nawiasem mówiąc, nie musiałam być koniecznie ja, mógł sobie znaleźć kogoś innego. Aż tu nagle ni stąd, ni zowąd się pobraliśmy... Miałam dwadzieścia dwa lata... Razem studiowaliśmy na uczelni muzycznej, wszystko robiliśmy razem. A potem to się stało, otworzyło się we mnie... Tyle że przeoczyłam chwilę, kiedy pokochałam ciało mężczyzny... Całe należy wtedy do nas... To była piękna historia... Mogła się ciągnąć w nieskończoność, ale też skończyć się w pół godziny. No tak... Odeszłam. Odeszłam sama. Błagał, żebym została. Nie wiem, czemu zdecydowałam, że odejdę. Tak byłam nim zmęczona... Boże, jaka ja byłam zmęczona! Już w ciąży, brzuch mam wielki... Po co mi tamten? Pieprzyliśmy się, potem kłócili, a potem ja płakałam. Nie umiałam jeszcze być tolerancyjna. Nie umiałam wybaczać.

Wyszłam z domu, zamknęłam drzwi i nagle poczułam radość, że zaraz odejdę. Odejdę na zawsze. Pojechałam do mamy, on zjawił się zaraz po mnie, w nocy. Był zupełnie zbity z tropu. Jest w ciąży, nie wiadomo czemu niezadowolona, czegoś zawsze jeszcze chce. No, czego jeszcze ci brakuje? A ja przewróciłam tę stronę książki... Bardzo się cieszyłam, że był ze mną, i tak samo się cieszyłam, że go już nie ma. Moje życie zawsze jest skarbonką. Było i skończyło się, było i się skończyło.

Oj, tak ładnie urodziłam tę Anię... Na początku odeszły wody... Robiłam wielokilometrowe marsze i po którymś kilometrze, w lesie, odeszły mi wody. W ogóle to kiepsko się orientowałam... „No co, mam już się zbierać do szpitala?" Poczekałam do wieczora. Była zima i mróz – dzisiaj już się nie chce wierzyć – czterdziestostopniowy. Trzeszczała kora na drzewach. Mimo wszystko zdecydowałam się pójść. Lekarka spojrzała: „Będziesz rodziła dwa dni". Dzwonię do domu: „Mamo, przynieś czekoladę. Będę musiała długo leżeć". Przed porannym obchodem wbiegła pielęgniarka. „Słuchaj, już główka wystaje. Zawołam lekarkę". No więc na fotel... Mówią do mnie: „O, jeszcze trochę. Zaraz, zaraz...". Nie pamiętam, ile upłynęło czasu. Ale wkrótce, po małej chwili, pokazują mi jakąś bryłkę. „Masz dziewczynkę". Zważyli – cztery kilo. „Nie ma pani ani jednego pęknięcia. Zlitowała się nad mamą". Ojej, kiedy następnego dnia ją przynieśli... Oczy – same źrenice, czarne, pływają. Odtąd już nic więcej dla mnie nie istniało.

Zaczęło się moje nowe, całkiem inne życie. Spodobało mi się to, jak zaczęłam wyglądać. Właściwie to... Od razu zrobiłam się ładniejsza... Ania natychmiast zajęła swoje miejsce, ubóstwiałam ją, ale w mojej świadomości nie łączyła się z żadnym mężczyzną. Z tym, że ma jakiegoś tatę. Spadła mi z nieba! Z nieba! Kiedy nauczyła się mówić, pytali ją:

– Anusiu, nie masz taty?

– Nie mam taty, tylko babcię.

– A pieska masz?

– Nie mam pieska, tylko chomika.

Obie takie byłyśmy... Całe życie się bałam, żeby nagle nie okazało się, że ja to nie ja. Nawet kiedy leczyli mi ząb, prosiłam: „Nie chcę żadnych zastrzyków. Nie chcę znieczulenia". Nie odłączajcie mnie ode mnie samej, bo moje uczucia są moje, dobre czy złe. Myśmy z Anią podobały się sobie nawzajem. I właśnie takie spotkałyśmy jego... Gleba.

Gdyby to nie był on, nigdy bym ponownie nie wyszła za mąż. Miałam wszystko: dziecko, pracę, wolność. Nagle on... Niezdarny, prawie niewidomy, z zadyszką... Wpuścić do swojego świata kogoś z takim wielkim brzemieniem przeszłości – dwunastu lat stalinowskich łagrów... Zabrali go, kiedy był chłopcem. Ojca, wysokiego działacza partyjnego, rozstrzelali, a matkę zamrozili na śmierć... w beczce z wodą. Gdzieś daleko, gdzieś tam w śniegach. Przedtem nigdy o czymś takim nie myślałam... Pionierka... komsomołka... Życie jest piękne! Wspaniałe! Jak mogłam zdecydować się na coś takiego? Jak? Mija czas i ból staje się wiedzą. Tak, również wiedzą. Już pięć lat, jak go nie ma... Pięć... Szkoda mi nawet, że nie znał mnie takiej, jaka jestem teraz. Teraz lepiej go rozumiem, już do niego dorosłam, ale bez niego. Długo nie umiałam żyć sama. W ogóle nie chciałam żyć. Nie bałam się samotności, powód był inny – nie umiem żyć bez miłości. Potrzebny mi jest ten ból... ten żal... Bez tego... Strach mnie ogarnia, taki sam strach ogarnia mnie w morzu. Kiedy popłynę bardzo daleko, jestem sama... Tam, pod sobą, mam ciemność... Nie wiem, co tam jest...

Siedzi na tarasie. Słychać szelest liści – zaczął padać deszcz.

Och, te plażowe romanse... Nie trwają długo. Są króciutkie. Taki malutki model życia. Można i ładnie zacząć, i ładnie odejść. To jest to, co nam się w życiu nie udaje, czego byśmy chcieli.

Dlatego tak lubimy gdzieś sobie pojechać... Kogoś spotkać... Tak... Miałam dwa warkoczyki, sukienkę w granatowe groszki, kupioną w „Świecie Dziecka" w przeddzień wyjazdu. Morze... Wypłynęłam bardzo daleko, najbardziej ze wszystkiego lubię pływać. Od rana gimnastykowałam się pod białą akacją. Przechodził tamtędy mężczyzna, cóż, mężczyzna i tyle, niemłody, wyglądał bardzo zwyczajnie. Zobaczył mnie i nie wiadomo dlaczego się ucieszył. Stanął i patrzy.

– Chce pani, to wieczorem poczytam pani wiersze?

– Może, ale ja teraz popłynę bardzo daleko!

– A ja będę na panią czekał.

I czekał, czekał kilka godzin. Wiersze czytał marnie, cały czas poprawiał okulary. Był jednak wzruszający. Zrozumiałam... Zrozumiałam, co czuje... Te ruchy, te okulary, to podenerwowanie. Tylko zupełnie nie pamiętam, co czytał. I dlaczego to miałoby być takie istotne. Wtedy też zaczął padać deszcz. I padał. Pamiętam to... Niczego nie zapomniałam... Uczucia... nasze uczucia – cierpienie, miłość, czułość – to są jakieś odrębne istoty. Żyją samodzielnie, nie zależą od nas. Z jakiegoś powodu nagle wybiera się tego kogoś, a nie tamtego, chociaż tamten może byłby lepszy. Albo stajemy się częścią cudzego życia, wcale tego jeszcze nie podejrzewając. Ale już nas znaleźli... wysłali sygnał... „Tak na ciebie czekałem" – powitał mnie następnego ranka. I powiedział to takim głosem, że nie wiem czemu, ale w tamtej chwili mu wierzyłam, chociaż wcale nie byłam na to gotowa. Wręcz przeciwnie. Coś jednak wokół mnie się zmieniło... To jeszcze nie była miłość, ale poczułam, że nagle dostałam czegoś bardzo dużo. Ktoś usłyszał kogoś. Dokołatał się. Odpłynęłam wtedy daleko, daleko. Wracam. On czekał. Znowu powiedział: „Z nami wszystko będzie dobrze". I jakoś znowu mu uwierzyłam. Piliśmy wieczorem szampana. Powiedział do mnie: „To jest czerwony szampan, ale w cenie normalnego". Spodobało mi się to zdanie. Smażył jajecznicę. „Dziwna sprawa z tymi jajecznicami. Kupuję jajka na dziesiątki, smażę parami, a zawsze zostaje mi jedno jajko". Jakieś takie sympatyczne rzeczy.

Wszyscy patrzyli na nas i pytali: „To twój dziadek? Czy tato?". A ja w takiej krótkiej sukience... Mam dwadzieścia osiem lat... Dopiero potem zrobił się przystojny. Przy mnie. Wydaje mi się, że znam tajemnicę... Te drzwi otwiera tylko miłość, tylko miłość...

– Wspominałem cię.

– Jak to mnie wspominałeś?

– Chciałem, żebyśmy razem dokądś szli. Bardzo daleko. I niczego nie potrzebuję, chcę tylko czuć, że jesteś obok. Tyle czułości mam dla ciebie... Chcę, żebyś szła obok, a ja tylko bym na ciebie patrzył.

Spędzaliśmy razem szczęśliwe godziny, zupełnie jak dzieci. „Może pojedziemy na jakąś wyspę i będziemy tam leżeli na piasku". Szczęśliwi ludzie są zawsze dziećmi. Trzeba ich chronić, są delikatni i śmieszni. Bezbronni. Tak było z nami, a jak powinno być w ogóle, tego nie wiem. Z tym tak, a z innym inaczej. Co sobie stworzysz... „Nieszczęście to najlepszy nauczyciel" – mawiała moja mama. Ale każdy woli szczęście. Nocą budziłam się z myślą: „Co ja robię?". Czułam się nieswojo, a napięcie sprawiało, że... miałam... „Masz cały czas napięty kark" – mówił do mnie. Co ja robię? Gdzie spadam? Tam jest przepaść.

Jest skrzynka, a w niej chleb... A on, kiedy tylko widział chleb, zaczynał go od razu zjadać. Każdą ilość. Chleba nie wolno zostawiać. To jest przydział. No więc jadł i jadł, mogło być tego chleba nie wiem ile, on wszystko by zjadł. Nie od razu to zrozumiałam...

Opowiadał mi o szkole... Na lekcjach historii otwierali podręcznik i na portretach marszałków Tuchaczewskiego i Blüchera rysowali więzienne kraty. Dyrektorka szkoły rozkazywała. Coś przy tym śpiewali, śmiali się. Jak podczas zabawy. Po lekcjach koledzy bili go i kredą na plecach pisali mu: „Syn wroga ludu".

Zrobisz krok – zastrzelą, a jak dobiegniesz do lasu, to rozszarpią cię dzikie zwierzęta. W baraku nocą swoi mogli człowieka zarżnąć. Tak zwyczajnie – wezmą i zarżną. I nic, żadnych słów... To był obóz, każdy żył sam ze sobą. To musiałam zrozumieć...

Po przerwaniu blokady Leningradu przybył do nich transport tych, którzy przeżyli. Szkielety, kości... mało podobne do ludzi... Zamknęli ich za to, że ukryli kartki żywnościowe na pięćdziesiąt gramów chleba (dzienna norma) zmarłej matki... czy dziecka... Za coś takiego karano sześcioma latami. Przez dwa dni w obozie panowała straszliwa cisza. Nawet strażnicy milczeli...

Przez pewien czas pracował w kotłowni... Ktoś przecież mu, dochodiadze, pomagał. Palaczem był profesor filologii z Moskwy, a Gleb przywoził mu drwa na taczce. Wiedli dysputy: czy ktoś, kto cytuje Puszkina, może strzelać do bezbronnych ludzi? Ktoś, kto słucha Bacha...

Dlaczego mimo wszystko on? Właśnie on? Rosjanki lubią wyszukiwać takich nieszczęśliwych. Moja babcia kochała jednego, a rodzice wydali ją za mąż za drugiego. Bardzo jej się nie podobał, bardzo nie chciała za niego iść! Boże! Postanowiła, że kiedy w cerkwi ojczulek spyta ją, czy wychodzi za niego z własnej woli, zaprzeczy. A ojczulek upił się i zamiast zapytać jak należy, powiedział: „Bądź dla niego dobra, bo on nogi odmroził na wojnie". No oczywiście, to już trzeba za niego wyjść. W taki sposób nasza babcia dostała na całe życie naszego dziadka, którego nigdy nie kochała. Świetne hasło dla całego naszego życia... „Bądź dla niego dobra, bo nogi odmroził na wojnie". Czy moja mama była szczęśliwa? Mama... Tato wrócił z wojny w czterdziestym piątym roku... Zmęczony, ze zrujnowanym zdrowiem. Chorował wskutek ran. Zwycięzcy! Tylko ich żony wiedzą, co oznaczało życie ze zwycięzcą. Mama często płakała, kiedy tato wrócił. Zwycięzcy wracali do normalnego życia przez całe lata. Musieli przywyknąć. Pamiętam opowieści taty, jak początkowo szalał, słysząc słowa „napalimy w bani", „pójdziemy na ryby". Nasi mężczyźni byli męczennikami, wszyscy z traumą wyniesioną z wojny albo z więzienia. Z obozu. Wojna i więzienie – dwa najważniejsze słowa w języku rosyjskim. Rosyjskim! Rosjanka nigdy nie miała normalnego mężczyzny. Zawsze musi kogoś leczyć. Mężczyznę traktuje po części jak bohatera, a po części jak dziecko. Ratuje go. Do dzisiejszego dnia. Ciągle gra tę samą rolę. Upadł Związek Radziecki... No to teraz mamy ofiary jego rozpadu. Krachu imperium. Nawet Gleb po łagrach miał więcej energii. Miał swoją dumę. „A jednak przeżyłem! Zniosłem wszystko. Na co to się napatrzyłem! A teraz piszę książki, całuję kobiety..." Był dumny. A ci mają w oczach strach. Tylko strach... Redukują armię, stanęły fabryki... Inżynierowie i lekarze handlują na targu. Doktorzy nauk. Tylu mamy ich dookoła, zrzuconych z parowozu. Siedzą i na coś czekają. Mąż mojej znajomej był lotnikiem, dowódcą eskadry. Przenieśli go do rezerwy. Kiedy ona straciła pracę, od razu się przekwalifikowała – była inżynierem, została fryzjerką. A mąż siedzi w domu i pije ze złości, że on, bojowy lotnik, kombatant z Afganistanu, musi dzieciom gotować kaszę. Coś takiego... Jest obrażony na wszystkich. Zły. Chodził do komisji uzupełnień, zgłaszał się na ochotnika na wojnę, do zadań specjalnych – odmówili. Chętnych mają pełno. Przecież są tysiące bezrobotnych wojskowych, tych, którzy znają tylko pistolety maszynowe i czołgi. Nie nadają się do innego życia. Nasze kobiety muszą być silniejsze od mężczyzn. Tłuką się po całym świecie z torbami w kratkę. Od Polski po Chiny. Kupują, sprzedają. Dźwigają na sobie dom, dzieci, starych rodziców. I swoich mężów. Cały kraj. Trudno to wytłumaczyć komuś innemu. Nie da się. Moja córka wyszła za mąż za Włocha... Ma na imię Sergio... Jest dziennikarzem. Kiedy mnie odwiedzają, prowadzimy z nim w kuchni długie dyskusje. Po rosyjsku... do rana. Sergio uważa, że Rosjanie lubią cierpieć, że to jest istota ducha rosyjskiego. Dla nas cierpienie to „osobista bitwa", „droga do zbawienia". A Włosi nie są tacy, nie chcą cierpieć, kochają życie, które jest przeznaczone do radości, a nie do cierpienia. My tego nie mamy. Rzadko mówimy o radości... O tym, że szczęście to cały świat. Wspaniały świat! Tam jest tyle zakątków, okien, drzwi, i tyle trzeba do nich kluczyków. A nas nieustannie ciągnie w buninowskie ciemne aleje. Tak... Wracają z córką z supermarketu – on niesie torby. Wieczorem ona może grać na pianinie, a on szykuje kolację. U mnie wszystko było inaczej: jak on wziął torby, to ja mu odbierałam. „Ja sama. Ty nie powinieneś".

Jak wszedł do kuchni, to: „Tu nie jest twoje miejsce. Marsz do biurka". Zawsze świeciłam odbitym światłem.

Minął rok, a może i więcej... Miał już przyjechać do mnie do domu... poznać się ze wszystkimi. Uprzedziłam go, że mama jest w porządku, ale córka niezupełnie... nie jest taka jak wszystkie... Nie ręczę za to, czy dobrze na niego zareaguje. Oj, ta moja Ania... Wszystko przytykała do ucha: zabawkę, kamień, łyżkę... Dzieci wtykają wszystko do buzi, a ona do ucha – jak to brzmi! Dosyć wcześnie zaczęłam ją wprowadzać w świat muzyki, ale dziecko było dziwne – kiedy tylko włączyłam płytę, odwracało się i wychodziło. Nie podobała jej się żadna muzyka, ciekawiło ją tylko to, co dźwięczy w niej samej. No więc Gleb przyjechał, bardzo zakłopotany, ostrzygł się jakoś niefortunnie, krótko, no i nie wyglądał zbyt pięknie. Przywiózł płyty. Coś zaczął opowiadać, jak szedł i jak kupował te płyty... Ale Ania ma słuch... Słyszy nie słowa, tylko inaczej... samą intonację... Od razu wzięła płyty. „Jakie ładne płity". Właśnie tak... Po jakimś czasie wprawiła mnie w osłupienie: „Czy on może zostać moim tatą?". Gleb nie starał jej się podobać, po prostu dobrze mu się z nią rozmawiało. Od razu się pokochali... Nawet byłam zazdrosna, że siebie nawzajem kochają bardziej niż mnie. Potem wytłumaczyłam sobie, że mam inną rolę... (*Milknie*).

– Aniu, czy ty się jąkasz? – pyta ją.

– Teraz już źle, ale kiedyś ładnie się jąkałam.

Z taką się człowiek nigdy nie nudzi! Można było zapisywać to, co mówi. No więc: „Czy on może zostać moim tatą?". Siedzimy w parku... Gleb poszedł po papierosy, wraca i pyta: „O czym, dziewczynki, rozmawiacie?". Mrugam do niej – w żadnym wypadku! Bo to co najmniej głupio. A ona: „To ty powiedz". No i co? Co mi zostało? Zdradzam mu więc, że Ania boi się przypadkowo powiedzieć do niego „tato".

– Oczywiście, sprawa nie jest prosta, ale jeśli bardzo chcesz, to powiedz.

– Wiesz, co ci powiem? – mówi poważnie Ania. – Mam jeszcze jednego tatę, ale on mi się nie podoba. Mama też go nie lubi.

Takie byłyśmy zawsze. Palimy mosty za sobą. Po drodze do domu już był tatą. Ania biegła i wołała: „Tato! Tato!". Następnego dnia w przedszkolu obwieściła wszystkim:

– A mnie tato uczy czytać.

– A kim jest twój tato?

– Nazywa się Gleb.

Nazajutrz jej koleżanka przyniosła z domu nowinę:

– Ania, ty kłamiesz. To nie jest twój rodzony tato.

– Nie, to tamten był nierodzony, a ten właśnie jest rodzony.

Z Anią nie było sensu się kłócić, został „tatą"... A ja? Jeszcze nie byłam żoną... nie...

Wzięłam urlop... Znowu wyjechałam. On biegł za wagonem i długo do mnie machał. Ale już w pociągu zaczął się romans. Jechali dwaj młodzi inżynierowie z Charkowa i też, tak jak ja, do Soczi. Boże mój! Byłam taka młoda! Morze. Słońce. Kąpaliśmy się, całowali, tańczyli. Czułam się lekko i prosto, bo świat był prosty. Cza-cza-cza... kazaczok i już – jestem w swoim żywiole. Kochają mnie... Noszą na rękach... Dwie godziny nieśli mnie na rękach, w góry... Młode muskuły, młody śmiech. Ognisko do rana... Miałam sen... Sufit się otwiera. Błękit nieba... Widzę Gleba... Dokądś razem idziemy. Idziemy brzegiem morza, a tam nie ma wyszlifowanych przez fale kamyków, ale ostre, bardzo ostre kamienie, jak gwoździe. Ja w obuwiu, a on idzie boso. „Na bosaka – tłumaczy mi – więcej się czuje". Ale ja wiem, że go boli. I ten ból sprawia, że zaczyna się unosić, fruwa nad ziemią... Widzę, że lata. Tylko ręce nie wiadomo dlaczego ma złożone jak nieboszczyk... (*Przerywa opowieść*). Boże! Jestem szalona... Nikomu nie powinnam się przyznawać... Najczęściej mam takie wrażenie, że jestem w tym życiu szczęśliwa... Szczęśliwa! Przyszłam do niego na cmentarz... Pamiętam, że szłam. Czułam, że jest gdzieś obok. I tak mocno czułam swoje szczęście, aż mi się z tego szczęścia chciało płakać. Płakać. Mówi się, że martwi do nas nie przychodzą. Niech pani w to nie wierzy.

Urlop się skończył, wróciłam. Inżynier jechał ze mną do samej Moskwy. Obiecałam sobie, że wszystko opowiem Glebowi...

Przyszłam do niego… Patrzę, a na biurku leży tygodnik, cały pokreślony, tapety w gabinecie zapisane, nawet w gazetach, które czytał, wszędzie tylko trzy litery: t… c… k… Wielkie, małe, drukowane, pisane. Wielokropki… wielokropki… Pytam go: „Co to jest?". Rozszyfrowuje skrót: „To chyba koniec?". No więc rozstajemy się, tylko trzeba to jakoś wyjaśnić Ani. Pojechaliśmy po nią, a ona – zanim wyjdzie z domu – musi porysować! Wtedy nie zdążyła, siedziała w samochodzie i szlochała. A on zdążył przywyknąć do tego, że jest taka szalona, uważał, że ma talent. To była już scena rodzinna: Ania płacze, on ją pociesza, a ja między nimi… Tak patrzy, patrzy na mnie… A ja… to raptem jedna chwila… sekunda… Zrozumiałam: jest szalenie samotny. Szalenie! A ja… wyjdę za niego za mąż… Powinnam… (*Zaczyna płakać*). Jakie to szczęście, że się nie rozminęliśmy. Że nie przeszłam obok niego. Co za szczęście! Podarował mi całe życie! (*Płacze*). A zatem wyszłam za mąż… On czuł strach, bał się, bo był już dwa razy żonaty. Kobiety zdradzały go, były zmęczone… Nie można ich obwiniać… Miłość to ciężka praca. Dla mnie to przede wszystkim praca. Obeszło się bez wesela, bez białej sukni. Wszystko odbyło się skromnie. A ja zawsze marzyłam o weselu i białej sukni, i o tym, że z mostu do wody rzucę bukiet białych róż. Takie miałam marzenia.

Nie lubił, kiedy się go wypytywało… Zawsze się jakoś popisywał, żeby wypadło śmiesznie… Takie łagrowe chowanie za śmiechem wszystkiego, co poważne. Przenoszenie do innego rejestru. Nigdy na przykład nie mówił „wolność", tylko zawsze „wolnusia". „No to jestem na wolnusi". W rzadkich chwilach… Wtedy opowiadał tak barwnie, z takim zapałem… Po prostu współodczuwałam radość, jaką tam czasem przeżywał. Któregoś razu szli etapem, a on właśnie zdobył kawałki opon, przywiązał je do walonków i tak się cieszył, że miał te opony. Albo jak przynieśli pół worka kartofli, a kiedy pracowali gdzieś „na wolnusi", ktoś dał im wielki kawał mięsa. Nocą w kotłowni ugotowali zupę: „Czy wiesz, jakie to było dobre? Wspaniałe!". Kiedy go wypuścili, dostał odszkodowanie za ojca. Powiedzieli mu: „Jesteśmy wam winni za dom, za meble...". Naliczyli sporą sumę. Kupił sobie wtedy nowy garnitur, nową koszulę, nowe buty, aparat fotograficzny i poszedł do „Nacjonalu", najdroższej restauracji w Moskwie. Zamówił najdroższe rzeczy, pił koniak, kawę i jadł tort firmowy. W końcu, kiedy się najadł, poprosił, żeby ktoś sfotografował jego szczęście. „Wracałem już do swojego mieszkania – wspominał – i uświadomiłem sobie, że wcale nie czuję się szczęśliwy. W tym garniturze, z tym aparatem... Dlaczego nie odczuwam szczęścia? W pamięci pojawiły się wtedy tamte opony, zupa w kotłowni – o, wtedy to było szczęście". Usiłowaliśmy zrozumieć... Właśnie... gdzie mieszka to szczęście? Obozu nie oddałby za nic, nie zamieniłby... To był jego ukryty skarb, jego majątek. Siedział w obozie od szesnastego do trzydziestego roku życia... Niech pani policzy... Pytałam go: „A gdyby cię nie zamknęli?". Wykręcał się żartem: „Byłbym durniem i jeździłbym czerwonym samochodem wyścigowym. Najmodniejszym". Dopiero na samym końcu... Już pod koniec, kiedy leżał w szpitalu, pierwszy raz zaczął rozmawiać ze mną poważnie: „To jest jak w teatrze. Z sali widzi się piękną bajkę – posprzątaną scenę, świetnych aktorów, tajemnicze światło, ale kiedy trafia się za kulisy... Od razu za kurtyną leżą kawałki jakichś desek, szmaty, niedomalowane, porzucone płótna... butelki po wódce... resztki jedzenia... Nie ma bajki. Jest ciemno... brudno... Mnie właśnie zaprowadzono za kulisy... Rozumiesz?".

Rzucili go do kryminalistów. Takiego chłopaczka... Co tam przeżył, nikt już nigdy się nie dowie...

Piękno Północy – wprost nie do opisania! Niemy śnieg i światło bijące od niego nawet w nocy... A człowiek jest bydlęciem roboczym. Wdeptują go w naturę, cofają gdzieś... „Torturowanie pięknem" – tak to nazywał. Jego ulubione powiedzonko: „Kwiaty i drzewa lepiej Mu się udały niż ludzie".

Miłość... Jak wyglądał jego pierwszy raz? Pracowali w lesie. Obok nich eskortowano do pracy kolumnę kobiet. Kobiety zobaczyły mężczyzn, zatrzymały się – nie ruszają z miejsca. Dowódca eskorty:

– Naprzód marsz!

Kobiety stoją.

– Dalej, mać wasza!

– Obywatelu naczelniku, puśćcie nas do chłopów, bo już nie możemy. Będziemy wyły!

– Coście wy? Diabeł was opętał!

A one stoją...

– Nigdzie nie pójdziemy.

Komenda: „Macie pół godziny. Rozejść się!". Kolumna w jednej chwili się rozsypała. Wszystkie wróciły na czas. O oznaczonej porze. Wróciły szczęśliwe. (*Milknie*). Gdzie mieszka to szczęście?

Gleb pisał tam wiersze. Ktoś doniósł komendantowi obozu: „Pisze". Komendant wezwał go do siebie i powiedział: „Napisz mi wierszem list miłosny". Gleb zapamiętał, że komendant go nawet prosił i był zawstydzony. Miał ukochaną gdzieś na Uralu.

Do domu wracał na górnej półce w wagonie. Pociąg wlókł się dwa tygodnie. Przez całą Rosję. On leżał cały czas na górze, bał się zejść na dół. Nocą wychodził zapalić. Bał się, że jak towarzysze podróży czymś go poczęstują, to się rozpłacze. Zaczną rozmawiać. I dowiedzą się, że jedzie z łagru... Przyjęli go dalecy krewni ojca. Mieli małą córeczkę. Objął ją, a ona zapłakała. Było w nim coś takiego... Szalenie samotny... Ze mną też był samotny. Wiem, że nawet ze mną...

Wszystkim dumnie obwieszczał: „Mam rodzinę". Codziennie zdumiewało go normalne życie rodzinne, w ogóle jakoś bardzo się tym szczycił. Ale strach... tak czy owak czuł strach, bez niego nie potrafił żyć. Strach. Budził się nocami mokry z przerażenia: że nie skończy książki (pisał książkę o ojcu), nie dostanie nowego zamówienia na przekład (tłumaczył teksty techniczne z niemieckiego), nie wyżywi rodziny. Albo że od niego odejdę... Najpierw strach, a potem wstyd, że tak się boi. „Gleb, kocham cię. Jeśli chcesz, żebym dla ciebie tańczyła w balecie, to zatańczę. Dla ciebie jestem zdolna do wszystkiego". Udało mu się przetrwać obóz, ale w normalnym życiu, kiedy jechał samochodem, zwykły milicjant mógł go przyprawić o zawał, jeśli kazał mu się zatrzymać. Albo kiedy dzwonili z administracji...

– Jakim cudem udało ci się przeżyć? – pytałam.

– Jako dziecko byłem bardzo kochany. Ratuje nas ilość miłości, którą otrzymaliśmy. To jest nasz „współczynnik bezpieczeństwa".

Tak... Tylko miłość nas ratuje. Miłość to taka witamina, bez której człowiek nie jest zdolny żyć, krew się ścina, zatrzymuje serce. Byłam pielęgniarką... nianką... aktorką... Wszystkim byłam.

Myślę, że się nam poszczęściło... Nastały ważne czasy... Pierestrojka! Poczucie święta, oczywiście. Wydawało się, że zaraz dokądś ulecimy. Wolność unosiła się w powietrzu. „Gleb, to jest twój czas! Można wszystko napisać. Opublikować". Przede wszystkim to był ich czas... Czas ludzi lat sześćdziesiątych... Ich triumfu. Widziałam go szczęśliwego, mówiącego: „Dożyłem całkowitego zwycięstwa antykomunizmu". Spełniło się to, o czym marzył, najważniejsze: runął komunizm. Lada chwila usuną bolszewickie pomniki i sarkofag Lenina z placu Czerwonego, ulice przestaną nosić nazwiska morderców i katów... To był czas nadziei! *Szestidiesiatniki* – niech sobie teraz mówią, co chcą, a ja ich wszystkich kocham. Naiwni? Romantycy? Tak! Całymi dniami czytał gazety. Chodził rano do kiosku Sojuzpieczati koło naszego domu. Z wielką torbą na zakupy. Słuchał radia i oglądał telewizję. Przez cały czas. Wtedy wszyscy byli tacy szaleni. Wol-ność! Wol-ność! Samo to słowo nas upajało. Wszyscy wychowaliśmy się na samizdacie i tamizdacie. Na słowie. Na literaturze. Jak my wtedy mówiliśmy! Jak wtedy wszyscy ładnie mówili! Szykuję obiad albo kolację, a on siedzi przy mnie z gazetą i czyta na głos: „Susan Sontag: komunizm to faszyzm o ludzkim obliczu"... „Jeszcze... jeszcze słuchaj..." Przeczytaliśmy razem Bierdiajewa... Hayeka... Jak mogliśmy kiedyś żyć bez tych gazet i książek? Gdybyśmy to wcześniej wiedzieli... Wszystko byłoby inaczej... Jack London napisał opowiadanie na ten temat: żyć można nawet w kaftanie bezpieczeństwa, wystarczy tylko trochę się wyprostować i przyzwyczaić. Można wtedy nawet śnić. Tak właśnie żyliśmy. No, a jak teraz będziemy żyli? Nie wiedziałam jak, ale wyobrażałam sobie, że wszystkim będzie się dobrze żyło. Żadnych wątpliwości... A po śmierci znalazłam w jego dzienniku notatkę: „Czytam na nowo Czechowa... Opowiadanie *Szewc i siła nieczysta*. Pewien człowiek sprzedał diabłu duszę w zamian za szczęście. Jak wygląda szczęście w wyobraźni szewca? Ano tak – jeździć wolantem w nowej kapocie i chromowych butach, obok siebie mieć grubą cycatą babę, w jednym ręku trzymać szynkę, a w drugiej – ćwiartkę wina chlebowego. Nic więcej mu nie trzeba...". (*Zamyśliła się*). Widocznie miał wątpliwości... Ale tak się chciało czegoś nowego. Dobrego i jasnego, bardzo sprawiedliwego. Pędziliśmy uszczęśliwieni na manifestacje i wiece... Przedtem bałam się tłumu. Tego całego „tłumizmu". Odpychało mnie od niego, od tych świątecznych parad. Sztandarów. Nagle wszystko mi się zaczęło podobać... Dookoła widziałam takie miłe twarze... Nigdy tych twarzy nie zapomnę! Tęsknię za tamtymi czasami, i wiem, że wielu jest takich, którzy tęsknią. Pierwszy nasz wyjazd za granicę był do Berlina. Dwie młode Niemki, słysząc rosyjską mowę, podeszły do naszej grupy.

– Rosjanie?

– Tak.

Od razu zaczęły nas ściskać. „Pierestrojka! Gorbie!" Teraz zastanawiam się, gdzie są tamte twarze. Gdzie tamci piękni ludzie, których widziałam na ulicach w latach dziewięćdziesiątych? Czyżby wszyscy wyjechali?

Kiedy się dowiedziałam, że ma raka, całą noc przepłakałam, a rano popędziłam do szpitala. Gleb siedział na parapecie, żółty i bardzo szczęśliwy, zawsze był szczęśliwy, kiedy coś się zmieniało w życiu. To obóz, to zesłanie, to wolność, a teraz jeszcze coś takiego... Śmierć jako jeszcze jedna zmiana...

– Boisz się, że umrę?

– Boję się.

– Cóż... po pierwsze, nic ci nie obiecywałem. A po drugie, to nie stanie się tak prędko.

– Naprawdę?

Jak zwykle mu uwierzyłam. Od razu otarłam łzy i przekonałam samą siebie, że jeszcze raz muszę mu pomóc. Więcej nie płakałam, aż do końca nie płakałam... Gdy przychodziłam rano do sali, zaczynaliśmy znowu żyć – po prostu mieszkaliśmy w szpitalu, tak jak przedtem w domu. Pół roku przemieszkaliśmy w centrum onkologii...

Czytał niewiele. Raczej opowiadał...

Wiedział, kto na niego doniósł. Pewien chłopak, kolega z zajęć w domu pionierów. Może z własnej inicjatywy, a może go zmuszono, dość, że napisał: „Wygadywał na Stalina, usprawiedliwiał ojca, wroga ludu". Śledczy na przesłuchaniu pokazał mu ten list. Gleb całe życie się bał... Bał się, że donosiciel dowie się, że on o tym wie... Kiedy mu powiedzieli, że tamten ma chore dziecko, przestraszył się, że to może kara... Nawet przez pewien czas mieszkali blisko siebie, często spotykali się na ulicy. W sklepie. Witali się. Gleb umarł, a ja opowiedziałam tę historię naszej wspólnej przyjaciółce... Nie uwierzyła. „On? Niemożliwe, zawsze tak dobrze mówił o Glebie, o tym, że się w dzieciństwie przyjaźnili". Zrozumiałam, że powinnam milczeć. Tak... Dla człowieka taka wiedza jest niebezpieczna... On to wiedział... Byli więźniowie rzadko nas odwiedzali, a Gleb ich nie szukał. Kiedy pojawiali się w naszym domu, czułam się obca, bo przychodzili stamtąd, gdzie mnie nie było. Wiedzieli o nim więcej niż ja. Uzmysłowiłam sobie, że on ma jeszcze inne życie... Zrozumiałam, że kobieta może opowiadać o własnych upokorzeniach, a mężczyzna – nie. Kobiecie łatwiej się przyznać, gdzieś tam w głębi przygotowana jest na gwałt... Już sam akt płciowy... Kobieta co miesiąc przecież zaczyna żyć na nowo, zaczyna nowy cykl... Sama natura jej pomaga. Wśród kobiet, które siedziały w obozach, jest mnóstwo samotnych. Mało widziałam takich par, żeby oboje byli stamtąd, ona i on. Wszyscy mieli jakąś wspólną tajemnicę, która ich nie łączyła, ale dzieliła. Mnie tamci nazywali „dziecinką"...

– I jak, nie nudzisz się z nami? – pytał Gleb, kiedy goście wychodzili. Czułam się urażona.

– Co za pytanie? – mówiłam. A on:

– Wiesz, co mnie trapi? Kiedy to było ciekawe, mieliśmy zakneblowane usta, a teraz, kiedy możemy wszystko opowiedzieć, jest już za późno. Chyba już nikt nie słucha. Nie czyta. Ludzie przynoszą wydawcom nowe wspomnienia łagrowe, a tamci je zwracają, nie czytając. „Znowu Stalin i Beria? To nie jest opłacalny projekt. Czytelnik ma już tego dość".

Przyzwyczaił się do umierania... Nie bał się tej małej śmierci... Brygadziści, których rekrutowano z błatnych, sprzedawali ich przydziały chleba, przegrywali w karty, a oni jedli asfalt. Czarny asfalt. Wielu umierało, bo sklejał się im żołądek. A on po prostu przestał jeść, tylko pił.

Pewien chłopiec pobiegł, specjalnie pobiegł, żeby go zastrzelili... Biegł po śniegu... w słońcu... Doskonała widoczność. Trafili go w głowę, przyciągnęli na sznurku i postawili koło baraku – patrzcie! Stał tam długo... Do wiosny...

Dzień wyborów... Koncert w punkcie wyborczym. Występuje chór więźniów. Stoją polityczni, własowcy, prostytutki, kieszonkowcy i śpiewają pieśń o Stalinie: „Stalin to nasz sztandar! Stalin – nasze szczęście".

Na punkcie przesyłowym spotkał dziewczynę. Opowiadała, jak śledczy namawiał ją, żeby podpisała protokół: „Pojedziesz do piekła... Ale jesteś ładna, spodobasz się jakiemuś naczelnikowi. I tak się uratujesz".

Wiosną było najstraszniej. Wszystko w przyrodzie się zmienia... wszystko zaczyna żyć... Lepiej nikogo nie pytać, ile zostało mu do odsiedzenia. Wiosną każdy wyrok to wieczność! Jak ptaki przelecą, to nikt nie podniesie głowy. Wiosną nie patrzy się w niebo...

Kiedy w drzwiach obejrzałam się, pomachał mi ręką. Wróciłam, ale już był nieprzytomny. Prosił kogoś: „Poczekaj. Poczekaj". Potem przestał, po prostu leżał. Jeszcze trzy dni. A ja przywykłam nawet do tego. Że on leży, a ja mieszkam w szpitalu. Postawili mi łóżko obok niego. Tak... Trzeciego dnia... Już trudno było wstrzykiwać dożylnie... Zakrzepy... Powinnam była pozwolić lekarzom skończyć już z tym... Nie będzie go bolało, nic nie poczuje. Zostaliśmy we dwoje. Żadnej aparatury, żadnych lekarzy, nikt do niego już nie zaglądał. Położyłam się obok niego. Było zimno. Weszłam do niego pod kołdrę i zasnęłam. Obudziłam się... Przez sekundę wydawało mi się, że śpimy w swoim domu, balkon otwarty na oścież... a on jeszcze się nie obudził... Strach otworzyć oczy... Otworzyłam i wszystko mi się przypomniało... Wtedy zaczęłam się miotać... Wstałam, położyłam mu dłonie na twarzy: „A-a-ach..." – poczuł mnie. Zaczęła się agonia... I tak siedziałam... Trzymałam go za rękę, czułam ostatnie uderzenie serca. Długo jeszcze tak siedziałam... Zawołałam salową, ta mi pomogła nałożyć mu koszulę, niebieską, to był jego ulubiony kolor. Zapytałam, czy mogę posiedzieć. „Tak, proszę. Nie boi się pani?" Czego się miałam bać? Znałam go... tak jak matka zna swoje dziecko... Nad ranem był piękny... Z twarzy zniknął strach, zniknęło napięcie, wszystkie życiowe troski. Zobaczyłam subtelne, wytworne rysy. Twarz wschodniego księcia. Taki był naprawdę! Właśnie taki. Jeszcze go takiego nie znałam.

Miał jedną prośbę: „Napisz na kamieniu, który będzie leżał nade mną, że byłem człowiekiem szczęśliwym. Byłem kochany. Najstraszniejsza z udręk to taka, kiedy człowieka nikt nie kocha". (*Milknie*). Nasze życie jest takie krótkie... Chwila! Widzę, jak moja stara mama patrzy na mnie wieczorami w ogrodzie... jakim wzrokiem...

Długo siedzimy w milczeniu.

Nie mogę... nie umiem bez niego żyć... A do mnie znowu się zalecają mężczyźni. Przynoszą mi kwiaty.

Nieoczekiwany telefon następnego dnia.

Płakałam całą noc... Wyłam z bólu... Cały czas odchodziłam... odchodziłam... uciekałam na drugą stronę. Ledwo przeżyłam... A wczoraj znowu tam wróciłam, zawrócono mnie... Chodziłam cała zabandażowana, zaczęłam rozwijać te bandaże, ale nic się nie zagoiło. Myślałam, że pod bandażami mam już nową skórę, ale nic podobnego... Nic się nie zabliźniło. Tamto się nigdzie nie podziało... To wszystko, co było... Boję się to komuś oddać. Nikt tego nie utrzyma. Zwyczajne ręce tego nigdy nie utrzymają...

Historia pewnego dzieciństwa

Maria Wojcieszonek, pisarka, lat 57

Jestem osadniczką. Urodziłam się w rodzinie zesłanego polskiego oficera. „Osadnik" to polskie słowo, nazywano tak ludzi, którzy po wojnie polsko-radzieckiej otrzymali ziemię na wschodnich kresach Rzeczypospolitej. W 1939 roku, kiedy na mocy paktu Ribbentrop-Mołotow Białoruś Zachodnią przyłączono do ZSRR, tysiące osadników razem z rodzinami zesłano na Syberię jako „element politycznie niebezpieczny" (z notatki Berii dla Stalina). Ale to jest wielka historia, a ja mam swoją... małą...

Nie znam daty swojego urodzenia... Nawet roku nie znam... Wszystko znam w przybliżeniu. Nie znalazłam żadnych dokumentów. Jestem, a zarazem mnie nie ma. Myślę, że mama była ze mną w ciąży, kiedy ich wieźli. Dlaczego? Zawsze mnie niepokoją gwizdki parowozów... i zapach podkładów... czyjś płacz na stacji... Mogę jechać eleganckim pociągiem, ale kiedy na sąsiednim torze zadudni towarowy, z oczu płyną mi łzy. Nie potrafię oglądać wagonów bydlęcych, słuchać ryku zwierząt... W takich wagonach nas wywozili. Jeszcze mnie wtedy nie było. A zarazem byłam. W moich snach nie ma osób, historii... Wszystkie moje sny składają się z dźwięków, zapachów...

Kraj Ałtajski. Miasto Zmieinogorsk, rzeka Zmiejewka... Zesłańców wysadzono za miastem. Nad jeziorem. Musieliśmy zamieszkać w ziemi. W ziemiankach. Urodziłam się pod ziemią i tam dorastałam. Dla mnie ziemia od dziecka pachnie domem. Z pułapu cieknie, odrywa się gruda ziemi, upada i skacze do mnie. To żabka. Ale ja jestem jeszcze mała, nie wiem, kogo trzeba się bać. Śpię z dwiema kózkami, na ciepłej podściółce kozich bobków... Pierwsze słowo: „Meee"... Taki był pierwszy dźwięk... a nie „ma"... mama. Starsza siostra Władzia wspominała, jak się dziwiłam, że kózki nie mówią tak jak my. Moje zdumienie. Wydawało mi się, że są na równi z nami. Świat był niepodzielny, był całością. Nawet teraz nie czuję tej różnicy między nami, między ludźmi a zwierzętami. Zawsze z nimi rozmawiam, a one mnie rozumieją... Żuczki, pajączki... One też były ze mną... takie kolorowe, takie malowane żuczki. Moje zabawki. Wiosną razem wyłaziliśmy na słońce, pełzaliśmy po ziemi, szukali jedzenia. Grzali się. A zimą zamieraliśmy jak drzewa, z głodu wpadali w śpiączkę. Miałam swoją szkołę, uczyli mnie nie tylko ludzie; rozumiem i drzewa, i trawę. W życiu najbardziej interesowały mnie zwierzęta, naprawdę interesowały. Jak mogłabym oddzielić się od tamtego świata... od tamtych zapachów? Nie mogę. I wreszcie – słońce! Lato! Jestem na górze... dookoła oślepiające piękno, i nikt nikomu nie szykuje jedzenia. I jeszcze wszystko dźwięczy, wszystko jest barwne. Próbuję smakować każdą trawkę, listek, kwiatek... wszystkie korzonki... Raz się najadłam i o mało nie umarłam. Całe obrazy w pamięci... Pamiętam szczyt Sinobrody i ciemnoniebieskie oświetlenie tego szczytu... Światło padało właśnie z lewej strony, ze zbocza. Padało z góry na dół... Jakież to były widoki! Obawiam się, że nie starczy mi talentu, żeby to przekazać. Wskrzesić. Słowa są tylko dopełnieniem naszego stanu. Naszych uczuć. Czerwone maki, lilie złotogłów, piwonie odmienne... Wszystko to miałam przed sobą. Wszystko słało się pod nogami. Albo inny obraz... Siedzę koło jakiegoś domu. Po ścianie pełznie słoneczna plama i nieustannie się mieni... różnymi kolorami... Długo, długo siedzę w tamtym miejscu. Gdyby nie te barwy, tobym pewnie umarła. Nie przeżyła. Nie pamiętam, cośmy jedli... Czy było tam coś do jedzenia dla ludzi...

Wieczorem widziałam, jak szli czarni ludzie. Czarne ubrania, czarne twarze. To wracali z kopalń zesłańcy... Wszyscy byli podobni do mojego ojca. Nie wiem, czy ojciec mnie kochał. Czy ktokolwiek mnie kochał?

Mam bardzo mało wspomnień... Brakuje mi ich. Szukam w ciemnościach, staram się jak najwięcej stamtąd wyciągnąć. Rzadko, bardzo rzadko przypomni się nagle coś, czego dotąd nie pamiętałam. Wspomnienia są gorzkie, ale jestem wtedy szczęśliwa. Okropnie szczęśliwa.

Niczego sobie nie mogę przypomnieć o zimie... Zimą siedziałam cały dzień w ziemiance. Dzień przypominał wieczór.

Ciągle zmierzch. Żadnej kolorowej plamy... Czy mieliśmy jakieś rzeczy poza miskami i łyżkami? Żadnych ubrań... żeby choć cokolwiek z odzieży... Owijaliśmy się jakimiś szmatami. Ani jednej kolorowej plamy. Obuwie... Co z obuwia? Kalosze... pamiętam kalosze, duże i stare, jak u mamy. Na pewno mamy... Pierwsze palto wydano mi w domu dziecka, i pierwsze rękawice. Czapkę. Pamiętam: w ciemnościach ledwo ledwo bieleje twarz Władzi... Ona całymi dniami leżała i kaszlała. Miała gruźlicę, a zachorowała w kopalni. Już znałam to słowo: gruźlica... Mama nie płakała... Nie pamiętam, żeby płakała; mówiła mało, a potem w ogóle przestała mówić. Kiedy kaszel ustępował, Władzia mnie wołała: „Powtarzaj za mną... To jest Puszkin". Powtarzam: „Słońce i mróz: piękna pogoda! Ty jeszcze śpisz, ślicznotko młoda..."*. I wyobrażam sobie zimę. Jak u Puszkina.

Jestem niewolnicą słowa... Słowu wierzę bezgranicznie... Zawsze czekam na słowa od człowieka, od nieznajomego też, od nieznajomego nawet bardziej. W nieznajomym można jeszcze pokładać nadzieję. Jakbym sama chciała powiedzieć... i decyduję się... Jestem gotowa. Kiedy zaczynam komuś o czymś opowiadać, to potem w miejscu, o którym mówiłam, nie znajduję już nic. Tylko pustkę, tracę te wspomnienia. Momentalnie robi się tam dziura. I trzeba długo czekać, żeby wróciły. Dlatego nic nie mówię. Wszystko przygotowuję w sobie. Przejścia, labirynty, norki...

Skrawki... Skąd się u mnie wzięły te strzępki i skrawki? Kolorowe, dużo koloru malinowego. Ktoś mi je przyniósł. Z tych skrawków szyłam malutkich ludzików, ucinałam sobie włosy i robiłam im fryzury. To były moje koleżanki... Lalek nie widziałam, nie miałam pojęcia o lalkach. Mieszkaliśmy już w mieście, tyle że w piwnicy, a nie w domu. Było tam jedno ślepe okienko. Ale już mieliśmy adres: ulica Stalina siedemnaście. Tak jak inni, jak wszyscy... mieliśmy już adres. Bawiłam się tam z jedną dziewczynką, która nie mieszkała w piwnicy, to była dziewczynka z domu.

* Aleksandr Puszkin, *Poranek zimowy* w przekładzie Włodzimierza Słobodnika.

Chodziła w sukienkach i półbucikach. A ja – w kaloszach mamy... Przyniosłam te skrawki, żeby jej pokazać; na dworze wyglądały jeszcze ładniej niż w piwnicy. Dziewczynka zaczęła mnie o nie prosić, chciała, żebym się z nią na coś wymieniła. A ja – w życiu! Przyszedł wtedy jej tato i powiedział: „Nie baw się z tą żebraczką". Zrozumiałam, że mnie odepchnięto. Muszę cicho odejść, czym prędzej odejść z tego miejsca. To oczywiście już są słowa dorosłego, nie tamtego dziecka. Ale uczucie... tamto uczucie pamiętam... To tak boli, że już nie czuje się urazy ani nawet litości nad sobą, tylko nagle bardzo dużą wolność. A litości nad sobą – wcale... Kiedy się człowiek lituje, to znaczy, że jeszcze nie zajrzał tak głęboko, jeszcze nie uciekł od ludzi. Bo jeśli uciekł, to wystarczy mu to, co jest w nim samym. Ja zajrzałam nazbyt głęboko... Trudno mnie skrzywdzić. Rzadko płaczę. Śmieszą mnie wszystkie zwyczajne nieszczęścia, kobiece krzywdy... Dla mnie to jakieś *show*... życiowy pokaz... Ale jeśli usłyszę, że płacze dziecko... Nigdy nie minę obojętnie żebraka... Nigdy nie przejdę obok. Pamiętam tamten zapach, zapach biedy... Płyną jakieś fale, do tej pory jestem do nich podłączona. Bo to zapach mojego dzieciństwa. Moich pieluszek.

Idę z Władzią... Niesiemy puchowy szal... ładną rzecz dla jakiegoś innego świata. Gotowe zamówienie. Władzia umiała robić na drutach, żyłyśmy z zarobionych przez nią pieniędzy. Kobieta rozliczyła się z nami i mówi: „Natnę dla was trochę kwiatów". Jak to – dla nas bukiet? Dwie żebraczki, stoimy głodne, zziębnięte... w jakichś workach... I to dla nas – kwiaty! Zdaniem innych myślałyśmy tylko o chlebie, a tu ktoś się domyślił, że możemy też myśleć o czymś jeszcze. Byłyśmy zamknięte, zamurowane, i nagle ktoś otworzył lufcik... okno na oścież... Okazuje się, że oprócz chleba, oprócz jedzenia można nam dać też bukiet kwiatów! To znaczy, że niczym się nie różnimy od innych. Jesteśmy takie same... „Natnę dla was trochę kwiatów"... To było naruszenie reguł: nie narwę, nie zbiorę, tylko natnę w swoim ogrodzie. Od tej chwili... Możliwe, że to był mój klucz... Dostałam klucz... I to mnie odmieniło... Pamiętam tamten bukiet... Wielki bukiet kosmosów... Zawsze je teraz sadzę na swojej daczy. (*Siedzimy akurat u niej na daczy. Rosną tu same kwiaty i drzewa*). Niedawno pojechałam na Syberię... Do Zmieinogorska... Wróciłam tam... Szukałam naszej ulicy... naszego domu... piwnicy... Ale domu już nie ma, został zburzony. Pytałam wszystkich: „Pamięta pan?". Jeden staruszek sobie przypomniał, że owszem, w piwnicy mieszkała ładna dziewczyna, była chora. Ludzie prędzej zapamiętają piękno niż cierpienie. A bukiet dostałyśmy, bo Władzia była piękna.

Poszłam na cmentarz. Zaraz przy bramie była stróżówka z zabitymi na głucho oknami. Długo pukałam. Wyszedł stróż, niewidomy... Co to za znak?

– Nie wie pan, gdzie chowano zesłańców?

– A... taaam... – Machnął ręką, nie wiadomo, w dół czy w górę.

Jacyś ludzie zaprowadzili mnie w najodleglejszy kąt... Tylko trawa tam rosła... tylko trawa... W nocy nie spałam, bo nie mogłam oddychać. Spazm... Czułam się tak, jakby mnie ktoś dusił... Uciekłam z hotelu na stację. Pieszo przez niemal puste miasto. Stacja była zamknięta. Usiadłam na torach i czekałam do rana. Na nasypie siedzieli chłopak i dziewczyna. Całowali się. Nastał świt. Nadjechał pociąg. Wagon był pusty... Wchodzimy – ja i czterech mężczyzn w skórzanych kurtkach, ogoleni na zero, podobni do kryminalistów. Częstowali mnie ogórkami i chlebem. „Zagramy w karty?" Zupełnie się nie bałam.

Niedawno mi się przypomniało... Jechałam i przypomniałam sobie... Jechałam trolejbusem... Jak Władzia śpiewała: „Długo się błąkałem wśród skał, smutek trapił wciąż serce me. Jak żyć dalej bez miłości serce me? Gdzieś ty, Suliko, powiedz, gdzie?". Okazuje się, że to była *Suliko*, ulubiona piosenka Stalina... Płakał, kiedy ją śpiewano... Wtedy od razu przestałam ją lubić. Do Włady przychodziły koleżanki, zapraszały ją na tańce. Wszystko to pamiętam... Miałam już sześć albo siedem lat... Widziałam, jak wszywały do majtek drut zamiast gumki. Żeby nie dały się zedrzeć... Przecież tam żyli sami zesłani, zekowie... Nierzadko zabijali. O miłości też już coś wiedziałam. Do Władzy przychodził ładny chłopak. Kiedy chorowała, leżała w jakichś szmatach i kaszlała. A on tak na nią patrzył...

Odczuwam ból, ale to jest coś mojego. Nigdzie od tego nie ucieknę... Nie mogę powiedzieć, że to wszystko aprobuję, że jestem wdzięczna za ból, tutaj potrzebne jest jakieś inne słowo. Teraz go nie znajdę. Wiem, że w tym stanie jestem daleko od innych ludzi. Jestem sama. Wziąć cierpienie w swoje ręce, w całkowite posiadanie, i wyjść z niego, coś z niego wynieść. To jest jakieś zwycięstwo, tylko to ma sens. Nie zostaje się z pustymi rękami... Bo inaczej po co było zstępować do piekieł?

Ktoś prowadzi mnie do okna: „Popatrz, wiozą twojego ojca...". Nieznajoma kobieta ciągnęła coś na sankach. Coś albo kogoś... zawiniętego w koc i przewiązanego sznurkiem... Potem razem z siostrą chowałyśmy naszą mamę. Zostałyśmy same. Władzia już źle chodziła, nogi odmawiały jej posłuszeństwa. Skóra złaziła warstwami jak papier. Przynieśli jej buteleczkę... Myślałam, że to lekarstwo, a to był jakiś kwas. Trucizna. „Nie bój się..." – zawołała mnie i dała mi tę buteleczkę. Chciała, żebyśmy się razem otruły. A ja wzięłam buteleczkę... Uciekłam z nią i wrzuciłam do pieca. Szkło się rozbiło... Piec był zimny, od dawna nic na nim nie gotowałyśmy. Władzia zapłakała. „Jesteś zupełnie jak ojciec". Ktoś nas znalazł... Może to jej koleżanki? Władzia leżała już nieprzytomna... Zabrali ją do szpitala, a mnie do domu dziecka.

Ojciec... Chciałabym go sobie przypomnieć, ale nie mam w pamięci jego twarzy. Potem go zobaczyłam, młodego, na zdjęciu u cioci. Rzeczywiście... jestem do niego podobna... To nas łączy. Ojciec ożenił się z ładną chłopką. Z ubogiej rodziny. Chciał z niej zrobić panią, ale ona zawsze nosiła chustę, nasuwając ją nisko nad brwi. Panią nie została. Na Syberii ojciec nie mieszkał z nami długo, odszedł do innej kobiety... A ja już się urodziłam... Byłam karą! Przekleństwem! Nikt nie miał siły mnie kochać. Mama też jej nie miała. To dostało się do moich komórek: jej rozpacz, jej krzywda... i brak miłości... Miłości brakuje mi zawsze, nawet kiedy ktoś mnie kocha, to ja nie wierzę, potrzebuję nieustannych dowodów. Oznak. Potrzebuję ich codziennie. W każdej chwili. Trudno mnie kochać... wiem... (*Długo milczy*). Kocham swoje wspomnienia... Kocham je za to, że wszyscy w nich żyją. Wszyscy tam są: mama... tato... Władzia... Koniecznie muszę siedzieć przy długim stole. Z białym obrusem. Mieszkam sama, ale w kuchni mam duży stół. Może oni są razem ze mną... Mogę iść i nagle powtórzyć czyjś gest. Nie mój... Władzi... albo mamy... Wydaje mi się, że dotykamy się dłońmi...

Trafiłam do domu dziecka... Sieroty po osadnikach trzymano w domu dziecka do czternastu lat, a potem wysyłano do kopalń. No i kiedy miały osiemnaście lat, dostawały gruźlicy... tak jak Władzia... Taki nasz los. „Gdzieś daleko – mówiła Władzia – mamy dom. Ale bardzo daleko". Tam została ciocia Maryla, siostra mamy... Niepiśmienna chłopka. Ciocia chodziła i prosiła. Obcy ludzie pisali jej listy. Nie rozumiem tego nawet teraz... Jakim cudem? Jak jej się to udało? Do domu dziecka przysłano polecenie: wysłać mnie razem z siostrą na taki a taki adres. Na Białoruś. Za pierwszym razem nie dojechałyśmy do Mińska, w Moskwie wysadzono nas z pociągu. Wszystko się powtórzyło. Władzię, która akurat dostała gorączki, wzięto do szpitala, a mnie do izolatora. Z izolatora – do izby dziecka. Pomieszczenie w piwnicy, czuć tam było wapnem chlorowanym. Obcy ludzie... Cały czas mieszkałam wśród obcych ludzi... Przez całe życie. A ciocia pisała... pisała... Pół roku później znalazła mnie w izbie dziecka. Znowu słyszę słowa „dom" i „ciocia"... Prowadzą mnie do pociągu... Ciemny wagon, tylko przejście było oświetlone. Cienie ludzi. Była ze mną wychowawczyni. Dojechałyśmy do Mińska i wzięły bilet do Postaw... Znam te wszystkie nazwy... Władzia prosiła: „Zapamiętaj. Zapamiętaj, że nasz majątek nazywa się Sowczino". Z Postaw szłyśmy pieszo do Gridziek... do wsi, gdzie mieszkała ciocia... Usiadłyśmy koło mostu, żeby odpocząć. A tymczasem sąsiad wracał na rowerze z nocnej zmiany. Zapytał, kim jesteśmy. Odpowiedziałyśmy, że przyjechałyśmy do cioci Maryli. „Dobrze idziecie" – powiedział. Widocznie dał znać cioci, że nas widział... Wybiegła nam na spotkanie... Zobaczyłam ją i mówię: „Ta ciocia jest podobna do mojej mamy". I tyle.

Ostrzyżona na zero siedzę na długiej ławce w chałupie wuja Stacha, brata mamy. Drzwi są otwarte, a w nich widać, że ludzie idą i idą... Zatrzymują się i patrzą na mnie bez słowa... Jak na obrazie! Nikt z nikim nie rozmawia. Stoją i płaczą. Absolutna cisza. Przyszła cała wieś... Moje łzy utonęły w jednym wielkim strumieniu, każdy płakał ze mną. Wszyscy znali mojego ojca, niektórzy u niego pracowali. Nieraz potem słyszałam: „W kołchozie nas odhaczają, a Antek (ojciec) zawsze się rozliczał". To był mój spadek. Nasz dom przewieziono z chutoru na centralny budynek kołchozu, do tej pory jest w nim wiejska rada. O ludziach wiem wszystko, więcej nawet, niżbym chciała. Tego samego dnia, kiedy krasnoarmiejcy załadowali naszą rodzinę na wóz i zawieźli na stację, ci sami ludzie... ciocia Elżbieta... Józefa... wuj Maciej... ponieśli z naszego domu wszystko do swoich chałup. Mniejsze budynki rozebrali, każdy brał po belce. Wykopali cały młody sad, jabłonki. Ciocia przybiegła... i tylko wazon z okna zabrała na pamiątkę. Nie chcę tego pamiętać. Wypędzam to z pamięci. Pamiętam, jak wieś mnie niańczyła, nosiła na rękach: „Chodźmy, Maniusiu, do nas, myśmy grzyby ugotowały...", „Chodź, naleję ci mleczka...". Ledwie przyjechałam, a już następnego dnia całą twarz miałam pokrytą bąblami. Piekły mnie oczy. Nie mogłam unieść powiek. Prowadzano mnie za ręce, żebym się umyła. Ten ból wypalał we mnie wszystko, żebym popatrzyła na świat innymi oczami. To było przejście z tamtego życia do tego... Teraz jak szłam ulicą, to każdy mnie zatrzymywał: „Co za dziewczynka! Oj, co za dziewczynka!". Bez tych słów miałabym oczy psa, którego wyciągnięto z przerębla. Nie wiem, jak bym patrzyła na ludzi...

Ciocia z wujkiem mieszkali w składziku. Chałupa spłonęła w czasie wojny. Postawili składzik i myśleli, że tylko tymczasowo, no i tam zostali. Dach słomiany, małe okienko. W jednym kącie kartofelki (tak ciocia mówiła – nie „kartofle", ale „kartofelki"), a w drugim kwiczało prosię. Nie było żadnej podłogi, żadnych desek, tylko ziemia pokryta tatarakiem i słomą. Wkrótce przywieźli tam Władzię. Pożyła sobie trochę i umarła. Cieszyła się, że umiera w domu. Jej ostatnie słowa: „A co będzie z Maniusią?".

Wszystko, czego dowiedziałam się o miłości, wiem z tego ciocinego składziku...

„Moja ty ptaszeczko... – mówiła do mnie ciocia. – Pszczółko moja... Brzękałko..." Cały czas coś plotłam, nie dawałam jej spokoju. Nie mogłam uwierzyć... Ktoś mnie kochał! Kochał! To takie piękne – ja rosnę, a mnie podziwiają. Wtedy wszystkie kostki się prostują, wszystkie mięśnie. Tańczyłam dla niej taniec „rosyjski" i „jabłuszko". Tych tańców nauczyli mnie na zesłaniu... Śpiewałam piosenki... „Czujskim traktem nazywa się droga, wielu dobrych kierowców ją zna"*. „Umrzeć mi przyjdzie w obcych stronach, wśród nieprzebytych leśnych głusz. Innego znajdzie sobie żona, do matki syn nie wróci już..."**.

Codziennie tyle biegałam, że nogi miałam całe sine, obdrapane – przecież nie nosiliśmy obuwia. Wieczorem kładłam się spać, a ciocia owijała mi nóżki dołem swojej koszuli nocnej i ogrzewała. Lulała mnie. Leżałam gdzieś koło jej brzucha, jak w łonie matczynym... Dlatego nic złego nie pamiętam... Zapomniałam zło... Zabrali je ode mnie gdzieś daleko, schowali... Rano się budziłam i słyszałam głos cioci:

– Napiekłam ci placuszków. Podjesz sobie.

– Ciociu, ja chcę spać.

– To sobie podjesz i potem możesz spać.

Wiedziała, że jedzenie... bliny... są dla mnie jak lekarstwo. Bliny i miłość. A nasz wujek Witalik był pastuchem, nosił na ramieniu bicz i długą trąbę z kory brzozowej. Chodził w bluzie wojskowej i bufiastych spodniach. Przynosił nam z pastwiska torbę – był tam i ser, i kawałek słoniny – wszystko to, czym

* *Czujskij trakt* (Trakt Czujski, mel. anonimowa, sł. Michaił Michiejew) – napisana w latach trzydziestych XX wieku legendarna piosenka ałtajskich kierowców.

** *Głuchoj niewiedomoj tajgoju* (Przez głuchą, nieznaną tajgę) – anonimowa pieśń z końca XIX wieku.

częstowały go kobiety. Święte ubóstwo! Dla nich ono nic nie znaczyło, nie poniżało ich, nie krzywdziło. Jakże ważne jest dla mnie to wszystko... drogocenne... Jedna moja przyjaciółka się skarży: „Nie mam pieniędzy na nowy samochód...", druga: „Całe życie marzyłam o futrze z norek, i w końcu sobie nie kupiłam...". Dociera to do mnie jak przez szkło... Jedyne, czego żałuję, to że nie mogę już nosić krótkiej spódnicy... (*Obie się śmiejemy*).

Ciocia miała niezwykły głos... jak Édith Piaf, taki drżący... Zapraszali ją na wesela, żeby śpiewała. Albo kiedy ktoś umierał. Byłam zawsze z nią, biegłam obok... Pamiętam... Jak stała, stała koło trumny... długo stała... W którymś momencie odłączała się od wszystkich, podchodziła bliżej. Powoli podchodziła... Wiedziała, że nikt nie umie powiedzieć temu człowiekowi ostatnich słów. Pewnie by chcieli, ale nie wszyscy to potrafią. Wtedy zaczynała: „Dokądżeś to, Aneczko, od nas odeszła... Jasny dzionek zostawiłaś i nockę ciemną... Kto teraz będzie chodził po twoim podwórku... Kto twoje dziatki ucałuje... Kto wieczorem krówkę powita?...". Po cichu dobierała słowa... Wszystkie takie życiowe, zwyczajne, a zarazem wzniosłe. I smutne. Jakaś najczystsza prawda tkwiła w tej prostej mowie. Ostateczna. Głos jej drżał... I w ślad za nią wszyscy zaczynali płakać. Kobiety zapominały, że krowa niewydojona, a mąż został w domu pijany. Zmieniały się twarze, znikały z nich codzienne sprawy, na twarzach pojawiała się jasność. Wszyscy płakali. A ja się wstydziłam... i żal mi było cioci... Wiedziałam, że wróci do domu cała chora. „Oj, Maniusiu, w główce mi szumi". Ale takie już miała serce... Jak przybiegałam ze szkoły... Małe okienko, igiełka jak paluszek... Ciocia zaszywała nasze szmatki i śpiewała: „Ogień ugasisz wodą, z miłością trudniej jest...". Te wspomnienia są dla mnie jak światło...

Z naszego majątku... Z naszego domu zostały tylko kamienie. Ale czuję ich ciepło, ciągnie mnie do nich. Przyjeżdżam tam jak na grób. Mogę tam nawet przenocować w polu. Chodzę ostrożnie, boję się źle postawić nogę. Człowieka nie ma, ale jest życie. Szum życia... różnych żywych istot... Chodzę i boję się zburzyć czyjś dom. Sama mogłabym żyć gdziekolwiek, tak jak ta mrówka. Dla mnie dom to obiekt kultu. Żeby rosły kwiaty, żeby było ładnie... Pamiętam, jak w domu dziecka prowadzili mnie do sali, w której miałam mieszkać. Białe łóżka... Patrzyłam, czy łóżko pod oknem nie jest zajęte? Czy będę miała swoją szafkę? Szukałam miejsca, w którym będzie mój dom.

Zaraz... jak to długo już tak siedzimy i rozmawiamy? Przez ten czas... skończyła się burza, przyszła sąsiadka, zadzwonił telefon... Wszystko to wpływało na mnie, na wszystko to reagowałam... A na papierze zostaną tylko słowa... Nic innego nie będzie: nie będzie sąsiadki, telefonów... Tego, czego nie powiedziałam, a pojawiało się w pamięci, co było w niej obecne. Jutro może opowiem o tym całkiem inaczej. Słowa pozostały, a ja wstanę i pójdę dalej. Nauczyłam się z tym żyć. Potrafię. Idę i idę.

Kto mi to dał? To wszystko... Bóg czy ludzie? Jeśli Bóg, to wiedział, komu dać. Cierpienie mnie wychowało... To właśnie jest moja twórczość... Moja modlitwa. Ileż razy chciałam komuś to wszystko opowiedzieć. Wygadać się. Ale nikt nigdy mnie nie poprosił: „A dalej... co dalej?". A ja cały czas czekałam na ludzi, czy dobrych, czy złych, tego nie wiem, ale czekałam na ludzi. Całe życie czekam, że mnie ktoś znajdzie. Ja mu wszystko opowiem... i on wtedy zapyta: „No, a co dalej?". Teraz zaczęli mówić: winien jest socjalizm... Stalin... Tak jakby Stalin miał władzę równą boskiej. Każdy miał swojego Boga. Dlaczego on milczał? Moja ciocia... nasza wieś... Pamiętam jeszcze Marię Pietrownę Aristową, zasłużoną nauczycielkę, która odwiedzała naszą Władzię w szpitalu w Moskwie. Obca kobieta... To właśnie ona przywiozła ją do nas na wieś, wniosła ją na rękach... Władzia już w ogóle nie chodziła... Maria Pietrowna przysyłała mi kredki, cukierki. Pisała listy. A w tamtej izbie dziecka, gdzie mnie myli, dezynfekowali... Leżałam na wysokiej ławie, cała w pianie... Mogłam się ześlizgnąć, rozbić się o cement. Ślizgam się... spełzam... Salowa, obca kobieta, złapała mnie i przytuliła do siebie. Mówiła: „Moje ty pisklątko".

Oglądałam Boga.

O czasie, w którym każdy, kto zabija, myśli, że służy Bogu

Olga W. – topografka, lat 24

To było rano. Klęczałam... Stałam i prosiłam: „Boże! Chcę teraz umrzeć! Choćby zaraz!". A przecież dzień się zaczyna... jest rano...

To było takie silne pragnienie... Umrzeć! Poszłam więc w stronę morza. Usiadłam na piasku. Przekonywałam siebie samą, że nie warto bać się śmierci. Że śmierć to wolność... Morze biło, biło o brzeg... Wtedy nastała noc, a potem znowu rano. Najpierw nie podjęłam żadnej decyzji. Chodziłam i chodziłam. Słuchałam własnego głosu: „Boże, kocham cię! Boże...". *Sara bara bzija bzoj*... To po abchasku... Dookoła tyle barw, tyle dźwięków... A ja tu chcę umierać.

Jestem Rosjanką. Urodziłam się w Abchazji i długo tam mieszkałam. W Suchumi. Mieszkałam tam do dwudziestego drugiego roku życia. Do roku tysiąc dziewięćset dziewięćdziesiątego drugiego... Do wybuchu wojny. „Kiedy woda się pali, jakże ją można gasić?" – mówią Abchazi. Tak mówią o wojnie... Ludzie jeździli tymi samymi autobusami, uczyli się w tych samych szkołach, czytali te same książki, mieszkali w tym samym kraju i uczyli się tego samego języka – rosyjskiego. A teraz zabijają się nawzajem: sąsiad sąsiada, kolega z klasy kolegę. Brat zabija siostrę! Walczą zaraz obok, koło domu... No ile? Jeszcze rok, dwa lata temu żyliśmy jak bracia, wszyscy należeliśmy do partii i Komsomołu. W szkolnym wypracowaniu pisałam: „Bracia po wieczne czasy", „Niezłomny jest związek...". Zabić człowieka! To nie bohaterstwo i nawet nie przestępstwo... Ale coś tak przerażającego! Widziałam to... Nie można tego zrozumieć... Ja nie rozumiem... Opowiem pani o Abchazji... Bardzo ją kochałam... (*Przerywa*). Teraz też mimo wszystko kocham... Kocham... Na ścianie w każdym abchaskim domu wisi kindżał. Kiedy rodzi się chłopiec, krewni dają mu kindżał i złoto. A obok kindżału wisi róg do wina. Abchazi piją wino z rogu, jak ze szklanki, rogu nie wolno położyć na stole, dopóki się go do dna nie wypije. Zgodnie z abchaskim obyczajem czasu spędzonego z gośćmi przy stole nie dolicza się do czasu przeżytego, bo człowiek wtedy pił wino i cieszył się. A co zrobić z czasem, w którym człowiek zabija? Strzela do innego... No co? Teraz wiele myślę o śmierci.

(*Zniża głos do szeptu*). Za drugim razem... już się nie cofnęłam... Zamknęłam się w łazience... Prawie wszystkie paznokcie miałam zdrapane do krwi. Drapałam, wbijałam je w ścianę, w glinę, w kredę, ale w ostatniej chwili znowu zapragnęłam żyć. I sznur się urwał... Koniec końców nadal żyję, mogę dotknąć samej siebie. O jednym tylko nie mogę przestać myśleć... o niej, o śmierci.

Kiedy miałam szesnaście lat, umarł tato. Od tej pory nienawidzę pogrzebów... tej muzyki... Nie rozumiem, dlaczego ludzie odgrywają ten spektakl? Siedziałam przy trumnie, już wtedy rozumiałam, że to nie jest mój tato, że taty już nie ma. Było czyjeś zimne ciało. Powłoka. Przez całe dziewięć dni śniło mi się to samo... Ktoś mnie wzywał... Cały czas wzywał do siebie... A ja nie wiedziałam, dokąd mam iść? Do kogo? Zaczęłam myśleć o bliskich... Wielu z nich nigdy nie widziałam i nie znałam, umarli, zanim się urodziłam. Nagle jednak zobaczyłam babcię... Babcia umarła bardzo dawno, nawet zdjęcia jej nie mieliśmy, a ja we śnie ją poznałam. U nich tam wszystko wygląda inaczej... Niby są, a jakby ich nie było, nie są niczym przykryci, nas okrywa ciało, a ich nic nie osłania. Potem zobaczyłam tatę... Był jeszcze wesoły, jeszcze ziemski, cały taki, jakiego znałam. A wszyscy inni tam są jacyś tacy... jacyś tacy... jakbym ich znała, ale zapomniała. Śmierć to początek... początek czegoś... Tylko nie wiemy czego... Myślę i myślę. Chciałabym wyrwać się z tej niewoli, chciałabym się ukryć. A jeszcze niedawno tańczyłam rano przed lustrem: jestem ładna, jestem młoda! Będę się cieszyć! Będę kochać!

Pierwszy... Rosjanin, przystojny chłopak... Wyjątkowej urody! Abchazi mówią o takich: „Mężczyzna na ziarno". Był lekko przysypany ziemią, leżał w adidasach i mundurze wojskowym. Następnego dnia ktoś zdjął z niego te adidasy. Zabity... A dalej, dalej co tam? W ziemi to co? Pod naszymi nogami... podeszwami... Tam, w dole, czy też w niebie... Co tam jest w niebie? A dookoła lato, i morze szumi. I słychać cykady. Mama posłała mnie do sklepu. A on leży zabity. Ulicami zaś jeżdżą ciężarówki pełne broni; rozdają z nich automaty, jak chleb. Zobaczyłam uchodźców – pokazali mi ich i powiedzieli, że to są uchodźcy; wtedy przypomniało mi się to zapomniane słowo. Znane z książek. Było ich wielu: jedni w samochodach, drudzy na traktorach, inni pieszo. (*Milknie*). Może pomówimy o czymś innym? Na przykład o kinie... Kocham kino, ale podobają mi się filmy zachodnie. Dlaczego? Tam nic nie przypomina naszego życia. Tam mogę sobie wymyślić, co chcę... wyfantazjować... Przybrać inną twarz, bo własna mi się sprzykrzyła. Moje ciało... ręce... Nie odpowiada mi moje ciało, jestem w tym wszystkim zbyt ograniczona. Mam ciągle to samo ciało, zawsze jedno i to samo, a przecież jestem rozmaita, zmieniam się... Sama słucham własnych słów i myślę, że nie mogłam tego powiedzieć. Bo nie znam tych słów, bo jestem głupia i lubię bułki z masłem... Bo jeszcze nie kochałam. Nie rodziłam. A ja to mówię... Nie wiem, dlaczego? Skąd to wszystko we mnie? Inny... Młody Gruzin... Leżał w parku. W jednym miejscu był tam piasek, a on leżał na piasku. Leżał i patrzył w górę... I nikt go nie wywiózł, długo stamtąd go nie zabierano. Zobaczyłam go... i zrozumiałam, że muszę dokądś uciec... Muszę... Ale dokąd? Pobiegłam do cerkwi... Nikogo tam nie było. Uklękłam i modliłam się za wszystkich. Wtedy jeszcze nie umiałam się modlić, jeszcze nie nauczyłam się z Nim rozmawiać... (*Szuka czegoś w torebce*). Gdzie są tabletki... Nie wolno! Nie wolno mi się denerwować... Zachorowałam po tym wszystkim, zaprowadzili mnie do psychiatry. Idę ulicą, idę... i nagle chce mi się krzyczeć...

Gdzie chciałabym mieszkać? Chciałabym mieszkać w dzieciństwie... Tam z mamą czułam się jak w gniazdku. Zbaw... Zbaw Panie ufnych i niewidzących! W szkole lubiłam książki o wojnie. I filmy. Wyobrażałam sobie, że na wojnie jest pięknie. Takie mocne, takie wyraziste życie... Nawet żałowałam, że jestem dziewczynką, a nie chłopcem: jeśli wybuchnie wojna, to nie wezmą mnie do wojska. Teraz w ogóle nie czytam wojennych książek. Nawet najlepszych... Wszystkie książki o wojnie nas oszukują. Bo tak naprawdę wojna jest brudna i okropna. Teraz nie jestem pewna, czy można o tym pisać. Nie mówię o pisaniu całej prawdy, tylko o pisaniu w ogóle. Czy można o tym mówić... Jakże potem być szczęśliwym? Nie wiem... Jestem w kłopocie... Mama obejmuje mnie, pytając:

– Córeczko, co ty czytasz?

– *Oni walczyli za ojczyznę* Szołochowa. O wojnie...

– Po co czytasz te książki? Nie są o życiu, córeczko. Życie to coś innego...

Mama lubiła książki o miłości... Moja mama! Nie wiem nawet, czy jeszcze żyje... (*Milknie*). Najpierw myślałam, że nie mogę tam... nie mogę mieszkać w Suchumi. Książki o miłości mnie nie ratują. Ale miłość jest, wiem, że jest. Wiem... (*Pierwszy raz się uśmiecha*).

Wiosna roku dziewięćdziesiątego drugiego... Nasi sąsiedzi, Wachtang i Gunała – on był Gruzinem, ona Abchazką – sprzedali dom, meble i szykowali się do wyjazdu. Przyszli się pożegnać. „Będzie wojna. Wyjedźcie do Rosji, jeśli kogoś tam macie" – mówili. Nie wierzyliśmy. Gruzini zawsze śmiali się z Abchazów, a ci z kolei nie lubili Gruzinów. Tak... O! (*Śmieje się*).

– Czy Gruzin może zostać kosmonautą?

– Nie.

– Dlaczego?

– Bo wszyscy Gruzini pękną z dumy, a Abchazi poumierają z zazdrości.

Albo:

– Dlaczego Gruzini są tacy mali?

– To nie Gruzini są tacy mali, tylko góry w Abchazji takie wysokie.

Śmiali się, ale żyli razem. Uprawiali winorośl, robili wino... Dla Abchazów wyrób wina jest jak religia. Każdy gospodarz ma swój sekret... Minął maj, minął czerwiec... Zaczął się sezon letni... Pierwsze jagody... Jakaż tu wojna? Obie z mamą wcale nie myślałyśmy o wojnie, tylko robiły słoiki z kompotami, smażyły konfitury. Co sobotę jeździłyśmy na bazar. Bazar abchaski! Te zapachy... dźwięki... Pachnie beczkami z winem i chlebem kukurydzianym, owczym serem i pieczonymi kasztanami. Delikatny zapach ałyczy* i tytoniu, sprasowanych liści tytoniowych. Wiszą sery... Mój ulubiony ser z maconi**... Klientów woła się po abchasku, po gruzińsku i rosyjsku. We wszystkich językach: „Waj-waj, mój słodziutki. Nie chcesz, to nie bierz, ale chociaż spróbuj!". Już od czerwca w mieście nie sprzedawano chleba. Mama postanowiła zrobić w sobotę zapas mąki... Jedziemy autobusem, obok wsiadła nasza znajoma z dzieckiem. Dziecko najpierw się bawiło, potem zaczęło płakać i to tak głośno, jakby je ktoś przestraszył. Nagle znajoma pyta: „Czy ktoś strzela? Słyszy pani? Strzelają". Wariackie pytanie! Podjechaliśmy pod bazar, a naprzeciwko nas tłum, biegną przerażeni ludzie. Leci pierze... Króliki pod nogami... kaczki... Nikt nigdy nie wspomni o zwierzętach, o tym, jak cierpią... A ja pamiętam rannego kota. I jak darł się kogut, któremu spod skrzydła wystawał odłamek... Prawda, że jestem nienormalna? Za wiele myślę o śmierci... Teraz tylko to mnie zajmuje... I nagle krzyk! Ten krzyk... Krzyczał nie jeden człowiek, ale cały tłum. I jacyś ludzie z automatami, choć bez mundurów... Doganiają kobiety, zabierają im rzeczy, torebki: „Oddawaj

* Ałycza, śliwa wiśniowa (*Prunus cerasifera*) – roślina ozdobna z rodziny różowatych.

** Maconi – rodzaj jogurtu.

to… Zdejmij to z siebie…". „To kryminaliści?" – szepcze do mnie mama. Wyszłyśmy z autobusu i zobaczyły rosyjskich żołnierzy.

– Co tu się dzieje? – zapytała ich mama.

– Nie wie pani? – odpowiedział lejtnant. – To jest wojna.

Moja mama jest strasznie bojaźliwa, więc zemdlała. Zaciągnęłam ją na wewnętrzne podwórko. Z któregoś mieszkania ktoś nam przyniósł karafkę z wodą… Gdzieś było słychać bomby… odgłosy wybuchów… „Kobiety! Kobiety! Potrzebujecie mąki?" Zobaczyłam chłopaka z workiem mąki; miał na sobie granatowy fartuch, jakich u nas używają tragarze, ale cały biały, cały obsypany mąką. Zaczęłam się śmiać, a mama mówi: „Weźmiemy. Może to naprawdę wojna". Dałyśmy mu pieniądze, wzięły mąkę… Wtedy do nas dotarło, że to kradzione. Kupiłyśmy od szabrownika.

Żyłam wśród tych ludzi… Znam ich przyzwyczajenia, język… Kocham ich. A ci skąd się zjawili? Z taką prędkością! Nieludzką! Gdzie to leżało? Gdzie… Kto mi odpowie? Zdjęłam z siebie złoty krzyżyk, schowałam do mąki. Tam też schowałam portmonetkę z pieniędzmi. Jak stara babcia… Wszystko już wiedziałam… Skąd? Dziesięć kilo mąki dźwigałam na plecach, do domu miałam pięć kilometrów. Szłam spokojna… Gdyby mnie w tamtej chwili zabito, nie zdążyłabym się przestraszyć… A ludzie… wielu z plaży… letnicy… Spanikowani, we łzach. A ja byłam spokojna… Musiałam być w szoku. Lepiej chyba, żebym krzyczała… Krzyczała tak jak wszyscy… Tak teraz myślę… Zatrzymałyśmy się, żeby odetchnąć koło torów kolejowych. Na szynach siedzieli młodzi chłopcy: jedni mieli czarną wstążkę na głowie, drudzy białą. A wszyscy – z bronią. Jeszcze trochę się ze mną drażnili, śmiali. A niedaleko od nich dymiła się ciężarówka… Za kierownicą siedział zabity kierowca… w białej koszuli… Ledwie go zobaczyłyśmy… Od razu pobiegłyśmy przez czyjś sad mandarynkowy… Byłam cała w mące…

– Rzuć to! Zostaw! – błagała mama.

– Nie, mamo, nie zostawię. Jest wojna, a my nic w domu nie mamy.

Takie obrazki... Jedzie z naprzeciwka żyguli... Wołamy. Samochód nas mija i jedzie tak powoli jak na pogrzebie. Z przodu siedzą chłopak z dziewczyną, z tyłu widać trupa kobiety. Straszne... Ale jakoś nie tak bardzo, jak sobie kiedyś wyobrażałam... (*Milknie*). Cały czas mam chęć o tym myśleć. Myśleć bez przerwy. Tuż nad morzem – jeszcze jeden żyguli – przednia szyba rozbita... Kałuża krwi... Poniewierają się damskie buciki... (*Milknie*). Oczywiście jestem chora... chora... Dlaczego nie zapominam? (*Milknie*). Prędko! Czym prędzej miałam ochotę wracać do domu, gdzieś do znanego miejsca. Dokądś uciec... Nagle huk... A w górze – wojna! Zielone śmigłowce wojskowe... I na ziemi... Zobaczyłam czołgi, które nie jechały w kolumnie, ale pojedynczo, siedzieli na nich żołnierze z pistoletami maszynowymi. Na czołgach powiewały gruzińskie flagi. Kolumna jechała bezładnie – jedne czołgi szybko przesuwały się do przodu, a inne zatrzymywały się przy prywatnych kioskach. Żołnierze zeskakiwali z pancerzy i kolbami rozbijali kłódki. Brali szampana, cukierki, colę i papierosy. Za czołgami jechał ikarus zapchany materacami i krzesłami. A po co krzesła?

W domu od razu rzuciłyśmy się do telewizora... Grała orkiestra symfoniczna. A gdzie wojna? W telewizji nie pokazywano wojny... Zanim poszłam na targ, przygotowałam pomidory, ogórki, żeby zrobić przetwory. Przegotowałam słoiki. Kiedy wróciłyśmy, zaczęłam je zakręcać. Musiałam coś robić, czymś się zająć. Wieczorem oglądałyśmy serial meksykański *Bogaci też płaczą*. O miłości.

Ranek. Bardzo wcześnie obudziło nas dudnienie. Naszą ulicą jechały różne pojazdy wojskowe. Ludzie wychodzili na drogę i patrzyli. Jeden z samochodów zatrzymał się przed naszym domem. Załoga była rosyjska. Zrozumiałam, że to najemnicy. Zawołali mamę: „Matko, dajcie wody". Mama przyniosła wodę i jabłka. Wodę wypili, ale jabłek nie wzięli. Powiedzieli: „Wczoraj jednego otruli jabłkami". Na ulicy spotkałam znajomą: „Co z tobą? Gdzie twoja rodzina?". Minęła mnie z takim wyrazem twarzy, jakbyśmy się nie znały. Pobiegłam za nią, złapałam za ramiona.

– Co się z tobą dzieje?

– Jeszcze nic nie rozumiesz? Niebezpiecznie ze mną rozmawiać... Mam męża Gruzina.

A ja... nigdy nie zastanawiałam się, kim jest jej mąż – Abchazem czy Gruzinem? Co za różnica? Był świetnym przyjacielem. W nocy tamtą odwiedził brat. Chciał zabić jej męża. „To mnie też zabij" – powiedziała mu siostra. Z tym jej bratem chodziłam do jednej szkoły. Przyjaźniliśmy się. Pomyślałam: „Jak teraz będzie wyglądało nasze spotkanie? Co sobie powiemy?".

Po kilku dniach cała ulica chowała Achrika... Achrik... Znajomy abchaski chłopiec. Miał dziewiętnaście lat. Poszedł wieczorem do dziewczyny i... dostał nożem w plecy. Matka szła za trumną. To zapłacze, to znów odwraca się i śmieje. Pomieszał jej się rozum. Przed miesiącem byliśmy wszyscy ludźmi radzieckimi, a teraz Gruzin, Abchaz... Abchaz... Gruzin... Rosjanin...

Na sąsiedniej ulicy mieszkał jeden chłopak... Oczywiście znałam go, ale nie po imieniu, tylko z widzenia. Witaliśmy się. Na pozór normalny. Wysoki, przystojny. Zabił swojego starego nauczyciela, Gruzina, za to, że tamten uczył go w szkole właśnie gruzińskiego. Że stawiał dwójki. No jak to? Czy pani to rozumie? Wszystkich w radzieckiej szkole uczono, że człowiek człowiekowi przyjacielem... przyjacielem, towarzyszem i bratem... Kiedy moja mama to usłyszała, oczy jej się strasznie zwęziły, a potem zrobiły ogromne... Zbaw, Panie, ufnych i niewidzących! Godzinami klęczę w cerkwi. Tam jest cisza, chociaż teraz zawsze pełno ludzi i wszyscy błagają o jedno... (*Milknie*). Myśli pani, że się pani uda? Ma pani nadzieję, że można o tym napisać? Ma pani taką nadzieję? Tak... no tak... Pani ma nadzieję... A ja nie mam.

Budzę się w nocy... Wołam mamę... Mama też leży z otwartymi oczami. „Nigdy nie byłam taka szczęśliwa, jak na starość. I nagle – wojna". Mężczyźni zawsze mówią o wojnie, lubią broń – i młodzi, i starzy... A kobiety wspominają miłość... Stare kobiety opowiadają, jakie były kiedyś młode i piękne. Kobiety nigdy nie mówią o wojnie... Tylko modlą się za swoich mężczyzn... Mama chodziła do sąsiadów i wracała za każdym razem przerażona:

– W Gagrze spalono cały stadion Gruzinów.
– Mamo!
– A jeszcze mówili, że Gruzini kastrują Abchazów.
– Mamo!
– Zbombardowali klatkę z małpami... W nocy Gruzini kogoś ścigali, bo myśleli, że to Abchaz. Był ranny, krzyczał... Gdy z kolei Abchazi na niego się natknęli, myśleli, że to Gruzin. Dogonili go, strzelali. Nad ranem zobaczyli, że to ranna małpa. Wtedy wszyscy, Gruzini i Abchazi, ogłosili zawieszenie broni i rzucili się, żeby ją ratować. Człowieka by zabili...

Nie wiedziałam, co mamie odpowiedzieć. Modliłam się za wszystkich, prosiłam: „Idą jak zombi. Idą i wierzą, że czynią dobro. Czyż można czynić dobro z nożem i automatem? Wchodzą do domów i jeśli nikogo nie znajdą, to strzelają do bydła, do mebli. Kiedy poszłam do miasta, zobaczyłam krowę z przestrzelonym wymieniem... rozstrzelane słoiki z konfiturami... Strzelają – jedni w tę stronę, drudzy w tamtą. Przywróć im rozum!". (*Milknie*). Telewizja już nie działała, została sama fonia... bez obrazu... Moskwa była gdzieś bardzo daleko.

Chodziłam do cerkwi... i tam mówiłam... mówiłam... Na ulicy zatrzymywałam każdego, kogo spotkałam. Potem zaczęłam rozmawiać sama ze sobą. Mama siadała przy mnie, słuchała. Widziałam, że śpi; była taka zmęczona, że zasypiała, idąc. Myła morele i spała. A ja, jak nakręcona, opowiadałam i opowiadałam... o tym, co usłyszałam od innych i co sama widziałam... Jak Gruzin... młody Gruzin... rzucił automat i krzyczał: „Gdzie my jesteśmy?! Przyjechałem zginąć za ojczyznę, a nie kraść lodówki! Po co wchodzicie do cudzego domu i zabieracie lodówkę? Przyjechałem umrzeć za Gruzję...". Wzięli go pod ręce i gdzieś zaprowadzili, głaskali po głowie. Drugi Gruzin wyprostował się i poszedł ku tym, którzy do niego nie strzelali: „Bracia Abchazi! Nie chcę was zabijać, i wy do mnie nie strzelajcie". Zabili go swoi, strzałem w plecy. A jeszcze... Nie wiem, kim był, Gruzinem czy Rosjaninem... Rzucił się z granatem pod samochód wojskowy. Coś krzyczał. Nikt nie słyszał co. W samochodzie płonęli Abchazi... też krzyczeli... (*Milknie*). Mama... mama... mama wszystkie parapety w domu zastawiła kwiatami. Ratowała mnie... Prosiła: „Popatrz, córeczko, na kwiaty! Popatrz na morze!". Moja mama jest wyjątkowa, ma takie serce... Przyznawała mi się: „Budzę się bardzo wcześnie rano i widzę, jak słońce przebija się przez listowie... A ja myślę: »Teraz popatrzę sobie do lustra – ileż to mam lat?«". Cierpi na bezsenność, bolą ją nogi, bo przepracowała trzydzieści lat jako mistrz w fabryce cementu. Rano nie wie, ile ma lat. Potem wstaje, myje zęby, przegląda się w lustrze – a tam patrzy na nią stara kobieta... Zaczyna robić śniadanie i zapomina o tym. A ja słyszę, jak śpiewa... (*Uśmiecha się*). Moja mama... moja przyjaciółka... Niedawno mi się śniło, że opuszczam swoje ciało, unoszę się bardzo wysoko... Jest mi tak dobrze.

Już nie pamiętam, co było najpierw, a co potem. Nie pamiętam... W pierwszych dniach rabusie chodzili w maskach... naciągali na twarz czarne pończochy. Wkrótce je pozdejmowali. Idzie taki: w jednym ręku ma kryształowy wazon, w drugim automat, a na ramieniu dźwiga dywan. Wynosili telewizory, pralki, damskie futra, naczynia... Nie pogardzili niczym, z rozwalonych domów zabierali zabawki dla dzieci... (*Zniża głos do szeptu*). Teraz kiedy zobaczę zwyczajny nóż w sklepie, robi mi się niedobrze... Dawniej nigdy nie myślałam o śmierci. Chodziłam do szkoły, potem do technikum medycznego. Uczyłam się i zakochiwałam. Budziłam się czasem w nocy i marzyłam. Kiedy to było? Tak dawno... Już nic z tamtego życia nie pamiętam. Pamiętam co innego... Jak odcięli chłopcu uszy, żeby nie słuchał abchaskich pieśni. A młodemu chłopakowi odcięli... no sama pani wie... to... żeby żona nie miała z nim dzieci... Gdzieś tam są rakiety z głowicami jądrowymi, samoloty i czołgi, a człowieka i tak zarzynano nożem. Zakłuwano widłami, rąbano siekierami... Niechbym już całkiem straciła rozum, wtedy nic bym nie pamiętała... Dziewczyna z naszej ulicy sama się powiesiła... Kochała chłopaka, a on ożenił się z inną. Pochowano ją w białej sukience. Nikt nie wierzył, że w takim czasie ktoś może umrzeć z miłości...

Gdyby ją zgwałcili, to co innego... Wspominam ciocię Sonię, przyjaciółkę mamy... Nocą wyrżnięto jej sąsiadów... rodzinę gruzińską, z którą była zaprzyjaźniona. Dwójkę małych dzieci. Ciocia Sonia leżała na łóżku z zamkniętymi oczami i nie chciała wychodzić na ulicę: „Moja dziecinko, po co mam żyć po czymś takim?" – pytała mnie. Karmiłam ją zupą, po łyżeczce – inaczej nic by nie zjadła.

W szkole uczono nas kochać człowieka z karabinem... Obrońcę ojczyzny! Ale ci... tacy nie byli... I wojna też inna... Wszystko to byli chłopcy, chłopcy z automatami. Za życia byli straszni, ale gdy zginęli, leżeli bezradni. Wtedy robiło się ich żal. Jak to wszystko przeżyłam? Ja... ja... lubię myśleć o mamie. Jak wieczorami długo rozczesywała włosy... „Kiedyś – obiecywała – opowiem ci o miłości. Ale opowiadać będę tak, jakby wszystko to przytrafiło się nie mnie, ale innej kobiecie". Moi rodzice się kochali. To była wielka miłość. Mama miała kiedyś innego męża. Gdy pewnego wieczoru on jadł kolację, a ona prasowała mu koszule, powiedziała głośno: „A dziecka ci nie urodzę" (to tylko moja mama zdolna była do czegoś takiego). Zabrała rzeczy i odeszła. A potem zjawił się mój tato... Chodził za nią wszędzie, czekał godzinami na ulicy, zimą odmroził uszy. Wreszcie ją pocałował...

Tuż przed wojną w Abchazji tato umarł... Pękło mu serce. Wieczorem usiadł przed telewizorem i umarł. Jak gdyby dokądś odszedł... „Tak, córko, kiedy będziesz dorosła..." – tato miał wielkie plany w związku ze mną... (*Zaczyna płakać*). Zostałyśmy z mamą we dwie. Z mamą, która boi się myszy i nie może spać sama w domu. Chowa głowę w poduszkę, która ma ją odgrodzić od wojny. Sprzedałyśmy wszystkie cenne rzeczy: telewizor, złotą papierośnicę taty, którą długo przechowywałyśmy, bo była dla nas świętością, mój złoty krzyżyk... Postanowiłyśmy wyjechać, ale żeby wyjechać z Suchumi, trzeba było dać łapówkę. Brali wojskowi i milicja, potrzebowałyśmy dużych pieniędzy! Pociągi już nie jeździły. Ostatnie statki dawno odpłynęły, uciekinierzy tłoczyli się w ładowniach jak śledzie w beczce. Pieniędzy starczyło nam na jeden bilet... jeden bilet w jedną stronę... Do Moskwy. Nie chciałam wyjeżdżać bez mamy. Miesiąc cały mnie błagała: „Jedź, córeczko! Jedź!". A ja chciałam pójść do szpitala i pielęgnować rannych... (*Milknie*). Do samolotu nie pozwolono mi nic zabrać, tylko torebkę z dokumentami. Ani rzeczy, ani pasztecików zrobionych przez mamę: „Niech pani zrozumie, jest wojna". Obok mnie przechodził przez kontrolę celną mężczyzna po cywilnemu, do którego żołnierze mówili: „Towarzyszu majorze". Nieśli jego walizki, coś w wielkich tekturowych pudłach. Wnosili skrzynki z winem, z mandarynkami. Płakałam... płakałam całą drogę... Pocieszała mnie kobieta, z którą lecieli dwaj chłopcy – jeden był jej synem, drugi synem sąsiadów... Byli opuchnięci z głodu... Nie chciałam... za nic nie chciałam wyjeżdżać. Mama oderwała mnie od siebie i siłą wepchnęła do samolotu.

– Mamo, dokąd lecę?

– Lecisz do domu. Do Rosji.

Moskwa! Moskwa... Dwa tygodnie mieszkałam na dworcu. Nas... Takich jak ja było tysiące, na wszystkich moskiewskich dworcach – Białoruskim, Sawiołowskim, Kijowskim... Z rodzinami, z dziećmi i staruszkami. Z Armenii, Tadżykistanu, z Baku... Tacy ludzie mieszkają na ławkach, na posadzce. Tam też gotują jedzenie. Piorą. W ubikacjach są gniazdka i koło schodów ruchomych też... Można nalać wody do miednicy i włożyć grzałkę. Wrzucić makaronu, mięso... I gotowa zupa! Kasza manna dla dzieci! Miałam wrażenie, że wszystkie dworce w Moskwie przesiąknęły zapachem konserw i zupy charczo. Pilawu. Dziecięcego moczu i brudnych pieluch. Suszono je na kaloryferach, na oknach. „Mamo, dokąd lecę? – Lecisz do domu. Do Rosji". No i jestem w tym domu. Nikt tu na nas nie czekał. Nikt nas nie witał. Nikt nie zwracał uwagi, nie wypytywał. Dzisiaj cała Moskwa to dworzec, jeden wielki dworzec. Karawanseraj*. Szybko skończyły się pieniądze. Dwukrotnie próbowano mnie zgwałcić: za pierwszym razem jakiś żołnierz, za drugim – milicjant.

* Karawanseraj – w krajach muzułmańskich zajazd dla karawan.

W nocy wyrwał mnie ze snu. „Gdzie masz dokumenty?" Zaczął mnie ciągnąć do pokoju z napisem „Milicja". Miał szaleństwo w oczach... A ja wtedy jak się nie rozedrę! Wtedy się chyba wystraszył... Zawołał: „Głu-pia jes-teś!". I uciekł. W dzień chodziłam po mieście... zatrzymałam się na placu Czerwonym... A wieczorem po sklepach spożywczych.

Bardzo chciało mi się jeść, jakaś kobieta kupiła mi pasztecik. Chociaż nie prosiłam... Po prostu jadła, a ja patrzyłam, jak je... Wtedy się nade mną zlitowała. Jeden raz... Ale ten „jeden raz" zapamiętałam na resztę życia. To była bardzo stara kobieta. Uboga. Chciałam dokądś sobie pójść, byle nie siedzieć na dworcu... Nie myśleć o jedzeniu, nie myśleć o mamie. I tak przez dwa tygodnie. (*Płacze*). Na dworcu w koszu na śmieci można było znaleźć kawałek chleba, ogryzioną kurzą kostkę... Tak żyłam, dopóki nie przyjechała siostra taty, o której od dawnaśmy nic nie słyszały – czy w ogóle żyje? Ma osiemdziesiąt lat. A ja miałam tylko numer telefonu. Codziennie dzwoniłam, nikt nie odpowiadał. Bo ciocia leżała w szpitalu. A ja już myślałam, że umarła.

Zdarzył się cud! Tak czekałam... i wydarzył się... Ciocia po mnie przyjechała. „Olga... na posterunku milicyjnym czeka na panią ciocia z Woroneża". Zrobił się szum, ruch... Cały dworzec: Kto? Kogo? Jak nazwisko? Przybiegłyśmy we dwie, bo tam była jeszcze dziewczyna o takim samym nazwisku, ale miała inaczej na imię. Przyjechała z Duszanbe. I tak płakała, że to nie jej ciocia, że nie ją zabierają...

Mieszkam teraz w Woroneżu... Wykonuję najróżniejsze prace tam, gdzie mnie zatrudnią – myję naczynia w restauracji, pracuję jako stróż na budowie, sprzedawałam owoce, dopóki właściciel straganu, Azerbejdżanin, nie zaczął się do mnie dobierać. Teraz jestem topografką. Wzięli mnie oczywiście tylko czasowo, a szkoda, bo praca ciekawa. Dyplom technikum medycznego ukradli mi na dworcu w Moskwie. I wszystkie zdjęcia mamy. Chodzimy z ciocią do cerkwi. Klękam i błagam: „Boże! Jestem gotowa! Chcę teraz umrzeć!". Pytam Go za każdym razem: „Co z mamą, żyje czy nie?".

Dziękuję... Dziękuję, że się mnie pani nie boi. Nie odwraca pani wzroku jak inni. Że słucha. Nie mam tutaj przyjaciółek, nikt się do mnie nie zaleca. Mówię... i mówię... Jak leżeli... młodzi, piękni... (*Na twarzy uśmiech jak u obłąkanej*). Oczy otwarte... Szeroko otwarte oczy...

Pół roku później dostałam od niej list: „Idę do klasztoru. Chcę żyć. Będę się modliła za wszystkich".

O małej czerwonej chorągiewce i o uśmiechu topora

Anna M-a – architekt, lat 59

Matka

Aaa...ja... Ja tak dłużej nie mogę... Ostatnie, co pamiętam, to krzyk. Czyj? Nie wiem. Mój? Albo to krzyczała sąsiadka, która poczuła zapach gazu na klatce schodowej. Wezwała milicję. (*Wstaje i podchodzi do okna*). Jesień. Niedawno jeszcze była żółta... a teraz – czarna od deszczu. I światło nawet za dnia gdzieś daleko, daleko. Od rana już jest ciemno. Włączam w domu wszystkie żarówki, palą się cały dzień. Nigdy nie mam dosyć światła... (*Wraca i siada naprzeciw mnie*).

Najpierw przyśniło mi się, że umarłam. W dzieciństwie wiele razy widziałam, jak umierają ludzie, a potem o tym zapomniałam... (*Ociera łzy*). Nie rozumiem, dlaczego płaczę. Przecież wszystko wiem... Wiem wszystko o swoim życiu... We śnie nade mną krążyło mnóstwo ptaków. Tłukły skrzydłami o szybę. Gdy się obudziłam, miałam wrażenie, że koło mojej głowy ktoś stoi. Ktoś tam został. Korciło mnie, żeby się odwrócić i zobaczyć, kto to jest. Czułam równocześnie jakąś obawę, wydawało mi się, że nie powinnam tego robić. Nie powinnam! (*Milknie*). Chciałam... chciałam o czymś innym... Żeby nie od razu o tym... Pytała pani o dzieciństwo... (*Ukrywa twarz w dłoniach*). Już czuję... Czuję słodki zapach podbiału... Widzę góry, drewnianą wieżę, a na niej żołnierza – zimą w kożuchu, a wiosną w szynelu. I żelazne łóżka, bardzo wiele żelaznych łóżek, stojących jedno koło drugiego. Jedno koło drugiego... Dawniej mi się wydawało, że jeśli to komuś opowiem, to będę chciała natychmiast uciec od tego kogoś, żeby go już więcej nie widzieć. Wszystko jest takie moje... i bardzo głęboko schowane... Nigdy nie mieszkałam sama, mieszkałam w obozie w Kazachstanie, nazywał się Karłag, a po łagrze – na zesłaniu. Mieszkałam w domu dziecka, w hotelu robotniczym... w komunałce... Zawsze było mnóstwo innych ciał, innych oczu. We własnym domu zamieszkałam, kiedy miałam już czterdzieści lat. Dostaliśmy z mężem dwupokojowe mieszkanie, gdy nasze dzieci były już dorosłe. Z przyzwyczajenia biegałam do sąsiadów, jak w hotelu robotniczym, i pożyczałam to chleb, to sól, to zapałki, więc mnie za to nie lubiano. Ale ja nigdy nie mieszkałam sama i nie mogłam się do tego przyzwyczaić...

Zawsze czekałam na listy. Czekałam na koperty, koperty! Teraz też czekam... Pisuje do mnie przyjaciółka, która wyjechała do córki w Izraelu. Pyta, co u nas. Jak się żyje po socjalizmie... A jakie jest to nasze życie? Idzie się znajomą ulicą: sklep francuski, niemiecki, polski – wszystkie nazwy obcojęzyczne. Obce skarpetki, bluzki, buty... herbatniki i kiełbasa... Nigdzie nie znajdzie się nic naszego, radzieckiego. Ze wszystkich stron słyszę tylko: życie to walka, silny zwycięża słabszego. To jest prawo natury. Trzeba się starać, by wyrosły nam rogi i kopyta, żelazny pancerz, bo słabi nikomu się na nic nie zdadzą. Wszędzie tylko łokcie, łokcie i łokcie. To jest faszyzm, to znak swastyki! Jestem zszokowana... zrozpaczona! To nie jest moje. Nie moje! (*Milknie*). Gdyby ktoś przy mnie był... Mąż? Odszedł ode mnie. A ja go kocham... kocham... (*Nagle się uśmiecha*). Pobraliśmy się wiosną, kiedy rozkwitła czeremcha i bez już się rozwijał. Odszedł także wiosną. Ale przychodzi... Odwiedza mnie we śnie i ciągle nie może się pożegnać... Coś mówi i mówi. A za dnia... Cisza sprawia, że głuchnę. Ślepnę. Z przeszłością mam stosunki takie jak z człowiekiem, jak z kimś żywym... Pamiętam, jak w „Nowym Mirze" opublikowano *Jeden dzień Iwana Denisowicza* Sołżenicyna, i wszyscy go czytali. Byli wstrząśnięci. Tyle rozmów! A ja nie rozumiałam, skąd takie zainteresowanie, takie zdumienie.

Wszystko to przecież dobrze znane, zupełnie zwyczajne: zekowie, łagier, parasza... I zona...

W roku trzydziestym siódmym aresztowano mojego ojca, pracownika kolei. Mama biegała, robiła starania, przekonywała, że ojciec nie jest winien i że to pomyłka. O mnie zapomniała. Kiedy sobie przypominała, zapragnęła się mnie pozbyć, ale było już za późno. Piła najróżniejsze świństwa, właziła do gorącej wody. No i urodziła niedonoszone dziecko... Ale przeżyłam. Z jakiegoś powodu wiele razy udało mi się przeżyć. Wiele razy! Wkrótce aresztowano także mamę, a mnie razem z nią – miałam cztery miesiące, więc nie można było zostawić mnie samej w mieszkaniu. Dwie starsze siostrzyczki mama zdążyła wysłać do siostry taty, na wieś, ale z NKWD przyszedł nakaz: przywieźć dziewczynki z powrotem do Smoleńska. Zabrano je od razu na dworcu. „Dzieci pójdą do domu dziecka. Może wyrosną na komsomołki". Nie dali nawet adresu. Odnaleźliśmy je, kiedy już były zamężne, miały własne dzieci. Po wielu, wielu latach... Do trzeciego roku życia przebywałam z mamą w obozie. Mama wspominała potem, że małe dzieci często umierały. Zimą zmarłych wsadzano do wielkich beczek, żeby tam poczekali do wiosny. Ogryzały ich szczury. Wiosną ich grzebano... To znaczy grzebano to, co z nich zostało... Po ukończeniu trzech lat dzieci odbierano matkom i wsadzano do baraku dziecięcego. Kiedy miałam cztery... nie, pewnie pięć lat – to już coś pamiętam... Epizody... Rano przez druty widywałyśmy nasze mamy – liczono je i wysyłano do pracy. Wyprowadzali je poza zonę, tam, dokąd nam nie wolno było wychodzić. Kiedy mnie pytano: „Skąd jesteś, dziewczynko?" – odpowiadałam: „Z zony". A „zazona" to był inny świat, coś niezrozumiałego, groźnego, coś, co dla nas nie istniało. Była tam pustynia, piach, sucha ostnica. Miałam wrażenie, że ta pustynia ciągnie się bez końca i nie ma innego życia niż nasze. Pilnowali nas żołnierze, a my byliśmy z nich dumni. Mieli gwiazdy na czapkach... Miałam kolegę Rubika Cyrińskiego... Rubik prowadził mnie do przejścia pod drutami i potem do baraku mam. Gdy jak co dzień kazano nam się ustawić i iść do stołówki, my chowaliśmy się za drzwiami. „Nie lubisz kaszy?" – pytał Rubik. A ja lubiłam kaszę i zawsze chciałam ją jeść, ale gotowa byłam zgodzić się na wszystko, byle tylko zobaczyć mamę. Czołgaliśmy się więc do baraku mam, choć barak był przecież pusty, bo wszystkie mamy pracowały. Wiedzieliśmy o tym, ale i tak tam się zakradaliśmy. Wszystko tam obwąchiwałam. Żeliwne łóżka, metalowy zbiornik na wodę do picia, kubek na łańcuchu – wszystko to pachniało mamami. Ziemią... i mamami... pachniało... Czasem tam spotykaliśmy czyjeś mamy, które leżały na łóżku i kaszlały. Czyjaś mama pluła krwią... Rubik powiedział, że to jest mama Tomoczki, najmłodszej spośród nas. Ta jej mama prędko umarła. A potem umarła i sama Tomoczka. Długo myślałam, komu powiedzieć, że Tomoczka umarła. Przecież jej mama też nie żyje... (*Milknie*). Po wielu, wielu latach sobie to przypomniałam... Mama mi nie wierzyła. „Miałaś tylko cztery latka". Mówiłam jej wtedy, że chodziła w brezentowych butach na drewnianej podeszwie i z jakichś małych skrawków szyła wielkie kufajki. A wtedy ona znowu się dziwiła i zaczynała płakać. Pamiętam... Pamiętam zapach kawałka melona, który mama mi przyniosła, rozmiaru mniej więcej guzika, w jakiejś szmatce. I kiedy raz chłopcy zawołali mnie, żeby się pobawić z kotkiem, to nie wiedziałam, co to znaczy „kotek". Kotka przynieśli zza zony, a w zonie kotów nie było; żaden by nie przeżył, bo nie było odpadków jedzenia. Wszystkośmy zbierali. Cały czas patrzyliśmy pod nogi: co by tu podnieść i zjeść. Jedliśmy jakąś trawę, korzonki, lizaliśmy kamyki. Bardzo chcieliśmy dać kotkowi coś do zjedzenia, ale nic nie mieliśmy, więc dawaliśmy mu tylko własną ślinę po jedzeniu. A kotek jadł! Jadł! Pamiętam, jak mama kiedyś chciała mi dać cukierka. „Aneczko, masz cukierka!" – zawołała mnie przez druty. A strażnicy ją odpędzali... Upadła... Tamci wlekli ją po ziemi za długie, czarne włosy... Strach mnie zdjął, nie miałam pojęcia, co to jest cukierek. Wszyscy się przestraszyli i zrozumieli, że trzeba mnie ukryć. Wepchnęli mnie do środka. Dzieci zawsze wpychały mnie do środka. „Bo nasza Ania upada". (*Płacze*). Nie wiem czemu... czemu płaczę? Przecież wszystko...

Wszystko o swoim życiu wiem... No właśnie... Zapomniałam, o czym mówiłam... Nie dokończyłam myśli... Prawda? Nie dokończyłam?

Strach był niejeden... Strachów było wiele, dużych i małych. Baliśmy się rosnąć, bali, że będziemy mieli po pięć lat. Bo od pięciu lat wywożono do domów dziecka, a my wiedzieliśmy, że to gdzieś daleko... daleko od mam... Pamiętam dobrze, że wywieziono mnie do domu dziecka numer osiem na osiedlu numer pięć. Wszystko miało swój numer, zamiast ulic były linie: pierwsza, druga... Załadowali nas na ciężarówkę i powieźli. Mamy biegły za nami, czepiały się burt, krzyczały, płakały. Pamiętam, że mamy płakały zawsze, a dzieci rzadko. Nie byliśmy kapryśni, nie dokazywaliśmy. Nawet się nie śmialiśmy. Płakać nauczyłam się dopiero w domu dziecka. Bo tam nas bardzo mocno bili. Mówili przy tym: „Możemy was nawet zabić, bo wasze matki są wrogami". Taty żadne z nas nie znało.

– Twoja mama jest zła.

Nie pamiętam twarzy kobiety, która mi to ciągle powtarzała.

– Moja mama jest dobra. Moja mama jest ładna.

– Twoja mama jest zła. Jest naszym wrogiem.

Nie pamiętam, czy wymawiała samo słowo „zabić", ale coś takiego... Jakieś słowa mówiła. Jakieś straszne... Jakieś... tak... Bałam się nawet je zapamiętać. Nie mieliśmy wychowawców, nauczycieli, nie słyszeliśmy takich słów, mieliśmy dowódców. Dowódców! W rękach mieli zawsze długie linijki... Bili nas za coś albo bez powodu... tak po prostu bili... Miałam nadzieję, że mnie mocno pobiją, aż zostaną dziurki, bo wtedy by przestali bić. Dziurek nie miałam, za to ropiejące pręgi pokrywały całe ciało. Ucieszyłam się... Moja przyjaciółka Ola miała metalowe klamerki na kręgosłupie, więc nie wolno jej było bić. Wszyscy jej zazdrościli... (*Długo patrzy przez okno*). Nikomu tego nie opowiadałam. Bałam się... Czego się bałam? Nie wiem... (*Zamyśla się*). Lubiliśmy noc... Czekaliśmy, żeby czym prędzej nadeszła. Bardzo ciemna noc. Nocą przychodziła do nas ciocia Frosia, stróżka nocna. Była dobra, opowiadała nam bajki o Alonuszce i o Czerwonym Kapturku, przynosiła w kieszeni pszenicę i dawała po kilka ziaren tym, którzy płakali. Najwięcej płakała Lileczka, płakała rano i wieczorem. Wszyscy mieliśmy świerzb, grube czerwone czyraki na brzuchu, a Lileczka pod pachami miała jeszcze bąble, które pękały i wylewała się z nich ropa. Pamiętam, że dzieci donosiły na siebie nawzajem, do tego nas zachęcano. Najczęściej donosiła Lileczka... Klimat kazaski jest surowy – zimą czterdzieści stopni mrozu, a latem czterdzieści upału. Lileczka umarła w zimie. Gdyby dożyła do pierwszej trawy... Wiosną by nie umarła... Nie... (*Urywa w pół słowa*).

Uczono nas... Uczono nas przede wszystkim tego, żebyśmy kochali towarzysza Stalina. Pierwszy list w życiu pisaliśmy do niego, na Kreml. To było tak...

Kiedy poznaliśmy już litery, rozdano nam białe kartki i pod dyktando napisaliśmy list do naszego najlepszego, najukochańszego wodza. Myśmy bardzo go kochali, wierzyli, że dostaniemy odpowiedź i że przyśle nam prezenty. Dużo prezentów! Patrzyliśmy na jego portret, a na nim wydawał się nam taki piękny. Najpiękniejszy na świecie! Kłóciliśmy się nawet, kto ile lat życia oddałby za jeden dzień życia towarzysza Stalina. Na Pierwszego Maja wydawano nam wszystkim czerwone chorągiewki, szliśmy i wesoło nimi machali. Ja byłam najniższa ze wszystkich, stałam na samym końcu i zawsze się denerwowałam, że nie dostanę chorągiewki. Że dla mnie zabraknie! Cały czas nam wpajano, że Ojczyzna jest naszą matką! Naszą mamą! A myśmy pytali każdego dorosłego, któregośmy spotkali: „Gdzie moja mama? Jaka jest moja mama?". Nikt naszych mam nie znał. Pierwsza przyjechała do Rity Mielnikowej. Miała zdumiewający głos. Śpiewała nam kołysankę: „Kochanie, oczęta zmruż, światełka pogasły już... Nigdzie nie skrzypią już drzwi, myszka za nimi tam śpi..."*. Nie znaliśmy takiej piosenki, zapamiętaliśmy ją od razu. Prosiliśmy: jeszcze, jeszcze! Nie pamiętam, kiedy mama Rity skończyła

* Rosyjska wersja tekstu *Kołysanki* Friedricha Wilhelma Gottera. Niezwykle popularną melodię przez lata przypisywano Mozartowi; w rzeczywistości autorstwo jest sporne.

śpiewać, bośmy zasnęli. Opowiadała, że nasze mamy są dobre, że są ładne. Wszystkie są ładne. I wszystkie śpiewają tę kołysankę. Czekaliśmy... Potem przeżyliśmy wiele strasznych rozczarowań. Mama Rity nas okłamała. Przyjeżdżały inne mamy. Były brzydkie, chore i nie umiały śpiewać. Płakaliśmy... Szlochaliśmy w głos... To był gorzki płacz, a nie płacz radości ze spotkania. Od tamtej pory nie znoszę nieprawdy... Nie lubię marzyć... Nie wolno nas było pocieszać kłamstwami, nie wolno było oszukiwać, mówiąc: „Twoja mama żyje, nie umarła". Potem się okazywało, że nie ma ładnej mamy albo nie ma żadnej mamy... Nie ma! Wszyscy byliśmy bardzo małomówni. Nie pamiętam naszych rozmów... Pamiętam dotknięcia... Kiedy moja przyjaciółka Wala Knorina mnie dotknęła, to ja już wiedziałam, o czym myśli, bo wszyscy myśleli o tym samym. Wiedzieliśmy o wszystkich intymnych sprawach: kto sika w nocy, kto krzyczy przez sen, kto nie wymawia dobrze „r". Ja cały czas prostowałam sobie ząb łyżeczką. W jednej sali stało czterdzieści żelaznych łóżek... Wieczorem padała komenda: złożyć dłonie i pod policzek, a wszyscy na prawy bok. Musieliśmy robić to razem. Wszyscy! To była wspólnota, może zwierzęca, owadzia, ale tak nas wychowywano. Do dzisiaj taka jestem... (*Odwraca się do okna, żebym nie widziała jej twarzy w takiej chwili*). W nocy wszyscy zaczynaliśmy płakać... Wszyscy razem... „Dobre mamy już przyjechały..." Jedna dziewczynka powiedziała: „Nie kocham mamy! Dlaczego tak długo do mnie nie przyjeżdża?". Ja też gniewałam się na swoją mamę. A rano wszyscy chórem śpiewaliśmy... (*od razu intonuje pieśń*). „Świt różowi Kremla ściany, ponad Kremlem wzeszedł maj, rozdzwoniony, rozśpiewany budzi się radziecki kraj..."* To ładna pieśń. Dla mnie nawet teraz jest ładna.

Pierwszy Maja! Ze wszystkich świąt najbardziej lubiliśmy Pierwszy Maja. Tego dnia dostawaliśmy nowe płaszczyki i sukienki. Wszystkie płaszczyki jednakowe, sukienki tak samo.

* *Moskwa* (mel. Daniił i Dmitrij Pokrassowie, sł. Wasilij Lebiediew-Kumacz, sł. polskie Leopold Lewin) – pieśń z 1937 roku.

Potem je dopasowywaliśmy, zaznaczali jakoś, no powiedzmy, robili jakiś tam węzełek czy fałdkę, żeby to było własne... częścią mnie samej... Mówiono nam, że Ojczyzna jest naszą rodziną, że o nas myśli. Przed apelem w dniu pierwszego maja wynoszono na dziedziniec wielki czerwony sztandar. Słychać było bicie w bęben. Kiedyś wydarzył się cud! Przyjechał do nas generał i złożył nam życzenia. Wszystkich mężczyzn dzieliliśmy na żołnierzy i oficerów, a to był generał. Miał spodnie z lampasami. Właziliśmy na wysoki parapet, żeby zobaczyć, jak wsiada do samochodu i macha do nas ręką. „Nie wiesz, co to znaczy: »tata«?" – spytała mnie wieczorem Wala Knorina. Nie wiedziałam. Ona też nie. (*Milknie*). Był wśród nas taki Stiopka... Układał ręce tak, jakby kogoś obejmował, i kręcił się po korytarzu. Tańczył sam ze sobą. Nas to śmieszyło, ale on na nikogo nie zwracał uwagi. No i kiedyś rano umarł; nie chorował, ale umarł. Nagle, od razu. Długo nie mogliśmy go zapomnieć... Mówiło się, że jego ojcem był jakiś ważny dowódca w wojsku, bardzo wysoko postawiony, też generał. A potem i ja dostałam bąbli pod pachami, i te bąble pękały. Tak mnie bolało, że płakałam. Igor Korolow pocałował mnie kiedyś w szafie. Byliśmy w piątej klasie. Już mi się polepszyło. Przetrwałam chorobę... Znowu! (*Podnosi głos do krzyku*). Czy to kogokolwiek dzisiaj obchodzi? No niech pani powie – kogo! Od dawna nikogo to nie ciekawi. Nie ma naszego kraju i nigdy już nie będzie, a my jesteśmy... starzy i wstrętni... ze strasznymi wspomnieniami i wzrokiem zaszczutego stworzenia... Jesteśmy! Co dzisiaj zostało z naszej przeszłości? Tylko tyle, że Stalin zalał tę ziemię krwią, Chruszczow sadził na niej kukurydzę, a z Breżniewa wszyscy się śmiali. A nasi bohaterowie? O Zoi Kosmodiemiańskiej* zaczęto pisać w gazetach, że była chora na schizofrenię wskutek przebytego w dzieciństwie zapalenia opon mózgowych i miała manię podpalania domów.

* Zoja Kosmodiemianska (1923–1941) – żołnierz Armii Czerwonej, członkini grupy dywersyjnej palącej wsie koło Moskwy, żeby pozbawić wroga ewentualnego schronienia. Schwytana przez Niemców, pomimo tortur nie złożyła żadnych zeznań. Powieszona publicznie.

Czyli chora umysłowo. Z kolei Aleksandr Matrosow* rzucił się na niemiecki cekaem, bo był pijany, a nie po to, żeby ocalić kolegów. Pawka Korczagin też już nie jest bohaterem... Radzieccy zombi! (*Trochę się uspokaja*). A ja do tej pory miewam obozowe sny... Do dzisiaj nie mogę spokojnie patrzeć na owczarki alzackie... Boję się każdego, kto nosi mundur wojskowy... (*Przez łzy*). Dłużej tak nie mogę... Otworzyłam gaz... wszystkie cztery palniki... Zatrzasnęłam lufciki i zaciągnęłam zasłony. Nie zostało mi nic takiego... żeby... że strach umierać... (*Milknie*). Bo jeszcze coś człowieka trzyma... No... zapach główki małego dziecka... Nie mam nawet drzewa pod oknem... Tylko dachy... dachy... (*Milknie*). Postawiłam na stole wazon z kwiatami... Włączyłam radio... I ostatnie... Leżałam... już leżałam na podłodze... a wszystkie myśli miałam stamtąd... Tak czy owak... Wychodzę za bramę obozu... Brama jest metalowa, ze zgrzytaniem zamyka się za moimi plecami. Jestem wolna, wypuścili mnie. Idę i powtarzam sobie: tylko się nie oglądaj! Umierałam ze strachu, że ktoś teraz mnie dogoni i zawróci. Trzeba będzie iść z powrotem. Przeszłam kawałek i zobaczyłam przy drodze brzózkę... zwyczajną brzózkę... Podbiegłam do niej, objęłam, przycisnęłam całym ciałem, obok rósł jakiś krzak, i ten krzak też objęłam. W pierwszym roku było tyle szczęścia... wszystko je dawało! (*Dłuższy czas nic nie mówi*). Sąsiadka poczuła gaz... Milicja wyłamała drzwi... Oprzytomniałam w szpitalu... Moja pierwsza myśl: „Gdzie jestem?". Znowu w obozie? Tak jakbym nie miała w ogóle innego życia, w ogóle nic nie miała. Najpierw wróciły do mnie dźwięki... potem ból... Wszystko przysparzało bólu: każda zmiana pozycji, każdy ruch ręką, łyk powietrza, otwarcie oczu. Istniało tylko moje ciało, to był cały świat. Potem świat się rozszerzył i zrobił się wyższy: zobaczyłam pielęgniarkę w białym fartuchu... biały sufit... Wracałam bardzo długo. Obok mnie leżała umierająca dziewczyna – umierała przez kilka dni,

* Aleksandr Matrosow (1924–1943) – szeregowiec Armii Czerwonej, według oficjalnej wersji miał zasłonić własnym ciałem otwór strzelniczy niemieckiego punktu ogniowego, przez co umożliwił kolegom jego zdobycie.

leżała cała w tych rurkach, w ustach rurka, nawet krzyczeć nie mogła. Nie wiem czemu, ale nie dało się jej uratować. Patrzyłam na te rurki i wyobrażałam sobie, że to ja leżę... Umarłam... ale nie wiem, że umarłam, i już mnie nie ma. Byłam już tam... (*Przerywa opowieść*). Nie ma pani dosyć tego opowiadania? Nie? Proszę powiedzieć... mogę przestać...

Mama... mama przyjechała po mnie, kiedy poszłam do szóstej klasy. Przesiedziała w łagrze dwanaście lat, trzy lata byłyśmy razem, a dziewięć osobno. Teraz na zesłanie mogłyśmy jechać we dwie. To był ranek... Szłam przez dziedziniec... Ktoś na mnie zawołał: „Aneczka! Aniutka!". Nikt mnie tak nie nazywał, nikt mnie nie wołał po imieniu. Zobaczyłam kobietę z czarnymi włosami i krzyknęłam: „Mamo!". A ona uścisnęła mnie z takim samym przeraźliwym krzykiem: „Tatuś!", bo w tych wczesnych latach byłam bardzo podobna do ojca. Szczęście! Ileż rozmaitych uczuć, ileż radości! Przez kilka dni nie posiadałam się ze szczęścia, czegoś takiego nigdy już nie przeżyłam. Tyle różnych uczuć... Ale wkrótce... bardzo prędko wyszło na jaw, że się wcale z mamą nie rozumiemy. Jesteśmy dla siebie obce. Chciałam wstąpić do Komsomołu, żeby walczyć z jakimiś niewidzialnymi wrogami, którzy chcą zniszczyć nasze cudowne życie. A mama patrzyła na mnie, płakała i... nic nie mówiła... Ciągle się czegoś bała. W Karagandzie wydano nam dokumenty i skierowano na zesłanie do miasta Biełowa. To jest daleko za Omskiem. W głębi Syberii... Jechałyśmy tam cały miesiąc. Jechałyśmy, jechały, potem wysiadały, czekały na pociąg i znowu jechały. Po drodze meldowałyśmy się w NKWD, gdzie rozkazywano nam jechać dalej. Nie wolno się osiedlić w strefie przygranicznej, nie wolno w pobliżu urządzeń obronnych, w pobliżu wielkich miast – taka była długaśna lista miejsc, które były dla nas niedostępne. Nawet dzisiaj nie mogę wieczorem patrzeć na światła w oknach. Wypędzano nas nocą z dworców, wtedy szłyśmy na ulicę. Zamieć, mróz. W domach paliły się światła. Ludzie, którzy w tych domach mieszkali, mieli ciepło, gotowali herbatę. Pukałyśmy do drzwi... To było najstraszniejsze... Nikt nie chciał nas wpuścić i przenocować... „Pachniemy zekami..." – mówiła mama. (*Płacze i nie zauważa tego, że płacze*). W Biełowie zaczęłyśmy mieszkać „na kwaterze", to znaczy w ziemiance. Potem znowu mieszkałyśmy w ziemiance, ale ta już była nasza. Zachorowałam na gruźlicę, byłam tak słaba, że nie mogłam ustać na nogach, okropnie kaszlałam. Wrzesień... Wszystkie dzieci wybierały się do szkoły, a ja nie mogłam chodzić. Zabrali mnie do szpitala. Pamiętam, że w szpitalu bez przerwy ktoś umierał. Umarła Sonieczka... Wanieczka... Umarł Sławik... Nie bałam się martwych, ale nie chciałam umrzeć. Bardzo ładnie umiałam wyszywać, rysować, wszyscy mnie chwalili: „Jaka zdolna dziewczynka. Powinnaś się uczyć". A ja wtedy myślałam: Dlaczego miałabym umrzeć? No i jakimś cudem przeżyłam... Gdy kiedyś otworzyłam oczy, zobaczyłam stojący na szafce bukiet czeremchy. Nie wiedziałam, od kogo. Ale zrozumiałam, że będę żyła... Będę żyła! Wróciłam do domu, do ziemianki. Mama przez ten czas zdążyła dostać kolejnego wylewu. Nie poznałam jej... Zobaczyłam starą kobietę. Tego samego dnia zawieziono ją do szpitala. W domu nie znalazłam nic do jedzenia, nie było nawet jego zapachu. Wstydziłam się komukolwiek o tym powiedzieć... Znaleziono mnie na podłodze... ledwie dyszałam. Ktoś przyniósł mi kubek ciepłego koziego mleka... To wszystko, wszystko, wszystko... Wszystko, co o sobie pamiętam... Jak umierałam i jak udawało mi się przeżyć... Umierałam... (*Znowu odwraca się do okna*). Nabrałam trochę sił... Pracownicy Czerwonego Krzyża kupili mi bilet, wsadzili mnie do pociągu. Wysłali do rodzinnego Smoleńska – do domu dziecka. W ten sposób wróciłam do domu... (*Płacze*). Nie wiem dlaczego... dlaczego płaczę? Przecież wszystko... Wiem wszystko o swoim życiu... I tam skończyłam szesnaście lat... Zaczęłam mieć przyjaciół... zaczęto się do mnie zalecać... (*Uśmiecha się*). Kręcili się koło mnie ładni chłopcy. Dorośli. Miałam jednak pewną osobliwą cechę: jeśli tylko się komuś spodobałam, od razu wpadałam w panikę. Czułam się strasznie, jeśli ktokolwiek zwrócił na mnie uwagę. Jeśli wpadłam komuś w oko. Nikt nie mógł się do mnie zalecać, bo na randkę zabierałam ze sobą koleżankę.

Jeśli ktoś mnie zaprosił do kina, to też brałam ze sobą koleżankę. Na pierwszą randkę z przyszłym mężem też zabrałam dwie koleżanki. Potem długo mi to wypominał...

Dzień śmierci Stalina... Cały dom dziecka wyprowadzono na apel, wyniesiono czerwony sztandar. Przez cały czas pogrzebu wszyscy staliśmy na baczność, sześć czy nawet osiem godzin. Niektóre dzieci padały zemdlone... Ja – płakałam... Wiedziałam już, co to znaczy żyć bez mamy. Ale jak żyć bez Stalina? Jak żyć... Nie wiem czemu, ale bałam się, że wybuchnie wojna. (*Płacze*). Mama... Po czterech latach, kiedy już chodziłam do technikum architektury, mama wróciła z zesłania. Wróciła na dobre. Przyjechała z drewnianą walizeczką, a w niej miała cynkową brytfannę (do dzisiaj ją mam, nie mam odwagi wyrzucić), dwie łyżki aluminiowe i kupę podartych pończoch. „Marna z ciebie gospodyni – ganiła mnie. – Nie potrafisz cerować". Umiałam cerować, ale pończochy, które przywiozła, miały takie dziury, że w życiu nie dałoby się ich zacerować. Nikt by nie dał rady! Miałam osiemnaście rubli stypendium, a mama czternaście emerytury. To był dla nas raj – można było jeść chleba tyle, ile się chciało, i jeszcze zostawało na herbatę. Miałam jeden dres i jedną kretonową sukienkę, którą sama sobie uszyłam. W technikum przez całą jesień i zimę chodziłam w dresie. I wydawało mi się, tak sobie wyobrażałam, że mamy wszystko. Kiedy odwiedzałam jakiś normalny dom, normalną rodzinę, to patrzyłam spode łba – na co komu tyle rzeczy? Tyle łyżek, widelców, filiżanek... Najzwyklejsze... najprostsze rzeczy wprawiały mnie w zdumienie. Po co na przykład aż dwie pary bucików? Do dzisiaj obojętnie patrzę na rzeczy, przedmioty codziennego użytku. Wczoraj zadzwoniła do mnie synowa i powiedziała, że szuka brązowej kuchenki. Zrobiła remont i kupuje do kuchni wszystko co brązowe – meble, firanki, naczynia, żeby było jak w zagranicznym piśmie. Godzinami wydzwania. Mieszkanie pełne reklam i gazet, czyta wszystko z rubryki „Kupię – sprzedam". „I to chcę! I to..." Kiedyś wszyscy mieli zwyczajne meble, w ogóle dawniej ludzie żyli zwyczajnie. A teraz? Człowiek zmienił się w żołądek...

W brzuch... Ja chcę! Chcę! Chcę! (*Macha ręką*). Rzadko bywam u syna... Wszystko tam u nich nowe, drogie. Jak w jakiejś firmie. (*Milknie*). Jesteśmy dla siebie obcy... obcy, choć i bliscy. (*Milknie*). Chciałabym wspominać mamę, jak była młoda. Ale młodej jej nie pamiętam... pamiętam tylko chorą. Ani razu się nie uściskałyśmy, nie pocałowały, nie mówiłyśmy do siebie pieszczotliwych słów. Nie pamiętam... Nasze matki traciły nas dwa razy: pierwszy raz – kiedy nas zabierali jako małe dzieci, a drugi raz, kiedy już były stare i wracały do nas dorosłych. Dzieci były obce... zamieniono im dzieci... Wychowywała je inna matka: „Ojczyzna waszą matką... Wasza mama...". „Chłopczyku, gdzie jest twój tatuś? – Jeszcze w więzieniu". „A gdzie twoja mama? – Już w więzieniu". Swoich rodziców wyobrażaliśmy sobie wyłącznie w więzieniu. Gdzieś daleko, daleko... nigdy w pobliżu... Był czas, że chciałam od mamy uciec do domu dziecka. No a jak! Jakżeby inaczej... Nie czytała gazet, nie chodziła na pochody, nie słuchała radia. Nie lubiła pieśni, które sprawiały, że serce mi się wyrywało z piersi... (*Po cichu podśpiewuje*). „Nigdy na nas nie padnie postrach, nikt nie sprawi, by płomień twój zgasł, ma stolico, złocista Moskwo, najpiękniejsze ze wszystkich miast!"* A mnie ciągnęło na ulicę. Chodziłam na wojskowe defilady, kochałam święta sportu. Do tej pory pamiętam tamto uniesienie! Maszeruje się razem ze wszystkimi, jest się częścią czegoś wielkiego... olbrzymiego... Tam byłam szczęśliwa, a z mamą – nie. I nigdy już tego nie zdołam naprawić. Mama wkrótce umarła. Obejmowałam i głaskałam ją tylko wtedy, kiedy była martwa. Już leżała w trumnie, kiedy we mnie zbudziła się taka czułość! Taka miłość! Mama leżała w starych walonkach... Nie miała pantofli ani kapci, a moje były za małe na jej obrzękłe nogi. Powiedziałam tyle czułych słów, tyle jej wyznałam... Czy je usłyszała? Całowałam ją bez końca. Mówiłam, jak ją kocham... (*Płacze*). Czułam, że jest jeszcze tutaj... Wierzyłam...

* *Pieśń o Moskwie* (mel. Isaak Dunajewski, sł. Mark Lisiański i Siergiej Agranian, sł. pol. Wiktor Woroszylski) – pieśń z roku 1943.

(*Wychodzi do kuchni. Wkrótce woła mnie: „Obiad na stole. Zawsze jestem sama, a chciałoby się zjeść obiad z kimś drugim"*).

Nigdy nie należy wracać... bo... tak... A jak uciekałam tam! Tak chciałam! Pięćdziesiąt lat... pięćdziesiąt lat wracałam do tamtego miejsca... Myślami byłam tam dniem i nocą...

Zima... najczęściej śniła mi się zima... Na ulicy taki mróz, że pochowały się psy i ptaki. Powietrze szklane i dym z kominów wali prosto w górę. Albo koniec lata – trawa już wyżej nie rośnie, pokryła się ciężkim pyłem. A ja... zapragnęłam tam pojechać. Już trwała pierestrojka. Gorbaczow... wiece... Wszyscy chodzili po ulicach. Cieszyli się. Można było pisać, co się chce, krzyczeć, co się chce i gdzie chce. Wol-ność! Wol-ność! Cokolwiek czeka nas w przyszłości, przeszłość się skończyła. Oczekiwanie czegoś innego... i niecierpliwość... I znowu strach. Przez dłuższy czas bałam się rankiem włączać radio – a może wszystko się skończyło? Odwołane? Długo nie dowierzałam. Myślałam, że przyjdą w nocy i zawiozą mnie na stadion. Tak jak w Chile... Wystarczyłby jeden stadion dla wszystkich „mądrali", a reszta już będzie siedzieć cicho. Ale nikt nie przychodził... nie wywoził... W gazetach zaczęto drukować wspomnienia łagierników. Ich zdjęcia! Oczy! Jakie tam ludzie mieli oczy! Patrzyli jakby z tamtego świata... (*Milknie*). Wtedy postanowiłam, że chcę... że powinnam tam pojechać! Po co? Sama nie wiedziałam... wiedziałam, że powinnam... Wzięłam urlop... Pierwszy tydzień... drugi... Za nic nie mogłam się zdecydować, wynajdywałam najróżniejsze przyczyny: to muszę iść do dentysty, to nie skończyłam malować drzwi balkonowych. Jakieś głupstwo. Rano... to było rano... Maluję drzwi na balkon i mówię sama do siebie: „Jutro jadę do Karagandy". Pamiętam, że powiedziałam właśnie tak, na głos, i zrozumiałam, że pojadę. Pojadę i już! Co to znaczy Karaganda? Czysty, nagi step na setki kilometrów dokoła, latem – spalony. Za Stalina wybudowano na tym stepie dziesiątki obozów. Stiepłag, Karłag, Ałżyr... Pieszczanłag... Przywieziono setki tysięcy zeków. Radzieckich niewolników... A kiedy Stalin umarł, zburzono baraki, zdjęto druty kolczaste – i powstało miasto. Miasto

Karaganda... Jadę więc... jadę! Daleka droga... Poznałam w pociągu kobietę... nauczycielkę z Ukrainy. Szukała grobu swojego ojca i drugi raz jechała do Karagandy. „Nie bój się – mówiła do mnie. – Tam już się przyzwyczaili, że jacyś dziwni ludzie z innego świata przyjeżdżają rozmawiać z kamieniami". Miała ze sobą list od ojca, jedyny list z łagru... „Mimo wszystko nie ma nic lepszego niż czerwony sztandar..." – tak się list kończył. Tymi właśnie słowami... (*Zamyśla się*). Ta kobieta... Opowiadała, jak ojciec podpisał zeznanie, że jest polskim szpiegiem. Śledczy odwracał taboret, w jedną z nóżek wbijał gwóźdź, sadzał na nim ojca i obracał wokół osi. I tak uzyskiwał to, czego chciał: „W porządku – szpieg". Śledczy: „Ale czyj?". Ojciec z kolei pyta: „A jacy bywają szpiedzy?". Dali mu do wyboru: niemiecki lub polski. „To piszcie – polski". Znał po polsku dwa wyrażenia: „dziękuję bardzo" i „wszystko jedno". Te dwa... A ja... Nic nie wiem o swoim ojcu... Kiedyś mama coś bąknęła... Że podobno zwariował wskutek tortur w więzieniu. Cały czas tam śpiewał... W przedziale jechał z nami młody chłopak. Całą noc rozmawiałyśmy. Płakały... A on rano popatrzył na nas: „Coś okropnego! To jakiś horror!". Miał osiemnaście, może dwadzieścia lat. Boże! Tyleśmy przeżyły, a nie ma komu opowiedzieć. Opowiadałyśmy sobie nawzajem...

No więc jestem w Karagandzie... Ktoś zaczął żartować: „Wy-cho-dzić! Do bramy z rzeczami!". Jedni się śmieją, inni płaczą. Na dworcu... pierwsze, co usłyszałam, to: „Kurwa... suka... psy...". Znajomy język zeków. Od razu wszystkie te słowa sobie przypomniałam... Od razu! Wzdrygnęłam się. W żaden sposób nie mogłam opanować wewnętrznego drżenia – jak długo tam byłam, tak długo wszystko we mnie dygotało. Samego miasta oczywiście nie poznałam, ale zaraz za nim, za ostatnimi domami, zaczynał się znajomy pejzaż. Wszystko pamiętałam... Ta sama sucha ostnica i biały kurz... I orzeł, krążący hen wysoko nad ziemią... Nazwy osiedli też znajome – Wolny, Sangorodok... Wszystko to byłe łagpunkty. Myślałam, że nie pamiętam, ale pamiętałam. W autobusie siadł koło mnie starszy człowiek i zorientował się, że nie jestem miejscowa.

– Kogo pani szuka?

– No właśnie – zaczęłam. – Kiedyś był tu obóz...

– Aha, baraki? Dwa lata temu wszystko rozebrali. Z tamtych barakowych cegieł ludzie zbudowali sobie szopy, łaźnie. Ziemię podzielono na działki letniskowe. Ludzie pogradzali je sobie drutem kolczastym. Syn ma też tam działkę... Wie pani, tam jest nieprzyjemnie... Wiosną, jak śnieg topnieje i spadną deszcze, to na zagonach z kartoflami wyłażą ludzkie kości. Nikt się nie brzydzi, wszyscy przyzwyczajeni... Tutaj wszędzie w ziemi leżą kości, jak kamienie. Ludzie rzucają je na miedzę, depczą po nich. Przydeptują. Już przywykli. Wystarczy tylko dotknąć czarnoziemu... poruszyć...

A ja nie mogę złapać tchu. Jakbym zemdlała. Stary odwraca się do okna i pokazuje: „O tam, za tym sklepem, zasypali cmentarz. Za łaźnią też". Siedzę i nadal tchu mi brak. Czegóż się spodziewałam? Że zobaczę tutaj piramidy? Że usypią Kopiec Chwały? „Pierwsza linia... Teraz ulica tego i tego... Druga linia..." Patrzę przez okno i nic nie widzę, oślepłam od łez. Na przystankach Kazaszki sprzedają ogórki, pomidory, wiadra czarnej porzeczki... „To z działki. Z własnego ogródka"... Boże mój... muszę powiedzieć... że... Fizycznie trudno mi było oddychać, coś tam się ze mną działo. Przez te kilka dni wyschła na mnie skóra, zaczęły się łamać paznokcie. Cały mój organizm doznawał czegoś dziwnego. Miałam ochotę upaść na ziemię i nie ruszać się. Nie wstawać. Step... step jest jak morze... Szłam, szłam i w końcu upadłam... Upadłam koło jakiegoś małego żeliwnego krzyżyka, który wrósł w ziemię aż po poprzeczną belkę. Zaczęłam krzyczeć, wpadłam w histerię. Dookoła – nikogo... tylko ptaki... (*Po krótkim odpoczynku*). Mieszkałam w hotelu. Wieczorem w restauracji nadymili tak, że siekierę można było powiesić... wódka... Raz tam zjadłam kolację... Przy moim stole kłóciło się dwóch mężczyzn, tak się spierali, aż ochrypli... Pierwszy: „Nadal pozostaję komunistą. Mieliśmy budować socjalizm. Kto by Hitlerowi złamał grzbiet, gdyby nie Magnitka i Workuta?". Drugi: „A ja rozmawiałem tutaj ze starymi ludźmi... Wszyscy służyli czy pracowali w obozie... Nie wiem, jak to nazwać... kucharze, wartownicy, bezpieka. Tu nie było innej pracy, a ta była dobra: pieniądze, kartki żywnościowe i sorty mundurowe. Oni tak właśnie o tym mówią: »Praca«. Dla nich obóz to była praca! Służba! A wy tu o jakichś zbrodniach. O duszy, o grzechu. Nie ktoś tam siedział, tylko ludzie. I zamykali, i pilnowali też ludzie, nie przybysze, nie ściągnięci tutaj skądś tam, ale właśnie ci tutejsi. Swoi. To teraz wszyscy stroją się w pasiaki obozowe. Wszyscy są ofiarami. A winien tylko Stalin. Pomyśl pan tylko... to zwykła arytmetyka... Te miliony więźniów ktoś musiał śledzić, aresztować, przesłuchiwać, prowadzić etapem i strzelać do nich za próbę ucieczki. Ktoś to przecież robił... Znalazły się miliony wykonawców...". Kelner przyniósł im jedną butelkę, zaraz potem drugą... Słuchałam ich... słuchałam! Pili i nie byli pijani. A ja... siedziałam jak zahipnotyzowana i nie mogłam odejść... Pierwszy: „A mnie mówili, że gdy baraki były już puste, zamknięte, nocami wiatr przynosił z nich krzyki i jęki...". Drugi: „To zabobony. Zaczyna się mitologia. A całe nasze nieszczęście polega na tym, że u nas kaci i ofiary to są ci sami ludzie". I znowu: „Stalin zastał Rosję z sochą, a zostawił z bombą atomową...".

Przez trzy dni i trzy noce nie zamknęłam tam oczu. A w dzień chodziłam po stepie. Czołgałam się. Dopóki nie zapadł zmrok, nie zapłonęły światła.

Raz do miasta podwiózł mnie mężczyzna, miał z pięćdziesiąt lat, a może więcej, tyle co ja. Był podpity. Rozmowny. „Szuka pani grobu? Rozumiem, my tu żyjemy, można powiedzieć, na cmentarzu. Tabu! Starzy, czyli nasi rodzice, poumierali, a ci, którzy jeszcze żyją, nic nie mówią. Wychowywali ich po stalinowsku. Gorbaczow, Jelcyn... są dzisiaj... A kto wie, co się zdarzy jutro? W którą stronę to pójdzie..." Od słowa do słowa zrozumiałam, że jego ojciec był oficerem. Za Chruszczowa chciał... stąd wyjechać, ale mu nie pozwolili. Wszyscy podpisywali zobowiązanie do nierozgłaszania tajemnicy państwowej: i ci, którzy siedzieli, i ci, którzy wsadzali. I pilnowali. Nikogo nie wolno było wypuścić, za dużo wszyscy wiedzieli. Ten człowiek słyszał, że nie wypuszczano nawet tych, którzy konwojowali pociągi z więźniami. Niby tak było, że tutaj ominęła ich wojna, ale z wojny mieli szansę wrócić, a stąd – żadnej. Zona... system... wciągał ich w siebie bezpowrotnie. Wyjechać z tych przeklętych miejsc po odbyciu wyroku mogli tylko kryminaliści. Bandyci. Reszta musiała potem żyć razem, niekiedy w jednym domu, na tym samym podwórzu. „Oj, to nasze życie!" – powtarzał. Przypomniał zdarzenie z dzieciństwa... Jak dawni zekowie zmówili się i udusili byłego wartownika, bo to była prawdziwa bestia... Po pijaku się tłukli, jeden na drugiego szedł z pięściami. Ojciec pił na umór. Upijał się i płakał: „Taka wasza mać! Całe życie na uwięzi. Jesteśmy drobniutki piasek...". Noc. Jedziemy we dwójkę – córka ofiary i syn... Jak go nazwać... chyba kata? Małego kata... Bo wielcy kaci nigdy nie obchodzą się bez małych. A potrzeba ich wielu tych, którzy będą wykonywali brudną robotę... No tośmy się spotkali... I o czym rozmawiamy? O tym, że nic nie wiemy o swoich rodzicach, bo ci milczeli aż do śmierci. Zabrali swoje tajemnice ze sobą. Ale widać dopiekłam facetowi, mocno się rozstroił. Opowiedział, że ojciec nigdy nie jadł ryb, bo mówił, że ryby mogą jeść ludzi. Jak się człowieka wrzuci do morza, to po kilku miesiącach zostaną same kości. Bielusieńkie. Wiedział to... no właśnie, skąd? Kiedy był trzeźwy, nie mówił nic, a pijany zaklinał się, że zawsze miał papierkową robotę. Ręce ma czyste... Syn chciałby w to wierzyć. To dlaczego ojciec nie jadł ryb? Zbierało mu się na wymioty... Po śmierci ojca syn znalazł dokumenty, że tamten przez kilka lat służył gdzieś na wybrzeżu Morza Ochockiego. A tam też były łagry... (*Milknie*). Pijany... rozgadał się... I popatrzył – patrzy tak na mnie, nawet wytrzeźwiał. Wytrzeźwiał i przestraszył się. Zrozumiałam, że się przestraszył. Nagle krzyknął coś ze złością... Sens był taki, że dosyć już tego wygrzebywania trupów! Wystarczy! Zrozumiałam... Od nich... od dzieci... nikt nie brał podpisu, ale one same wiedziały, że należy trzymać język za zębami. Na pożegnanie wyciągnął rękę. A ja swojej – nie... (*Zaczyna płakać*).

Szukałam do ostatniego dnia, szukałam... No i tego ostatniego dnia podpowiedzieli mi: „Niech pani pójdzie do Katieriny

Diemczuk. Stara ma pod dziewięćdziesiątkę, a wszystko pamięta". Zaprowadzili, pokazali. Zobaczyłam dom z cegły z wysokim murem. Zapukałam do furtki... Wyszła tamta... Bardzo stara, na wpół ślepa.

– Mówiono mi, że pani pracowała w domu dziecka...

– Byłam nauczycielką.

– Nie mieliśmy nauczycieli, tylko dowódców.

Nic nie odpowiedziała. Oddaliła się i zaczęła podlewać grządki ze szlaucha. A ja stoję... i nie odchodzę... nie odchodzę! Wprawdzie niechętnie, ale zaprowadziła mnie w końcu do domu: w izbie wisiał krucyfiks, w kącie – ikona. Przypomniałam sobie głos... Twarzy nie, ale głos – tak... „Twoja mama to wróg. Was można bić, a nawet zabić". Poznałam ją! A może bardzo chciałam poznać? Mogłam nie pytać, ale zapytałam:

– Może mnie pani pamięta? Może...

– Nie, nie... nikogo nie pamiętam. Wszystkie byłyście małe, marnieście rosły. A myśmy postępowały zgodnie z instrukcją.

Postawiła herbatę, przyniosła placki... Siedziałam i wysłuchiwałam jej skarg: syn alkoholik, wnuki też piją. Mąż dawno umarł, emerytura mała. Plecy ją bolą. Nudne życie na starość. No właśnie! Pomyślałam: no masz... Właśnie... A teraz! Po pięćdziesięciu latach się spotkałyśmy... Wyobraziłam sobie, że to ona... wyobraziłam sobie... Spotkałyśmy się i co? Ja też nie mam męża, emeryturę mam małą. Plecy mnie bolą. Starość i tyle. (*Długo nic nie mówi*).

Następnego dnia wyjechałam... Co zostało? Zdziwienie... i poczucie żalu... Nie wiem tylko, do kogo... A step śni się ciągle, to zaśnieżony, to cały w czerwonych makach. W jednym miejscu, gdzie stały baraki, była kawiarnia, a w drugim – dacze. Pasły się krowy. Nie warto było wracać. Nie! Tak gorzko płaczemy, tak cierpimy – a po co? Po co to wszystko było? No, minie jeszcze dwadzieścia... pięćdziesiąt lat... i zadepczą wszystko w proch, jakby nas wcale nie było. Zostaną dwie linijki w podręczniku historii. Akapit. Przemija już moda na Sołżenicyna i na historię według Sołżenicyna. Kiedyś za *Archipelag GUŁag* wsadzano do więzienia. Czytało się go w tajemnicy, przepisywało na maszynie albo ręcznie. Wierzyłam... wierzyłam, że jeśli przeczytają go tysiące ludzi, to wszystko się zmieni. Popłyną łzy, przyjdzie żal za grzechy. A co z tego wyszło? Wydrukowano wszystko, co kiedyś pisano do szuflady, wypowiedziano to, o czym kiedyś tylko się myślało. I co!? Książki leżą na straganach z tanią książką, pokrywa je kurz. A ludzie je omijają... (*Milknie*). Niby jesteśmy... a równocześnie nas nie ma... Nie ma już nawet ulicy, przy której dawniej mieszkałam. Nosiła imię Lenina. Wszystko jest już inne: rzeczy, ludzie, pieniądze. Nowe słowa. Byli „towarzysze", teraz są „panowie", ale jakoś ci „panowie" słabo się przyjmują. Wszyscy szukają u siebie szlacheckich korzeni. To jest w modzie! Skądś znowu wzięli się książęta i hrabiowie. A dawniej ludzie byli dumni, że pochodzą z robotników czy chłopów. Wszyscy się chrzczą i poszczą. Całkiem serio dyskutują, czy Rosję zbawi monarchia, czy też nie. Kochają cara, z którego w roku siedemnastym wyśmiewała się każda kursistka. To obcy dla mnie kraj. Obcy! Kiedyś, kiedy zebrali się goście, dyskutowaliśmy o książkach, o przedstawieniach... A teraz: kto co kupił? Albo o kursach walut. I dowcipy. Niczego nie oszczędzą, ze wszystkiego można się pośmiać. Wszystko jest śmieszne.

– Tato, a kto to jest Stalin?

– Stalin to był nasz wódz.

– Myślałem, że tylko dzicy mają wodzów.

Pytanie do Radia Erewan: „Co zostało po Stalinie?". Radio Erewan odpowiada: „Po Stalinie zostały dwie zmiany bielizny, para butów, kilka bluz wojskowych, cztery ruble i czterdzieści kopiejek oraz gigantyczne imperium". Drugie pytanie: „Jak to się stało, że żołnierz rosyjski doszedł do Berlina?". Odpowiedź radia: „Żołnierz rosyjski nie jest aż taki śmiały, żeby się cofać". Przestałam chodzić w gości. Rzadko nawet wychodzę na ulicę. Bo co tam mogę zobaczyć? Święto mamony! Nie ma już żadnych wartości poza kabzą. A ja? Ja jestem nędzarką, wszyscy jesteśmy nędzarzami. Całe moje pokolenie... dawni ludzie radzieccy... Żadnych kont, żadnych nieruchomości. Rzeczy mamy też radzieckie – nikt nie dałby za to kopiejki. Gdzie jest nasz kapitał? Wszystko, co mamy, to nasze cierpienia, to, cośmy przeżyli. Mam dwa zaświadczenia na zwyczajnych kartkach z zeszytu: „...zrehabilitowany..." i „...zrehabilitowana... w związku z brakiem przedmiotu przestępstwa...". Dla taty i dla mamy. Kiedyś... kiedyś byłam dumna z syna... Lotnik wojskowy, służył w Afganistanie. Teraz... handluje na rynku... Major. Z dwoma orderami bojowymi! Jest sklepikarzem! Kiedyś to się nazywało spekulacją, a dzisiaj – biznesem. Do Polski – wódka i papierosy, narty, a stamtąd – ciuchy. Szmaty! Do Włoch – bursztyn, a stamtąd – urządzenia sanitarne: muszle, pompki klozetowe, krany. Tfu! W naszej rodzinie nie było sklepikarzy! Takimi się gardziło! Mogę sobie być sowkiem, ale to lepsze niż kupić-sprzedać...

Tak... Przyznam się pani... Kiedyś ludzie mi się bardziej podobali... Tamci ludzie... byli swoi... Z tamtym krajem przeżyłam całą historię. A ta, co teraz, jest mi obojętna, nie jest moja. (*Widzę, że jest zmęczona. Wyłączam dyktafon. Oddaje mi kartkę z numerem telefonu syna*). Pani prosiła... Syn opowie... ma własną... własną historię... Wiem, że między nami jest przepaść... Wiem... (*Przez łzy*). A teraz niech mnie pani zostawi. Chcę być sama.

Syn

(*Długo nie pozwalał mi włączyć dyktafonu. Potem niespodziewanie sam zaproponował: „Proszę to nagrać... To już historia, a nie konflikty rodzinne – ojcowie i dzieci. Nazwiska proszę nie wymieniać. Nie boję się, ale byłoby mi przykro"*).

Wszystko pani wie... Ale... co możemy powiedzieć o śmierci? Nic takiego, co można byłoby zrozumieć... Ii... aa... ooo! Absolutnie nieznane uczucie...

...Do dzisiaj podobają mi się filmy radzieckie, jest w nich coś takiego, czego się we współczesnych nie znajdzie. Ja to „coś" też lubiłem. Lubiłem od dziecka. Ale co – tego nie umiem wyrazić. Pasjonowała mnie historia, dużo czytałem, wszyscy wtedy dużo czytali, ja czytałem o Czeluskinowcach i Czkałowie*... o Gagarinie i Korolowie... ale długo nic nie wiedziałem o roku 1937. Kiedyś zapytałem matki: „Gdzie umarł nasz dziadek?", a ona zemdlała. Ojciec powiedział: „Nigdy więcej o to mamy nie pytaj". Byłem zuchem, potem należałem do pionierów, nieważne, czy wierzyłem w to, czy nie. Może nawet wierzyłem? Raczej się nie zastanawiałem... Komsomoł. Piosenki przy ognisku: „Już od lat przyjaciela masz, ale czy go naprawdę znasz? Póki wszystkich nie odkrył kart, nie wiesz, ile jest wart..."**. I tak dalej... (*Zapala papierosa*). Marzenie? Marzyłem, żeby zostać wojskowym. Latać! To było piękne, dawało prestiż. Wszystkie dziewczyny marzyły o tym, żeby wyjść za mąż za wojskowego. Mój ulubiony pisarz – Kuprin. Bo oficer! Piękny mundur... Bohaterska śmierć! Popijawy w męskim towarzystwie. Przyjaźń. To było coś atrakcyjnego, budziło we mnie młodzieńczy zachwyt. A rodzice to popierali. Wychowywano mnie na radzieckich książkach: „Człowiek jest ponad to...", „człowieka nie można...", „człowiek to brzmi dumnie". Opowiadano o człowieku, który nie istnieje... Ktoś taki nie występuje w przyrodzie... Do dzisiaj nie mam pojęcia, dlaczego w tamtych czasach było tylu idealistów... A dzisiaj zniknęli. Jaki idealizm może wyznawać pokolenie Pepsi? To pragmatycy. Skończyłem szkołę wojskową i służyłem na Kamczatce. Pilnowałem granicy. Tam gdzie są tylko sopki i śnieg. Jedyna rzecz, która zawsze mi się w moim kraju podobała, to przyroda. Krajobraz. O tak! Po dwóch latach wysłano mnie do akademii wojskowej, którą ukończyłem z wyróżnieniem. Kolejne gwiazdki! Kariera! Miałbym pogrzeb na lawecie z salwą honorową... (*Wyzywająco*). A teraz? Zmiana dekoracji... Z radzieckiego majora wyrósł

* Czeluskinowcy – uczestnicy wyprawy (1933–1934) na statku Czeluskin, mającej udowodnić możliwość przepłynięcia tzw. Północną Drogą Morską z Murmańska do Władywostoku. Po zatonięciu statku na Morzu Czukockim czeluskinowcy kontynuowali podróż na dryfującej krze, skąd zabrani zostali przez lotników. Walerij Czkałow (1904–1938) – lotnik, dokonał dwóch wielkich przelotów bez lądowania: Moskwa – wyspa Udd oraz Moskwa–Portland.

** Władimir Wysocki, *Piosenka o przyjacielu.*

biznesmen. Handluję włoskimi sanitariami... Gdyby ktoś mi coś podobnego wróżył dziesięć lat temu, tobym takiemu Nostradamusowi nawet nie dał w ucho, tylko się uśmiał jak z dobrego żartu. Byłem absolutnie radziecki – kochać pieniądze to wstyd, trzeba kochać marzenia. (*Zapala papierosa i milczy*). Szkoda... Wiele spraw się zapomina... Zapomina, bo wszystko przebiega zbyt szybko. Kalejdoskop. Najpierw zakochałem się w Gorbaczowie, potem się rozczarowałem. Chodziłem na demonstracje i krzyczałem razem z innymi: „Jelcyn – tak! Gorbaczow – nie!". Domagałem się zniesienia kierowniczej roli KPZR. Roznosiłem nawet jakieś ulotki. Gadaliśmy i czytali, czytali i gadali. Czego chcieliśmy? Nasi rodzice chcieli móc wszystko mówić i wszystko czytać. Marzyli o życiu w humanitarnym socjalizmie... o ludzkim obliczu... A młodzi? My... Myśmy też marzyli o wolności. Ale co to znaczy? Same teorie... Chcieliśmy żyć jak na Zachodzie. Słuchać ich muzyki, tak samo się ubierać, jeździć po świecie. „Chcemy zmian... chcemy zmian..."* – śpiewał Wiktor Coj. Dokąd pędziliśmy – tego nikt nie wiedział. Wszyscy marzyli... A w sklepach spożywczych stały tylko trzylitrowe puszki z sokiem brzozowym i z marynowaną kapustą. Paczki liści bobkowych. Talony na makaron, na masło, na kaszę... na tytoń... W kolejce po wódkę mogli człowieka zabić! Ale wydano zakazanego Płatonowa... Grossmana... Wyprowadzono wojska z Afganistanu. Ja przeżyłem i myślałem, że wszyscy, którzy przez to przeszli, zasługują na miano bohaterów. Tymczasem wracamy do Ojczyzny, a tu Ojczyzny nie ma! Zamiast niej zobaczyliśmy nowy kraj, który miał nas gdzieś! Armia się rozkładała, wojskowych zaczęto lżyć, oczerniać. Mordercy! Z obrońców staliśmy się mordercami. Zwalili na nas wszystko: i Afganistan, i Wilno, i Baku. Całą przelaną krew. Wręcz niebezpiecznie było wieczorem chodzić w mundurze po mieście – mogli człowieka pobić. Ludzie się wściekali, bo w sklepach nic nie było – ani żarcia, ani

* *Choczu pieriemien* (autor i wykonawca Wiktor Coj) – piosenka grupy Kino z roku 1986, stała się swego rodzaju hymnem pierestrojki.

towarów. Nikt nic nie rozumiał. W naszym pułku nie latały samoloty, brakowało paliwa. Załogi tkwiły na ziemi, rżnęły w karty, piły wódkę. Za pensję oficera można było kupić dziesięć bochenków chleba. Jeden z moich przyjaciół się zastrzelił... Drugi... Występowali z wojska, uciekali, dokąd się dało. Każdy miał rodzinę... Ja – dwoje dzieci, psa i kota... Jak tu żyć? Pies musiał jeść ser zamiast mięsa, sami całymi tygodniami jedliśmy tylko kaszę. Wszystko to zaciera się w pamięci... Tak, trzeba to nagrywać, dopóki jeszcze ktoś coś pamięta. Oficerowie... Po nocach rozładowywaliśmy wagony, pracowali jako stróże. Asfaltowali drogi. Razem ze mną zasuwali naukowcy z doktoratami, lekarze, chirurdzy. Pamiętam nawet pianistę z filharmonii. Nauczyłem się układać kafelki i wstawiać drzwi pancerne. I tak dalej... dalej... Zaczął się biznes... Jeden woził komputery... drugi „gotował" dżinsy... (*Śmieje się*). Dwóch dobiło targu: jeden kupi od drugiego cysternę wina. Z ręki do ręki! Potem jeden idzie szukać pieniędzy, a drugi myśli, skąd wytrzasnąć cysternę wina. To i dowcip, i prawda. Ja też takich widywałem: przyszedł w podartych dresach, a chciał sprzedać helikopter... (*Pauza*).

A jednak przeżyliśmy! Przeżyli... I kraj przeżył! Cóż wiemy o duszy? Tylko to, że istnieje. Ja... moi przyjaciele... z nami wszystko w porządku... Jeden ma firmę budowlaną, drugi sklepik spożywczy – ser, mięso, kiełbasy, trzeci sprzedaje meble. Jeden ma kapitał za granicą, ktoś inny dom na Cyprze. Jeden jest byłym doktorem z uczelni, drugi inżynierem. Mądrzy, wykształceni. To w gazetach malują „nowego Ruskiego" ze złotym dziesięciokilowym łańcuchem, w samochodzie ma złoty zderzak, a koła srebrne. To folklor! Wśród biznesmenów, którzy odnieśli sukces, może pani znaleźć wszystkich, tylko nie idiotów. Czasem się zbieramy... Przynosimy drogi koniak, ale pijemy wódkę. Pijemy wódkę, a nad ranem ściskamy się i wywrzaskujemy komsomolskie pieśni: „Komsomolcy, komsomolcy, wierna przyjaźń dodaje nam siły..."*.

* *Komsomolskaja piesnia* (Pieśń komsomolska, mel. Mark Fradkin, sł. Jewgienij Dołmatowski) – pieśń z roku 1957.

Wspominamy, jak jeździliśmy ze studentami na wykopki i zabawne historie z wojska. Krótko mówiąc, wspominamy czasy radzieckie. Rozumie pani? A rozmowy zawsze kończą się tak: „Dzisiaj jest bezhołowie. Potrzeba nam Stalina". Chociaż wszystkim nam powodzi się dobrze, zapewniam panią. Cóż to więc znaczy? Choćby ja... Dla mnie siódmy listopada jest świętem. Świętuję coś wielkiego. Żal mi tego, nawet bardzo. Prawdę mówiąc... Z jednej strony czuję nostalgię, z drugiej – strach. Wszyscy chcą wyjechać, zwiać z kraju. Zrobić „kasę" i zwiać. A nasze dzieci? Wszystkie chcą być księgowymi. A niech pani spyta ich o Stalina... Nic a nic! Bardzo mgliste pojęcie... Dałem synowi, żeby poczytał Sołżenicyna, a on cały czas się śmiał. Nasłuchuję – a on się śmieje! W nim oskarżenie, że ktoś był agentem trzech wywiadów, budzi wyłącznie śmiech. „Tato... Ani jednego jako tako wykształconego śledczego, w każdym słowie robią błędy ortograficzne. Nawet słowa »rozstrzelać« nie umieją napisać poprawnie...". On nigdy nie zrozumie mnie ani mojej matki, bo ani dnia nie przeżył w Związku Radzieckim. Ja... mój syn... i moja matka... Każde z nas żyje w innym kraju, choć niby wszyscy w Rosji. Ale wszyscy w jakiś potworny sposób jesteśmy ze sobą związani. Potworny! Wszyscy czujemy się oszukani...

...Socjalizm to alchemia. Idea alchemiczna. Lecieliśmy do przodu, a przylecieli nie wiadomo dokąd. „Do kogo się mam zgłosić, żeby wstąpić do partii komunistycznej? – Do psychiatry". A oni... nasi rodzice... moja matka... chcieliby usłyszeć, że ich życie miało sens, że poświęcili je czemuś wielkiemu, wierzyli w to, w co warto wierzyć. A co słyszą? Słyszą ze wszystkich stron, że całe życie przeżyli w gównie i oprócz tych okropnych rakiet i czołgów nie mieli nic. Gotowi byli odeprzeć każdego wroga. I odparliby! Ale wszystko runęło bez żadnej wojny. Nikt nie potrafi zrozumieć dlaczego... Bo tu trzeba pomyśleć... A myśleć ich nie uczono. Wszyscy pamiętają tylko strach... Czytałem gdzieś, że strach jest także formą miłości. Zdaje się, że to Stalin powiedział... Dzisiaj pusto jest w muzeach... Tylko cerkwie są pełne, bo wszystkim potrzebna jest psychoterapia.

Psychoterapeuci. Myśli pani, że Czumak i Kaszpirowski leczą ciało? Nie, leczą duszę. Setki tysięcy ludzi siedzą przed telewizorem i słuchają ich jak zahipnotyzowani. To narkotyk! Strasznie jest czuć się samotnym... porzuconym... Wszyscy od taksówkarza i pracownika firmy do zasłużonego artysty i członka akademii nauk. Wszyscy są szalenie samotni. I tak dalej... tak... Życie zupełnie się zmieniło. Świat podzielił się teraz całkiem inaczej. Nie na białych i czerwonych, nie na tych, którzy siedzieli, i tych, którzy wsadzali; tych, którzy czytali, czy też nie czytali Sołżenicyna, ale na tych, którzy mogą kupić, i tych, którzy nie mogą. Nie podoba się to pani? Nie podoba, to jasne... Mnie też się nie podoba... I pani, i nawet ja, byliśmy romantykami... A naiwne pokolenie lat sześćdziesiątych? Sekta uczciwych ludzi... Wierzyli, że komunizm upadnie, a człowiek rosyjski zaraz się rzuci, żeby uczyć się wolności, on tymczasem rzucił się, żeby uczyć się życia. Chciał żyć! Wszystkiego spróbować, liznąć, ugryźć. Tu smaczne jedzenie, modne ubrania, podróże... Zapragnął zobaczyć palmy i pustynię. Wielbłądy... A nie płonąć i spalać się, nie biegać cały czas z pochodnią i z siekierą. Nie, po prostu żyć, tak jak żyją inni... We Francji i w Monako... Może wcale nie zdąży pożyć? Dali człowiekowi ziemię, ale mogą i odebrać, pozwolili handlować, ale mogą i zamknąć. Odebrać i fabrykę, i sklep. Ten strach świdruje mózg. Wierci dziurę. Gdzie, jaka historia?! Trzeba czym prędzej robić pieniądze. Nikt nie myśli o czymś takim ogromnym, wspaniałym... Wielkie im się przejadło! Chcieliby czegoś ludzkiego. Normalnego. Zwyczajnego... No, rozumie pani – zwykłego. A o wielkich sprawach to można wspomnieć przy wódeczce... Że pierwsi polecieliśmy w kosmos... Robiliśmy najlepsze na świecie czołgi, ale nie było proszku do prania i papieru toaletowego. Te przeklęte klozety zawsze przeciekały! Plastikowe reklamówki myło się i suszyło na balkonie. A magnetowid w domu był czymś o randze własnego śmigłowca. Chłopak w dżinsach to nie tyle obiekt zazdrości, ile element dekoracji... Egzotyka! Cóż, to była cena! Cena rakiet i pojazdów kosmicznych. Cena wielkiej historii! (*Pauza*).

Nagadałem tu pani... Wszyscy dzisiaj chcą mówić, a nikt nikogo nie słyszy...

W szpitalu razem z mamą leżała kobieta... Kiedy wchodziłem do sali chorych, to najpierw widziałem ją. Raz obserwowałem, jak chciała coś powiedzieć córce, i nie mogła: mm-a... m-mu... Przyszedł mąż, wtedy spróbowała przemówić do niego i też się nie udało. Odwróciła się w moją stronę: m-ma... Wtedy sięga do swojej kuli, i wie pani, zaczyna nią tłuc o urządzenie z kroplówką. O łóżko... Nie czuła, że tłucze... że rozrywa... Chciała mówić... No, a z kim dzisiaj można porozmawiać? Niech pani powie – z kim? A człowiek nie może żyć w próżni...

Przez całe życie kochałem ojca... Jest starszy od matki o piętnaście lat, walczył na wojnie. Ale wojna nie zgniotła go tak jak innych, nie przywiązała, nie zrobiła z siebie najważniejszego wydarzenia w jego życiu. Do tej pory chodzi na ryby, na polowanie. Lubi tańczyć. Był dwa razy żonaty, i za każdym – z ładną kobietą. Wspomnienie z dzieciństwa... Idziemy do kina, wtem ojciec mnie zatrzymuje i mówi: „Popatrz, jaka nasza mama jest ładna!". Nigdy nie lubił drapieżnego kultu wojny, który żywią zwykle ci, którzy walczyli: „Strzeliłem. Tamten dostał. Mięso wylazło z niego jak z maszynki". Wspomina jakieś niewinne zdarzenia. Błahostki. Jak w Dzień Zwycięstwa poszli z przyjacielem do dziewczyn na wieś i wzięli dwóch Niemców do niewoli. Tamci wleźli do wychodka i schowali się po szyję w gównie. Szkoda było ich rozstrzelać, przecież wojna się skończyła. Mieli dosyć strzelania. A podejść blisko do tamtych – nie sposób... Ojciec miał szczęście – mógł zginąć na wojnie i nie zginął, przed wojną mógł trafić do łagru i nie trafił. Miał starszego brata, stryjka Wanię. Tamtemu wszystko odmiennie się ułożyło – w latach trzydziestych, za Jeżowa wysłali go do kopalń pod Workutę. Dziesięć lat bez prawa korespondencji. Żona, zaszczuta przez współpracowników, rzuciła się z czwartego piętra. Syn wychowywał się u babci. Ale stryjek Wania wrócił... Wrócił z uschniętą ręką, bez zębów i z rozdętą wątrobą. Zaczął znowu pracować w swojej fabryce, na tym samym stanowisku, siedział w tym samym gabinecie, za tym samym biurkiem... (*Znowu zapala papierosa*). A naprzeciwko siedział ten, który na niego doniósł... Tak jak przedtem chodzili na zebrania i pochody. Czytali „Prawdę", popierali politykę partii i rządu. W święta pili wódkę przy jednym stole. I tak dalej... To właśnie my! Nasze życie! Tacy jesteśmy... Niech sobie pani wyobrazi kata i ofiarę z Auschwitz siedzących w jednym gabinecie i w tym samym okienku kasy pobierających pensję. Z tymi samymi orderami po wojnie. A teraz – z jednakowymi emeryturami... (*Milknie*). Przyjaźnię się z synem stryja Wani. Nie czyta Sołżenicyna i w domu nie ma ani jednej książki o obozach. Syn czekał na ojca, ale wrócił ktoś inny... Wrócił strzęp człowieka... Zmięty, przygarbiony. Szybko zgasł. „Nie wiesz, jak człowiek może się bać" – mówił do mojego ojca. – Nie masz pojęcia..." Sam widział, jak śledczy, kawał chłopa, wcisnął głowę więźnia do kibla i trzymał tak długo, dopóki tamten się nie utopił. A stryjka Wanię wieszali nagiego pod sufitem, a do nosa, do ust, we wszystkie otwory, jakie człowiek ma, wlewali wodę amoniakalną. Śledczy sikał mu do ucha i krzyczał: „Przypomnij sobie zaraz... wszystkich co mądrzejszych!". No i stryjek sobie przypominał... Podpisał wszystko. A gdyby sobie nie przypomniał i nie podpisał, to jego też wsadziliby głową do kibla. Potem tam, w barakach, spotkał niektórych spośród tych, których wymienił... Tamci zgadywali: „Kto doniósł?". Chcieli wiedzieć kto. Kto doniósł... Ja nie mam prawa potępiać. Pani też nie. Stryjka Wanię wnoszono do celi na noszach, mokrych od krwi i moczu. We własnym gównie. Nie wiem, w którym miejscu kończy się człowiek... A pani wie?

Oczywiście, szkoda naszych staruszków... Zbierają puste butelki na stadionach, nocą sprzedają w metrze papierosy. Grzebią w śmietnikach. Ale ci nasi staruszkowie nie są bez winy... To straszna myśl! Buntownicza. Mnie samego strach zdejmuje. (*Milknie*). O tym nigdy nie będę mógł porozmawiać z własną matką... Próbowałem... Histeria!

Chce zakończyć rozmowę, ale z jakiegoś powodu zmienia potem zdanie.

Gdybym gdzieś przeczytał coś takiego albo usłyszał od kogoś, nie uwierzyłbym. A w życiu się zdarza... zdarza, jak w marnej powieści kryminalnej... Spotkanie z Iwanem D... Chce pani nazwisko? Po co? Ten człowiek już nie żyje. A dzieci? Syn nie odpowiada za ojca – to stare powiedzonko... Tak, synowie też, nawet oni są dzisiaj starzy. Wnuki, prawnuki? O wnukach nic nie wiem, a prawnuki... już nie wiedzą, kto to był Lenin... Zapomnieli o dziadku Leninie. To już pomnik. (*Pauza*). No więc o tym spotkaniu... Akurat zostałem lejtnantem, miałem się żenić z jego wnuczką. Już kupiliśmy obrączki i sukienkę ślubną. Anna... tak miała na imię... Ładne imię, prawda? (*Kolejny papieros*). Była wnuczką... uwielbianą wnuczką... Wszyscy w domu mówili na nią żartobliwie „Uwielebka", właśnie dlatego. To on wymyślił... Była do niego podobna, z wyglądu nawet bardzo. Ja byłem z normalnej rodziny radzieckiej, w której zawsze żyło się od pierwszego do pierwszego, a oni mieli kryształowe żyrandole, chińską porcelanę, dywany, nowe żyguli. Wszystko szykowne! Mieli też wiekową wołgę, której stary nie chciał sprzedać. I tak dalej... Już mieszkałem u nich, rano w jadalni pijaliśmy herbatę ze srebrnych filiżanek. Rodzina była duża – zięciowie, synowe... Jeden z zięciów był profesorem. Kiedy stary złościł się na niego, powtarzał stale to samo: „Ja takich jak ty... własne gówno musieli u mnie zjadać...". No tak... typowe... Ale wtedy tego nie wiedziałem... Nie rozumiałem! Potem sobie przypomniałem... potem... Przychodzili do niego pionierzy, nagrywali wspomnienia, brali jego zdjęcia do muzeum. Kiedy ja tam nastałem, już chorował, siedział w domu, ale przedtem występował w szkołach, zawiązywał czerwone krawaty wyróżniającym się uczniom. Zasłużony weteran. Na każde święto poczta przynosiła wielką kartę z życzeniami, a co miesiąc – specjalny przydział żywnościowy. Kiedyś pojechałem z nim po ten przydział... W jakiejś piwnicy wydano nam: serwolatkę, słoik marynowanych ogórków i pomidorów bułgarskich, konserwy rybne z importu, węgierską wędlinę w puszce, zielony groszek, wątróbki dorszowe... W tych czasach wszystko to były deficytowe towary! Dla uprzywilejowanych! Mnie zaaprobował od razu: „Lubię wojskowych i gardzę »marynarkami«"... Pokazał mi swoją strzelbę myśliwską: „Odziedziczysz ją po mnie". Na ścianach w całym olbrzymim mieszkaniu wisiały jelenie poroża, na półkach – wypchane ptaki. Był zawołanym myśliwym, przez dziesięć lat prezesem miejskiego towarzystwa myśliwych i wędkarzy. Co jeszcze? Dużo opowiadał o wojnie... „Strzelanie do odległego celu w czasie walki to jest nic... Wszyscy strzelają... Ale tak... wyprowadzić kogoś na rozstrzelanie. A tamten stoi o trzy metry..." Zawsze powiedział coś takiego... Nie sposób było się z nim nudzić, podobał mi się stary.

Przyjechałem na urlop... Ślub tuż-tuż. Środek lata. Wszyscy mieszkaliśmy na wielkiej daczy. Takiej starej... Nie żadne tam cztery ary z przydziału, teraz już dokładnie nie pamiętam, ale był tam nawet kawałek lasu. Stare sosny. Takie dacze dostawały tylko wyższe szarże. Za szczególne zasługi. Członkowie Akademii Nauk i pisarze. I on też... Ledwie się obudziłem, a stary już był w ogródku. „Mam chłopską duszę. Przyszedłem w łapciach z Tweru do Moskwy". Wieczorem często siadywał sam na tarasie i palił papierosa. Nie ukrywał przede mną, dlaczego wypisano go ze szpitala – żeby umarł, miał raka płuc, nie nadawały się do operacji. Nie rzucił palenia. Ze szpitala wrócił z Biblią: „Całe życie byłem materialistą, a przed śmiercią doszedłem do Boga". Biblię podarowały mu zakonnice, które w szpitalu opiekowały się ciężko chorymi. Stary czytał przez lupę. Przed obiadem czytał gazety, po obiedzie przychodziła pora drzemki, później czytał wspomnienia z wojny. Zebrał całą bibliotekę takich wspomnień: Żukow, Rokossowski... Sam lubił wspominać... Jak oglądał żywych: Gorkiego, Majakowskiego... Czeluskinowców... Powtarzał często: „Ludzie chcą kochać Stalina i świętować Dziewiąty Maja". Kłóciłem się z nim, bo właśnie zaczęła się pierestrojka... wiosna demokracji rosyjskiej... Byłem pisklakiem! Zostaliśmy kiedyś we dwóch, bo wszyscy pojechali do miasta. Dwóch mężczyzn na pustej daczy. Karafka z wódką:

– Gdzieś mam lekarzy! Już dosyć sobie pożyłem.

– Nalać?

– Lej!

I tak się zaczęło... Nie od razu do mnie dotarło... Nie od razu się zorientowałem, że tu potrzebny jest ksiądz. Człowiek myśli o śmierci... Nie od razu... Najpierw zaczęła się zwyczajna w tamtych latach rozmowa: socjalizm, Stalin, Bucharin... testament polityczny Lenina, który Stalin ukrył przed partią... O wszystkim, o czym się słyszało, czytało w gazetach. Wypiliśmy. Oj, nieźle sobie łyknęliśmy! Nagle ni stąd, ni zowąd zaczął się ciskać: „Smarkaczu! Żółtodziób jesteś... Posłuchaj mnie! Nie wolno naszym ludziom dawać wolności. Bo wszystko spierdolą! Rozumiesz?" – i zaczął rzucać mięsem. Rosjanin nie przekona innego Rosjanina, jeśli sobie dobrze nie poklnie. Nie powtórzę tych przekleństw. „Posłuchaj tylko..." No a ja... oczywiście... w szoku! W szoku! On poszedł na całość: „Tych wszystkich krzykaczy – w kajdanki i do lasu... na wyręby. Kilof do rąk. Potrzebny jest strach. Bez strachu u nas wszystko w jednej chwili się rozwali". (*Długa pauza*). Nam się wydaje, że potwór powinien mieć rogi i kopyta. A tutaj wydawałoby się, że siedzi z nami człowiek... normalny człowiek... Smarka... choruje... pije wódkę... Myślę... wtedy pierwszy raz o tym pomyślałem... Że zawsze to ofiary zostają i składają zeznania, a kaci milczą. Gdzieś się zapadają, chowają w jakiejś niewidzialnej dziurze. Nie mają nazwisk, nie mają głosu. Znikają bez śladu, nic o nich nie wiemy.

Lata dziewięćdziesiąte... To był czas, kiedy kaci jeszcze żyli... Przerazili się... W gazetach przemknęło nazwisko śledczego, który przesłuchiwał akademika Wawiłowa. Zapamiętałem nazwisko – Aleksandr Chwat. Opublikowali jeszcze kilka nazwisk. No i ci zaczęli panikować, że otworzą archiwa, zdejmą klauzulę „tajne". Zaczęli się miotać. Nikt tego nie śledził, nie ma osobnej statystyki, ale były dziesiątki samobójstw. W całym kraju. Winę zrzucono na rozpad imperium... na zubożenie... ale mnie opowiadano o samobójstwach całkiem dobrze sytuowanych i zasłużonych staruszków. Bez widocznej przyczyny. Łączyła ich jednak pewna wspólna cecha – wszyscy pracowali w „organach".

W jednym odezwało się sumienie, drugi poczuł strach, że rodzina się dowie. Struchleli. Przez chwilę ogarnęła ich panika. Nie mogli zrozumieć, co się wokół dzieje... Ani dlaczego wokół nich powstała próżnia... Wierne psy! Sługusy! Oczywiście, zadrżeli nie wszyscy... W „Prawdzie" czy też w „Ogonioku", tutaj pamięć może mnie zawieść, zamieszczono list pewnego strażnika łagrowego. Ten się nie przestraszył! Opisał cały wachlarz chorób, które złapał podczas służby na Syberii, gdzie przez piętnaście lat pilnował „wrogów ludu". Nie szczędząc zdrowia... Skarżył się, że służba była ciężka: w lecie komary zjadały ludzi i męczył ich upał, a zimą dokuczały mrozy. Żołnierzom wydawano liche szynelki – pamiętam, że tak właśnie pisał: „szynelki" – i tylko wysocy naczelnicy chodzili w kożuchach i walonkach. A teraz, pisał, ci niedobici wrogowie podnoszą głowy... Kontrrewolucja! List pełen złości... (*Pauza*). Od razu odpowiedzieli mu byli zekowie... Ci już się nie bali. Nie milczeli. Napisali o tym, co robiono z więźniami w łagrze: rozbierano zeka do naga i przywiązywano do drzewa; w ciągu doby meszki mogły go tak ogryźć, że zostawał tylko szkielet. Zimą podczas czterdziestostopniowego mrozu oblewano wodą dochodiagę, który nie wykonał dziennej normy. Potem do wiosny stały dziesiątki takich lodowych posągów – dla postrachu... (*Pauza*). I nikt za to nie odpowiedział! Nikogo nie skazano! Kaci dożyli swoich dni na emeryturach dla zasłużonych... Co ja na to? Niech pani nie apeluje o bicie się w piersi. Proszę sobie nie wymyślać ludu – oj, jaki ten nasz lud dobry! Nikt nie jest gotów kajać się za grzechy. Uznanie własnej winy to wielka praca. Ja sam chodzę do cerkwi, ale nie jestem gotów się spowiadać. Trudno mi... Zresztą prawdę mówiąc, człowiek lituje się tylko nad sobą. Nad nikim więcej. Tak właśnie jest... Stary biegał po tarasie... krzyczał... A mnie włosy stanęły dęba!... Dosłownie! Bo mówił takie rzeczy. W tym czasie wiedziałem już niejedno... Czytałem Szałamowa... Ale na stole widziałem wazę z cukierkami, bukiet kwiatów... Absolutnie pokojowe otoczenie. Ten właśnie kontrast wszystko uwydatniał. Było to straszne i zarazem ciekawe. Ciekawości, mówiąc szczerze, było więcej niż strachu. Człowiek miałby ochotę... Zawsze nas korci, żeby zajrzeć w przepaść. Dlaczego? Tak jesteśmy urządzeni.

„...Kiedy przydzielili mnie do pracy w NKWD, byłem strasznie dumny. Z pierwszej pensji kupiłem sobie ładny garnitur...

Taka praca... Z czym to można porównać? Pewnie z wojną. Ale ja na wojnie odpoczywałem. Kiedy się rozstrzeliwuje Niemca, to on krzyczy po niemiecku. A tamci... tamci krzyczeli po rosyjsku... Jakby swoi... Łatwiej było strzelać do Polaków czy Litwinów. A oni po rosyjsku: »Bałwany! Idioci! Szybciej kończcie!«. K...a mać! My wszyscy we krwi... Wycieraliśmy ręce o własne włosy... Czasem wydawali nam skórzane fartuchy... Taką mieliśmy pracę. Służba. A ty jesteś młody... Pierestrojka! Pierestrojka! Wierzysz tym gadułom... Niech tam sobie krzyczą: »Wolność! Wolność!«. Pobiegają po placach... A topór leży... Topór przeżyje właściciela... Zapamiętaj to! K...a! Jestem żołnierzem! Dostałem rozkaz, to poszedłem. Strzelałem. Jak tobie powiedzą, to też pójdziesz. Póóójdzieesz! Zabijałem wrogów. Szkodników! Był dokument: skazany na »najwyższy wymiar społecznej prewencji«... Wyrok w imieniu państwa... Praca – nie daj Boże! Niedobity upada i kwiczy jak świnia... Pluje krwią... Przykro zwłaszcza było strzelać do człowieka, który się śmiał. Może zwariował, a może tak gardził tym, który strzela. Wrzaski i przekleństwa padały z obu stron. Nie wolno jeść przed taką pracą... Ja nie mogłem... Cały czas chciało się człowiekowi pić. Wody! Wody! Jak po przepiciu... K...a! Pod koniec zmiany przynosili nam dwa wiadra: jedno wódki, drugie wody kolońskiej. Wódkę przynosili po pracy, a nie przed. Czytałeś o tym gdzieś? No właśnie... Wypisują teraz różne rzeczy... Dużo wymyślają... Wodą kolońską myliśmy się do pasa. Zapach krwi jest gryzący, szczególny... trochę podobny do zapachu spermy... Miałem owczarka, ale po pracy do mnie nie podchodził. K...a! No... czego nic nie gadasz? Zielony jesteś jeszcze, nieostrzelany... Słuchaj... Czasem... ale rzadko... trafiał się żołnierz, któremu podobało się zabijanie... To go przenosili z drużyny egzekucyjnej gdzie indziej. Bo takich zanadto nie lubiano. Wielu było chłopaków ze wsi, jak ja, tacy są silniejsi od miastowych. Mogliśmy więcej znieść. Byliśmy bardziej oswojeni ze śmiercią – w domu jeden zarzynał świnię, inny cielaka, a już kurę to każdy. Do śmierci... trzeba przyuczać... W pierwszych dniach tylko się przyglądaliśmy... Byliśmy obecni przy egzekucji albo eskortowali skazanych. Zdarzało się, że ktoś od razu zwariował. Nie wytrzymywał. To delikatna sprawa... Nawet do zabicia zająca trzeba przyzwyczajenia, nie każdy to potrafi. K...a! Każesz człowiekowi klęknąć i strzelasz z nagana prawie na wprost w lewą część potylicy... koło lewego ucha... Pod koniec zmiany ręka zwisała jak powróz. Bolał zwłaszcza palec wskazujący. My też mieliśmy plany, jak w każdej instytucji. Jak w fabryce. Początkowo nie mogliśmy tego planu wykonać. Nie mogliśmy po prostu fizycznie. Wtedy wezwano lekarzy. Konsylium. Zalecili co następuje: dwa razy na tydzień wszystkim żołnierzom trzeba zrobić masaż. Masaż prawej ręki i palca wskazującego. Koniecznie trzeba masować palec wskazujący, bo przy strzelaniu jest najbardziej obciążony. Mnie została tylko głuchota na prawe ucho, bo strzela się z prawej ręki...

Wręczano nam listy pochwalne »za wykonanie zadania specjalnego partii i rządu«, »za oddanie sprawie partii Lenina i Stalina«. Tych listów na świetnym papierze mam całą szafę. Raz na rok wysyłano każdego razem z rodziną do dobrego sanatorium. Doskonałe żywienie... dużo mięsa... leczenie... Żona nie miała pojęcia o mojej pracy. Prace specjalne, odpowiedzialność – i tyle. Ożeniłem się z miłości.

W czasie wojny oszczędzało się naboje. Jeśli to było niedaleko morza... Ładowaliśmy więźniów na barkę, było ich jak śledzi w beczce. Z ładowni dobiegał nie krzyk, ale zwierzęcy ryk: »O zmiłowanie nie błaga nikt z nas i Wariag nie podda się wrogom...«*. Wszystkim związywaliśmy ręce drutem, a do nóg przywiązywali kamień. Jeśli było spokojnie... Gładka powierzchnia

* *Wariag* (mel. Aleksiej Turiszczew, sł. ros. Jewgienija Studienskaja) – pieśń marszowa z 1905 roku. Autorem oryginalnego, niemieckiego tekstu był austriacki poeta Rudolf Greinz, który napisał wiersz o bohaterskiej walce krążownika Wariag z Japończykami.

wody… Długo jeszcze było widać, jak szli na dno… Co tak patrzysz? Smarkaczu! No, czego się gapisz?! K…a mać! Nalej jeszcze! Taka robota… służba… Opowiadam ci, żebyś zrozumiał: władza radziecka drogo nas kosztowała. Dlatego trzeba jej bronić. Chronić ją! Wieczorem, kiedy wracaliśmy, barki były puste. Martwa cisza. Wszyscy mieli jedno w głowie: jak wyjdziemy na brzeg, to nas tam… K…a! Przez całe lata pod łóżkiem miałem uszykowaną drewnianą walizeczkę: zmianę bielizny, szczoteczkę do zębów, brzytwę. Pod poduszką trzymałem pistolet… Byłem gotów palnąć sobie w łeb. W tamtym czasie wszyscy tak żyli! I żołnierz, i marszałek. Pod tym względem wszyscy byli równi.

Wybuchła wojna… od razu zgłosiłem się na front. Umrzeć w walce to nie takie straszne. Wie człowiek, że ginie za Ojczyznę. Wszystko jest proste i zrozumiałe. Wyzwalałem Polskę, Czechosłowację… K…a! Pod Berlinem zakończyłem szlak bojowy. Mam dwa ordery i medale. Zwycięstwo! A… potem było tak… Po Zwycięstwie mnie aresztowali. Bezpieczniacy mieli gotowe listy… Czekista miał tylko dwie możliwości – zginąć z ręki wroga albo z rąk NKWD. Dali mi siedem lat. Odsiedziałem dokładnie siedem. Do tej pory budzę się jak w obozie… o szóstej rano. Za co siedziałem? Tego mi nie powiedzieli. Za co!? K…a mać!".

(*Nerwowo gniecie pustą paczkę po papierosach*).

Może kłamał. Ale nie… nie kłamał… Nie sądzę… Myślę, że nie kłamał… Rano znalazłem pretekst, jakieś głupstwo. Wyjechałem. Uciekłem! Do ślubu nie doszło. No tak… taaak… Jakie wesele? Nie mogłem już wrócić do tego domu. Nie mogłem! Pojechałem do jednostki. Narzeczona nie mogła zrozumieć, pisała listy… cierpiała… Ja zresztą też… Ale teraz nie chcę o tym… nie o miłości… To osobna historia. Chciałbym zrozumieć… i pani chciałaby zrozumieć, co to byli za ludzie… Mam rację? Mimo wszystko… Morderca budzi ciekawość, cokolwiek by kto mówił, morderca nie może być kimś zwyczajnym. Ciągnie człowieka do takiego… To jest ciekawe… Zło hipnotyzuje… Setki książek o Hitlerze i Stalinie. Jacy byli w dzieciństwie, w gronie rodziny, jakie kobiety kochali, jakie lubili wino i papierosy…

Każdy drobiazg nas interesuje. Chciałoby się ich zrozumieć... Tamerlan, Dżyngis-chan – kim byli? Kim? Miliony ich kopii... małych kopii... Oni też robili straszne rzeczy, a tylko jednostki popadały w obłęd. Cała reszta żyła normalnie: całowali się z kobietami, grali w szachy, kupowali dzieciom zabawki... Każdy myślał: to nie ja. To nie ja go wieszałem za ręce i biłem tak, że wariował, nie ja wsadzałem zaostrzony ołówek kobietom w sutki. To nie ja, tylko system. Sam Stalin... Nawet on mówił: nie ja decyduję, tylko partia... Do syna mówił: „Myślisz pewnie, że jestem Stalinem? Nie! Stalin to on!". I pokazywał mu swój portret na ścianie. Nie siebie, tylko portret! Machina śmierci... Machina pracowała bez ustanku... dziesiątki lat... Logika była genialna: ofiara – kat, a w końcu i kat stawał się ofiarą. Jak gdyby nie człowiek to wymyślił... Tak doskonale wszystko zdarza się tylko w naturze. Koło zamachowe się obraca, a winnych nie ma. Nie ma! Wszyscy chcą, żeby się nad nimi litowano. Wszyscy są ofiarami. Na końcu łańcucha są wszyscy! Właśnie! Byłem wówczas młody, więc się przeraziłem, oniemiałem, dzisiaj więcej bym go wypytał... Muszę to wiedzieć... Po co? Boję się... Po tym wszystkim, czego się dowiedziałem o ludziach, boję się siebie. Boję. Jestem zwyczajnym człowiekiem... słabym. Jestem i czarny, i biały, i żółty... najróżniejszy... W szkole radzieckiej uczono nas, że człowiek sam w sobie jest dobry i piękny; moja matka do tej pory wierzy, że to okropna sytuacja czyni go okropnym. Bo człowiek jest dobry! A to nie jest tak... wcale nie tak! Całe życie człowiek pęta się między dobrem a złem. Albo ty ostrym ołówkiem w sutki, albo tobie... Wybieraj! Wybieraj! Tyle lat minęło, a ja nie mogę zapomnieć tego, jak krzyczał: „Oglądam telewizję, słucham radia. Znowu są bogaci i biedni. Jedni żrą kawior, kupują wyspy i samoloty, a innym nie wystarcza na bułkę. Długo tak u nas nie będzie! Jeszcze będą mówili »wielki« o Stalinie... Topór leży... Topór przeżyje właściciela... Wspomnisz moje słowa... Pytałeś mnie... (tak, pytałem), jak szybko kończy się człowiek, na jak długo go wystarcza... Odpowiem ci: nóżkę od krzesła wiedeńskiego w odbyt albo szydłem w mosznę – i nie ma człowieka. Cha, cha... Nie ma człowieka... Tylko gówno! Cha, cha...".

(*Już się żegnając*). No, przetrząsnęliśmy całą historię... Tysiące rzeczy, które wyszły na jaw, tony prawdy. Przeszłość to dla jednych skrzynia mięsa i beczka krwi, dla innych – wielka epoka. Codziennie walczymy w swoich kuchniach. Ale wkrótce podrosną młode wilczęta, jak je nazwał Stalin... Wkrótce podrosną...

(*Jeszcze raz się żegna, ale od razu znowu zaczyna mówić*).

Niedawno w internecie zobaczyłem amatorskie zdjęcia... Pomyślałbym, że to zwykłe zdjęcia z czasów wojny, gdybym nie wiedział, kto na nich jest sfotografowany. Komanda SS z Auschwitz... Oficerowie i szeregowcy. Dużo dziewcząt. Fotografowali się na wieczorkach, na spacerach. Młodzi, weseli. (*Pauza*). A zdjęcia naszych czekistów w muzeach? Niech się im pani kiedyś uważnie przyjrzy – trafiają się ładne twarze... i natchnione... Długo nas uczono, że to są święci...

Chciałbym wyjechać z tego kraju albo choćby wypchnąć stąd dzieci. Wyjedziemy. Topór przeżyje właściciela... Zapamiętałem to...

(*Po kilku dniach zadzwonił i nie pozwolił publikować tego tekstu. Dlaczego? Nie chciał mówić. Potem dowiedziałam się, że wyemigrował z rodziną do Kanady. Znalazłam go po dziesięciu latach, a wtedy zgodził się na publikację. Powiedział: „Cieszę się, że wyjechałem w porę. Był czas, że Rosjan wszędzie kochali, teraz znowu się boją. A pani strach nie ogarnia?"*).

Część druga

Uroki pustki

Z gwaru ulicznego i kuchennych rozmów (2002–2012)

O przeszłości

Jelcynowskie lata dziewięćdziesiąte... Jak je wspominamy? To był szczęśliwy czas... Szalone dziesięciolecie... Straszne lata... Czasy marzycielskiej demokracji... Fatalne lata dziewięćdziesiąte... Po prostu złote lata... Pora demaskacji... Złe, podłe czasy... Wyrazista epoka... agresywna... Burzliwe czasy... To były moje czasy... Nie moje!

* * *

Zmarnowaliśmy lata dziewięćdziesiąte! Taka szansa, jaką wtedy mieliśmy, nieprędko się powtórzy. A jak pięknie się wszystko zaczynało w dziewięćdziesiątym pierwszym! Nigdy nie zapomnę twarzy ludzi, z którymi stałem pod Białym Domem. Zwyciężyliśmy, byliśmy mocni. Chciało się nam żyć. Rozkoszowaliśmy się wolnością. Ale teraz... teraz myślę o tym inaczej... Bo wszyscy byliśmy potwornie naiwni! Dzielni, uczciwi i naiwni. Myśleliśmy, że kiełbasa wyrasta z wolności. My także ponosimy winę za wszystko, co wydarzyło się potem... Głównym odpowiedzialnym jest oczywiście Jelcyn, ale my też...

Myślę, że wszystko zaczęło się w październiku. Od października dziewięćdziesiątego trzeciego... „Krwawy październik", „czarny październik", „PKSW-2"... Tak o nim się mówi... Połowa Rosji wyrywała się do przodu, a połowa ciągnęła w tył. Do szarego socjalizmu. Do przeklętego sowka. Władza radziecka się nie poddawała. „Czerwony" parlament odmówił poparcia prezydentowi. Tak to wtedy rozumiałem… Tego ranka, kiedy się wszystko zaczęło, nasza dozorczyni – która przyjechała skądś spod Tweru i której nieraz pomagaliśmy finansowo, a kiedy robiliśmy remont w mieszkaniu, to oddaliśmy jej wszystkie meble – na widok mojej odznaki z Jelcynem zamiast „dzień dobry" powiedziała złowrogo: „Niedługo przyjdzie kryska na was, burżujów" – i odwróciła się. Tego się nie spodziewałem. Skąd u niej taka nienawiść do mnie? Za co? Sytuacja była jak w dziewięćdziesiątym pierwszym… W telewizji zobaczyłem płonący Biały Dom, strzelające do niego czołgi. Na niebie pociski smugowe… Atak na wieżę telewizyjną w Ostankinie… Generał Makaszow w czarnym berecie wołał: „Skończyły się te wszystkie mery, sery i inne cholery". I ta nienawiść… nienawiść… Zapachniało wojną domową. Krwią. Z Białego Domu generał Ruckoj otwarcie wzywał do wojny: „Lotnicy! Bracia! Startujcie! Bombardujcie Kreml! Na Kremlu siedzi banda!". Jakoś błyskawicznie do miasta nazjeżdżało się mnóstwo pojazdów wojskowych. Nie wiadomo skąd pojawili się ludzie w kamuflażowych mundurach. Wtedy Jegor Gajdar wezwał „mieszkańców Moskwy i wszystkich Rosjan, którym drogie są demokracja i wolność"… Wszystko jak w dziewięćdziesiątym pierwszym… Poszliśmy… Poszedłem i ja… Zebrały się tysiące ludzi… Pamiętam, że biegłem dokądś razem ze wszystkimi. Potknąłem się… Upadłem na plakat „Za Rosję bez burżujów!". Od razu wyobraziłem sobie, co nas czeka, jeśli zwycięży generał Makaszow… Zobaczyłem rannego chłopaka i pomogłem mu iść, bo sam nie mógł. „Za kim jesteś? – spytał. – Za Jelcynem czy za Makaszowem?" Sam był za Makaszowem… Aha, czyli wróg… „A ch.. z tobą!" – bluznąłem. Co jeszcze? Szybko podzieliliśmy się znowu na białych i czerwonych. Pod siedzibą pogotowia leżały dziesiątki rannych… Wszyscy, to wyraźnie zapamiętałem, mieli zdarte buty, wszyscy byli ubodzy. Sami biedacy. Ktoś zapytał mnie tam jeszcze raz: „Kogoś tu przytaszczył – to nasz czy nie nasz?". Tych „nie naszych" opatrywano w ostatniej kolejności, leżeli więc na asfalcie i krwawili…

– Czyście zwariowali?

– No, przecież to nasi wrogowie.

Coś się stało z ludźmi przez te dwa dni... W ogóle jakoś zmieniła się atmosfera. Widziałem całkiem innych ludzi, niezbyt podobnych do tych, z którymi stałem dwa lata wcześniej pod Białym Domem. W rękach mieli zaostrzone pręty... prawdziwe pistolety maszynowe, które rozdawano z ciężarówki... Wojna! Wszystko odbywało się na serio. Koło budki telefonicznej układano ciała zabitych... Tu też widziałem zdarte podeszwy... A niedaleko Białego Domu były otwarte kawiarnie, tam jak zazwyczaj pili piwo. Gapie sterczeli na balkonach i obserwowali, co się dzieje, jak w teatrze. No i od razu... Na moich oczach z Białego Domu dwóch mężczyzn wynosiło telewizor, z kieszeni wystawały im słuchawki telefoniczne... Ktoś dla rozrywki strzelał sobie z góry do szabrowników. Pewnie strzelcy wyborowi. Albo trafią w szabrownika, albo w telewizor... Na ulicach cały czas słychać było wystrzały... (*Milknie*). Kiedy wszystko się skończyło i wróciłem do domu, dowiedziałem się, że zabito syna naszej sąsiadki. Chłopak miał dwadzieścia lat. Był po drugiej stronie barykady... Ale kłótnie w kuchni to jedno, a strzelanina to coś zupełnie innego... Jak do tego doszło? Tego nie chciałem... Bo w tłumie... Tłum to potwór, człowiek w tłumie to całkiem inny człowiek niż ten, z którym siedziało się w kuchni i rozmawiało. Piło wódkę, herbatę. Już nigdzie więcej nie pójdę i synów nigdzie nie puszczę... (*Milknie*). Nie wiem, co to było – broniliśmy wolności czy brali udział w przewrocie wojskowym? Teraz mam wątpliwości co do tego... Zginęły setki ludzi... Nikt poza bliskimi ich nie wspomina. „Biada temu, co na krwi buduje..."* (*Milknie*). A gdyby zwyciężył generał Makaszow? Krwi byłoby jeszcze więcej. Rosja by się zawaliła. Nie znam odpowiedzi... Do dziewięćdziesiątego trzeciego roku ufałem Jelcynowi...

* Księga Habakuka 2,12. Pełny cytat według Biblii Tysiąclecia: „Biada temu, co miasto na krwi przelanej buduje, a gród umacnia nieprawością".

Moi synowie byli wtedy mali, ale już od dawna są dorośli. Jeden nawet żonaty. Kilka razy... tak... próbowałem... Chciałem im opowiedzieć o dziewięćdziesiątym pierwszym... o dziewięćdziesiątym trzecim... Ich to już nie interesuje... Pusty wzrok. Mają tylko jedno pytanie: „Tato, czemu się nie wzbogaciłeś w latach dziewięćdziesiątych, kiedy to było łatwe?". Że niby tylko głupcy i kalecy bez rąk się nie wzbogacili. Debilni przodkowie... Kuchenni impotenci... Biegali po wiecach. Wąchali powietrze wolności, kiedy mądrzy ludzie dzielili naftę i gaz...

* * *

Rosjanin łatwo się do czegoś zapala. Kiedyś zapalił się do komunistycznych idei, zawzięcie, jak religijny fanatyk wcielał je w życie, potem się zmęczył, rozczarował. I postanowił „wyrzec się starego świata, otrząsnąć jego proch ze swoich stóp"*. To właśnie po rosyjsku – zaczynać od rozbitego koryta. I znowu nas opętały nowe, jak się nam wydaje, idee. Naprzód, do zwycięstwa kapitalizmu! Wkrótce będziemy żyli jak na Zachodzie! Różowe marzenia...

– Teraz lepiej się ludziom żyje.

– Ale niektórym żyje się tysiąc razy lepiej.

– Mam pięćdziesiąt lat... Staram się nie być „sowkiem". Ale nie bardzo mi się to udaje. Pracuję u prywatnego przedsiębiorcy i nienawidzę go. Nie podoba mi się podział tłustego kołacza ZSRR ani „rozdrapyzacja". Nie lubię bogaczy. Przechwalają się w telewizji swoimi pałacami, piwnicami win... A niech już tam się kąpią w złotych wannach, niech napełniają je mlekiem z piersi kochanek. Ale po co mam to oglądać? Nie potrafię żyć koło nich. Czuję niechęć. Wstyd. Ja się już nie zmienię, zbyt długo żyłam w socjalizmie. Dzisiaj żyje się lepiej, ale więcej czuje obrzydzenia.

– Aż dziwne, jak wielu ludzi jeszcze wzdycha do władzy radzieckiej.

* *Robotnicza Marsylianka* – pieśń rewolucyjna, przeróbka *Marsylianki* z roku 1875, słowa Piotr Ławrow.

– A po co dyskutować z sowkami? Trzeba odczekać, aż wymrą i urządzić wszystko po swojemu. Przede wszystkim wyrzucić mumię Lenina z mauzoleum. To jakaś Azja! Mumia leży jak klątwa rzucona na nas... Jak urok...

– Spokojnie, kolego. Czy wie pan, że ludzie teraz o wiele lepiej mówią o ZSRR niż dwadzieścia lat temu. Niedawno byłam przy grobie Stalina, a tam góra kwiatów. Czerwonych goździków.

– Wymordowali diabli wiedzą ilu ludzi, ale mieliśmy wielką epokę.

– Nie podoba mi się to, co jest teraz, daleki jestem od zachwytu. Do „sowka" jednak wracać nie chcę. Nie wyrywam się do przeszłości. Przykro mi, ale nic dobrego mi się z niej nie przypomina.

– A ja chciałbym z powrotem. Nie potrzebuję radzieckiej kiełbasy, potrzebuję kraju, w którym człowiek był człowiekiem. Dawniej mówiono „ludzie prości", a teraz „pospólstwo". Czuje pani różnicę?

* * *

Wychowałem się w rodzinie dysydentów... W dysydenckiej kuchni... Moi rodzice znali Sacharowa, rozpowszechniali samizdat. Razem z nimi przeczytałem Grossmana, Jewgieniję Ginzburg, Dowłatowa... Słuchałem Radia Swoboda. No i oczywiście w dziewięćdziesiątym pierwszym stałem w łańcuchu broniącym Białego Domu, gotów byłem oddać życie, żeby nie wrócił komunizm. Wśród moich przyjaciół nie było komunistów. Komunizm łączył się dla nas z terrorem, z Gułagiem. Z klatką. Myśleliśmy, że umarł. Umarł raz i na zawsze. Minęło dwadzieścia lat... Wchodzę do pokoju syna i patrzę: na biurku ma *Kapitał* Marksa, na półce z książkami *Moje życie* Trockiego... Nie wierzyłem własnym oczom! Marks powraca? To chyba koszmar? Jawa czy sen? Syn studiuje na uniwersytecie, ma wielu przyjaciół, zacząłem przysłuchiwać się ich rozmowom. Piją herbatę w kuchni i spierają się o *Manifest komunistyczny*... Marksizm znowu na tapecie, marksizm jest modny, *trendy*. Noszą tiszerty z portretami Che Guevary i Lenina. (*W desperacji*). Nic nie wyrosło. Wszystko poszło na marne.

Dla odprężenia proszę posłuchać dowcipu... Rewolucja. W jednym kącie cerkwi piją i hulają krasnoarmiejcy, a w drugim – ich konie żują owies i sikają. Diaczek biegnie do przeora: „Ojcze, cóż oni wyrabiają w świątyni! – To jeszcze nic strasznego. Postoją i pójdą. Strasznie będzie, jak dorosną ich wnuki". No więc właśnie dorosły...

* * *

– Mamy jedno wyjście – wrócić do socjalizmu, ale tylko prawosławnego. Rosja nie może żyć bez Chrystusa. Dla Rosjanina szczęście nigdy nie było związane z dużymi pieniędzmi. Tym właśnie „idea rosyjska" różni się od „amerykańskiego marzenia".

– Rosji potrzeba nie demokracji, ale monarchii. Silnego i sprawiedliwego cara. I pierwszym legalnym pretendentem do tronu jest Głowa Rosyjskiego Domu Cesarskiego Wielka Księżna Maria Władimirowna, a po niej – jej potomkowie.

– Bieriezowski proponował księcia Harry'ego...

– Monarchia to bzdura! Zamierzchłe czasy!

– Serce bez wiary jest słabe i wobec grzechu się nie ostoi. Tylko w poszukiwaniu prawdy Bożej naród rosyjski się odrodzi.

* * *

– Pierestrojka podobała mi się tylko na początku. Gdyby ktokolwiek powiedział nam wtedy, że prezydentem kraju zostanie podpułkownik KGB...

– Nie byliśmy przygotowani na wolność...

– Wolność, równość, braterstwo... Cały ocean krwi wylano przez te słowa.

– Demokracja! W Rosji to jest śmieszne słowo. Putin demokrata – to najkrótszy dowcip rosyjski.

– Przez te dwadzieścia lat wieleśmy się o sobie dowiedzieli. Wiele odkryli. Dowiedzieliśmy się, że naszym ukrytym bohaterem jest Stalin. O Stalinie napisano dziesiątki książek i nakręcono dużo filmów. Ludzie czytają, oglądają. Spierają się. Połowa kraju marzy o Stalinie... A jeśli połowa kraju o nim marzy, to Stalin na pewno się pojawi, może być pani spokojna. Wyciągnęli z piekła wszystkich złowrogich nieboszczyków: Berię, Jeżowa... O Berii zaczęto pisać, że był zdolnym administratorem, chcą go rehabilitować, bo pod jego kierownictwem zbudowano rosyjską bombę atomową...

– Precz z czekistami!

– Kto będzie następny – nowy Gorbaczow czy nowy Stalin? Czy zacznie się swastyka? *„Sieg heil!"* Rosja powstała z kolan. To niebezpieczny moment, bo nie wolno było Rosji tak długo poniżać.

O dniu dzisiejszym

– Putinowska pierwsza dekada dwudziestego pierwszego wieku... Jaka była? Bujna... szara... brutalna... czekistowska... pławiąca się w luksusie... stabilna... mocarstwowa... prawosławna...

* * *

– Rosja zawsze była, jest i będzie imperium. Nie jesteśmy tylko wielkim krajem, jesteśmy odrębną cywilizacją. Rosyjską. Mamy własną drogę.

– Zachód nawet teraz boi się Rosji...

– Nasze bogactwa naturalne potrzebne są wszystkim, a zwłaszcza Zachodowi. Proszę otworzyć encyklopedię: siódme miejsce pod względem zasobów ropy naftowej, pierwsze w Europie pod względem gazu. Jedno z pierwszych miejsc pod względem wielkości zasobów rud żelaza, uranu, cyny, miedzi, niklu, kobaltu... I diamentów, i złota, i srebra, i platyny... Należy do nas cała tablica Mendelejewa. Jeden Francuz tak mi oświadczył: „A dlaczego to wszystko ma należeć do was, ziemia jest przecież wspólna?".

– Tak, mimo wszystko jestem imperialistą. Chcę żyć w imperium. Putin to mój prezydent! Teraz wstyd się przyznawać, że jest się liberałem, tak jak niedawno wstyd było przyznawać się do komunizmu. Faceci przy budce z piwem mogą człowiekowi po mordzie nakłaść.

– Nienawidzę Jelcyna! Myśmy mu wierzyli, a on zaprowadził nas nie wiadomo dokąd. Do żadnego demokratycznego raju nie trafiliśmy. Trafiliśmy tam, gdzie jest jeszcze straszniej, niż było.

– Nie chodzi o Jelcyna czy też o Putina, ale o to, że jesteśmy niewolnikami. Niewolnicza duszyczka! Niewolnicza krew! Wystarczy spojrzeć na „nowego ruskiego"... Wyłazi z bentleya, z kieszeni wysypują mu się pieniądze, ale to niewolnik. A nad nimi wszystkimi – gospodarz. Woła: „Z powrotem do obory". I wszyscy idą.

– Słyszałem w telewizji... „Masz miliard? – zapytał pan Połonski. – Nie! To mam cię w dupie!" Należę do tych właśnie, których pan oligarcha ma w dupie. Zwyczajna rodzina, ojciec się zapił, matka w przedszkolu haruje za kopiejki. My jesteśmy dla nich gównem, nawozem. Chodzę na rozmaite spotkania. Do patriotów, do nacjonalistów... Słucham. Przyjdzie na pewno taki czas, że ktoś mi da karabin do ręki. A ja wezmę.

* * *

– Kapitalizm u nas nie chce się przyjąć. Obcy nam jest jego duch. Nie rozprzestrzenił się poza Moskwę. Nie ten klimat. I człowiek nie ten. Rosjanin nie jest racjonalny, nie jest merkantylny, gotów jest oddać ostatnią koszulę, ale czasem też ukraść. Jest żywiołowy i raczej obserwuje, niż działa, zdolny jest poprzestawać na małym. Dorabianie się nie jest jego ideałem, nudzi go gromadzenie dóbr. Bardzo wyostrzone ma poczucie sprawiedliwości. Lud jest bolszewikiem. A poza tym Rosjanin nie lubi żyć ot tak sobie, chce żyć w jakimś celu. Chciałby brać udział w wielkim dziele. Prędzej znajdzie się u nas świętego niż uczciwego i człowieka sukcesu. Niech pani weźmie klasykę rosyjską...

– To dlaczego, kiedy nasi wyjeżdżają za granicę, całkiem zwyczajnie włączają się w kapitalistyczną codzienność? Za to u siebie wszyscy lubią mówić o „suwerennej demokracji", o odrębnej cywilizacji rosyjskiej i o tym, że „w życiu Rosji nie ma gruntu pod kapitalizm".

– Nasz kapitalizm nie jest taki, jaki powinien być...

– Innego niech się pan nie spodziewa...

– W Rosji kapitalizm niby jest, tylko kapitalistów nie ma. Nie ma nowych Diemidowów, Morozowów... Rosyjscy oligarchowie to nie kapitaliści, tylko złodzieje. No bo jacy też mogą być kapitaliści z byłych partyjniaków i komsomolców? Nie żałuję Chodorkowskiego. Niech siedzi w mamrze. Szkoda tylko, że sam. Ktoś powinien odpowiedzieć za to, co przeżyłem w latach dziewięćdziesiątych. Obdarli mnie do nitki. Zrobili ze mnie bezrobotnego. Kapitaliści-rewolucjoniści: Gajdar, żelazny Kubuś Puchatek... Rudy Czubajs... Robili eksperymenty na żywych ludziach, jak przyrodnicy...

– Pojechałem na wieś do matki. Sąsiedzi opowiedzieli, jak ktoś podpalił w nocy dom właściciela farmy. Ludzie ocaleli, zwierzęta spłonęły. Przez dwa dni wieś piła z radości. A pani mówi: kapitalizm... W tym kapitalizmie żyją socjalistyczni ludzie...

– Za socjalizmu obiecywano mi, że dla wszystkich starczy miejsca pod słońcem. Teraz mówią co innego: trzeba żyć według praw Darwina, wtedy będzie u nas dostatek. Dostatek dla silnych. A ja należę do słabych. Nie jestem bojownikiem... Miałam schemat, przywykłam żyć według schematu: szkoła, instytut, rodzina. Zbieramy z mężem na mieszkanie spółdzielcze, po mieszkaniu – na samochód... Ten schemat zlikwidowano i rzucono nas w kapitalizm... Z wykształcenia jestem inżynierem, pracowałam w instytucie projektów, nazywano go czasem „żeńskim instytutem", bo pracowały tam same kobiety. Siedzi się i układa cały dzień papiery, lubiłam, jak były ułożone starannie, w stosach. Tak przesiedziałabym całe życie. A tu nagle zaczęły się zwolnienia... Nie ruszali mężczyzn, bo ich było mało, ani samotnych matek czy też tych, którym został rok czy dwa do emerytury. Wywieszono listy, zobaczyłam swoje nazwisko... Jak żyć dalej? Pogubiłam się. Nikt mnie nie uczył, jak się żyje zgodnie z Darwinem.

Przez długi czas miałam nadzieję, że znajdę pracę zgodną z zawodem. Byłam idealistką w tym sensie, że nie znałam własnego miejsca w życiu, własnej wartości. Do dzisiaj brakuje mi dziewczyn z mojego działu, właśnie dziewczyn, naszego plotkowania. Praca dla nas była na drugim planie, a na pierwszym – kontakt z ludźmi, te właśnie pogawędki od serca. Trzy razy dziennie piłyśmy herbatę, no i każda mówiła o swoich sprawach. Obchodziłyśmy wszystkie święta, wszystkie urodziny... A teraz... Chodzę na giełdę pracy. Bez skutku. Poszukują malarzy, tynkarzy... Moja koleżanka z uczelni sprząta u pewnej biznesmenki, wyprowadza psa... Jest służącą. Początkowo płakała nad swoim poniżeniem, teraz się przyzwyczaiła. A ja nie potrafię.

* * *

– Głosowanie na komunistów jest *cool*.

– Mimo wszystko normalny człowiek nie zrozumie stalinowców. Sto lat historii Rosji poszło psu w dupę, a ci: „chwała radzieckim ludożercom!".

– Rosyjscy komuniści od dawna nie są komunistami. Prywatna własność, którą teraz uznają, nie da się pogodzić z ideą komunizmu. Mogę powiedzieć to samo, co Marks o swoich naśladowcach: „Wiem jedno, że nie jestem marksistą". A jeszcze lepiej powiedział to Heine: „Siałem smoki, a wylęgły się pchły".

– Komunizm to przyszłość ludzkości. Nie ma alternatywy.

– Na bramie obozu na Wyspach Sołowieckich wisiało hasło bolszewików: „Żelazną ręką zapędzimy ludzkość ku szczęściu". To jedna z recept na zbawienie ludzkości.

– Nikt nie chce wychodzić na ulice, żeby coś robić. Lepiej nic nie robić. Nie czynić ani dobra, ani zła. To co dziś jest dobrem, jutro może okazać się złem.

– Najstraszniejsi ludzie to idealiści...

* * *

– Kocham ojczyznę, ale żyć tutaj nie zamierzam. Nie będę tu tak szczęśliwa, jak bym chciała.

– Może jestem głupia... Ale nie chcę wyjeżdżać, chociaż mogę.

– Ja też nie wyjadę. W Rosji życie jest weselsze. Na Zachodzie nie ma takiego rozmachu.

– Lepiej kochać ojczyznę z daleka...

– Dzisiaj to wstyd być Rosjaninem...

– Nasi rodzice mieszkali w kraju zwycięzców, a my – w kraju, który przegrał zimną wojnę. Nie mamy powodów do dumy!

– Nie zamierzam nawiewać... Mam tutaj biznes. Mogę z pewnością powiedzieć, że w Rosji można żyć normalnie, nie trzeba tylko pchać się do polityki. Mam gdzieś wszystkie te wiece za wolnością słowa czy przeciwko homofobom...

– Wszyscy mówią o rewolucji... Rublowka opustoszała... Bogaci uciekają, wywożą kapitały za granicę. Zamykają na klucz swoje pałace, pełno jest ogłoszeń: „Sprzedam...". Czuję, że ludzie są bardzo zdecydowani. A nikt niczego dobrowolnie nie odda. Wtedy przemówią kałasznikowy...

– Jedni drą się: „Rosja za Putinem!", drudzy – „Rosja bez Putina!".

– A co będzie, kiedy ropa potanieje albo stanie się niepotrzebna?

* * *

– 7 maja 2012 roku. W telewizji pokazują: świta Putina jedzie triumfalnie na Kreml przez absolutnie puste miasto. Ani ludzi, ani samochodów. Wzorcowa pacyfikacja. Tysiące policjantów, wojskowych i funkcjonariuszy OMON-u stoją przed wejściami do metra i koło pociągów. Stolica oczyszczona z mieszkańców i wiecznych moskiewskich korków. Martwe miasto.

A car jest nieprawdziwy!

Sto dwadzieścia lat temu Dostojewski ukończył Braci Karamazow. *Pisał tam o wiecznych „rosyjskich chłopcach", którzy zawsze rozprawiają „o problemach kosmicznej wagi, a jakże: czy istnieje Bóg, czy istnieje nieśmiertelność? A ci, co nie wierzą w Boga, zaczną gadać o socjalizmie i anarchizmie, o przeróbce całego rodzaju ludzkiego wedle nowego wzorca; przecież to wszystko ten sam diabeł, ciągle te same zagadnienia, tylko od drugiego końca"*.*

Widmo rewolucji znowu hula po Rosji. 10 grudnia 2011 roku – stutysięczny wiec na placu Błotnym. Od tej pory ciągle trwają zgromadzenia protestacyjne. O czym więc rozprawiają dzisiaj „rosyjscy chłopcy"? Co tym razem wybiorą?

– Chodzę na wiece, bo dosyć już mam tego, że robią z nas głupków. Oddajcie wybory, dranie! Za pierwszym razem na placu Bołotnym zebrało się sto tysięcy ludzi, nikt się nie spodziewał, że tyle przyjdzie. Znosili wszystko, znosili, ale w którymś momencie kłamstwo i bezprawie przekroczyły wszystkie granice – koniec, dosyć tego! Wszyscy oglądają wiadomości w telewizji albo czytają w sieci. Rozmawiają o polityce. Bycie w opozycji stało się modne. Ale ja się obawiam... Obawiam się, że wszyscy tylko mielemy ozorem... Postoimy na placu, pokrzyczymy i wrócimy do swoich kompów i będziemy siedzieli w internecie. Pozostanie tylko jedno: „Jak dużo nas się zebrało!". Już się z tym spotkałem – kiedy trzeba było namalować plakaty na następny wiec, roznieść ulotki, to wszyscy się szybko gdzieś rozpłynęli...

– Dawniej byłam daleka od polityki. Wystarczały mi praca i rodzina, uważałam, że nie ma sensu chodzić po ulicach. Bardziej pociągała mnie teoria małych spraw: pracowałam w hospicjum, a latem, kiedy płonęły lasy pod Moskwą, woziłam żywność i odzież dla pogorzelców. Miałam różne doświadczenia... A mama ciągle siedziała przed telewizorem. No i najwyraźniej

* Przekład Adama Pomorskiego.

dopiekły jej te ciągłe kłamstwa i draństwo z czekistowską przeszłością, wszystko mi opowiadała. Poszłyśmy razem na pierwszy wiec, a mama ma siedemdziesiąt pięć lat. Jest aktorką. Na wszelki wypadek kupiłyśmy kwiaty. Przecież nie będą strzelać do ludzi z kwiatami!

– Urodziłem się, kiedy ZSRR już nie było. Jeśli coś mi się nie podoba, to wychodzę na ulice i protestuję. A nie gadam o tym w kuchni przed snem.

– Boję się rewolucji... Wiem, że wybuchnie bunt rosyjski, bezmyślny i bezlitosny. Ale wstyd już przesiadywać w domu. Nie jest mi potrzebny żaden „nowy", „odnowiony" czy „prawdziwy ZSRR". Ze mną nie można tak, że siadamy sobie we dwóch i umawiamy się: dzisiaj ja będę prezydentem, jutro ty. A ciemny lud to kupi. Nie jesteśmy bydłem, jesteśmy narodem. Na wiecach widzę takich, których nigdy wcześniej na nich nie widywałem: zahartowanych w bojach szestidiesiatników, siemidiesiatników i wielu studentów, a niedawno wszyscy mieli gdzieś to, co nam wciskała zombiwizja... Były nawet panie w futrach z norek i młodzi chłopcy, którzy przyjechali na wiec mercami. Niedawno obchodziły ich tylko pieniądze, ciuchy, komfort, ale okazało się, że to za mało. Mnie też nie wystarcza. Przychodzą tam syci, a nie głodni. Hasła... twórczość ludowa... „Putin, odejdź sam!", „Nie głosowałem na tych łajdaków, głosowałem na innych!". Spodobał mi się napis: „Wy nas nawet nie reprezentujecie". Nie zamierzaliśmy szturmować Kremla, chcieliśmy im powiedzieć, kim jesteśmy. Odchodziliśmy, skandując: „Jeszcze tu wrócimy!".

– Jestem człowiekiem radzieckim, wszystkiego się boję. Jeszcze dziesięć lat temu za nic bym nie wyszła na plac. A teraz nie opuszczam ani jednego wiecu. Byłam na prospekcie Sacharowa i na Nowym Arbacie. I na „Białym Pierścieniu"*. Uczę się być

* Przeprowadzona 26 lutego 2012 roku akcja opozycjonistów, którzy trzymając się za ręce, stali wzdłuż okalającej centrum Moskwy ulicy Sadowoje Kolco (Pierścień Sadowy). Uczestnicy nosili białe wstążki i domagali się uczciwych wyborów prezydenckich.

wolną. Nie chcę umrzeć taką, jaka jestem teraz – radziecka. Wiadrami wylewam z siebie swoją radzieckość...

– Chodzę na wiece, bo chodzi na nie mój mąż...

– Mam już swoje lata. Chciałbym jeszcze pożyć w Rosji bez Putina.

– Dosyć już tych Żydów, czekistów, homoseksualistów...

– Mam poglądy lewicowe. Jestem przekonany, że pokojową drogą nic się nie uzyska. Chcę krwi! Bez rozlewu krwi u nas żadne wielkie sprawy się nie odbędą. Dlaczego wychodzimy? Stoję i czekam, kiedy pójdziemy na Kreml. To już nie zabawy. Kreml dawno trzeba było zdobyć, a nie łazić i się drzeć. Dajcie rozkaz, to wezmę widły i łom! Czekam.

– Razem z przyjaciółmi... Mam siedemnaście lat. Co ja wiem o Putinie? Wiem, że jest dżudoką, ma ósmy dan w judo. I to chyba wszystko, co o nim wiem...

– Nie jestem Che Guevarą, jestem tchórzem, ale nie przegapiłam żadnego wiecu. Chcę żyć w kraju, za który nie będę się wstydziła.

– Mam taki charakter, że powinnam być na barykadach. Tak mnie wychowano. Mój ojciec na ochotnika pojechał likwidować skutki trzęsienia ziemi w Spitaku. Właśnie dlatego przedwcześnie zmarł. Dostał zawału. Od dziecka nie mieszkam z tatą, ale ze zdjęciem taty. Iść czy nie iść – o tym każdy sam powinien zdecydować. Mój ojciec pojechał sam... a mógł nie jechać... Koleżanka też chciała pójść ze mną na plac Bołotny, potem zadzwoniła: „Wiesz, ja jednak mam małe dziecko". A ja mam matkę staruszkę. Jak wychodzę, to mama ssie walidol. Ale i tak idę...

– Chcę, żeby dzieci były ze mnie dumne...

– Potrzebne mi to ze względu na szacunek dla samego siebie...

– Trzeba próbować coś robić...

– Wierzę w rewolucję... Rewolucja to długa i uparta praca. W 1905 roku pierwsza rosyjska rewolucja zakończyła się klęską. A dwanaście lat później, w 1917 roku, walnęło tak, że rozwaliło w drobny mak carski reżim. Będziemy i my mieli swoją rewolucję!

– Ja idę na wiec, a ty?

– Ja mam dość już dziewięćdziesiątego pierwszego... dziewięćdziesiątego trzeciego... Nie chcę już żadnych rewolucji! Po pierwsze, rewolucje rzadko kiedy bywają aksamitne, a po drugie, mam doświadczenie: nawet jeśli zwyciężymy, to będzie jak w dziewięćdziesiątym pierwszym. Euforia szybko się skończy. Po walce wszystko wezmą szabrownicy. Przyjdą gusińscy, bieriezowscy, abramowicze*...

– Jestem przeciwny antyputinowskim wiecom. Ruch się robi głównie w stolicy. Moskwa i Petersburg są za opozycją, a prowincja za Putinem. Może źle się nam żyje? Czyż nie lepiej niż przedtem? Strach to utracić. Wszyscy pamiętają, jak nacierpieli się w latach dziewięćdziesiątych. Nikt nie ma ochoty rozwalać wszystkiego w ch.. i zalewać krwią.

– Nie jestem fanatykiem reżimu Putina. Znudził mi się ten „caruś", chcemy przywódców, którzy się zmieniają. Zmiany są oczywiście potrzebne, ale nie rewolucja. Ale to, że ciskają asfaltem w policjantów, też mi się nie podoba...

– Wszystko to za amerykańskie pieniądze. Zachód pociąga za sznurki. Według ich recept zrobiliśmy pierestrojkę i co z tego wyszło? Strącili nas w przepaść! Chodzę nie na te ich wiece, ale na proputinowskie! Za silną Rosją!

– Przez ostatnie dwadzieścia lat obraz kilka razy całkowicie się zmieniał. A rezultat? „Putin, odejdź! Putin, odejdź!" – kolejna mantra. Nie chadzam na te spektakle. Powiedzmy, że Putin odejdzie... I zasiądzie na tronie kolejny samowładca. Jak kradli, tak będą kraść. Zostaną zarzygane bramy, opuszczeni staruszkowie, cyniczni urzędnicy i bezczelni policjanci z drogówki... I łapówka nadal będzie uważana za coś normalnego... Jaki sens zmieniać rząd, jeśli sami się nie zmieniamy? W żadną demokrację u nas nie wierzę. To kraj Wschodu... Feudalny... Popi zamiast intelektualistów...

* Władimir Gusiński (ur. 1952) – były rosyjski magnat medialny, obecnie emigrant; Roman Abramowicz (ur. 1966) – przedsiębiorca, jeden z najbogatszych ludzi w Rosji.

– Nie lubię tłumu... To stado... Tłum nigdy o niczym nie decyduje, decydują jednostki. Władza się postarała, żeby na górze nie było żadnych wybitnych jednostek. Opozycja nie ma ani Sacharowa, ani Jelcyna. „Śnieżna rewolucja"* nie zrodziła swoich bohaterów. Gdzie jest program? Co zamierzają robić? Połażą, pokrzyczą... A ten Niemcow... Nawalny**... Piszą na twitterze, że pojechali na wakacje na Malediwy albo do Tajlandii. Zachwycają się Paryżem. Niech pani sobie wyobrazi, że Lenin w siedemnastym roku po kolejnej demonstracji wybiera się do Włoch albo w Alpy pojeździć na nartach...

– Nie chodzę na wiece i nie chodzę głosować. Nie mam żadnych złudzeń...

– A czy pan ma świadomość, że poza panem jest jeszcze Rosja? Aż po Sachalin... i ona nie życzy sobie żadnych rewolucji: ani „pomarańczowej", ani „różowej", ani „śnieżnej". Dosyć rewolucji! Zostawcie ojczyznę w spokoju!

– Mam w nosie to, co będzie jutro...

– Nie chcę maszerować w jednym szeregu z komunistami i nacjonalistami... z nazistami... Poszłaby pani na marsz razem z Ku-Klux-Klanem w kapturach i z krzyżami? Jakikolwiek piękny cel ów marsz by ogłosił? Marzymy o całkiem innej Rosji.

– Nie chodzę... Boję się, że mi dadzą pałą po łbie...

– Trzeba się modlić, a nie chodzić na wiece. Bóg zesłał nam Putina...

– Nie podobają mi się rewolucyjne flagi za oknem. Jestem za ewolucją... za budowaniem...

– Nie chodzę... I nie mam zamiaru się usprawiedliwiać, że nie chodzę na polityczne *showy*. Te wiece to zwykłe szpanowanie.

* „Śnieżną rewolucją" nazywały media falę zimowych protestów na przełomie lat 2011–2012 w Moskwie i innych dużych miastach, w związku z nadużyciami podczas grudniowych wyborów parlamentarnych.

** Aleksiej Nawalny (ur. 1976) – prawnik, działacz społeczny, znany z walki z korupcją. W wyborach na mera Moskwy w 2013 roku zajął drugie miejsce. W tym samym roku sądzony i skazany na pięć lat więzienia za rzekome przywłaszczenie majątku. Kilka miesięcy później sąd wyższej instancji zawiesił wyrok.

Trzeba, tak jak uczył Sołżenicyn, samemu nie żyć w kłamstwie. Bez tego ani na milimetr się nie posuniemy do przodu. Będziemy kręcić się w kółko.

– Ja i bez tego kocham Rosję...

– Usunąłem państwo z obszaru swoich zainteresowań. Moje priorytety to rodzina, przyjaciele i mój biznes. Czy takie wyjaśnienie pani wystarcza?

– A nie jesteś wrogiem ludu, obywatelu?

– Coś z pewnością się wydarzy. I to wkrótce. Na razie to jeszcze nie rewolucja, ale zapach ozonu już się czuje. Wszyscy czekają: kto, gdzie, kiedy?

– Dopiero co zacząłem żyć normalnie. Dajcie mi pożyć!

– Rosja śpi. Niech pan sobie nic nie roi.

Dziesięć historii bez wnętrza

O Romeo i Julii... tyle że nazywali się Margarita i Abulfaz

Margarita K. – ormiańska uciekinierka, 41 lat

Oj! Ja nie o tym... Nie o tym chciałam... Wiem co innego...

Do tej pory śpię z rękami zarzuconymi za głowę, to przyzwyczajenie z czasów, kiedy byłam szczęśliwa. Tak kochałam życie! Jestem Ormianką, ale urodziłam się i wychowałam w Baku. Nad brzegiem morza. Morze... moje morze! Wyjechałam, ale kocham morze; ludzie i cała reszta mnie rozczarowali, kocham tylko morze. Często mi się ono śni – szare, czarne, fioletowe. I błyskawice! Błyskawice tańczą razem z falami. Kochałam patrzeć w dal, patrzeć, jak wieczorem opada słońce, pod wieczór jest takie czerwone, że wydaje się syczeć, kiedy zanurza się w wodzie. Kamienie rozgrzane w ciągu dnia, ciepłe, jak żywe. Lubiłam patrzeć na morze rano i w dzień, wieczorem i w nocy. Nocą pojawiały się nietoperze, a ja bardzo się ich bałam. Śpiewały cykady. Niebo pełne gwiazd... Nigdzie nie ma tylu gwiazd... Baku to moje najukochańsze miasto... Najukochańsze, cokolwiek by się działo! We śnie często spaceruję po Ogrodzie Gubernatorskim i Górnym Parku... Wchodzę na mury twierdzy... I ze wszystkich stron widać morze – statki i wieże wiertnicze... Z mamą lubiłyśmy wstępować do czajchany i pić czerwoną herbatę. (*W oczach ma łzy*). Mama jest teraz w Ameryce. Płacze i tęskni. A ja – w Moskwie...

W Baku mieszkaliśmy w dużym domu... Mieliśmy wielkie podwórze, na nim rosła morwa, żółta morwa. Smaczna! Mieszkaliśmy wszyscy razem, jak jedna rodzina – Azerbejdżanie, Rosjanie,

Ormianie, Ukraińcy, Tatarzy... Ciocia Klara, ciocia Sara... Abdułła, Ruben... Najładniejsza była Silwa, która pracowała jako stewardesa na liniach międzynarodowych i latała do Stambułu, a jej mąż Elmir był taksówkarzem. Ona była Ormianką, on Azerbejdżaninem, ale nikt się nad tym nie zastanawiał, takich rozmów nie pamiętam. Świat dzielił się inaczej: czy człowiek jest dobry, czy zły, chciwy czy dobrotliwy. Sąsiad i gość. Z jednej wsi... z miasta... Wszyscy mieli jedną narodowość – wszyscy byli ludźmi radzieckimi, wszyscy znali rosyjski.

Najpiękniejszym, najulubieńszym świętem dla wszystkich był Nowruz. Nowruz Bajram to dzień nadejścia wiosny. Czekaliśmy na nie przez cały rok, a świętowali przez siedem dni. Przez siedem dni nie zamykało się bram i drzwi... Ani w dzień, ani w nocy nie było żadnych zamków ani kluczy... Palono ogniska... Ogniska płonęły na dachach i na podwórzach. Całe miasto było pełne ognisk! Do ognia wrzucało się pachnącą rutę i proszono o szczęście, powtarzano: „*Sarylygin sene, gyrmyzyłygin mene*" – „Wszystkie nieszczęścia – dla ciebie, a moja radość dla mnie". „*Gyrmyzyłygin mene...*" Każdy wstępował do każdego – wszędzie przyjmą jak gościa, poczęstują mlecznym pilawem* i czerwoną herbatą z cynamonem albo kardamonem. A na siódmy dzień, najważniejszy dzień święta, wszyscy zbierali się razem... przy jednym stole... Każdy wynosił na podwórze swój stół, z których zestawiało się jeden długaśny. Na nim stawiano gruzińskie chinkali, ormiańskie boraki i basturma**, rosyjskie bliny, pierogi ukraińskie albo tatarskie, zwane jeczpoczmak, mięso z kasztanami po azerbejdżańsku... Ciocia Kława przynosiła swojego popisowego śledzia „pod pierzynką", a ciocia Sara faszerowaną rybę. Piliśmy wino, ormiański koniak. Azerbejdżański też. Śpiewali ormiańskie i azerbejdżańskie pieśni. Rosyjską *Katiuszę*: „*Razcwietali jabłoni*

* Mleczny pilaw (siudłu) – azerbejdżańska potrawa z ryżu, mleka, jajek oraz rodzynków.

** Chinkali – gruziński odpowiednik kołdunów, w środku zawierają mięso i bulion, wydzielający się podczas gotowania; boraki – rodzaj pierogów, maczanych zwykle w sosie; basturma – suszone mięso o ostrym smaku.

i gruszy...". W końcu nadchodziła pora na słodkości: pachlawa, szeker-czurek*... Dla mnie do dzisiaj nie ma nic smaczniejszego! Ale ciasta najlepiej udawały się mojej mamie. Sąsiadki zawsze ją chwaliły: „Jakie ty masz ręce, Knarik! Jakie lekkie ciasto!".

Mama przyjaźniła się z Zejnab, a Zejnab miała dwie dziewczynki i syna Anara, z którym chodziłam do jednej klasy. „Wydasz córkę za mojego Anara – śmiała się Zejnab – to będziemy rodziną"... Nie będę płakała... (*Przekonuje samą siebie*). Nie wolno płakać... Kiedy zaczęły się pogromy Ormian... wtedy ciocia Zejnab, nasza dobra ciocia Zejnab, razem ze swoim Anarem... – my uciekliśmy i schowali się u dobrych ludzi... – wytaszczyli nocą z naszego domu lodówkę i telewizor... kuchenkę gazową i nową jugosłowiańską meblościankę... A kiedyś Anar razem z kolegami spotkali mojego męża i zaczęli go tłuc żelaznymi prętami: „Co z ciebie za Azerbejdżanin? Jesteś zdrajca! Żyjesz z Ormianką, naszym wrogiem!". Mnie zabrała do siebie przyjaciółka, mieszkałam u nich na strychu... Każdej nocy otwierali strych i dawali mi jeść, ja potem znowu wchodziłam na górę, a oni zabijali właz gwoździami. Na głucho. Bo jakby mnie tamci znaleźli, toby zabili! Kiedy wyszłam stamtąd, miałam siwy kosmyk włosów... (*Całkiem cicho*). Innym mówię: „Nie płaczcie nade mną...", ale sama łzy mam w oczach... Anar w szkole mi się podobał, był bardzo ładnym chłopcem. Kiedyś się z nim nawet całowałam... „Cześć, królowo!" – wołał na mnie przed wejściem do szkoły. „Cześć, królowo!"

Pamiętam tamtą wiosnę... Oczywiście, wspominam ją, ale teraz już niezbyt często... Rzadko... Wiosnaaaa! Skończyłam szkołę i zaczęłam pracować jako telegrafistka. W Telegrafie Centralnym. Ludzie stoją przy okienku – kobieta płacze, bo matka jej zmarła, druga się śmieje, bo wychodzi za mąż. Wszystkiego dobrego w dniu urodzin! Gratulacje z okazji złotych godów! Telegramy, telegramy. Łączę się z Władywostokiem, Ust'-Kutem,

* Pachlawa – ciasto z orzechami; szeker-czurek – łatwe do sporządzenia ciastka, najczęściej z cukrem waniliowym.

Aszchabadem... To wesoła praca. Nie nudzi się człowiek. A na miłość czekamy... Kiedy się ma osiemnaście lat, zawsze czeka się na miłość... Myślałam, że ona przychodzi tylko raz, i od razu wie się, że to miłość... A tymczasem to było śmieszne, śmiesznie wypadło. Nie podobał mi się sposób, w jaki się poznaliśmy. Rano mijam strażników; oni wszyscy już mnie znali, nikt nie żądał przepustki, cześć, cześć i żadnych pytań. A tu nagle: „Proszę przepustkę". Osłupiałam. Stoi przede mną wysoki przystojny chłopak i nie chce puścić.

– Codziennie mnie pan widzi...

– Przepustkę proszę.

A ja tego dnia przepustki zapomniałam, grzebię w torebce – nic, żadnych dokumentów. Wezwali mojego szefa... Dostałam naganę... Taka byłam zła na tego chłopaka! A on... Miałam nocną zmianę, a on z kolegą przychodzą na herbatę. Masz ci los! Przynoszą rogaliki z powidłami, teraz już takich nie ma, smaczne, ale strach ugryźć, bo nie wiadomo, z której strony wytrysną powidła. Rechotali! Ale z nim nie chciałam rozmawiać, byłam obrażona. Po kilku kolejnych dniach znalazł mnie po pracy i pyta: „Kupiłem bilety do kina... pójdziesz?". Akurat na moją ulubioną komedię *Mimino** z Wachtangiem Kikabidze w roli głównej, widziałam ją dziesięć razy, znałam tekst na pamięć. Jak się okazało, on też. Idziemy i jedno drugiemu przerywa, sprawdzamy się nawzajem. „Ja tobie powiem jedną mądrą rzecz, tylko się nie obrażaj" „Jak ja tę krowę sprzedam, jeśli ją tu wszyscy znają?" I tak... zaczęła się miłość... Jego kuzyn miał duże inspekty, sprzedawał kwiaty. Na spotkanie Abulfaz zawsze przychodził z różami – czerwonymi i białymi... Róże bywają nawet liliowe, wyglądają jak podkolorowane, ale są prawdziwe. Marzyłam... Często marzyłam o miłości, ale nie wiedziałam, jak bić potrafi moje serce, wyrywać się z piersi. Na mokrej plaży zostawały nasze napisy... na piasku... dużymi literami „KOCHAM CIĘ!". Dziesięć metrów dalej znowu „KOCHAM CIĘ!". Wtedy w mieście wszędzie stały metalowe

* *Mimino* – film radziecki z 1977 roku. Reżyseria: Gieorgij Danielija.

automaty z wodą sodową, a w automacie była jedna szklanka dla wszystkich. Jak się umyje – można pić. Podchodzimy i widzimy, że nie ma szklanki, w kolejnym automacie też nie ma. A ja chcę pić! Nad morzem tyleśmy śpiewali, krzyczeli, śmiali się, że teraz chce mi się pić! Długo zdarzały się nam rzeczy cudowne, niewiarygodne, a potem przestały. Oj, znam to... Prawda! „Abulfaz, chce mi się pić! Wymyśl coś!" On patrzy na mnie i unosi ręce do nieba, coś bardzo długo mówi i mówi. I skądś... zza zarośniętych trawą parkanów i zamkniętych kiosków wychodzi jakiś pijak i oddaje szklankę: „Dla ladnej dzewczyny – ne szkoda".

A ten świt... Nigdzie nie ma żywej duszy, tylko my. I mgła nad morzem. Idę boso, spod asfaltu unosi się mgła jak para. Znowu – cud! Nagle pojawia się słońce! Światło... oświetlenie... Jak w środku letniego dnia... Na mnie momentalnie wysycha letnia sukienka, wilgotna od rosy. „Taka ładna jesteś teraz!" A ty... ty... (*Łzy w oczach*). Innym mówię: „Nie płaczcie...". A sama... Wszystko się przypomina... przypomina... Ale za każdym razem mniej jest głosów, i snów jest coraz mniej. Marzyłam wówczas... latałam! Tyle że... zabrakło! W naszej historii zabrakło *happy endu* – białej sukienki, marsza Mendelssohna, podróży poślubnej. Prędko, bardzo prędko... (*Zatrzymuje się*). Coś chciałam powiedzieć... Coś... Zapominam najzwyklejszych słów... Zaczęłam zapominać... Chciałam powiedzieć, że prędko, prędko, prędko... Ukrywano mnie w piwnicach, na strychach, zmieniłam się w kotkę... w nietoperza... Gdyby pani mogła zrozumieć... Gdyby pani mogła... Gdyby pani wiedziała, jakie to straszne, kiedy nocą ktoś krzyczy. Samotny krzyk. Kiedy w nocy krzyknie samotny ptak, wtedy wszystkim robi się strasznie. A jeśli krzyczy człowiek? Żyłam z jedną myślą: kocham... kocham i jeszcze raz kocham. Inaczej bym nie mogła, nie zniosłabym tego. No bo jak... to było takie okropne! Ze strychu schodziłam tylko w nocy... Zasłony grube jak koc... Kiedyś rankiem strych otwarto. „Wyłaź! Jesteś uratowana!" Do miasta weszły wojska rosyjskie...

Myślę o tym... Myślę o tym nawet we śnie – kiedy wszystko się zaczęło? Rok osiemdziesiąty ósmy... Na placu zbierają się jacyś ludzie, wszyscy w czerni, tańczą i śpiewają. Tańczą z nożami i kindżałami. Budynek telegrafu znajduje się tuż obok placu, wszystko odbywa się na naszych oczach. Wychodzimy wszyscy na balkon i patrzymy.

– Co oni wołają? – pytam.

– Śmierć niewiernym! Śmierć!

Trwało to długo, bardzo długo... wiele miesięcy... Zaczęto nas odpędzać od okien: „Dziewczęta, to niebezpieczne. Siedźcie na swoich miejscach i nie zwracajcie uwagi. Pracujcie". W czasie obiadu zwykle piliśmy herbatę razem i nagle jednego dnia Azerbejdżanki usiadły przy jednym stoliku, Ormianki przy drugim. W jednej chwili, rozumie pani? A ja tego nie mogłam pojąć w żaden sposób, absolutnie. Nic jeszcze do mnie nie docierało. Byłam zakochana, zajęta swoimi uczuciami...

– Dziewczyny! Co się stało?

– Nie słyszałaś? Dyrektor powiedział, że wkrótce będą tu pracowały tylko czystej krwi muzułmanki.

Moja babcia przeżyła pogrom Ormian w tysiąc dziewięćset piętnastym roku. Pamiętam... W dzieciństwie mi opowiadała: „Kiedy byłam taka mała jak ty, zamordowali mojego tatę. Mamę też, i ciocię. Wyrżnęli wszystkie nasze owce... – Babcia miała zawsze smutne oczy. – Mordowali ich sąsiedzi... Przedtem to byli normalni ludzie, można nawet powiedzieć, że dobrzy. W święta siedzieliśmy razem przy stole...". Myślałam, że to było dawno... Czyż może się wydarzyć teraz? Pytam mamę:

– Mamo, widziałaś? Chłopcy na podwórzu nie bawią się w wojnę, ale w rzeź Ormian. Kto ich tego nauczył?

– Cicho, córko. Sąsiedzi usłyszą.

Mama cały czas płakała. Siedziała i płakała. Dzieci włóczyły po podwórzu jakąś kukłę i kłuły ją kijami, dziecięcymi nożykami.

– Kto to jest? – zapytałam małego Orchana, wnuka Zejnab, tej przyjaciółki mamy.

– To ormiańska starucha. Zabijamy ją. A ty, ciociu Rito, kim jesteś? Dlaczego masz rosyjskie imię?

Imię wymyśliła mi mama... Mama lubiła rosyjskie imiona i przez całe życie marzyła o tym, żeby zobaczyć Moskwę... Tato odszedł od nas, żył z inną kobietą, ale tak czy owak był tatą. Poszłam do niego z nowiną:

– Tato, wychodzę za mąż!

– A to porządny chłopak?

– Bardzo. Ale na imię ma Abulfaz...

Tato nic nie powiedział, ale chce, żebym była szczęśliwa. A ja pokochałam muzułmanina... On wierzy w innego Boga... Tato milczy... Aż wreszcie Abulfaz przyszedł do naszego domu.

– Chcę prosić o twoją rękę.

– A dlaczego przyszedłeś sam, bez swatów? Bez krewnych?

– Wszyscy są przeciwni, a ja nie potrzebuję nikogo oprócz ciebie.

Ja też... Też nikogo innego nie potrzebuję. Co mamy począć z naszą miłością?

Dookoła działo się coś innego niż to, co wewnątrz... Nie to samo... coś całkiem innego... Nocą w mieście było cicho i strasznie... No jakże tak? Ja tak nie potrafię! No cóż to jest? Okropność! W dzień ludzie się nie śmieją, nie żartują, przestali kupować kwiaty. Kiedyś zawsze ktoś musiał iść ulicą z kwiatami. Tam się całują, tu się całują. A teraz... Ci sami ludzie idą... i nie patrzą na siebie nawzajem... Coś zawisło nad wszystkim i nad wszystkimi... Na coś czekano...

Teraz już nie umiem dokładnie wszystkiego sobie przypomnieć... To się zmieniało z dnia na dzień... Teraz wszyscy wiedzą o Sumgaicie**... Z Baku do Sumgaitu jest trzydzieści

* Mowa o masakrze w mieście Sumgait w dniach 27–29 lutego 1988 roku, kiedy zginęły 32 osoby, a setki odniosły rany. Nastroje pogromowe pojawiły się pod wpływem opowieści azerbejdżańskich uciekinierów z Armenii i Górskiego Karabachu, ormiańskiej enklawy w Azerbejdżanie. Pod koniec lat osiemdziesiątych odżyły nadzieje na przyłączenie się Karabachu do Armeńskiej SRR, w rezultacie czego doszło tam do krwawych wystąpień antyazerbejdżańskich. Konflikt o Górski Karabach przerodził się w 1992 roku w otwartą wojnę między Armenią a Azerbejdżanem i do dzisiaj nie został rozwiązany.

kilometrów… Tam doszło do pierwszego pogromu… Pracowała u nas dziewczyna z Sumgaitu i nagle… Po zmianie wszyscy szli do domu, a ona zostawała w telegrafie. Nocowała w magazynie podręcznym. Chodziła zapłakana, na ulicę nawet nie wyglądała, z nikim nie rozmawiała. Kiedy ją pytaliśmy, nie odpowiadała. Ale kiedy przemówiła… kiedy zaczęła opowiadać… Wolałabym tego nie słyszeć… Nie słyszeć! Nic nie słyszeć! Cóż to się dzieje! Co to jest, jak tak można?

– Co z twoim domem?

– Rozgrabili.

– A z twoimi rodzicami?

– Mamę wyprowadzili na dwór, rozebrali do naga i na stos! Siostrze w ciąży kazali tańczyć wokół ognia… Kiedy ją zabili, żelaznymi prętami wyszarpali z niej dziecko…

– Przestań! Przestań!

– Tatę rozrąbali na pół… siekierą… Bliscy rozpoznali go tylko po butach…

– Przestań! Błagam cię!

– Mężczyźni, młodzi i starzy, zbierali się grupami od dwudziestu do trzydziestu i wdzierali do domów, w których mieszkały ormiańskie rodziny. Zabijali i gwałcili: córkę przy ojcu, żonę przy mężu…

– Nic nie mów! Lepiej już płacz.

Ale nie płakała… aż taki strach czuła…

– Palili samochody. Na cmentarzu przewracali nagrobki z ormiańskimi napisami… Nienawidzą umarłych…

– Nie mów! Czy ludzie mogą być tacy?!

Wszyscy zaczęliśmy się jej bać… A w telewizji, w radiu, w gazetach… ani słowa o Sumgaicie… Tylko słuchy… Potem mnie pytano: „Jak tam żyliście? Jak żyliście po tym wszystkim?". Nadeszła wiosna. Kobiety włożyły lekkie sukienki… Takie straszne rzeczy – a dookoła tak pięknie! Rozumie pani? I morze…

Szykowałam się do zamążpójścia… Mama prosiła: „Córeczko, zastanów się". Tato nic nie mówił. Idziemy z Abulfazem ulicą, spotykamy jego siostry: „Dlaczego mówiłaś, że brzydactwo?

Popatrz, jaka ładna dziewczyna" – tak szeptały ze sobą. Abulfaz! Abulfaz! Prosiłam go:

– Weźmy ślub w urzędzie, nie urządzajmy wesela.

– Coś ty? My wierzymy, że życie człowieka składa się z trzech dni: tego, w którym się urodził, tego, w którym się ożenił, i tego, w którym umrze.

Nie mógł bez wesela, bez wesela nie byłoby szczęścia. Jego rodzice byli przeciwni... kategorycznie! Nie dali mu pieniędzy na wesele i nawet nie oddali tych, które sam zarobił. A wszystko powinno się odbyć zgodnie z obyczajem... ze starymi obyczajami... Azerbejdżańskie obyczaje są piękne, lubię je... Gdy swaci pierwszy raz przychodzą do domu narzeczonej, tylko się ich wysłuchuje, dopiero następnego dnia dostają zgodę albo odmowę. Wówczas pije się wino. Zakup białej sukni i pierścionka należy do narzeczonego, musi przynieść je do domu narzeczonej, koniecznie rano... i żeby dzień był słoneczny... bo szczęście trzeba obłaskawić, a ciemne siły odegnać precz. Narzeczona przyjmuje dar i dziękuje narzeczonemu, całując go przy wszystkich. Na ramionach ma białą chustę, znak czystości. Dzień weselny... Z obu stron na wesele przynosi się dużo prezentów, kładzie się je na wielkich tacach, obwiązane czerwonymi wstążkami. Nadmuchuje się setki kolorowych baloników, które przez kilka dni fruwają nad domem narzeczonej, im dłużej, tym lepiej, bo to znaczy, że miłość jest wzajemna i mocna.

Moje wesele... nasze... Wszystkie prezenty od rodziny narzeczonego i narzeczonej... kupowała moja mama... I białą sukienkę, i złoty pierścionek... Przy stole krewni panny młodej powinni przed pierwszym toastem wstać i wychwalać dziewczynę, a krewni pana młodego chwalić chłopaka. Za mnie mówił mój dziadek, zakończył i pyta Abulfaza:

– A kto nam ciebie będzie zachwalał?

– Ja sam o sobie powiem. Kocham waszą córkę. Kocham bardziej niż życie.

Tak to powiedział, że wszystkim się spodobało. Sypano nam na próg drobne monety, ryż, żeby się nam szczęściło, i żebyśmy byli bogaci. Jest podczas wesela taka chwila, kiedy krewni z jednej strony powinni wstać i ukłonić się krewnym z drugiej strony. Abulfaz wstał sam, jakby był przybłędą... „Urodzę ci dziecko – pomyślałam – wtedy nie będziesz sam". Taką złożyłam w duchu przysięgę. A on wiedział, bo mu dawno się przyznałam, że za młodu ciężko chorowałam i lekarze orzekli, że nie wolno mi rodzić. On i na to się zgodził, byle tylko być razem ze mną. Ale ja... Postanowiłam, że urodzę. Mogłabym nawet sama umrzeć, ale dziecko niech zostanie.

Moje Baku...

...morze... morze... morze...

...słońce... słońce... słońce... Nie moje Baku...

...Nie ma drzwi w bramie, wielkie dziury od drzwi zasłonięte są płachtami celofanu...

Mężczyźni albo wyrostki... z przerażenia zapomniałam... biją... zabijają kołkami (gdzie je znaleźli w mieście?) kobietę... A ona leży na ziemi, nie wydając nawet jęku. Jak ktoś ją zobaczy, skręca w sąsiednią ulicę. Gdzie jest milicja? Milicja zniknęła... Ani dniem, ani nocą nie było widać żadnego funkcjonariusza... Abulfazowi w domu robi się niedobrze. Jest dobry, bardzo dobry. Ale skąd wzięli się tamci... na ulicy? Naprzeciwko nam biegnie człowiek cały we krwi... płaszcz, ręce we krwi... w rękach trzyma długi nóż do krajania warzyw... Miał minę triumfującą... może nawet szczęśliwą... „Wiem, kto to jest" – mówi znajoma dziewczyna, z którą stałyśmy na przystanku autobusowym.

Wtedy coś ze mnie zniknęło... Odtąd czegoś już we mnie nie było...

Mama zwolniła się z pracy... Już niebezpiecznie było chodzić po ulicach, rozpoznawali ją od razu. A mnie nie. Pod jednym warunkiem – nie mogłam brać ze sobą dokumentów. Żadnych! Abulfaz witał mnie po pracy, szliśmy razem, nikt nie podejrzewał, że jestem Ormianką. Ale każdy mógł podejść i zażądać: „Pokaż dowód!". „Ukryjcie się. Uciekajcie" – ostrzegały sąsiadki, rosyjskie babcie... Młodzi Rosjanie powyjeżdżali, porzucili mieszkania, ładne meble. Zostały babcie... dobre rosyjskie babcie...

A ja już byłam w ciąży... Nosiłam dziecko pod sercem...

Rzeź w Baku trwała już kilka tygodni... Jedni mówili, że tyle, a drudzy, że dłużej... Zabijano nie tylko Ormian, ale także tych, którzy ich ukrywali. Mnie schowała moja azerbejdżańska przyjaciółka. Miała rodzinę, męża i dwójkę dzieci. Kiedyś... Przysięgam! Pojadę do Baku, pojadę z własną córką, wejdę do tamtego domu i powiem: „To jest twoja druga matka, córeczko". Zasłony grube... jak płaszcz... oni je uszyli z mojego powodu. Nocą schodziłam ze strychu na godzinę czy dwie... Rozmawialiśmy szeptem, bo ze mną trzeba było rozmawiać. Wszyscy wiedzieli, że trzeba ze mną rozmawiać, żebym nie oniemiała, nie oszalała. Nie straciła dziecka i w nocy nie zaczęła wyć. Jak zwierzę.

Pamiętam nasze rozmowy, dobrze pamiętam. Cały dzień siedziałam na strychu i rozważałam wszystko w pamięci. Jestem sama. Widzę wąziutki pasek nieba... przez szczelinę...

„...Zatrzymali na ulicy starego Łazara i zaczęli bić... Jestem Żydem – przekonywał. Zanim znaleźli jego dowód, już został kaleką..."

„...Zabijają za pieniądze i tak zwyczajnie... Szukają przede wszystkim domów, gdzie mieszkają bogaci Ormianie..."

„...W jednym domu zabili wszystkich... A najmniejsza dziewczynka wlazła na drzewo... A oni ją, jak ptaszka... W nocy źle widać, więc długo nie mogli trafić, złościli się... W końcu trafili. Spadła im pod nogi..."

Mąż przyjaciółki był malarzem. Lubiłam jego obrazy, malował portrety kobiet i martwe natury. I pamiętam, jak podchodził do półek z książkami i stukał w grzbiety. „Trzeba to wszystko spalić! Spalić! Już nie wierzę książkom! Myśleliśmy, że dobro zwycięży, a tu – nic podobnego! Kłóciliśmy się o Dostojewskiego... Tak, ci bohaterowie zawsze są tutaj! Pośród nas. Tuż obok nas!" Nie rozumiałam, o czym mówi, jestem zwyczajną, prostą dziewczyną. Nie studiowałam na uniwersytecie. Umiałam tylko płakać... ocierać łzy... Długo wierzyłam, że mieszkam w najlepszym kraju na świecie, wśród najlepszych ludzi. Tak uczono nas w szkole. A on przeżywał to bardzo ciężko, strasznie przeżywał.

W końcu dostał wylewu, sparaliżowało go... (*Zatrzymała się*). Muszę przerwać... Cała się trzęsę... (*Po kilku minutach zaczyna mówić dalej*). Do miasta wkroczyły wojska rosyjskie. Mogłam już wrócić do domu... A on leżał, tylko jedną ręką mógł trochę poruszać. Objął mnie tą ręką i mówi: „Całą noc myślałem o tobie, Rita, i o swoim życiu. Wiele lat... Całe życie walczyłem z komunistami. A teraz mam wątpliwości. Niechby już nami rządziły te stare mumie, niechby jedna drugiej przywieszała kolejne Gwiazdy Bohaterów, niechbyśmy już nie wyjeżdżali za granicę, nie czytali zakazanych książek i nie jedli pizzy – potrawy bogów. Ale ta mała dziewczynka zostałaby żywa, nikt by jej nie zastrzelił... Jak ptaszka... A ty nie siedziałabyś na strychu jak mysz...". Wkrótce umarł, niedługo potem... Wtedy wielu umierało, umierali dobrzy ludzie. Nie mogli tego znieść.

Na ulicach pełno było rosyjskich żołnierzy. Pełno sprzętu wojskowego. Żołnierze... przecież to chłopcy... mdleli na widok tego, co zobaczyli...

Byłam w ósmym miesiącu... Wkrótce miałam rodzić. W nocy źle się czułam, zadzwoniliśmy na pogotowie, a tam, jak usłyszeli ormiańskie nazwisko, to odłożyli słuchawkę. Do izby porodowej też mnie nie przyjęli, ani w rejonie, ani nigdzie... Otwierali dowód i od razu – nie ma miejsc. Nie ma miejsc! Nigdzie, w żaden sposób, nie ma mowy. Mama znalazła starą akuszerkę. Rosjankę, która kiedyś odbierała od niej poród... bardzo dawno... Znalazła ją w jakimś osiedlu na skraju miasta. Miała na imię Anna, nie pamiętam, jak po ojcu... Raz na tydzień przychodziła do nas do domu, obserwowała mnie i mówiła, że poród będzie ciężki. Bóle zaczęły się w nocy... Abulfaz pobiegł po taksówkę, bo nie mógł się dodzwonić. Gdy taksówkarz przyjechał i mnie zobaczył, powiedział:

– Co, Ormianka?

– To moja żona.

– Nie, nie pojadę.

Mąż zaczął płakać. Wyjął portfel i pokazał pieniądze, całą pensję. „Masz... Wszystko ci oddam... Tylko ratuj mi żonę i dziecko". Pojechaliśmy... pojechali wszyscy... Mama z nami. Pojechaliśmy do tego osiedla, gdzie mieszkała Anna, do szpitala, gdzie pracowała na pół etatu. Dorabiała do emerytury. Już czekała na nas, więc od razu położyli mnie na stole. Rodziłam długo... siedem godzin... Rodziłyśmy dwie, ja i Azerbejdżanka, była jedna poduszka, więc jej oddali tę poduszkę, ja trzymałam głowę bardzo nisko. Było mi niewygodnie, bolało mnie... Mama stała przed drzwiami. Odpędzali ją, ale nie chciała odejść. Bo jak ukradną dziecko... Bo jak... Wszystko mogło się zdarzyć... Urodziłam dziewczynkę... Przynieśli mi ją, pokazali jeden raz i więcej nie przynosili. Innym matkom (Azerbejdżankom) dawali dzieci do karmienia, a mnie nie. Czekałam dwa dni. A potem... wzdłuż ścianki, której się trzymałam, doczołgałam się do sali, gdzie leżały dzieci. Patrzę, nie ma ani jednego dziecka, tylko moja dziewczynka, a drzwi i okna – pootwierane na oścież. Dotknęłam jej, a ona leży w gorączce. Akurat przyszła moja mama... „Mamo, zabieramy dziecko i uciekamy. Już jest chore"

Córka chorowała długo. Leczył ją stary lekarz, Żyd. Od dawna był na emeryturze, ale chodził i pomagał rodzinom ormiańskim. „Ormian zabija się za to, że są Ormianami, jak kiedyś zabijano Żydów tylko za to, że byli Żydami" – mówił. Był bardzo stary. Córce daliśmy na imię Ira... Irinka... Uznaliśmy: niech imię będzie rosyjskie, niech ją chroni. Abulfaz wziął po raz pierwszy dziecko na ręce i zapłakał. Szlochał... Ze szczęścia, bo było wtedy i szczęście... Nasze szczęście! Wtedy ciężko zachorowała jego mama... Zaczął często chodzić do swojej rodziny. Wracał od nich... nie znajduję słów, żeby opisać, jaki wracał. Inny, z jakąś obcą twarzą. Oczywiście bałam się. W mieście było już pełno uchodźców, to były azerbejdżańskie rodziny, które uciekły z Armenii. Uciekali tak, jak stali, bez rzeczy, uciekali dokładnie tak samo jak Ormianie z Baku. I to samo opowiadali. Oj! Ciągle to samo. O Chodżałach*, gdzie doszło do pogromu Azerbejdżan...

* Chodżały (Xoçalı) – miasto w Górskim Karabachu, oblegane przez kilka miesięcy przez ormiańskie siły zbrojne. Podczas ostatecznego szturmu w końcu lutego 1992 roku zamordowano przeszło sześciuset mieszkańców, w tym kobiety i dzieci.

Jak tam Ormianie zabijali Azerbejdżan, jak wyrzucali kobiety przez okna... odcinali głowy... oddawali mocz na trupy... Żaden horror w telewizji mnie dzisiaj nie przeraża! Tyle strasznych rzeczy widziałam i słyszałam... Tyle rzeczy! Nie spałam po nocach, myślałam długo, aż wymyśliłam, że trzeba wyjechać. Koniecznie! Przecież tak się nie da, nie mogę już dłużej. Uciec... Uciec, żeby zapomnieć... Gdybym chciała dłużej to znosić, tobym umarła... Wiem, że bym umarła...

Pierwsza wyjechała mama... W ślad za nią tato ze swoją drugą rodziną. Za nimi my z córką. Wyjeżdżaliśmy z podrobionymi dokumentami... na azerbejdżańskie nazwiska... Przez trzy miesiące nie mogliśmy kupić biletów. Takie były kolejki! A jak weszliśmy do samolotu, to skrzynek z owocami i tekturowych pudeł z kwiatami było więcej niż pasażerów. Biznes! Interesy kwitły. Przed nami siedzieli młodzi Azerbejdżanie, przez całą drogę pili wino i mówili, że wyjeżdżają, bo nie chcą zabijać. Nie chcą iść na wojnę i umierać. Rok dziewięćdziesiąty pierwszy... Wojna w Górskim Karabachu... Ci chłopcy otwarcie przyznawali: „Nie będziemy pchać się pod czołgi. Nie palimy się do tego". W Moskwie powitał nas kuzyn...

– A gdzie Abulfaz? – zapytał.

– Przyleci za miesiąc.

Wieczorem zebrała się rodzina... Wszyscy mnie prosili: „Mów, mów, nie bój się. Ci, którzy milczą, zaczynają chorować". Po miesiącu zaczęłam rozmawiać, chociaż myślałam, że już nie będę. Zamilknę i już.

Czekałam... czekałam... czekałam... Abulfaz przyjechał do nas nie po miesiącu, ale po kilku... i to nie miesiącach, ale latach. Po siedmiu latach... Siedmiu... Aaaaa... Gdyby nie córka, tobym nie przeżyła... Córka mnie uratowała. Dla niej trzymałam się ze wszystkich sił. Żeby przeżyć, trzeba się czegoś uchwycić, nawet cienkiej nitki... Żeby przeżyć... i czekać... Do jutra... do następnego dnia... Wszedł do mieszkania, uściskał mnie i córeczkę. Stanął... jeszcze stał w przedpokoju, a ja zobaczyłam, że powolutku, na moich oczach, upada. Po pewnej chwili leżał już na podłodze, w płaszczu i czapce. Dowlekliśmy go do kanapy, położyli. Byliśmy przerażeni – trzeba wezwać lekarza, ale jak? Nie mieliśmy zameldowania w Moskwie, ani ubezpieczenia. Byliśmy uchodźcami. Zastanawiamy się, mama płacze... Córka z szeroko otwartymi oczami siedzi w kącie... Czekałyśmy na tatę, a tata przyjechał i umiera. Tymczasem on otworzył oczy: „Nie potrzeba lekarza. Nie bójcie się. Nareszcie przyjechałem do domu". Zaraz się rozpłaczę... Teraz będę płakać... (*Płacze pierwszy raz w czasie całej naszej rozmowy*). Jakże coś takiego bez łez... Przez miesiąc chodził za mną po mieszkaniu na kolanach, całował mi ręce i całował:

– Co mi chcesz powiedzieć?

– Że cię kocham.

– Gdzie byłeś tyle lat?

...Wykradli mu jeden paszport... Drugi... Wszystko to zrobiła jego rodzina...

...Do Baku przyjechali jego kuzyni... Wypędzono ich z Erewanu, gdzie mieszkali ich ojcowie i dziadkowie. Co wieczór opowieści... Koniecznie musiał tego słuchać... Jak tamci zdarli skórę z chłopca i powiesili na drzewie. A sąsiadowi rozgrzaną podkową wypalili piętno na czole... Jak... Jak...

– A ty dokąd się wybierasz?

– Do żony.

– Jedziesz do naszego wroga. Nie jesteś dla nas bratem. Nie jesteś naszym synem.

...Dzwoniłam do niego... Odpowiadali: „Nie ma go w domu". A jemu przekazywali, że dzwoniłam i oświadczyłam, że wychodzę za mąż. A ja nadal wydzwaniałam. Słuchawkę podnosiła jego siostra: „Zapomnij o tym numerze. On ma inną żonę. Muzułmankę".

Mój tato... Chciał, żebym znalazła szczęście... Zabrał mój dowód osobisty i dał jakimś facetom, żeby przystawili tam stempel o rozwodzie. Fałszywy. Coś tam malowali, ścierali i poprawiali, tak że teraz jest tam dziura.

– Tato! Po co to zrobiłeś? Przecież wiesz, że go kocham!

– Kochasz naszego wroga.

Zepsuli mi dowód... Teraz jest nieważny...

Czytałam *Romea i Julię* Szekspira... O dwóch wrogich klanach – Montecchich i Capuletich. To wszystko jest o mnie... Rozumiałam tam każde słowo...

Nie poznawałam córki. Zaczęła się uśmiechać... od pierwszej chwili kiedy go zobaczyła: „Tato! Ta-tu-siu!". Malutka... wyjmowała z walizki jego zdjęcia i całowała. Ale tak, żebym nie widziała... I nie płakała...

Ale to nie cała opowieść... Pani myślała, że to już wszystko? Że na tym koniec? Oj, nie, jeszcze nie...

Tutaj też żyjemy jak na wojnie... Wszędzie jesteśmy obcy. Mnie mogłoby wyleczyć morze. Moje morze! Ale w pobliżu nie ma morza...

Myłam metro, czyściłam toalety. Na budowie dźwigałam cegły i worki z cementem. Teraz sprzątam w restauracji. Abulfaz robi remonty u bogatych ludzi. Dobrzy ludzie płacą, źli oszukują. „Spadaj, Czuczmeku*! Bo zaraz dzwonię na milicję". Nie mamy zameldowania, nie mamy żadnych praw... Takich jak my jest tu jak piasku na pustyni. Setki tysięcy ludzi uciekło z domu: Tadżycy, Ormianie, Azerbejdżanie, Gruzini, Czeczeni... Uciekali do Moskwy, stolicy Związku Radzieckiego, ale to już jest stolica innego państwa. A naszego państwa już nie ma na mapie...

Córka rok temu skończyła szkołę... „Mamo... tato... Chcę się uczyć!" Nie ma dowodu osobistego... Jesteśmy tu jakby tranzytem. Mieszkamy u babci, która przeniosła się do syna, a nam oddała swoją kawalerkę. Milicja puka, żeby sprawdzić dokumenty... Siedzimy wtedy jak myszy pod miotłą. Znowu jak myszy... Wyrzucą nas z powrotem... To znaczy dokąd z powrotem? Dokąd mamy jechać? Wyrzucą nas w ciągu dwudziestu czterech godzin! Nie mamy pieniędzy, żeby się wykupić... A innego mieszkania już nie znajdziemy. Wszędzie wiszą ogłoszenia: „Wynajmiemy mieszkanie słowiańskiej rodzinie...", „Wynajmiemy... rosyjskiej prawosławnej rodzinie. Inne niech się nie fatygują...".

*Czuczmek – pogardliwe przezwisko mieszkańców Azji Środkowej, ale także Kaukazu i Zakaukazia.

Wyjść wieczorem z domu – mowy nie ma! Jak mąż albo córka gdzieś się zatrzymają, od razu piję walerianę. Proszę córkę: „Nie maluj brwi, nie noś jaskrawych sukienek". Tutaj zabili ormiańskiego chłopaka, tam zamordowali tadżycką dziewczynę... Azerbejdżanina pokłuli nożem... Kiedyś wszyscy byliśmy ludźmi radzieckimi, teraz o nas mówią inaczej: osoba narodowości kaukaskiej. Biegnę rano do pracy i nigdy nie patrzę w oczy młodym ludziom, bo mam czarne oczy, czarne włosy. W niedzielę, jeśli wychodzimy z rodziną na ulicę, to spacerujemy w swojej dzielnicy, koło domu.

– Mamo, chcę na Arbat. Chcę pochodzić po placu Czerwonym.

– Nie pójdziemy tam, córeczko, tam są skinheadzi. Ze swastykami. Ich Rosja jest dla Rosjan. Bez nas. (*Milknie*).

Nikt nie wie, ile razy chciałam umrzeć.

Moja dziewczynka... od dziecka słyszy: „Czuczmeczka"... „Czurka"*... Kiedy była mała, nie rozumiała tego. Kiedy wracała ze szkoły, całowałam ją, żeby zapomniała o tych wszystkich słowach.

Wszyscy Ormianie z Baku wyjechali do Ameryki... Przyjął ich obcy kraj... Wyjechali mama, tato i wielu naszych krewnych. Ja też poszłam do ambasady amerykańskiej. Poproszono mnie, żebym opowiedziała swoją historię. Opowiedziałam im o swojej miłości... Długo milczeli, nic nie mówili. Młodzi Amerykanie, całkiem młodzi. Potem zaczęli się naradzać. Dowód ma uszkodzony, no i mimo wszystko to dziwne, dlaczego mąż nie przyjeżdżał przez siedem lat. Mąż to czy nie mąż? Zbyt piękna i straszna jest ta historia, żeby w nią uwierzyć. Tak mówili. Trochę znam angielski... Zrozumiałam, że mi nie wierzą. Ale nie mam innych dowodów, poza tym, że kocham... Pani mi wierzy?

(*Wierzę... – odpowiadam. – Wychowałam się w tym samym kraju. I dlatego pani wierzę!*

Wtedy płaczemy obie).

* Czurka – to samo co Czuczmek.

O ludziach, którzy zmienili się od razu po upadku komunizmu

Ludmiła Malikowa – technolog, 47 lat

Z opowieści córki

O czasach, w których wszyscy żyli tak samo

Dobrze zna pani Moskwę? Dzielnicę Kuncewską... Mieszkaliśmy tam w czteropiętrowym domu, mieliśmy tam mieszkanie, trzypokojowe. Dostaliśmy je, kiedy zamieszkaliśmy razem z babcią. Dziadek umarł, ona żyła długo, ale robiła się coraz słabsza, więc postanowiliśmy zamieszkać razem z nią. Ucieszyłam się, bo lubiłam babcię. Chodziłam razem z nią na narty, grałam w szachy. Babcia była wspaniała! Tato... tato był, ale mieszkał z nami niedługo, bo mu się coś poprzestawiało, zaczął zdrowo popijać z koleżkami, więc mama poprosiła, żeby się wyniósł... Tato pracował w zamkniętych zakładach wojskowych... Od dzieciństwa pamiętam, jak w wolne dni nas odwiedzał, przynosił mi prezenty, cukierki i owoce. Zawsze starał się kupić największą gruszkę, największe jabłko. Chciał mnie zadziwić: „Zamknij oczy, Juleczko – masz!". Tak ładnie się śmiał... a potem gdzieś przepadł... Kobieta, z którą potem żył – przyjaciółka mamy – też go wypędziła, bo sprzykrzyło się jej to jego picie. Nie wiem, czy jeszcze żyje; gdyby żył, toby mnie szukał...

Póki nie skończyłam czternastu lat, żyliśmy bez trosk. Póki nie zaczęła się pierestrojka... Żyliśmy zwyczajnie, dopóki nie zaczął się kapitalizm, czyli, jak wtedy mówili w telewizji, „rynek". Nikt za bardzo nie wiedział, co to jest, ani też nikt niczego nie tłumaczył. A zaczęło się wszystko od tego, że w modę weszło pomstowanie na Lenina i Stalina. Pomstowali ludzie młodzi. Starzy milczeli – kiedy w autobusie słyszeli, że ktoś ubliża komunistom, to wysiadali. W naszej szkole młody nauczyciel matematyki był przeciw komunistom, a stary nauczyciel historii – za nimi. W domu babcia mówiła: „Zamiast komunistów będą teraz spekulanci". Mama się z nią kłóciła, tłumaczyła jej, że nic podobnego, że teraz zacznie się piękne, sprawiedliwe życie. Chodziła na manifestacje, zachłystując się, przekazywała nam, co mówił Jelcyn. Naszej babci nie sposób było przekonać. „Zamienili socjalizm na banany. Na gumę do żucia..." Kłótnia zaczynała się rankiem, potem mama szła do pracy, a wieczorem był dalszy ciąg. Kiedy w telewizji pokazywał się Jelcyn, mama czym prędzej siadała w fotelu i mówiła: „Wielki człowiek!", a babcia się żegnała ze słowami: „Znowu ten zbrodniarz, Boże odpuść". Była komunistką do szpiku kości. Głosowała na Ziuganowa. Wszyscy zaczęli chodzić do cerkwi. Babcia też – zaczęła się żegnać i pościć, ale wierzyła tylko w komunizm... (*Milknie*). Lubiła opowiadać mi o wojnie... Kiedy miała siedemnaście lat, poszła jako ochotniczka do wojska, i tam się w niej zakochał nasz dziadek. Marzyła, żeby zostać telefonistką, ale w oddziale, do którego trafiła, potrzebni byli kucharze, no więc została kucharką. Dziadek też był kucharzem, karmili rannych w szpitalu. W malignie ranni krzyczeli: „Dalej! Dalej! Naprzód!". Szkoda, że pamiętam tylko kawałki, a ona tak dużo opowiadała... Siostry zawsze miały przygotowane wiadro z kredą, jak się skończyły tabletki i proszki, to robiły pigułki z tej kredy, żeby ranni nie przeklinali i nie tłukli ich kulami... W tych czasach nie było telewizji, więc nikt nie widział Stalina, ale wszyscy chcieli go zobaczyć. Moja babcia też, aż do śmierci go wysławiała: „Gdyby nie Stalin, tobyśmy Niemcom dupę lizali". Nieraz dodawała coś wulgarnego. A mama nie lubiła Stalina, mówiła o nim „złoczyńca" i „morderca"... Skłamałabym, gdybym powiedziała, że wiele się nad tym zastanawiałam... Żyłam, cieszyłam się... Przeżywałam pierwszą miłość...

Mama była pracownicą techniczną w instytucie geofizyki. Byłyśmy przyjaciółkami. Dzieliłam się z nią wszystkimi swoimi sekretami, nawet tym, czego się zazwyczaj mamom nie mówi. Z moją jednak można było, bo wcale nie była jak dorosła. Raczej jak starsza siostra. Kochała książki... muzykę... Tym żyła. A wszystkim kierowała u nas babcia... Mama wspominała, że w dzieciństwie byłam kochanym dzieckiem, nigdy nie musiała mnie prosić, namawiać. To prawda, ubóstwiałam mamę... Cieszę się, że jestem do niej podobna, i im jestem starsza, tym bardziej. Prawie ta sama twarz. To mnie cieszy... (*Milknie*). Żyłyśmy bardzo skromnie, ale jakoś żyłyśmy. Wszyscy wokół byli tacy sami. Było nawet wesoło, do mamy przychodzili przyjaciele, rozmawiali, śpiewali piosenki. Pamiętam z dzieciństwa Okudżawę: „Raz pewien żołnierz sobie żył, odważny i zawzięty, lecz cóż – zabawką tylko był, z papieru był wycięty..."*. Babcia stawiała na stole miseczkę blinów, piekła smaczne pierożki. Wielu mężczyzn zalecało się do mamy, przynosili jej kwiaty, a mnie kupowali lody. Kiedyś nawet mnie zapytała: „A może wyszłabym za mąż?". Nie protestowałam, bo mama była ładna, więc martwiłam się, że jest sama; chciałam, żeby była szczęśliwa. Zawsze zwracano na nią uwagę na ulicy, to jeden mężczyzna się obejrzał, to drugi.

– Czego oni chcą? – pytałam, kiedy byłam mała.

– Chodźmy! Chodźmy! – śmiała się mama, ale w jakiś szczególny sposób. Nie taki zwyczajny.

Było nam dobrze. Potem, kiedy zostałam sama, przychodziłam na naszą ulicę i spoglądałam w nasze okna. Kiedyś nie wytrzymałam i zadzwoniłam do naszych drzwi, a tam już mieszkała jakaś gruzińska rodzina. Na pewno myśleli, że jestem żebraczką, chcieli dać mi pieniędzy i coś do jedzenia. A ja rozpłakałam się i uciekłam...

Wkrótce babcia zachorowała, chorowała na coś takiego, że cały czas chciało jej się jeść, co pięć minut wyskakiwała na klatkę

* Bułat Okudżawa, *Piosenka o papierowym żołnierzyku* w przekładzie Wojciecha Młynarskiego.

schodową i wołała, że ją morzymy głodem. Rozbijała talerze... Mama mogła ją umieścić w specjalnej klinice, ale zdecydowała, że sama będzie zajmować się babcią, bo też bardzo ją kochała. Często wyjmowała z serwantki jej zdjęcia z czasów wojny, patrzyła na nie i płakała. Na zdjęciach widać było młodą dziewczynę, niepodobną do babci, choć to właśnie była nasza babcia. Tylko wyglądała jak ktoś inny... Tak na nich wyszła... tak... Aż do śmierci babcia czytała gazety, interesowała się polityką... A kiedy zachorowała, na szafce przy łóżku leżała u niej tylko jedna książka... Biblia... Wołała mnie i czytała: „I wróci się proch do ziemi, jako przedtem był, a duch wróci się do Boga, który go dał"*. Bez przerwy myślała o śmierci: „Tak już mi ciężko, wnuczko. Tak mi się nudzi".

To był dzień wolny... Wszyscy siedzieliśmy w domu... Zajrzałam do pokoju babci, a ona już źle chodziła, głównie leżała... Zobaczyłam, że siedzi i patrzy przez okno. Dałam jej wody do picia. Minęło trochę czasu... Znowu tam zajrzałam, odezwałam się do niej, ale nie odpowiedziała, a wtedy wzięłam ją za rękę. Rękę miała zimną, oczy otwarte, i patrzyła ciągle przez okno. Przedtem nigdy nie zetknęłam się z czyjąś śmiercią, więc się przestraszyłam i krzyknęłam. Przybiegła mama, od razu zaczęła płakać, a potem zamknęła babci oczy. Trzeba było zadzwonić na pogotowie... Przyjechali bardzo szybko, ale lekarka zażądała od mamy pieniędzy za świadectwo zgonu i za odwiezienie babci do kostnicy. „A co pani myśli? Jest rynek!" Żadnych pieniędzy w domu nie było... Akurat wtedy mamę zwolniono z pracy, od dwóch miesięcy szukała nowej, ale dokądkolwiek poszła, zastawała tam już kolejkę. Mama skończyła uczelnię techniczną z czerwonym dyplomem, czyli z wyróżnieniem. O znalezieniu pracy zgodnej z wykształceniem nie było nawet mowy, ludzie z dyplomami wyższych uczelni zatrudniali się jako sprzedawcy, zmywali naczynia. Sprzątali w firmach. Wszystko wyglądało teraz inaczej... Nie poznawałam na ulicach ludzi, wyglądali tak,

* Księga Eklezjasty 12,7. Biblia Gdańska.

jakby wszyscy przebrali się w coś szarego. Nie było nic kolorowego. Tak to zapamiętałam... „To wszystko twój Jelcyn... twój Gąjdar... – lamentowała babcia, póki jeszcze żyła. – Co oni z nami zrobili? Jeszcze ociupinę i będzie tak jak w czasie wojny". Mama nie odpowiadała, ku mojemu zdziwieniu, nic nie mówiła. Na wszystko w domu patrzyłyśmy tylko w jeden sposób – czy dałoby się to sprzedać? Nie było nic do sprzedania... Żyłyśmy z emerytury babci. Żywiłyśmy się samym makaronem... Przez całe życie babcia zaoszczędziła pięć tysięcy, przechowywała je na książeczce, powinny były, jak mówiła, wystarczyć na „czarną godzinę" i na jej pogrzeb. A teraz za to można było kupić bilet na tramwaj... Pudełko zapałek... W ciągu jednego dnia wszyscy stracili pieniądze. Ograbiono nas doszczętnie... Babcia najbardziej się bała, że pochowamy ją w celofanowej torbie albo owiniemy gazetami. Trumna kosztowała bajońskie sumy, ludzi chowano w czym kto mógł... Ciocię Fienię, przyjaciółkę babci, która na wojnie była sanitariuszką, córka pochowała w gazetach... Owinęła ją starymi gazetami... Medale włożyli tak zwyczajnie, do piachu... Jej córka była inwalidką, grzebała po śmietnikach... To wszystko było takie niesprawiedliwe! Chodziłam z przyjaciółkami do sklepu komercyjnego, przyglądałam się tam kiełbasom. Jakieś błyszczące opakowania. W szkole dziewczyny, które miały legginsy, wyśmiewały się z tych, których rodziców nie stać było na legginsy. Ze mnie też... (*Milknie*). Ale mama obiecała babci, że pochowa ją w trumnie. Przysięgła.

Lekarka zobaczyła, że nie mamy pieniędzy. Pogotowie nawróciło i odjechało. Zostawili nam babcię...

Przez tydzień z nią mieszkałyśmy... Mama kilka razy dziennie obmywała ciało nadmanganianem potasu i przykrywała mokrym prześcieradłem. Zatrzasnęła na głucho wszystkie okna i lufciki, uszczelniła drzwi mokrym kocem. Robiła to sama, bo ja bałam się wchodzić do pokoju babci, szybciutko przebiegałam do kuchni i z powrotem. Zapach już się pojawił... Chociaż dziwnie brzmi takie stwierdzenie, to miałyśmy szczęście, że w czasie choroby babcia mocno schudła, została z niej skóra i kości...

Zaczęłyśmy wydzwaniać po krewnych... Niby pół Moskwy to byli nasi krewni, a tu nagle – nikogo, co nie znaczy, że odmawiali pomocy. Owszem, przyjeżdżali z trzylitrowymi słojami marynowanych kabaczków, ogórków, z konfiturami, ale nikt nie proponował pieniędzy. Posiedzieli, popłakali i jechali z powrotem. Nikt nie miał gotówki. Tak myślę... Kuzynowi mamy pensję w fabryce wydano konserwami, przywiózł nam konserwy. Co mógł... Wtedy za rzecz normalną uważano dać komuś na urodziny kawałek mydła, pastę do zębów. Owszem, sąsiadów miałyśmy dobrych. Tak, dobrych. Ciocię Anię z mężem... Oni jednak nie mieli głowy do naszych spraw, bo przenosili się do rodziców na wieś, pakowali rzeczy, a dzieci już tam wysłali. Ciocia Wala... Jak mogła pomóc, skoro jej mąż pił i syn to samo? Mama miała tylu przyjaciół... Ale ci też nie mieli w domu nic poza książkami. Połowa już była bez pracy... Telefon umarł. Po upadku komunizmu ludzie od razu zrobili się inni. Wszyscy żyli za zamkniętymi drzwiami... (*Milknie*). Marzyłam o tym, że zasnę, a jak się rano obudzę, to babcia będzie żyła.

O czasie, kiedy bandyci chodzili po ulicach
i nawet nie chowali pistoletów

Kto to był? Przyjechali jacyś nieznani ludzie, którzy orientowali się we wszystkim. „Słyszeliśmy o waszym nieszczęściu. Pomożemy wam". Zadzwonili gdzieś i od razu przyszedł lekarz, który wystawił świadectwo zgonu, przyszedł też milicjant. Kupiłyśmy trumnę, był i katafalk, i pełno kwiatów; ho ho, jakie kwiaty tam były! Wszystko jak należy. Babcia mówiła, że chce leżeć na cmentarzu Chowańskim, czego by się nie dało załatwić bez łapówki, bo to jest znany cmentarz, stary. No a tamci nam załatwili, przywieźli nawet ojczulka, który odprawił modły. Wszystko odbyło się tak ładnie. Myśmy z mamą tylko stały i płakały. Wszystkim zarządzała ciocia Ira, która w tym towarzystwie była najważniejsza, zawsze towarzyszyli jej jacyś napakowani faceci, jej ochrona. Jeden z nich walczył w Afganistanie i to mamę z jakiegoś powodu uspokajało, uważała, że jeśli ktoś był na wojnie albo siedział w obozie za Stalina, to nie może być zły: „Jak to – przecież tyle wycierpiał!". I w ogóle u nas człowieka nie zostawią w nieszczęściu – była o tym przekonana. Wspominałyśmy opowieści babci, jak to ludzie na wojnie się wzajemnie ratowali. Ludzie radzieccy... (*Milknie*). Ale wtedy ludzie byli już jacyś inni. Nie całkiem radzieccy... Mówię tak, jak o tym dzisiaj myślę, a nie jak wtedy myślałam... Wzięła nas na cel banda, ale dla mnie to wtedy byli wujkowie i ciocie – w kuchni pili z nami herbatę, częstowali nas cukierkami. Ciocia Ira przywoziła jedzenie, kiedy zobaczyła naszą całkiem pustą lodówkę, podarowała mi dżinsową spódnicę – wtedy wszyscy się modlili do dżinsu! Przychodzili tak może miesiąc, aż przywykłyśmy do nich, i wtedy złożyli mamie propozycję: „Sprzedamy pani trzypokojowe mieszkanie i kupimy kawalerkę. Będzie pani miała pieniądze". Mama się zgodziła... Już załatwiła sobie pracę w kawiarni – zmywała naczynia, wycierała stoły, ale pieniędzy brakowało wręcz tragicznie. Już zaczęłyśmy się naradzać, dokąd się przeniesiemy, do jakiej dzielnicy. Nie chciałam zmieniać szkoły. Szukałyśmy czegoś w pobliżu.

Wtedy pojawiła się inna banda. Tam przywódcą był mężczyzna... wujek Wołodia... Wtedy zaczęli z ciocią Irą walczyć o nasze mieszkanie. „Po co kawalerka? – krzyczał na mamę wujek Wołodia. – Kupię pani dom pod Moskwą". Ciocia Ira przyjechała starym volkswagenem, a wujek Wołodia eleganckim mercedesem. Miał prawdziwy pistolet... Lata dziewięćdziesiąte... Bandyci chodzili po ulicach i nawet nie chowali pistoletów. Każdy, kogo było stać, załatwiał sobie metalowe drzwi. Do pewnego biznesmena, który mieszkał w naszej klatce schodowej, przyszli w nocy ludzie z granatem... Miał kiosk – malowane deski, dykta, sprzedawał w nim wszystko, co się dało: jedzenie, kosmetyki, ubrania, wódkę. Tamci zażądali od niego dolarów. Żona nie chciała oddać, to przystawili jej rozgrzane żelazko do brzucha, a była w ciąży... Do milicji nikt się nie zwracał, bo wszyscy wiedzieli, że bandyci mają dużo kasy i każdego przekupią. Z jakiegoś powodu zaczęto ich traktować z szacunkiem. Nie było komu się poskarżyć... Wujek Wołodia nie pijał z nami herbaty, tylko zagroził mamie: „Jeśli nie oddasz mieszkania mnie, to zabiorę twoją córkę i więcej jej nie zobaczysz. Nawet się nie dowiesz, co się z nią dzieje". Schowali mnie wtedy u siebie nasi znajomi, przez kilka dni nie chodziłam do szkoły. Płakałam w dzień i w nocy, bałam się o mamę. Sąsiedzi widzieli, jak dwa razy tamci po mnie przyjeżdżali, szukali. Rzucali wulgarnymi słowami. Skończyło się tym, że mama dała za wygraną...

Następnego dnia już nas wysiedlili. Przyjechali nocą: „Prędzej! Prędzej! Poczekacie w innym miejscu, zanim nie znajdziemy wam domu". Przywieźli ze sobą farbę w puszkach, tapety i od razu zaczęli remont. „No dalej! Idźcie już!" Przerażona mama zabrała tylko dokumenty, swoje ulubione polskie perfumy „Być może", które dostała na urodziny, i kilka ukochanych książek, a ja – podręczniki i jedną sukienkę. Wepchnęli nas do samochodu... Przywieźli, rzec można, do pustego mieszkania: w środku były dwa duże łóżka, stół i krzesła. Surowo nam przykazali, żeby nigdzie nie wychodzić i nie otwierać okien, ani nawet nie rozmawiać głośno. Bo nie daj Boże usłyszą sąsiedzi! W tym mieszkaniu najwyraźniej lokatorzy zmieniali się nieustannie... Było brudne! Przez kilka dni myłyśmy je, szorowały. Pamiętam, jak potem stałyśmy z mamą w jakimś oficjalnym pomieszczeniu, gdzie pokazano nam wydrukowane dokumenty... Niby wszystko zgodnie z prawem... Mówią do nas: „Tutaj musicie się podpisać". Mama się podpisała, a ja się rozpłakałam, bo przedtem do nas to jakoś nie docierało, i dopiero wtedy zrozumiałam, że nas teraz wyślą na wieś. Zrobiło mi się żal swojej szkoły, swoich koleżanek, których już więcej nie zobaczę. Podszedł wujek Wołodia: „Szybko podpisz, bo cię zawieziemy do domu dziecka, a mama i tak pojedzie na wieś. Zostaniesz sama". Jacyś ludzie... Pamiętam, że stali tam jacyś ludzie, był nawet milicjant... Nikt nic nie mówił. Wujek Wołodia każdemu dał w łapę. Co mogłam zrobić... Byłam dzieckiem... (*Milknie*).

Długo milczałam... Wszystko chowam w sobie, chociaż to zła tajemnica, a jednak moja. Nie mam ochoty komukolwiek tego pokazywać... Pamiętam, jak przywieźli mnie do przytułku – to już było o wiele później, kiedy zostałam sama, bez mamy – przywieźli i zaprowadzili do pokoju. „To jest twoje łóżko. Tu są twoje półki w szafie..." Osłupiałam... Tego samego wieczora leżałam w łóżku z gorączką... To wszystko przypomniało mi nasze mieszkanie... (*Milknie*). Był akurat Nowy Rok... Świeci się choinka... Wszyscy robią maski... Będzie zabawa... Zabawa? Jaka zabawa? O wszystkim zapomniałam... (*Milknie*). W pokoju poza mną mieszkały jeszcze cztery dziewczynki: dwie siostry, całkiem małe, osiem i dziesięć lat, i jeszcze dwie starsze dziewczynki – jedna z Moskwy, która była poważnie chora na kiłę, druga okazała się złodziejką, gwizdnęła mi pantofle. Ta dziewczyna chciała wrócić na ulicę... O czym mówiłam? O tym, że zawsze byłyśmy razem, w dzień i w nocy, ale nic sobie wzajemnie nie opowiadałyśmy... Nie, nie chciałyśmy. Długo milczałam... Zaczęłam mówić, kiedy spotkałam swojego Żeńkę... Ale to wszystko zdarzyło się później... (*Milknie*).

Moja i mamy epopeja dopiero się zaczęła... Kiedy podpisałyśmy dokumenty, zawieźli nas do obwodu jarosławskiego. „Nie szkodzi, że daleko, za to będziecie miały ładny dom". Oszukali nas... To nie był dom, ale stara chałupa z jedną izbą i wielkim rosyjskim piecem, jakiej obie z mamą nigdy dotąd w życiu nie widziałyśmy. Nie umiałyśmy w tym piecu palić. Chata się rozwalała – gdziekolwiek się spojrzało, wszędzie szpary. Mama była w szoku. Weszła do chaty i padła przede mną na kolana, błagała o przebaczenie, że mam przez nią takie życie. Tłukła głową o ścianę... (*Łzy w oczach*). Miałyśmy niewiele pieniędzy, które szybko się skończyły. Pracowałyśmy u ludzi w ogródkach – tu nam dali kosz kartofli, tam dziesięć jaj. Poznałam piękne słowo „barter"... Ulubione perfumy „Być może" mama wymieniła na dobry kawał masła, kiedy ja byłam mocno przeziębiona... A tak ją prosiłam, żeby tego nie robiła, bo miałyśmy mało rzeczy, które nam przypominały dom. To pamiętam... Kiedyś zarządzająca farmą dobra kobieta użaliła się nade mną i dała mi wiadro mleka, a ja bałam się i wracałam do domu ogródkami, aż spotkałam dojarkę. Ta w śmiech: „Czego się chowasz? Idź normalnie przez wieś. Tutaj wszyscy wynoszą, a tym bardziej jeśli ci pozwolili". Wynosili rzeczywiście wszystko, co nie było przybite gwoździami, a najwięcej – przewodniczący kołchozu. Wozili mu to samochodami. Przyjechał do nas... Agitował: „Dalej, przenieście się do mnie na farmę! Bo padniecie z głodu". Iść czy nie iść? W końcu głód nas zmusił. Do porannego udoju trzeba było wstawać o czwartej rano, kiedy wszyscy jeszcze spali. Doiłam krowy, mama myła bańki, bo krów się bała. Mnie się podobały. Każda krowa miała swoje imię... Dymka, Czeremcha... Miałam trzydzieści krów i dwie jałówki... Na taczkach woziłyśmy trociny, nawozu było po kolana. Powyżej butów. Ładowałyśmy na wóz bańki z mlekiem... Ile waży taka bańka? (*Milknie*). Płacili nam mlekiem albo i mięsem, jeśli któraś krowa się udusiła albo utonęła w gnojówce. Dojarki piły nie mniej od chłopów, a mama zaczęła z nimi popijać. Między nami już nie było tak jak dawniej, to znaczy byłyśmy przyjaciółkami, ale coraz częściej musiałam na nią pokrzykiwać. Obrażała się. Z rzadka, kiedy miała dobry nastrój, mówiła mi wiersze... Swoją ulubioną Cwietajewą: „Czerwone kiście jarzębina zapaliła. Padały liście. Ja się urodziłam..."*. Wtedy poznawałam swoją dawną mamę. Ale rzadko.

Już była zima. Od razu zaczęły się mrozy. W tamtej chacie nie przeżyłybyśmy zimy. Sąsiad się zlitował i za darmo zawiózł nas do Moskwy...

O czasie, w którym człowiek nie brzmi dumnie, brzmi różnie

Rozgadałam się z panią i zapomniałam, że boję się wspominać... (*Milknie*). Jak traktuję ludzi? Ludzie nie są źli ani dobrzy, są ludźmi i tyle. W szkole uczyłam się z radzieckich podręczników, innych jeszcze nie było. Dowiadywaliśmy się, że „Człowiek to brzmi dumnie". A człowiek nie brzmi wcale dumnie, brzmi różnie. Ja też jestem różna. Jest we mnie wszystkiego po trochu... Ale jeśli zobaczę Tadżyka – oni teraz żyją u nas jak niewolnicy, ludzie drugiej kategorii – i mam akurat czas, to

* Marina Cwietajewa, *Z wierszy o Moskwie* w przekładzie Anny Kamieńskiej.

zatrzymam się i porozmawiam z nim. Pieniędzy nie mam, ale chociaż z nim porozmawiam. Taki człowiek... To mój człowiek, jest w moim położeniu – wiem, co to znaczy, kiedy się jest dla wszystkich obcym, całkiem samotnym. Też żyłam w bramach, spałam w piwnicach...

Najpierw wpuściła nas do siebie przyjaciółka mamy, przyjęli nas tam dobrze, podobało mi się tam. Znajome otoczenie: książki, płyty, na ścianie portret Che Guevary. Jak niegdyś u nas... te same książki, te same płyty... Syn cioci Oli robił doktorat, w dzień nie wychodził z bibliotek, a w nocy rozładowywał wagony na stacji. Nie było co jeść. W kuchni stał worek kartofli – i tyle wszystkiego. Gdy zjedliśmy kartofle, został bochenek chleba na dzień. Cały dzień piliśmy herbatę. I nic więcej. Kilo mięsa kosztowało trzysta dwadzieścia rubli, a ciocia Ola, która uczyła w szkole, w klasach początkowych, dostawała sto rubli. Wszyscy miotali się jak szaleni, żeby tylko gdzieś dorobić. Wyłazili ze skóry... Gdy popsuł się stary kran w kuchni, wezwano hydraulików, którzy, jak się okazało, byli wykładowcami akademickimi. Uśmialiśmy się wszyscy. Jak mówiła nasza babcia, smutkiem się nie najesz... Urlop był luksusem, mało kto mógł sobie pozwolić na coś takiego... Na czas urlopu ciocia Ola wyjeżdżała do Mińska, gdzie mieszkała jej siostra, wykładowczyni na uniwersytecie. Szyły razem poduszki ze sztucznego futra, wypychały je watą syntetyczną, ale tak, żeby w połowie były puste – i tam przed samym odjazdem pociągu wpychały szczeniaka, dawały mu zastrzyk usypiający. Jeździły do Polski... Woziły tam młode owczarki... i króliki... Na bazarach – ciągle język rosyjski... Do termosów nalewały wódki zamiast herbaty, w walizkach chowały pod bielizną gwoździe i zamki... Do domu ciocia Ola wracała z torbą smacznych polskich kiełbasek. Pachniały oszałamiająco!

Nocami w Moskwie słychać było strzały, a nawet eksplozje. Stragany, stragany... wszędzie stragany... Mama najęła się do Azerbejdżanina, który miał dwa stragany – jeden z owocami, drugi z rybami. „Praca jest, wolnych dni nie ma. Odpoczywać nie wolno". Niespodziewanie wyszło wtedy na jaw, że mama wstydzi się sprzedawać. Nie mogła, w żaden sposób! Pierwszego dnia tylko rozłożyła owoce, a sama schowała się za drzewem i stamtąd wyglądała. Naciągnęła czapkę po same uszy, żeby jej nikt nie poznał. Następnego dnia dała śliwkę małemu Cygankowi... Właściciel na nią nakrzyczał. Pieniądze nie lubią litości ani wstydu... Krótko tam się utrzymała, nie powiodło się mamie z handlem... Zobaczyłam ogłoszenie na parkanie: „Potrzebna sprzątaczka z wyższym wykształceniem". Mama poszła pod wskazany adres i dostała pracę. Płacili przyzwoicie. To była jakaś amerykańska fundacja... Już byłyśmy w stanie same się wyżywić, wynajęłyśmy pokój, w tym samym trzypokojowym mieszkaniu pokój wynajmowali Azerbejdżanie. Młodzi chłopcy. Cały czas coś kupowali, sprzedawali. Jeden chciał się ze mną żenić, obiecywał, że zabierze mnie do Turcji. Mówił: „Wykradnę cię. U nas jest taki zwyczaj, że narzeczoną trzeba porwać". Bałam się zostawać w domu sama, bez mamy. A on mi przynosił owoce, suszone morele... Właściciel mieszkania pił całymi tygodniami i tak się upijał, że wpadał w szał. Krzyczał: „Ach, ty kurwo! Ty suko!". Kopał żonę, aż ją pogotowie zabierało... A wtedy pchał się do mamy do pokoju... Wyłamywał drzwi...

Znowu znalazłyśmy się na ulicy...

Na ulicy i bez pieniędzy... Tę fundację zamknięto, a mama musiała imać się dorywczych prac. Nocowałyśmy w bramach... na klatkach schodowych... Jedni lokatorzy nas po prostu mijali, drudzy krzyczeli, a byli i tacy, którzy wyganiali na ulicę. Czasem nawet w nocy. Na deszcz, na śnieg – nieważne. Nikt nie proponował pomocy, nikt o nic nie pytał... (*Milknie*). Ludzie nie są źli ani też dobrzy. Każdy ma swoje... (*Milknie*). Rano szłyśmy na dworzec (nie miałyśmy pieniędzy na metro), tam się myłyśmy w toalecie. I prały. Robiłyśmy taką przepierkę... Latem nie ma problemu, kiedy jest ciepło, można żyć wszędzie... Nocowałyśmy w parku, na ławkach, jesienią nagrabiłyśmy liści i na nich spały – wtedy jest ciepło jak w śpiworze. Na dworcu Białoruskim, to pamiętam dobrze, często spotykałyśmy bardzo starą kobietę, która siedziała koło kasy i mówiła sama do siebie. Opowiadała ciągle tę samą historię... jak w czasie wojny do ich wsi przychodziły wilki, bo poczuły, że nie ma mężczyzn. Wszyscy mężczyźni poszli na wojnę. Jeśli miałyśmy z mamą choć trochę pieniędzy, to jej dawałyśmy. „Niech was Bóg ma w opiece". Robiła znak krzyża. A mnie się przypominała nasza babcia...

Kiedyś zostawiłam mamę na ławce... Wracam, a ona siedzi nie sama, ale z jakimś mężczyzną. Taki miły. „Poznajcie się – mówi mama – to jest Witia. On też lubi Brodskiego". Wszystko wiadomo. Znana sprawa... Jeśli ktoś lubi Brodskiego, to już dla mamy jest swoim człowiekiem. „Jak to, nie czytał *Dzieci Arbatu*?". To przecież dzikus! Z buszu! To ktoś obcy, nie nasz. Zawsze tak dzieliła ludzi i to jej zostało. A ja przez te dwa lata, kiedy się z nią tułałyśmy, bardzo się zmieniłam, spoważniałam, może nawet ponad swój wiek. Zrozumiałam, że na mamę pod żadnym względem nie mogę liczyć, przeciwnie, poczułam nagle, że to ja się powinnam nią opiekować. Po prostu tak czułam... Wujek Witia był mądry, więc zapytał nie mamę, ale mnie: „No co, dziewczyny, idziemy?". Zaprowadził nas do siebie, miał dwupokojowe mieszkanie. Swoje rzeczy taszczyłyśmy stale przy sobie, no i właśnie z tymi podartymi kraciastymi torbami trafiłyśmy do raju... Muzeum! Na ścianie wisiały obrazy, w mieszkaniu stały elegancka biblioteka, stara pękata komoda... Zegar z wahadłem, wysoki aż pod sufit... Osłupiałam! „Śmiało, dziewczyny!" A my zawstydzone, bośmy powycierały wszystkie kąty... Czuć od nas było dworcami, bramami... „No, śmiało!" Zasiedliśmy do herbaty. Wujek Witia opowiedział o sobie. Kiedyś był jubilerem, miał własną pracownię. Pokazał nam walizkę z narzędziami, woreczki z kamieniami półszlachetnymi, srebrne półprodukty... Wszystko takie ładne, ciekawe, drogie. Nie chciało się wierzyć, że możemy tutaj mieszkać. Zaczęły się cuda...

Staliśmy się zwykłą rodziną. Znowu poszłam do szkoły. Wujek Witia był bardzo dobry, zrobił mi pierścionek z drogim kamykiem. Niestety on też pił... A palił jak lokomotywa. Początkowo mama na niego krzyczała, ale wkrótce już pili we dwójkę. Wynosili książki do antykwariatu, pamiętam zapach skórzanych opraw... Wujek Witia miał też rzadkie monety... Pili we dwoje i oglądali telewizję. Programy polityczne. Wujek Witia filozofował. Ze mną rozmawiał jak z dorosłą... Wypytywał: „Czego was tam, Juleczko, uczą w szkole po upadku komunizmu? Co teraz robić z radziecką literaturą i historią – zapomnieć?". Co prawda, niewiele z tego rozumiałam... Panią to interesuje? No proszę... Myślałam, że to zbyt odległe dla mnie sprawy, ale... to i owo pamiętam...

Życie w Rosji powinno być złe, nędzne, wtedy dusza się uwzniośla, uświadamia sobie, że nie należy do tego świata... Im więcej brudu i krwi, tym więcej przestrzeni dla siebie ma dusza...

...Modernizacja jest u nas możliwa tylko za pomocą łagrów i rozstrzeliwań...

...Komuniści... Co oni potrafią? Wprowadzić znowu kartki i wyremontować baraki w Magadanie...

...Normalni ludzie wyglądają dzisiaj jak szaleni... Nas, takich jak ja i twoja mama, to nowe życie traktuje jak odpady...

...Na Zachodzie jest stary kapitalizm, a u nas bardzo świeży, ma młode zęby... A władza – to istne Bizancjum...

Kiedyś wujek Witia źle się poczuł, serce go bolało. Wezwałyśmy pogotowie. Do szpitala go nie dowieźli. Miał rozległy zawał. Przyjechali krewni. „A wy kim jesteście? Skąd się wzięłyście? Nic tu po was!" Jeden z mężczyzn krzyczał: „Te żebraczki niech się wynoszą! Won!". Kiedy wychodziłyśmy, przeszukał nasze torby...

Znalazłyśmy się na ulicy...

Zadzwoniłyśmy do kuzyna mamy... Słuchawkę podniosła jego żona. „Chodźcie do nas". Mieszkali z synem i jego żoną niedaleko dworca Rzecznego w dwupokojowym chruszczowowskim mieszkanku. Synowa była w ciąży. Zdecydowali, że możemy u nich mieszkać, póki Alona nie urodzi. Mamie postawili składane łóżko w korytarzu, a ja spałam w kuchni na starej kanapie. Do wujka Loszy przychodzili koledzy... z fabryki... Kiedy zasypiałam, słuchałam ich pogaduszek. Wszystko się powtórzyło: butelka wódki na stole, karty. Co prawda rozmowy były inne...

...Wszystko przesrali... Wolność... Gdzie jest, kurna, ta wolność? Kaszę żremy bez masła...

...Żydki... Zabili i cara, i Stalina, i Andropowa... Rozplenili tę liberastię! Trzeba prędko przykręcić śrubę. My, Rosjanie, musimy się trzymać Wiary...

...Jelcyn czołga się na brzuchu przed Amerykanami... A przecież to myśmy wygrali wojnę...

...Jak się pójdzie do cerkwi, to wszyscy się niby żegnają, ale stoją jak słupy...

...Już niedługo zrobi się gorąco i wesoło... Najpierw powiesimy liberastów na latarniach za te lata dziewięćdziesiąte. Trzeba ratować Rosję...

Po paru miesiącach synowa urodziła dziecko. Dla nas już nie było miejsca.

Znowu na ulicy...

...dworzec

...brama

...dworzec

...brama...

Na dworcu... Dyżurni milicjanci, i starsi, i młodsi – albo won na ulicę, a to był środek zimy, albo pójść z takim do komórki... Tam za przepierzeniem mieli specjalny kącik... kanapkę... Mama wdała się w awanturę z milicjantem, kiedy mnie tam zawlókł... Pobili ją i zamknęli na parę dni... (*Milknie*). Ja akurat wtedy mocno się przeziębiłam. Kombinowałyśmy, co zrobić, bo mnie się ciągle pogarszało... W końcu mama zdecydowała, że pójdę do krewnych, a ona zostanie na dworcu. Po kilku dniach zadzwoniła do mnie i mówi, że musimy się spotkać. Pojechałam tam i usłyszałam:

– Poznałam tu pewną panią, proponuje, żebym zamieszkała u niej. Miejsca jest dosyć. Ma własny dom. W Alabinie.

– To ja pojadę z tobą.

– Nie, ty musisz wyzdrowieć. Przyjedziesz potem.

Odprowadziłam ją do pociągu podmiejskiego, ona siadła przy oknie i patrzyła na mnie, jakby mnie dłuższy czas nie widziała. Nie wytrzymałam i wskoczyłam do wagonu. Pytam:

– Co ci jest?
– Nic, nie martw się.
Pomachałam jej ręką, i pojechała. A wieczorem telefon...
– Czy pani Julia Borisowna Malikowa?
– Tak, to ja.
– Tu milicja. Kim jest dla pani Ludmiła Malikowa?
– To moja mama.
– Pani mama wpadła pod pociąg. W Alabinie...
Zawsze była taka ostrożna, kiedy jechał pociąg... Bardzo się bała... Chyba najbardziej ze wszystkiego bała się, że wpadnie pod pociąg. Sto razy się oglądała – jedzie czy nie? A teraz... Nie, to nie był nieszczęśliwy wypadek... Kupiła butelkę wódki, żeby to nie było takie straszne i bolesne, i rzuciła się... Była zmęczona... Po prostu nie miała sił... Zmęczona była takim życiem... „i samą sobą"... To nie moje słowa, ale jej. Przypominałam sobie potem każde jej słowo... (*Płacz*). Pociąg wlókł ją jeszcze długo... Zawieźli ją do szpitala, przez godzinę jeszcze reanimowali, ale uratować jej się nie dało. Tak mi powiedzieli... Widziałam ją jeszcze w trumnie, już ubraną. Wszystko to było straszne... A Żeńki jeszcze ze mną nie było... Gdybym była mała, nie zostawiłaby mnie. Nigdy do tego by nie doszło... W ostatnich dniach często mi mówiła: „Jesteś już duża. Już jesteś dorosła". Po co dorosłam? (*Płacz*). Zostałam sama... Tak właśnie żyłam... (*Po długim milczeniu*). Jeśli będę miała dziecko, muszę być szczęśliwa... Żeby tak zapamiętało mamę... szczęśliwą...

Żenia... Żeńka mnie ocalił... Cały czas na niego czekałam... W sierocińcu marzyłyśmy: mieszkamy tu, ale to tymczasowo, a wkrótce będziemy żyły jak wszyscy, będziemy miały rodziny – mężów, dzieci. Będziemy same kupować sobie keksy – nie od święta, ale kiedy będziemy miały ochotę. Bardzo chciałyśmy... Siedemnaście lat... skończyłam siedemnaście lat... Dyrektor wezwał mnie do siebie i mówi: „Już wykreśliliśmy cię z listy żywionych". Więcej nic nie mówi. Po siedemnastu latach z sierocińca wyprawiano w życie. Idź! Ale ja nie miałam dokąd iść. Nie było pracy, w ogóle nic nie było. Mamy też nie było... Zadzwoniłam do cioci Nadii. „Pewnie do was przyjdę. Bo już mnie wyrzucają z sierocińca". Ciocia Nadia... Gdyby nie ona... Anioł stróż... To nie była moja rodzona ciocia, ale teraz jest mi bliższa niż cała rodzina. Zapisała mi swój pokoik w komunałce. Teraz... tak... Kiedyś mieszkała z moim wujkiem, ale on dawno umarł, nie byli zresztą mężem i żoną, to był nieformalny związek. Ja jednak wiedziałam, że łączyła ich miłość. Do kogoś takiego można się zwrócić... Jeśli ktoś poznał miłość, to zawsze można do niego przyjść...

Ciocia Nadia nie miała dzieci, więc przyzwyczaiła się do samotnego życia. Niełatwo jej było mieszkać z kimś. Mogiła! Pokój miał szesnaście metrów. Ja spałam na rozkładanym łóżku. Oczywiście sąsiadka zaczęła mieć pretensje. „Niech stąd odejdzie". Dzwoniła na milicję. Ale ciocia Nadia stała murem za mną. „A niby dokąd ma iść?" Pewnie rok tak minął... Któregoś dnia z kolei ciocia Nadia podjęła temat: „Mówiłaś, że przyjedziesz na dwa miesiące, a mieszkasz u mnie od roku". Ja nic nie mówię... Płaczę... Ona też milczy... i płacze... (*Milknie*). Minął kolejny rok... Jakoś wszyscy się do mnie przyzwyczaili... Starałam się... Sąsiadka też przywykła... Ciocia Marina nie była zła, tylko życie miała złe. Miała dwóch mężów, i obaj przez pijaństwo, jak sama mówiła, zdechli. Przyjeżdżał do niej często siostrzeniec, mówiliśmy sobie „dzień dobry". Przystojny chłopak. A to... To było tak... Siedziałam w pokoju, czytałam książkę. Wtedy ciocia Marina zajrzała, wzięła mnie za rękę i zaprowadziła do kuchni. „Poznajcie się – mówi. – To jest Jula, a to Żenia. A teraz dalej, na spacer!" Zaczęliśmy się spotykać. Całować. Ale to nie było nic poważnego. Był kierowcą, często wyjeżdżał w delegacje. Kiedyś wraca, a mnie nie ma. Gdzie jest? Co się dzieje? A u mnie od dawna zdarzały się ataki – to dostawałam zadyszki, to upadłam ze słabości... Ciocia Nadia kazała mi iść do lekarza. Zbadali mnie i stwierdzili, że to stwardnienie rozsiane. Pani oczywiście wie, co to znaczy... Nieuleczalna choroba... Ta choroba to ze smutku, właśnie tak. Bo bardzo tęskniłam za mamą. Bardzo. (*Milknie*). Postawili taką diagnozę i wzięli do szpitala. Żeńka znalazł mnie tam i zaczął odwiedzać. Przychodził codziennie. To przyniósł ładne jabłko, to pomarańczę... Jak kiedyś tato... To już był maj... Zjawia się u mnie z bukietem róż, ja aż krzyknęłam – taki bukiet to była połowa jego pensji. W odświętnym ubraniu...

– Wyjdź za mnie – mówi. Zawahałam się. – Nie chcesz?

Co miałam powiedzieć? Nie umiem oszukiwać, jego zresztą nie chciałam oszukiwać. Już dawno byłam w nim zakochana...

– Chcę wyjść za mąż za ciebie, ale powinieneś znać prawdę. Jestem inwalidką trzeciej grupy. Wkrótce będę jak chomik, będziesz mnie musiał nosić na rękach.

Nic nie zrozumiał, ale przejął się tym wszystkim. Nazajutrz przychodzi i mówi:

– Nie szkodzi. Damy radę.

Kiedy wyszłam ze szpitala, poszliśmy do urzędu. Zawiózł mnie do swojej mamy. A jego mama była prostą chłopką. Całe życie pracowała w polu. W domu nie mieli ani jednej książki. Ale mnie tam u nich było dobrze. Spokojnie. Jej też wszystko opowiedziałam... Uściskała mnie. „Nie szkodzi, dziecinko. Gdzie jest miłość, tam jest i Bóg". (*Milknie*).

Teraz ze wszystkich sił chcę żyć, bo mam Żeńkę... Marzę nawet o dziecku... Lekarze odradzają, a ja nadal marzę... Chcę, żebyśmy mieli dom, całe życie marzę o domu. Dowiedziałam się, że niedawno wyszła ustawa... Zgodnie z nią mogłabym odzyskać nasze mieszkanie. Złożyłam podanie... Odpowiedziano mi, że takich jak ja są tysiące, wielu udaje się pomóc, ale mój przypadek jest wyjątkowo skomplikowany, bo nasze mieszkanie od tamtego czasu sprzedano już trzykrotnie. A ci bandyci, którzy nas obrabowali, od dawna już leżą na cmentarzu, wystrzelali się nawzajem...

Poszliśmy odwiedzić mamę. Na pomniku jest jej portret, wygląda jak żywa. Wysprzątaliśmy grób. Wyczyścili. Długo staliśmy, a ja nie byłam w ogóle w stanie odejść. W pewnej chwili wydało mi się, że mama się uśmiechnęła... że jest szczęśliwa... A może to słońce akurat tak zaświeciło...

O samotności, która bardzo przypomina szczęście

Alisa Z-ler – menedżerka w agencji reklamowej, 35 lat

Pojechałam do Petersburga po inną historię, a wróciłam z tą. W pociągu wdałam się w rozmowę z towarzyszką podróży...

Moja koleżanka odebrała sobie życie... Była silna, odnosiła sukcesy. Miała dużo wielbicieli, przyjaciół. Wszyscy byliśmy w szoku. Czym jest samobójstwo? Aktem tchórzostwa czy mocnym posunięciem? To radykalne rozwiązanie, wołanie o pomoc czy poświęcenie? Wyjście... pułapka... egzekucja... Chciałabym... Mogę tylko pani powiedzieć, dlaczego ja tego nie zrobię...

Miłość? Tego wariantu w ogóle nie rozpatruję... Nie jestem przeciwna wszystkiemu, co piękne, lśniące i ładnie brzmi, ale pani jest na pewno pierwszą od dziesięciu lat osobą, która przy mnie to słowo wypowiedziała. Wiek dwudziesty pierwszy – seks, kłamstwa i tablety, a pani tu o jakichś uczuciach... Wszyscy pierwszy raz w życiu dorwali się do pieniędzy... Nie chciałam na gwałt wychodzić za mąż, rodzić kupy dzieciaków, zawsze chciałam zrobić karierę, to było na pierwszym miejscu. Cenię siebie, swój czas i swoje życie. No i dlaczego pani myśli, że mężczyźni szukają miłości? Miii-łość... Skądże, uważają kobietę za zwierzynę łowną, zdobycz wojenną, ofiarę, a siebie za myśliwych. Reguły zostały wypracowane w ciągu wieków. Kobiety zaś szukają księcia, nie na białym koniu, ale na worze ze złotem. Księcia w nieokreślonym wieku... Niechby nawet to był „tatusiek"...

No i co? Światem rządzi kasa! Ale rola ofiary to nie dla mnie, ja sama poluję...

Dziesięć lat temu przyjechałam do Moskwy... Byłam szalona, byłam aktywna. Powiedziałam sobie: urodziłam się po to, żeby być szczęśliwa, a cierpią ludzie słabi, skromność to zaleta słabych. Mieszkałam w Rostowie... Moi rodzice pracują w szkole: tatko jest chemikiem, mama uczy języka i literatury. Pobrali się jeszcze na studiach. Tato miał jeden przyzwoity garnitur i zawsze jakieś pomysły, a to wtedy wystarczało, żeby zawrócić dziewczynie w głowie. Do tej pory lubią wspominać, że długo wystarczał im jeden komplet pościeli, jedna poduszka i jedna para kapci. Po nocach recytowali sobie nawzajem Pasternaka. Z pamięci! Z ukochanym nawet w szałasie masz raj! A ja się śmiałam: „Do pierwszych przymrozków". Mama się obrażała. „Brakuje ci fantazji" – mówiła. Byliśmy zwyczajną radziecką rodziną, rano kasza gryczana albo makaron z masłem, i pomarańcze raz do roku, właśnie na Nowy Rok. Pamiętam nawet ich zapach. Nie ten dzisiejszy, ale tamten... to był jakiś inny zapach... zapach pięknego życia... Urlop w lecie – nad Morzem Czarnym. Jeździliśmy do Soczi „pod gruszę", mieszkaliśmy wszyscy w jednym pokoju, dziewięciometrowym. Ale z czegoś byliśmy dumni... z czegoś bardzo dumni... Dumni z ulubionych książek, które dostawaliśmy spod lady po wielkiej znajomości. Cieszyliśmy się też bardzo z wejściówek (koleżanka mamy pracowała w teatrze) na premiery. Teatr! Wieczny temat rozmów w dobrym towarzystwie... To teraz piszą: obóz koncentracyjny, komunistyczne getto. Świat ludożerców. A ja nic strasznego sobie nie przypominam... Pamiętam raczej, że tamten świat był naiwny, bardzo naiwny i niedorzeczny. Zawsze wiedziałam, że ja tak żyć nie będę! Nie chcę! Omal mnie przez to nie wywalili ze szkoły. Ooo! No tak... urodzeni w ZSRR – to jest diagnoza... Piętno! Mieliśmy lekcje zajęć domowych, na których nie wiedzieć czemu chłopców uczono prowadzić samochód, a dziewczęta – smażyć kotlety; ja te cholerne kotlety zawsze musiałam przypalić. Nauczycielka, nasza wychowawczyni, zaczęła mnie strofować: „Ty nic nie umiesz!

Jak wyjdziesz za mąż, to kto będzie gotował mężowi, co?". Zareagowałam natychmiast: „Nie zamierzam smażyć kotletów. Będę miała służącą". Był rok osiemdziesiąty siódmy, miałam trzynaście lat... Jaki kapitalizm, jaka służąca?! Socjalizm królował jeszcze na całego! Rodziców wezwano do dyrektora szkoły, maglowali mnie na zebraniu w klasie, na radzie drużyny szkolnej. Chcieli wyrzucić z organizacji pionierskiej. Pionierzy, Komsomoł – to były poważne sprawy. Płakałam nawet... Nigdy nie miałam rymów w głowie, same wzory... a żadnych rymów... Kiedy zostawałam sama w domu, wkładałam sukienkę mamy, pantofle i siadałam na kanapie. Czytałam *Annę Kareninę*. Wielkie bale, służący, akselbanty, schadzki miłosne... Wszystko mi się podobało aż do chwili, kiedy Anna rzuca się pod pociąg. Dlaczego? Była piękna, bogata... Z miłości? Nawet Tołstoj mnie nie przekonywał... Zachodnie powieści podobały mi się bardziej, podobały mi się tam zdziry, piękne zdziry, z których powodu mężczyźni strzelali się, dręczyli. Czołgali się do ich stóp. Kiedy miałam siedemnaście lat, płakałam ostatni raz z powodu nieodwzajemnionej miłości – przez całą noc w łazience z odkręconym kranem. Mama pocieszała mnie wierszami Pasternaka... Zapamiętałam: „To rzecz niemała – być kobietą, w szał wprawiać – bohaterstwo"*. Nie lubię swojego dzieciństwa ani lat młodzieńczych, czekałam tylko, kiedy się skończą. Zakuwałam, ćwiczyłam w sali gimnastycznej. Szybciej, wyżej, mocniej! W domu puszczano taśmy z piosenkami Okudżawy: „Hej, przyjacielu, podaj dłoń, bo pojedynczo nas wytłuką..."**. Nie! To nie moja bajka.

Do Moskwy... Moskwa! Zawsze słyszę ją jak rywalkę, od pierwszej chwili wywołała we mnie sportową ambicję. Moje miasto! Szalony rytm – łał! Rozmach – w sam raz dla moich skrzydeł! W kieszeni miałam dwieście „zielonych" i trochę „naszych". I tyle! Burzliwe lata dziewięćdziesiąte... Rodzicom od dawna nie wypłacano pensji. Nędza! Tato codziennie przekonywał mnie

* Boris Pasternak, *Wyznanie* w przekładzie Józefa Waczkowa.

** Bułat Okudżawa, *Związek przyjacielski* w przekładzie Ziemowita Fedeckiego.

i mamę: „Trzeba być cierpliwym. Poczekać. Ufam Gajdarowi". Do takich ludzi, jak moi rodzice, jeszcze nie docierało to, że zaczął się kapitalizm. W dodatku rosyjski... młody i gruboskórny, ten sam, który upadł w 1917 roku... (*Zamyśliła się*). Czy przynajmniej teraz to zrozumieli? Trudno powiedzieć... Jednego jestem pewna: moi rodzice nie zamawiali kapitalizmu, na bank. To było moje zamówienie, takich jak ja, tych, którzy nie chcieli tkwić w klatce. Młodych, silnych. Nas kapitalizm ciekawił, bo oznaczał przygodę, awanturę, ryzyko... Nie chodziło tylko o pieniądze. Mister dolar! Teraz zdradzę pani tajemnicę! Wolę czytać o kapitalizmie, współczesnym oczywiście, a nie tym z powieści Dreisera, niż o Gułagu i radzieckim ubóstwie. O kapusiach. Ojoj! Poruszyłam świętą sprawę. Rodzicom bym o tym nawet pisnąć się bała. No wie pani! Ani słówkiem! Mój tato pozostał radzieckim romantykiem. W sierpniu dziewięćdziesiątego pierwszego... Pucz! W telewizji od rana – balet *Jezioro łabędzie*... i czołgi w Moskwie, tak jak w Afryce... I tato, a razem z nim jeszcze siedem osób, wszyscy jego przyjaciele, prosto z pracy popędzili do stolicy. Podtrzymać rewolucję! Siedziałam przed telewizorem... Zapamiętałam Jelcyna na czołgu. Imperium sypało się w gruzy... Niech się sypie... Czekałyśmy na tatę, jakby miał wrócić z wojny, i wrócił jako bohater! Myślę, że do dzisiaj tym żyje. Po iks latach rozumiem, że ta sprawa była dla niego najważniejsza w życiu. Tak jak w życiu naszego dziadka... Ten przez całe życie opowiadał, jak bili Niemców pod Stalingradem. Po upadku imperium życie dla taty stało się nudne i nieciekawe. Nie ma czym żyć. W sumie są rozczarowani... To jego pokolenie... Mają poczucie podwójnej klęski, bo poniosła ją zarówno idea komunizmu, jak i to, co po niej przyszło – tego też nie rozumieją, nie aprobują. Chcieli czegoś innego, jeśli kapitalizmu, to o ludzkim obliczu, z czarującym uśmiechem. A ten nie jest ich światem. Dla nich to świat obcy. Ale to mój świat! Jestem szczęśliwa, że ludzi radzieckich widuję tylko dziewiątego maja... (*Milknie*).

Jechałam do stolicy autostopem, bo tak jest taniej, i im dłużej patrzyłam przez okno, tym bardziej byłam zawzięta. Już wiedziałam, że z Moskwy nie wrócę. Za chińskiego Boga! Po obu stronach był bazar... Sprzedawali serwisy do herbaty, gwoździe, lalki – bo ludziom wydawano pensję w towarach. Można było wymienić żelazka albo patelnie na kiełbasę (bo w zakładach mięsnych płacono ludziom kiełbasą), na czekoladki, cukier. Koło jednej z budek autobusowych siedziała gruba baba, obwieszona zabawkami tak, jakby to były taśmy do cekaemu. Jak z kreskówki! W Moskwie lał deszcz, ale mimo to poszłam na plac Czerwony, żeby zobaczyć kopuły Wasilija Błogosławionego i mur kremlowski. To potęga, siła, i ja też tu jestem! W samym sercu! Szłam i kulałam, bo przed wyjazdem złamałam na siłowni mały palec u nogi, ale miałam wysokie obcasy i najładniejszą sukienkę. Oczywiście sukces zależy od łutu szczęścia, od dobrej karty, ale ja mam też wyczucie i wiem, czego chcę. Wszechświat nie daje niczego ot, tak sobie... za friko... Masz ty! I ty też! Trzeba bardzo chcieć. A ja chciałam! Mama przywoziła tylko domowe paszteciki i opowiadała, jak razem z tatą chodzą na wiece demokratów. A za kartki można było dostać tylko dwa kilo kaszy, kilo mięsa i dwieście gramów masła na miesiąc. Kolejki, kolejki, kolejki i numery zapisane na dłoniach. Nie podoba mi się słowo „sowek"! Moi rodzice nie są sowkami, tylko romantykami! W normalnym życiu są jak małe dzieci. Nie rozumiem ich, ale kocham! Szłam przez życie sama... w pojedynkę... Nie wszystko szło jak po maśle... No i mam siebie za co kochać! Bez pieniędzy, bez korepetycji i bez protekcji dostałam się na Uniwersytet Moskiewski. Na wydział dziennikarstwa... Na pierwszym roku zakochał się we mnie kolega i zapytał: „A ty kogoś kochasz?". Ja mu na to odpowiedziałam: „Tak, siebie". Wszystko osiągnęłam sama. Sama! Z kolegami się nudziłam, na wykładach też. Wykładowcy byli radzieccy, korzystali z radzieckich podręczników. A dookoła kipiało już nieradzieckie życie – dzikie, szalone! Pojawiły się pierwsze używane samochody z zagranicy – cudownie! Pierwszy McDonald na placu Puszkina... Polskie kosmetyki... i straszna plotka, że to dla nieboszczyków... Pierwsza reklama w telewizji – reklamowano turecką herbatę. Wszystko przedtem było szare, a tutaj – jaskrawe kolory, krzyczące szyldy. Na wszystko miało się ochotę! Wszystko można było kupić! Można było być tym, kim się chciało: brokerem, killerem, gejem... Lata dziewięćdziesiąte... Dla mnie błogosławione i niezapomniane... Czasy kierowników laboratoriów, bandytów i awanturników! Tylko rzeczy pozostały radzieckie, a ludzie już mieli w głowach inne programy... Jak będzie się człowiek kręcił i obracał, to zdobędzie wszystko. Jaki znowu Lenin? Jaki Stalin? To już za nami, przed nami otwiera się oszałamiające życie – można zobaczyć cały świat, mieszkać w supermieszkaniu, jeździć luksusową bryką, jeść mięso słonia na obiad... Rosja miała rozbiegane oczy... Ulica i spotkania towarzyskie uczyły szybciej, przeniosłam się więc na studia zaoczne. Znalazłam pracę w gazecie. Życie podobało mi się już od rana.

Spoglądałam w górę... na wysoką drabinę życia... Nie chciałam, żeby mnie rżnęli w bramach albo w saunach i za to zapraszali do drogich restauracji. Miałam wielu wielbicieli... Miałam w nosie rówieśników, z nimi mogłam się przyjaźnić, chodzić razem do biblioteki. To nie było poważne i niczym nie groziło. Podobali mi się mężczyźni starsi i majętni, którzy już odnieśli sukces. Z takimi spędzało się czas ciekawie, zabawnie i z pożytkiem. A ja... (*Śmieje się*). Długo nosiłam piętno dziewczyny z dobrego domu, gdzie jest dużo książek, a biblioteka zajmuje centralne miejsce, więc zwracałam uwagę pisarzy i artystów. Nierozpoznanych geniuszów. Ale nie zamierzałam poświęcić życia geniuszowi, który po śmierci zdobędzie uznanie i potomkowie będą go czule kochać. Poza tym wszystkie te rozmowy, których jeszcze w domu miałam dość: o komunizmie, o sensie życia, o szczęściu dla innych, o Sołżenicynie i Sacharowie... Nie, to nie byli bohaterowie mojej powieści, to bohaterowie mojej mamy. Tych, którzy czytali i marzyli o lataniu jak mewa Czechowa, wyparli ci, którzy nie czytali, ale mogli latać. Wszystko to, co przedtem należało do zajęć dżentelmena, poszło w diabły: samizdat, rozmowy szeptane w kuchni. I cóż z tego, że nasze czołgi wjechały do Pragi! Dla kogo to nowina? Przecież do Moskwy też wjechały! Zamiast samizdatowskich wierszy – pierścień z brylantem, drogie markowe ubrania... Rewolucja chęci! Pragnień! Mnie się podobali... Lubię urzędników i biznesmenów... Zachwycał mnie ich słownik: offshore, offset, barter. Marketing sieciowy, kreatywne podejście... W redakcji na kolegiach naczelny mówił: „Potrzebni są kapitaliści. Pomagamy Jelcynowi i rządowi Gajdara w tworzeniu kapitalistów. Jak najprędzej!". Byłam młoda, ładna... Posyłano mnie, żebym robiła wywiady z tymi kapitalistami. Jak się wzbogacili? Jak zarobili pierwszy milion? Jak człowiek socjalistyczny zmieniał się w kapitalistycznego? Trzeba było to opisać... Jakoś właśnie ten milion najbardziej pobudzał wyobraźnię. Zarobić milion! Przywykliśmy do tego, że Rosjanin nie za bardzo pragnie być bogaty, nawet się tego boi. No więc czego w takim razie chce? A chce zawsze tylko jednego: żeby ktoś inny się nie wzbogacił. Nie był bogatszy od niego. Malinowe marynarki, złote łańcuchy... Tak ich pokazywano w filmach... w serialach... Ale ci, których spotykałam, mieli żelazną logikę i żelazny charakter. Myśleli systemowo. Wszyscy uczyli się angielskiego. Menedżment. Profesorowie i doktoranci wyjeżdżali z kraju... i fizycy, i lirycy... A ci nowi bohaterowie nie chcieli nigdzie wyjeżdżać, podobało im się życie w Rosji. To był ich czas! Ich szansa! Chcieli być bogaci, chcieli wszystkiego. Wszystkiego!

Spotkałam go właśnie wtedy... Myślę, że go kochałam. To brzmi jak wyznanie... Tak? (*Śmieje się*). Był ode mnie starszy o dwadzieścia lat, miał rodzinę i dwóch synów. Żona była zazdrosna. Życie pod mikroskopem... Szaleliśmy jednak za sobą. Taki poryw, takie uniesienie... Przyznawał się, że rano, żeby w pracy nie zapłakać, brał dwie tabletki Oxazepamu. Ja też robiłam szalone rzeczy, chyba tylko nie skakałam ze spadochronem. To wszystko było... tak się zdarza... okres kwiatów i czekoladek... Jeszcze nie jest ważne, kto kogo oszukuje, kto na kogo poluje i kto czego pragnie. Byłam jeszcze smarkulą, dwadzieścia dwa lata... Zakochałam się... zakochałam... Teraz już wiem, że miłość jest swego rodzaju biznesem, każda ze stron ponosi ryzyko. Trzeba się przygotować na nową kombinację... Zawsze! Teraz mało kto omdlewa z miłości. Wszystkie siły trzeba skupić na skoku! Na karierze! Młode dziewczęta u nas w palarni zbierają się na pogaduszki i jeśli któraś naprawdę kocha, to się nad nią litują – idiotka, zabujała się. (*Śmieje się*). Idiotka! Byłam taką właśnie szczęśliwą idiotką! On zwalniał kierowcę, łapał taksówkę i potem jakimś cuchnącym benzyną moskwiczem jeździliśmy nocą po mieście. Całowaliśmy się bez końca. „Dzięki ci – mówił – cofnęłaś mnie o sto lat". W pamięci mam takie epizody... migawki... Oszałamiał mnie jego rytm... napór... Dzwoni wieczorem i mówi: „Rano lecimy do Paryża" albo: „Skoczymy na Wyspy Kanaryjskie. Mam trzy dni". W samolocie lecimy klasą biznesową, mieszkamy w najdroższym hotelu – pod nogami szklana podłoga, pod nią pływają żywe ryby. Prawdziwy rekin! Ale na całe życie zapamiętałam co innego... Zapamiętałam tego przesiąkniętego zapachem benzyny moskwicza na moskiewskiej ulicy. I... jak całowaliśmy się... szaleni... On mógł dla mnie wyjąć tęczę z fontanny... Zakochałam się w nim... (*Milknie*). A on urządzał sobie święto życia. Sobie... tak, właśnie sobie! Kiedy stuknie mi czterdziestka, może wtedy go zrozumiem... Na przykład to, że nie lubił zegarków, które chodzą, tylko stojące. Miał własne relacje z czasem... Ooo taaak!... Ja uwielbiam koty. Kocham je za to, że nie płaczą, nikt nie widział ich łez. Gdyby ktoś spotkał mnie na ulicy, pomyślałby: bogata i szczęśliwa! Mam wszystko: duży dom, drogi samochód, włoskie meble. I córkę, która wprawia mnie w zachwyt. Mam służącą, nie smażę sama kotletów i nie piorę bielizny, mogę kupić wszystko, na co mam ochotę... Masę gadżetów... Tyle że mieszkam sama. I chcę mieszkać sama! Z nikim nie jest mi tak dobrze jak z samą sobą, lubię rozmawiać ze sobą... Przede wszystkim o sobie... To świetne towarzystwo! O czym myślę... Co czuję... Jak się zapatrywałam na to wczoraj, a jak dzisiaj? Wtedy podobał mi się kolor granatowy, a teraz lila... W każdym z nas dzieje się tyle różnych rzeczy. W nas. Z nami. Tam, we wnętrzu, jest cały kosmos. A my prawie nie zwracamy na niego uwagi. Wszyscy zajęci są tym, co na zewnątrz, tym co na wierzchu... (*Śmieje się*). Samotność to wolność... Codziennie teraz cieszę się, że jestem wolna: zadzwoni, nie zadzwoni, przyjedzie, nie przyjedzie, rzuci, nie rzuci... – nie, pani wybaczy, to nie moje problemy! Ee, nie... samotności się nie boję... Boję się... kogo się boję? Dentysty... (*Nagle wyrzuca z siebie*). Ludzie zawsze kłamią, kiedy mówią o miłości... i o pieniądzach... Kłamią zawsze i na różne sposoby. A ja nie chcę kłamać... Nie chcę i już! (*Uspokaja się*). Przepraszam... przepraszam... Od dawna nie wspominałam...

Przebieg akcji? Wiecznie taki sam... Chciałam mieć z nim dziecko, zaszłam w ciążę... Może się przestraszył? Mężczyźni to tchórze! Nieważne, bezdomny czy milioner. Pójdą na wojnę, zrobią rewolucję, ale w miłości – zdradzą. Kobieta jest silniejsza, przecież „i konia w pędzie zatrzyma, do chaty się wedrze płonącej"*. No i zgodnie z regułami gatunku: „Lecz konie wciąż pędzą i pędzą, a chaty wciąż płoną i płoną"**... „Mężczyzna ma zawsze co najwyżej czternaście lat" – mówiąc to, mama po raz pierwszy dała mi naprawdę dobrą radę. Pamiętam, że... To było tak... Oznajmiłam mu tę nowinę przed wyjazdem w delegację, wysłali mnie do Donbasu. A ja delegacje lubiłam, lubiłam zapach dworców i lotnisk. Po powrocie lubiłam mu wszystko opowiadać i potem z nim o tym dyskutować. Teraz wiem, że nie tylko otwierał przede mną świat, nie tylko zadziwiał mnie i prowadził do niesamowitych butików, obdarowywał, ale także uczył mnie myśleć. Nie mówię, że postawił to sobie za cel, to tak samo wychodziło. A ja patrzyłam na niego i słuchałam. Nawet kiedy marzyłam o tym, że będziemy z nim razem, nie zamierzałam raz na zawsze usadowić się za czyimiś szerokimi plecami i tam beztrosko pławić się w luksusie. Szaleć! Nie, miałam własny plan na życie. Lubiłam swoją pracę, szybko robiłam karierę. Dużo jeździłam... Tamtym razem... leciałam do osiedla górniczego – to była straszliwa historia, ale powiedziałabym, że typowa dla tamtych czasów. Przodujący górnicy dostali z okazji święta magnetofony, a nocą wymordowano całą rodzinę jednego z obdarowanych.

* Nikołaj Niekrasow, z poematu *Mróz – Czerwony nos.*

** Naum Korżawin, *Wariacje na temat Niekrasowa.*

Bandyci nie zabrali nic, tylko magnetofon. Plastikowy panasonic! Pudełko! W Moskwie były eleganckie samochody, supermarkety, a poza Pierścieniem Sadowym nawet magnetofon był cudem. Miejscowi „kapitaliści", o których marzył mój redaktor, chodzili po ulicach w otoczeniu świty „żołnierzy" z automatami. Do ubikacji – z ochroniarzem. Ale kasyna gry były i tu, i tam, i Bóg wie gdzie jeszcze. Już pojawiły się prywatne restauracyjki. Ciągle jeszcze lata dziewięćdziesiąte… Lata dziewięćdziesiąte… Na delegacji byłam trzy dni. Kiedy wróciłam, spotkaliśmy się. Najpierw się ucieszył – będziemy, wkrótce będziemy mieli dziecko! Miał dwóch chłopców, chciał dziewczynkę. Ale słowa… słowa nic nie znaczą, za słowami można się schować, można się nimi bronić. Oczy! Jego oczy… W oczach pojawił się strach – trzeba przecież coś postanowić, zmienić swoje życie. A tu – niespodziewana przeszkoda… Potknięcie. Aaach! Są mężczyźni, którzy odchodzą od razu, zabierają walizki z jeszcze wilgotnymi skarpetkami i koszulami… A są tacy, jak on… muszą jeszcze pitu-pitu… „Czego chcesz? Powiedz, co mam zrobić? – pytał mnie. – Jedno twoje słowo, a się rozwiodę. Tylko powiedz". A ja patrzyłam na niego…

Patrzyłam na niego, koniuszki palców robiły mi się zimne, i już zaczęłam rozumieć, że nie będę z nim szczęśliwa. Mała i głupiutka… Teraz bym go otoczyła fladrami jak wilka na polowaniu; potrafię być drapieżna, umiem polować. Stalową liną! A wtedy tylko cierpiałam. Cierpienie jest jak taniec – zawiera i gest, i lament, i pokorę. Jak w balecie… Ale też pewną tajemnicę, bardzo zwyczajną – przykro jest być nieszczęśliwą, to poniżające… Leżałam w szpitalu, na podtrzymaniu. Zadzwoniłam do niego rano, żeby mnie zabrał, bo do obiadu mam być wypisana, a on odpowiedział sennym głosem: „Nie mogę. Dzisiaj nie mogę". I nie oddzwonił. Tamtego dnia leciał z synami do Włoch, na narty. Trzydziesty pierwszy grudnia… wigilia Nowego Roku. Zadzwoniłam po taksówkę… Miasto tonęło w śniegu, musiałam brnąć przez zaspy, trzymając się za brzuch. Szłam sama. Nieprawda. We dwójkę, już byłyśmy dwie. Z moją córką… córeńką… Moją! Uwielbianą! Już ją kochałam, najbardziej na świecie! Czy kochałam jego?

Jak w tamtej bajce: żyli długo, szczęśliwie, i umarli tego samego dnia... Cierpiałam, ale nie miałam zamiaru umrzeć... „Nie mogę bez niego żyć. Umrę bez niego". Pewnie jeszcze nie spotkałam mężczyzny godnego takich słów... No tak! Tak, tak, tak! Nauczyłam się jednak przegrywać, nie boję się przegranej... (*Patrzy przez okno*). Od tego czasu nie przeżyłam żadnej wielkiej historii... Miewałam romansiki... Łatwo wchodzę w seks, ale nie chodzi o seks, to coś innego. Nie lubię zapachu mężczyzn, nie mówię o zapachu miłości, ale o zapachu mężczyzny. W łazience zaraz wyczuję, że był w niej mężczyzna... choćby używał najlepszych perfum, palił drogie papierosy... Ogarnia mnie przerażenie, kiedy pomyślę, ile trzeba się napracować, żeby mieć kogoś obok siebie. Jak w kamieniołomie! Zapomnieć o sobie, wyrzec się siebie, uwolnić się od siebie. Miłość odbiera wolność. Nawet jeśli się znajdzie swój ideał, będzie używał nie takiej wody, jak lubisz, będzie lubił smażone mięso i wyśmiewał się z naszych sałatek, skarpetki i spodnie zostawiał w niewłaściwym miejscu. I zawsze trzeba wtedy cierpieć. Cierpieć?! Z powodu miłości... takiego układu... Nie chcę już tak się trudzić, łatwiej jest polegać na sobie. Z mężczyznami lepiej się przyjaźnić, mieć stosunki służbowe. Rzadko nawet miewam ochotę flirtować, nie chce mi się zakładać maski, wchodzić do gry. Salon spa, french manicure, przedłużanie i zagęszczanie włosów. Makijaż. Barwy wojenne na twarzy... O Boże! Boże! Dziewczęta z Pikutkowa... Z całej Rosji do Moskwy! Do Moskwy! Tam czekają na nie bogaci książęta! One marzą, że z kopciuszków zmienią się w księżniczki. Czekanie na bajkę! Na cud! Ja już przez to przeszłam... Rozumiem kopciuszki, ale mi ich nie szkoda... Nie ma raju bez piekła. Sam raj – nie, to się nie zdarza... Ale one jeszcze nie rozumieją, nadal tego nie wiedzą...

Minęło siedem lat od chwili, kiedy się rozstaliśmy... On do mnie dzwoni, dzwoni nie wiedzieć czemu w nocy. Kiepsko mu idzie, stracił dużo pieniędzy... Mówi, że jest nieszczęśliwy... Miał jedną młodą dziewczynę, teraz ma inną. Proponuje, żebyśmy się spotkali... Po co? (*Milknie*). Długo mi go brakowało, wyłączałam światło i godzinami siedziałam w ciemności. Zatracałam się w czasie... (*Milknie*). Potem... potem były tylko romansiki... Ale ja... Nigdy nie zakocham się w mężczyźnie bez pieniędzy, takim z bloków. Z chodnikowego getta, z Harlemu. Nienawidzę tych, którzy wyrastali w nędzy, z „nędzarską" moralnością, bo pieniądze znaczą dla nich tak wiele, że nie sposób im zaufać. Nie znoszę biednych ludzi, skrzywdzonych i poniżonych. Tych wszystkich Baszmaczkinów i Opiskinów... bohaterów wielkiej literatury rosyjskiej... Nie ufam im! Co? Coś ze mną nie w porządku?... Nie pasuję do schematu? Chwileczkę... Nikt nie wie, jak ten świat jest urządzony... Mężczyzna podoba mi się nie dlatego, że ma kasę, nie tylko z tego powodu. Podoba mi się cała postać mężczyzny sukcesu: to jak chodzi, jak prowadzi samochód, jak mówi, jak się zaleca do mnie – wszystko to robi inaczej. Wszystko! Takich wybieram... Za to... (*Milknie*). No więc on dzwoni, że nie jest szczęśliwy... Czegóż to znowu nie widział i nie może kupić? On... i jego przyjaciele... Pieniądze już zarobił. Wielkie pieniądze. Niesamowite! Ale za wszystkie swoje pieniądze nie może sobie kupić szczęścia, miłości. Od miłości bolą kości. Biedny student cieszy się miłością, a oni nie. Co za niesprawiedliwość! Bo im się wydaje, że mogą wszystko – własnymi samolotami polecieć na mecz piłkarski w każdym kraju, na premierę musicalu do Nowego Jorku. Stać ich na wszystko! Zaciągnąć do łóżka najładniejszą modelkę, przywieźć do Courchevel cały ich samolot! Czytaliśmy w szkole Gorkiego i wiemy, na czym polega kupiecka hulanka – tłuc lustra, leżeć gębą w czarnym kawiorze, kąpać dziwki w szampanie... Ale to wszystko im się znudziło. W Moskwie biura podróży proponują im specjalne rozrywki. Na przykład dwa dni w więzieniu. Tak właśnie głosi reklama: „Czy chciałbyś pobyć przez dwa dni Chodorkowskim?". W milicyjnej zakratowanej suce wiezie się klienta do Władimira, do najgorszego więzienia – Władimirskiego Centralnego, tam się go przebiera w aresztanckie ubranie, przepędza po dziedzińcu z psami i bije gumową pałką. Prawdziwą! Napchają ich jak śledzi do brudnej śmierdzącej celi z kiblem. A klient szczęśliwy. Bo to nowe doznania! Od trzech do pięciu tysięcy dolarów zapłacić trzeba za zabawę w bezdomnego – przebiorą człowieka, ucharakteryzują i zaprowadzą na moskiewską ulicę, gdzie będzie mógł sobie pożebrać. Co prawda, zaraz za rogiem dyżurują ochroniarze – osobiści i z biura podróży. Są i ostrzejsze propozycje, dla całej rodziny: żona prostytutka, mąż sutener. Znam taką historię... Kiedyś najwięcej klientów w ciągu wieczora miała żona najbogatszego moskiewskiego cukiernika, skromna, z wyglądu typowa kobieta radziecka. I mąż był szczęśliwy! Są rozrywki, o których milczą reklamy turystyczne... To ściśle tajne... Można sobie zamówić nocne polowanie na żywego człowieka. Dają tysiąc dolarów nieszczęsnemu bezdomnemu, który w życiu tyle nie widział! Masz tu „zielone", wszystkie mogą być twoje, za to popracuj jako „zwierzyna"! Jak przeżyjesz, to widać los ci sprzyjał, a jak zastrzelą – *sorry*. Uczciwie postawiona sprawa! Można wziąć na noc dziewczynę... Dać upust fantazjom, zadowolić podbrzusze i to tak, że markizowi de Sade się nie śniło! Krew, łzy i sperma! To się nazywa szczęście... Szczęście po rosyjsku to trafić do kryminału na dwa dni, żeby potem wyjść i zrozumieć, jak się dobrze miało przedtem. Jak świetnie! Kupić nie tylko samochód, dom, jacht, fotel deputowanego, ale nawet ludzkie życie... Pobyć jeśli nie bogiem, to przynajmniej bożkiem... nadczłowiekiem! Właśnie tak... I już! Wszyscy urodzeni w ZSRR, wszyscy jeszcze stamtąd. Z tą diagnozą. A taki... taki naiwny był świat... Marzyli, żeby człowieka uczynić dobrym... Obiecywali „żelazną ręką popędzić ludzkość ku szczęściu...". Do ziemskiego raju.

Rozmawiałam z mamą... Chce odejść ze szkoły. „Zatrudnię się jako szatniarka. Albo dozorczyni". Bo jak opowiada dzieciom o książkach Sołżenicyna, o bohaterach, o ludziach sprawiedliwych, to jej płoną oczy, a dzieciom – nie. No a mama jest przyzwyczajona, że dawniej dzieciom płonęły oczy, kiedy o tym opowiadała. Dzisiejsze natomiast mówią: „Nawet ciekawie się słucha o tym, jak żyliście, ale my tak żyć nie chcemy. Nie marzymy o niezwykłych czynach, chcemy żyć normalnie". Przerabiają też *Martwe dusze* Gogola. Historię łajdaka... Tak nas uczyli w szkole... A dzisiaj dzieci w szkole są inne. „Niby dlaczego łajdaka? Czyczykow, tak jak Mawrodi, zbudował z niczego piramidę. To świetny pomysł biznesowy!" Czyczykow jest dla nich bohaterem pozytywnym... (*Milknie*). Mojej córki mama już nie będzie wychowywała... Nie pozwolę. Z tego, co mówi, wynika, że dziecko powinno oglądać tylko radzieckie kreskówki, bo są „ludzkie". Ale jak się kreskówkę wyłączy i wyjdzie na ulicę, to wkracza się w zupełnie inny świat. „Jak to dobrze, że jestem już stara – przyznała się mama. – Mogę siedzieć w domu. W swojej twierdzy". Kiedyś chciała być wiecznie młoda, robiła maseczki z soku pomidorowego, włosy myła w rumianku...

Jak byłam młoda, to lubiłam odmieniać los, droczyć się nim. Teraz już nie, wystarczy. Córka rośnie, myślę o jej przyszłości. A do tego potrzebne są pieniądze! Chcę je sama zarobić. Nie chcę prosić, od nikogo nie chcę ich brać. Nie chcę! Odeszłam z gazety do agencji reklamowej, bo tam więcej płacą. Przyzwoicie. Ludzie chcą dobrze żyć – to najważniejsze, co się z nami dzieje. I o to zabiegają wszyscy. Niech pani włączy telewizor: na wiec przyjdzie... no niechby nawet kilkadziesiąt tysięcy ludzi... A ładne włoskie wyposażenie łazienek kupują miliony. Kogokolwiek się spyta, każdy przebudowuje, remontuje swoje mieszkanie, dom. Ludzie podróżują. Nigdy tak w Rosji nie było. Reklamujemy nie tylko towary, ale i potrzeby. Wytwarzamy nowe potrzeby – jak ładnie żyć! Kierujemy czasem... Reklama to zwierciadło rewolucji rosyjskiej... Moje życie jest wypełnione bez reszty. Za mąż się nie wybieram... Mam przyjaciół, wszystko to ludzie bogaci. Jeden „upasł się" na ropie naftowej, drugi na nawozach mineralnych... Spotykamy się, żeby pogadać. Zawsze w luksusowej restauracji – marmury w hallu, stare meble, drogie obrazy na ścianach... portierzy wyglądający jak rosyjscy obszarnicy... Lubię przebywać w starych dekoracjach. Mój bliski przyjaciel też mieszka sam i nie chce się żenić, lubi mieszkać sam w swojej dwupiętrowej willi. „Nocą spać we dwoje, a mieszkać w pojedynkę". W dzień głowa mu puchnie od kursów metali kolorowych na giełdzie londyńskiej. Miedź, ołów, nikiel... W rękach ma trzy telefony komórkowe, co pół minuty któryś dzwoni. Pracuje po trzynaście, piętnaście godzin na dobę. Bez dni wolnych i urlopów. Szczęście? Co to jest szczęście? Świat się zmienił... Teraz samotni są ludzie sukcesu, ludzie szczęśliwi, a nie słabi albo nieudacznicy. Zrobili karierę, mają pieniądze, mają wszystko. Samotność jest kwestią wyboru. Chcę ciągle być w drodze. Jestem myśliwym, a nie ściganą zwierzyną. Ja sama wybieram. Samotność bardzo przypomina szczęście... To brzmi jak wyznanie... Prawda? (*Milknie*). Nawet nie pani, ja samej sobie chciałam to wszystko opowiedzieć...

O chęci, żeby ich wszystkich pozabijać, i o późniejszym przerażeniu, że się tego chciało

Ksenia Zołotowa – studentka, 22 lata

Na nasze pierwsze spotkanie przyszła też jej mama. Przyznała się: „Ksiusza nie chciała ze mną iść. Mnie też odradzała: »Mamo, komu my jesteśmy potrzebne? Im są potrzebne tylko nasze uczucia, nasze słowa, a my sami nie, bo oni tego nie przeżyli«. Bardzo się denerwowała: to wstawała, żeby wyjść – „Staram się o tym nie myśleć. Boli, jak się o tym mówi" – to zaczynała opowiadać i wtedy nie sposób jej było przerwać. Przeważnie jednak milczała. Jak mogłam ją pocieszyć? Z jednej strony prosiłam: „Niech się pani nie denerwuje. Proszę się uspokoić", a z drugiej – chciałam, żeby sobie przypomniała tamten straszny dzień: 6 lutego 2004 roku – zamach w Moskwie na Zamoskworieckiej linii metra między stacjami Awtozawodska i Pawielecka. W wyniku eksplozji zginęło 39 osób, a 122 trafiły do szpitali.

Chodzę i chodzę po kręgach bólu. Nie mogę się wyrwać. W bólu jest wszystko – i koszmar, i triumf; niekiedy wierzę, że ból jest pomostem między ludźmi, ukrytym łącznikiem, a innym razem myślę z rozpaczą, że to przepaść.

Z tego dwugodzinnego spotkania w notesie zostało kilka akapitów:

...Być ofiarą to takie poniżające... Po prostu wstyd. W ogóle nie mam ochoty z kimkolwiek o tym rozmawiać, chcę być jak wszyscy, a w rezultacie jestem ciągle sama. Wszędzie mogę zacząć płakać. Zdarza się, że idę przez miasto i płaczę. Kiedyś jakiś nieznajomy powiedział: „Czego płaczesz? Taka ładna jesteś i płaczesz". Po pierwsze uroda nigdy mi w życiu nie pomogła, a po drugie, odbieram tę urodę jako zdradę, nie odpowiada temu, co mam w sobie...

...Mamy dwie córki – Ksiuszę i Daszę. Żyliśmy skromnie, ale dużo chodzili do muzeów, do teatrów, dużo czytaliśmy. Kiedy dziewczynki były małe, tato wymyślał dla nich bajki. Chcieliśmy ochronić je przed brutalnością życia. Myślałam, że sztuka ocala. Ale nie ocaliła...

...W naszym domu mieszka samotna staruszka, chodzi do cerkwi. Kiedyś mnie zatrzymała, myślałam, że chce wyrazić współczucie, a ona do mnie złośliwie: „Niech pani dobrze pomyśli, dlaczego to spotkało właśnie panią? Pani dzieci?". Dlaczego... za co do mnie z takimi słowami? Potem się pokajała, myślę, że potem się pokajała... Przecież nikogo nie oszukałam, nikogo nie wydałam. Miałam dwie skrobanki, to jedyne moje grzechy... Wiem... Na ulicy często daję jałmużnę, choćby parę groszy, tyle ile mogę. Zimą karmię ptaki...

Następnym razem przyszły obie – mama i córka.

Matka

Może dla kogoś są bohaterami? Mają swoją ideę, czują się szczęśliwi, a kiedy umierają, wierzą, że trafią do raju. I nie boją się śmierci. Nic o nich nie wiem... „Został sporządzony portret pamięciowy domniemanego terrorysty..." – i tyle. A my dla nich jesteśmy tarczą strzelniczą, nikt im nie wytłumaczył, że moja dziewczynka nie jest żadną tarczą, że ma matkę, która nie może bez niej żyć, że jest chłopiec, który ją kocha. Czyż można zabijać kogoś, kto kocha? Myślę, że to podwójna zbrodnia. Idźcie na wojnę, w góry, strzelajcie tam do siebie, ale dlaczego do mnie? Do mojej córki? Zabijają nas, kiedy żyjemy w pokoju... (*Milknie*). Boję się teraz samej siebie, własnych myśli. Czasem mam ochotę ich wszystkich pozabijać. Potem przerażenie człowieka ogarnia, że czegoś takiego chciał.

Kiedyś lubiłam moskiewskie metro. Najładniejsze na świecie! To jest muzeum! (*Milknie*). Po wybuchu... Widziałam, jak ludzie wchodzili do metra, biorąc się za ręce. Strach długo nie ustępował... Bałam się iść do miasta, od razu podnosiło mi się ciśnienie. Jeździliśmy i wypatrywali pasażerów. W pracy rozmawiano tylko o tym. Boże, co się z nami dzieje? Stoję na peronie, a obok mnie młoda kobieta z wózkiem, ma czarne włosy, czarne oczy – nie Rosjanka. Nie wiem, jakiej narodowości – Czeczenka, Osetyjka? Kim jest? Nie wytrzymałam i zajrzałam do wózka – czy leży tam dziecko? Czy może coś innego? Świadomość, że zaraz będziemy jechały w jednym wagonie, od razu zepsuła mi nastrój. „Nie – pomyślałam – niech jedzie, zaczekam na następny pociąg". Podszedł do mnie jakiś mężczyzna. Zapytał:

– Dlaczego pani zajrzała do wózka?

Powiedziałam mu prawdę.

– Aha, to pani też.

...Widzę zwiniętą w kłębek nieszczęsną dziewczynkę. To jest moja Ksiusza. Dlaczego jest tu sama? Bez nas? Nie, to niemożliwe, to nie może być prawda. Krew na poduszce... „Ksiusza! Ksenieczko!" – a ona mnie nie słyszy. Naciągnęła na głowę jakąś czapeczkę, żebym nic nie zobaczyła, nie przestraszyła się. Moja córeczka! Chciała zostać pediatrą, a teraz nie ma słuchu... Była najładniejsza w klasie, a teraz jej twarzyczka... Za co? Coś lepkiego, ciągliwego mnie oplata, świadomość po prostu rozpada się na drobne kawałki. Moje nogi nie chcą się poruszać, są jak z waty. Musieli mnie wyprowadzić z sali. Lekarz na mnie krzyczał: „Niech się pani weźmie w garść, bo więcej pani do niej nie wpuścimy". No to biorę się w garść... Patrzy nie na mnie, ale gdzieś obok, jakby mnie nie poznawała. Wyraz oczu cierpiącego zwierzęcia – tego nie można znieść. Nie sposób właściwie dłużej żyć. Teraz gdzieś ukryła to spojrzenie, włożyła na siebie pancerz, ale to wszystko w sobie przechowuje. To wszystko wchłonęła w siebie. Cały czas jest tam, gdzie nas nie było...

Cały oddział takich dziewcząt... Jechały w jednym wagonie, teraz są na jednym oddziale... Wielu studentów, uczniów.

Myślałam, że wszystkie matki wyjdą na ulicę. Wszystkie matki ze swoimi dziećmi. Będą nas tysiące. Teraz wiem, że moja dziewczynka potrzebna jest tylko mnie, tylko w domu, tylko nam. Słuchają... współczują... tylko że bez mojego bólu! Nie czują bólu!

Wróciłam ze szpitala do domu i leżałam w ogóle bez czucia. Daszeńka była ze mną, wzięła wolne. Głaskała mnie po głowie jak małą dziewczynkę. Tato nie krzyczał, nie panikował – i dostał zawału. Trafiliśmy do piekła... Znowu – za co? Przez całe życie podsuwałam swoim córkom dobre książki, przekonywałam, że dobro jest silniejsze od zła, że dobro zawsze zwycięża. Ale życie to nie książki. Mówią, że modlitwa matki wydobędzie dziecko z dna morskiego? A to nieprawda! Zdradziłam córki, nie zdołałam obronić ich jak w dzieciństwie, a one pokładały nadzieję we mnie. Gdyby moja miłość mogła być pancerzem, żadne nieszczęście by ich nie dosięgło, nie przeżyłyby żadnego rozczarowania.

Jedna operacja... druga... Trzy! Już Ksenia zaczęła słyszeć na jedno uszko... już palce zaczęły pracować... Żyliśmy na granicy między życiem a śmiercią, między wiarą w cud a niesprawiedliwością, i zrozumiałam, że chociaż jestem pielęgniarką, to bardzo mało wiem o śmierci. A oglądałam ją wielokrotnie, przechodziła obok mnie. Postawić kroplówkę, zbadać puls... Wszyscy myślą, że pracownicy służby zdrowia wiedzą o śmierci więcej niż inni, ale nic podobnego. Był u nas jeden anatomopatolog, który już miał odejść na emeryturę. „Co to jest śmierć?" – zapytał mnie. (*Milknie*). Moje poprzednie życie zmieniło się w białą plamę... Wspomnieć mogłam tylko Ksiuszę... Wszystko, ze szczegółami – jak była mała, odważna, zabawna, jak nie bała się wielkich psów i chciała, żeby zawsze było lato. Jak błyszczały jej oczy, kiedy przyszła do domu i powiedziała, że dostała się na medycynę. Bez łapówek, bez korepetycji. Płacić nie mogliśmy, naszej rodziny nie było na to stać. Jak na dzień czy dwa przed zamachem wzięła starą gazetę i przeczytała: jeśli znaleźliście się w jakiejś ekstremalnej sytuacji, to należy zrobić to a to... Co konkretnie, już nie pamiętam, ale to była instrukcja. I kiedy wszystko się zdarzyło, Ksiusza sobie przypomniała tę instrukcję, dopóki była przytomna. A tamtego ranka było tak... Akurat odebrała buciki od szewca, miała już na sobie płaszcz, zaczęła wkładać te buciki, ale jakoś nie wchodziły na nogę...

– Mamo, może wezmę twoje buty?

– Bierz.

Mamy jednakowy rozmiar. Moje matczyne serce nic mi nie podpowiedziało... Przecież mogłam ją powstrzymać... W snach przedtem widziałam wielkie gwiazdy, jakiś gwiazdozbiór. Żaden alarm się nie pojawił... To moja wina, jestem nią przytłoczona...

Gdyby mi pozwolili, to nocowałabym w szpitalu, byłabym mamą dla wszystkich. Ktoś szlocha na schodach... Kogoś trzeba uścisnąć, z kimś posiedzieć. Dziewczynka z Permu płakała, bo mama jest daleko. Druga miała zmiażdżoną nóżkę... Nóżka to najcenniejsza rzecz ze wszystkiego! Najdroższa rzecz to nóżka twojego dziecka! Kto miałby mi to za złe?

W pierwszych dniach o zamachu dużo pisano w gazetach, w telewizji pokazywano reportaże. Kiedy Ksiusza zobaczyła swoje zdjęcie w gazecie, wyrzuciła ją...

Córka

Wielu rzeczy nie pamiętam... Nie przechowuję w pamięci! Nie chcę! (*Matka obejmuje ją. Uspokaja*).

Pod ziemią wszystko jest jeszcze straszniejsze. Teraz zawsze noszę w torebce latarkę...

Nie było słychać ani płaczu, ani krzyku. Była cisza. Wszyscy leżeli w jednej masie... Nie, nie czułam strachu... Potem zaczęli się poruszać. W pewnej chwili dotarło do mnie, że trzeba stąd uciekać, przecież tam wszystko to chemia, i to jest palne. Szukałam jeszcze swojego plecaka, gdzie miałam konspekty, portmonetkę... Szok... byłam w szoku... nie czułam bólu...

Słyszałam kobietę, która wołała: „Sierioża! Sierioża!... Kilka osób siedziało w wagonie w nienaturalnych pozach. Jakiś mężczyzna wisiał na poręczy jak robak. Bałam się spojrzeć w tę stronę...

Kiedy szłam, to mną kołysało... Zewsząd słychać było: „Pomocy! Pomóżcie!". Ktoś przede mną poruszał się jak lunatyk, to powoli do przodu, to znowu z powrotem. Wszyscy wyprzedzali mnie i jego.

Na górze podbiegły do mnie dwie dziewczyny, przykleiły mi jakąś szmatkę do czoła. Nie wiem czemu, było mi strasznie zimno. Podały mi krzesełko, usiadłam. Widziałam, jak proszą pasażerów o paski i krawaty, i przewiązywały nimi rany. Dyżurna stacji krzyczała do kogoś przez telefon: „Czego chcecie? Ludzie wychodzą z tunelu i od razu umierają, wysiadają na peron i umierają...". (*Milknie*). Dlaczego pani nas męczy? Szkoda mi mamy. (*Milknie*). Wszyscy już się do tego przyzwyczaili. Włączą telewizor, popatrzą i idą pić kawę...

Matka

Dorastałam w czasach radzieckich. Najbardziej radzieckich, w jakich można dorastać. Jestem rodem z ZSRR. A nowa Rosja... jeszcze jej nie rozumiem. Nie umiem powiedzieć, co jest gorsze – to, co teraz, czy historia KPZR? Mam w głowie wzorzec radziecki, tę matrycę, pół życia spędziłam w socjalizmie. To we mnie utkwiło. Nie da się tego wybić. Czy chcę się z tym rozstać – nie wiem. W tamtych czasach życie było złe, a teraz jest straszne. Rano się rozbiegamy: my do pracy, dziewczyny do szkół. Przez cały dzień do siebie dzwonimy: „Co tam u ciebie? O której wracasz do domu? Czym?". Wieczorem zbieramy się wszyscy w domu i dopiero wtedy czuję ulgę albo przynajmniej trochę odpoczywam. Boję się wszystkiego. Drżę. Dziewczyny na mnie krzyczą: „Ty, mamo, ciągle przesadzasz...". Jestem normalna, ale potrzebuję tej obrony, tej skorupki – własnego domu. Tatę straciłam wcześnie, może dlatego jestem taka przewrażliwiona, tym bardziej że tato bardzo mnie kochał. (*Milknie*). Nasz tatuś był na wojnie, dwa razy płonął w czołgu... Przeszedł przez wojnę i ocalał. A kiedy z niej wrócił, to go zabili. W bramie naszego domu.

Uczyłam się z książek radzieckich, uczono nas absolutnie czegoś innego. Dam pani przykład... W tych książkach o pierwszych terrorystach rosyjskich pisano, że są bohaterami. Męczennikami. Ginęli za lud, za świętą sprawę. Rzucali bombami w cara. Ci młodzi ludzie często pochodzili ze szlachty, z dobrych rodzin... Dlaczego więc nas dziwi, że tacy ludzie znajdują się i dzisiaj? (*Milknie*). Na lekcjach historii, kiedy przerabialiśmy Wielką Wojnę Narodową, nauczyciel opowiadał nam o białoruskiej partyzantce Jelenie Mazanik, która zabiła Kubego, gauleitera Białorusi. Przymocowała bombę do łóżka, w którym spał z ciężarną żoną, a za ścianą, w sąsiednim pokoju spały ich małe dzieci... Stalin osobiście udekorował ją Gwiazdą Bohatera. Do końca życia chodziła po szkołach i opowiadała dzieciom o swoim czynie. Ani nauczyciel... ani nikt... Nikt nam nie powiedział, że za ścianą spały dzieci... Mazanik była nianią tych dzieci... (*Milknie*). Ludziom, którzy mieli sumienie, wstyd było wspominać po wojnie to, co podczas niej robili. Nasz tato cierpiał...

Na stacji Awtozawodskiej wysadził się samobójca. Chłopak z Czeczenii. Od rodziców dowiedziano się, że dużo czytał. Lubił Tołstoja. Wyrósł na wojnie – bombardowania, ostrzał artyleryjski... Widział, jak zginęli jego kuzyni. Kiedy miał czternaście lat, uciekł w góry do Chattaba. Chciał się zemścić. Z pewnością to był uczciwy chłopak, miał gorące serce... Śmiali się z niego: cha, cha... małolat, głupek... A on nauczył się strzelać i rzucać granatem lepiej od nich. Mama go odszukała i zaciągnęła z powrotem do wsi, chciała, żeby skończył szkołę i został płytkarzem. Ale po roku znowu przepadł w górach. Nauczyli go sztuki wysadzania, a potem przyjechał do Moskwy... (*Milknie*). Gdyby zabijał za pieniądze, byłoby wszystko jasne, ale on tego nie robił za pieniądze. Ten chłopak mógł rzucić się pod czołg albo wysadzić w powietrze izbę położniczą...

Kim jestem? Jesteśmy z tłumu... Zawsze w tłumie... Nasze życie jest szare, niczym się nie wyróżnia, chociaż staramy się żyć. Kochamy, cierpimy. Tylko że nikogo to nie interesuje, nikt nie pisze o nas książek. Tłum... masa. Nikt mnie dotąd nie wypytywał o moje życie, dlatego z panią tak się rozgadałam. „Mamo, nie pokazuj duszy" – tak mówiły moje dziewczyny. Cały czas mnie czegoś uczą. Młodzi żyją w świecie surowszym, niż był ten radziecki... (*Milknie*). Czuję, jakby życie już nie było dla nas, nie dla takich jak my, ono jest gdzieś tam... Gdzieś... Coś się dzieje, ale nie z nami... Nie chodzę do drogich sklepów, bo się krępuję – stoją tam ochroniarze i patrzą na mnie z pogardą, bo mam ubranie z bazaru. Noszę chińską tandetę. Jeżdżę metrem, boję się śmiertelnie, ale jeżdżę. Ci bogatsi nie jeżdżą. Metro jest dla ubogich, nie dla wszystkich. Znowu mamy książąt, bojarów i lud roboczy. Nie pamiętam już, kiedy ostatnio siedziałam w kawiarni, od dawna mnie na to nie stać. Teatr też stał się luksusem, a kiedyś nie opuszczałam żadnej premiery. To przykre... bardzo przykre... Czuję jakiś niesmak, kiedy nie dopuszczają nas do tego nowego świata. Mąż przynosi w torbach książki z biblioteki, to jedyna rzecz, która jest dla nas dostępna jak dawniej. Możemy jeszcze spacerować po starej Moskwie, po naszych ulubionych miejscach – Jakimanka, Kitaj-gorod, Warwarka. To nasz pancerz, teraz każdy tworzy sobie pancerz. (*Milknie*). Uczono nas... Marks pisał: „Kapitał to kradzież". A ja się z nim zgadzam.

Poznałam miłość... Zawsze czuję, czy ktoś kochał, czy nie; z tymi, którzy kochali, czuję intuicyjną więź. Bez słów. Przypomniałam sobie teraz pierwszego męża... Kochałam go? Tak. Mocno? Szalenie. Miałam dwadzieścia lat. W głowie same marzenia. Mieszkaliśmy z jego ładną, starą matką, która była o mnie zazdrosna. Mawiała: „Jesteś taka piękna jak ja za młodu". Kwiaty, które mi przynosił, zabierała do swojego pokoju. Potem ją zrozumiałam, dopiero teraz ją rozumiem, kiedy wiem, jak kocham swoje dziewczęta, jak ścisła może być więź z dzieckiem. Psycholog tłumaczy mi, że: „Pani miłość do dzieci jest hipertroficzna. Tak nie wolno kochać". A przecież to normalna miłość... Miłość! Moje życie... Tak, moje, moje... Nikt nie zna recepty... (*Milknie*). Mąż mnie kochał, ale wyznawał taką filozofię, że nie można przeżyć życia z jedną kobietą, trzeba poznać inne. Wiele myślałam... Płakałam... Przezwyciężyłam to i ustąpiłam. Zostałam sama z małą Ksiuszą. Drugi mąż... Był dla mnie jak brat, zawsze marzyłam o starszym bracie. Popadłam w rozterkę.

Nie wiedziałam, jak mamy żyć, kiedy mi się oświadczył. Żeby począć dziecko, w domu powinno pachnieć miłością. Przeniósł nas z Ksiuszą do siebie: „Spróbujmy. Jak się nie spodoba, to odwiozę was z powrotem". I jakoś się nam ułożyło. Miłość bywa rozmaita – bywa szalona, ale bywa i taka podobna do przyjaźni. Do związku dwojga przyjaciół. Miła mi jest taka myśl, bo mój mąż jest bardzo dobrym człowiekiem. A ja nie miałam nigdy jedwabnego życia...

Urodziłam Daszeńkę... Nigdy nie rozstawaliśmy się z dziećmi, w lecie razem jeździliśmy do babci na wieś, do obwodu kałuskiego. Płynie tam rzeczka. Jest łąka i las. Babcia piekła rogaliki z wiśniami, które dzieci do dzisiaj wspominają. Nigdy nie pojechaliśmy nad morze, chociaż było to naszym marzeniem. Jak wiadomo, uczciwa praca nie daje dużych pieniędzy: jestem pielęgniarką, a mąż – naukowcem w instytucie radiologii. Ale dziewczęta wiedziały, że je kochamy.

Wielu ubóstwia pierestrojkę... Wszyscy mieli na coś nadzieję. Ja nie mam za co kochać Gorbaczowa. Pamiętam rozmowy u nas w pokoju lekarskim:

– Socjalizm się skończy, ale co będzie po nim?

– Skończy się zły socjalizm i nastanie dobry socjalizm.

Czekaliśmy... Czytali gazety... Wkrótce mąż stracił pracę, zamknięto ich instytut. Bezrobotnych była masa, wszyscy z wyższym wykształceniem. Pojawiły się kioski, potem supermarkety, w których było wszystko jak w bajce, tylko nie mieliśmy za co tego kupić. Ledwie weszłam, zaraz wychodziłam. Kiedy dzieci były chore, kupowałam dwa jabłka i jedną pomarańczę. Jak się z tym pogodzić? Pogodzić się z tym, że teraz będzie właśnie tak. Jak? Ano tak, że stoję w kolejce do kasy i przed sobą mam mężczyznę, który w wózku ma ananasy, banany... To rani naszą ambicję. Dlatego wszyscy ludzie są dzisiaj jacyś zmęczeni. Nie daj Boże urodzić się w ZSRR, a żyć w Rosji. (*Milknie*). Ani jedno z moich marzeń w życiu się nie spełniło...

Kiedy córka wyszła do drugiego pokoju, mówi do mnie na wpół szeptem.

Ile to lat? Już trzy lata minęły od zamachu... Nie, więcej... Mam swoją tajemnicę... Nie mogę sobie wyobrazić, że kładę się z mężem do łóżka, a on mnie dotyka... W ogóle nie mieliśmy z mężem stosunków przez te wszystkie lata; jestem jego żoną i zarazem nie jestem, chociaż on mnie namawia: „Będzie ci lepiej". Przyjaciółka, która o wszystkim wie, też mnie nie rozumie. Mówi: „Jesteś fantastyczna, bardzo seksowna. Przejrzyj się w lustrze, jaka jesteś ładna. Jakie masz włosy...". Ja mam takie od urodzenia, o swojej urodzie zapomniałam. Jestem nasiąknięta bólem tak jak tonący wodą. Jakbym odrzuciła własne ciało, a została tylko dusza...

Córka

Leżeli zabici, w ich kieszeniach bez końca dzwoniły komórki... Nikt nie śmiał podejść i odebrać telefonu.

Na podłodze siedziała zakrwawiona dziewczyna, jakiś chłopak dawał jej czekoladkę...

Moja kurtka nie spłonęła, ale cała była stopiona. Lekarka obejrzała mnie i od razu powiedziała: „Proszę się położyć na nosze". Ja się jeszcze opierałam. „Sama wstanę i dojdę do karetki", a lekarka nawet lekko na mnie krzyknęła: „Na nosze!". W karetce straciłam przytomność, odzyskałam ją po reanimacji...

Dlaczego milczę? Miałam chłopaka, mieliśmy nawet... Podarował mi pierścionek... A ja opowiedziałam mu, co mi się przydarzyło... Może to w ogóle nie ma żadnego związku, ale zerwaliśmy. To we mnie pozostało, zrozumiałam, że nie należy się zwierzać. Wysadzili człowieka w powietrze, przeżył, po czym zrobił się jeszcze bardziej delikatny i bezbronny. Ma na sobie piętno tego, który ucierpiał, a ja nie chcę mieć na sobie tego piętna...

Nasza mama lubi teatr, czasem uda się jej zdobyć tani bilet: „Ksiusza, pójdziemy do teatru". Wymawiam się, więc idą sami z tatą. Na mnie teatr już nie działa...

Matka
Nie wiemy, dlaczego to nam się przydarzyło, bo chcemy być tacy jak wszyscy. Schować się. To wszystko tak od razu się nie odłącza...

Ten chłopiec samobójca... i inni... Zeszli z gór i przyszli do nas: „Nie widzicie tego, jak nas zabijają. Spróbujemy zrobić to u was". (*Milknie*).

Myślę... Chcę sobie przypomnieć, kiedy byłam szczęśliwa... Muszę sobie przypomnieć... Byłam szczęśliwa tylko raz w życiu, kiedy dzieci były małe...

Dzwonek do drzwi – to koledzy Ksiuszy... Posadziłam ich w kuchni. Mama nauczyła mnie, że najważniejsza rzecz to dać jeść gościom. Był czas, że młodzi przestali rozmawiać o polityce, a teraz znowu rozmawiają. Zaczęli kłócić się o Putina... „Putin – to klon Stalina...", „To na długo...", „Gówno całego kraju...", „To gaz, to ropa...". Pytanie: kto Stalina zrobił Stalinem? Kwestia winy...

Sądzić trzeba tylko tych, którzy rozstrzeliwali, torturowali, czy też:

tych, którzy pisali donosy...

którzy odebrali krewnym dziecko „wroga ludu" i oddali je do domu dziecka...

kierowcę, który przewoził aresztowanych...

sprzątaczkę, myjącą podłogi po torturach...

zawiadowcę stacji, kierującego pociągi z więźniami na Północ...

krawców, krojących półkożuszki, w które ubierano ochronę łagru...

dentystów, którzy leczyli strażnikom zęby, lekarzy, którzy badali serce, żeby lepiej pełnili służbę...

tych, którzy milczeli, kiedy inni na zebraniach krzyczeli: „Psom – pieska śmierć!".

Od Stalina przeszli do Czeczenii... I znowu wszyscy to samo: ten kto zabija, wysadza, też jest winny, i ten kto wytwarza bomby, pociski w fabrykach, szyje mundury, uczy żołnierzy strzelać... przedstawia do odznaczeń... Czy są winni? (*Milknie*). Chciałam zasłonić Ksiuszę, zabrać ją dokądś i uwolnić od tych rozmów. Siedziała z okrągłymi ze strachu oczami. Patrzyła na mnie... (*Odwraca się do córki*). Ksenieczko, ani ja nie jestem winna, ani nasz tato, który teraz wykłada matematykę. A ja jestem pielęgniarką. Do naszego szpitala przywożono rannych oficerów z Czeczenii. Myśmy ich leczyli, a oni oczywiście tam wracali. Na wojnę. Spośród nich mało kto miał ochotę wracać, wielu otwarcie przyznawało: „Nie chcemy walczyć". A ja jestem pielęgniarką, ratuję wszystkich...

Są tabletki na ból zęba, głowy, tylko na mój ból nie ma tabletek. Psycholog wypisał mi wszystko po kolei: rano na czczo pół szklanki dziurawca, dwadzieścia kropel nalewki z głogu, trzydzieści – z piwonii... Plan na cały dzień. Wszystko to piłam. Chodziłam też do jakiegoś Chińczyka... Nie pomogło... (*Milknie*). Codzienne sprawy zajmują umysł, więc można nie zwariować. Rutyna leczy: uprać, wyprasować, zaszyć...

Na podwórzu naszego domu stoi stara lipa... Idę – to na pewno było po paru latach – i czuję, że kwitnie lipa. Aromat... A przedtem wszystko było jakieś niezbyt silne... nie tak... Barwy przyblakłe, dźwięki przytłumione... (*Milknie*).

W szpitalu zaprzyjaźniłam się z kobietą, która jechała nie w drugim wagonie, jak Ksiusza, ale w trzecim. Chodziła już do pracy i wydawało się, że wszystko przetrawiła. Potem jednak coś sprawiło, że próbowała rzucić się z balkonu. Rodzice okratowali wszystkie okna, żyli jak w klatce. Truła się gazem... Mąż od niej odszedł... Nie wiem, gdzie jest teraz. Ktoś kiedyś widział ją na stacji Awtozawodska. Chodziła po peronie i wołała: „Prawą ręką bierzemy trzy garści ziemi i rzucamy na trumnę. Bierzemy... rzucamy". Krzyczała tak, dopóki nie przyjechali po nią sanitariusze...

Myślałam, że mi to Ksiusza opowiedziała... Koło niej stał mężczyzna, i to tak blisko, że nawet chciała mu zwrócić uwagę. Nie zdążyła. Zasłonił ją i pełno odłamków trafiło w niego zamiast w nią. Nie wiem, czy przeżył. Często o nim myślę... Po prostu mam go ciągle przed oczami... A Ksiusza nie pamięta... Skąd to sobie wzięłam? Na pewno sama sobie go wymyśliłam. Ale ktoś przecież mi ją uratował...

Znam lekarstwo... Ksiusza powinna być szczęśliwa. Tylko szczęściem można ją wyleczyć. Potrzebne jest coś takiego... Byliśmy na koncercie Ałły Pugaczowej, którą lubi cała nasza rodzina. Chciałam do niej podejść albo posłać liścik: „Niech pani zaśpiewa dla mojej dziewczynki. Niech pani powie, że to specjalnie dla niej". Żeby poczuła się królową... Uniosła się bardzo wysoko... Widziała piekło, więc powinna zobaczyć raj. Żeby znowu świat odzyskał dla niej równowagę. Moje iluzje... marzenia... (*Milknie*). Nie zdołałam nic zrobić ze swoją miłością. Do kogo mam pisać? Kogo poprosić? Zarobiliście na czeczeńskiej ropie, na rosyjskich kredytach, pozwólcie mi dokądś ją wywieźć. Niech posiedzi sobie pod palmą, popatrzy na żółwie, żeby zapomnieć piekło. To piekło jest cały czas w jej oczach. Nie ma światła, światła w nich nie widzę.

Zaczęłam chodzić do cerkwi... Czy wierzę? Nie wiem. Nie mam ochoty z nikim o tym rozmawiać. Kiedyś ksiądz w cerkwi mówił, że w wielkim cierpieniu człowiek albo zbliża się do Boga, albo oddala się od niego, i jeśli się oddala, to nie wolno go ganić, bo to z oburzenia, to z bólu. To wszystko o mnie.

Na ludzi patrzę z boku, nie czuję z nimi bliskiej więzi... Patrzę tak, jakbym już nie była człowiekiem... Pani jest pisarką, to mnie pani zrozumie: słowo mało ma wspólnego z tym, co dzieje się we wnętrzu. Kiedyś rzadko miałam kontakt z tym, co tkwi we mnie. Teraz żyję, jakbym była górnikiem... Przeżywam, myślę... Bez przerwy coś w sobie obracam... „Mamo, nie pokazuj duszy!" Nie, dziewczyny kochane, nie chcę, żeby moje uczucia, moje łzy tak po prostu zniknęły. Bez śladu, bez znaku. Mnie to najbardziej niepokoi. Wszystko, co przeżyłam, nie jest tym, co chciałoby się zostawić tylko dzieciom. Pragnę to przekazać innym ludziom, żeby to gdzieś leżało i każdy mógł sobie wziąć.

3 września – Dzień Pamięci Ofiar Terroryzmu. Moskwa w żałobie. Na ulicach wielu inwalidów, kobiety w czarnych chustach. Palą się świeczki: na Solance, na placu przed centrum teatralnym na Dubrowce, koło stacji metra Park Kultury, Łubianka, Awtozawodska, Ryska...

Ja też jestem wśród tych ludzi. Pytam i słucham. Jak z tym żyjemy?

Do zamachów w stolicy doszło w latach 2000, 2001, 2002, 2003, 2004, 2006, 2010 i 2011.

– Jechałam do pracy, wagon jak zwykle był przepełniony. Nie słyszałam wybuchu, nagle jednak wszystko zrobiło się pomarańczowe, ciało mi zdrętwiało, chciałam ruszyć ręką i nie mogłam. Pomyślałam, że dostałam wylewu, a wtedy straciłam przytomność... A kiedy przyszłam do siebie, zobaczyłam, że po mnie chodzą jacyś ludzie i zupełnie się nie przejmują, jakbym już nie żyła. Przeraziłam się, że mnie rozdepczą, i podniosłam ręce. Ktoś mnie podniósł. Krew i mięso – taki obraz zobaczyłam...

– Syn ma cztery lata. No, jak mam mu powiedzieć, że tato zginął? Przecież nie rozumie, co to znaczy śmierć. Boję się, żeby nie pomyślał, że tato nas zostawił. Na razie myśli, że jest w delegacji...

– Często wspominam... Przed szpitalem stały całe kolejki chcących oddać krew, z siatkami pomarańcz. Błagali umęczone salowe: „Niech pani weźmie ode mnie owoce i da komu bądź. A co jeszcze by im się przydało?".

– Przyjechały do mnie dziewczyny z pracy, szef dał im samochód. Ale nie miałam ochoty nikogo widzieć...

– Potrzebna wojna, może wtedy pojawią się ludzie. Mój dziadek mawiał, że ludzi widywał tylko podczas wojny. Teraz mało jest dobroci.

– Dwie nieznajome kobiety obejmowały się i płakały koło ruchomych schodów, twarze miały zakrwawione, ale nie miałam świadomości, że to krew, myślałam, że od łez szminka im się rozmazała. Wieczorem wszystko to jeszcze raz zobaczyłam w telewizji i wtedy do mnie dotarło. Tam na miejscu nie rozumiałam, patrzyłam na krew i nie wierzyłam.

– Najpierw się myśli, że można zjechać do metra, wejść śmiało do wagonu, ale po przejechaniu jednego czy dwóch przystanków człowiek wyskakuje zlany zimnym potem. Strasznie jest zwłaszcza, kiedy pociąg zatrzyma się na kilka minut w tunelu. Każda minuta się rozciąga, serce zaczyna podskakiwać na jednej nitce...

– W każdym człowieku z Kaukazu tkwi terrorysta...

– Jak pan myśli – czy nasi żołnierze w Czeczenii nie popełniali zbrodni? Mój brat tam służył... Opowiadał takie rzeczy o wspaniałej armii rosyjskiej... Trzymali Czeczeńców w dołach jak zwierzęta i żądali okupu od rodzin. Torturowali... grabili... Teraz chłopak pije na umór.

– Bierzesz kasę od Amerykanów? Prowokator! A kto zamienił Czeczenię w getto dla Rosjan? Rosjan wyrzucali z pracy, odbierali mieszkania, samochody. Jak nie oddałeś, to cię zarżnęli. Nasze dziewczyny gwałcili tylko dlatego, że Rosjanki.

– Nienawidzę Czeczenów! Gdyby nie my, Rosjanie, do dzisiaj siedzieliby w górach, w jaskiniach. Dziennikarzy, którzy są za nimi, też nienawidzę. Liberaści! (*Pełne nienawiści spojrzenie w moją stronę – nagrywam rozmowę*).

– Czy w czasie wojny sądzono żołnierzy rosyjskich za zabijanie Niemców? A zabijali na różne sposoby. Wziętych do niewoli policajów partyzanci krajali na kawałki... Posłuchajcie weteranów...

– W czasie pierwszej wojny czeczeńskiej, jeszcze za Jelcyna, wszystko uczciwie pokazywano w telewizji. Widzieliśmy, jak płaczą Czeczenki. Jak matki rosyjskie chodzą po wsiach i szukają swoich zaginionych synów. Nikt im nie robił nic złego. Takiej nienawiści jak teraz jeszcze nie było, ani w nas, ani w nich.

– Wtedy tylko Czeczenia była w ogniu, a teraz cały północny Kaukaz. Wszędzie budują meczety.

– Geopolityka zawitała w nasze progi. Rosja się rozpada... Niedługo z imperium zostanie tylko księstwo moskiewskie...

– Nienawidzę!

– Kogo?

– Wszystkich!

– Mój syn żył jeszcze przez siedem godzin, wepchali go do celofanowego worka i wsunęli do autobusu z trupami... Przywieźli nam trumnę opłaconą przez państwo, dwa wieńce. Trumna zrobiona z jakichś odpadów, wyglądała jak tekturowa, a jak ją podnieśli, to się rozleciała. Wieńce żałosne, ubożuchne. Wszyscy kupowali sami. Skoro państwo ma gdzieś nas, zwykłych śmiertelników, to niech wie, że ja mam je w tym samym miejscu. Chcę wyjechać z tego p.......nego kraju. Złożyliśmy z mężem podanie o zezwolenie na imigrację do Kanady.

– Dawniej zabijał Stalin, a teraz bandyci. To ma być wolność?

– Mam czarne włosy, czarne oczy... Jestem prawosławną Rosjanką. Wchodzimy z koleżanką do metra. Zatrzymuje nas milicja, odprowadza nas na bok. „Proszę zdjąć wierzchnie ubranie. Okazać dokumenty". Na koleżankę nie zwracali uwagi, bo blondynka. Mama mówi: „Przefarbuj się". A ja się wstydzę.

– Życie w Rosji opiera się na trzech fundamentach: „chyba nie", „a może" i „jakoś to będzie". Początkowo wszyscy trzęśli się ze strachu, a po miesiącu, kiedy w metrze pod ławką zauważyłam podejrzany pakunek, z trudem zdołałam nakłonić dyżurną, żeby zadzwoniła na milicję.

– Po zamachu na lotnisku Domodiedowo gnoje taksiarze wyśrubowali ceny. Niebotyczne. Na wszystkim potrafią robić kasę. Sk....syny, wyciągnąć takiego z auta i walnąć mordą o maskę!

– Jedni leżeli w kałużach krwi, a drudzy fotografowali ich komórkami. Pstryk! I od razu wywieszali w LiveJournal. Bo plankton biurowy miał za mało bodźców.

– Dzisiaj oni, jutro my. I nikt nic nie mówi, wszyscy się z tym pogodzili.

– Starajmy się, ile można, wspomóc poległych modlitwą. Błagać Boga o zmiłowanie...

Od razu na zaimprowizowanej scenie uczniowie dają koncert. Przywieziono ich autobusami. Podchodzę bliżej.

– Mnie ciekawi ten Bin Laden... Al-Kaida to projekt globalny...

– A ja jestem za terrorem indywidualnym. Konkretne cele. Na przykład policjanci, urzędnicy...

– Terror to rzecz zła czy dobra?
– Teraz dobra.
– No, dosyć już, k...a, tego stania. Kiedy nas puszczą?
– Niezły kawał... Terroryści oglądają zabytki we Włoszech. Dochodzą do Krzywej Wieży w Pizie. Śmieją się: „Amatorska robota!".

Terror to dobry interes...

składanie ofiar jak w dawnych czasach...

mainstream...

rozgrzewka przed rewolucją...

coś osobistego...

O staruszce z kosą i pięknej dziewczynie

Aleksandr Łaskowicz, żołnierz, przedsiębiorca, emigrant – 21–30 lat

Śmierć podobna jest do miłości

Kiedy byłem dzieckiem, na naszym podwórzu rosło drzewo... Stary klon... Rozmawiałem z nim, klon był moim przyjacielem. Kiedy umarł dziadek, długo płakałem. Ryczałem przez cały dzień. Miałem pięć lat i zrozumiałem, że umrę, że wszyscy umrą. Zdjęło mnie przerażenie: wszyscy umrą przede mną, zostanę sam. Potworna samotność. Mama się nade mną zlitowała, a tato podszedł i powiedział: „Obetrzyj łzy. Jesteś mężczyzną. Mężczyźni nie płaczą". A ja jeszcze nie wiedziałem, kim jestem. Nigdy nie lubiłem być chłopcem, nie lubiłem bawić się w wojnę. Ale nikt mnie nie pytał... Wszyscy wybrali beze mnie... Mama marzyła o dziewczynce, a tata jak zwykle chciał, żeby usunęła ciążę.

Pierwszy raz miałem ochotę się powiesić, kiedy miałem siedem lat... Przez chińską miskę. Mama zrobiła konfitury w chińskiej misce i postawiła na taborecie, a my z bratem łapaliśmy naszego kota. Muśka jak cień przeleciała nad miednicą, a my nie... Mama była młoda, a tato był na ćwiczeniach wojskowych. Na podłodze kałuża konfitur... Mama przeklina swój los żony oficera i to, że musi mieszkać tam, gdzie diabeł mówi dobranoc... Na Sachalinie... gdzie zimą śniegu nawaliło do dziesięciu metrów, a latem łopuchy są takie duże jak ona. Łapie pas ojca i wygania nas na ulicę.

– Mamo, na dworze pada, a w szopie gryzą muchy!

– Precz stąd! Precz! Już was nie ma!

Brat pobiegł do sąsiadów, a ja całkiem poważnie chciałem się powiesić. Wlazłem do szopy, znalazłem sznur w koszu. Przyjdą rano i zobaczą, że wiszę – macie, dranie! Nagle przez drzwi wciska się Muśka... Miau... Miau... Kochana Muśka! Przyszłaś użalić się nade mną. Objąłem ją, uściskałem, i tak razem przesiedzieliśmy do rana.

Tato... Kim był tato? Czytał gazety i palił papierosy. W pułku lotniczym był zastępcą dowódcy do spraw politycznych. Przenosiliśmy się z jednego osiedla wojskowego do drugiego, mieszkaliśmy w hotelach wojskowych. Długie baraki z cegieł, wszędzie takie same. Wszystkie pachniały pastą do butów i tanią wodą kolońską Chypre. Tak zawsze pachniał tata. Miałem osiem lat, brat dziewięć, tato wrócił ze służby. Skrzypią buty chromowe, skrzypi pas z koalicyjką. W takiej chwili najchętniej stalibyśmy się niewidzialni, zeszli mu z oczu! Tato bierze z etażerki *Opowieść o prawdziwym człowieku* Borisa Polewoja, w naszym domu to było jak „Ojcze nasz".

– Co było dalej? – zaczyna od brata.

– No, samolot spadł na ziemię. Aleksiej Mieresjew wyczołgał się z niego. Był ranny. Zjadł jeża... Wleciał do rowu...

– Do jakiego rowu?

– Do leja po pięciotonowej bombie – podpowiadam.

– Co? To było wczoraj!

Obaj wzdrygamy się, słysząc komenderujący głos taty:

– To znaczy, że dzisiaj nie czytaliście?

Następny obraz: biegamy wokół stołu jak trzej klauni, jeden duży, dwóch małych, my ze spuszczonymi portkami, tato z pasem. (*Pauza*). Wszyscy jednak jesteśmy wychowani na kinie, prawda? Świat w obrazach... Nasze zaplecze to nie książki, ale filmy. I muzyka... Na książki, które tato przynosił do domu, do tej pory mam uczulenie. Podnosi mi się zaraz temperatura, kiedy u kogoś na półce widzę *Opowieść o prawdziwym człowieku* albo *Młodą gwardię*. Oho! Tato marzył, żeby rzucić nas pod czołg...

Chciał, żebyśmy czym prędzej dorośli i poszli jako ochotnicy na wojnę. Świata bez wojny sobie nie wyobrażał. Potrzebni byli bohaterowie! Bohaterem można zostać tylko na wojnie, więc gdyby tam komuś z nas urwało nogi jak Mieresjewowi, byłby szczęśliwy. Nie na darmo żył... Wszystko poszło znakomicie. Życie się udało! A on... myślę, że gdybym złamał przysięgę, gdybym cofnął się podczas boju, sam wykonałby wyrok, własnoręcznie. Gogolowski Taras Bulba! „Ja cię zrodziłem i ja cię zabiję". Tato był własnością idei, nie był człowiekiem. Ojczyznę należy kochać bezgranicznie. Bez cienia wątpliwości. Słyszałem to przez całe dzieciństwo. Życie dane jest tylko po to, żeby bronić Ojczyzny... Ja jednak w żaden sposób nie umiałem zaprogramować się na wojnę, być szczeniakiem, gotowym zatkać sobą samym szczelinę w tamie albo rzucić się na minę. Nie lubiłem śmierci... Deptałem biedronki, w lecie na Sachalinie biedronek jest jak piasku. Deptałem je jak wszyscy. Dopóki kiedyś się nie przeląkłem – czemuż zostawiłem tyle małych czerwonych trupków? Muśka urodziła niedonoszone kocięta... Ja się nimi opiekowałem, poiłem je. Przyszła mama. „Cóż to – nie żyją?" No i umarły po jej słowach. Żadnych łez! „Mężczyźni nie płaczą". Tato dawał nam w prezencie czapki wojskowe, w dni wolne nastawiał płyty z pieśniami wojennymi. Myśmy z bratem siedzieli i słuchali, a po policzku taty spływała „skąpa męska łza". Kiedy był pijany, zawsze opowiadał nam tę samą historię: jak „bohatera" otoczyli wrogowie, a on odstrzeliwał się do ostatniego naboju i ostatni wystrzelił sobie w serce... W tym miejscu ojciec zawsze po filmowemu upadał i zawsze zaczepiał nogą o taboret, który też się przewracał. To było śmieszne. Wtedy ojciec trzeźwiał i obrażał się: „Nie ma w tym nic śmiesznego, kiedy bohater umiera".

Nie miałem ochoty umierać... W dzieciństwie myśl o śmierci jest czymś bardzo strasznym... „Mężczyzna powinien być gotowy", „Święty obowiązek wobec ojczyzny"... „Co? Nie będziesz wiedział, jak się rozkłada i składa karabin automatyczny Kałasznikowa?" Nie, dla taty to było coś niesłychanego. Hańba! Oj! Jakąż ja miałem ochotę wgryźć się swoimi mleczakami w chromowe oficerki taty, szarpać i kąsać. Za co mnie sprał po gołym tyłku przed Wićką od sąsiadów?! I jeszcze mnie poniżał, nazywając „dziewczynką"... A ja się nie urodziłem do tańca śmierci. Moje nogi wolą klasyczny... Chciałem tańczyć w balecie... Tato służył wielkiej idei. Wszyscy jakby mieli trepanację czaszki, dumni byli z tego, że chodzili bez portek, ale z karabinem... (*Pauza*). Myśmy dorośli... Od dawna już jesteśmy dorośli... Biedny tato! Życie w ciągu tego czasu zmieniło gatunek... Tam, gdzie grano tragedię optymistyczną, teraz gra się komedię i film akcji. Czołga się, czołga, i żywi się szyszkami... Zagadka: kto to jest? – Aleksiej Mieresjew. Ukochany bohater taty... „Dzieci bawiły się dzisiaj w gestapo. Męczeńską śmierć poniósł dozorca Potapow..." To wszystko, co zostało z idei taty... A sam tato? To już stary człowiek, zupełnie nieprzygotowany do starości. Powinien cieszyć się z każdej chwili, patrzeć na niebo, na drzewa. Niechby grał w szachy albo zbierał znaczki... pudełka od zapałek... A on siedzi przed telewizorem, ogląda posiedzenia parlamentu – lewica, prawica, wiece, demonstracje z czerwonymi sztandarami. Tato – już tam jest. Za komunistami! Siadamy przy kolacji... „Nasza epoka była wielka!" – zadaje tato pierwszy cios i czeka na odpowiedź. Potrzebuje walki, inaczej życie traci dla niego sens. Tylko na barykady i ze sztandarem! Oglądamy razem z nim telewizję: japoński robot wyciąga z piasku zardzewiałe miny... jedną... drugą... Triumf nauki i techniki! Rozumu ludzkiego! Co prawda, tato cierpi za ojczyznę, bo sprzęt nie jest naszej produkcji. Wtem na końcu reportażu robot niespodziewanie popełnia błąd i wylatuje w powietrze. Jak to mówią, kiedy widzisz uciekającego sapera, to biegnij za nim. Ale robot nie ma takiego programu. Tato jest zdumiony: „Marnują importowany sprzęt? Jakże tak? To już nie mamy ludzi?". Ma własne stosunki ze śmiercią. Tato żył po to, żeby wykonać każde zadanie postawione przez partię i rząd. Życie jest mniej warte niż kawał metalu.

Na Sachalinie mieszkaliśmy koło cmentarza. Prawie każdego dnia słyszałem muzykę żałobną. Jak trumna była żółta, to znaczyło, że umarł ktoś z osiedla, a jak obita czerwonym płótnem, to lotnik. Czerwonych było więcej. Po każdej czerwonej trumnie tato przynosił do domu kasetę magnetofonową... Przychodzili lotnicy... Na stole dymiły się zmiętoszone pety, błyszczały zroszone szklanki z wódką. Kręciła się kaseta:

– Tu taki a taki... Silnik nie działa...

– Lećcie na drugim.

– Ten też nie działa.

– Spróbujcie włączyć zapasowy.

– Nie mogę włączyć.

– Prawy...

– Prawego też...

– Katapultujcie się!

– Osłona się nie przesuwa... Takaaa maaać! Eeee... yyy...

Długo wyobrażałem sobie śmierć jako upadek z niesłychanej wysokości: eee... yyy... Któryś z młodych pilotów spytał mnie kiedyś: „I co ty, mały, wiesz o śmierci?". Byłem zdziwiony. Wydawało mi się, że to wiedziałem zawsze. Chowano chłopaka z naszej klasy... Rozpalił ognisko i nawrzucał tam nabojów... I jak nie rąbnęło! Potem... leżał w trumnie, jakby tylko udawał. Wszyscy patrzyli na niego, a on dla nikogo nie był dostępny... Nie mogłem oderwać oczu... Jakbym znał to od zawsze, jakbym się z tą wiedzą urodził. Może już kiedyś umierałem? Albo mama, kiedy jeszcze byłem u niej w brzuchu, siedziała przy oknie i patrzyła, jak wiozą na cmentarz: czerwoną trumnę, żółtą trumnę... Byłem zahipnotyzowany przez śmierć, w ciągu dnia mogłem myśleć o niej dziesiątki razy. Wielokrotnie o niej myślałem. Śmierć miała zapach petów, niedojedzonych szprotów i wódki. To niekoniecznie była bezzębna starucha z kosą, może więc piękna dziewczyna? A ja ją zobaczę.

Osiemnaście lat... Chciałoby się mieć wszystko: kobiety, wino, podróże... Chce się zagadek, tajemnic. Wymyślałem sobie rozmaite życie, wyobrażałem sobie. I w tym momencie człowieka biorą w kamasze... Kurde! Do dzisiaj mam ochotę rozpłynąć się w powietrzu, zniknąć, żeby mnie nie znaleźli. Nie zostawić żadnych śladów. Pójść gdzieś do pracy w lesie, zostać bezdomnym bez papierów. Ciągle śni mi się ten sam sen: znowu biorą mnie do wojska, bo pomylili dokumenty, i znowu muszę odsłużyć. Krzyczę, bronię się: „Bydlaki, ja już odsłużyłem. Puśćcie mnie!”. Wariuję! Coś koszmarnego… (*Pauza*). Nie chciałem być żołnierzem, wojna mnie nie ciągnie. Tato powiedział: „W końcu musisz zostać mężczyzną. Bo dziewczyny pomyślą, że jesteś impotentem. Wojsko to szkoła życia”. Trzeba się uczyć zabijać… W moich wyobrażeniach to wyglądało tak: bicie werbla, szyki bojowe, dobrze wykonane narzędzia zbrodni, świst rozgrzanego ołowiu i… rozbite głowy, wywalone oczy, oderwane kończyny… wycie i jęki rannych… Okrzyki zwycięzców… tych, którzy potrafili lepiej zabijać… Zabić! Zabić! Strzałą, kulą, pociskiem albo bombą atomową, ale tak czy owak – zabić innego człowieka… Tego nie chciałem. Wiedziałem też, że w wojsku mężczyznę mają ze mnie robić inni mężczyźni. Albo mnie zabiją, albo ja kogoś zabiję. Brat poszedł z różową watą w głowie, z romantycznymi wyobrażeniami, a po służbie wrócił wystraszony na maksa. Codziennie kopali go w twarz. Leżał na dolnej pryczy, a „falowiec” na górnej. I przez cały rok dostawał kopa w gębę! Niech kto spróbuje pozostać tym, kim był przedtem. A jeśli rozbierze się człowieka do naga, to ileż można różnych rzeczy wymyślić? Bardzo dużo… Ma na przykład ssać własny członek, a wszyscy będą się śmiali. Kto się nie zaśmieje, sam będzie ssał… Albo szczoteczką do zębów czy też żyletką czyścić ubikacje? „Ma się świecić jak psu jaja”. Kurde! Są ludzie, którzy nie mogą być mięsem, i są ludzie, którzy zgodzą się być tylko mięsem. Taka ludzka miazga. Zrozumiałem, że muszę zebrać całą swoją pasję, żeby przeżyć. Zapisałem się do sekcji sportowej – hatha-joga, karate. Uczyłem się bić – w twarz, w krocze. Jak złamać kręgosłup… Zapalałem zapałkę, kładłem ją na dłoni i czekałem, aż się wypali. Oczywiście nie mogłem wytrzymać… Płakałem. Pamiętam… pamiętam… (*Pauza*). Chodzi smok po lesie. Spotyka niedźwiedzia: „Niedźwiedziu – mówi smok – o ósmej mam kolację. Przyjdź, to cię zjem”. Idzie dalej. Skacze zając. „Stój, zającu – mówi smok – o drugiej mam obiad. Przyjdź, to cię zjem". Zając podnosi łapę: „Mam pytanie". „Pytaj". „Czy można nie przyjść?" „Można. Wykreślę cię z listy zaproszonych". Ale mało kto potrafi zadać takie pytanie… Kurde!

Odprowadzają mnie… W domu dwa dni smażyli, gotowali, dusili, lepili, piekli. Kupili dwie skrzynki wódki. Zebrali się wszyscy krewni. „Nie przynieś nam wstydu, synku!" – ojciec wznosi pierwszy toast. I poszło… Kurde! Znajome teksty: „Przejść próbę"… „Z honorem znosić"… „Okazać męstwo"… Rankiem przed komisją uzupełnień – harmonia, piosenki i wódka w plastikowych szklankach. A ja nie piję… „Co, chory jesteś?" Zanim wysłali nas na stację, oglądają osobiste rzeczy. Kazali wywalić wszystko z torby, noże, widelce i jedzenie pozabierali. Od rodziców dostaliśmy trochę pieniędzy… Powsuwaliśmy je głęboko do skarpet i gaci. Kurde! Przyszli obrońcy ojczyzny… Wsadzili nas do autobusów. Dziewczyny nam machają, mamy płaczą. Jazda! Pełen autobus facetów. Nie zapamiętałem ani jednej twarzy. Wszystkich nas ostrzygli na zero, przebrali w jakieś łachy. Wyglądaliśmy jak więźniowie. Głosy: „Czterdzieści tabletek… próba samobójstwa… Żółte papiery. Trzeba być głupim, żeby zostać mądrym…". „Bij mnie! Bij! No i może jestem gówno, ale mi to wisi. Za to będę siedział w domu, ruchał dziewuchy, a ty z giwerą pojedziesz bawić się w wojnę". „Ej, chłopaki, zmienimy adidasy na buciory i będziemy bronić ojczyzny". „Kto ma kasę, ten do woja nie idzie". Jechaliśmy trzy doby. I całą drogę pili. A ja nie piję… „Ech, ty szmaciarzu! Co ty będziesz robił w armii?" Za całą pościel starczyć musiały skarpety i ubrania, te co mieliśmy na sobie. Zdejmujemy w nocy buty… Kurde! Co za smród! Stu facetów zdjęło buciory… Skarpety niezmieniane od dwóch, a czasem trzech dni… Można się było powiesić albo zastrzelić. Do ubikacji chodziło się z oficerami – trzy razy dziennie. Chce ci się jeszcze – musisz wytrzymać. Ubikacja zamknięta. A tutaj… dopiero co z domu. W nocy i tak jeden się powiesił… Kurde!

Człowieka można zaprogramować… On sam tego chce. Raz-dwa! Raz-dwa! W nogę! W wojsku trzeba dużo chodzić i dużo biegać. Biegać szybko i daleko. Nie dajesz rady, to się czołgaj! Setka młodych mężczyzn do kupy? To bestie! Zgraja młodych wilków! W więzieniu i w wojsku żyje się według tych samych zasad. Nie ma praw! Przykazanie pierwsze: nigdy nie pomagaj słabemu. Bij słabego! Słabi z punktu spisani są na straty... Drugie przykazanie: nie ma przyjaciół, każdy sam za siebie. W nocy jeden chrząka, drugi kwiczy, trzeci woła mamę, czwarty pierdzi... Ale reguła jest jedna dla wszystkich: „Nadstawiaj się albo niech ci się inny nadstawi". Wszystko proste jak dwa razy dwa. No i na co czytałem tyle książek? Wierzyłem Czechowowi... To on pisał, że trzeba po kropli wyciskać z siebie niewolnika, że w człowieku wszystko powinno być piękne: i dusza, i ubranie, i myśli. A jest na odwrót! Na odwrót! Czasem człowiek chce być niewolnikiem, podoba mu się to. Z człowieka po kropli wyciskają człowieka. Sierżant* pierwszego dnia tłumaczy ci, że jesteś bydlęciem. Komenda: „Padnij! Powstań!". Wszyscy wstali, jeden leży. „Padnij! Powstań!" Ten dalej leży. Sierżant zrobił się żółty, potem fioletowy.

– Co z tobą?

– Marność nad marnościami...

– Co, kurwa?

– Bóg uczy: nie zabijaj, nawet nie wpadaj w gniew...

Sierżant – do dowódcy kompanii, ten – do bezpieki. Wszczęli śledztwo... Baptysta! Jakim cudem trafił do wojska?! Odizolowali go od innych, potem dokądś wywieźli. Potwornie niebezpieczny! Nie chce bawić się w wojnę...

Nauka młodego wojaka: musztra paradna, zakuwanie regulaminu, rozbieranie i składanie kałasznikowa z zamkniętymi oczami... pod wodą... Nie ma Boga! Sierżant jest bogiem, carem i dowódcą. Sierżant Walerian: „Nawet rybę da się wytresować. Zrozumieliście?". „Śpiewać w marszu trzeba tak, żeby ci mięśnie na dupie drżały". „Im głębiej się wkopiecie w ziemię, tym

* Radziecki i rosyjski stopień sierżant odpowiada mniej więcej polskiemu plutonowemu.

mniej was zabiją". Folklor! Koszmar numer jeden – kirzowe* buty z cholewami... Armię rosyjską dopiero niedawno normalnie obuto. Ja służyłem jeszcze w tych buciorach. Żeby kirza lśniła, trzeba ją było smarować specjalnym kremem, a ten do imentu rozcierać wełnianą szmatą. Bieg na przełaj – dziesięć kilometrów w takich buciorach. Upał trzydzieści stopni... Piekło! Koszmar numer dwa – onuce... Były dwa rodzaje onuc – zimowe i letnie. Te ostatnie wycofano z armii... w dwudziestym pierwszym wieku... Niejeden raz otarłem przez nie nogę do krwi. Owija się toto następująco: od palców i koniecznie „na wierzch", a nie do środka. Formujemy kolumnę. „Szeregowy... czemu utykacie? Nie ma za ciasnych butów, są złe nogi". Wszyscy mówią wulgarnie, ale nie przeklinają, tylko mówią, od pułkownika do żołnierza. Nie słyszałem, żeby ktoś mówił inaczej.

Elementarz przeżycia: żołnierz to zwierzę, które wszystko może... Wojsko to więzienie, do którego idzie się zgodnie z konstytucją... Mamo, boję się! Młody żołnierz to „kot". „Ej, kociarstwo, przynieś mi herbaty". „Ty, młody... wyczyść buty..." „Ej, kocie! Coś ty, kurwa, taki hardy?" Zaczyna się prześladowanie... W nocy czterech trzyma, dwóch bije... Mają sprawdzone techniki, żeby nie zostawiać siniaków. Żadnych śladów. Na przykład mokrym ręcznikiem... łyżkami... Kiedyś dali mi taki wpierdol, że dwa dni nie mogłem mówić. W szpitalu na wszystkie choroby mają tylko zieleń brylantową. Jak im się znudzi bicie, to „ogolą" suchym ręcznikiem albo zapalniczką, a jak to się sprzykrzy – mają w zapasie gówno, pomyje. „Rękami! Rękami wyczyść!" Bydlaki! Mogli kazać komuś biegać nago po koszarach... tańczyć... Młode wojsko nie ma żadnych praw... Tato: „Armia Radziecka jest najlepsza na świecie...".

No i... nadchodzi taka chwila... Pojawia się myśl, takie podłe myślątko: ja im będę prał gacie, onuce, a potem sam zostanę takim bydlakiem i to mnie będą prali gacie. W domu myślałem

* Kirza (wym.: kir-za, skrót od ros. *Kirowskij Zawod*) – imitacja skóry, wynaleziona w latach trzydziestych w zakładach przemysłu skórzanego w Kirowie.

o sobie, że jestem taki czysty i puszysty. Nikt mnie nie złamie, nie zabije mojego „ja". Ale to przed wojskiem... (*Pauza*). Jeść chciało mi się zawsze, zwłaszcza słodkie rzeczy. W wojsku wszyscy kradną, zamiast przepisowych siedemdziesięciu gramów do żołnierza trafia trzydzieści. Siedzieliśmy kiedyś tydzień bez kaszy, bo na stacji ktoś podpieprzył cały wagon. Śniła mi się piekarnia... keks z rodzynkami... Zostałem mistrzem w obieraniu kartofli. Wirtuozem! W ciągu godziny mogę obrać trzy wiadra. Żołnierzom przywożą niestandardowe kartofle, jak na fermę. Siedzi się w obierzynach... Kurde! Do kuchni wchodzi sierżant i mówi do żołnierza: „Obrać trzy wiadra kartofli". Żołnierz: „Od dawna już ludzie latają w kosmos, a jeszcze nie wynaleźli maszyny do obierania ziemniaków". Sierżant: „Szeregowy... w wojsku jest wszystko, maszyna do obierania też. To właśnie wy... Najnowszy model!". Stołówka żołnierska – pole cudów... Przez dwa lata: kasza, kiszona kapusta i makaron, zupa na mięsie z magazynów, gdzie trzymali je na wypadek wojny. Jak długo? Pięć lat? Dziesięć? Do wszystkiego dodawali margarynę, z takich wielkich pięciolitrowych puszek. Na Nowy Rok do makaronu dolewano wielki przysmak – mleko skondensowane! Sierżant Walerian: „Ciastka będziecie jedli w domu i swoje dziwki częstowali...". Zgodnie z regulaminem żołnierz nie dostaje ani widelca, ani łyżeczki do herbaty. Łyżka jest jedynym sztućcem. Ktoś dostał z domu parę łyżeczek. Boże! Z jaką rozkoszą siedzieliśmy i mieszali herbatę w szklankach. Raj cywila! Żyje człowiek jak świnia i nagle – łyżeczka do herbaty. Mój Boże! Gdzieś tam jest mój dom... Wchodzi oficer dyżurny... Zobaczył i w krzyk: „Co to ma znaczyć? Kto wam pozwolił? Natychmiast uprzątnąć to świństwo!". Gdzie, jakie łyżeczki?! Żołnierz nie jest człowiekiem. Jest przedmiotem... narzędziem... urządzeniem służącym do zabijania... (*Pauza*). Idziemy do rezerwy. Było nas... ze dwudziestu... Przywieźli nas ciężarówką na stację i wysadzili: „No to cześć, chłopaki! Do rychłego w cywilu!". Stoimy. Mija pół godziny – stoimy dalej. Mija godzina... Stoimy! Rozglądamy się. Czekamy na rozkaz. Ktoś powinien nam dać komendę: „Do kasy po bilety biegiem – marsz!". A tu rozkazu nie ma. Nie pamiętam, ile czasu minęło, zanim do nas dotarło, że nikt go nie wyda. Że musimy sami podjąć decyzję. Kurde! Przez dwa lata wybili z nas mózgi...

Pięć razy chciałem skończyć ze sobą... Ale jak? Wieszać się? Będzie człowiek wisiał we własnym gównie, język wywalony... z powrotem go nie wepchną... Jak temu chłopakowi z pociągu, kiedy nas wieźli do jednostki. Tylko będą przeklinać... chociaż swoi... Skoczyć z wieży... Rozbijesz się na marmoladę! Wziąć automat i na warcie puścić sobie serię w łeb... Rozleci się jak arbuz. No i mimo wszystko szkoda mamy. A dowódca prosi: „Tylko nie strzelajcie do siebie. Ludzi łatwiej skreślić z ewidencji niż naboje". Życie żołnierza jest tańsze niż broń regulaminowa. List od dziewczyny... To w wojsku bardzo wiele znaczy. Ręce się trzęsą. Listu jednak nie wolno przechowywać. Kontrola szafek: „Baby wasze – będą nasze. A wy macie jeszcze służyć jak czajniki. Do sracza z tą makulaturą!". Przysługujący komplet: brzytwa, długopis i notes. Siedzi się na „oczku" i czyta po raz ostatni: „Kocham... Całuję...". Kuuur...! Obrońcy ojczyzny! List od ojca: „Toczy się wojna w Czeczenii... Chyba mnie rozumiesz!". W domu tato czeka na bohatera... A u nas jeden chorąży był w Afganistanie, pojechał jako ochotnik. Dostał mocno w kość. Nie mówił nic o wojnie, tylko cały czas „afgańskie" kawały. Kurde! Wszyscy rechotali... Żołnierz dźwiga na sobie rannego, ten krwawi obficie. Umiera. Prosi kolegę:

– Już nie mogę! Dobij mnie!

– Nie mam jak. Naboje mi się skończyły.

– No to kup.

– Gdzie ja ci teraz kupię? Tu wszędzie góry, nikogo nie ma.

– Kup ode mnie.

(*Śmieje się*).

– Towarzyszu kapitanie, dlaczego zgłosiliście się do Afganistanu?

– Chcę zostać majorem.

– A generałem?

– Nie, generałem nie będę, przecież generał ma syna.

(*Pauza*).

A do Czeczenii nikt się nie zgłaszał. Nie pamiętam żadnego ochotnika... Nocami śnił mi się ojciec, który mówił: „Złożyłeś przysięgę?". Stałem pod czerwonym sztandarem i mówiłem: „Przysięgam uroczyście... ściśle wykonywać... mężnie bronić... A gdybym, nie bacząc na te uroczyste słowa, przysięgę swoją złamał, niechaj spotka mnie surowa kara... powszechna nienawiść i pogarda...". We śnie dokądś uciekałem, a on we mnie celował... Celował...

Stoi człowiek na warcie. W rękach ma karabin. Jedna tylko myśl: sekunda, dwie – i będę wolny. Nikt nie widzi. Już mnie, skurwysyny, nie dostaniecie! Nikt... Nikt! Gdybym miał szukać przyczyny, musiałbym zacząć od tamtej chwili, kiedy mama chciała dziewczynkę, a ojciec jak zwykle skrobankę. Sierżant ci powiedział, że jesteś workiem gówna... dziurą w przestrzeni... (*Pauza*). Oficerowie byli różni – trafił się nawet rozpity inteligent, który znał angielski, ale przeważnie to były zwykłe moczymordy. Upijali się... Mogli w nocy zerwać całe koszary i kazać żołnierzom biegać do upadłego po placu. Oficerów nazywaliśmy szakalami. Zły szakal... dobry szakal... (*Pauza*). Czy ktoś pani opowie, jak dziesięciu mężczyzn gwałci jednego... (*Złośliwy śmiech*). To nie zabawa i nie literatura... (*Pauza*). Wywrotką wozili nas, jak bydło, na daczę dowódcy. Dźwigaliśmy betonowe płyty... (*Złośliwy śmiech*). Dobosz! Zagrajcie hymn Związku Radzieckiego!

Nigdy nie chciałem być bohaterem. Nienawidzę bohaterów! Bohater musi albo zabić wielu ludzi, albo pięknie umrzeć... Zabić wroga należy za wszelką cenę: najpierw zużyć całą amunicję, a kiedy naboje i granaty się skończą, walczyć nożem, kolbą, saperką. Nawet własnymi zębami. Sierżant Walerian: „Ucz się operować nożem. Kiść ręki – bardzo dobra rzecz, lepiej nie ciąć jej, tylko kłuć... chwyt odwrotny... tak... dobrze... Kontroluj rękę, skok za plecy... Nie rób skomplikowanych ruchów... Doskonale! Teraz odbierz nóż przeciwnikowi... O tak... dobrze... Już go zabiłeś. Brawo! Zabity! Teraz krzycz: »Zdychaj, skurwysynu!«. Dlaczego nie krzyczysz?". (*Robi przerwę*). Cały czas wbijają ci do łba: broń to piękna rzecz... Strzelanie to prawdziwie męskie zajęcie... Uczyliśmy się strzelać do zwierząt, specjalnie przywozili nam bezpańskie psy czy koty, żeby potem ręka nie drgnęła na widok ludzkiej krwi. Rzeźnicy! Nie wytrzymywałem... Płakałem w nocy... (*Pauza*). Jako dzieci bawiliśmy się w samurajów. Samuraj miał umrzeć po japońsku, nie wolno było mu upaść twarzą do ziemi ani krzyknąć. A ja zawsze krzyczałem... Nie chcieli mnie brać do tej zabawy... (*Pauza*). Sierżant Walerian: „Pamiętajcie, automat strzela tak: raz, dwa, trzy – i już was nie ma...". A idźcie wszyscy! Raz, dwa...

Śmierć podobna jest do miłości. W ostatnich chwilach – mrok, straszne, niezgrabne konwulsje... Tyle że ze śmierci nie można wrócić, a z miłości się wraca. Potem można sobie przypomnieć, jak było... Czy pani kiedyś tonęła? Ja tonąłem... Im bardziej wtedy się człowiek opiera, tym mniej ma sił. Trzeba się poddać i opaść na dno. A wtedy... Chce żyć – to niech przebija niebo wody, niech wraca. Ale najpierw musi dojść do dna.

A tam? Tam nie ma żadnego światełka w tunelu... Aniołów też nie widziałem. Tylko przy czerwonej trumnie siedział mój ojciec. Trumna była pusta.

A o miłości wiemy zbyt mało

Po kilku latach znowu znalazłam się w mieście N. (nazwy nie podaję na prośbę bohatera). Zdzwoniliśmy się i spotkali. Był szczęśliwie zakochany i mówił o miłości. Początkowo nawet nie pomyślałam, żeby włączyć dyktafon i utrwalić moment przejścia życia, po prostu życia – w literaturę. Ten moment zawsze staram się uchwycić w rozmowie, wszystko jedno czy z jedną osobą, czy w większym gronie, ale czasem tracę czujność, a „kawałek literatury" może błysnąć wszędzie, niekiedy w najbardziej niespodziewanym miejscu. Tak jak tym razem. Chcieliśmy posiedzieć i napić się kawy, a życie samo podało dalszy ciąg tematu. Ale zdążyłam nagrać tylko to...

Spotkałem miłość... Rozumiem ją... Przedtem myślałem, że miłość to dwoje idiotów z podwyższoną temperaturą. Że to po prostu urojenie... O miłości wiemy zbyt mało. I jeśli ten wątek się pociągnie... Wojna i miłość są jakby z jednego ogniska, to znaczy jest to ta sama materia, ta sama tkanina. Człowiek z kałasznikowem, człowiek, który wdrapał się na Elbrus, który walczył aż do zwycięstwa czy też budował socjalistyczny raj – to jest ta sama historia, ten sam magnes i ta sama elektryczność. Rozumie pani? Czegoś człowiek nie może, czegoś nie zdoła kupić albo wygrać na loterii... Ale wie, że to istnieje, i że tego właśnie pragnie... Tylko nie wie, jak tego szukać. I gdzie?

To prawie narodziny... Zaczyna się od ciosu... (*Pauza*). A może nie warto roztrząsać tych tajemnic? Nie boi się pani?

Pierwszy dzień...

Przyszedłem do znajomego, akurat miał u siebie gości... Koło wieszaka w przedpokoju zdejmuję płaszcz, ktoś wychodzi z kuchni, więc muszę go przepuścić, odwracam się, a to ona! U mnie – krótkie spięcie, jakby w całym domu zgasło światło. I już – koniec. Zazwyczaj nie zapominam języka w gębie, a wtedy po prostu usiadłem i siedziałem, nawet jej nie widziałem. Nie chodzi o to, że na nią nie patrzyłem; patrzyłem, ale przez nią, długo, długo, jak na filmach Tarkowskiego: ktoś leje wodę z dzbanka, woda leje się obok filiżanki, potem ten ktoś powooooli odwraca się razem z tą filiżanką. Opowiadam to dłużej, niż w rzeczywistości trwało. Błyskawica! Tego dnia doświadczyłem czegoś takiego, że cała reszta stała się nieważna, nawet specjalnie w to nie wnikałem... Bo właściwie po co? Zdarzyło się tak i już. I jest takie trwałe. Narzeczony przyszedł ją odprowadzić. Domyśliłem się, że wkrótce mieli się pobrać, ale mnie było wszystko jedno, wracałem do domu już nie sam, jechałem z nią, bo już była we mnie. Zaczęła się miłość... Wszystko dookoła przybiera nagle inną barwę, więcej jest głosów, dźwięków... Nie ma szans, żeby to zrozumieć... (*Pauza*). Przekazuję to tak z grubsza...

Rano obudziłem się z myślą, że muszę ją odnaleźć, a nie wiem ani jak się nazywa, ani gdzie mieszka, nie mam nawet jej telefonu. Ale to już się stało, zdarzyło się coś najważniejszego w moim życiu. Ktoś do niego przybył, jakbym coś zapomniał... i nagle sobie przypomniałem... Pani rozumie, o czym mówię? Nie? Nie uda się tu wyprowadzić żadnego wzoru... Wszystko będzie syntezą... Przywykliśmy do myśli, że przyszłość jest przed nami ukryta, a to, co już było, można wyjaśnić. Było czy nie było... Dla mnie to problem... A może właśnie nic nie było? Po prostu taśma filmowa się kręci, o, już koniec taśmy... Znam takie chwile w życiu, których jakby nie było. A tymczasem były. Na przykład kilka razy byłem zakochany... Myślałem, że jestem zakochany... Zostało dużo zdjęć. Ale wszystko wyleciało z pamięci, zostało wypłukane. Są takie rzeczy, które nie wylecą, trzeba je zabrać ze sobą. A reszta... Czy człowiek jest w stanie sobie przypomnieć wszystko, co mu się przytrafiło?

Drugi dzień...

Kupiłem różę. Pieniędzy praktycznie nie miałem, ale pojechałem na targ i kupiłem największą różę, jaką znalazłem. I wtedy też... Jak to wytłumaczyć? Podeszła do mnie Cyganka: „Daj, złociutki, to ci powróżę. Po oczach widzę...". Uciekłem... Dlaczego? Sam już wiedziałem, że tajemnica stoi w progu. Tajemnica, sekret, kryjówka... Za pierwszym razem pomyliłem mieszkanie – otworzył mi facet w obwisłym podkoszulku i wyraźnie podpity, zobaczył mnie z różą, znieruchomiał i powiedział tylko „O, kurwa!". Wchodzę piętro wyżej... Przez łańcuch wygląda dziwna staruszka w kapelusiku zrobionym na drutach. Powiedziała: „Lena, do ciebie". Potem grała nam na fortepianie, opowiadała o teatrze. Stara aktorka. W domu mieszkał wielki czarny kot, tyran domowy, który z jakiegoś powodu od razu mnie znielubił, chociaż starałem się mu przypodobać... Wielki czarny kot... Kiedy dzieje się coś tajemniczego, człowiek jest jakby nieobecny. Pani rozumie, o czym mówię? Nie trzeba być kosmonautą, milionerem ani bohaterem, można być szczęśliwym, wszystkiego doświadczyć w zwykłym dwupokojowym mieszkaniu – pięćdziesiąt osiem metrów kwadratowych, łazienka z ubikacją, wśród starych radzieckich przedmiotów. Dwunasta w nocy, druga... Muszę iść, tylko nie wiem, dlaczego miałbym wychodzić z tego domu. To najbardziej przypomina wspominanie... Szukam słowa... Jak gdyby wszystko się przypomniało, długo nic nie pamiętałem, a teraz wszystko wróciło. Połączyłem się w całość. Czegoś podobnego, tak sądzę, doświadcza człowiek, który wiele dni spędził w klasztornej celi. Świat ukazał mu się w nieskończenie wielu szczegółach. Zarysach. To znaczy, tajemnica może być dostępna jak rzecz materialna, jak na przykład wazon, ale żeby coś zrozumieć, powinno boleć. A jak zrozumieć, kiedy nie boli? Musi boleć, boleć…

Pierwszy raz coś o kobiecie powiedziano mi, kiedy miałem siedem lat, moi koledzy… Też siedmiolatki. Zapamiętałem ich radość z tego, że oni coś wiedzą, a ja nie, aha, to my ci zaraz wszystko powiemy. Zaczęli rysować patykami na piasku…

Że kobieta to jest coś innego, poczułem, kiedy miałem siedemnaście lat, nie dzięki książkom. Przez skórę czułem blisko siebie coś nieskończenie różnego, jakąś olbrzymią różnicę i doznałem wstrząsu właśnie dlatego, że to coś innego. Coś tam w środku, w kobiecym naczyniu jest ukryte, a dla mnie niedostępne…

Niech pani sobie wyobrazi koszary… Niedziela. Nie ma żadnych zajęć. Dwustu facetów z zapartym tchem siedzi i ogląda aerobik – w telewizji dziewczyny w opinających ciało kostiumach… Faceci siedzą nieruchomo jak posągi z wyspy Majów. Gdyby telewizor się zepsuł, to katastrofa, mogliby zamordować winowajcę. Rozumie pani? To wszystko jest o miłości…

Trzeci dzień…

Wstałem rano, i nie trzeba było donikąd biec, przypomniało mi się, że ona jest, że się znalazła. Smutek uleciał precz… Już nie byłem sam… Odnalazłem nagle własne ciało… ręce, usta… Stwierdziłem obecność drzew i nieba za oknem, z jakiegoś powodu wszystko to bardzo, bardzo się do mnie zbliżyło. Tak bywa tylko we śnie… (*Pauza*). Z ogłoszenia w wieczornej gazecie znaleźliśmy odjechane mieszkanie w odjechanej dzielnicy. Na skraju miasta w nowym budownictwie. Na podwórzu faceci w dni wolne od rana do wieczora przeklinają, grają w domino albo w karty o flachę wódki. Po roku urodziła się nam córka… (*Pauza*). Teraz opowiem o śmierci… Wczoraj całe miasto odprowadzało na cmentarz mojego kolegę z klasy – lejtnanta milicji... Trumnę przywieźli z Czeczenii i nawet jej nie otwarli, nie pokazali matce. Co tam przywieźli? Salwa i tak dalej. Chwała bohaterom! Byłem tam. Ojciec był ze mną... Mojemu ojcu błyszczały oczy... Rozumie pani, o czym mówię? Człowiek nie jest gotowy do szczęścia, gotowy jest do wojny, do chłodu i gradu. Nigdy nie widziałem ludzi szczęśliwych... poza swoją trzymiesięczną córeczką... nikogo... Rosjanin nie szykuje się do szczęścia. (*Pauza*). Wszyscy normalni ludzie wywożą dzieci za granicę. Wyjechało wielu moich kolegów... Dzwonią do mnie z Izraela, z Kanady... Przedtem nie myślałem o tym, żeby wyjechać. Wyjechać... wyjechać... Taka myśl pojawiła się, kiedy przyszła na świat córka. Chcę obronić tych, których kocham. Ojciec mi tego nie wybaczy. Wiem.

Rozmowa Rosjan w Chicago

Jeszcze raz spotkaliśmy się w Chicago. Rodzina już się trochę przyzwyczaiła do nowego miejsca. Zebrała się kompania Rosjan. Po rosyjsku zastawiony stół i rozmowa, w której do odwiecznych rosyjskich problemów – co robić i kto jest winien? – doszedł jeszcze jeden: wyjeżdżać czy nie wyjeżdżać?

– Wyjechałem, bo się przestraszyłem... Każda rewolucja kończy się u nas tym, że ludzie z wielkim hałasem zaczynają tłuc Żydów i obrabowywać się nawzajem. W Moskwie toczyła się prawdziwa wojna, codziennie kogoś zabijali, wysadzali w powietrze. Wieczorem bez psa obronnej rasy nie sposób było wyjść na ulicę. Specjalnie kupiłem sobie bulteriera...

– Gorbaczow otworzył klatkę, tośmy się wyrwali. Co tam zostawiłam? Zasrane dwupokojowe mieszkanie w chruszczowcu. Lepiej być pokojówką z dobrą pensją niż lekarzem i żyć jak dziad. Wszyscyśmy wyrośli w ZSRR, zbieraliśmy w szkole złom i kochali pieśń *Dzień Zwycięstwa*. Wychowywano nas na wielkich bajkach o sprawiedliwości, na radzieckich kreskówkach, gdzie wyraźnie wskazywano, gdzie jest dobro, a gdzie zło. Taki prawidłowy świat. Mój dziadek zginął pod Stalingradem za radziecką ojczyznę, za komunizm. A ja chciałam żyć w normalnym kraju. Żeby w domu były firanki, poduszki, żeby mąż wracał do domu i wkładał szlafrok. Jakoś słabo u mnie z tą duszą rosyjską, mało jej mam w sobie. Poleciałam do Stanów. Teraz mogę zimą jeść truskawki. A kiełbasy mają od metra i nie jest żadnym symbolem...

– W latach dziewięćdziesiątych wszystko było bajkowe i wesołe... Wystarczyło popatrzeć przez okno. Na każdym rogu demonstracja. Ale wkrótce zrobiło się niezbyt bajkowo i wesoło. Chcieliście wolnego rynku, no to macie! Oboje z mężem jesteśmy inżynierami, u nas połowa ludności to inżynierowie. Nikt się z nami nie patyczkował. „Wasze miejsce – na śmietniku". A to myśmy robili pierestrojkę, pogrzebaliśmy komunizm. Potem już nikt nas nie potrzebował. Lepiej nie wspominać... Mała córeczka prosi o jedzenie, a w domu nic nie ma. Po całym mieście wisiały ogłoszenia: Kupię... kupię... „Kupię kilo żywności". Nie mięsa, nie sera, ale czegokolwiek do zjedzenia. Cieszono się z kilograma kartofli, na targu sprzedawano wytłoki z grochu jak w czasie wojny. Męża sąsiadki zastrzelili w bramie. Miał stragan. Leżał pół dnia, przykryty gazetą. Kałuża krwi. Włącza się telewizor – tam zabili bankiera, tam biznesmena... Skończyło się tym, że wszystko przejęła jakaś złodziejska szajka. Niedługo ludzie ruszą na Rublowkę. Z siekierami...

– Nie na Rublowkę pójdą, tylko na te tekturowe pudła na targach, w których śpią gastarbajterzy. Zaczną mordować Tadżyków, Mołdawian...

– Mnie tam to ch.. obchodzi! Niech wszyscy zdechną. Ja mam zamiar żyć dla siebie...

– Postanowiłam wyjechać, kiedy Gorbaczow wrócił z Foros i powiedział, że nie wyrzekamy się socjalizmu. No to ja uprzejmie dziękuję! Nie chcę już żyć w socjalizmie! To było nudne życie. Od dziecka wiedzieliśmy, że będziemy zuchami, pionierami, komsomolcami. Pierwsza pensja sześćdziesiąt er, potem osiemdziesiąt, a pod koniec życia – sto dwadzieścia... (*Śmieje się*). Wychowawczyni w szkole straszyła nas, że jak będziemy słuchać Radia Swoboda, to nigdy nie zostaniemy komsomolcami.

A jeśli o tym dowiedzą się nasi wrogowie? Najśmieszniejsze jest to, że sama teraz mieszka w Izraelu...

– Kiedyś i ja przejmowałam się ideami, nie byłam zwykłą mieszczką... Mam łzy w oczach... PKSW! Czołgi w centrum Moskwy wyglądały idiotycznie. Moi rodzice wrócili z daczy, żeby zrobić zapasy jedzenia na wypadek wojny domowej. A ta banda! Ta junta! Myśleli, że wprowadzą czołgi i więcej nic nie będą musieli robić. Że ludzie chcą tylko jednego, że na wszystko się zgodzą, kiedy pojawi się jedzenie w sklepach. Ludzi to wypchnęło na ulicę... Kraj się obudził... Wystarczyła chwila, sekunda... Jakaś iskierka... (*Śmieje się*). Moja mama jest beztroska, nad niczym się specjalnie nie zastanawia. Całkiem daleka od polityki, działa na zasadzie: życie mija i wszystko co się da, trzeba brać teraz. Ładna młoda kobieta. Ale nawet ona poszła pod Biały Dom z parasolką jak do szturmu...

– Cha, cha, cha... Zamiast wolności rozdali nam wauczery. Tak podzielili wielki kraj: naftę, gaz... Nie wiem, jak to powiedzieć... Jednemu obwarzanek, drugiemu – dziurę od obwarzanka. Wauczery trzeba było wymieniać na akcje przedsiębiorstw, ale mało kto to potrafił. Za socjalizmu nie uczono robić pieniędzy. Ojciec przynosił do domu jakieś reklamy „Moskiewskie nieruchomości", „Nafto-Diament-Inwest", „Norylski Nikiel"... Kłócili się z mamą w kuchni, a skończyło się tym, że sprzedali wszystko jakiemuś typowi w metrze. Kupili mi modną skórzaną kurtkę. Tyle wszystkiego. W tej kurtce przyjechałam do Ameryki...

– A u nas leżą do tej pory. Za trzydzieści lat sprzedam do jakiegoś muzeum...

– Nie wyobraża sobie pani, jak ja tego kraju nienawidzę... Nienawidzę Parad Zwycięstwa! Mdli mnie od szarych domów z płyty i balkonów zastawionych słojami pomidorów i ogórków... i starymi meblami...

– Wybuchła wojna czeczeńska... Syn za rok miał iść do wojska. Głodni górnicy przyjechali do Moskwy i tłukli hełmami o bruk na placu Czerwonym. Przed Kremlem. Nie wiadomo było, dokąd to wszystko zmierza. Ludzie w Rosji są wspaniali, kochani, ale żyć tam się nie da. Wyjechaliśmy dla dzieci, tutaj zbudowaliśmy im pas startowy. Teraz dorosły i są strasznie od nas dalekie...

– Eee... jak to powiedzieć po rosyjsku? Zapominam... Emigracja to normalna rzecz, Rosjanin już potrafi żyć tam, gdzie chce, dokąd go ciągnie. Jedni z Irkucka jadą do Moskwy, inni z Moskwy jadą do Londynu. Cały świat zmienił się w karawanseraj...

– Prawdziwy patriota może życzyć Rosji tylko okupacji. Żeby ją ktoś okupował...

– Popracowałam za granicą i wróciłam do Moskwy... Walczyły we mnie dwa uczucia: chciałam żyć w znanym otoczeniu, w którym, jak we własnym mieszkaniu, z zamkniętymi oczami mogę znaleźć książkę na półce, a zarazem korciło mnie, żeby odlecieć w daleki świat. Wyjeżdżam czy zostaję? – zupełnie nie mogłam zdecydować. To był rok dziewięćdziesiąty piąty... Szłam ulicą, o ile pamiętam, Gorkiego, a przede mną głośno rozmawiały dwie kobiety... Tyle że ja ich nie rozumiałam... Chociaż mówiły po rosyjsku. Zgłupiałam! To było... niesamowite... Jakieś nowe słowa, a co najważniejsze, intonacja. Pełno południowego dialektu. Nawet inny wyraz twarzy... Wystarczyło kilka lat nieobecności, a już byłam obca. Czas wtedy biegł bardzo szybko, po prostu pędził. Moskwa była brudna, jaki tam stołeczny blichtr! Wszędzie kupy śmieci. To śmieci wolności – puszki po piwie, kolorowe papierki, skórki od pomarańczy... Wszędzie jedli banany. Teraz już się tego nie widzi. Nasycili się. Zrozumiałam, że nie ma już tego miasta, które kiedyś tak kochałam i gdzie czułam się tak dobrze, tak komfortowo. Prawdziwi moskwianie siedzą przerażeni w domach albo wyjechali. Stara Moskwa odpłynęła. Napłynęli nowi mieszkańcy. Miałam ochotę od razu spakować walizkę i uciekać. Nawet w dniach sierpniowego puczu nie czułam takiego strachu. Wtedy trwałam w jakimś upojeniu! Moim starym żyguli razem z przyjaciółką woziłyśmy ulotki pod Biały Dom, drukowano je na naszej uczelni, mieliśmy kserograf. Jeździłyśmy tam i z powrotem, mijając czołgi, i pamiętam, jak byłam zdziwiona, że na pancerzach zobaczyłam łaty. Kwadratowe łaty, przykręcone śrubami...

Te wszystkie lata, kiedy mnie tu nie było, moi przyjaciele przeżyli w pełnej euforii – rewolucja zwyciężyła! Komunizm upadł! Nie wiadomo skąd ludzie brali pewność, że wszystko ułoży się dobrze, bo w Rosji jest dużo ludzi wykształconych. Najbogatszy kraj. Ale Meksyk też jest bogaty... Za naftę i gaz nie kupi się demokracji, nie można jej przywieźć, tak jak się przywozi banany albo szwajcarską czekoladę. Nie wprowadzi się jej prezydenckim dekretem... Potrzebni są wolni ludzie, a tych nie było. Teraz też ich nie ma. Na Zachodzie demokrację pielęgnowano przez dwieście lat, jak trawniki. W domu mama płakała: „Mówisz, że Stalin był zły, ale to z nim zwyciężyliśmy. A ty chcesz zdradzić Ojczyznę". Przyszedł w gości mój dawny przyjaciel. Pijemy herbatę w kuchni. „Co będzie? Nic tu dobrego nie będzie, póki się nie rozstrzela wszystkich komuchów". Znowu krew? Po kilku dniach złożyłam podanie o wyjazd...

– Rozwiodłam się z mężem... Wystąpiłam o alimenty, a on raz płaci, raz nie. Córka poszła na płatne studia, brakowało pieniędzy. Moja przyjaciółka miała znajomego Amerykanina, który w Rosji otworzył własną firmę. Potrzebował sekretarki, nie modelki z nogami do samej szyi, ale po prostu zaufanej osoby. Przyjaciółka poleciła mnie. Bardzo interesowało go nasze życie, wielu rzeczy nie rozumiał. „Dlaczego wszyscy wasi biznesmeni noszą lakierowane półbuty?" „Co to znaczy »dać w łapę« albo »nie posmarujesz – nie pojedziesz«?" O takie rzeczy pytał. Ale plany miał wielkie. Rosja to olbrzymi rynek! Zrujnowali go w banalny sposób. Bardzo prosto. Bo za dużą wagę przywiązywał do słowa. Jak coś powiedzieli, to wierzył. Stracił mnóstwo pieniędzy i postanowił wrócić do domu. Przed wyjazdem zaprosił mnie do restauracji, myślałam, że się pożegnamy i tyle. A on podniósł kieliszek: „Wypijmy – wiesz za co? Nie zrobiłem tu pieniędzy, za to znalazłem dobrą rosyjską żonę". Już siedem lat jesteśmy razem...

– Przedtem mieszkaliśmy na Brooklynie... Wszędzie rosyjska mowa i rosyjskie sklepy. W Ameryce można się urodzić z rosyjską akuszerką, uczyć się w rosyjskiej szkole, pracować u rosyjskiego właściciela, chodzić do spowiedzi do rosyjskiego kapłana... W sklepach można dostać kiełbasę Jelcynowską, Stalinowską, Mikojanowską... i słoninę w czekoladzie... Staruszkowie na ławkach grają w domino i w karty. Prowadzą niekończące się rozmowy o Gorbaczowie i Jelcynie. Są staliniści i antystaliniści. Przechodzi się obok nich i w ucho wpada rozmowa: „Czy Stalin był potrzebny? – Tak, był". A ja wiedziałam wszystko o Stalinie, kiedy jeszcze byłam mała. Miałam pięć latek... Stałam z mamą na przystanku autobusowym, teraz myślę, że to musiało być niedaleko dzielnicowej siedziby KGB, i kaprysiłam wtedy albo głośno płakałam. „Nie płacz – powiedziała mama – bo nas usłyszą ci niedobrzy panowie, którzy zabrali naszego dziadka i wielu innych dobrych ludzi". I zaczęła mi odpowiadać o dziadku... Musiała z kimś porozmawiać... „Kiedy umarł Stalin, w przedszkolu wszystkich nas posadzili i kazali płakać. Tylko ja nie płakałam. Dziadek wrócił z obozu i ukląkł przed babcią, która cały czas zabiegała o jego uwolnienie..."

– Teraz nawet w Ameryce pojawiło się sporo młodych Rosjan, którzy noszą tiszerty z portretem Stalina. Na maskach samochodów rysują sierp i młot. Nienawidzą Murzynów...

– A my jesteśmy z Charkowa... Tam Ameryka wydawała nam się rajem. Krainą szczęścia. Pierwsze wrażenie, kiedyśmy przyjechali. Myśmy budowali komunizm, a zbudowali go Amerykanie. Znajoma dziewczyna zaprowadziła nas na wyprzedaż, przyjechaliśmy – mamy z mężem po jednej parze dżinsów, musieliśmy się przyodziać. Patrzę, a tu spódniczka za trzy dolary, dżinsy za pięć... Śmieszne ceny! Zapach pizzy... dobrej kawy... Wieczorem otworzyliśmy butelkę martini i zapalili marlboro. Marzenie się spełniło! Wszystko jednak trzeba było zacząć od nowa, a mieliśmy po czterdzieści lat. Od razu człowiek musiał zejść o dwa–trzy stopnie w dół, zapomnieć, że był reżyserem, aktorką albo skończył uniwersytet w Moskwie... Ja dostałam najpierw pracę salowej w szpitalu – wynosiłam nocniki, myłam podłogi. Nie wytrzymałam. Zaczęłam wyprowadzać psy na spacer u dwóch staruszków. Pracowałam jako kasjerka w supermarkecie... Był akurat Dziewiąty Maja, najważniejsze dla mnie święto. Mój ojciec doszedł do Berlina. Przypomniałam to sobie... Starsza kasjerka mówi: „Myśmy zwyciężyli, ale wy, Rosjanie, też byliście dzielni. Pomogliście nam". Tak ich uczą w szkole. Omal nie spadłam z krzesła! Co oni wiedzą o Rosji? Rosjanie piją wódkę szklankami i zawsze jest u nich dużo śniegu...

– Jechaliśmy po kiełbasę, a kiełbasa okazała się nie taka tania, jak myśleliśmy...

– Z Rosji wyjeżdżają mózgi, a do Rosji przyjeżdżają ręce... gastarbajterzy... Mama pisze, że u nich stróż Tadżyk sprowadził do Moskwy już wszystkich swoich krewnych. Teraz oni pracują na niego, a on jest gospodarzem. Komenderuje. Żona jest stale w ciąży. Na swoje święta zarzynają barana wprost na podwórzu. Pod oknami moskwian. I smażą szaszłyki...

– Jestem człowiekiem racjonalnym. Wszystkie te sentymenty do języka dziadków i babć to tylko emocje. Zabroniłem sobie czytania książek rosyjskich, zaglądania do rosyjskiego internetu. Chcę wytępić w sobie wszystko, co rosyjskie. Przestać być Rosjaninem...

– Mąż bardzo chciał wyjechać... Przywieźliśmy ze sobą dziewięć skrzyń książek rosyjskich, żeby dzieci nie zapomniały ojczystego języka. W Moskwie podczas kontroli otwarto wszystkie te skrzynki, szukali rzeczy antykwarycznych, a tu Puszkin, Gogol... Celnicy długo się śmiali... Ja nawet teraz włączam Radio Majak i słucham rosyjskich piosenek...

– Rosja, moja Rosja... Ukochany Piter! Jakżebym chciał tam wrócić! Za chwilę się rozpłaczę... Niech żyje komunizm! Do domu! Tutejsze kartofle to straszne świństwo. A rosyjska czekolada jest po prostu świetna!

– A za majtkami na talony też pan tak wzdycha? Przypomina mi się, jak wkuwałam i zdawałam z komunizmu naukowego...

– Rosyjskie brzózki... No, brzózki też...

– Syn mojej siostry... Mówi świetnie po angielsku. Komputerowiec. Pomieszkał w Ameryce i wrócił do domu. Mówi, że w Rosji jest teraz ciekawiej...

– Ja też coś powiem... Tam już wielu ludziom żyje się dobrze, mają wszystko: pracę, dom, samochód. Ale mimo to boją się i chcą wyjechać. Mogą im odebrać firmę, wsadzić ich za nic do więzienia, a wieczorem pochlastać w bramie... Nikt nie żyje w zgodzie z prawem – ani ci na górze, ani ci na dole...

– Rosja z Abramowiczem i Dieripaską... z Łużkowem*... Czy to jest Rosja? Ten statek tonie...

– Wiecie co, mieszkać trzeba w Goa... A pieniądze zarabiać w Rosji...

Wychodzę na balkon. Tutaj palą papierosy i ciągną tę rozmowę: kto wyjeżdża dzisiaj z Rosji, mądrzy czy głupi? Nie mogłam z początku uwierzyć, kiedy usłyszałam, że przy stole ktoś zaczyna śpiewać Podmoskiewskie wieczory***, naszą ulubioną radziecką piosenkę: „Wiatru w sadzie już się nie słyszy, ptaki do snu kładą się też. Nie zamąci nic letniej ciszy, podmoskiewski zapada zmierzch...". Kiedy wracam do pokoju, śpiewają już wszyscy. Ja razem z nimi.*

* Oleg Dieripaska (ur. 1968) – przedsiębiorca, uważany za najbogatszego człowieka w Rosji; Jurij Łużkow (ur. 1936) – mer Moskwy w latach 1992–2010.

** *Podmoskownyje wieczera* (Podmoskiewskie wieczory, mel. Wasilij Sołowjow-Siedoj, sł. Michaił Matusowski) – piosenka z 1957 roku.

O cudzym nieszczęściu, które Bóg położył na progu waszego domu

Rawszan... – gastarbajter, 27 lat

Gafchar Dżurajewa – prezes moskiewskiej fundacji „Tadżykistan"

„...Człowiek bez ojczyzny jest jak słowik bez ogrodu"

O śmierci wiem dużo. Kiedyś zwariuję przez to, co wiem...

Ciało jest czarą dla duszy. Jest jej domem. Zgodnie z muzułmańskim obyczajem ciało należy pogrzebać tak szybko, jak się da – najlepiej tego samego dnia, kiedy Allach zabrał duszę człowieka. W domu zmarłego wiesza się na gwoździu kawałek białego materiału, który wisi czterdzieści dni. Dusza przylatuje w nocy i siada na tym strzępku. Słucha głosów swoich bliskich. Cieszy się. I odlatuje z powrotem.

Rawszan... Dobrze go pamiętam... To zwyczajna historia... Przez pół roku nie wypłacano im pieniędzy, a on miał na Pamirze czworo dzieci, ojciec był ciężko chory. Przyszedł do biura budowy, poprosił o zaliczkę, ale mu jej odmówiono. Ta kropla przelała czarę goryczy. Wyszedł na ganek i przejechał sobie nożem po gardle. Zadzwoniono do mnie... Przyjechałam do kostnicy... Ta jego niesamowicie piękna twarz... Nie można jej zapomnieć. Jego twarz... Zebrano pieniądze. Do dzisiaj jest dla mnie zagadką, jak działa ten wewnętrzny mechanizm: nikt nie ma nawet kopiejki, ale kiedy ktoś umrze, to błyskawicznie uzbiera się potrzebna suma, ludzie oddadzą ostatni grosz, żeby pochować rodaka w domu, żeby spoczął w swojej ziemi. Nie leżał na obczyźnie. Oddaliby nawet ostatnią sturublówkę z kieszeni.

Jak ktoś powie, że musi pojechać do domu, to nie dadzą, że dziecko chore – też nie dadzą, a po śmierci, proszę, weźcie. Przynieśli i położyli mi na biurku celofanową torbę pomiętych sturublówek. A ja poszłam z tym do kasy Aerofłotu. Do dyrektora. Dusza sama odleci do domu, a wysyłka trumny samolotem kosztuje bardzo dużo.

Bierze z biurka papiery. Odczytuje.

...Policjanci weszli do mieszkania gastarbajterów i zaczęli bić męża na oczach ciężarnej żony za to, że nie mają zameldowania. Żona zaczęła krwawić, wskutek czego zmarła i ona, i jej nienarodzone dziecko...

...Pod Moskwą zaginęły trzy osoby – dwóch braci i siostra... Przyjechali z Tadżykistanu ich krewni i zwrócili się do nas z prośbą o pomoc. Zadzwoniliśmy do piekarni, w której ostatnio pracowali. Za pierwszym razem odpowiedziano nam: „Nie znamy takich". Za drugim razem do telefonu podszedł sam właściciel. „Tak, Tadżycy pracowali u mnie. Zapłaciłem im za trzy miesiące, a oni tego samego dnia odeszli. Nie mam pojęcia dokąd". Wtedy zwróciliśmy się do policji. Trupy wszystkich trojga wykopano w lesie, ktoś zabił ich łopatą. Właściciel piekarni zaczął wydzwaniać do fundacji i grozić: „Mam wszędzie swoich ludzi. Was też zakopię".

...Dwóch młodych Tadżyków z budowy odwieziono karetką do szpitala... Przeleżeli całą noc w zimnej poczekalni, nikt się nimi nie zajął. Lekarze nie ukrywali swoich uczuć: „No i po co tylu was, czarnodupków, tutaj przyjechało?".

...Omonowcy wyprowadzili z piwnicy piętnastu dozorców Tadżyków, położyli na śniegu i zaczęli bić. Biegali po nich w podkutych butach. Zmarł piętnastoletni chłopak...

...Matce odesłano z Rosji zmarłego syna. Nie miał organów wewnętrznych... W Moskwie na czarnym rynku można kupić wszystko, co człowiek ma w sobie: nerki, płuca, wątrobę, źrenice, zastawki serca, skórę...

To są moi bracia i siostry... Ja też urodziłam się na Pamirze. Ziemia jest u nas na wagę złota, pszenicę mierzy się nie workami, ale tiubietiejkami*. Wszędzie dookoła są gigantyczne góry, w porównaniu z którymi wszelkie cuda na ziemi wyglądają dziecinnie. Jak zabawki. Kto w tamtych stronach mieszka, ten ma nogi na ziemi, a głowę w obłokach. Jest tak wysoko, jakby był już w innym świecie. Morze to coś całkiem innego, morze wabi ku sobie, a góry dają wrażenie osłony, one człowieka chronią. Drugie ściany domu. Tadżycy nie są wojownikami; kiedy na ich ziemię przychodził wróg, uchodzili w góry... (*Milknie*). Moja ulubiona pieśń tadżycka to lament nad porzuconą ziemią rodzinną. Zawsze płaczę, kiedy jej słucham... Dla Tadżyka najgorszą rzeczą jest, kiedy musi opuścić ojczyznę. Żyć z dala od niej. Człowiek bez ojczyzny jest jak słowik bez ogrodu. Od wielu lat już mieszkam w Moskwie, ale cały czas otaczam się tym, co miałam w domu: kiedy zobaczę w piśmie zdjęcie gór, to zawsze je wycinam i wieszam na ścianie; to samo, jeśli na zdjęciu jest kwitnąca morela i biała bawełna. We śnie często zbieram bawełnę... Otwieram koszyczek, którego brzegi są bardzo ostre, a w nim leży biały kłębek, jak wata, prawie nic nieważący; trzeba go tak wyciągnąć, żeby nie podrapać ręki. Rano budzę się zmęczona... Na moskiewskich bazarach szukam tadżyckich jabłek, bo są najsłodsze, i tadżyckich winogron, słodszych niż rafinada. A w dzieciństwie marzyłam, że zobaczę kiedyś las rosyjski, grzyby... Pojadę i zobaczę tych ludzi. To druga część mojej duszy: chata, piec, pierożki. (*Milknie*). Opowiadam o naszym życiu... I o swoich braciach... Dla was oni wszyscy są jednakowi: czarnowłosi, nieumyci, nieprzyjaźni. Z niezrozumiałego świata. Cudze nieszczęście, które Bóg położył na progu waszego domu. Oni jednak nie wiedzą, że przyjechali do obcych ludzi, bo ich rodzice żyli w ZSRR i Moskwa była stolicą dla wszystkich. A teraz dano im tu pracę i dach nad głową. Na Wschodzie mawia się: nie pluj do studni, z której czerpiesz wodę. W szkole wszyscy chłopcy tadżyccy marzą o tym, żeby pojechać na zarobek

* Tiubietiejka – lekka czapka, noszona na czubku głowy w Azji Środkowej, a także w Tatarstanie, Baszkirii i na Krymie.

do Rosji... Żeby kupić bilet, pożyczają od całego *kiszłaku**. Rosyjscy celnicy pytają ich potem: „Do kogo jedziesz?". Odpowiadają: „Do Niny"... Dla nich wszystkie Rosjanki to Niny... Już nie uczą się rosyjskiego w szkole. Każdy zabiera ze sobą dywanik do modlitwy...

Rozmawiamy w fundacji. Jest tu ledwie kilka pokoików. Telefony nie milkną.

Wczoraj uratowałam dziewczynę... Udało jej się zadzwonić do mnie, kiedy policjanci wieźli ją do lasu. Dzwoni i szepcze: „Złapali mnie na ulicy i wiozą za miasto. Wszyscy pijani". Podała numer rejestracyjny wozu... Pijani policjanci zapomnieli ją zrewidować i zabrać jej komórkę. Dziewczyna dopiero co przyjechała z Duszanbe... Była ładna... Jestem kobietą Wschodu, byłam jeszcze mała, kiedy babcia i mama już mnie uczyły, jak należy rozmawiać z mężczyznami. „Ognia nie pokonasz ogniem, tylko mądrością" – mawiała babcia. Dzwonię na posterunek policji: „Słuchaj, mój drogi, dzieje się coś dziwnego – wasi chłopcy popili sobie i zawieźli naszą dziewczynę w jakieś dziwne miejsce. Proszę do nich zadzwonić, żeby do czego złego nie doszło. Numer rejestracyjny znamy". Na drugim końcu przewodu – jeden potok przekleństw: te *Czurki*... te „czarne małpy", które dopiero co zlazły z drzewa, po jakiego grzyba pani traci na nich czas. „Mój drogi, posłuchaj, jestem taką samą czarną małpą... Jestem twoją mamą..." Cisza. No bo przecież tam też siedzi człowiek... Zawsze pokładam w tym nadzieję... Od słowa do słowa, zaczęliśmy rozmawiać. Po kwadransie samochód zawrócił... Dziewczynę odwieźli z powrotem... Mogli ją zgwałcić, zabić. Niejeden raz potem takie dziewczyny zbierałam po kawałku w lesie... Wie pani, kim jestem? Jestem alchemikiem... Nasza fundacja jest społeczna – nie mamy pieniędzy, nie mamy władzy, mamy tylko dobrych ludzi. To nasi pomocnicy. Pomagamy, ratujemy bezbronnych. Rezultat powstaje z niczego: z nerwów, ze wschodnich pochlebstw, rosyjskiej litości,

* Patrz przypis na s. 114.

z takich zwyczajnych słów, jak „mój kochany", „mój drogi", „wiedziałam, że jesteś prawdziwym mężczyzną, pomożesz kobiecie". „Panowie – mówię do sadystów w mundurach – wierzę w was. Wierzę, że jesteście ludźmi". Odbyłam długą rozmowę z pewnym generałem policji... To nie był żaden dureń ani żołdak, wyglądał na dosyć inteligentnego. „Wie pan – poskarżyłam się – pracuje u was prawdziwy gestapowiec. Mistrz tortur, wszyscy się go boją. Robi inwalidów ze wszystkich bezdomnych i gastarbajterów, którzy do niego trafiają". Myślałam, że się przerazi, że zacznie bronić honoru munduru. A on popatrzył na mnie z uśmiechem i odpowiedział: „Proszę mi podać jego nazwisko. To zuch, my go nagrodzimy, awansujemy. Trzeba dbać o takich funkcjonariuszy! Dostanie premię". Oniemiałam. A on wyjaśnił: „Powiem pani szczerze... Specjalnie stwarzamy wam takie okropne warunki, żebyście prędzej się wynieśli. W Moskwie są dwa miliony gastarbajterów, miasto nie jest w stanie przyjąć takiej liczby ludzi, którzy zwalili się nam na głowę. Jest was zbyt wielu". (*Milknie*).

Moskwa jest piękna... Szłyśmy razem przez miasto, a pani cały czas się zachwycała: „Jaka piękna zrobiła się Moskwa! To już europejska stolica!". Ale ja nie czuję tego piękna. Idę, patrzę na nowe budynki i przypominam sobie: tutaj zginęło dwóch Tadżyków, spadli z rusztowania... a tu jednego z naszych utopiono w cemencie... Pamiętam też, za jakie grosze tutaj harowali. Wszyscy ich łupią: urzędnicy, policjanci, administracja... Stróż Tadżyk podpisuje w urzędzie, że zarabia trzydzieści tysięcy, a na rękę dostaje siedem. Resztę zabierają i dzielą między sobą rozmaici przełożeni... przełożeni przełożonych... Prawo nie działa, zamiast prawa rządzą kasa i siła. Mały człowiek jest najbardziej bezbronny, nawet zwierzę w lesie ma więcej ochrony niż on. W Rosji zwierzęcia broni las, a u nas góry... (*Milknie*). Większą część życia spędziłam w socjalizmie, teraz przypominam sobie, jak idealizowaliśmy człowieka; w tamtych czasach myślałam o człowieku dobrze. W Duszanbe pracowałam w Akademii Nauk. Zajmowałam się historią sztuki. Myślałam, że książki... że to, co człowiek o sobie napisał, jest prawdą... Nie, to tylko nędzna cząstka prawdy... Od dawna już nie jestem idealistką, zbyt wiele teraz wiem... Przychodzi do mnie często pewna dziewczyna, jest chora... To nasza znana skrzypaczka. Dlaczego jest chora psychicznie? Może dlatego, że mówiono jej: „Pani gra na skrzypcach – po co to pani? Zna pani dwa języki – po co? Pani praca to sprzątać, zamiatać. Tutaj jesteście niewolnikami". Ta dziewczyna już nie gra na skrzypcach. Wszystko zapomniała.

Był tu jeszcze młody chłopak... Policjanci złapali go gdzieś pod Moskwą, odebrali pieniądze, ale było tego za mało. Rozzłościli się. Wywieźli do lasu. Pobili. Zima. Mróz. Rozebrali go do majtek... Cha, cha, cha... Podarli wszystkie dokumenty... Gdy mi to opowiedział, zapytałam:

– Jak się uratowałeś?

– Myślałem, że umrę, uciekałem boso po śniegu. I nagle, jak w bajce, zobaczyłem chatkę. Zapukałem w okno, wyszedł z niej staruszek. Ten staruszek dał mi kożuch, żebym się zagrzał, nalał herbaty i dał konfitury. Dał mi ubranie. Następnego dnia zawiózł do dużej wsi i znalazł ciężarówkę, która dowiozła mnie do Moskwy.

Ten staruszek... to też Rosja...

Z sąsiedniego pokoju wołają: „Gafchar Kandiłowna, ktoś do pani". Czekam, aż wróci. Mam czas – i przypominam sobie to, co słyszałam w moskiewskich mieszkaniach.

W moskiewskich mieszkaniach

– Nazjeżdżało się ich tutaj... Rosjanie mają dobrą duszę...

– Lud rosyjski wcale nie jest dobry. To zupełnie błędny pogląd. Lud jest ckliwy, sentymentalny, ale nie dobry. Kiedyś zarżnęli psa i nakręcili wideo. Cały internet zawrzał. Gotowi byli zlinczować oprawcę. A kiedy spaliło się na rynku siedemnastu gastarbajterów – na noc właściciel zamykał ich w metalowym kontenerze, razem z towarami – przejęli się nimi tylko obrońcy praw człowieka. Czyli ci, którzy z racji swej działalności muszą wszystkich bronić. A ogólnie nastrój był taki – eee, jedni zginęli, drudzy przyjadą. Bez twarzy, bez języka… obcy…

– To niewolnicy. Współcześni niewolnicy. Cały ich dobytek to ch… i adidasy. W najbardziej śmierdzącej piwnicy w Moskwie mają lepiej niż u siebie.

– Trafił niedźwiedź do Moskwy i przezimował. Żywił się gastarbajterami. Kto ich by liczył… Cha, cha, cha…

– Przed rozpadem ZSRR żyliśmy w jednej rodzinie… Tak nas uczono na zajęciach politycznych… Wtedy byli „gośćmi w stolicy", a teraz to „Czurki" albo „Chacze". Dziadek opowiadał, jak razem z Uzbekami walczył pod Stalingradem. Wierzyli, że są „braćmi na zawsze".

– Dziwię się pani… Oni sami się przecież odłączyli. Zachciało się im wolności. Zapomniała pani? To niech pani sobie przypomni, jak w latach dziewięćdziesiątych zarzynali Rosjan. Rabowali, gwałcili. Wyganiali zewsząd. W środku nocy walą do drzwi… Wdzierają się – jeden z nożem, drugi z kałasznikowem. „Wynoś się z naszej ziemi, ruska cholero!" Pięć minut na spakowanie się… I bezpłatny dowóz do najbliższej stacji. Ludzie wybiegali w kapciach z mieszkań… Tak właśnie było…

– Pamiętamy poniżenie naszych braci i sióstr! Śmierć Czurkom! Rosyjski Miszka długo śpi, ale jak już wstanie, to krwi utoczy sporo.

– Kaukaz dostał w ryja rosyjską kolbą. Kto następny?

– Nienawidzę „łysych"! Potrafią tylko jedno – kijami bejsbolowymi zatłuc na śmierć Tadżyka, stróża, który nic im złego nie zrobił. Na demonstracjach drą się: „Rosja dla Rosjan, Moskwa dla moskwian". Moja mama jest Ukrainką, ojciec Mołdawianinem, babcia ze strony mamy Rosjanką. A kim ja jestem? Według jakiej zasady chcieliby „czyścić" Rosję z nie-Rosjan?

– Trzech Tadżyków – jedna wywrotka. Cha, cha, cha…

– A ja tęsknię za Duszanbe. Wychowałam się tam. Uczyłam się farsi. To język poetów.

– Raczej trudno byłoby przejść przez miasto z plakatem: „Lubię Tadżyków". Od razu dostanie się po mordzie.

– Obok nas budują dom. „Chacze" kręcą się dookoła jak szczury. Przez nich wieczorem strach wyjść do sklepu. Potrafią zabić nawet dla taniej komórki...

– E tam! Dwa razy mnie obrabowali Rosjanie, a w bramie własnego domu omal mnie nie zabili, też Rosjanie. Oj, dość mam tego narodu bogonośca.

– A chciałaby pani, żeby pani córka wyszła za mąż za imigranta?

– To moje rodzinne miasto. Moja stolica. A oni tu przyjechali ze swoim szariatem. Na Kurban Bajram* zarzynają barany pod moimi oknami. A może zaczną jeszcze na placu Czerwonym? Biedne stworzenia beczą, chlusta krew... Wyjdzie się do miasta – tu... tam... i Bóg wie gdzie jeszcze widać czerwone kałuże na asfalcie... Idę z dzieckiem. „Mamo, co to jest?" W ten dzień miasto „czernieje". To już nie jest nasze miasto. Setki tysięcy ich wychodzą z piwnic... Policja ze strachu najchętniej zapadłaby się pod ziemię...

– Mój mężczyzna jest Tadżykiem. Ma na imię Said. Jest piękny jak bóg! U siebie był lekarzem, tutaj pracuje na budowie. Zakochałam się w nim po uszy. Co mam robić? Kiedy się spotykamy, spacerujemy po parku albo wyjeżdżamy za miasto, żeby nie spotkać nikogo z moich znajomych. Boję się rodziców. Ojciec uprzedził: „Jak cię zobaczę z czarnuchem, to zastrzelę oboje". Kim jest mój ojciec?... Muzykiem... skończył konserwatorium...

– Jak „czarny" idzie z dziewczyną... naszą! Takich trzeba kastrować.

– Za co ich nienawidzą? Za piwne oczy, za kształt nosa. Nienawidzą też bez powodu. U nas każdy kogoś nienawidzi: sąsiadów, gliniarzy, oligarchów... głupich Jankesów... Kogokolwiek! W powietrzu wisi mnóstwo nienawiści... Nie sposób dotrzeć do człowieka...

*

* Kurban Bajram (tur.) – Święto Ofiarowania, najważniejsze święto muzułmańskie, upamiętniające ofiarę Abrahama.

„...bunt ludu, który widziałam, przestraszył mnie na całe życie"
Pora obiadu. Pijemy z Gafchar herbatę z tadżyckich piał i kontynuujemy rozmowę.

To, co pamiętam, doprowadzi mnie kiedyś do szaleństwa...

Rok dziewięćdziesiąty drugi... Zamiast wolności, której wszyscy się spodziewaliśmy, zaczęła się wojna domowa. Kulabcy zabijali Pamirczyków, a Pamirczycy – Kulabców... Karetegińcy, Chissarcy, Charmcy – wszyscy się podzielili. Na murach wywiesili plakaty: „Rosjanie, ręce precz od Tadżykistanu". „Komuniści – precz do swojej Moskwy!" To już nie było moje ukochane Duszanbe... Po ulicach krążyły tłumy z żelaznymi prętami i kamieniami w rękach... Całkiem spokojni ludzie zmienili się w morderców. Jeszcze wczoraj byli inni, spokojnie pili herbatę w czajchanie, a teraz biegali i żelaznymi prętami rozpruwali brzuchy kobietom... Napadali na sklepy, kioski. Poszłam na bazar... Na akacjach wisiały kapelusze i suknie, na ziemi leżeli pokotem zabici: ludzie i zwierzęta... (*Milknie*). Pamiętam... Piękny ranek. Na chwilę zapomniałam o wojnie. Wydało mi się, że wszystko będzie jak dawniej. Kwitnie jabłoń, kwitnie morela... Nie ma żadnej wojny. Otworzyłam okno na oścież i zaraz ujrzałam czarny tłum. Wszyscy szli w milczeniu. Nagle jeden człowiek się odwrócił i spotkaliśmy się wzrokiem... Widać było, że jest biedny... Spojrzenie tego chłopaka mówiło mi: „Mogę wejść do twojego ładnego domu i zrobić wszystko co zechcę, nadszedł mój czas...". To właśnie powiedziały mi jego oczy... Byłam przerażona... Odeszłam od okna, zasunęłam zasłony, firanki, pobiegłam i zamknęłam drzwi na wszystkie spusty, potem ukryłam się w najodleglejszym pokoju. W jego oczach widziałam ekscytację... W tłumie jest coś szatańskiego. Boję się to wspominać... (*Płacze*).

Widziałam, jak na podwórzu zabito chłopaka, Rosjanina. Nikt nie wyszedł, wszyscy zamknęli okna, a ja wyskoczyłam w szlafroku kąpielowym. „Zostawcie go! Już go zabiliście!" Leżał bez ruchu... Odeszli. Ale wkrótce wrócili, żeby go dobić. Takie same wyrostki jak on. Chłopcy, to byli chłopcy... Zadzwoniłam na milicję – ci zobaczyli, kogo biją, i odjechali. (*Milknie*). Niedawno, kiedy w Moskwie w pewnym towarzystwie usłyszałam wypowiedź Rosjanina: „Lubię Duszanbe. Jakie to było ciekawe miasto! Tęsknię za nim" – jakże byłam mu wdzięczna! Nic prócz miłości nas nie zbawi. Allach nie wysłucha tego, kto modli się w złej intencji. Allach uczy: nie otwieraj drzwi, których potem nie będziesz umiał zamknąć… (*Pauza*). Zginął nasz przyjaciel… Był poetą. Tadżycy lubią wiersze, w każdym domu są książki z wierszami, choćby jedna czy dwie, poeta jest u nas świętością. Jest nietykalny. I właśnie jego zabili! A zanim zabili, połamali mu ręce… Za to, że pisał… Niedługo potem zabito kolejnego naszego przyjaciela… Na ciele nie miał nawet siniaka, było czyste, bo bili w usta… Za to, że mówił… Wiosna. Jest tak słonecznie, ciepło, a ludzie zabijają się nawzajem… Miało się ochotę uciec w góry.

Wszyscy dokądś wyjeżdżali. Ratowali się. Mieliśmy przyjaciół w Ameryce. W San Francisco. Zaprosili nas do siebie. Wynajmowali tam mieszkanko. Takie piękne! Ocean Spokojny… W którąkolwiek stronę się pójdzie – wszędzie ocean. Całymi dniami siedziałam na brzegu i płakałam, nie byłam w stanie nic robić. Przyjechałam z miejsca ogarniętego wojną, gdzie można było zginąć za kartonik mleka… Wzdłuż brzegu szedł stary człowiek, z podwiniętymi portkami, w kolorowym tiszercie. Przystanął koło mnie. Zapytał:

– Co ci się stało?

– W moim kraju toczy się wojna. Brat zabija brata.

– To zostań tutaj.

Mówił, że ocean i piękno leczą… Długo mnie pocieszał. A ja płakałam. Na dobre słowo reagowałam w jeden sposób – łzy ciekły mi strumieniami, płakałam wtedy mocniej, niż kiedy w domu słuchałam strzelaniny. Mocniej na dźwięk słów niż na widok krwi.

Nie mogłam jednak mieszkać w Ameryce. Wyrywałam się do Duszanbe, a skoro wracać tam było niebezpiecznie, to przynajmniej chciałam być jak najbliżej domu. Pojechaliśmy do

Moskwy… Siedzę w gościnie u pewnej poetki. Słucham niekończącego się narzekania: Gorbaczow – plecie trzy po trzy… Jelcyn to moczymorda… Ludzie – bydło… Ile razy coś takiego słyszałam? Z tysiąc! Pani domu chce wziąć i umyć mój talerz, a ja nie pozwalam – wszystko mogę zjeść z jednego talerza. I rybę, i ciastko. Przyjechałam z wojny… Inny pisarz ma pełną lodówkę sera i kiełbasy – a Tadżycy już zapomnieli, co to znaczy – i znowu cały wieczór słyszę nudne zrzędzenie: władza niedobra, demokraci tacy sami jak komuniści… rosyjski kapitalizm jest ludożerczy… Ale nikt nic nie robi. Wszyscy oczekują, że za chwilę wybuchnie rewolucja. Nie lubię tych rozczarowanych w kuchni. Nie jestem z takich. Bunt ludu, który widziałam, przeraził mnie na resztę życia. Wiem już, co znaczy wolność w niedoświadczonych rękach. Gadanie zawsze kończy się rozlewem krwi. Wojna to wilk, który może przyjść do waszego domu… (*Milknie*).

Widziała pani w internecie te zdjęcia? Mnie one całkiem wybiły z normalnego rytmu. Tydzień przeleżałam w łóżku… Te właśnie zdjęcia… Zabijali i filmowali. Mieli scenariusz, rozpisano role… Jak w prawdziwym filmie… Teraz potrzebny jest widz… Patrzymy więc… Kazali nam… Idzie ulicą nasz chłopak, Tadżyk… Przywołują go, on podchodzi, a oni go przewracają. Biją kijami bejsbolowymi, najpierw zwija się na ziemi, a potem nieruchomieje. Wiążą go i wrzucają do bagażnika. W lesie przywiązują do drzewa. Widać, że ten, kto filmuje, szuka odpowiedniego ujęcia, żeby wyszedł dobry obraz. Potem chłopakowi odcinają głowę… To wschodni rytuał. Nie rosyjski. Pewnie są z Czeczenii. Pamiętam… Przez rok zabijali po prostu „śrubokrętami", potem pojawiły się trójzęby, a po nich rury i młotki… Zawsze śmierć była wynikiem uderzenia tępym narzędziem. Teraz jest nowa moda… (*Milknie*). Tym razem morderców znaleziono. Odpowiedzą przed sądem. Wszystko to chłopcy z porządnych rodzin. Dzisiaj zabija się Tadżyków, jutro zaczną zarzynać bogaczy albo tych, którzy modlą się do innego Boga. Wojna to wilk… Już przyszedł…

W moskiewskich piwnicach

Wybrałyśmy dom „stalinowiec" w centrum Moskwy. Te domy budowano za Stalina dla elity partyjnej i właśnie dlatego nazywają je „stalinowcami", teraz też są w cenie. Stalinowski empire: sztukateria na fasadzie, płaskorzeźby, kolumny, pokoje wysokie na trzy albo nawet cztery metry. Potomkowie dawnych przywódców zubożeli, przenoszą się tutaj „nowi Ruscy". Na podwórzu stoją bentleye, ferrari. Na parterze palą się neony nad wystawami drogich butików.

Na górze toczy się jedno życie, pod ziemią inne. Razem ze znajomym dziennikarzem schodzimy do piwnicy... Długo kluczymy wśród zardzewiałych rur i pokrytych pleśnią ścian, od czasu do czasu drogę zagradzają nam malowane metalowe drzwi, wiszą na nich kłódki i plomby, ale to fikcja. Umówione stukanie – można przejść. W piwnicy tętni życie. Długi oświetlony korytarz po obu stronach pomieszczenia – ściany z dykty, zamiast drzwi – zasłony różnych kolorów.

Moskiewskie podziemie jest podzielone między Tadżyków i Uzbeków. My trafiłyśmy do Tadżyków. W każdym pomieszczeniu mieszka od siedemnastu do dwudziestu osób. Komuna. Ktoś rozpoznał mojego przewodnika – przychodzi tutaj nie po raz pierwszy – i zaprasza nas do siebie. Wchodzimy do pokoju – przy wejściu góra obuwia, wózki dziecięce. W kącie – kuchenka, zbiornik z gazem, do nich przyciskają się stoły i krzesełka, przyniesione tutaj z najbliższych śmietników. Całą resztę przestrzeni zajmują piętrowe łóżka własnej roboty.

Pora kolacji. Dziesięcioro ludzi siedzi już przy stole. Przedstawiają się sobie: Amir, Churszyd, Ali... Ci starsi chodzili do szkoły radzieckiej, po rosyjsku mówią bez akcentu. Młodzi nie znają języka. Tylko się uśmiechają.

Gości witają serdecznie.

– Zaraz trochę zjemy.

(*Sadza nas przy stole Amir, dawniej nauczyciel; tu pełni funkcję starosty*). – Proszę spróbować tadżyckiego pilawu. Smaczne, jak Boga kocham! U Tadżyków jest taki obyczaj: jeśli spotkałeś kogoś w pobliżu swego domu, powinieneś zaprosić go do siebie i dać mu piałę z herbatą.

Nie mogę włączyć dyktafonu, boją się. Wyjmuję pióro. Z pomocą przychodzi mi wtedy tradycyjny szacunek mieszkańców wsi do człowieka piszącego. Jedni przyjechali tu z kiszłaków, inni zeszli z gór. I od razu trafili do strasznego megalopolis.

– Moskwa dobra, pracy dużo. Ale mieszkać tutaj jest strasznie. Idę ulicą sam... Nawet za dnia... Nie patrzę w oczy młodym ludziom, bo mogą zabić. Codziennie trzeba się modlić...

– W pociągu podmiejskim podchodzi do mnie trzech... Wracałem z pracy. „Co tu robisz?" – „Jadę do domu" – „Jaki znowu dom? Kto cię tu zapraszał?" Zaczęli mnie bić. Bili i krzyczeli: „Rosja dla Rosjan! Chwała Rosji!". „Chłopaki, za co? Allach wszystko widzi". – „Tutaj cię twój Allach nie widzi. Mamy tu swojego Boga". Wybili mi zęby... złamali żebro... Wagon pełen ludzi i tylko jedna dziewczyna zaprotestowała: „Zostawcie go! On was nie zaczepiał". – „A ty czego? Chacza bijemy".

– Zabili Raszyda... Dostał trzydzieści ciosów nożem. Powiedz mi, dlaczego akurat trzydzieści?

– Nic nie dzieje się bez woli Allacha... Biedaka pies ugryzie, choćby siedział na wielbłądzie.

– Mój tato studiował w Moskwie. Teraz dniem i nocą płacze po ZSRR. Marzył, że i ja będę studiował w Moskwie. A tutaj każdy mnie bije: policjant, pracodawca... Mieszkam w piwnicy jak kot.

– A ja ZSRR nie żałuję... Wujek Kola, nasz sąsiad... Rosjanin... Kiedy mama odpowiadała mu po tadżycku, to na nią krzyczał: „Mów po ludzku. Ziemia wasza, władza nasza". Mama płakała.

– Miałem dzisiaj sen: idę naszą ulicą, a sąsiedzi się kłaniają. „Salam alejkum"... „Salam alejkum"... W naszych kiszłakach zostały tylko kobiety, starcy i dzieci.

– Moja miesięczna pensja była tam warta pięć dolarów... Żona, troje dzieci... W kiszłakach ludzie od lat nie widzieli cukru...

– Nie byłem na placu Czerwonym. Nie widziałem Lenina. Praca! Praca! Łopata, kilof, nosze. Przez cały dzień pot ze mnie tryska jak woda z arbuza.

– Zapłaciłem jednemu majorowi za dokumenty: „Niech Allach da ci zdrowie. Jaki dobry człowiek!". A dokumenty okazały się fałszywe. Wsadzili mnie na „dołek". Kopali, bili pałkami.

– Nie ma dokumentu, nie ma człowieka...

– Człowiek bez ojczyzny jest jak bezpański pies... Każdy może go kopnąć. Policjanci w ciągu dnia dziesięć razy zatrzymują. „Pokaż dokumenty". Ten papier jest, a tamtego nie ma. Jak nie dasz w łapę, to pobiją.

– Kim jesteśmy? Budowlańcy, ładowacze, dozorcy, pomywacze... Nikt z nas tu nie będzie menedżerem...

– Mama jest zadowolona, bo przysyłam pieniądze. Znalazła mi ładną dziewczynę, jeszcze jej nie widziałem. Mama wybierała. Jak wrócę, to się ożenię.

– Całe lato pracowałem u bogacza pod Moskwą, a w końcu mi nie zapłacił. Wrzeszczał: „Dawałem ci jeść! Teraz won mi stąd! Zjeżdżaj!".

– Kiedy masz sto baranów, to masz i rację. Zawsze masz rację.

– Mój przyjaciel też poprosił pracodawcę o zapłatę. Policja go potem długo szukała. Odkopali w lesie... Mamie przysłano z Rosji trumnę...

– Wypędzą nas... Kto wtedy będzie budował Moskwę? Kto pozamiata podwórza? Za te pieniądze, które nam płacą, żaden Rosjanin nie pójdzie tyrać.

– Jak zamknę oczy, to widzę: płynie aryk, kwitnie bawełna, kwiaty są delikatnie różowe jak sad.

– A czy wiesz, że była u nas wielka wojna? Po upadku ZSRR od razu zaczęli strzelać... Dobrze żyło się tylko temu, kto miał automat. Byłem jeszcze uczniem... Codziennie widziałem kilka trupów. Mama nie puszczała mnie do szkoły. Siedziałem w domu i czytałem Chajjama. Wszyscy u nas czytają Chajjama. A ty go znasz? Jeśli znasz, jesteś dla mnie siostrą.

– Zabijano niewiernych...

– Allach lepiej wie, kto wierny, a kto niewierny. Sam będzie sądził.

– Byłem mały… Nie strzelałem. Mama opowiadała, że przed wojną żyliśmy tak, że na jednym weselu rozmawiano po tadżycku, po uzbecku i po rosyjsku. Kto chciał, ten się modlił, a kto nie chciał, to nie. Powiedz, siostro, dlaczego ludzie tak szybko nauczyli się zabijać. A wszyscy oni czytali w szkole Chajjama. I Puszkina.

– Lud to karawana wielbłądów, którą popędza się batem…

– Uczę się rosyjskiego… Pani posłucha: ładny dzewczyna, chłeb, penondze… nedobry szef…

– Już pięć lat jestem w Moskwie i ani razu nikt się ze mną nie przywitał. Rosjanom potrzebni są „czarni", żeby mogli czuć się „białymi", patrzeć na kogoś z góry.

– Jak po każdej nocy przychodzi ranek, tak każdy smutek się kiedyś skończy.

– Nasze dziewczyny są ładniejsze. Nie bez powodu porównują je z owocem granatu…

– Nic nie dzieje się bez woli Allacha…

Z podziemia wychodzimy na górę. Teraz już patrzę na Moskwę innymi oczami – jej piękno wydaje mi się zimne i groźne. Naprawdę, Moskwo, jest ci to obojętne – kochają cię czy nie?

O życiu ścierwie i stu gramach leciutkiego piasku w białym wazoniku

Tamara Suchowiej – kelnerka, 29 lat

Życie to ścierwo! Wiesz, co ci powiem... Życie nie daje nic w prezencie. Niczego dobrego ani pięknego w życiu nie widziałam. Nie pamiętam nic takiego... Nie pamiętam, choćbyś mnie zabiła! I trułam się, i wieszałam. Miałam trzy próby samobójcze... Teraz sobie żyły podcięłam... (*Pokazuje zabandażowaną rękę*). O tutaj... w tym miejscu... Odratowali mnie, spałam przez tydzień. Po prostu spałam i spałam. Taki mam organizm... Przyszła lekarka psychiatra... Tak jak ty teraz, prosiła mnie: mów, mów... Co mam mówić? Śmierć nie jest dla mnie straszna... Niepotrzebnie przyszłaś i tu siedzisz. Niepotrzebnie! (*Odwraca się do ściany i milczy. Chcę wyjść, ale mnie powstrzymuje*). No dobra, posłuchaj... Wszystko to prawda...

Byłam jeszcze mała... Wróciłam ze szkoły, położyłam się, a rano nie wstałam z łóżka. Zawieźli mnie do lekarza – nie umiał postawić diagnozy. Wtedy zaczęliśmy szukać wróżki... znachorki. Dali nam adres... Wróżka rzuciła karty i mówi do matki: „Jak przyjdzie pani do domu, to niech pani rozpruje poduszkę, na której leży córka. Tam znajdzie pani kawałek krawata i kurze kostki. Krawat powiesi pani na krzyżu przy drodze, a kości trzeba dać czarnemu psu. Córka wstanie i pójdzie. Bo ktoś na dziewczynę rzucił urok". Niczego dobrego ani pięknego w życiu nie widziałam... A żyły – ch.. z nimi, po prostu znudziło mi się walczyć... Od dziecka tak żyłam – w lodówce była tylko wódka. U nas we wsi od dwunastego roku życia wszyscy piją. Dobra wódka jest droga, to piją i samogon, i wodę kolońską, i płyn do mycia szyb, nawet aceton. Wódkę pędzą z szuwaksu, z kleju. Młodzi mężczyźni umierają, to wódka, rzecz jasna, ich truje. Pamiętam, że sąsiad jak się upił, to strzelał śrutem do jabłoni. Wszystkich w domu stawiał na baczność... Nasz dziadek też pił... do starości. Miał siedemdziesiątkę, a jeszcze mógł przez wieczór wypić dwie butelki. Przechwalał się. Wrócił z wojny cały w medalach. Bohater! Długo chodził w szynelu, nic nie robił, tylko pił i hulał. Pracowała babcia. A dziadek był bohaterem... Bił babcię tak, że mógł zabić, a ja się czołgałam przed nim i błagałam, żeby dał jej spokój. A on gonił za nami z siekierą... Nocowałyśmy u sąsiadów. W szopie. Psa dziadek zarąbał na śmierć. Po czymś takim znienawidziłam wszystkich mężczyzn. Chciałam żyć sama.

Przyjechałam do miasta... Bałam się wszystkiego – i samochodów, i ludzi. Ale wszyscy jechali do miasta, to ja też. Mieszkała tu starsza siostra, więc mnie zabrała do siebie. „Pójdziesz do szkoły, zostaniesz kelnerką. Jesteś ładna, Tomka. Za męża weźmiesz sobie wojskowego. Lotnika". Aha... lotnika... Mój pierwszy mąż był mały i kulawy. Koleżanki odradzały. „Po co ci on? Wiesz, jakie chłopaki się do ciebie zalecają?!" Ale ja zawsze lubiłam filmy wojenne, jak kobiety czekają na swoich mężczyzn, żeby wrócili z wojny, nieważne jacy – bez nóg, bez rąk, byle żywi. Babcia opowiadała, że do naszej wsi przywieźli jednego bez obu nóg; potem żona nosiła go na rękach po obejściu. A on pił, robił awantury. Jak się zwalił do rowu, to go żona podnosiła, myła w korycie i kładła do czystego łóżka. Myślałam, że właśnie na tym polega miłość. Nie wiem, co to jest miłość... Pożałowałam go, przyhołubiłam. Miałam z nim trójkę dzieci, a on zaczął pić, wygrażać mi nożem. Nie pozwalał spać na łóżku... Musiałam leżeć na podłodze... Wypracowałam sobie odruch, jak u psa Pawłowa: mąż do domu, a ja z dziećmi – z domu. Cokolwiek bym sobie przypomniała, to od razu chce mi się płakać... albo machnąć ręką – ch.. z tym wszystkim! Nic pięknego w moim życiu nie było, tylko w kinie. W telewizji. No tak, żeby… usiąść z kimkolwiek i razem pomarzyć, ucieszyć się z czegoś…

Byłam już w ciąży z drugim dzieckiem… Ze wsi przyszedł telegram: „Przyjeżdżaj na pogrzeb. Matka". Przedtem Cyganka na dworcu mi wywróżyła: „Czeka cię daleka droga. Pochowasz ojca i będziesz długo płakać". Nie uwierzyłam. Ojciec był zdrowy, spokojny. Matka piła, już od rana sobie nalewała, a on i krowę wydoił, i ugotował kartofle, wszystko sam. Bardzo ją kochał, musiała mu czegoś zadać, ziela jakiegoś. Przyjeżdżam do domu… Siedzę przy trumnie, płaczę. A dziewczynka od sąsiadów szepcze mi do ucha: „Babka dziadka garnkiem zabiła, a mnie powiedziała, że mam siedzieć cicho. Obiecała, że mi kupi cukierków czekoladowych…". Niedobrze mi się zrobiło, dostałam takiego stracha, aż mnie zemdliło… Tak się przelękłam… I kiedy wszyscy poszli i nikogo w chałupie nie było, rozebrałam ojca i szukałam na nim siniaków. Siniaków nie było, tylko wielka szrama na głowie. Pokazałam matce, a ona mi na to, że ojciec rąbał drwa, odłamek drewna odskoczył i go uderzył. Siedziałam we łzach przez całą noc… siedziałam i czułam, że chce mi coś powiedzieć… A matka nie odchodzi, nie zostawiła mnie samej, nawet trzeźwa była przez całą noc. Rano patrzę, a ojcu wypłynęła krwawa łza spod powieki. Jedna… druga… Łzy mu ciekły, jakby był żywy… Straaasznie! To było zimą. Dół na cmentarzu musieli wykopywać łomem, w tym dole z brzozowych polan i starych opon zrobili ognisko, żeby rozgrzać ziemię. Grabarze zażądali skrzynki wódki. Jak tylko zakopali ojca, matka się upiła. Siedziała rozbawiona. A ja płakałam… Jak to wszystko wspominam, to nawet teraz łzy mi lecą jak groch… Rodzona matka… Przecież mnie urodziła… Powinna być dla mnie najbliższą istotą… A ona… Ledwie wyjechałam, sprzedała dom, a szopę spaliła, żeby dostać odszkodowanie, i przyjechała do mnie do miasta. Tutaj znalazła sobie innego… Szybko znalazła… A on wypędził syna i synową, i przepisał na nią mieszkanie. Umiała wabić chłopów, zadawać im… coś takiego znała. (*Kołysze chorą rękę jak dziecko*). A mój ganiał za mną z młotkiem, dwa razy walnął mnie w głowę. Butelka wódki, w obu kieszeniach po ogórku i poszedł precz. Dokąd go poniosło? Dzieci były głodne... Żyliśmy na samych kartoflach, a w święto kartofle i mleko, albo ryba – kilka. Niechbym się spróbowała sprzeciwić, to zaraz krzesło połamie, a szklanką walnie mnie w twarz... Nocą wskoczy na mnie jak bydlak... Nic w życiu nie miałam, nawet tej odrobiny dobrego. Przychodzę do roboty, pobita, zapłakana, a tu trzeba się uśmiechać, kłaniać. Dyrektor restauracji wzywa mnie do gabinetu i mówi: „Ja tu twoich płaczów nie potrzebuję. Moja żona już drugi rok leży sparaliżowana". I wsadza łapę pod spódnicę...

Matka nawet dwóch lat nie przeżyła z ojczymem... Kiedyś zadzwoniła do mnie: „Przyjdź... Pomożesz mi w pogrzebie. Zawieziemy go do krematorium". Przestraszyłam się tak, że o mało nie zemdlałam. Oprzytomniałam w końcu, bo trzeba było iść. A w głowie jedna myśl się tłukła: a może to ona go zabiła? Zabiła, żeby samej zostać w mieszkaniu, pić i hulać. No nie? A teraz jej śpieszno odwieźć go do krematorium. Spalić. Zanim się dzieci zbiorą... starszy syn, major, przyjedzie z NRD... to tylko garsteczka popiołu zostanie... Sto gramów leciutkiego piasku w białym wazoniku... Przez te wszystkie przeżycia okres mi się całkiem zatrzymał, przez dwa lata go nie miałam. Kiedy znowu się pojawił, prosiłam lekarzy: „Wytnijcie mi tam wszystko, co kobiece, zróbcie operację, nie chcę być kobietą! Nie chcę być kochanką! Ani żoną, ani matką!". Rodzona matka... ona mnie urodziła... Chciałam ją kochać... Jak byłam mała, to prosiłam: „Mamusiu, pocałuj mnie". A ona zawsze pijana... Ledwie ojciec pójdzie do roboty, to od razu w domu pełno pijanych facetów. Jeden zaciągnął mnie do łóżka... Miałam wtedy jedenaście lat... Jak powiedziałam matce, to tylko na mnie nawrzeszczała. Piła... piła... Całe życie bawiła się i piła. A tu nagle – trzeba umierać! Nie chciała. Za nic nie chciała umrzeć. Jak miała pięćdziesiąt dziewięć lat, to usunęli jej jedną pierś, półtora miesiąca później drugą. A miała młodego faceta, zafundowała sobie o piętnaście lat młodszego. „Ratujcie mnie! – woła. – Zawieźcie do znachorki!" Coraz gorzej z nią było... Młody koło niej skacze, myje ją, wynosi nocniki. Nie chciała umierać... „Ale – powiada – jeśli już umrę, to wszystko jemu zostawię. I mieszkanie, i telewizor". Mnie i siostrę chciała pokrzywdzić... Zła była... I kochała życie. Taka łasa na życie. Zawieźli ją do babki, wynieśli na rękach z auta. Babka się pomodliła, położyła karty. „Aha... – mówi i wstaje zza stołu. – Zabierzcie ją! Ja jej leczyć nie będę..." Matka do nas krzyknęła: „Wyjdźcie. Chcę zostać sama...". A babka: „Stać!". Nie puściła nas... Patrzy w karty i dalej swoje: „Ja jej leczyć nie będę. Ona wysłała do ziemi niejednego. A jak zachorowała, to poszła do cerkwi i dwie świeczki postawiła...". Matka: „Za zdrowie swoich dzieci...". Babka: „Tyś stawiała za ich duszę. Śmierci życzyłaś dzieciom. Myślałaś, że jak je oddasz Bogu, to sama zostaniesz przy życiu". Po takich słowach nigdy już z matką sama nie zostałam. Drżałam. Wiedziałam, że jestem słaba, że ona mnie zawsze pokona... Brałam ze sobą starszą córeczkę, a matka się wściekała, kiedy ta prosiła jeść: ona umiera, a tu ktoś chce jeść, ktoś będzie żył. Pokrajała nożycami nową narzutę na łóżko i serwetę ze stołu, żeby nikomu się nie dostały, kiedy jej nie będzie. Rozbijała talerze, wszystko, co mogła, kruszyła, tłukła. Do ubikacji nie sposób jej było donieść, bo specjalnie paskudziła na podłogę, do łóżka... żebym musiała sprzątać... Mściła się za to, że zostajemy. Chodzimy, rozmawiamy. Nienawidziła wszystkich! Niechby ptak za oknem przeleciał – i tego by zabiła. Na dodatek była akurat wiosna... Matka miała mieszkanie na parterze... Bez pachniał na całego... A ona wciąga zapach w nozdrza, wciąga, nie może się nacieszyć. „Przynieś – prosi – gałązkę z podwórza". Przyniosłam... Wzięła ją do rąk, a gałązka w jednej chwili uschła, liście się pozwijały. Wtedy ona do mnie: „Daj, to cię potrzymam za rękę...". A mnie tamta babka ostrzegła, że człowiek, który czynił zło, umiera długo, z trudem. Trzeba albo strop rozebrać, albo wszystkie okna w domu powyjmować, bo inaczej dusza nie wyleci, nie wyrwie się z ciała. A już w żadnym wypadku nie wolno takiemu podawać ręki, bo się choroba przerzuci. „Po co ci moja ręka?" Umilkła, przyczaiła się. Już niewiele jej zostało... A ona nadal nam nic nie mówi, nie pokazuje, gdzie leży ubranie, w którym mamy ją chować. Ani gdzie są pieniądze, które uzbierała na pogrzeb. Bałam się, że w nocy mnie i córkę zadusi poduszkami. Nie wiadomo, co może się zdarzyć... Przymykam oczy i podpatruję, jak też dusza z niej wyjdzie... I jaka jest... ta dusza? To będzie światełko... czy obłoczek? Ludzie różnie mówią i piszą, ale nikt nigdy tej duszy nie widział. Pobiegłam rano do sklepu, poprosiłam sąsiadkę, żeby z nią posiedziała. Tamta wzięła ją za rękę i wtedy matka umarła. W ostatniej chwili krzyknęła coś niezrozumiałego. Kogoś wołała... Kogoś wołała po imieniu... Kogo? Sąsiadka nie pamiętała. Nieznane imię. Myłam ją sama i ubierałam, bez żadnych uczuć, jak rzecz. Jak rondel. Żadnych uczuć, pochowały się co do jednego. Wszystko to prawda... Przyszły jej koleżanki, ukradły telefon... Przyjechali wszyscy krewni, w tym nasza średnia siostra ze wsi. Matka leży... A ona jej podnosi powieki.

– Po co dotykasz nieżywej matki?

– A pamiętasz, jak się nad nami znęcała, jak byłyśmy dziećmi? Lubiła, jak płaczemy. Nienawidzę jej.

Zebrali się krewni i zaczęli kłócić... Dzielić rzeczy zaczęli jeszcze w nocy, kiedy jeszcze leżała w trumnie. Jeden pakował telewizor, drugi maszynę do szycia... Ściągnęli nieboszczce złote kolczyki... Szukali pieniędzy, ale nie znaleźli. A ja siedziałam i płakałam. Nawet żal mi jej się zrobiło. Następnego dnia ją skremowali... Postanowiliśmy, że odwieziemy urnę na wieś, zakopiemy obok ojca, chociaż ona tego nie chciała. Przykazywała, żeby jej obok ojca nie grzebać. Bała się. Jest tamten świat czy go nie ma? Gdzieś przecież z ojcem się spotkają... (*Przerywa*). Niewiele mam teraz łez... Sama się dziwię, jak mi teraz wszystko zobojętniało. I śmierć, i życie. Źli ludzie i dobrzy. Mam to gdzieś... Jak los człowieka nie polubił, to już go nic nie zbawi. Nie uniknie tego, co mu przeznaczone. Aha... najstarsza siostra, u której mieszkałam, wyszła drugi raz za mąż i pojechała do Kazachstanu. Kochałam ją... Jakbym coś przeczuwała... Serce mi podpowiadało: „Nie wychodź za niego za mąż”. Bo nie wiedzieć czemu ten jej drugi mąż mi się nie podobał. – „Nie, on jest dobry. Szkoda mi go". Kiedy miał osiemnaście lat, trafił do więzienia – po pijanemu zabili. Dostał pięć lat, wrócił po trzech. Zaczął nas odwiedzać, przynosił prezenty. Jego matka spotkała moją siostrę i zaczęła namawiać, prosić. Mówiła tak: „Mężczyźnie zawsze potrzebna niańka. Dobra żona jest dla męża trochę jak matka. Samotny mężczyzna stanie się wilkiem... z ziemi zacznie jeść...". No i siostra uwierzyła! Była litościwa tak jak ja. „Ze mną będzie człowiekiem". Przesiedziałam z nimi całą noc przy trumnie matki. A on dla siostry był taki miły, dobry, aż jej pozazdrościłam. Po dziesięciu dniach dostaję telegram: „Ciociu Tamaro, przyjeżdżaj. Mama umarła. Ania". To jej córka jedenastoletnia przysłała. Jedną trumnę wynieśli, już druga czeka... (*Płacze*). To on ją tak po pijanemu, z zazdrości... Skopał, pokłuł widelcem. Już nieżywą zgwałcił... Upił się czy naćpał, nie wiem... A rano powiedział w pracy, że żona umarła, i dostał pieniądze na pogrzeb. Oddał je córce, a sam zgłosił się na milicję. Dziewczynka mieszka teraz u mnie. Nie chce się uczyć, coś ma nie tak z głową, nic nie zapamiętuje. Lękliwa... Boi się wyjść z domu... A on... Dostał dziesięć lat, jeszcze wróci do córki. Tatulek!

Z pierwszym mężem się rozwiodłam i myślałam, że nigdy już mężczyzna nie wejdzie do mojego domu. Nie wpuszczę! Dosyć miałam płaczu, chodzenia z siniakami. A co milicja? Raz się zadzwoni, to przyjadą, a już za drugim mówią: „To kłótnia w rodzinie". Piętro wyżej... w tym samym domu... mąż zabił żonę, wtedy zjechało ich się samochodami na sygnale, spisali protokół, zabrali go w kajdankach. A on dziesięć lat się nad nią znęcał... (*Bije się w piersi*). Nie lubię mężczyzn. Boję się. Jakim cudem wyszłam drugi raz za mąż, sama nie wiem. On wrócił z Afganistanu, kontuzjowany, dwukrotnie był ranny. Wojska desantowe! Do tej pory nosi koszulkę. Mieszkał naprzeciwko, razem z matką. Podwórze mamy wspólne. Wychodził więc z harmonią albo włączał magnetofon. Piosenki „afgańskie", żałobne... Często myślałam o wojnie... Cały czas bałam się tego cholernego grzyba... atomowego...

Podobało mi się, jak pan młody z panną młodą po uroczystości w urzędzie idą do grobu nieznanego żołnierza. Lubiłam to! Było tak uroczyście! Kiedyś usiadłam obok niego na ławce. Spytałam:

– Co to jest wojna?

– Wojna jest wtedy, kiedy się chce żyć.

Zrobiło mi się go żal. Nigdy nie widział ojca, matka była inwalidką od dziecka. Gdyby był z nimi ojciec, toby chłopaka nie wysłali do Afganistanu. Ojciec by go wybronił, wykupił jak inni. A u niego i jego matki w mieszkaniu... Mieli tylko łóżko i krzesła, a na ścianie – medal za Afganistan. Było mi go szkoda, tyle że o sobie nie pomyślałam. Zamieszkaliśmy razem. Wprowadził się do mnie z ręcznikiem i łyżką. Przyniósł też swój medal. I harmoszkę.

Wymyśliłam sobie, wyobraziłam, że to bohater... obrońca... Sama włożyłam mu koronę na głowę i wmówiłam dzieciom, że to król. Mieszkamy z bohaterem! Spełnił swój żołnierski obowiązek, bardzo ucierpiał. Ogrzeję go... Ocalę... Matka Teresa! Nie jestem głęboko wierząca, proszę tylko Boga, żeby nam przebaczył. Miłość to taka bolączka... Zaczyna się człowieka żałować... Jak się kocha, to się żałuje... Przede wszystkim... We śnie „biegał" – same nogi się nie ruszały, tylko mięśnie były w ruchu, tak jakby biegł. Niekiedy biegał tak całą noc. Nocami krzyczał: „Duchy! Duchy!" (tak nazywali afgańskich bojowników). Wołał dowódcę, kolegów: „Obejdź ich z flanki!". „Granaty rzuć!", „Zasłonę dymną...". Raz omal mnie nie zabił, kiedy go chciałam obudzić. „Kola! – wołałam. – Kola! Obudź się!" To prawda... nawet go pokochałam... Nauczyłam się wielu słów afgańskich: *zindan, bacza, duwał... barbuchajka**... *„Choda hafez!"* – „Żegnaj!". Przez rok żyliśmy w zgodzie. Naprawdę! Jak były pieniądze, to przynosił tuszonkę. Swoje ulubione danie z Afganistanu. Jak szli w góry, to brali ze sobą konserwy i wódkę. Uczył nas, jak się udziela

* *Zindan* – tradycyjne podziemne więzienie w Azji Środkowej, *bacza* – chłopiec, *duwał* – ściana z gliny, oddzielająca dom z podwórzem od ulicy, *barbuchajka* – autobus chałupniczej produkcji, najczęstszy środek lokomocji w Afganistanie.

pierwszej pomocy, jakie rośliny są jadalne i jak łapać zwierzęta. Opowiadał, że żółw jest w smaku słodki. Pytałam:

– I co, strzelałeś do ludzi?

– Tam nie było wyboru – albo ty ich, albo oni ciebie.

Za przebyte cierpienia wybaczałam mu wszystko... Sama sobie przyprawiłam ten garb...

A teraz... Nocą przywloką go kolesie i kładą na progu. Bez zegarka i koszuli... leży goły do pasa... Sąsiedzi dzwonią: „Tamara, zabierz go! Bo zmarznie i ducha wyzionie". Wciągam go do domu. Płacze, ryczy, tarza się po podłodze. W żadnej pracy się nie utrzymał: był ochroniarzem, dozorcą... Zawsze musiał się napić: albo wódki, albo czegoś na kaca. Wszystko przepił... Nigdy nie wiadomo: będzie w domu co do żarcia czy nie? Zleje mnie czy siądzie przed telewizorem? Sąsiedzi mają lokatora, Ormianina... Ten coś powiedział, a mojemu to się nie spodobało. No i zaraz tamten leży na ziemi, zakrwawiony, z wybitymi zębami i złamanym nosem. Nie lubi ludzi ze Wschodu. Boję się z nim chodzić na targ, przecież tam handlują sami Uzbecy i Azerbejdżanie. Jak ktoś mu podpadnie, ma jedno powiedzonko: „Na każdą gwintowaną dupę znajdzie się śruba". Oni mu ceny obniżają, nie zważają na zaczepki. „A...a... »Afganiec«... znaczy, wariat... Diabeł!" Bije dzieci. Mały go lubi, pcha się do niego, a ten go dusi poduszką. No więc teraz, jak tylko mój drzwi otworzy, chłopak ucieka prędko do swego łóżka i zamyka oczy, żeby go nie pobił, albo chowa wszystkie poduszki pod kanapę. Ja mogę albo płakać... albo... (*Pokazuje zabandażowaną rękę*). W dzień desantowca koledzy się zbierają... Wszyscy tak jak on w koszulkach... i chleją jak świnie! Obszczają wszystko w ubikacji. Coś mają z głową, jakąś manię wielkości – myśmy byli na wojnie! Tacy gieroje! Pierwszy toast: „Cały świat to gówno, wszyscy ludzie są kurwy, a słońce to pierdolona latarnia". I tak do rana – „za duszę", „za zdrowie", „za order", „żeby wszyscy zdechli". Nie poszczęściło im się w życiu... Nie wiem czemu – przez wódkę czy przez wojnę? Źli jak wilki! Wszyscy nienawidzą Żydów i tych z Kaukazu. Żydów za to, że ukrzyżowali Chrystusa i zniszczyli dzieło Lenina. W domu zaraz im nudno – obudził się, umył, zjadł. Nudy! Nawet teraz niech tylko ktoś rzuci hasło! – natychmiast pojechaliby do Czeczenii. Popisać się swoim bohaterstwem! Została w nich jakaś pretensja, i to do wszystkich: do polityków i do generałów, do tych, którzy tam nie byli. Do tych zwłaszcza... przede wszystkim do nich... Wielu, tak jak mój, nie ma żadnego zawodu. Potrafią tylko jedno – łazić z pistoletem. Mówią, że piją, bo ich skrzywdzono... Ojej! Ale tam też pili, nie ukrywają tego. „Bez setki żołnierz rosyjski nie dożyje do zwycięstwa", „Rzućcie naszego wojaka na pustynię, to wody nie znajdzie, ale za dwie godziny będzie pijany". Pili metanol, płyn hamulcowy... Potem zrywali się otępiali, pijani... Kiedy wrócili do domu, to jeden się powiesił, drugiego zastrzelili w porachunkach, trzeciego tak stłukli, że został inwalidą... A jeszcze jednemu rozum się pomieszał, trafił do psychiatryka... Tyle o nich wiem. Cholera wie, co jeszcze było... Kapitaliści... no ci, nowi Ruscy... wynajmują ich, przepłacają, żeby pomagali im odzyskiwać długi... jeden od drugiego. A tym strzelanie przychodzi łatwo, nad nikim się nie zlitują. Dla nich taki to szczyl, ma dwadzieścia lat i pełno kasy, a oni co? Medale. Malarię, zapalenie wątroby... Dlaczego mieliby się litować? Nad nimi nikt się nie litował... A lubią sobie postrzelać... Nie nagrywaj tego... Boję się... Z nimi rozmowa jest krótka: od razu pod ścianę! Chcą jechać do Czeczenii, bo tam jest wolność, źle traktują Rosjan, no i... chcieliby przywieźć żonie futro. Złote pierścionki. Mój też się wyrywał, tyle że pijaków nie przyjmują. Mają aż za dużo zdrowych. Codziennie słyszę jedno:

– Daj kasę.

– Nie dam.

– Do nogi, suko!

I leje. A potem siedzi i płacze. Wiesza mi się na szyi. „Nie zostawiaj mnie!" Długo się nad nim litowałam... (*Płacze*).

Cholerna litość... Już się na nią nie nabiorę... Nie weźmie mnie na litość! Swoje rzygi jedz własną łyżką. Sam je zeżryj. Boże, przebacz mi! Jeśli naprawdę jesteś, to przebacz!

Wracam wieczorem z roboty... Słyszę jego głos. Uczy syna. Znam to już na pamięć: „Stop! Pamiętaj – rzucasz granat przez okno i padasz tutaj, na ziemię. A drugi skok – za kolumnę". Psia jego mać! „Cztery sekundy – i już jesteś na stopniach, kopniakiem wyważasz drzwi, automat na lewo. Pierwszy pada... Drugi przebiega obok... Trzeci was osłania... Stop! Stop!". Stop... (*Krzyczy*). Strach mnie bierze! Jak tu ocalić syna? Biegnę do koleżanek... Jedna: „Musisz iść do cerkwi. Pomódl się". Druga zaprowadziła mnie do znachorki... No bo do kogo jeszcze? Więcej już nikogo nie ma. Była taka babka, stara jak Kościej Nieśmiertelny. Powiedziała, żebym przyszła następnego dnia i przyniosła jej butelkę wódki. Pochodziła z tą butelką po mieszkaniu, poszeptała nad nią, poruszała rękami i oddała mi: „Wódkę zamówiłam. Będziesz dwa dni nalewać mu po kieliszku, a na trzeci dzień już nie będzie pił". No i rzeczywiście, nie pił przez miesiąc. A potem znowu: zwala się nocą schlany jak szewc, brzęczy garnkami w kuchni, dawaj mu żreć... Znalazłam inną znachorkę... Ta wróżyła mi z kart, lała rozżarzony ołów do kubka z wodą. Nauczyła mnie prostych zaklęć – na sól, na garstkę piasku. Nic nie pomogło! Na wódkę i na wojnę nie ma lekarstwa... (*Kołysze chorą rękę*). Oj, jaka jestem zmęczona! Nikogo mi nie szkoda... ani dzieci, ani siebie... Matki nie wzywam, a ona we śnie przychodzi do mnie. Młoda, wesoła. Zawsze jest młoda i roześmiana. Wypędzam ją... Albo siostra się przyśni, zawsze pyta mnie o jedno i to samo: „Czy ty myślisz, że możesz wyłączyć się jak żarówkę?". (*Przerywa*).

Wszystko to prawda... Nic pięknego w życiu nie zobaczyłam. I nie zobaczę. Wczoraj przyszedł do mnie do szpitala i mówi: „Sprzedałem dywan. Dzieci są głodne". Mój ulubiony dywan. Jedną porządną rzecz mieliśmy w domu... Ta jedna nam została... Cały rok oszczędzałam, zbierałam pieniądze. Po kopiejce. Tak chciałam ten dywan... wietnamski... A on zaraz przepił. Przybiegły dziewczyny ode mnie z pracy: „Oj, Tomka, wracaj prędzej do domu. Mały mu się sprzykrzył, bije go. A najstarsza (córka siostry) ma już dwanaście lat... Sama wiesz... po pijaku...".

Leżę w nocy. Nie śpię. A potem zapadam się w dół, dokądś lecę. I nie wiem, jak rano się obudzę. Mam straszne myśli...

Na pożegnanie – niespodziewanie mnie obejmuje.

Zapamiętaj mnie...

Po roku podjęła jeszcze jedną próbę samobójstwa. Tym razem skuteczną. Jak się dowiedziałam, wkrótce w życiu męża pojawiła się inna kobieta. Zadzwoniłam do niej. Powiedziała: „Szkoda mi go. Nie kocham go, ale mi go żal. Tylko niedobrze, że znowu zaczął pić, a obiecywał, że przestanie".

Domyślają się państwo, co jeszcze usłyszałam?

O tym, że zmarli się nie brzydzą, i o milczeniu kurzu

Olesia Nikołajewa – młodszy sierżant milicji, 28 lat

Z opowieści matki

Wkrótce te opowieści wyprawią mnie na tamten świat... Po co to opowiadam? Pani nie pomoże mi w żaden sposób. Tylko napisze... Opublikuje... Dobrzy ludzie przeczytają i popłaczą, a źli... ci najważniejsi... nie przeczytają. Po co im?

Opowiadałam to już wiele razy...

23 listopada 2006 roku...

Powiedzieli w telewizji... Wszyscy sąsiedzi już wiedzieli. Miasto huczało...

A my z Nastieńką, wnuczką, byłyśmy w domu. Telewizor nie działał, był stary i od dawna zepsuty. Czekałyśmy. „Jak przyjedzie Oleśka, to kupimy nowy". Zrobiłyśmy sprzątanie. Pranie. Nie wiem czemu, ale było nam strasznie wesoło, tego dnia śmiałyśmy się a śmiały. Z ogródka wróciła babcia... moja mama: „Oj, dziewczyny, coś wam bardzo wesoło. Uważajcie, żebyście nie musiały płakać". We mnie serce się ścisnęło... Jak tam Oleśka? Ale jeszcze poprzedniego dnia do niej dzwoniłyśmy, było święto, Dzień Milicji. Wręczyli jej odznakę „Za wzorową służbę w MSW". Gratulowałyśmy jej. „Oj, tak was wszystkich kocham – powiedziała. – Czym prędzej chcę zobaczyć swoją ziemię". Połowa mojej pensji szła na telefony, jak usłyszałam jej głos, to mogłam jeszcze parę dni przeżyć. Do następnego telefonu... „Mamo, nie płacz – uspokajała. – Noszę broń, ale nie strzelam. Z jednej strony jest wojna, a z drugiej – spokojnie. Rano słyszałam, jak śpiewa mułła, taką ich modlitwę. Góry są tutaj żywe, a nie martwe – aż po szczyt porastają je drzewa i trawa". Innym razem: „Mamo, ziemia czeczeńska jest przesiąknięta naftą. Tam w każdym ogrodzie, jak się zacznie kopać, wszędzie jest nafta".

Po co ich tam posłano? Walczyli tam nie za ojczyznę, ale za wieże wiertnicze. Kropla nafty teraz jest jak kropla krwi...

Przybiegła jedna sąsiadka... po godzinie druga... „Co one – myślę – tak się uganiają?" Żadnej sprawy przecież nie miały. Posiedziały i poszły. A w telewizji już kilka razy podawali...

Nic nie wiedzieliśmy aż do rana. Rano zadzwonił syn.

– Mamo, będziesz w domu?

– A czego chciałeś? Wychodzę do sklepu.

– Poczekaj na mnie. Przyjadę, kiedy wyślesz Nastię do szkoły.

– Ona kaszle. Zostawię ją w domu.

– Jak nie ma gorączki, to poślij ją do szkoły.

Mnie w sercu zakłuło, całą mną zatrzęsło. Dostałam napadu drgawek. Nastieńka gdzieś pobiegła, a ja wyszłam na balkon. Widzę, że syn nie idzie sam, tylko z synową. Nie mogłam już czekać, jeszcze dwie minuty i bym nie wytrzymała! Wyskoczyłam na klatkę schodową i wołam na dół: „Co z Oleśką?". Widocznie krzyczałam tak... takim głuchym głosem, że i oni do mnie zaczęli krzyczeć: „Mamo! Mamo!". Wyszli z windy i stoją. Bez słowa.

– Jest w szpitalu?

– Nie.

Przed oczami wszystko zaczęło mi wirować. Zrobiło mi się niedobrze... niewiele pamiętam... Nie wiadomo skąd zeszło się dużo ludzi... Wszyscy sąsiedzi pootwierali drzwi, podnoszą mnie z cementu, uspokajają. A ja czołgam się po posadzce i łapię ich za nogi, całuję buty. „Ludzie... kochani moi... nie mogła przecież zostawić Nastieńki... swojego słoneczka... światełka swojego... Kochaaani..." Tłukłam głową o podłogę. W pierwszych chwilach człowiek nie wierzy, chwyta się powietrza. Nie umarła, ale wróci kaleką. Bez nóg... ślepa... Nie szkodzi, będziemy z Nastieńką ją prowadzić za ręce. Byle tylko żyła! Kogoś chciałoby się o to poprosić... wybłagać na kolanach...

Bardzo dużo ludzi... Dom był pełen obcych ludzi... Naszpikowali mnie lekarstwami, więc leżałam, a jak się ocknęłam, to znowu wezwali pogotowie. Wojna jest już u mnie w domu... A ludzie mają swoje życie. Nikt nie pojmie cudzego nieszczęścia, daj Boże zrozumieć własne. Uuu... Wszyscy myśleli, że śpię, a ja leżałam i słuchałam. Gorzko było, gorzko...

„...Mam dwóch synów. Jeszcze chodzą do szkoły. Zbieram pieniądze, żeby wykupić ich z wojska..."

„...Że nasz naród jest cierpliwy, to na pewno. Człowiek to mięso... Wojna to praca..."

„...Remont wypadł nam bardzo tanio. Dobrze, że wcześniej kupiliśmy włoskie płytki, jeszcze po starej cenie. Wstawiliśmy sobie plastikowe okna. Opancerzone drzwi..."

„...A dzieci rosną... Trzeba się cieszyć, póki są małe..."

„...Tam jest wojna, i tutaj też... Codziennie strzelają. Wysadzają w powietrze. Strach jeździć autobusem, strach wejść do metra..."

„...Syn sąsiadów nie miał pracy. Upijał się. W końcu podpisał kontrakt. Po roku wrócił z Czeczenii z walizą pieniędzy. Kupił samochód, futro dla żony i złoty pierścionek. Pojechali z całą rodziną do Egiptu... Teraz jak nie masz pieniędzy, to jesteś zerem. Ale gdzie je zarobić?"

„...Rozkradają... Rozrywają Rosję na kawałki... Wielki kołacz!"

Ta ohydna wojna! Była gdzieś daleko... daleko... W końcu przyszła do mojego domu. Powiesiłam Oleśce krzyżyk... Nie ocalił jej. (*Płacze*).

Następnego dnia przywieźli ją do nas... Wszystko przeciekało... Trumna była mokra... Wycieraliśmy ją prześcieradłami. Dowództwo mówi: „Prędko... prędko... Jak najprędzej trzeba ją pochować. Niech pani nie otwiera trumny. Bo tam jest galareta". Ale myśmy otworzyli. Ciągle mieliśmy nadzieję, że to pomyłka. W telewizji podano: „Olesia Nikołajewa... dwadzieścia jeden lat...". To błąd. A może to inna Olesia? Nie nasza? „Tam jest galareta..." Dali nam zaświadczenie: „...umyślne samouszkodzenie strzałem z broni służbowej w prawą część głowy...". Co mnie obchodzi papier! Sama chcę popatrzeć, dotknąć. Pogłaskać własnymi rękami. Kiedy otwarli trumnę, twarz była żywa, ładna... i niewielka dziurka po lewej stronie... Taka malutka... całkiem... no, ołówek można wetknąć. Znowu nie podali prawdy, tak jak z jej wiekiem, dziurka była po lewej, a napisali, że po prawej. Pojechała do Czeczenii ze zbiorczym oddziałem milicji z całego Riazania, a pomagali ją pogrzebać ci z jednostki, w której służyła. Jej koledzy. I wszyscy mówili jednym głosem: „Jakie tam samobójstwo? To żadne samobójstwo, ale strzał mniej więcej z dwóch czy trzech metrów...". Strzał?! A dowództwo poganiało. Pomagali, popychali. Przywieźli ją późnym wieczorem, a następnego dnia, o dwunastej, już pochowali. Na cmentarzu... Uuu... Miałam siłę... Człowiek nie może mieć takiej siły... Przybiją wieko trumny, a ja oderwę, mogłabym gwoździe powyrywać zębami. Nikogo z dowództwa nie było na cmentarzu. Wszyscy się od nas odwrócili... przede wszystkim państwo... W cerkwi nie chcieli odprawić egzekwii, bo grzesznica... Bóg nie przyjmie takiej zbłąkanej duszy... No jakże tak? Jakże tak? Teraz chodzę do cerkwi... stawiam świeczkę... Podeszłam kiedyś do księdza: „Czyż Bóg tylko piękne dusze kocha? Jeśli tak, to po co On jest?". Opowiedziałam mu wszystko... Wiele razy już to opowiadałam... (*Milknie*). Nasz ojczulek jest młody... Zapłakał: „Jak też pani przeżyła to wszystko i nie trafiła do domu obłąkanych? Daj jej, Panie, królestwo niebieskie!". Pomodlił się za moją dziewczynę... A ludzie różne rzeczy mówili... Że przez chłopa dziewucha do siebie strzeliła. Po pijanemu. Wszyscy wiedzą, że oni tam piją na umór. I chłopy, i baby. Napiłam się goryczy... do syta...

Pakowała walizkę... A ja miałam ochotę wszystko drzeć, deptać. Powinni byli mnie związać, tak ręce gryzłam. Nie mogłam spać. Łamało mnie w kościach, miałam skurcze... Nie spałam... Miałam różne sny... Wieczny lód, wieczna zima. Wszystko w kolorze srebrnobłękitnym... Śniło mi się, że obie z Nastieńką idą po wodzie, idą i nie mogą dojść do brzegu. Tylko woda... Widzę

Nastieńkę, a Oleśka nagle gdzieś mi zniknęła z oczu... Nie ma jej i już... Przeraziłam się w tym śnie: „Oleśka! Oleśka!" – wołam. Pokazała się. Ale nie była jak żywa, tylko jak portret... zdjęcie... i po lewej stronie miała siniak. Akurat w tym miejscu, gdzie kula ją przebiła... (*Milknie*). A ona wtedy dopiero układała rzeczy w walizce...

– Mamo, pojadę. Już napisałam raport.

– Jesteś samotną matką. Nie mają prawa cię posyłać.

– Mamo, wyrzuciliby mnie, gdybym nie pojechała. Przecież wiesz: wszystko u nas jest przymusowo-dobrowolne. Ale nie płacz... Tam już się nie strzela, tylko buduje. A ja mam to ochraniać. Pojadę i zarobię jak inne.

Dziewczyny od nich już tam jeździły, wszystko było w porządku. „Zabiorę cię do Egiptu, zobaczymy piramidy" – takie miała marzenie. Chciała pocieszyć mamę. Żyłyśmy ubogo... jak mówią: z łapy do papy... Wystarczy wyjść do miasta... Wszędzie reklamy: kup samochód... weź pożyczkę... Kupuj! Tylko bierz! W każdym sklepie pośrodku sali stało biurko, a czasem nawet dwa – udzielali kredytów. Koło biurek zawsze była kolejka. Ludzie byli zmęczeni biedą, każdy miał ochotę sobie pożyć. A ja czasem nie wiedziałam, co im dać jeść, bo nawet kartofle się skończyły. Makaron też. Nie było pieniędzy na bilet trolejbusowy. Olesia po technikum poszła na psychologię, na uczelnię pedagogiczną, studiowała przez rok, potem zabrakło pieniędzy. Skreślili ją z listy studentów. Moja mama miała pensję sto dolarów, ja też sto. Ci tam na górze wydobywają naftę i gaz, ale to nie do nas płyną te dolary, tylko do ich kieszeni. Zwykli ludzie tacy jak my chodzą po sklepach i tylko patrzą, spacerują jak po muzeum. A w radiu to jakieś szkodnictwo, specjalnie, żeby ludzi rozzłościć – kochajcie bogatych! Bogaci nas zbawią! Dadzą pracę... Pokazywano, jak odpoczywają, co jedzą... Domy z basenami... Własny ogrodnik, własny kucharz... Jak kiedyś u obszarników... za cara... Popatrzy się wieczorem w telewizji – co za ohyda – i do spania. Kiedyś wielu ludzi głosowało na Jawlińskiego i Niemcowa... Byłam działaczką społeczną, biegałam na wszystkie wybory. Patriotka!

Niemcow podobał mi się, bo był młody i przystojny. Ale potem wszyscy zobaczyli, że demokraci też chcą dobrze żyć. A o nas zapomnieli. Człowiek to drobinka kurzu... Ludzie zrobili w tył zwrot – i do komunistów... Kiedy rządzili, to nikt nie miał miliardów, wszyscy mieli po trochu, ale każdemu to wystarczało. Każdy czuł się człowiekiem. Ja byłam taka jak wszyscy.

Jestem człowiekiem radzieckim, moja mama też. Budowałyśmy socjalizm i komunizm. Wychowywałyśmy dzieci tak, że handel to wstyd, a pieniądze nie dają szczęścia. Bądź uczciwy, a życie oddaj ojczyźnie – to najcenniejsza rzecz, jaką mamy. Całe życie byłam dumna, że jestem człowiekiem radzieckim, a teraz to jakby wstyd, jakbym była jakaś ułomna. Kiedyś były ideały komunistyczne, teraz są kapitalistyczne: „Nie lituj się nad nikim, bo nikt się nad tobą nie zlituje". „Mamo – mówiła Oleśka – żyjesz w kraju, którego od dawna nie ma. W niczym nie potrafisz mi pomóc". Co z nami zrobili? Co z nami... (*Przerywa*). Tak wiele chciałabym pani powiedzieć! Tak wiele! Ale co najważniejsze? Po śmierci Oleśki... Znalazłam jej szkolny zeszyt z wypracowaniem na temat *Co to jest życie?* „Chcę nakreślić ideał człowieka – pisała. – Celem życia jest to, co każe nam piąć się do góry..." Tego ją uczyłam... (*Szlocha*). Pojechała na wojnę... a myszy by nie zabiła... Wszystko było nie tak, jak powinno było być, a jak było, tego nie wiem. Ukrywają przede mną... (*Krzyczy*). Moja dziewczynka przepadła bez śladu. Nie wolno tak! Moja mama w czasie wojny miała dwanaście lat, ewakuowano ich na Syberię. Dzieci pracowały tam w fabryce po szesnaście godzin na dobę... tak jak dorośli. Za talon do stołówki, gdzie dawali im miskę makaronu i kawałek chleba. Produkowały pociski dla wojska. Umierały przy swoich obrabiarkach, bo jeszcze były za małe. Ale wtedy rozumiała, dlaczego ludzie się zabijają. Dlaczego zabijają się teraz – nie rozumie. Nikt tego nie rozumie. Ta okropna wojna! Argun... Gudermes... Chankała... Jak słyszę te nazwy, wyłączam telewizor...

Mam w rękach zaświadczenie: „...umyślne... strzałem z broni służbowej...". Została Nastieńka... Ma dziewięć lat... Teraz jestem i babcią, i mamą. W dodatku chorą, chirurdzy mnie pokrajali. Przeszłam trzy operacje. Nie mam zdrowia, bo niby skąd? Dorastałam w Kraju Chabarowskim. Tajga, tajga. Mieszkaliśmy w barakach. Pomarańcze i banany widywaliśmy tylko na obrazku. Jedliśmy makaron... Mleko w proszku i makaron... z rzadka tuszonkę z konserw... Mama zgłosiła się na Daleki Wschód po wojnie, kiedy wezwano młodzież, żeby zagospodarować kresy Związku Radzieckiego. Mobilizowano nas jak na wojnę. Na wielkie budowy jechali sami oberwańcy, ludzie tacy jak my. Tacy, którzy nic nie mieli. „Uganiam się za mgłą i zapachem tajgi" – to z piosenek... z książek... A myśmy puchli z głodu. Głód nas gnał do tych wyczynów. Troszkę podrosłam i też poszłam na budowę... Budowałam razem z mamą BAM. Mam też medal „Za Budowę Magistrali Bajkalsko-Amurskiej" i kupkę listów pochwalnych. (*Milknie*). W zimie były mrozy do pięćdziesięciu stopni, ziemia zamarzała na metr. Białe sopki. Pod śniegiem były takie białe, że nawet w dobrą pogodę ich nie widać. Nie sposób ich dostrzec. Sopki pokochałam całym sercem. Człowiek ma wielką ojczyznę, ale małą ma też. No więc moja mała ojczyzna jest tam. W barakach ściany były cienkie, ubikacja na zewnątrz... Ale to była młodość! Wierzyliśmy w przyszłość, zawsześmy wierzyli... Życie, to prawda, z każdym rokiem się polepszało: najpierw nikt nie miał telewizora, nikt absolutnie! A potem nagle się pojawiły. Mieszkaliśmy w barakach... i nagle zaczęto nam przydzielać osobne mieszkania. Obiecano: „Obecne pokolenie ludzi radzieckich będzie żyło w komunizmie". To znaczy że i ja... ja też będę żyła w komunizmie?! (*Śmieje się*). Dostałam się na wydział zaoczny wyższej uczelni, zostałam ekonomistką. Za naukę nie trzeba było płacić tak jak teraz. Gdzie bym dzisiaj mogła skończyć studia? Jestem za to wdzięczna władzy radzieckiej. Pracowałam w wydziale finansów w rejonowym komitecie wykonawczym. Kupiłam sobie baranie futro, ładną chustę puchową... Jak się zimą człowiek owinie, to tylko nos wystaje. Jeździłam do kołchozów na kontrole, w kołchozach hodowano sobole, pieśce, norki. Już się nam nieźle żyło. Mamie też kupiłam futro...

Aż tu nagle ogłosili kapitalizm... Obiecali, że komuniści odejdą i wszystkim będzie dobrze. Ale u nas ludzie są nieufni. Nieszczęścia ich nauczyły. Od razu pobiegli i zaczęli wykupywać sól i zapałki. Słowo „pierestrojka" brzmiało dla nich jak „wojna". Na naszych oczach zaczęto rozgrabiać kołchozy i fabryki... Potem wykupiono je za kopiejki. Budowaliśmy to przez całe życie, a wszystko sprzedali za miedziaka. Ludziom dali wauczery... Oszukali... Do dzisiaj leżą u mnie w serwantce. Zaświadczenie o Oleśce... i te papierki... To jest kapitalizm czy co? Na rosyjskich kapitalistów się napatrzyłam, nie wszyscy byli Rosjanami, byli i Ormianie, i Ukraińcy. Brali od państwa duże kredyty i nie zwracali. Tym ludziom błyszczały oczy. Jak zekom. Taki charakterystyczny błysk, dobrze mi znany. Bo tam wszędzie były druty i obozy. Kto zagospodarował dalekie ziemie? Więźniowie i my, biedota. Proletariat. Ale myśmy tak o sobie nie myśleli...

Mama podjęła decyzję... Wyjście było jedno – wracamy do Riazania. Tam, skąd pochodzimy. Pod oknami już strzelano – dzielono ZSRR. Grabiono... Rozrywano... Bandyci stawali się panami, a ludzie wykształceni – durniami. Myśmy wszystko zbudowali i wszystko oddali tym bandytom... Na to wychodzi, tak? Sami wyjechaliśmy z pustymi rękami, co najwyżej z domowymi gratami. A im zostawiliśmy fabryki... kopalnie... Dwa tygodnie jechaliśmy pociągiem, wieźliśmy lodówkę, książki, meble... maszynkę do mięsa, naczynia... takie rzeczy... Przez dwa tygodnie patrzyłam przez okno: ziemia rosyjska nie ma kresu. Nazbyt jest „wielka i urodzajna", żeby zapanował w niej porządek*. To było w dziewięćdziesiątym czwartym roku... Już za Jelcyna... Co nas czekało w domu? W domu nauczyciele pracowali na straganach u Azerbejdżan, sprzedawali owoce, pielmienie. W Moskwie zobaczyliśmy jeden wielki targ od dworca do Kremla. Od razu skądś

* Chodzi o słowa z najstarszej ruskiej kroniki *Powieść minionych lat*: „Szeroka jest nasza ziemia i urodzajna, ale porządku w niej nie ma". Przedstawiciele plemion słowiańskich i fińskich mieli tak zapraszać przybyszy ze Skandynawii, by rządzili w krainie, nazwanej później Rusią. Słowa te są powtarzane do dzisiaj na dowód tego, że Rosja jest skazana na chaos.

wychynęli żebracy. A my byliśmy ludźmi radzieckimi! Wszyscy! I wszystkim nam długo było wstyd. Źle się z tym czuliśmy.

...Na miejskim targu wdałam się w rozmowę z Czeczenem... Już piętnaście lat trwa u nich wojna, więc tutaj się chcą uratować. Rozchodzą się po Rosji... po wszystkich kątach... A niby trwa wojna... Rosja z nimi walczy... „Operacja specjalna"... Jakaż to wojna? Czeczen był młody. Mówił: „Ja, matko, nie walczę. Mam żonę Rosjankę". A ja słyszałam taką historię... Pani też ją mogę opowiedzieć... Czeczeńska dziewczyna pokochała rosyjskiego pilota. Przystojnego chłopaka. Za obopólną zgodą wykradł ją od rodziców, tak się umówili. Zawiózł do Rosji. Pobrali się. Wszystko jak trzeba. Urodził im się chłopczyk. Ale ona ciągle płakała, szkoda jej było rodziców. Napisali więc do nich, żeby im przebaczyli. Bo oni się kochają... Przekazali pozdrowienia od mamy Rosjanki. A bracia Czeczenki szukali jej przez te wszystkie lata i chcieli zabić. No bo wyszła za mąż za Rosjanina, który mało że Rosjanin, to jeszcze ich zabijał, bombardował. Na kopercie był adres zwrotny, więc szybko ją odnaleźli... Jeden brat ją zabił, a drugi potem przyjechał, żeby zabrać trupa. (*Milknie*). Ta wojna jest ohydna... To nieszczęście... przyszło do mnie do domu. Teraz wszystko zbieram... Czytam wszystko o Czeczenii, gdzie tylko znajdę. Wypytuję... Chciałabym tam pojechać. Żeby mnie zabili. (*Płacze*). Wtedy byłabym szczęśliwa. Takie moje matczyne szczęście... Znam pewną kobietę... Po jej synu nawet but nie został, pocisk trafił prosto w niego. „Byłabym szczęśliwa – mówiła mi – gdyby leżał w ojczystej ziemi. Choćby jego kawałek..." To już dla niego byłoby szczęściem...

– Matko, masz syna? – pytał mnie tamten Czeczen.

– Mam syna. Ale moja córka zginęła w Czeczenii.

– Chcę zapytać was, Rosjan, co to jest za wojna. Zabijacie nas, kaleczycie, a potem leczycie w swoich szpitalach. Bombardujecie i grabicie nasze domy, a potem je odbudowujecie. Przekonujecie, że Rosja jest naszym domem, a ja za swoją czeczeńską twarz codziennie muszę dawać milicji w łapę, żeby mnie nie pobili na śmierć. Nie ograbili. Mówię im, że nie przyszedłem tu zabijać czy wysadzać ich domu. Mogli mnie zabić w Groznym... ale mogą i tutaj...

Dopóki bije moje serce... (*Z rozpaczą*). Będę szukała. Chcę wiedzieć, jak zginęła moja córka. Nikomu nie ufam.

Otwiera serwantkę, w której obok kryształowych kieliszków leżą dokumenty i zdjęcia. Bierze je i rozkłada na stole.

Moja dziewczyna była ładna... W szkole wodziła rej. Lubiła jeździć na łyżwach. Uczennicą była przeciętną... normalną... W dziesiątej klasie zakochała się w Romanie... Był o siedem lat starszy od niej, więc oczywiście byłam temu przeciwna. „Mamo, a jeśli to miłość?" Oszalała z miłości. Jak on do niej nie zadzwonił, to sama dzwoniła...

– Po co dzwonisz?

– Mamo, a jeśli to miłość?

Tylko Romek, tylko jego miała w sercu. O mamie zapomniała. Pobrali się zaraz po balu maturalnym. Prędko urodziło im się dziecko. Roman pił, robił awantury, a ona płakała. Nienawidziłam go. Tak przeżyli ze sobą rok. Jak miała na sobie coś ładnego, to ciął, bo był zazdrosny. Chwytał za włosy, owijał wokół ręki i tłukł Olesię głową o ścianę. Znosiła to, znosiła... Nie słuchała mnie. Dopóki... mimo wszystko... Nie wiem jak... ale mimo wszystko od niego uciekła. Dokąd? Do mamy... „Mamo, ratuj!" No to zabrał się i przyszedł mieszkać z nami. Kiedyś w nocy się budzę, słyszę szlochanie... Otwieram łazienkę, a on stoi nad nią z nożem... Złapałam ten nóż, pokaleczyłam sobie ręce. Innym razem wziął jakiś pistolet, chyba gazowy, nieprawdziwy. Odciągam od niego Oleśkę, a on tym pistoletem we mnie celuje: „Zaraz mi będziesz cicho!". Płakałam i płakałam, dopóki się nie rozeszli. Wypędziłam go... (*Milczy*). Minęło... no, nawet pół roku nie minęło... Wraca z pracy i mówi:

– Romek się ożenił.

– A ty skąd wiesz?

– Spotkał mnie w mieście i podwiózł.

– No i co?

– No i nic.

Szybko się ożenił. Oleśka kochała go taką dziecięcą miłością. Taką, której się nie zapomina. (*Wyjmuje kartkę z pliku dokumentów*). Ekspert sądowy napisał: strzał w prawą część głowy, a dziurka była po lewej. Niewielka dziurka... Może wcale jej nieżywej nie oglądał? Kazali mu tak napisać. Dobrze zapłacili.

Miałam nadzieję... Czekałam, aż wróci jej oddział. Wypytam ich... Odtworzę obraz... Dziurka jest po lewej stronie, a napisane, że po prawej. Muszę wiedzieć... Przyszła zima. Śnieg. Kiedyś lubiłam śnieg. Moja Oleśka też lubiła, wyjmowała zawczasu łyżwy, smarowała je tłuszczem. Kiedyś dawno... to było bardzo dawno temu. Gorzko mi, gorzko... Patrzyłam przez okno – ludzie szykują się do Bożego Narodzenia, biegają z prezentami, zabawkami. Niosą choinki. A u mnie w kuchni stale było włączone radio. Słuchałam naszej miejscowej stacji, wiadomości. Czekałam. W końcu doczekałam się komunikatu: „Riazańscy milicjanci wrócili z misji służbowej z Czeczenii. Nasi krajanie z honorem wypełnili swój żołnierski obowiązek, nie zhańbili...". Na dworcu uroczyście ich powitano. Orkiestra, kwiaty. Wręczono nagrody, kosztowne upominki. Jednemu telewizor, drugiemu zegarek... Bohaterowie... Wrócili bohaterowie! O Oleśce ani słowa, nikt nie wspomniał... Czekam... Trzymam radio tuż przy uchu... Powinni wspomnieć! Zaczęła się reklama... Reklama proszku do prania... (*Zaczyna płakać*). Moja dziewczynka przepadła bez śladu. Nie wolno tak! Oleśka... To była pierwsza... pierwsza „czeczeńska" trumna w mieście... Po miesiącu przywieźli jeszcze dwie – jeden starszy milicjant, drugi całkiem młody. Z nimi żegnano się w teatrze... w Teatrze Miejskim imienia Jesienina. Warta honorowa. Wieniec od społeczeństwa, od mera... Przemówienia. Pochowali ich w alei Bohaterów, tam gdzie leżą chłopcy polegli w Afganistanie... a teraz także w Czeczenii... Na naszym cmentarzu są dwie aleje – Bohaterów i jeszcze jedna, ludzie nazywają ją „aleją bandytów". Bandyci walczą między sobą, strzelają do siebie. Pierestrojka – *pieriestriełka**. Bandyci mają

* Pieriestriełka (ros.) – strzelanina.

najlepsze miejsca na cmentarzu. Trumny inkrustowane, niby złote, z elektroniczną lodówką. I nie pomniki, ale jakieś kurhany sławy. Bohaterom pomniki stawia państwo. Żołnierskie – no, skromne pomniki. Nie dla wszystkich zresztą. Tym, co podpisali kontrakt, nie stawiają. Wiem, że jedna z matek poszła do komisji wojskowej, i dostała odmowę: „Twój syn walczył za pieniądze". Moja Oleśka... leży osobno, to przecież zwykła samobójczyni... Uuu... (*Nie jest w stanie mówić*). Nasza Nastieńka... Wyliczono jej rentę za mamę – półtora tysiąca rubli, pięćdziesiąt dolarów miesięcznie. Gdzie jest prawda? Sprawiedliwość? Renta jest nieduża, bo jej mama nie była bohaterką! Gdyby tak mama kogoś zabiła, rozerwała granatem... A mama sama się zabiła, nikogo więcej... Nie jest bohaterką! Jak to wytłumaczyć dziecku? Co mam jej powiedzieć? W jednej z gazet napisano jakby słowami Oleśki: „Moja córka nie będzie się za mnie wstydzić...". Pierwsze dni po pogrzebie... Nastieńka siedziała obojętnie, tak jakby jej nie było albo nie wiedziała, gdzie jest. Nikt się nie odważył... To ja jej powiedziałam: „Oleśki... twojej mamusi... nie ma...". Nastieńka stała i jakby mnie nie słyszała, ja płakałam, a ona nie. Potem też... jak coś wspomniałam o Oleśce, to ona jakby nie słyszała. Długo tak się ciągnęło, nawet zaczęło mnie to złościć. Zaprowadziłam ją do psychologa. Powiedzieli: dziecko normalne, ale doznało silnego wstrząsu. Byliśmy u jej taty. Pytam go:

– Zabierasz dziecko?

– A dokąd miałbym zabrać? – Bo już tam, w nowej rodzinie, miał kolejne dziecko.

– To zrzeknij się praw.

– Jak to? A może na starość będę czegoś potrzebował? Może jaki grosz...

Takiego ma tatusia... Nie da nam żadnej pomocy. Tylko koledzy Oleśki nas odwiedzają... Na urodziny Nastieńki zawsze zbiorą i przyniosą trochę pieniędzy. Kupili jej komputer. Oni pamiętają.

Długo czekałam na telefon. Oddział wrócił – i dowódca, i chłopcy, z którymi tam była. Zadzwonią... Na pewno! Telefon jednak milczał... Sama więc zaczęłam szukać nazwisk, numerów telefonów. Dowódca oddziału Klimkin... Nazwisko przeczytałam w gazecie. Wszystkie! Wszystkie gazety o nich pisały – rosyjscy bohaterowie! Riazańscy witezie. W jednej z gazet był nawet nieduży tekst, w którym dowódca dziękował oddziałowi za dobrą służbę. Że z honorem wypełnili obowiązek... Nawet z honorem... Zadzwoniłam na tę komendę, w której pracuje:

– Chciałabym rozmawiać z majorem Klimkinem.

– A kto prosi?

– Ludmiła Nikołajewna Wasiljewa... matka Olesi Nikołajewej...

– Nie ma go w tej chwili. Jest zajęty. Wyjechał.

Jesteś dowódcą... Sam byś przyszedł do matki i opowiedział, jak tam było. Pocieszył. Podziękował. Tak mi się wydaje... (*Płacze*). Płaczę, ale niedobre są te moje łzy... Nie puszczałam Oleśki, prosiłam, żeby nie jechała, a moja mama na to: „Jak trzeba, to niech jedzie". Trzeba! Nienawidzę teraz tego słowa! Już nie jestem taka jak dawniej... Za co miałabym kochać ojczyznę? Mówili nam, że demokracja jest wtedy, kiedy wszystkim dobrze się dzieje. Wszędzie jest sprawiedliwie. Uczciwie. A to wszystko oszustwo... Człowiek to kurz... drobinka kurzu... Tyle że teraz w sklepach jest wszystkiego pełno. Bierz. Bierz! Za socjalizmu tego nie było. Oczywiście jestem zwykłą radziecką kobietą... Nikt mnie już nie słucha, bo nie mam pieniędzy. Gdybym miała, rozmowa byłaby inna. Baliby się mnie ci naczelnicy... Teraz rządzą pieniądze...

Oleśka wyjechała... Cieszyła się: „Jadę razem z Kormczą". Były we dwie, dwie kobiety w oddziale. Olga Kormcza... Widziałam ją na dworcu, kiedy się żegnałyśmy. „To moja mama" – powiedziała Oleśka. Była wtedy taka chwila... Może to teraz przydaję temu znaczenie. Teraz, po wszystkim. Autobusy miały za chwilę ruszyć... Zagrano hymn i wszyscy zaczęli płakać. Stałam z jednej strony i nie wiem, czemu przebiegłam na drugą, Oleśka właśnie coś przez okno krzyknęła, a ja zrozumiałam ją tak, że będą skręcać. Przebiegłam więc, żeby ją jeszcze raz zobaczyć. Pomachać ręką. A oni pojechali prosto i już jej nie zobaczyłam. Serce mi się ścisnęło. W ostatniej chwili oderwał się jej uchwyt od torebki... Może to teraz tak się nakręcam... Kruszynka moja... (*Płacze*). Znalazłam telefon Kormczej... Dzwonię i mówię:

– Jestem mamą Olesi... Chciałabym się z panią spotkać.

Długo milczała, a potem odpowiedziała z jakąś pretensją w głosie, wręcz ze złością:

– Tyle przeżyłam... Kiedy wszyscy się ode mnie odczepicie?! – Odłożyła słuchawkę. Dzwonię drugi raz:

– Proszę! Muszę wiedzieć... Błagam panią!

– Proszę mnie nie męczyć!

Zadzwoniłam jeszcze raz, może po miesiącu... Do telefonu podeszła jej matka:

– Córki nie ma w domu. Pojechała do Czeczenii.

– Znowu! Do Czeczenii?

– Wie pani, nawet na wojnie można dobrze się urządzić. Zależy, jak się komu poszczęści...

Człowiek nie myśli o śmierci, strasznie jest umrzeć dzisiaj, a kiedyś tam – to nic takiego. Przez te pół roku wszyscy zarobili po sześćdziesiąt tysięcy rubli. Wystarczy na używany samochód. No i pensję zachowali. A Olesia wzięła przed wyjazdem na kredyt pralkę... komórkę... „Wrócę i spłacę" – mówiła. Teraz my spłacamy. Z czego? Przychodzą wezwania... Zbieramy je tylko... Nastieńka ma stare adidasy, są dla niej za małe. Jak wraca ze szkoły, to płacze, bo ją palce bolą. My z mamą składamy swoje emerytury, składamy, liczymy pieniądze, liczymy, i pod koniec miesiąca nic nam nie zostaje. A od umarłego się człowiek nie doprosi...

W ostatniej chwili było z nią dwóch ludzi... Dwóch świadków. Biuro przepustek... To budka dwa metry na dwa i pół. Nocny dyżur. Było ich troje. Pierwszy... „No, przyszła – powiedział przez telefon – pogadaliśmy dwie czy trzy minuty..." Podobno wyszedł, czy to za potrzebą, czy go ktoś wywołał. Usłyszał za drzwiami trzask, nawet początkowo nie przyszło mu do głowy, że to strzał. Wrócił, a ona leżała... Nastrój? W jakim była nastroju?

W dobrym nastroju... normalnym... „Cześć". – „Cześć". Pośmialiśmy się. Cha, cha, cha... Chi, chi... Drugi świadek... Do tego też zadzwoniłam do pracy... Nie przyszedł na spotkanie, a do niego mnie nie wpuścili... Był obok niej, kiedy strzeliła, ale właśnie w tej chwili rzekomo się odwrócił. W tej sekundzie... Budka ma dwa metry na dwa i pół, a on nic nie widział. Uwierzyłaby pani? Błagałam ich: powiedzcie... Muszę wiedzieć... Nigdzie indziej z tym nie pójdę. Zaklinam! Uciekali przede mną, jakbym była zarażona. Przykazali im milczeć. Bronić honoru munduru. Zatkali im usta dolarami... (*Szlocha*). Jej praca w milicji od początku mi się nie podobała. Moja Oleśka milicjantką? No, nie podobało mi się! Nie i już... Tutaj takie... Skończyła technikum i jeden rok uczelni. Długo nie mogła znaleźć pracy. A do milicji ją wzięli od razu. Czułam się z tym strasznie... Milicja to biznes... mafia... Ludzie boją się milicjantów, w każdej rodzinie ktoś przez nich ucierpiał. Bo nasza milicja i torturuje, i okalecza. Boją się ich jak bandytów. Nie daj Boże! W gazetach się czyta: wilkołaki w mundurach... tam zgwałcili... tam zamordowali... Czegoś takiego... za radzieckich czasów... No, co też pani! A jeśli nawet było... To o wielu rzeczach nie mówili... Nie pisali... Czuliśmy się więc bezpiecznie. (*Zastanawia się*). Połowa milicjantów walczyła. Albo w Afganistanie, albo w Czeczenii. Zabijali. Przyjechali rozeźleni. Walczyli ze spokojną ludnością. Teraz są takie wojny, że żołnierze nie tylko walczą między sobą, ale i z cywilami. Ze zwykłymi ludźmi. Dla nich wszyscy są wrogami: mężczyźni, kobiety, dzieci. Jak kogoś zabiją tutaj, u siebie, to się dziwią, że trzeba się usprawiedliwiać. W Czeczenii nikt się nie musiał tłumaczyć... „Mamo – kłóciła się ze mną Oleśka – nie masz racji. Wszystko zależy od człowieka. Dziewczyna milicjantka wygląda ładnie. Niebieska koszula, naramienniki".

Ostatniego wieczoru odwiedzili ją koledzy, przyszli się pożegnać... Teraz sobie przypominam... Wszystko sobie przypominam... Przegadali całą noc...

„...Rosja to wielki kraj, a nie gazociąg z kurkiem..."

„...Nie ma Krymu... oddali... Czeczenia walczy... Tatarstan się rusza... Chcę mieszkać w wielkim kraju. Nasze migi będą latać nad Rygą..."

„...Rosję chcą walnąć mordą o stół! A czeczeńscy bandyci to bohaterowie... Prawa człowieka!? A oni tam przychodzili do domu Rosjan z automatami i: »Wynoście się albo zabijemy«. Dobry Czeczen to był ten, co mówił: »Wynoś się!«, a zły od razu zabijał. Walizka, dworzec, Rosja. Napisy na płotach: »Nie kupuj mieszkania od Maszy, bo i tak będzie dla naszych«, »Ruscy, nie wyjeżdżajcie, potrzebujemy niewolników«"

„...Czeczeni wzięli do niewoli dwóch żołnierzy rosyjskich i oficera. Żołnierzom ucięli głowy, a oficera puścili: »Możesz sobie odejść i oszaleć«. Widziałem na wideo... Obcinają uszy, odrąbują palce... W piwnicach trzymają rosyjskich niewolników. Bestie!"

„...Pojadę! Potrzebuję pieniędzy na wesele. Chcę się żenić. Dziewczyna jest ładna... Nie będzie czekała bez końca..."

„...Mam przyjaciela... Służyliśmy razem w wojsku. Mieszkał w Groznym. Miał sąsiada Czeczena. Któregoś pięknego dnia sąsiad mówi:

– Proszę cię, wyjedź!

– Dlaczego?

– Bo niedługo zaczniemy was zabijać.

Zostawili tam trzypokojowe mieszkanie, mieszkają teraz w Saratowie, w hotelu robotniczym. Nie pozwolili im nic wywieźć. Wołali: »Niech wam Rosja kupi nowe rzeczy, a to wszystko – nasze!«"

„...Rosja padła na kolana, ale jeszcze jej nie dobili. Jesteśmy rosyjskimi patriotami! Musimy spełnić obowiązek wobec ojczyzny! Dowcip: towarzysze oficerowie i żołnierze, jeśli dobrze się sprawicie w Czeczenii, to ojczyzna wyśle was na wypoczynek... do Jugosławii! Na Zachód... taka mać!"

Syn znosił te moje poszukiwania, znosił, aż nie wytrzymał. Zaczął na mnie krzyczeć: „Mamo, nic nie wskórasz, a tylko dostaniesz wylewu!". Wysłał mnie do sanatorium. Siłą, można powiedzieć, zrobił mi awanturę. W sanatorium poznałam dobrą kobietę, jej córka wcześnie zmarła wskutek skrobanki. Zostałyśmy przyjaciółkami. Niedawno do niej zadzwoniłam. Okazało się, że nie żyje. Zasnęła i umarła. Wiem, że umarła ze smutku... Dlaczego ja nie umieram? Byłabym szczęśliwa, gdybym mogła umrzeć, ale nie umieram. (*Płacze*). Wróciłam z sanatorium... „Dziecinko, zamkną cię – takie były pierwsze słowa mamy. – Nie wybaczą ci, że szukasz prawdy". Co się działo... Ledwie pojechałam, miała telefon z milicji: „W ciągu dwudziestu czterech godzin zgłosić się w pokoju numer taki a taki... Niestawienie się grozi karą piętnastu dni aresztu...". Mama jest strachliwa, zresztą wszyscy u nas są strachliwi. Niech mi pani pokaże kogoś ze starszych ludzi, kto by nie był wystraszony. Na tym się nie skończyło... Przychodzili i wypytywali sąsiadów: co z nas za ludzie, jak się zachowujemy... Pytali o Oleśkę: czy może ktoś ją widział pijaną? A narkotyki... Z przychodni wzięli do przejrzenia nasze karty pacjenta. Sprawdzali, czy nikt nie był leczony psychiatrycznie. To już mi dopiekło do żywego! Zła byłam! Biorę słuchawkę, dzwonię na milicję: „Kto groził mojej mamie... Ma dziewiąty krzyżyk... W jakiej sprawie ją wezwano?". Skończyło się tym, że następnego dnia przysłali mi wezwanie: „Do gabinetu tego a tego... nazwisko śledczego...". Mama cała we łzach: „Zamkną cię". A mnie już nic nie było straszne. Gwiżdżę na nich! Trzeba, żeby Stalin wstał z grobu! Proszę, żeby wstał z grobu! To moja modlitwa... Widać za mało naszych naczelników pozamykał i rozstrzelał. Za mało! Nie żal mi ich. Chcę, żeby płakali! (*Płacze*). Wchodzę do tego gabinetu... nazwisko Fiedin... Walnęłam od progu:

– Czego ode mnie chcecie? Przywieźliście mi córkę w mokrej trumnie... Mało wam?

– Pani jest analfabetką. Nie rozumie, gdzie się znajduje. Tutaj tylko ja mogę zadawać pytania.

Najpierw był sam jeden... Potem zawołał tego dowódcę Oleśki... Klimkina... No, wreszcie go zobaczę! Wchodzi Klimkin... Ja od razu do niego:

– Kto zabił moją córkę? Chcę usłyszeć prawdę...

– Pani córka to była idiotka... Wariatka!

Oj, nie mogę! Nie mogę... Cały poczerwieniał... Krzyczał, tupał. Oj! Prowokowali mnie... Chcieli, żebym zaczęła się wydzierać albo rzuciła na nich z pazurami. Wyszłoby na to, że i ja jestem wariatką, i moja córka nią była. Mieli cel – zatkać mi usta... Uuuu...

Dopóki jeszcze bije we mnie serce, będę szukała prawdy... Nikogo się nie boję! Już nie jestem szmatą do podłogi, nie jestem robakiem. Nie zagonią mnie z powrotem do pudełka. Córkę przywieźli mi w mokrej trumnie...

...Jechałam podmiejskim pociągiem... Naprzeciw mnie usiadł mężczyzna. „No co, mamuniu, jedziemy? Poznajmy się..." Przedstawił się: „Były oficer, były prywatny przedsiębiorca, były członek partii Jabłoko*. Obecnie bezrobotny". A ja – jeśli ktokolwiek o coś zapyta – zawsze mówię to samo: „Moja córka zginęła w Czeczenii... Młodszy sierżant milicji...". Prosi: „Opowiedz mi...". A ja to już wiele razy opowiadałam... (*Milknie*). Wysłuchał i powiedział o sobie...

„Ja też tam byłem. Wróciłem i żyć tutaj jakoś nie potrafię. Nie umiem wtłoczyć się w te ramy. Nigdzie mnie nie chcą zatrudnić. »Aaa... z Czeczenii...« Boję się ludzi... Wszyscy przyprawiają mnie o mdłości... Ale jak spotkam kogoś, kto był w Czeczenii, to traktuję go jak brata...

...Stoi stary Czeczen i patrzy: a u nas pełna ciężarówka rezerwistów. Patrzy i myśli: normalni chłopcy, a przed chwilą jeszcze: fizylierzy, obsługa cekaemu, strzelcy wyborowi... Mają na sobie nowe kurtki... dżinsy. Za co kupili? Za to, co tu zarobili. Jaka to była praca? Wojna... Strzelali... A tam są i dzieci, i ładne kobiety. Ale jak się zabierze im broń i przebierze po cywilnemu, to już są traktorzystami, kierowcami autobusów, studentami...

...Mieszkaliśmy za drutem kolczastym... Dookoła wieże strażnicze i pola minowe. Ciasny, zamknięty świat. Jak w obozie. Nie można wyjść, bo zabiją. Śmierć okupantom! Pili wszyscy, pili

* Jabłoko (ros. jabłko) – społeczno-liberalna partia polityczna. Nazwa wzięta od nazwisk jej liderów (Jawliński, Bołdyriew, Łukin). W latach 1995–2003 tworzyła frakcję w parlamencie.

na umór. Każdego dnia widzieliśmy rozwalone domy, widzieliśmy, jak grabią dobytek, zabijają ludzi. Z człowieka nagle wyłazi coś takiego! Przesuwają się granice... granice tego, co człowiek może... A może sobie pozwolić na wiele... Bo jest nachlanym gnojem i ma broń w rękach. I sperma padła mu na mózg...

... To była robota katowska... Umieraliśmy za mafię, która w dodatku nam nie płaciła. Oszukiwała. Ale ja nie tutaj, nie na ulicy zabijałem ludzi, tylko na wojnie. Widziałem rosyjską dziewczynę, którą zgwałciły te szakale. Przypalali pierś papierosem, żeby głośniej jęczała...

...Przywiozłem pieniądze... Z przyjaciółmi sobie popiłem, kupiłem używanego mercedesa..."

(*Już nie ociera łez*). No więc tam była moja Oleśka... Tam trafiła... Ta ohydna wojna... Była gdzieś bardzo daleko, ale teraz jest u mnie w domu. Dwa lata... Chodzę po urzędach, pukam do różnych drzwi. Piszę do prokuratury... rejonowej... obwodowej... Do prokuratora generalnego... (*Pokazuje stertę listów*). Dostaję odpowiedzi... Górę odpowiedzi! „W sprawie śmierci pani córki informujemy..." I wszyscy kłamią: że zginęła trzynastego listopada, a w rzeczywistości jedenastego, grupa krwi A, a naprawdę miała AB, raz piszą, że miała na sobie mundur, drugi raz – że sukienkę. Dziurka po lewej stronie skroni, a piszą, że po prawej... Napisałam do naszego posła do Dumy – wybierałam go, głosowałam na niego. Ufałam naszej władzy! Dostałam się wreszcie do niego. Stoję na parterze Dumy... I oczy mi się robią wielkie jak pięść! Widzę sklep jubilerski: złote pierścienie z brylantami, złote i srebrne jajka wielkanocne... wisiorki... Przez całe życie tyle nie zarobiłam, ile tam kosztuje najmniejszy pierścionek z brylantem. Jeden pierścionek... Nasi posłowie, wybrani przez lud... Skąd mają takie pieniądze? Ja mam kupkę listów pochwalnych za dobrą pracę... Mama to samo... A oni mają akcje Gazpromu... My mamy papierki, oni – pieniądze. (*Milczy pełna złości*). Niepotrzebnie tam chodziłam... Niepotrzebnie wypłakiwałam... Przywróćcie Stalina... Ludzie chcą Stalina! Zabrali mi córkę i przywieźli trumnę. Mokrą trumnę... I nikt nie chce rozmawiać z matką... (*Płacze*). Teraz sama mogłabym pracować w milicji... Oględziny miejsca zdarzenia, protokół oględzin. Jeśli to samobójstwo, to na pistolecie zostaje krew... proch na rękach... Wszystko teraz wiem... Nie lubię wiadomości w telewizji. Kłamią! Ale kryminały... morderstwa... no, takie właśnie... tego nie opuszczam. Czasem rano nie mogę wstać, nóg, rąk nie czuję – najchętniej bym dalej leżała... Wspominam Olesię... Wstaję i idę...

Zebrałam całość po kawałku... po słówku... Ktoś po pijaku się wygadał, przecież ich tam było siedemdziesięciu, ktoś musiał szepnąć znajomym. Nasze miasto nie jest duże... To nie Moskwa... Dzisiaj już potrafię sobie wyobrazić, co tam się u nich działo... Była wielka popijawa z okazji Dnia Milicji. Spili się jak świnie i urządzili burdel. Gdyby Oleśka pojechała ze swoimi kolegami, ze swojej komendy, to co innego, ale nie, sami obcy... Zbieranina... Trafiła na tych z drogówki. A ci są królami, mają pełno kasy. Stoją na drogach i pobierają myto. Wszyscy im płacą. To żyła złota! Chłopaki lubią się zabawić... Zabić, spić się i poruchać – takie trzy radości mają na wojnie. Nachlali się, spili w trzy d... i podobno zaczęli gwałcić wszystkie dziewczyny. Nasze dziewczyny. A Oleśka albo się nie dała, albo im potem pogroziła: „Wszyscy będziecie siedzieć". I już nie wyszła żywa.

Mówią też co innego... Że stali na posterunku, przepuszczali samochody. Tam wszyscy się kręcą, wiercą, biegają jak nienormalni, żeby zarobić. Wszelkimi sposobami. Ktoś przewoził kontrabandę, ale co i skąd – nie mam pojęcia, a nie chcę zmyślać. Narkotyki czy tam... Ale wszystko mieli obgadane. Opłacone. To był samochód niwa... wszyscy mówili o jakiejś niwie... A Oleśka się uparła... Z jakiegoś powodu nie puszczała tego samochodu... Dlatego do niej strzelili. Zatrzymała duże pieniądze, uderzyła w czyjś interes. Mówią, że tam zamieszany był ktoś wysoko postawiony...

Mojej mamie kiedyś przyśniła się niwa... Poszłam do jasnowidza... kobiety... położyłam na stole to zdjęcie... (*Pokazuje*). „Widzę – mówi tamta – jakąś niwę"...

...Rozmawiałam z pewną kobietą, pielęgniarką. Nie wiem, w jakim nastroju pojechała do Czeczenii, może w dobrym. Dzisiaj jest pełna złości, tak jak ja, pełna złości. Teraz wielu ludzi jest rozeźlonych, nic nie mówią, ale mają poczucie krzywdy. Wszyscy chcieli w tym nowym życiu wygrać, a mało kto wygrał, mało kto wyciągnął szczęśliwy los... Nikt nie był przygotowany, że spadnie na dno. Ludzie teraz czują się pokrzywdzeni, wielu tak się właśnie czuje. (*Milknie*). Może też Oleśka by wróciła inna... zupełnie zmieniona... Uuu... (*Milknie*). Ta kobieta była ze mną szczera...

„...Jechałam z romantycznymi wyobrażeniami! Na mój widok wszyscy tam jeszcze długo chichotali. A jeśli mam być szczera, to rzuciłam wszystko przez nieszczęśliwą miłość. Było mi wszystko jedno, czy mnie zastrzelą Czeczeni, czy umrę z tęsknoty.

...Kto nie miał do czynienia z trupami, ten myśli, że one milczą. Że nie wydają żadnego dźwięku. A tam ciągle z nich wychodzą jakieś dźwięki. Skądś tam wylatuje powietrze, tu znowu kość trzasnęła. Jakiś szmer... Można oszaleć...

...Nie widziałam tam mężczyzn, którzy by nie pili i nie strzelali. Upiją się i strzelają – gdzie popadnie. Dlaczego? Nikt nie wie.

...Był chirurgiem... Myślałam, że mnie kocha. Kiedy mieliśmy wracać, oświadczył mi: »Nie dzwoń i nie pisz do mnie. Jeśli mam u siebie zdradzać, to z ładną kobietą, żeby się potem nie wstydzić, gdyby żona mnie przyłapała«. Cóż, nie jestem pięknością. Ale bywało, że oboje staliśmy po trzy doby w sali operacyjnej... To jest takie uczucie... silniejsze niż miłość...

...Teraz boję się mężczyzn... Z tymi, którzy wrócili z wojny, nie jestem w stanie nic... Wszystko to capy! Wszyscy! Szykowałam się do wyjazdu... i to chcę ze sobą zabrać, i tamto... Magnetofon, dywan... »A ja – powiedział komendant szpitala – wszystko tu zostawiam. Nie chcę przywozić wojny do domu«. Myśmy przywieźli wojnę nie z rzeczami, ale w duszy..."

Przekazali nam rzeczy Oleśki: kurtkę, spódnicę... Oddali złote kolczyki, łańcuszek. W kieszeni kurtki leżały orzeszki i dwie malutkie czekoladki. Widocznie przed Bożym Narodzeniem zbierała i chciała z kimś to wysłać do domu. Czuję gorycz, wielką gorycz...

No i napisze pani prawdę... A kto się tego przestraszy? Władza jest teraz poza naszym zasięgiem... Jedno nam zostało: karabin i strajk. Położyć się na szynach. Ale nie ma przywódcy... Ludzie dawno by powstali... Nie ma Pugaczowa! Gdyby mi dali broń, to wiedziałabym, do kogo strzelać... (*Pokazuje mi gazetę*). Czytała pani? Są organizowane wycieczki turystyczne do Czeczenii. Wiozą ludzi wojskowymi śmigłowcami i pokazują zburzony Grozny, spalone wsie. Tam wojna i odbudowa trwają równocześnie. Strzelają i budują. I pokazują. My jeszcze płaczemy, a ktoś już handluje naszymi łzami. I strachem. Sprzedają jak ropę.

Po kilku dniach znowu się spotkałyśmy.

Dawniej rozumiałam nasze życie... To, jak żyjemy... A teraz nie... Teraz go nie rozumiem...

O przewrotnej czerni i o „innym życiu, które można zrobić z tego życia"

Jelena Razdujewa – robotnica, 37 lat

Dla tej historii długo nie mogłam znaleźć sobie „przewodnika", narratora albo rozmówcy – nawet nie wiem, jak mam nazywać tych, którzy pomagają mi podróżować po ludzkich światach. Po naszym życiu. Wszyscy odmawiali: „To jest przypadek dla psychiatry", „Matka rzuciła trójkę dzieci dla swoich chorych fantazji – tym się sąd powinien zająć, a nie pisarz". „A Medea? – pytałam. – Co z Medeą, która dla miłości zabiła swoje dzieci?" – „To jest mit, a u pani to prawdziwi ludzie". Ale rzeczywistość nie jest gettem dla artysty. To też świat wolny.

Potem się dowiedziałam, że o mojej bohaterce już nakręcono film Cierpienia *(studio „Fiszka – film"). Spotkałyśmy się z reżyserką filmu Iriną Wasiljewą. Rozmawiałyśmy, puszczały kasetę z filmem, potem znowu rozmawiały.*

Z opowieści reżyserki filmowej Iriny Wasiljewej
Ktoś mi o tym opowiedział... No i nie spodobała mi się ta historia, przestraszyłam się jej. Przekonywano mnie, że to będzie wstrząsający film o miłości, że trzeba pojechać i natychmiast kręcić. Bardzo rosyjska historia! Kobieta, mająca męża i troje dzieci, zakochała się w więźniu, w dodatku z dożywociem, skazanym na tę karę za wyjątkowo okrutne morderstwo; dla niego rzuciła wszystko – męża, dzieci, dom. Ale coś mnie powstrzymywało...

Na Rusi od wieków lubiano katorżników – to grzesznicy, ale także męczennicy. Potrzebna im jest zachęta, pociecha. Cała kultura litości, pielęgnowana zwłaszcza we wsiach i małych miasteczkach. Mieszkają tam proste kobiety, które nie mają internetu, ale korzystają z poczty. Po staremu. Mężczyźni piją, biją się, a one siedzą wieczorami i piszą do siebie listy; w tych kopertach są niewymyślne historie życiowe i wszelkie głupstwa – jakiś tam wykrój, recepta, a na końcu obowiązkowo muszą być adresy więźniów. Jedna ma w więzieniu brata, który pisze o towarzyszach z celi, inna sąsiada albo kolegę z klasy. Przekazują sobie pocztą pantoflową... Ktoś ukradł, pohulał, przymknęli go, a jak wyszedł, to znowu trafił do pudła. Zwykła historia! Na wsi, jak się tak posłucha, to połowa chłopów siedziała albo nadal siedzi. A my przecież jesteśmy chrześcijanami, powinniśmy pomagać nieszczęśnikom. Są kobiety, które wychodzą za mąż za tych częstych odsiadkowiczów, czasem nawet morderców. Nie mam takich ambicji, żeby znaleźć wyjaśnienie, na czym to polega... Sprawa jest skomplikowana... Ale faceci mają nosa do takich panien. Najczęściej to są kobiety, którym się w życiu nie powiodło, które nie spełniły się w życiu. Samotne. A tak, to od razu stają się potrzebne, kimś się opiekują. Jeden ze sposobów, żeby coś zmienić w swoim życiu. Jakieś lekarstwo...

Ostatecznie jednak pojechaliśmy kręcić ten film. Chciałam pokazać, że w naszych pragmatycznych czasach są tacy, którzy inaczej podchodzą do życia. I jak bardzo są bezbronni... Dużo mówimy o swoim narodzie. Jedni go idealizują, drudzy uważają za bydło. Za „sowka". A w rzeczywistości nie znamy tego narodu. Między nami jest przepaść... Zawsze filmuję historię, w każdej historii jest wszystko. Zawsze są dwie najważniejsze sprawy – miłość i śmierć.

To było w obwodzie kałuskim, w zabitej dechami wsi... Jedziemy tam... Patrzę przez okno: wszystko ciągnie się bez końca – i pola, i las, i niebo. Na wzgórzach bieleją cerkwie. Siła i spokój. Coś starodawnego. Jedziemy, jedziemy... Z magistrali skręciliśmy na zwykłą drogę... Ooo! Drogi rosyjskie to coś wyjątkowego, nawet nie każdy czołg by przejechał. Jak na trzy metry przypada parę dołów, to znaczy, że jeszcze droga niezła. A po obu stronach wsie... Krzywe, chylące się chałupy z połamanymi płotami, po ulicach łażą kury i psy. Od rana kolejka pijaków czeka pod zamkniętym jeszcze sklepem. Wszystko znajome aż do skurczu w gardle... Pośrodku jak stał, tak stoi gipsowy pomnik Lenina... (*Milknie*). Był czas... już się nie chce wierzyć, że był i że myśmy tacy byli... Kiedy nastał Gorbaczow, wszyscy biegaliśmy, szalejąc z radości. Żyliśmy pełni marzeń, iluzji. Wywnętrzali się w swoich kuchniach. Chcieli nowej Rosji... A skąd miałaby się wziąć? Po dwudziestu latach to do nas dotarło... Nie było jej i nadal nie ma. Ktoś bardzo trafnie powiedział, że w ciągu pięciu lat w Rosji może się zmienić wszystko, a w ciągu dwustu – nic. Przestrzenie są nieogarnione, a w dodatku ta niewolnicza psychika... Nie można zmienić Rosji, siedząc w moskiewskiej kuchni. Przywrócili herb carski, a hymn został stalinowski. Moskwa jest rosyjska... kapitalistyczna... A sama Rosja jak była sowiecka, tak sowiecka została. Demokraty nie widzieli tam na oczy, gdyby zobaczyli, toby rozszarpali go na strzępy. Większość pragnie wodza i przydziałów żywności. Tania palona wódka płynie rzekami... (*Śmieje się*). Czuję, że my obie jesteśmy z pokolenia „kuchennego"... Zaczęłyśmy mówić o miłości, a już po pięciu minutach rozważamy, jak odbudować Rosję. No a Rosja nami się nie interesuje, żyje własnym życiem...

Pijany w sztok chłopak pokazał, gdzie mieszka nasza bohaterka. Kiedy wyszła z chaty, od razu mi się spodobała. Ciemnoniebieskie oczy, dorodna. Można powiedzieć, że piękna. Rosyjska krasawica! Taka kobieta będzie błyszczała i w ubogiej chłopskiej chacie, i w eleganckim mieszkaniu w stolicy. No i niech sobie pani wyobrazi – jest narzeczoną jakiegoś mordercy, któregośmy jeszcze nie widzieli, bo dostał dożywocie i w dodatku choruje na gruźlicę. Kiedy usłyszała, po cośmy przyjechali, roześmiała się i mówi: „To mój serial". Chodzę i zastanawiam się, jak mam jej powiedzieć, że chcemy ją filmować. Może się przestraszy kamery? A ona do mnie: „Ja to jestem taka głupia, że opowiadam swoją historię każdemu, kogo spotkam. Jedni płaczą, inni mnie przeklinają. Jak pani chce, to i pani mogę opowiedzieć...". No i opowiada...

O miłości

Miałam osiemnaście lat. Nie chciałam jeszcze wychodzić za mąż, ale rzecz jasna marzyłam o tym. On! On! Jaki będzie ten „on"! Kiedyś przyśnił mi się sen: idę przez łąkę w stronę rzeki, a nasza rzeka płynie za wsią, i przed sobą nagle widzę wysokiego przystojnego chłopaka. Bierze mnie za rękę i mówi: „Jesteś moją narzeczoną. Jesteś nią przed Bogiem". Obudziłam się z myślą, że nie mogę go zapomnieć... jego twarzy... Została mi w pamięci jak jakiś program. Minął rok... dwa... nie spotkałam nikogo takiego. A do mnie długo zalecał się szewc Losza. Chciał się ze mną żenić. Uczciwie odpowiadałam mu, że go nie kocham, że kocham tylko tego chłopaka, którego widziałam we śnie. Kiedyś go spotkam, to niemożliwe, żebym nie spotkała, na pewno go spotkam. Losza się śmiał... Tata i mama też się śmiali... Przekonali mnie, że trzeba wyjść za mąż, a miłość przyjdzie potem.

Czego się pani uśmiecha? Wiem, wszyscy się ze mnie śmieją... Jeśli człowiek żyje tak, jak czuje jego serce, to go mają za nienormalnego. Jak mówi prawdę, to mu nie wierzą, a kiedy kłamie, to tak! Idzie znajomy chłopak, a ja akurat kopałam w ogrodzie.

– Oj, Pietia – wołam – wiesz, że niedawno cię widziałam we śnie.

– Ee, daj spokój! Tylko nie to! – Odskakuje ode mnie jak od zadżumionej.

Nie jestem taka jak inni, ludzie ode mnie stronią... Nie chcę się nikomu podobać, nie zwracam uwagi na ubiór, nie maluję się. Nie umiem flirtować. Potrafię tylko rozmawiać. Przez jakiś czas chciałam pójść do klasztoru, a potem przeczytałam, że mniszką można być także poza klasztorem. Nawet w domu. Bo to chodzi o sposób życia.

Wyszłam za mąż. Mój Boże, jaki ten Alosza dobry, a jaki silny! Brał pogrzebacz i zginał w rękach. Jakże go kochałam! Urodziłam mu syna. Po porodzie coś się ze mną stało, może to przez szok poporodowy... Odrzucało mnie od mężczyzn. Mam dziecko, po co mi jeszcze mąż? Mogłam z nim rozmawiać, prać mu rzeczy, gotować jedzenie, słać łóżko, ale nie mogłam z nim być... jak z mężczyzną... Krzyczałam! Dostawałam histerii! Tak się przemęczyliśmy dwa lata, w końcu odeszłam, wzięłam dziecko na ręce i odeszłam. Chociaż nie miałam dokąd iść. Mama i tato nie żyli. Siostra była gdzieś na Kamczatce... Miałam przyjaciela Jurę, który mnie kochał jeszcze w szkolnych czasach, ale nigdy o swoim uczuciu mi nie powiedział. Jestem duża, wysoka, a on był mały, o wiele niższy ode mnie. Pasał krowy i czytał książki. Znał najróżniejsze historie, szybko rozwiązywał krzyżówki. Poszłam do niego. „Jura, jesteśmy przyjaciółmi. Mogę mieszkać u ciebie? Będę w twoim domu, ale nie zbliżaj się do mnie. Nie próbuj mnie dotykać, proszę". A on na to: „Dobrze".

Tak sobie żyliśmy, żyli... A ja sobie myślę: on mnie kocha, i tak przyzwoicie się zachowuje, niczego ode mnie nie żąda – dlaczego go dręczę? Poszliśmy zarejestrować się w urzędzie. On wolał, żebyśmy wzięli ślub w cerkwi, a wtedy przyznałam mu się, że ślubu w cerkwi wziąć nie mogę... Opowiedziałam o swoim śnie, o tym, że czekam na swoją miłość... Jura też wtedy się ze mnie śmiał. „Jesteś – mówi – jak dziecko. Wierzysz w cud. Ale nikt cię nie będzie kochał tak jak ja". Urodziłam mu dwóch synów. Żyliśmy razem piętnaście lat i piętnaście lat chodzili, trzymając się za ręce. Ludzie się dziwili... Wielu żyje bez miłości, miłość znają tylko z telewizji. Kim jest człowiek bez miłości? To jak kwiat bez wody...

U nas jest taki zwyczaj... Dziewczęta i młode kobiety pisują listy do więzienia. Wszystkie moje koleżanki i ja... pisałyśmy jeszcze w szkolnych czasach... Napisałam setki listów i dostałam setki odpowiedzi. Tym razem też... Wszystko było jak zawsze... Listonoszka woła: „Lenka, do ciebie urzędowy". Biegnę... Biorę list: pieczęć więzienia, zasłonięty adres. Nagle serce zaczyna mi bić tak mocno, mocno. Jeszcze tylko zobaczyłam charakter pisma, ale jakiś taki znajomy, bliski – ze zdenerwowania nie mogę nic przeczytać. Jestem marzycielką, ale znam rzeczywistość. Przecież to nie pierwszy taki list... Tekst zwyczajny: siostro, dziękuję ci za dobre słowa... No jasne, nie jesteś siostrą, ale jak siostra... Odpisuję od razu tego samego wieczora... „Przyślij mi zdjęcie, chciałabym zobaczyć twoją twarz".

Przychodzi kolejny list i jego fotografia. Patrzę... to właśnie ten chłopak... Ten, którego widziałam we śnie... Moja miłość. Czekałam na niego dwadzieścia lat. Nikomu nie umiałam tego wyjaśnić, bo to było jak bajka. Mężowi przyznałam się od razu: „Znalazła się moja miłość". Mąż płakał. Prosił. Przekonywał: „Mamy troje dzieci. Musimy je wychować". Ja też płakałam. „Jura, wiem, że jesteś dobrym człowiekiem, dzieci z tobą nie zginą". Sąsiedzi... koleżanki... moja siostra... Wszyscy mnie potępili. Jestem teraz sama.

Na dworcu kupowałam bilet... Rozmawiałam z kobietą, która stała obok mnie w kolejce. Ona pyta:

– Dokąd jedziesz?

– Do męża. – Jeszcze nie był moim mężem, ale ja wiedziałam, że będzie.

– A gdzie jest twój mąż?

– W więzieniu.

– Co takiego zrobił?

– Zabił człowieka.

– Aha... I długo ma siedzieć?

– Całe życie.

– Aha... to biedna jesteś...

– Niech pani się nie użala nade mną. Ja go kocham.

Każdego ktoś powinien kochać. Choćby jedna osoba. Miłość to jest... Opowiem pani, co to jest... On choruje na gruźlicę, oni wszyscy w więzieniu są gruźlikami. Przez marne wyżywienie, przez tęsknotę. Powiedziano mi, że na to pomaga psi smalec. Chodziłam po wsi, wypytywałam. Znalazłam. Potem się dowiedziałam, że borsuczy tłuszcz jest jeszcze lepszy. Kupiłam w aptece. Był okropnie drogi! Potrzeba mu jeszcze papierosów, tuszonki... Znalazłam pracę w piekarni, tam płacą lepiej niż u nas, na farmie. Praca jest ciężka. Stare piece są takie gorące, że zdejmujemy z siebie wszystko i chodzimy w majtkach i stanikach. Dźwigam worki z mąką po pięćdziesiąt kilo, nosze z chlebem ważą po sto kilo. Listy do niego piszę codziennie.

Taka właśnie jest... (*Ira Wasiljewa ciągnie opowieść*). Szybka, energiczna... W środku u niej wszystko się gotuje, wszystko by chciała jak najprędzej. Wszystko jest w nadmiarze, przelewa się przez brzegi. Sąsiedzi mi opowiadali... Gdy przez wieś szli tadżyccy uchodźcy z gromadą głodnych i półnagich dzieci, wyniosła im z domu wszystko, co się dało: koce, poduszki, łyżki... „Nam jest aż za dobrze, a ci ludzie nic nie mają". A sama w chacie ma tylko stół, krzesła... Można powiedzieć, że żyje w nędzy. Żywią się tym, co na działce – kartofle, kabaczki. Piją mleko. „Nie szkodzi – uspokajała męża i dzieci. – Jesienią letnicy wyjadą, to nam coś zostawią". Tam w lecie mieszkają przybysze z Moskwy, wielu artystów, aktorów, bo okolice są tu cudowne, rozkupiono wszystkie porzucone domy. A po tych letnikach ludzie zbierają wszystko, nawet reklamówki. Wieś jest biedna, sami starzy, pijacy... Był jeszcze taki wypadek... Koleżance urodziło się dziecko, a nie miała lodówki. Lena oddała im swoją: „Moje dzieci już podrosły, a tam jest niemowlę". I tyle! Bierz! Niby człowiek nic nie ma, a wychodzi, że jeszcze wiele mógłby oddać. To jest ten typ Rosjanina... Ten człowiek, którego jeszcze Dostojewski chciał ścieśnić, bo za pojemny. Ale ja wiem, że nigdy się ścieśnić nie da. Nie ścieśnił go socjalizm, to i kapitalizm nie ścieśni. Ani bogactwo, ani bieda. Siedzą pod sklepem faceci, we trzech piją wódkę. Za co piją? Toast: „Sewastopol to miasto rosyjskie! Sewastopol będzie nasz!". Dumni są, że Rosjanin może wypić litr wódki i się nie upić. O Stalinie pamiętają tylko to, że za jego czasów byli zwycięzcami...

Wszystko to miałam ochotę nakręcić... Powstrzymywałam sama siebie, bałam się, że ta historia pociągnie mnie dokądś tak, że się nie będę mogła wykaraskać... Każdy los to hollywoodzka historia! Gotowy temat do filmu. Na przykład o jej przyjaciółce Irze... Była nauczycielką matematyki, ale w szkole płacili tak nędznie, że odeszła. Miała trójkę dzieci, które prosiły: „Mamo, pójdziemy do piekarni, powąchamy chleb". Chodzili wieczorem, żeby ludzie nie widzieli. Teraz Ira pracuje w piekarni tak jak Lena, i cieszy się, że przynajmniej chleba jej dzieci najedzą się do syta. Kradną... Wszyscy tam kradną i tylko dzięki temu żyją. Życie jest potworne, nieludzkie, a dusza żyje. Musiałaby pani posłuchać, o czym te kobiety rozmawiają... Nie uwierzyłaby pani! Rozmawiają o miłości. Bez chleba można żyć, ale bez miłości – nigdy... To koniec... Ira czytała listy, które przychodziły do Leny od jej więźnia, no i sama się zadurzyła. Znalazła w najbliższym więzieniu jakiegoś kieszonkowca. Ten prędko wyszedł na wolność... Dalej historia potoczyła się zgodnie z zasadami tragedii... Przysięgi miłości aż do grobowej deski. Ślub. Wkrótce ten Tola zaczął pić... Ira była już matką trojga dzieci, z nim miała jeszcze dwójkę. On się awanturował, gonił ją po wsi, a rano jak wytrzeźwiał, to na kolana i tłukł się w pierś. Przepraszał. Ira... też jest piękna! I mądra! Ale u nas facet tak jest urządzony, jakby był... królem zwierząt...

A teraz muszę pani opowiedzieć o Jurze... To mąż Leny... We wsi zwano go „czytającym pastuchem", bo czytał, kiedy pasał krowy. Widziałam u niego dużo książek filozofów rosyjskich. Można z nim pogadać o Gorbaczowie i Nikołaju Fiodorowie*, o pierestrojce i ludzkiej nieśmiertelności... Inni mężczyźni piją, a on czyta. Jura jest z natury marzycielem... obserwatorem... Lena jest dumna z tego, że Jura błyskawicznie rozwiązuje krzyżówki. Tyle że jest niskiego wzrostu... W dzieciństwie rósł bardzo szybko... Kiedy był w szóstej klasie, mama zawiozła go do Moskwy. Tam zrobili mu jakiś zastrzyk w kręgosłup, ale nieudolnie. Wtedy całkiem przestał rosnąć – ma metr pięćdziesiąt. Ładny z niego chłopak, ale przy żonie wygląda jak karzeł. Staraliśmy się, żeby w filmie tego nie było widać, prosiłam operatora, błagałam: „Na miłość boską, wymyśl coś!". Nie można było podsuwać

* Nikołaj Fiodorow (1829–1903) – filozof rosyjski, głosił ideę wskrzeszenia umarłych i uczynienia człowieka nieśmiertelnym, co miało stać się możliwe dzięki rozwojowi nauki.

widzowi najprostszego wytłumaczenia, że od karzełka odeszła do supermana. Zwyczajna baba! A Jura… jest mądry, wie, że szczęście może mieć wiele barw. Zgadza się, żeby Lena została z nim na każdych warunkach, niechby już nie była mu żoną, ale przyjacielem. W końcu do kogo biega z listami z kryminału? Do niego… Razem czytają te listy… Jurze serce krwawi, ale wysłuchuje tego… Miłość jest cierpliwa… miłość nie zazdrości… nie unosi się gniewem, nie pamięta złego… Nie wszystko oczywiście przebiega tak pięknie, jak pani teraz opowiadam… Ich życie to nie balon z gumy do żucia… Jura chciał się zastrzelić… uciec, dokąd oczy poniosą… Tam dochodziło do krwistych i cielesnych scen. Ale Jura ją kocha…

O obserwacji

Zawsze ją kochałem… Jeszcze od czasów szkolnych. Potem wyszła za mąż i wyjechała do miasta. A ja ją kochałem.

To było rankiem… Siedzieliśmy z mamą przy stole, piliśmy herbatę. Widzę przez okno, że Lena idzie z niemowlęciem na ręku. Mówię wtedy: „Mamo, idzie tu moja Lena. Mnie się zdaje, że przyszła do mnie na zawsze". Od tego dnia byłem wesoły i szczęśliwy, a nawet… przystojny… Kiedy się pobraliśmy, byłem po prostu w siódmym niebie. Całowałem swoją obrączkę, którą od razu następnego dnia zgubiłem. To dziwne, bo tak dobrze siedziała na palcu, ale podczas pracy otrzepałem rękawicę, a kiedy zacząłem ją wkładać, to zobaczyłem, że obrączki nie ma. Szukałem jej i nie znalazłem. A Lena swoją nosiła, obrączka siedziała na palcu dosyć luźno, ale nigdy Lenie nie upadła, chyba że sama ją zdjęła…

Zawsze we dwoje… Tak właśnie żyliśmy! Lubiliśmy chodzić razem do źródła, ja niosłem wiadra, a ona obok. „Teraz ja ci pobrzęczę". Coś opowiadała… Z pieniędzmi było nie najlepiej, ale pieniądze to jedna sprawa, a szczęście całkiem inna. Jak tylko zaczynała się wiosna, to u nas w domu zawsze stały kwiaty, najpierw tylko ja przynosiłem, a potem dzieci podrosły i przynosiliśmy razem. Wszyscy kochaliśmy mamę. Była wesoła, grała na pianinie (uczyła się w szkole muzycznej). Śpiewała. Układała bajki. Przez jakiś czas był u nas telewizor, dostaliśmy go w prezencie. Dzieci tkwiły ciągle przed ekranem, nie można ich było oderwać i zrobiły się jakieś agresywne, obce. Lena wzięła i zalała go wodą, jak akwarium. Telewizor się spalił. „Dzieci, patrzcie lepiej na kwiaty, na drzewa. Rozmawiajcie z tatą i z mamą". Nasze dzieci się nie pogniewały, bo to mama powiedziała...

Rozwód... Sędzia pyta:

– Dlaczego chcą się państwo rozwieść?

– Mamy różne poglądy na życie.

– Mąż pije? Bije?

– Nie pije i nie bije. Mój mąż to wspaniały człowiek.

– To dlaczego chce się pani rozwieść?

– Nie ma między nami miłości.

– To nie jest istotny powód.

Dali nam rok na to, żebyśmy przemyśleli sprawę...

Faceci śmiali się ze mnie. Radzili, żeby wypędzić ją z domu, oddać do szpitala dla wariatów... No bo czegóż to jej brakuje? A takie rzeczy zdarzają się każdemu. Smutek, jak dżuma, dosięga wszystkich. Jedzie się pociągiem, patrzy przez okno i robi się smutno. Piękno dookoła, że oczu oderwać nie można, a łzy ciekną i nie wiadomo, co ze sobą zrobić. Tak, to rosyjska tęsknota... Nawet jeśli człowiek właściwie wszystko ma, to i tak mu czegoś brakuje. Ale żyje dalej. Wszyscy jakoś to znoszą. A ona: „Ty, Jura, jesteś bardzo dobry, jesteś mi najlepszym przyjacielem. On spędził w więzieniu połowę życia, ale ja go potrzebuję. Kocham go. Jak mnie nie puścisz, to umrę. Będę robiła wszystko, jak należy, ale będę martwa". Los taki już bywa...

Zostawiła nas i pojechała. Dzieci tęskniły i długo płakały, zwłaszcza najmniejszy. Nasz Matwiejek... Czekały ciągle na mamę i teraz też czekają. Ja też czekam. Napisała do nas: „Tylko nie sprzedawajcie pianina". To jedyna cenna rzecz w naszym domu, zostało jej po rodzicach. Ukochane pianino... Całą rodziną usiądziemy wieczorem, a ona nam gra... Czyż mógłbym je sprzedać dla pieniędzy? Przecież ona nie może wyrzucić mnie ze swojego życia, zostawić tam pustego miejsca, to niemożliwe. Przeżyliśmy razem piętnaście lat, mamy dzieci. Ona jest dobra, ale inna. Jakaś nieziemska... Jest ulotna... lekka... A ze mnie człowiek ziemski. Jestem z tych, którzy chodzą po ziemi...

Napisano o nas w miejscowej gazecie. Potem zaprosili do Moskwy, do telewizji. Tam jest tak, że siedzi się jakby na scenie i opowiada o sobie, a na sali siedzą widzowie. Potem dyskusja. Wszyscy strasznie na Lenę pomstowali, zwłaszcza kobiety: „Maniaczka! Nimfomanka!". Gotowe były ją ukamienować. „To patologia, to niedopuszczalne". Pytania do mnie... Nokaut po nokaucie... „Ta chutliwa suka, która zostawiła pana i dzieci, nie jest warta nawet pańskiego małego palca. Pan jest święty. Kłaniam się panu nisko, aż do nóg, w imieniu wszystkich kobiet rosyjskich..." Chcę odpowiedzieć... Zaczynam... A oni: „Pański czas się skończył". Wtedy zacząłem płakać. Wszyscy pomyśleli, że to z żalu nad sobą, że taki się czuję skrzywdzony. A ja płakałem dlatego, że oni są tacy mądrzy, wykształceni, mieszkają w stolicy i nic nie rozumieją.

Będę na nią czekał tyle, ile będzie trzeba. Tak długo jak ona zechce... Nie umiem sobie wyobrazić innej kobiety koło siebie. A czasem... nagle poczuję pragnienie...

Z rozmów na wsi

– Lena to anioł...

– Kiedyś takie zamykali w komórce albo brali i... lejcami!...

– Gdyby odeszła do bogatego, toby jeszcze można było zrozumieć. Z bogatymi ciekawsze życie. A jaki może być związek z bandytą? I to jeszcze z dożywociem. Dwa widzenia rocznie i tyle. Ot i cała miłość.

– Romantyczna natura. Niech sobie pojeździ.

– My to już mamy we krwi – litować się nad nieszczęsnymi. Mordercami i pijaczyskami. Człowieka taki zarżnie, a oczy ma jak u niemowlęcia. No i żal się robi takiego.

– Ja to w ogóle nie wierzę mężczyznom, a już tym bardziej zekom. Oni się tam nudzą w więzieniu. Chcą się rozerwać.

Gryzmolą przez kalkę: moja ty łabędzico biała, marzę o tobie, moje ty światełko... A jakaś durna uwierzy i pędzi, żeby go ratować: taszczy mu furę jedzenia, że ledwie może unieść, posyła pieniądze. I czeka. A tamten wychodzi na wolność, przyjeżdża do niej, poje, popije, pieniądze wyprosi – i któregoś pięknego dnia się ulotni. Baj, baj!

– Dziewczyny, to jest taka miłość! Jak w kinie!

– Poszła za mąż za mordercę, a dobrego męża zostawiła. No a poza tym dzieci ma... trzech chłopaków... No, choćby na bilet, przecież na koniec świata musi do tamtego jechać – skąd na to wzięła pieniądze? Cały czas od ust odejmuje swoim dzieciom. Jak pójdzie do sklepu, to zaraz ma problem: kupić im bułeczkę czy nie kupić?

– Żony niech będą poddane mężom swoim... Mąż i żona razem idą ku Chrystusowi. Bo tak zwyczajnie, po prostu – to po co? Po co, jeśli nie mają takiego celu?

– Beze mnie, mówi Pan, nic nie możecie uczynić. A ona chce czynić coś własnym swoim rozumem. Pycha i tyle. Tam gdzie nie ma pokory, tam zawsze jest jakaś inna siła. Diabeł tam się miesza.

– Do klasztoru powinna iść, szukać drogi zbawienia. W krzyżu jest zbawienie. Tego krzyża człowiek sam nawet powinien szukać...

Dalszy ciąg mojej rozmowy z Irą Wasiljewą

Ja też ją pytałam:

– Lena, czy do ciebie dociera, że będziesz miała tylko dwa widzenia w roku?

– No i co z tego? Mnie to wystarczy. Będę z nim myślami. I uczuciem.

Jedzie się do niego daleko, na Północ. Na wyspę Ogniennyj. W XIV wieku uczniowie Siergija Radonieżskiego* szli i zago-

* Siergij Radonieżski (Sergiusz z Radoneża, 1314–1392) – mnich, odnowiciel życia zakonnego na Rusi. Święty rosyjskiego Kościoła prawosławnego, już za życia czczony jako cudotwórca.

spodarowywali lasy Północy. Przedzierając się przez gęstwinę, zobaczyli jezioro, a pośrodku jeziora – ogniste języki. To duch w taki sposób im się pokazał. Wozili łódkami ziemię... usypali na tym miejscu wyspę i zbudowali na niej klasztor. Klasztor miał ściany grube na półtora metra. W tym starym klasztorze znajduje się teraz więzienie dla najstraszniejszych morderców. Dla takich „z karą śmierci". Na drzwiach każdej celi wisi tabliczka z przestępstwem, którego dokonał jej mieszkaniec: zabił nożem sześcioletnią Anię... dwunastoletnią Nastię... Jak się coś takiego czyta, to wstręt człowieka ogarnia, a jak się wejdzie do środka, to zobaczy się zwyczajnego osobnika, który się z nami przywita. Jak poprosi papierosa, to go dostanie. „Co tam na wolności? My tu nawet nie wiemy, jaka pogoda". Bo oni siedzą za murami. Dookoła tylko lasy i bagna. Nikt nigdy stamtąd nie uciekł...

Pierwszy raz Lena przyjechała tam, nie mając pojęcia, że widzenia mogą jej nie dać. Zapukała do okienka, gdzie wydaje się dokumenty, i nikt nawet nie chciał jej wysłuchać. „Tam idzie naczelnik więzienia. Niech pani z nim rozmawia". Ona w te pędy do naczelnika:

– Proszę mi zezwolić na widzenie.

– Z kim?

– Przyjechałam do Wołodii Podbuckiego.

– Czyżby pani nie wiedziała, że tutaj przebywają szczególnie niebezpieczni przestępcy? Mają najsurowszy reżim: dwa widzenia do roku po trzy dni i trzy krótkoterminowe: po dwie godziny. Dopuszczamy tylko najbliższych krewnych: matkę, żonę, siostrę. A pani kim jest dla niego?

– Ja go kocham.

No to wszystko jasne, od czubków. Naczelnik chce odejść, ale ona trzyma go za guzik:

– Niech pan zrozumie, ja go kocham.

– Pani jest dla niego kimś zupełnie obcym.

– To niech mi pan pozwoli po prostu na niego popatrzeć.

– A co, nie widziała go pani?

Wtedy już strażnicy ich otoczyli, wszyscy rozbawieni, patrzą, co to za jakaś głupia przyjechała. Cha, cha... A ona dalej im opowiada o tym, co jej się przyśniło, kiedy miała osiemnaście lat, o mężu i trojgu dzieciach, i o tym, że ona tego człowieka kocha przez całe życie. Jej szczerość i uczciwość przebiją każdy mur. Przy niej człowiek nabiera wrażenia, że chyba z jego normalnym życiem coś jest nie w porządku, że jest ordynarny, że słuch ma przytępiony. Naczelnik więzienia to niemłody chłop, pracę ma taką, że... różne rzeczy już widział... Wczuł się w jej sytuację:

– Skoro już pani z tak daleka przyjechała, to dam pani sześć godzin na spotkanie, ale będzie przy pani strażnik.

– Mogą być nawet dwie godziny! Ja i tak nikogo prócz niego nie będę widziała...

Wszystko co w niej jest nadmiernego, maksymalistycznego, wylała na tego Wołodię: „Rozumiesz, jaka jestem szczęśliwa... Czekałam na ciebie całe życie, i w końcu jesteśmy razem". Tamten oczywiście na coś takiego nie był przygotowany. Do niego już przyjeżdżała jakaś baptystka, miał z nią romans. Co do niej, to wszystko wiadomo – zwyczajna młoda kobita, której się życie nie ułożyło. Potrzebuje faceta, pieczątki w dowodzie, że jest zamężna. A tutaj taki napór, taki poryw! Kiedy tak człowieka chcą całego porwać, to każdy by się przestraszył. Wszystko to przekraczało skalę, której zdolny był użyć jego mózg...

– Proszę cię – mówi Lena – pozwól mi wyjść za ciebie. Żeby mnie wpuszczali do ciebie i żebym cię mogła widywać. Więcej mi nic nie trzeba.

– Ale ty przecież jesteś zamężna...

– To się rozwiodę. Kocham ciebie jednego. Miała ze sobą torbę z jego listami, pełnymi rysunków – helikoptery, kwiatki... Ani na chwilę nie mogła się z nimi rozstać. To apogeum jej szczęścia, bo przez całe życie pragnęła absolutu, absolut zaś może istnieć tylko na piśmie, może się w pełni zrealizować tylko na papierze. Na ziemi, w łóżku go nie ma. Próżno go tam szukać. Wszystko, co dotyczy innych ludzi – rodzina, dzieci – jest kompromisem...

Jakby ją ktoś prowadził... Jaka to siła? Jaką naturę ma ten sen?

*

...Myśmy też byli na wyspie Ogniennyj. Do tego potrzeba było wielu papierów i zezwoleń z okrągłymi pieczęciami. Wielu telefonów. Przyjeżdżamy... A Wołodia przyjmuje nas najeżony: „Po co ten *show*?". Wiele lat spędził w samotności, odwykł od ludzi. Zrobił się podejrzliwy, nie ufa nikomu. Dobrze, że z nami była Lena, brała go za rękę i mówiła: „Wołodieńka". Wtedy robił się jak aksamit. Razem namówiłyśmy go, a może sam na to wpadł, w końcu to bystry chłopak – co dwadzieścia pięć lat w wyjątkowych wypadkach zdarza się amnestia. Jeśli powstanie film, to on stanie się miejscową sławą, co może mu potem pomóc... Oni tam wszyscy chcą żyć... Nie lubią rozmawiać o śmierci...

Od tego zaczęliśmy...

O Bogu

Siedziałem w pojedynce, czekałem na rozstrzelanie. Dużo myślałem... Kto człowiekowi pomoże w czterech ścianach? Czas nie istniał, to była jakaś abstrakcja. Doświadczyłem takiej pustki... No i w pewnej chwili mi się wyrwało: „Jeśli jesteś, Boże, to pomóż mi! Nie zostawiaj mnie! Nie proszę o cud, pomóż tylko, żebym zrozumiał wszystko, co się ze mną stało". Ukląkłem i modliłem się. Bóg nie każe długo czekać tym, którzy się do Niego zwracają...

Niech pani przeczyta akta mojej sprawy... Zabiłem człowieka. Miałem osiemnaście lat. Dopiero co skończyłem szkołę, pisałem wiersze. Chciałem pojechać na studia do Moskwy. Chciałem studiować i zostać poetą. Mieszkaliśmy z mamą we dwoje. Pieniędzy w domu nie było, na naukę musiałbym zarobić. Zatrudniłem się w warsztacie samochodowym. Wieczorami we wsi były zabawy... No i zakochałem się w pewnej ładnej dziewczynie. Zabujałem się na całego. Wracamy z zabawy... Zima... śnieg... Już się choinki świecą w oknach, zbliżał się Nowy Rok. Nie byłem pijany. Idziemy, rozmawiamy. Cha, cha... chi, chi... Ona pyta:

– A ty naprawdę mnie kochasz?

– Kocham cię bardziej niż swoje życie.

– A co mógłbyś dla mnie zrobić?

– Mogę się zabić.

– Siebie, wiadomo. A czy mógłbyś dla mnie zabić pierwszego napotkanego człowieka?

Czy to żart taki miał być… czy taka suka mi się trafiła… Już jej nie pamiętam, nawet twarz zapomniałem, do więzienia nie napisała ani razu. Możesz zabić? Powiedziała tak – i w śmiech. No a ja – bohater! Musiałem dowieść swojej miłości. Wyrwałem sztachetę z płotu… Noc. Ciemno. Stoję i czekam. Ona też. Długo nikt się nie pokazał, w końcu zobaczyłem, że jakiś człowiek idzie z naprzeciwka. A ja mu po głowie – bach! Raz uderzyłem, drugi… Upadł. A ja go jeszcze na ziemi… dobiłem tym kołkiem… Okazało się, że to był nasz nauczyciel…

Początkowo skazali mnie na rozstrzelanie… Pół roku później artykuł z rozstrzelaniem zamienili mi na dożywotnie więzienie. Matka się mnie wyrzekła. Siostra pisała przez jakiś czas, potem przestała. Od dawna jestem sam… W tej zamkniętej na kłódkę celi odsiedziałem już siedemnaście lat. Siedemnaście lat! Jak się weźmie drzewo albo jakieś zwierzę, to one nic nie wiedzą o czasie. Pan Bóg za nie myśli. Tak samo ze mną… Pospałem, zjadłem, wyprowadzili na spacer… Niebo widzę tylko przez kratę. W celi mam łóżko, taboret, kubek, łyżkę… Inni żyją wspomnieniami… A co ja mam wspominać? Nie miałem nic, nawet pożyć nie zdążyłem. Oglądam się za siebie, a tam tylko ciemność, czasem gdzieś zapali się żarówka. Najczęściej widzę mamę… albo przy oknie w kuchni, albo przy kuchence… A poza nią wszędzie ciemność…

Zacząłem czytać Biblię… Nie mogłem się oderwać… Cały dygotałem… Rozmawiałem z Nim. Pytałem: „Za co mnie tak ukarałeś?". Człowiek dziękuje Bogu za radość, a kiedy zdarzy się nieszczęście, to lamentuje: „Za co?". Nie chce zrozumieć sensu tego, co mu Bóg zesłał. Nie chce ofiarować Mu swojego życia…

Nagle przyjechała Lena… Przyjeżdża i mówi: „Kocham cię". Przede mną otworzył się świat… Mogłem wyobrazić sobie wszystko… Rodzinę, dzieci… Z zupełnego mroku trafiłem do jaskrawego światła… byłem otoczony światłem… Co prawda, sytuacja normalna nie była: ma męża, trójkę dzieci, a wyznaje obcemu mężczyźnie miłość, pisze listy. Gdybym był na miejscu jej męża… to już bym!

– Ty nie jesteś przypadkiem nawiedzona? – pytałem.

– Miłość nie może się obejść bez poświęceń! Bo inaczej – co to za miłość?

Nie wiedziałem… skąd mogłem wiedzieć, że są takie kobiety? Skąd w więzieniu? Tu są ludzie, są suki, i tyle. A tu nagle trafia się ktoś, kto nie pozwala w nocy zamknąć oczu… Jak przyjeżdża, to i śmieje się, i płacze. No i zawsze jest piękna.

Prędko się zarejestrowaliśmy. A potem zapragnęliśmy wziąć ślub cerkiewny… w więzieniu jest sala do modlitwy… Może anioł stróż spojrzy w naszą stronę…

Zanim spotkałem Lenę, nienawidziłem wszystkich kobiet, myślałem, że miłość to jedynie sprawa hormonów. Cielesne pożądanie… A ona nie boi się tego słowa, często je powtarza: „Kocham! Kocham!". Ja wtedy siedzę i ani drgnę. Ale wszystko… jakby pani to powiedzieć… Nie jestem przyzwyczajony do szczęścia. Czasem jej wierzę. Chcę wierzyć, że to prawda, że mnie można pokochać. Różnica między mną a resztą ludzi jest tylko taka, że oni uważają się za przyzwoitych. Człowiek jednak nie zna siebie; gdyby poznał, toby się przestraszył. Czyż kiedyś pomyślałbym, że mogę… że ze mnie może wyskoczyć bestia?… Nigdy! Myślałem, że jestem porządny. Gdzieś tam u mamy powinny być zeszyty z moimi wierszami, o ile ich nie spaliła. Ale czasem… Robi się strasznie… Zbyt długo siedziałem sam, zastygłem w takim stanie. Normalne życie toczy się daleko ode mnie. Zrobiłem się dziki, zły… Czego się boję? Boję się, że nasza historia to tylko film, a tego nie chcę. Może dopiero zacząłem żyć… Pragnęliśmy mieć dziecko… Lena zaszła w ciążę. Ale poroniła. Bóg przypomniał mi o moich grzechach…

Strasznie jest… Tak strasznie, że raz chcę się zabić, a drugi raz… „Boję się ciebie" – mówi Lena. I nie odchodzi… No i ma pani film! Taki film…

– To wariactwo! Wariactwo! Paniusia powinna iść do psychologa...

– O takich kobietach dotąd czytałem tylko w książkach, o żonach dekabrystów... Literatura! A w życiu... Lena jest jak dotąd jedyną taką osobą, jaką spotkałem. No i oczywiście początkowo jej nie wierzyłem. Myślałem: „Może nienormalna?". A potem coś we mnie się odmieniło... Jezusa też ludzie mieli za szaleńca. Przecież ona jest bardziej normalna niż wszyscy normalni!

– Kiedyś przez całą noc nie mogłem spać. Przypomniało mi się, że też miałem taką kobietę, która mnie bardzo kochała...

– To jej krzyż. Wzięła go i niesie. Prawdziwa rosyjska baba!

– Wołodię znam... Narzeczony! Taki sam gnojek jak ja. Bardzo się o nią boję. Ona nie z tych, które się zarejestrują w urzędzie, a potem żyją, jak chcą. Ona będzie się naprawdę starała być żoną. A co on może jej dać? Tutaj nie ma takiej możliwości. Są tylko krwawe widziadła. Mamy tylko jeden wybór, nie brać, nie przyjmować żadnej ofiary. Cały sens naszego życia tutaj to nie brać. No, ale jeśli już się bierze, to znowu kogoś się okrada...

– Przecież ona jest szczęśliwa. I nie boi się być szczęśliwą.

– Przecież w Biblii... Bóg nie jest tam nazwany dobrocią ani sprawiedliwością... Tam się mówi, że On jest miłością...

– Nawet ksiądz... Przychodzi i podaje mi rękę przez kratę, i czym prędzej ją cofa, nawet o tym nie wie, ale ja widzę. Wszystko jasne – mam krew na rękach... A ona została żoną mordercy, zaufała mu, chce z nim dzielić wszystko. I każdy z nas teraz myśli: to znaczy, że nie wszystko skończone. Gdybym się o niej nie dowiedział, byłoby mi tutaj o wiele ciężej.

– Jaka przyszłość ich czeka? Żadnej wróżce nie dałbym złamanego grosza...

– Pojeby! Jakie tutaj mogą być cuda? Życie to nie statek pod białymi żaglami. Tylko kupa gówna w czekoladzie.

– Tego, czego ona szuka, czego potrzebuje, nie jest w stanie jej dać żaden człowiek. To może tylko Bóg.

W więzieniu wzięli ślub prawosławny. Wszystko było jak sobie wyobrażała Lena: zapalone świece, złote obrączki... Chór cerkiewny śpiewał: „Raduj się, Izajaszu..."

Kapłan: Czy ty, Władimirze, masz dobrą i nieprzymuszoną wolę wziąć sobie za żonę tę oto Jelenę, którą tu widzisz przed sobą?

Narzeczony: Tak, ojcze duchowny.

Kapłan: Czy nie ślubowałeś innej narzeczonej?

Narzeczony: Nie ślubowałem, ojcze duchowny.

Kapłan: Czy ty, Jeleno, masz dobrą i nieprzymuszoną wolę wziąć sobie za męża tego oto Władimira, którego tu widzisz przed sobą?

Narzeczona: Mam, ojcze duchowny.

Kapłan: Czy nie ślubowałaś innemu mężczyźnie?

Narzeczona: Nie ślubowałam, ojcze duchowny.

Kapłan: Panie, okaż łaskę swoją...

Po roku znowu spotkałyśmy się z Irą Wasiljewą.

Jej opowieść

Nasz film pokazano w centralnej telewizji... Przyszły listy od widzów. Ucieszyłam się, ale... Coś jest nie w porządku ze światem, w którym żyjemy. Jak w tym dowcipie: ludzie u nas są dobrzy, tylko naród jakiś zły. Zapamiętałam: „Jestem za karą śmierci, za utylizacją ludzkich odpadków", „Takie potwory, jak pani bohater, superman-morderca, należy ćwiartować publicznie na placu Czerwonym, a w przerwach dawać reklamy snickersów", „Tacy ludzie mogą być tylko dostarczycielami organów... niech na nich testują nowe leki i kosmetyki...". Jeśli zajrzy się do słownika Dahla, to słowo dobroć (*dobrota*) pochodzi od słowa *dobrować* – żyć w dostatku, w obfitości dóbr... Wtedy jest i pewność, i godność... A tego wszystkiego nam brakuje. Zło nie pochodzi od Boga. Słowa świętego Antoniego Wielkiego: „Bóg nie jest sprawcą zła. Darował człowiekowi rozum, zdolność odróżniania dobra od zła...". Owszem, były... pamiętam, także piękne listy, jak ten: „Po pani filmie uwierzyłam w miłość. Bóg chyba mimo wszystko istnieje...".

Dokument to intryga... i pułapka... Dla mnie ten gatunek filmowy ma jedną, powiedziałabym, wrodzoną wadę: nakręci się film, a życie toczy się dalej. Moi bohaterowie nie są wymyśleni, ale żywi, realni, i nie zależą ode mnie – od mojej woli, moich wyobrażeń czy też mojego profesjonalizmu; moja obecność w ich życiu jest przypadkowa i chwilowa. Nie jestem wolna, tak jak oni. Gdybym mogła, to całe życie filmowałabym jednego człowieka. Albo też jedną rodzinę. Codziennie. Właśnie prowadzą dziecko za rękę... Jadą na daczę... Piją herbatę i rozmawiają, dzisiaj o tym, jutro o tamtym... Posprzeczali się... Kupili gazety... Popsuł się samochód... Skończyło się lato... Ktoś płacze... My niby w tym bierzemy udział, ale wiele spraw dzieje się bez nas. Koło nas. Uchwycić moment albo prześledzić jakiś odcinek czasu – to jest dla mnie za mało. Mało! Nie mogę... nie potrafię się rozstawać... Przyjaźnię się ze swoimi bohaterami, piszę do nich, dzwonię. Spotykamy się. Długo jeszcze dokręcam materiał, przed moimi oczami przewijane są nowe obrazy. W taki sposób „nakręciłam" dziesiątki filmów.

Oto jeden z tych filmów o Lenie Razdujewej. Mam u siebie notatnik z zapiskami. Coś w rodzaju scenariusza filmu, którego nie będzie...

...Cierpi z tego powodu, że tak robi, ale robić to – musi.

...Minęło kilka lat, zanim zdecydowała się przeczytać jego akta. Ale się nie przestraszyła. „To nic nie zmienia, ja i tak go kocham. Teraz wobec Boga jestem jego żoną. Zabił człowieka, bo mnie wtedy obok niego nie było. Muszę wziąć go za rękę i wyprowadzić stamtąd..."

...Przecież na Ogniennym siedzi były prokurator rejonowy, który razem z bratem zabił siekierą dwie kobiety – księgową i kasjerkę. Pisze książkę o sobie. Nie wychodzi nawet na spacery, szkoda mu czasu. Ukradli całkiem niedużą sumę pieniędzy. Dlaczego? Nie wie... Albo ślusarz, który zabił żonę i dwoje dzieci... Nigdy przedtem w ręku nie trzymał nic poza kluczem do nakrętek, a teraz całe więzienie jest obwieszone jego obrazami. Każdego z nich dręczą własne biesy, każdy chce się wypowiedzieć. Morderstwo jest dla katów taką samą tajemnicą, jak dla ich ofiar...

...Podsłuchana tam rozmowa...

– Myślisz, że Bóg istnieje?

– Jeśli istnieje, to znaczy, że śmierć nie jest końcem. Nie chcę, żeby On był.

...Co to jest miłość? Wołodia jest wysoki, przystojny, a Jura to karzełek... Przyznała mi się, że jako mężczyzna Jura nawet bardziej jej odpowiada... Powinna jednak... Ma takiego męża, któremu się przytrafiło nieszczęście. Musi go trzymać za rękę...

...Początkowo mieszkała we wsi z dziećmi. Dwa razy do roku jeździła na widzenia. On zażądał jednak, żeby rzuciła wszystkich i pojechała do niego.

– Zdradzasz mnie, czuję to, że mnie zdradzasz.

– Wołodieńka, jakże ja odejdę od dzieci? Matwiejek jest całkiem mały, potrzebuje mojej obecności.

– Jesteś chrześcijanką, powinnaś być pokorna, słuchać męża.

No więc zawiązała czarną chustę i mieszka obok więzienia. Pracy nie ma, ale ojczulek dał jej schronienie w miejscowej cerkwi. Sprząta tam. „A Wołodię mam obok... Czuję... czuję, że jest obok mnie..." „Nie obawiaj się – pisze do niego – jestem z tobą..." Już od siedmiu lat pisze do niego codziennie...

...Ledwie się pobrali, Wołodia zaczął się domagać, żeby pisała do wszystkich instancji: że jest ojcem wielodzietnej rodziny, że musi troszczyć się o dzieci. To jego szansa, żeby wydostać się na wolność. Lena jednak jest uczciwa... Zasiada do pisania i nie może pisać. Mówi: „On przecież zabił człowieka. Nie ma cięższego grzechu". Wtedy Wołodia urządza jej dzikie awantury. Potrzebna mu inna kobieta. Bogatsza i ustosunkowana. Ta nawiedzona już mu się sprzykrzyła...

...Kiedy trafił do kryminału, miał osiemnaście lat... Istniał wtedy jeszcze Związek Radziecki i żyło się po radziecku. Byli ludzie radzieccy. Panował socjalizm. On nie ma pojęcia, jak wygląda teraz kraj. Gdyby wyszedł teraz, to z hukiem rozbiłby się o to nowe życie! Ono mu dołoży, przecież Wołodia nie ma zawodu, krewni się odwrócili. A z kolei on jest pełen złości. Kiedyś w więzieniu posprzeczał się z więźniem, z którym razem pracował, i omal mu nie przegryzł gardła. Lena rozumie, że będzie musiała wywieźć go gdzieś daleko od ludzi. Marzy, że oboje zatrudnią się w leśnictwie. Będą mieszkać w lesie. Jak mówi – wśród drzew i niemych zwierząt...

...Wiele razy mówiła mi: „Wzrok mu się zrobił taki zimny, taki pusty. Kiedyś mnie zabije. Wiem, jaki będzie miał wzrok, kiedy mnie zabije". Ale ciągnie ją tam, ta otchłań ją wciąga. Dlaczego? Czyż sama nie widziała w sobie tych objawów? Ciemność wciąga...

...Ostatnim razem, kiedyśmy się spotkały, usłyszałam od niej: „Nie chcę żyć! Dłużej nie mogę!". Była jak w śpiączce, na wpół żywa...

Postanawiamy pojechać razem do Leny. Ona jednak niespodziewanie zniknęła. Nie daje znaku życia. Chodzą słuchy, że teraz mieszka w jakiejś odległej klasztornej pustelni. Z narkomanami, chorymi na AIDS... Wielu składa tam śluby milczenia.

O męstwie i po męstwie

Tania Kuleszowa – studentka, lat 21

Kronika wydarzeń

19 grudnia na Białorusi odbyły się wybory prezydenckie. Uczciwych wyborów nikt się nie spodziewał, wynik był z góry wiadomy: zwycięży Aleksandr Łukaszenka, który rządzi krajem już od szesnastu lat. W prasie światowej wyśmiewa się go, przezywając: „kartoflanym dyktatorem", „światowym kundelkiem", ale własny naród został jego zakładnikiem. Ostatni dyktator Europy... Łukaszenka nie ukrywa swoich sympatii do Hitlera, którego też długo nie traktowano serio i przezywano „kapralem" albo „czeskim gefrajtrem".

Wieczorem na plac Października (główny plac Mińska) wyszły dziesiątki tysięcy ludzi, protestując przeciwko fałszowaniu wyborów. Demonstranci żądali uznania oficjalnych rezultatów za nieważne i przeprowadzenia nowych wyborów bez Łukaszenki. Pokojowa akcja protestu została brutalnie zdławiona przez oddziały specnazu i OMON. W lasach niedaleko stolicy stało w pogotowiu wojsko...

Aresztowano w sumie siedmiuset demonstrantów, wśród nich siedmiu kandydatów na prezydenta, którzy mieli jeszcze zagwarantowaną nietykalność...

Po wyborach białoruskie służby specjalne pracują dniem i nocą. W całym kraju rozpoczęły się represje polityczne: areszty, przesłuchania, rewizje w mieszkaniach, w redakcjach opozycyjnych gazet i biurach organizacji obrony praw człowieka, konfiskaty komputerów i innego sprzętu biurowego. Wielu z tych, którzy siedzą w więzieniu przy ulicy Okriestina i w izolatorze KGB, grozi od czterech do piętnastu lat więzienia za „organizowanie masowych zamieszek" i „próbę zamachu stanu" – tak obecnie władze białoruskie określają uczestnictwo w pokojowej akcji protestacyjnej. W obawie przed prześladowaniami i umocnieniem się dyktatury setki ludzi uciekają z kraju...

Z publikacji prasowych, grudzień 2010 – marzec 2011

Kronika uczuć

„...szliśmy radośnie, szliśmy nie na serio"

Nie podaję tu swojego nazwiska, ale babci. Boję się... no jasne... Wszyscy chcą w nas widzieć jakichś bohaterów, a ja bohaterką nie jestem. Nie byłam na to przygotowana. W więzieniu myślałam tylko o mamie, o tym, że choruje na serce. O tym, co z nią będzie... Może zwyciężymy, potem będą o tym mówić podręczniki historii... A łzy naszych bliskich? Ich cierpienia? Idee to rzecz najsilniejsza, straszliwa, to niematerialna siła, nie sposób jej zważyć. Nie ma wagi... to inna materia... Coś staje się ważniejsze niż mama. Trzeba wtedy wybierać. A nie jest się akurat gotową... Teraz wiem, co to znaczy wejść do swojego pokoju i zobaczyć, że kagiebiści grzebali w naszych rzeczach, książkach... czytali nasz dziennik... (*Milknie*). Wybierałam się wczoraj do pani i akurat w tym czasie zadzwoniła mama. Kiedy powiedziałam jej, że mam się spotkać ze znaną pisarką, zaczęła płakać. „Siedź cicho. Nic nie opowiadaj". Popierają mnie nieznani ludzie, a rodzina, bliscy – nie. Ale mnie kochają...

Przed wiecem... Zbieraliśmy się wieczorem w akademiku i kłócili. O życie i o to, kto idzie na wiec, a kto nie idzie. Mam przypomnieć sobie, tak? O czym mówiliśmy? Mniej więcej tak...

– Idziesz?

– Nie idę. Bo mnie wyrzucą z uczelni i wezmą do woja. Potem będę zapieprzał z kałachem.

– A mnie, jeśli mnie wyrzucą, ojciec od razu wyda za mąż.

– Dosyć gadania, pora coś zrobić. Jak wszyscy będą się bali...

– Chcesz, żebym został Che Guevarą? (To słowa mojego obecnie już byłego chłopaka, o nim jeszcze opowiem).

– Łyk wolności...

– Pójdę, bo już mi obrzydło życie pod dyktaturą. Mają nas za bydło bez mózgu.

– No, a ja nie jestem bohaterem. Chcę studiować, czytać książki.

– Dowcip o „sowku": zły jak pies, a milczy jak ryba.

– Jestem małym człowieczkiem, nic ode mnie nie zależy. Nigdy nie chodzę na wybory.

– Jestem rewolucjonistą... pójdę... Rewolucja jest *cool*!

– Jakie ty masz ideały rewolucyjne? Nowa świetlana przyszłość – kapitalizm? Niech żyje rewolucja latynoamerykańska!

– Jak miałem szesnaście lat, to potępiałem rodziców, cały czas się czegoś bali, bo tato robił karierę. Myślałem, że są tępi, a my to dopiero goście! Wyjdziemy! I powiemy! Teraz jestem konformistą, takim samym jak oni. Prawdziwym konformistą. Zgodnie z teorią Darwina przetrwają nie najsilniejsi, ale najlepiej przystosowani do środowiska. Przeżywa średniak i przedłuża gatunek.

– Iść tam to znaczy być idiotą, a nie iść – jeszcze gorzej.

– Kto wam, tępym baranom, powiedział, że rewolucja oznacza postęp? Jestem za ewolucją.

– Czy biali, czy czerwoni... ja to wszystko mam gdzieś!

– Jestem rewolucjonistą...

– To na nic! Przyjadą wojskowe ciężarówki z ogolonymi na zero chłopakami, a ty dostaniesz pałą po łbie i tyle... Władza musi być twarda.

– Głos ma towarzysz mauzer... A ch.. z nim... Nikomu nie obiecywałem udziału w rewolucji. Chcę skończyć uczelnię i założyć własny biznes.

– Łeb trzeszczy!

– Strach to choroba...

Szliśmy radośnie, szliśmy nie na serio. Dużo się śmialiśmy, śpiewali piosenki. Strasznieśmy się samym sobie podobali. Nastrój był bardzo dobry. Jeden szedł z plakatem, inny z gitarą. Koledzy dzwonili do nas na komórki i mówili, co piszą ludzie w necie. Tak że byliśmy zorientowani... W ten sposób dowiedzieliśmy się, że podwórza w centrum miasta są pełne sprzętu wojskowego, żołnierzy i milicji. Pod miastem stacjonuje wojsko... Wierzyliśmy temu i zarazem nie wierzyli, nastrój się zmieniał, ale strachu żadnego nie czuliśmy. Nagle strach zniknął. Bo po pierwsze, było nas tylu... Dziesiątki tysięcy! Najrozmaitsi ludzie. Nigdy nas nie było tak wielu. Nie przypominam sobie... A po drugie, byliśmy u siebie. Ostatecznie to jest nasze miasto. Nasz kraj. W konstytucji zapisane są nasze prawa: wolność zgromadzeń, wieców, demonstracji, pochodów... Wolność słowa... Są prawa! Pierwsze niewystraszone pokolenie. Niebite. Niewystrzelane. A jeśli zamkną nas na piętnaście dni? Też mi coś! Będzie o czym pisać w „LiveJournal". Niech władza nie myśli, że jesteśmy stadem, które ślepo podąża za pastuchem! Że zamiast mózgu mamy telewizor. Na wszelki wypadek wzięłam ze sobą kubek, bo już wiedziałam, że w celi mają jeden kubek na dziesięć osób. Do plecaka włożyłam jeszcze ciepły sweter i dwa jabłka. Szliśmy i robili sobie nawzajem zdjęcia, żeby ten dzień zapamiętać. W maskach kolędników, ze śmiesznymi zajęczymi uszami, które się świeciły... takie chińskie zabawki. Niedługo przecież Boże Narodzenie... Padał śnieg... Było tak pięknie! Nie widziałam nikogo pijanego. Jeśli u kogoś widzieliśmy puszkę piwa w ręku, tośmy od razu mu je zabierali i wylewali. Na dachu jednego z domów zauważyliśmy człowieka. „Snajper! Snajper!" Wszyscy się śmiali, machali do niego: „Zeskocz! Chodź do nas!". Tak do śmiechu. Dawniej polityka mnie nie obchodziła, nigdy nie myślałam, że istnieją takie uczucia, że mogę ich doświadczać. Coś takiego przeżywałam tylko, słuchając muzyki. Muzyka jest dla mnie wszystkim, to rzecz nie do zastąpienia. Wszystko to było szalenie interesujące. Obok mnie szła kobieta... Nie wiem, czemu nie zapytałam o nazwisko. Pani by o niej napisała. Byłam zajęta czymś innym – dookoła jest wesoło, wszystko było dla mnie nowe. Ta kobieta szła z synem, mógł mieć ze dwanaście lat, ze szkoły. Pułkownik milicji to zobaczył i zwymyślał ją niemal wulgarnymi słowami, że jest złą matką. Szaloną. A wszyscy zaczęli jej i jej synkowi bić brawo. Spontanicznie, nikt nie nawoływał. To takie ważne... ważne, żeby o tym wiedzieć... Bo nam cały czas jest wstyd. Ukraińcy mieli swój Majdan, Gruzini „rewolucję róż". A z nas się śmieją: Mińsk, komunistyczna stolica, ostatnia dyktatura Europy. Teraz żyję z innym uczuciem – że jednak wyszliśmy. Nie przelękliśmy się. To jest ważne... najważniejsze...

No więc stoimy – my i oni. Tutaj jedni ludzie, tam inni. Dziwnie to wyglądało... Jedni z plakatami i portretami, a drudzy w szyku bojowym i w pełnym ekwipunku, z tarczami i pałkami. Stały tam barczyste chłopaki. Naprawdę przystojni faceci! I co, naprawdę będą nas bić? Mnie bić? To moi rówieśnicy, wielbiciele. Fakt! Wśród nich mam znajomych, chłopców z mojej wsi, oczywiście też muszą tu być. Od nas wielu wyjechało do Mińska i służy w milicji: Kolka Łatuszka, Alik Kaznaczejew... Normalni chłopcy. Tacy sami jak my, tylko w mundurach. I to oni na nas ruszą? Nie chciało mi się wierzyć... Absolutnie... Śmialiśmy się, zaczepiali ich. Agitowali: „Co, chłopaki, chcecie walczyć z narodem?". A śnieg pada i pada. Wtem... No, jak na defiladzie... Rozlega się komenda wojskowa: „Rozciąć tłum! Trzymać szyk!". Mózg nie podłącza się do rzeczywistości, nie od razu... No bo czegoś takiego nie może być... „Rozciąć tłum..." Przez jakiś czas było cicho. I zaraz potem dudnienie tarcz... rytmiczne dudnienie... Ruszyli... Szli szeregami i walili pałkami w tarcze, tak jak myśliwi płoszą zwierzynę. Zdobycz. Szli, szli i szli. Nigdy nie widziałam takiej liczby wojskowych, chyba w telewizji. Potem dowiedziałam się od swoich znajomych ze wsi, co im wbijają do głów – że nie wolno widzieć w demonstrantach ludzi. Szczują ich jak psy. (*Milknie*). Krzyki... płacz... Okrzyki: „Biją! Biją!". Zobaczyłam, że naprawdę biją. I wie pani, że bili z zapałem? Z satysfakcją. Zapamiętałam to, że właśnie z ochotą... jakby na treningu... Pisk dziewczyny: „Co ty robisz, potworze!". Bardzo wysoki głos. Załamał się. Było tak strasznie, że w pewnej chwili zamknęłam oczy. Miałam na sobie białą kurtkę, białą czapkę. Cała ubrana na biało.

„Mordą w śnieg, dziwko!"

Suka... Auto cudo. Zobaczyłam ją tam po raz pierwszy. Taki specjalny furgon do przewożenia aresztowanych. Wszystko obite stalą. „Mordą w śnieg, dziwko! A rusz się, to cię zabiję!" Leżałam na asfalcie... Nie leżałam sama, wszyscy nasi byli tam... Miałam pustkę w głowie... Brakowało myśli... Jedynym realnym doznaniem było zimno. Kopniakami i ciosami pałek każą nam wstać i pchają do suk. Najwięcej dostają mężczyźni, im starają się zadawać ciosy w krocze. „Daj im po jajach, po jajach! Po mordzie!" „Po gnatach wal". „Wpierdol mu!" Walili nas i w trakcie tego filozofowali: „Chuj z waszą rewolucją!", „Za ile dolarów sprzedałeś ojczyznę, gnoju?". Suka – dwa na pięć metrów – ma pomieścić dwadzieścia osób, jak twierdzą znawcy, ale nas tam wepchnęli ponad pięćdziesiątkę. Trzymajcie się, astmatycy i chorzy na serce! „Nie patrzeć przez okna! Głowy nisko!" Same przekleństwa... wulgarne... Przez nas, „niedorobionych głupków", którzy „sprzedali się Jankesom", dzisiaj nie zdążyli na mecz piłki nożnej. Cały dzień trzymano ich w krytych samochodach. Pod brezentem. Sikali do celofanowych worków i prezerwatyw. Wyskoczyli głodni i źli. Tak w ogóle nie muszą być złymi ludźmi, ale dostali role katów. Normalni z pozoru chłopcy. Małe śrubki w systemie. Bić albo nie bić – o tym decydują inni, ale to właśnie oni biją... najpierw biją, a potem myślą, może zresztą w ogóle nie myślą. (*Milknie*). Długo dokądś nas wieźli, to w jedną stronę, to z powrotem. Dokąd? Kompletna niewiadoma. Kiedy drzwi się otwarły i ludzie spytali: „Dokąd nas wieziecie?", dostali odpowiedź: „Do Kuropat" (miejsce masowych grobów ofiar represji stalinowskich). To takie ichnie żarty sadystów. Długo wozili nas po mieście, bo wszystkie więzienia były przepełnione. Nocowaliśmy w suce. Na dworze minus dwadzieścia stopni, a my w stalowej skrzynce. (*Milknie*).

Powinnam ich nienawidzić. Ale ja nikogo nie chcę nienawidzić. Nie jestem na to gotowa.

W ciągu nocy straż zmieniła się kilka razy. Nie pamiętam twarzy, w mundurach wszyscy wyglądają tak samo. A jednego... tego nawet dzisiaj poznałabym na ulicy, poznałabym po oczach. Nie był stary ani młody, mężczyzna jak mężczyzna, nic specjalnego. Co robił? Otwierał drzwi suki na oścież i długo trzymał otwarte, cieszyło go to, że zaczynaliśmy drżeć z zimna. Wszyscy w kurteczkach, tanich butach, sztucznym futerku. A on patrzył na nas i uśmiechał się. Nie miał takiego rozkazu, działał sam. Z własnej inicjatywy. A inny milicjant wsunął mi snickersa. „Masz, weź. No i czegoś się pchała na ten plac?" Podobno, żeby to zrozumieć, trzeba czytać Sołżenicyna. Kiedy chodziłam do szkoły, pożyczyłam w bibliotece *Archipelag GUŁag*, ale mi wtedy nie pasował. Gruba, nudna książka. Przeczytałam pięćdziesiąt stron i rzuciłam... Coś strasznie odległego, jak wojna trojańska. Stalin – wytarty temat. Mnie i moich kolegów mało to interesowało...

Pierwsze, co się z człowiekiem dzieje w więzieniu... Wywalają z torebki moje rzeczy. Jakie to uczucie? Jakby mnie rozbierali... Rozbierają zresztą i w dosłownym sensie. „Zdjąć bieliznę. Rozstawić nogi na szerokość ramion. Przysiąść". Czego szukali w moim odbycie? Traktowali nas jak kryminalistów. „Twarzą do ściany! Patrzeć na podłogę!" Cały czas kazali patrzeć na podłogę. Strasznie tego nie lubili, jak się im patrzyło w oczy. „Twarzą do ściaaanyyy! Co powiedziałem? Twarzą do ściaanyy!" Zawsze w szeregu... Nawet do ubikacji prowadzili w szeregu. „Stanąć w kolumnie, jedna za drugą". Żeby to wszystko wytrzymać, postawiłam barierę: tu my, a tam oni. Przesłuchanie, śledczy, zeznania... Na przesłuchaniu:

– Masz podpisać, że „całkowicie uznaję swoją winę".

– A co ja takiego zrobiłam?

– Jak to? Nie rozumiesz? Brałaś udział w masowych zamieszkach...

– To była spokojna akcja protestacyjna.

Zaczynają się naciski: wyrzucą cię z uczelni, mamę zwolnią z pracy. Jak może być nauczycielką, jeśli ma taką córkę. Mama! Cały czas myślałam o mamie... Oni się tego domyślili, więc każde przesłuchanie zaczynało się od stwierdzeń: „Mama płacze", „Mama jest w szpitalu". I znowu: wymień nazwiska... Kto szedł obok ciebie? Kto rozdawał ulotki? Podpisz... Wymień... Obiecują, że nikt się o tym nie dowie i od razu puszczą mnie do domu. Trzeba wybierać... „Niczego wam nie podpiszę". A po nocach płakałam. Mama jest w szpitalu... (*Milknie*). Łatwo zostać zdrajcą, jeśli się kocha mamę... Nie wiem, czy wytrzymałabym jeszcze miesiąc. Śmiali się: „No co, Zoju Kosmodiemianska*?". Młodzi chłopcy, weseli. (*Milknie*). Strach mnie zdejmuje... Z takimi ludźmi chodzi się do tych samych sklepów, siedzi w tych samych kawiarniach, jeździ tym samym metrem. Wszędzie razem. W zwykłym życiu nie ma wyraźnej granicy między „nami" a „nimi". Jak ich rozpoznać? (*Milknie*). Dawniej żyłam w dobrym świecie, teraz go nie ma i już nie będzie.

Okrągły miesiąc w celi... Przez cały ten czas nie widziałam lustra. Miałam takie małe, ale po rewizji zniknęło z torebki. Przepadła portmonetka z pieniędzmi. Cały czas chciało mi się pić. Pragnienie było nieznośne! A pić dawali tylko podczas posiłku, kiedy indziej radzili nam: „Pijcie z ubikacji". I rechotali. Sami pili fantę. Miałam wrażenie, że już nigdy się nie napiję, a jeśli wyjdę na wolność, to całą lodówkę napełnię wodą mineralną. Wszystkie śmierdziałyśmy... Nie było się gdzie umyć... Któraś z nas miała mały flakonik perfum, przekazywałyśmy to sobie i wąchały. A gdzieś tam nasi koledzy pisali konspekty, siedzieli w bibliotece. Zdawali na zaliczenie. Przypominały się nie wiadomo dlaczego różne głupstwa... Nowa sukienka, której nie miałam na sobie ani razu... (*Śmieje się*). Dowiedziałam się, że radość może sprawić taki drobiazg jak cukier albo kawałek mydła. W celi pięcioosobowej o powierzchni trzydziestu dwóch metrów siedziało siedemnaście osób. Trzeba było nauczyć się

* Patrz przypis na s. 276.

żyć na dwóch metrach. Ciężko było zwłaszcza nocą, nie było czym oddychać. Długo nie mogłyśmy zasnąć. Rozmawiałyśmy. W pierwszych dniach o polityce, a potem tylko o miłości.

„...nie chce się wierzyć, że oni to robią dobrowolnie"
(*rozmowy w celi*)

– Wszystko odbywa się według tego samego scenariusza... Wszystko się ciągle powtarza. Ludzie to stado. Stado antylop. A władza to lwica. Lwica wybiera ze stada ofiarę i zabija ją. Reszta przeżuwa trawę, zerkając na lwicę, która właśnie wybiera kolejną ofiarę, i wszystkie z ulgą wzdychają, kiedy lwica ją powali. „To nie mnie! Nie mnie! Mogę żyć dalej".

– Lubiłam rewolucję z muzeum... Byłam romantycznie usposobiona. Bawiłam się w bajkę. Nikt mnie nie wezwał, sama poszłam na plac. Chciałam bardzo zobaczyć, jak robi się rewolucję. Dostałam za to pałką po głowie i po nerkach. Na ulice wyszła młodzież, to była „rewolucja dzieci" – tak to nazwano. Tak teraz mówią. A nasi rodzice zostali w domu. Siedzieli w kuchniach i mówili o tym, żeśmy tam poszli. Przeżywali to. Dla nich to było coś strasznego, ale my nie mamy radzieckich wspomnień. Myśmy tylko czytali w książkach o komunistach, nie czuliśmy strachu. W Mińsku mieszkają dwa miliony ludzi, ile nas wyszło? Trzydzieści tysięcy... A tych, którzy patrzyli, jak szliśmy, było więcej: stali na balkonach, trąbili klaksonami, dodawali odwagi: no brawo, tak trzymać! Zawsze więcej jest takich, co siedzą z puszką piwa przed telewizorem. I to wszystko... Dopóki na ulicach jesteśmy tylko my, kulturalni romantycy, nie ma rewolucji...

– Myślicie, że wszystko trzyma się dzięki strachowi? Dzięki milicji i pałkom? Mylicie się. Kat z ofiarą mogą się dogadać. To zostało u nas od czasów komunistycznych. Istnieje milcząca zgoda. Kontrakt. Wielki układ. Ludzie wszystko rozumieją, ale milczą. Za to chcą dostawać przyzwoitą pensję, kupić sobie choćby używane audi i odpoczywać w Turcji. Niech kto spróbuje rozmawiać z nimi o demokracji, o prawach człowieka... To dla nich chińszczyzna! Ci, którzy żyli w epoce radzieckiej, od razu zaczynają wspominać: „Nasze dzieci myślały, że banany rosną w Moskwie. A popatrzcie teraz, co jest... Sto gatunków kiełbasy! Na co nam jeszcze jakaś wolność?". Wielu nawet dzisiaj chciałoby wrócić do Związku Radzieckiego, tylko pod warunkiem, że będzie pełno kiełbasy.

– A ja tutaj dostałam się przypadkowo... Znalazłam się na placu z przyjaciółmi, dla towarzystwa, zapragnęłam pobawić się wśród plakatów i baloników. Ale jeśli mam być szczera, to mi się tam jeden chłopak spodobał. A naprawdę tylko patrzę na wszystko z boku. Wyrzuciłam z głowy wszelką politykę. Kurde, dość mam już tej walki dobra ze złem...

– Zapędzili nas do jakiegoś baraku. Przez całą noc staliśmy twarzą do ściany. Rano słyszymy komendę: „Na kolana!". Klękamy. Komenda: „Powstań! Ręce do góry!". To ręce za głowę, to znowu sto przysiadów. To kazali stać na jednej nodze... Dlaczego to robili? Po co? Jak ich zapytasz, nie odpowiedzą. Pozwolili im... Poczuli władzę... Dziewczynom niedobrze się robiło, mdlały. Jak pierwszy raz wezwali mnie na przesłuchanie, to śmiałam się śledczemu w twarz, dopóki mi nie powiedział. „Ja cię tu zaraz, dziecinko, wyrucham we wszystkie dziury, a potem wsadzę do celi z kryminalistami". Nie czytałam Sołżenicyna, i jak sądzę, śledczy też nie czytał. Ale wszystko wiedzieliśmy...

– Mój śledczy był wykształconym człowiekiem, skończył ten sam uniwersytet co ja. Okazało się, że lubimy te same książki: Akunina, Umberto Eco... „A ty skąd – pyta – mi tu spadłaś? Miałem do czynienia z korupcjonistami. To miłe zajęcie! Wiadomo, kogo ma się przed sobą. A pani..." Niechętnie robi swoje, wstydzi się tego, ale robi. Takich jak on są tysiące: to urzędnicy, śledczy, sędziowie. Jedni biją, drudzy kłamią w gazetach, trzeci aresztują, wydają wyroki. Tak mało potrzeba, żeby uruchomić stalinowską machinę.

– W naszej rodzinie przechowujemy stary gruby brulion. To dziadek spisał historię swego życia dla dzieci i wnuków. Opowiedział, jak przeżył czasy stalinowskie. Zamknęli go do więzienia i torturowali: wkładali maskę gazową i odcinali dopływ tlenu.

Rozbierali i wsadzali mu do odbytu żelazny pręt albo klamkę... Chodziłam do dziewiątej klasy, kiedy mama dała mi ten zeszyt, mówiąc: „Jesteś już dorosła. Powinnaś o tym wiedzieć". A ja nie rozumiałam – właściwie dlaczego?

– Jeśli wrócą łagry, to znajdą się i strażnicy. Będzie ich mnóstwo! Jednego pamiętam dobrze... Patrzę mu w oczy – niby normalny facet, a piana cieknie mu z ust. Poruszali się jak we śnie, jak w transie. Walili na prawo i lewo. Jakiś mężczyzna upadł, a oni przykryli go tarczą i tańczyli na niej. To draby... prawie dwumetrowe... Każdy waży z osiemdziesiąt albo i sto kilo, karmią ich do wagi bojowej. OMON i specnaz to specjalni faceci... jak opricznicy Iwana Groźnego... Nie chce się wierzyć, że robią to dobrowolnie, z całej siły bronię się przed taką myślą. Ostatnimi siłami. Oni muszą jeść. Taki gówniarz... Skończył dziesięciolatkę, trafił do woja, a dostaje więcej niż wykładowca na uczelni. Potem... będzie jak zawsze... z całą pewnością... Potem będą mówić, że wykonywali rozkazy, o niczym nie wiedzieli, niczemu nie są winni. Oni nawet dzisiaj znajdują tysiące usprawiedliwień: „A kto wyżywi moją rodzinę?", „Składałem przysięgę", „Przecież nie mogłem wyjść z szeregu, nawet gdybym chciał". Z każdym to można zrobić. A w każdym razie z wieloma...

– Mam tylko dwadzieścia lat. Jak teraz dalej żyć? Wydaje mi się, że wyjdę na miasto i będę się bała podnieść wzrok...

„...to może u was rewolucja, a u nas jest władza radziecka"

Wypuścili nas w nocy. Dziennikarze, przyjaciele – wszyscy czekali przed więzieniem, a nas wywieźli suką i rozrzucili po peryferiach miasta. Mnie zostawili gdzieś w Szabanach. Koło jakichś kamieni, nowych budów. Naprawdę czułam się strasznie. Stałam jakiś czas zdezorientowana, w końcu poszłam w stronę świateł. Pieniędzy nie miałam, komórka dawno się rozładowała. W portmonetce miałam kwit, wszystkim nam dali takie kwity, żebyśmy opłacili swoje utrzymanie w więzieniu. To było równe mojemu miesięcznemu stypendium... Nawet nie wiem... Myśmy z mamą żyły z trudem od pierwszego do pierwszego. Tato umarł, kiedy chodziłam do szóstej klasy, miałam wtedy dwanaście lat. Ojczym swoją wypłatę zawsze sumiennie przepił i przehulał. Pijus. Nienawidzę go, zepsuł życie mnie i mamie. Ciągle staram się dorabiać: roznoszę różne reklamy do skrzynek pocztowych, w lecie sprzedaję na straganie owoce albo lody. Szłam z takimi myślami... Jakieś psy biegały... Ludzi nigdzie nie widać... Strasznie się ucieszyłam, kiedy koło mnie zatrzymała się taksówka. Wymieniłam adres akademika, ale zaznaczyłam: „Nie mam pieniędzy". Taksówkarz jakoś od razu się domyślił: „Aha... dekabrystka (bo demonstracja była w grudniu). Wsiadaj. Już jedną taką zabrałem i odwiozłem do domu. Co oni was tak w nocy wypuszczają?". Wiózł mnie i po drodze kładł rozum do głowy: „Wszystko to wariactwo! Wariactwo! W dziewięćdziesiątym pierwszym studiowałem w Moskwie i też latałem na demonstracje. Było nas więcej niż was. Zwyciężyliśmy. Marzyliśmy, że każdy otworzy firmę i będzie bogaty. No i co? Za komunistów byłem inżynierem, a teraz wożę ludzi taryfą. Jednych drani przegnaliśmy, drudzy przyszli. Czarni, szarzy czy pomarańczowi – wszyscy oni po jednych pieniądzach. U nas władza każdego zepsuje. Jestem realistą. Wierzę tylko w siebie i swoją rodzinę. Kiedy kolejni głupcy robią kolejną rewolucję, ja zapieprzam. W tym miesiącu muszę zarobić córkom na kurtki, a w następnym żonie na buty. Ty jesteś ładna dziewczyna. Znajdź sobie lepiej porządnego chłopaka i wyjdź za mąż". Wjechaliśmy do miasta. Słychać było muzykę. Śmiech. Młodzi ludzie się całowali. Mińsk żył, jakby nas nie było.

Bardzo chciałam porozmawiać ze swoim chłopakiem. Nie mogłam się doczekać. Już trzy lata byliśmy razem. Robiliśmy plany. (*Milknie*). Obiecywał, że będzie na wiecu, ale nie przyszedł. Czekałam na wyjaśnienia. Owszem, raczył przyjść. Nawet przybiec. Dziewczyny zostawiły nas samych w pokoju. Jakie wyjaśnienia!? Zabawne pretensje! Okazało się, że jestem „zwyczajnie głupia", „rzadki egzemplarz", „naiwna rewolucjonistka". On mnie uprzedzał – czyżbym zapomniała? Pouczał mnie, że to nieracjonalne zajmować się rzeczami, na które nie ma się wpływu. Niektórzy tak robią – żyją dla innych, ale on jest od tego daleki, on nie chce umierać na barykadach. To nie jego powołanie. Dla niego najważniejszym celem jest kariera. Chce mieć dużo pieniędzy. Dom z basenem. Trzeba żyć i się uśmiechać. Dzisiaj jest tyle możliwości... że nie wiadomo, do czego się lepiej brać... Można podróżować po świecie, są takie zajefajne wycieczki, ale dużo kosztują, można nawet pałac kupić, ale to też drogo, w restauracji można sobie zamówić zupę żółwiową... Tylko za wszystko trzeba płacić. Kasa! Kasa! Wykładowca fizyki mówił nam: „Kochani studenci! Pamiętajcie, że pieniądze rozwiążą każdy problem, nawet równanie różniczkowe". To jest surowa prawda życia. (*Milknie*). No, a ideały? Wychodzi na to, że czegoś takiego nie ma? Może pani mi coś podpowie? Przecież pani pisze książki... (*Milknie*). Na ogólnym zebraniu usunięto mnie z uczelni. Wszyscy podnieśli ręce i zagłosowali „za", przeciwny był tylko mój ulubiony stary profesor. Tego dnia zabrano go z uczelni i wywieziono karetką. Koleżanki przepraszały mnie w akademiku, kiedy nikt nie widział: „Wiesz, nie gniewaj się, ale dziekan groził, że wyrzuci z akademika, jeśli co... Aaaa!". Bohaterki!

Kupiłam bilet do domu. W mieście tęsknię za swoją wsią. Co prawda nie wiem, za którą. Myślę, że za tą z dzieciństwa. Tą, na której tato zabierał mnie, kiedy wyjmował z uli ciężkie ramy z miodem. Najpierw okadzał je dymem, żeby pszczoły odleciały i nas nie żądliły. Byłam małą dziewczynką... zabawną... Myślałam, że pszczoły to takie małe ptaszki... (*Milknie*). Czy teraz nadal kocham wieś? Tutaj ludzie żyją jak przed laty, rok za rokiem. Klęcząc, kopią motyką kartofle na swoich działkach. Pędzą samogon. Wieczorem trzeźwego chłopa się nie spotka, piją codziennie. Głosują na Łukaszenkę i wzdychają do Związku Radzieckiego. Tęsknią za zwycięską Armią Radziecką. W autobusie siadł koło mnie nasz sąsiad. Pijany. Mówił o polityce. „Każdemu takiemu draniowi demokracie sam bym dał po ryju. Za mało dostaliście. Słowo daję! Do takich strzelać trzeba! Ręka by mi nie drgnęła. Ameryka za to wszystko płaci... Hillary Clinton... Ale myśmy ludzie silni. Przeżyliśmy pierestrojkę, przeżyjemy rewolucję. Od jednego mądrego człowieka słyszałem kiedyś, że rewolucję Żydy wymyśliły". Cały autobus mu wtórował: „Żeby nie było gorzej niż teraz. Jak włączy się telewizję, to wszędzie bombardują, strzelają".

Wreszcie dotarłam do domu. Otworzyłam drzwi. Mama siedziała w kuchni i czyściła bulwy georginii, które podmarzły w piwnicy i zaczęły gnić. Są kapryśne, źle znoszą mróz. Zaczęłam jej pomagać. Jak w dzieciństwie. „Co tam u was w stolicy? – brzmiało pierwsze pytanie mamy. – W telewizji pokazali masę ludzi i wszyscy krzyczeli przeciw władzy. Jezusie kochany! Strach! Myśmy się tu bali, że będzie wojna. Jedni mają synów w OMON-ie, drudzy – dzieci na studiach, a studenci wyszli na plac i krzyczeli. W gazetach piszą, że to »terroryści«, »bandyci«. Nasi ludzie wierzą gazetom. To tam u was jest rewolucja, a u nas – władza radziecka". W domu pachniało walerianą.

Usłyszałam wiejskie nowiny... Po Jurkę Szweda, farmera, przyjechało samochodem dwóch po cywilnemu, w nocy, jak w trzydziestym siódmym po dziadka. Przetrząsnęli cały dom. Zabrali komputer. Zwolnili pielęgniarkę Anię N., która pojechała do Mińska na wiec i zapisała się do partii opozycyjnej. Ania ma małe dziecko. A chłop się upił i pobił ją, bo opozycjonistka! Za to matki chłopaków, którzy służą w mińskiej milicji, chwalą się, że ich synowie dostali duże premie. Przywieźli prezenty. (*Milknie*). Podzielili naród, są teraz dwie połowy... Poszłam do klubu na zabawę i przez cały wieczór nikt mnie nie poprosił do tańca. Bo jestem... terrorystką... Bali się mnie...

Spotkałyśmy się przypadkowo po roku w pociągu Moskwa–Mińsk. Wszyscy już dawno spali, a myśmy nadal rozmawiały.

„... może zmienić się w kolor czerwony"

Studiuję w Moskwie. Chodzę z kolegami na moskiewskie wiece. Jest fajnie! Podobają mi się twarze ludzi, których tam widuję. Pamiętam takie twarze u nas, kiedy wyszliśmy na plac w Mińsku. Nie poznawałam swojego miasta, nie poznawałam ludzi. To byli inni ludzie. Tęsknię za domem, mocno tęsknię.

Gdy wsiadam do pociągu na Białoruś, nie mogę zasnąć. Na wpół we śnie... na wpół na jawie... To siedzę w więzieniu, to w akademiku, to... Wszystko mi się przypomina... Głosy mężczyzn i kobiet:

– Kazali stać pod ścianą w rozkroku... Leżących ciągnęli za nogi tak, żeby dotknęły głowy...

– Położyli kartkę na nerki, żeby śladów nie zostawiać, i bili plastikową butelką z wodą...

– Wkładał mi na głowę celofanową torbę albo maskę gazową. No, a dalej – sama pani rozumie, po paru minutach traciłem przytomność... A on w domu ma żonę i dzieci. Jest dobrym mężem, dobrym ojcem...

– Kopią, kopią, kopią... butami, półbutami, adidasami...

– Myślisz, że ich uczą tylko skakać ze spadochronem albo desantować się po linie z helikoptera? Ich uczą z tych samych podręczników co za Stalina...

– W szkole nam mówiono: „Czytajcie Bunina, Tołstoja, te książki niosą ludziom ocalenie". Kto mi odpowie na pytanie, dlaczego Bunin z Tołstojem jakoś nie chcą się przyjąć, a klamka do odbytnicy i celofanowa torba na głowę się przyjęły.

– Podniosą im żołd dwu-, trzykrotnie... Obawiam się, że zaczną strzelać...

– W wojsku zrozumiałem, że lubię broń. Profesorski syn, wyrosłem wśród książek. Chcę mieć pistolet. Piękna rzecz! W ciągu stuleci dobrze dopasowali go do ręki. Przyjemnie trzyma się coś takiego. Lubiłbym go wyjmować, czyścić. Smarować. Lubię ten zapach.

– Jak myślisz, będzie rewolucja?

– Pomarańczowy to jest kolor psiej szczyny na śniegu. Ale może się zmienić w czerwony...

– Idziemy...

Uwaga zjadaczki chleba

Co mam sobie przypomnieć? Żyję jak wszyscy. Była pierestrojka... Gorbaczow... Listonoszka otworzyła furtkę i mówi:

– Słyszałaś pani, komunistów już nie ma.

– Jak to nie ma?

– Partię zamknęli.

Nikt nie strzelał, nic się nie działo. Teraz mówią, że był tu wielki kraj i wszystko przepadło. A co mi przepadło? Jak mieszkałam w domku bez żadnych wygód – wody, kanalizacji, gazu – tak mieszkam. Całe życie uczciwie pracowałam. Harowałam, harowałam... Przyzwyczaiłam się do harówki. I zawsze zarabiałam marne grosze. Jak jadłam makaron i kartofle, tak jem. Kożuch donaszam radziecki. Przecież tu zimą jest śnieg!

Najlepsze moje wspomnienie to chwila, kiedy wychodziłam za mąż. Z miłości. Pamiętam, że jak wracaliśmy z urzędu, to kwitnął bez. Bzy kwitły! I uwierzy pani, że w tych bzach śpiewały słowiki... To zapamiętałam... Pożyliśmy w zgodzie parę lat, urodziła się nam córeczka... A potem Wadik zaczął pić i wódka go wykończyła. Młody chłop, czterdzieści dwa lata. No i żyję sama. Córka już dorosła, wyszła za mąż i wyjechała.

Zimą nas zasypuje, cały przysiółek w śniegu – i domy, i auta. Autobusy nie jeżdżą czasem całymi tygodniami. Co tam w stolicy? Od nas do Moskwy jest tysiąc kilometrów. Życie w Moskwie oglądamy w telewizji tak jak film. Znam Putina i Ałłę Pugaczową...

poza tym nikogo... Wiece, demonstracje... A my tutaj, jakeśmy żyli, tak żyjemy. I za socjalizmu, i za kapitalizmu. Dla nas czy „biali", czy „czerwoni" – wszyscy jednacy. Trzeba doczekać wiosny. Posadzić kartofle... (*Długo milczy*). Mam sześćdziesiąt lat... Nie chodzę do cerkwi, a pogadać z kimś trzeba. Porozmawiać o czymś innym... O tym, że nikt nie ma ochoty się starzeć, tego się wcale nie chce. I żal będzie umierać. Widziała pani, jaki u mnie rośnie bez? Wychodzę czasem nocą i patrzę, jaki jasny. Postoję, popatrzę. Mogę pani nałamać gałązek... Zrobię bukiet...

Spis treści

WYDAWNICTWO CZARNE sp. z o.o.
czarne.com.pl

Sekretariat: ul. Węgierska 25A, 38-300 Gorlice
tel. +48 18 353 58 93, fax +48 18 352 04 75
mateusz@czarne.com.pl, tomasz@czarne.com.pl
dominik@czarne.com.pl, ewa@czarne.com.pl
edyta@czarne.com.pl

Redakcja: Wołowiec 11, 38-307 Sękowa
redakcja@czarne.com.pl

Sekretarz redakcji: malgorzata@czarne.com.pl

Dział promocji: ul. Marszałkowska 43/1, 00-648 Warszawa
tel./fax +48 22 621 10 48
agnieszka@czarne.com.pl, dorota@czarne.com.pl
zofia@czarne.com.pl, marcjanna@czarne.com.pl
magda.jobko@czarne.com.pl

Dział marketingu: lukasz.sobolewski@czarne.com.pl

Dział sprzedaży: piotr.baginski@czarne.com.pl
agnieszka.wilczak@czarne.com.pl, honorata@czarne.com.pl

Audiobooki i e-booki: anna@czarne.com.pl

Skład: d2d.pl
ul. Sienkiewicza 9/14, 30-033 Kraków
tel. +48 12 432 08 52, info@d2d.pl

Druk i oprawa: Drukarnia POZKAL
ul. Cegielna 10/12, 88-100 Inowrocław, tel. +48 52 354 27 00

Wołowiec 2018
Wydanie III
Ark. wyd. 23,4; ark. druk. 32